『文心雕龍』註解 第一卷

文心雕龍

초판1쇄 | 2019년 01월 22일

역 주 | 배득렬
발행처 | 충북대학교 출판부
발행인 | 김수갑

주 소 | 28644 충북 청주시 서원구 충대로 1
전 화 | (043) 261-2952, 3014
팩 스 | (043) 274-1256
이메일 | presscbu@chungbuk.ac.kr
등 록 | 제1983-2001-7호
인쇄처 | 케이프린텍(053-313-3673)

ISBN 978-89-7295-480-4 93820
값 27,000원

이 책은 충북대학교 2015년 학술도서지원 사업 및 대학 인문역량
강화사업(CORE)의 3차년도(2018년) 사업비 지원에 의해 발간되었음.

『文心雕龍』註解 第一卷

「原道」,「徵聖」,「宗經」,「正緯」,「辨騷」 五篇

裵 得 烈 譯注

충북대학교 출판부

『文心雕龍註解』를 발간하며

필자가 『文心雕龍』을 처음 접한 것은 대학 3학년 무렵, 중국문학사 강의를 통해서였다. 이후 대학원 진학을 위해 중국문학사를 요약하면서 “아! 이 책이 정말 중요한 책이로구나!”라는 느낌을 받았던 기억이 있다. 그리고 대학원 진학 후, 처음 지도교수님이셨던 故 河正玉님과의 권유로 나는 대학원 석사과정 이후 지금까지 『文心雕龍』과 인연을 맺고 있다.

필자는 范文瀾先生의 『文心雕龍注』(臺灣開明書店, 民國70년)를 통해 註釋을 읽기 시작했다. 막연히 李白과 杜甫의 문학세계를 동경하던, 중국 고전문학의 두께와 폭을 제대로 이해하지 못했던 필자에게 방대한 중국 고전문학의 세계를 다룬 이 책의 내용을 파악하기란 여간 어려운 것이 아니었다. 만일 范文瀾先生의 註釋이 없었다면 나는 『文心雕龍』을 읽는 것도, 논문을 쓰는 것도 불가능했을 것이다. 註釋은 중국 고전문학의 훌륭한 안내자이자, 해설자다.

필자는 박사과정에서도 『文心雕龍』을 계속 연구했다. 이때 나는 막 세상에 나온 詹锳先生의 『文心雕龍議證』(上海古籍出版社, 1989年)과 처음 마주했다. 『文心雕龍議證』은 기존 학자들의 『文心雕龍』에 대한 주요 註釋이 거의 완벽에 가까울 정도로 총망라된 彙註本이다. 이 책에는 中國, 日本, 臺灣, 홍콩 저명 학자들의 다양한 견해가 개진되어 있었다. 그러나 大韓民國 학자의 견해는 단 하나도 소개된 바 없다. 이 분야를 연구하는 사람으로 아쉬움이 컸다. 대한민국의 『文心雕龍』 연구의 수준을 가늠하는 잣대였기 때문이다.

갑자기 내가 교수로서 후학들에게 무엇을 남겨야 할까? 이때 그리고 대한민국에 국어로 쓰인 『文心雕龍』 전문 註釋書 한 권만 있었어도 보다 쉽게 중국의 고전 문학과 문학이론에 접근할 수 있을 것이라는 생각이 들었다. 하여 范文瀾의 『文心雕龍注』와 詹鍈의 『文心雕龍議證』의 註釋을 한국어로 옮기기로 결심했다.

막연히 1년에 5편씩 번역해나가면 10년이면 『文心雕龍』 50편 註釋書를 완성할 수 있을 것이라 생각했다. 그러나 오판이었다. 5편 번역에 벌써 3년이 지났다. 천성이 게으른 탓도 있지만, 주석의 분량이 만만치 않았다. 매일 두세 시간을 매달렸지만 진도는 더뎠고, 찾아봐야할 서적은 늘어만 갔다. 솔직히 말하자면 중간에 몇 번 포기할 생각을 가지기도 했다. 이런 안이한 생각을 했을 땐 故 安鳳錫 교장선생님의 말씀이 떠올랐다.

故 安鳳錫 교장선생님은 나의 절친한 벗의 아버님이시다. 역사선생님이셨던 아버님은 漢學과 書藝에 깊은 조예를 지니신 정말 위트 넘치는 인문학자셨다. 박사과정 재학시절, 나는 자주 아버님을 찾아뵙고 대화나누길 좋아했다. 한번은 아버님이 이런 말씀을 내게 해주셨다. "다들 말이야! 박사라는 게 많이 아는 사람을 박사라고 해! 허지만 틀렸어! 박사는 말이야 자신의

학문으로 세상 사람들을 이롭게 할 수 있는 사람을 말해! 좋은 학자는 자신이 좋아하는 공부에서 그치면 안 돼!" 당시에는 아버님 말씀의 함의를 제대로 이해하지 못했으나 이제는 말씀의 깊은 뜻, 학문의 공공성을 대략 짐작 정도는 할 수 있을 것 같다. 아버님께서 내게 남겨주신 많은 책들이 이번 번역에 참고자료로 활용되었다. 감사할 뿐이다.

번역서 출판은 늘 두렵다. 오역에서 자유로울 수 없기 때문이다. 특히 이번 번역 대부분은 필자의 古文 解讀에 전적으로 의존할 수밖에 없었다. 그러다보니 일정 부분 오역이 분명히 있을 것이다. 국내 중국문학 분야의 주요 저서에 관한 註釋書가 故 이휘교 교수님의 『詩品彙注』 이후 눈에 띄지 않는다. 論文이 학술의 전부인양 여겨지는 요즘의 학술 풍토에서 많은 시간과 노력이 필요한 註釋 관련 작업을 비효율적인 것으로 간주되는 경향은 중국 고전문학 연구의 질적 제고에 그다지 좋은 흐름은 아닐 것이다. 중국 고전문학의 전통 계승과 발전이라는 시각에서 본다면 註釋 관련 작업은 학술 깊이와 폭을 더욱 제고 확대하는 초석이며, 보다 우수한 학술 활동을 촉진하는 촉매가 아니겠는가?

주석 번역을 마친 뒤, 적절한 주석을 선택하고, 이를 참조하여 『文心雕龍』의 「原道」, 「徵聖」, 「宗經」, 「正緯」, 「辨騷」 본문을 해석하였다. 기존 국내의 번역본과 모두 대조해보지는 않았으나, 선택한 주석의 차이가 있으니 절로 다른 점이 있을 것이다. 정확한 번역을 위해 노력했으나 부족한 점이 있을 것이다. 여러 학자들의 叱正을 기대한다.

번역 과정에서 어려움이 있을 때, 격려와 위로로 힘을 북돋아 준 인문대학의 벗들. 출판과정에서 교열을 도와준 제자들. 충북대학교 출판부장님과 조교선생님. 지면으로나마 감사의 뜻을 전하고 싶다.

두 권의 주석, 『文心雕龍』 원문의 번역이 언제 완성될지는 지금으로서는 확언할 수 없다. 그러나 최선을 다해 생전에 이 작업을 완수할 것이다. 이 일에 동참할 동지를 기다리면서......!

『文心雕龍』梁 劉勰 撰[1]

第一篇「原道」[2]

1. 范注1-1: 顧天里⋅⋅"이 기록은 잘못되었다. 「時序」篇에 【齊國이 건립되자 國運이 창성하였다】라는 구절이 있으니 『文心雕龍』은 齊代에 지어졌을 것이다." 紀昀⋅⋅"「時序」篇에 근거한다면 이 책은 실제로는 齊代에 이루어진 것이나 오늘날 梁代라 말하는 것은 後人들이 추측으로 적었기 때문이다. 마치 『玉臺新詠』이 梁代에 이루어졌으나 오늘날 陳代 徐陵이라 적은 것과 같은 것이다." 鍾嶸 『詩品』의 기록에 여러 인물의 시대 오류가 많은 것과 같은 예라 하겠다. [顧天里云⋅⋅"此所題非也. 「時序」篇有【皇齊御寶, 運集休明】, 是此書作於齊世." 紀昀評云⋅⋅"據「時序」篇此書實成於齊代, 今齊曰梁, 蓋後人所追題; 猶『玉臺新詠』成於梁代而今本題陳徐陵耳." 案鍾嶸『詩品』所錄諸人, 時代多誤, 亦其例也.]

2. 范注1-2: 『淮南子』에 「原道訓」이 있다. 高誘注⋅⋅"【原】은 【本】과 같은 뜻. 도에 근본을 두고, 진리에 근본을 두고, 천지를 포괄하여 만물을 두루 살폈기 때문에 【原道】라 했다." 劉勰 「原道」篇⋅⋅"마음이 움직이면 언어로 표현되고, 언어로 표현되면 문장도 선명해지는 것을 【自然之道: 자연스런 도리】라 한다." "어찌 겉으로 꾸민 것이겠는가?

무릇 자연스러운 것일 뿐이다.", "따라서 도는 성인을 통해 글로 나타나고, 성인은 글로 도를 밝힌다." 이를 종합해서 본다면 소위 【道】란 【自然之道】를 이르는 것이며, 이 【自然之道】가 「宗經」篇에서 말하는 불변의 지극한 도이다. 『周禮』 「太宰」의 天下 萬民을 한 마음으로 협조하게 만드는 9가지 방법의 네 번째에서: "詩書에 정통한 儒士는 그의 재주를 통해 사람들의 신뢰를 얻는다." 鄭玄注: "儒士는 諸侯 保氏가 만든 六禮를 가지고 백성을 교화하는 사람이다." 孫詒讓疏: "儒士란 일반적으로 詩書에 정통하고, 예술에 능통한 사람을 말한다." 『荀子』 「有效」篇: "俗儒, 雅儒, 大儒는 大小의 차이가 있으나 모두 백성의 신망을 얻어야 하나, 반드시 성현의 도를 지니고 있어야 하는 것은 아니다." 劉勰이 말한 道는 聖賢의 大道다. 따라서 다음의 「徵聖」, 「宗經」 2편의 의미는 대단히 명확하다. 공허한 【文以載道】와는 길이 다르다. 紀昀評: "漢代 이래 문장을 논한 글 가운데 『文心雕龍』의 수준에 이른 것이 드물다. 劉勰은 이전 논의를 발단으로 삼았으며, 그의 소견은 六朝 文士들보다 뛰어나다." 다시: "【文以載道】가 당연함을 밝힌 것이라면 【文原於道: 도에 뿌리를 두다】는 그 근본을 명확히 밝힌 것이다. 근본을 인식하고 말단을 좇지 말아야 한다. 먼저 문체의 존귀함을 설명하였기에 다른 사람들의 의견과 확연히 다르다." 다시: "齊梁時期 문장은 날로 화려함만 추구하였다. 자연을 종지로 삼은 것은 劉勰의 사람됨과 잘 합치된다." 『文心雕龍』 上篇 25편의 배열은 질서정연하며, 다음의 표와 같다. [『淮

南子』有「原道訓」. 高誘注云··“原本也, 本道根眞, 包裹天地, 以歷萬物, 故曰【原道】.” 案彦和於篇中屢言··“心生而言立, 言立而明道, 自然之道也.”, “夫豈外飾, 蓋自然耳”, “故知道沿聖以垂文, 聖因文而明道”. 綜此以觀, 所謂道者, 卽自然之道, 亦卽『宗經』篇所謂恒久之至道. 『周禮』「太宰」以九兩繫邦國之民, 其四曰··“儒以道得民” 鄭注曰··“儒, 諸侯保氏有六藝以教民者.” 孫詒讓疏云··“儒則泛指誦說詩書, 通該藝術者而言” 若『荀子』「儒效」篇所稱··“俗儒雅儒大儒, 道有大小, 而皆足以得民, 亦不必皆有聖賢之道也.” 彦和所稱之道, 自指聖賢之大道而言, 故篇後承以「徵聖」「宗經」二篇, 義旨甚明, 與空言文以載道者殊途. 紀評曰··“自漢以來, 論文者罕能及此. 彦和以此發端, 所見在六朝文士之上.” 又曰··“【文以載道】, 明其當然; 【文原於道】, 明其本然. 識其本乃不逐其末. 首揭文體之尊, 所以截斷衆流.” 又曰··“齊梁文藻口競雕華, 標白然以爲宗, 是彦和喫緊爲人處” 『文心』上篇凡二十五篇, 排比至有倫序, 列表如下:]

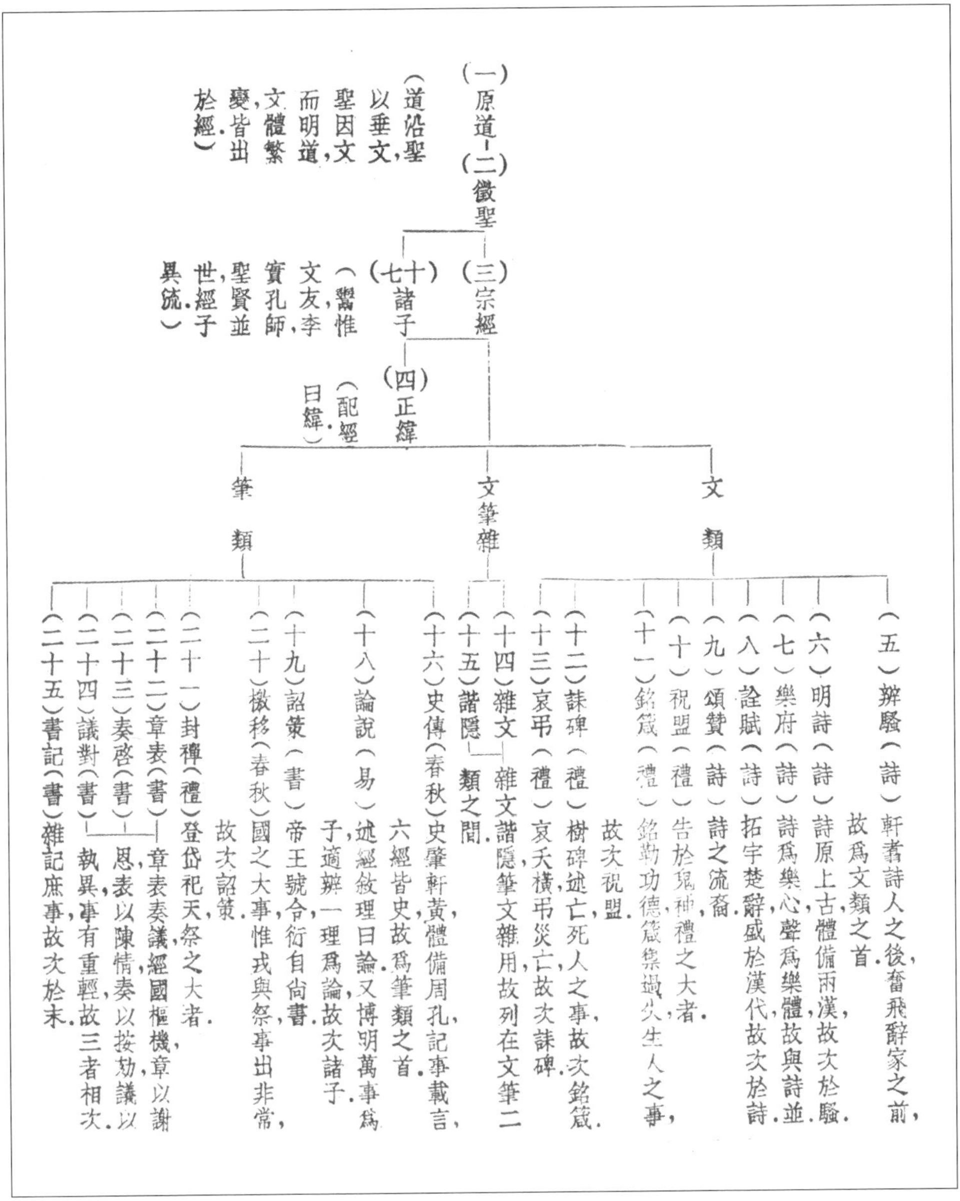
(一)原道—(二)徵聖
(道沿聖以垂文,聖因文而明道,文體繁變,皆出於經.)
(三)宗經
(十七)諸子
(鬻惟文友,李實孔師,聖賢並世,經子異流.)
(四)正緯
(配經曰緯.)
文類
文筆雜
筆類
(五)辨騷(詩)軒翥詩人之後,奮飛辭家之前,故爲文類之首.
(六)明詩(詩)詩原上古,體備兩漢,故次於騷.
(七)樂府(詩)詩爲樂心,聲爲樂體,故與詩並.
(八)詮賦(詩)拓宇楚辭,盛於漢代,故次於詩.
(九)頌贊(詩)詩之流裔.
(十)祝盟(禮)告於鬼神,禮之大者.
(十一)銘箴(禮)銘勒功德,箴集過失,生人之事,故次祝盟.
(十二)誄碑(禮)樹碑述亡,死人之事,故次銘箴.
(十三)哀弔(禮)哀夭橫弔災亡,故次誄碑.
(十四)雜文
(十五)諧隱
雜文諧隱,筆文雜用,故列在文筆二類之間.
(十六)史傳(春秋)史肇軒黃,體備周孔,記事載言,六經皆史,故爲筆類之首.
(十八)論說(易)述經敍理曰論,又博明萬事爲子,適辨一理爲論,故次諸子.
(十九)詔策(書)帝王號令,衍自尙書.
(二十)檄移(春秋)國之大事,惟戎與祭,事出非常,故次詔策.
(二十一)封禪(禮)登岱祀天,祭之大者.
(二十二)章表(書)
(二十三)奏啓(書)
(二十四)議對(書)
章表奏議,經國樞機,章以謝恩,表以陳情,奏以按劾,議以執異,事有重輕,故三者相次.
(二十五)書記(書)雜記庶事,故次於末.

1-1.

글의 힘은 실로 위대하도다! 천지와 함께 만들어진 이유는 무엇일까? 무릇 하늘과 땅이 혼돈에서 분리되자, 해와 달은 둥근 옥돌처럼 높이 걸려 하늘의 모습을 드리웠고, 산천은 찬란한 비단처럼 펼쳐져 땅의 형상을 나타냈다. 이것이 도가 체현된 문채다. 고개 들어 아름다운 빛을 발하는 해와 달을 바라보고, 고개 숙여 아름다운 형상을 지닌 산천을 살펴본다. 天地의 高低가 정해져 兩儀가 생겼다. 兩儀에 영혼을 지닌 사람이 자리하니 이를 三才라 한다. 사람이야 말로 五行의 으뜸이요, 천지의 핵심이다. 마음이 움직이면 말로 표현되고, 말로 표현되면 글이 더욱 선명해지는데, 이를 【自然之道: 자연스러운 도리】라 한다.

1-1.

文之爲德也大矣[3], 與天地幷生者何哉![4] 夫玄黃色雜[5], 方圓體分[6], 日月疊璧[7], 以垂麗天之象[8]; 山川煥綺, 以鋪理地之形[9]; 此蓋道之文也[10]. 仰觀吐曜[11], 俯察含章[12], 高卑定位, 故兩儀既生矣[13]. 惟人參之[14], 性靈所鍾, 是謂三才[15]. 爲五行之秀, 實天地之心[16], 心生而言立[17], 言立而文明[18], 自然之道也.[19]

3. 范注1-3: 張炳麟『國故論衡』「文學總略」篇‥“文德에 관한 논의는 王充『論衡』「佚文」의 【文德의 志操로 글을 지었다】에서 비롯되었다.” 다시‥“上書는 便宜를 진술하는 글이고, 奏記는 官吏를 추천하는 글이다. 하나는 자신을 위한 것이고, 다른 하나는 다른 사람을 위한 것으로 문장이 번다하고, 문사만 화려한 것은 文德의 지조가 없는 것이다.” 楊遵彦은 이를 근거로 삼았다(『魏書』「文苑傳」의 기록에 의하면 楊遵彦이 「文德論」을 지었으며, 여기에서 고금의 사인 모두 재주도 부족하고 행실도 바르지 못하여 경박하고 괴기하였으나 오로지 邢子才, 王元景이 彬彬한 덕의 소양을 지녔다고 하였다.). 章學誠이 이를 가져다 썼다.” 楊遵彦의 글은 일실되어 전하지 않는다. 『論衡』「書解」篇‥“무릇 文德이란 세상 사람들의 옷에서도 나타난다. 공허한 글은 문식만 있는 것이고, 실행해야 비로소 덕이 된다. 이것이 옷에 나타나면 服飾이다. 따라서 덕이 더욱 성하면 문식 또한 더욱 아름다우며, 덕이 더욱 분명하면 인격(문장)도 더욱 분명해진다. 관직의 존귀함만 논한 글은 번다하며, 덕이 높으면 글에 무게가 있다.” 王充의 말은 당시의 문인들이 古經을 읊조리고, 古文을 읽지만 실행하는 덕을 쌓지 못하고, 화려한 조탁만으로 글을 짓는 것은 덕이 있는 사람이라야 할 말이 있다는 것에 위배됨을 지적한 말이다. 上書奏記를 짓는 사람들이 헛되이 글만 화려하게 쓰는 것은 너무나 德操가 부족한 것이다. 여기서 말하는 【德】이란 【義理】, 【情實】을 두고 한 말이다. 劉勰이 말한 文德의 의미와는 다르다. 『周易』「小畜大象」‥

"군자는 순미함을 文德으로 삼아야 한다." 劉勰이 말한 文德은 이를 근거로 삼은 것이다. 王充, 張炳麟의 제설은 각기 다른 것을 지칭하는 것으로 이와는 다르다. [張炳麟『國故論衡』「文學總略」篇曰··"文德之論, 發諸王充『論衡』「佚文」篇【文德之操爲文】; 又云··'上書陳便宜, 奏記薦吏, 一則爲身, 二則爲人, 繁文麗辭, 無文德之操.' 楊遵彦依用之.『魏書』「文苑傳」楊遵彦作「文德論」, 以爲古今辭人, 皆負才遺行, 澆薄險忌, 唯邢子才王元景彬彬有德素. 而章學誠竊焉." 楊文亡佚.『論衡』「解文」篇··"夫文德世服也, 空書爲文, 實行爲德, 著之於衣爲服. 故曰, 德彌盛者文彌縟, 德彌彰者人(文)彌明. 官尊而文繁, 德高而文積." 仲任之意, 蓋指當時儒生諷古經, 讀故文, 不能實行以成德, 雕縟以成文, 倍有德者必有言之旨, 而上書奏記之人徒作麗辭, 更無德操. 此所謂德, 指義理情實而言, 與彦和文之德意不同. 按『周易』「小畜大象」··"君子以懿文德." 彦和稱文德本此. 王章諸說, 別有所指, 不與此同.]

詹注1-1:『論語』「雍也」··"中庸의 덕은 지극하도다!"『中庸』··"귀신의 덕은 성대하도다." 朱注··"爲德이란 성정의 효능과 같은 말이다. 특별히 문식을 가하여『文言』을 지었다." 이 문장의 句法은 거의 비슷하나【德】字의 의미는 서로 다르다.『周易』「乾·文言」『正義』에서 莊氏의 말을 인용하여··"【文】이란【文飾】이다. 하늘과 땅의 덕이 크기에 특별히 문식을 가하여『文言』을 지었다."【德】이란 宋代 유가가 말한【體用】을 이르는 것이다.【文之爲德】이란 문장의 體와 用이다. 오늘날의 말로 설명하자면 문장의 기능과 의의다. 중요한 의미는 【文】에 있는 것이지 【德】에 있는 것이 아니다. 【文】의 體와 用이 위대한 까닭은 천지와 짝을 이룰 수 있기 때문에 다음 문구에서 【천지와 같이 생겼다.】고 말한 것이다. [『論語』「雍也」:"中庸之爲德也, 其至矣乎." 『中庸』:"鬼神之爲德, 其盛矣乎." 朱注:"爲德, 猶言性情功效, 故特文飾以爲『文言』." 此處句法略同, 德字取義有別. 『易』「乾·文言」『正義』引莊氏曰:"【文】謂【文飾】, 以乾坤德大, 故特文飾以爲『文言』." 德卽宋儒【體用】之謂, 【文之爲德】, 卽文之體與用, 用今日的話說, 就是文之【功能】,意義. 重在【文】而不重【德】. 由于【文】之體與用大可以配天地, 所以連接下文【與天地竝生.】]

4. 范注1-4: 다음 문장에서 【인문의 시작은 태극에서 비롯되었다.】라 하였기에 천지와 함께 만들어졌다고 말한 것이다. [下文云【人文之元, 肇自太極.】 故曰與天地幷生.]

詹注1-2: 『莊子』「齊物論」:"천지와 나는 같이 태어났으니 만물과 나는 하나다." 여기서는 이 말을 가지고 문학을 논하려는 것이다. 陸機 『文賦』:"문장이 옥을 뿌려놓은 듯 찬란함은 마치 들에 콩이 있는 것과 같은 이치이다. 만물의 무궁함은 천지와 함께 성장하는 것이다." 范文瀾 『文心雕龍注』(以下 簡稱 范注):"아래의 문장에서 【인문의 시작은 태극에서 비롯되었다.】라고 하였기에 천지와 함께 만들어졌다고 말한 것이다." [『莊子』「齊物論」:"天地與我幷生, 而萬物與我爲一." 此處推其說以論文. 陸機『文賦』:"彼

瓊敷與玉藻, 若中原之有菽. 同橐籥之罔窮, 與天地乎竝育."
范文瀾『文心雕龍注』(以下簡稱范注)‥"下文云【文之元, 肇自太極】, 故曰與天地幷生."]

5. 范注1-5: 『周易』「坤卦」上六‥"용이 들판에서 싸우는데, 그 피가 검고 노랬다." 「文言」‥"【玄黃】이란 천지가 뒤섞인 것이며, 【玄】은 하늘이고, 【黃】은 땅이다." 李鼎祚『周易集解』에서 荀爽의 말을 인용하여‥"하늘은 【陽】, 東北에서 시작되기에 색이 검다. 땅은 【陰】, 西南에서 시작되기에 색이 노랗다." [『易』「坤卦」上六‥"龍戰於野, 其血玄黃." 「文言」曰"夫【玄黃】者, 天地之雜也, 天【玄】, 而地【黃】." 李鼎祚『周易集解』引荀爽曰‥"天者【陽】始於東北, 故色玄也; 地者【陰】始於西北, 故色黃也."]

詹注1-3: 『周易』「坤·文言」‥"【玄黃】이란 천지가 뒤섞인 것이며, 【玄】은 하늘이고, 【黃】은 땅이다." 또한 「繫辭下」‥"사물이 서로 뒤섞이기에 【文】이라 한다." 韓康伯注‥"剛柔가 교차하고, 玄黃이 뒤섞이다." 『正義』‥"만물이 갈마들며 섞이는 것이 마치 玄黃이 서로 융합하는 것과 같아 이를 【文】이라 한다." 『周禮』「考工記」‥"그림을 그리는 것은 오색이 섞이는 것이다. ……하늘을 【玄】이라 하고, 땅을 【黃】이라 한다. …… 【玄】과 【黃】이 서로 차례로 갈마든다." 柳宗元「天說」‥"저 위의 검은 것을 세상에서는 하늘이라 부르고, 아래의 노란 것을 세상에서 땅이라 부른다." [『易』「坤·文言」‥"夫【玄黃】者, 天地之雜也, 天【玄】而地【黃】." 又「繫辭下」‥"物相雜, 故曰文." 韓康伯注‥"剛柔

交錯, 天地之雜也."『正義』:"言萬物遞相錯雜, 若玄黃相間, 故謂之文也."『周禮』「考工記」:"畫繪之事, 雜五色. …… 天謂之玄, 地謂之黃, ……玄與黃相次也." 柳宗元「天說」:"彼上而玄者, 世謂之天; 下而黃者, 世謂之地."]

6. 范注1-6: 『大戴禮記』「曾子天圓」篇:"天道를 【圓】이라 하고, 地道를 【方】이라 한다."『淮南子』「天文訓」:"땅은 어둡고, 하늘은 밝다." [『大戴禮記』「曾子天圓」篇:"天道曰【圓】, 地道曰【方】."『淮南子』「天文訓」曰:"方者主幽, 圓者主明."]

詹注1-4: 范注:"『大戴禮記』「曾子天圓」篇:'天道를 【圓】이라 하고, 地道를 【方】이라 한다.'『淮南子』「天文訓」:'땅은 어둡고, 하늘은 밝다.'" [范注:"『大戴禮記』「曾子天圓」篇:'天道曰【圓】, 地道曰【方】.'『淮南子』「天文訓」曰:'方者主幽, 圓者主明.'"]

7. 詹注1-5: 『說文解字』「玉部」:"【璧】이란 【玉圜: 둥근 옥】이다."『尙書』「顧命」:"중첩하여 빛을 발하다."『釋文』에서 馬融의 말을 인용하여:"일월은 별이다. 太極, 上元, 십일월 초하루, 冬至에는 日月이 마치 疊璧과 같고, 五星은 마치 구슬을 이어 놓은 듯하여 중첩하여 빛을 발한다고 한 것이다."『莊子』「列禦寇」:"나는 천지를 棺槨으로 삼고, 日月을 이어진 玉圜으로 여기고, 星辰을 장식 구슬로 여긴다."『漢書』「律曆志」:"관원 淳于陵渠이 『太初曆』을 다시 고치며 그믐과 초하루, 초승달과 보름달이 뜰 때면 가장 별이 많아 일월은 마치 옥을 포개놓은 듯하고, 오성

은 구슬을 이어놓은 듯하다고 하였다." [『說文』「玉部」: "【璧】, 【玉圜】也." 『尙書』「顧命」: "宣重光." 『釋文』引馬融云: "日月星也. 太極上元十一月朔旦冬至, 日月如疊璧, 五星如連珠, 故曰重光." 『莊子』「列禦寇」: "吾而天地爲棺槨, 以日月爲連璧, 星辰爲珠璣." 『漢書』「律曆志」: "宦者 于陵渠復覆『太初曆』晦朔弦望, 皆最密, 日月如合璧, 五星如連珠."]

8. 范注1-7: 『周易』「離掛彖辭」: "【離】는 【麗: 펼치다】의 뜻. 해와 달은 하늘에 펼쳐져 있고, 백곡과 초목은 땅에 펼쳐져 있다." 王弼注: "【麗】는 【著: 붙어 있다】와 같은 뜻." 孫君蜀丞: "『尙書·顧命釋文』에서 馬融의 말을 인용하여 太極, 上元, 십일월 초하루, 冬至에는 日月이 마치 疊璧과 같고, 五星은 마치 구슬을 이어 놓은듯하다." [『易』「離掛彖辭」: "【離】【麗】也. 日月麗乎天, 百穀草木麗乎土." 王弼注曰: "【麗】猶【著】也." 孫君蜀丞曰: "『尙書顧命釋文』引馬融云: 太極上元十日月朔旦冬至日月如疊璧, 五星如連珠."]

詹注1-6: 『周易』「離掛彖辭」: "【離】는 【麗】와 같은 뜻. 해와 달은 하늘에 펼쳐져 있고, 백곡과 초목은 땅에 펼쳐져 있다." 『正義』: "【麗】는 【附著: 붙어있다】의 뜻이다." 【麗天】이란 일월이 하늘에 붙어있다는 의미다. 『周易』「繫辭上」: "하늘에 있으면 象이되고, 땅에 있으면 形이 된다." 또한 "하늘에 걸려있으면서 빛나는 것은 일월보다 큰 것이 없다." [『易』「離掛彖辭」: "【離】, 【麗】也. 日月麗乎天, 百穀百木麗乎土." 『正義』:"【麗】附【著】也." '【麗天】', 指日

月附著于天空. 『易』「繫辭上」: "在天成象, 在地成形." 又: "縣(懸)象著明, 莫大乎日月."]

9. 范注1-8: 『周易』「上繫辭」: "고개 들어 천문을 살피고, 고개 숙여 지리를 관찰한다." 『正義』: "하늘에 드리운 상이 있어 무늬를 이루기에 【文】이라 칭한다. 땅에는 산천, 샘과 습지가 있어 각기 조리를 지니기에 【理】라 칭한다." [『易·上繫辭』"仰以觀於天文, 俯以察於地理." 『正義』"天有懸象而成文章, 故稱【文】也; 地有山川原隰, 各有條理, 故稱【理】也."]

詹注1-7: 『論語』「泰伯」: "찬란하도다! 그 문장이여!" 『集解』: "【煥】은 【明: 빛나다】과 같은 뜻." 『小爾雅』「釋詁」: "【鋪】는 【敷: 펴다】, 【布: 펴다】와 같은 뜻." 『周易』「上繫辭」: "고개 들어 천문을 살피고, 고개 숙여 지리를 관찰한다." 『正義』: "하늘에는 드리운 상이 있어 무늬를 이루기에 【文】이라 칭한다. 땅에는 하천, 샘과 습지가 있어 각기 조리를 지니기에 【理】라 칭한다." 『周易』「繫辭上」: "땅에 있으면 【形】이 된다." 韓康伯注: "【形】이란 山川草木을 형상화한 것이다." 『論衡』: "하늘에 있는 日月星辰을 【文】이라 하고, 땅에 있는 山川陵谷을 【理】라 한다."(이는 佚文이며, 『意林』 卷3에 근거하였다.) 王叔珉 『文心雕龍綴補』(以下 簡稱 『綴補』): "『劉子』「愼言」: '日月은 하늘의 【文】이며, 山川은 땅의 【文】이다.'" [『論語』「泰伯」: "煥乎其有文章." 『集解』: "【煥】【明】也." 『小爾雅』「釋詁」: "【鋪】, 【敷】, 【布】也. 『易』「上繫辭」: "仰以觀於天文, 俯以察於地理." 『正

義』: "天有懸象而成文章, 故稱【文】也; 地有山川原隰, 各有條理, 故稱【理】也." 『周易』「繫辭上」: "在地成形." 韓康伯注: "形況山川草木也." 『論衡』: "天有日月星辰謂之【文】, 地有山川陵谷謂之【理】."(此佚文, 據『意林』卷三) 王叔珉『文心雕龍綴補』(以下簡稱綴補): "『劉子』「愼言」: '日月者, 天之【文】, 山川者, 地之【文】.'"]

10. 詹注1-8: 淸錢大昕「味經窩類稿序」: "【道】가 드러난 것을 【文】이라 한다." 劉永濟『文心雕龍原道篇釋義』: "이 편장에서 【文】은 도에 근본을 두었다는 것을 논한 바, 日月山川을 【道之文】이라 하였고, 아울러 雲霞草木을 【自然之文】이라 하였으니, 여기서 말하는 【道】란 자연이다. 이렇게 해야 그 의미가 【文】의 해석과 서로 잘 맞아 떨어진다. 【文】의 본 의미는 交錯이기에 經緯가 서로 교착한 것을 【文】이라 부르며, 경위가 서로 교착한 사물은 아름다워 가히 볼만하다. 따라서 아름답게 펼쳐진 것 역시 【文】이다. 이렇기 때문에 크게는 天地山川, 작게는 禽魚草木, 정밀하게는 인간과 사물의 질서, 거칠게는 꽃 지고 새 우는 것도 각기 절제된 문을 가지고 있으며, 서로 어지럽히지 않는다면 모두 【自然之文】이다. 따라서 도는 자연이며, 만물을 다스림에 예외가 없으며, 모든 생물을 관통함에 빠짐이 없다." 여기서 말하는 【道之文】은 천지의 【文】이자 【自然之文】이다. 이는 즉 이상의 모든 현상이 모두 자연적 아름다움의 문채라는 것을 말하는 것이다. 斯波六郎『文心雕龍札記』(以後 簡稱 斯波六郎): "【道之文】은 【道】의

【文】을 표현한 것." [淸錢大昕『味經窩類稿序』‥"【道】之顯者謂之【文】." 劉永濟『文心雕龍原道篇釋義』‥"此篇論【文】原於【道】之義, 旣以日月山川爲【道之文】, 復以雲霞草木爲【自然之文】, 是其所謂【道】, 亦自然也. 此義也, 蓋與【文】之本訓適相吻合. 【文】之本訓爲迻逪, 故凡經緯錯綜者, 皆曰【文】 而經緯錯綜之物, 必繁縟而可觀. 故凡華采鋪紛者, 亦曰【文】. 惟其如此, 故大而天地山川, 小而禽魚草木, 精而人紀物序, 粗而花落鳥啼, 各有節文, 不相凌亂者, 皆自然之文也. 然則道也, 自然也, 文也, 皆彌綸萬品而無外, 條貫群生而靡有者也." 斯波六郎 『文心雕龍札記』(以下簡稱斯波六郎)‥"道之文意爲表現【道】的【文】."]

11. 詹注2-1: 劉熙 『釋名』「釋天」篇‥"【曜】는 【耀: 빛나다】와 같은 뜻. 광명이 비추는 것." 『淮南子』「天文訓」‥"둥근 것은 주로 밝은 것이며, 밝은 것은 기를 내뿜는다." 魏明帝 『山陽公贈冊文』‥"하늘은 정교하게 조짐을 밝히고, 땅은 신령스럽게 빛을 발한다." [劉熙『釋名·釋天』篇‥"【曜】【耀】也. 光明照耀也." 『淮南子·天文訓』‥"圓者主明, 明者吐氣者也." 『易·坤』六三‥"含章可貞." 王弼注‥"含美而可正, 故曰含章可貞也." 魏明帝『山陽公贈冊文』‥"乾精承祚, 坤靈吐曜."]

12. 范注1-9: 劉熙 『釋名』「釋天」篇‥"【曜】는 【耀】와 같은 뜻. 광명이 비추는 것." 『淮南子』「天文訓」‥"둥근 것은 주로 밝은 것이며, 밝은 것은 기를 뿜는다." 『周易』「坤卦」六三‥"빛을 품고 있는 것은 올바르다." 王弼注‥"아름다움

을 가지고 있으면 올바르기에 아름다운 빛을 가지고 있어 가히 바르다고 말한 것이다." 「坤文言」‥"만물을 머금으면 빛난다." 『集解』에서 干寶의 말을 인용하여‥"땅은 만물을 머금고 있다." [劉熙『釋名·釋天』篇‥"【曜】【耀】也, 光明照耀也." 『淮南子·天文訓』‥"圓者主明, 明者吐氣者也." 『易·坤』六三‥"含章可貞." 王弼注‥"含美而可正, 故曰含章可貞也." 「坤文言」‥"含萬物而化光." 『集解』引干寶云‥"謂坤含藏萬物."]

詹注2-2: 『札記』‥"『周易』「上經·坤」六三爻辭‥'아름다움을 지니고 있으면서도 가히 바르다 하겠다.' 王弼注‥'아름다움을 지니면서도 가히 바르다 하겠다.' 이는【美】를【章】이라 해석한 것이다." 橋川時雄『文心雕龍校讀』(以下簡稱 橋川時雄)‥"【吐曜】는 천문, 즉 日月을 말한다.【含章】은 지리, 즉 산천을 말한다. 仰觀 2구는『周易』「上繫辭」의【머리 들어 천문을 살피고, 머리 숙여 지리를 관찰한다.】에서 나왔다. 땅에는 산천의 아름다움이 포함되어 있기에【含章】이라 한 것이다." [『札記』‥"『易』「上經·坤」六三爻辭‥'含章可貞' 王弼注爲'含美而可正', 是以【美】釋【章】." 橋川時雄『文心雕龍校讀』(以下簡稱橋川時雄)‥"【吐曜】, 天文, 卽日月也. 含章, 地理, 卽山川也.【仰觀】二句本『易』「上繫辭」【仰以觀于天文, 俯以察于地理】句." 地有山川之美, 可稱【含章】.]

13. 范注1-10: 『周易』「繫辭」‥"하늘은 높고, 땅은 낮다. 낮고 높음이 자리해야 貴賤의 위치가 결정된다." [『易』「繫辭」‥

"天尊地卑, 乾坤定矣. 卑高以陳, 貴賤位矣."]

詹注2-3: 『周易』「繫辭上」‥"하늘은 높고, 땅은 낮다. 낮고 높음이 자리해야 貴賤의 위치가 결정된다." 『正義』‥"하늘은 剛陽하기에 높으며, 땅은 柔陰하기에 낮다." 『周易』「繫辭上」‥"이러한 이유에서 易에는 太極이 있고, 태극에서 兩儀가 생겼고, 兩儀에서 四象이 나왔으며, 四象에서 八卦가 나왔다. 팔괘는 吉凶을 정하며, 길흉에 따라 大業이 이루어진다." 韓康伯注‥"무릇 【有】는 반드시 【無】에서 나오고, 太極에서 兩儀가 나온다. 太極이란 명칭을 붙일 수 없기에 이름을 부를 수 없어 【有】의 극한에서 이름을 취해 와야 하는데, 하물며 太極은 어찌해야 하겠는가?" 『正義』‥"太極이 나뉘어져 천지가 생겼기 때문에 【태극에서 양의가 생겼다.】고 말한다. 이는 바로 老子가 말한 【하나에서 둘이 만들어진다.】는 말과 같다. 천지를 말하지 않고 兩儀를 말한 것은 그 물체를 지칭하는 것이다. 아래의 四象과 상대되기에 兩儀를 말한 것이며, 두 체제는 의례에 맞는 행동을 말한다." [『周』「繫辭上」‥"天尊地卑, 乾坤定矣. 高卑以陳, 貴賤位矣." 『正義』‥"天以剛陽而尊, 地以柔陰以卑." 『易』「繫辭上」‥"是故是有太極, 是生兩儀, 兩儀生四象, 四象生八卦; 八卦定吉凶, 吉凶生大業" 韓康伯注‥"夫【有】必始于【無】, 故太極生兩儀也. 太極者, 無稱之稱, 不可得而名, 取其有之所極, 況之太極者也." 『正義』‥"混元旣分, 卽有天地, 故曰【太極生兩儀】, 卽老子云【一生二】也. 不言天地, 而言兩儀自指其物體. 下與四象相對, 故曰兩

儀, 謂兩體容儀也.”]

14. 詹注2-4: 『荀子』「王制」:“따라서 천지가 군자를 낳고, 군자는 천지를 다스린다. 군자는 천지 사이에 자리한다.” 楊倞注:“【參】이란 서로 갈마들어 함께 교화를 이룩하는 것이다.” 『禮記』「孔子閒居」:“三王의 덕은 천지 사이에 자리한다.” 鄭注:“천지 사이에 자리함이란 그 덕이 천지와 함께 셋이 되는 것이다.” 『中庸』:“天地의 조화로 모든 것을 육성할 수 있으면 천지와 함께 관여할 수 있다.” 朱注:“하늘과 땅 사이에 자리한다는 것은 천지와 함께 병립하여 셋이 된다는 것이다.” 『漢書』「揚雄傳」上:“천지와 함께 하나 독립적이다.” 注云:“천지와 함께 갈마드는 것을 【三】이라 한다.” 注:“【參】은 【三】을 말하고, 【之】는 天地를 지칭한다. [『荀子』「王制」:“故天地生君子, 君子理天地. 君子者, 天地之參也.” 楊倞注:“【參】, 與之相參, 共成化育也.” 『禮記·孔子閒居』:“三王之德, 參于天地.” 鄭注:“參天地者, 其德與天地爲三也.” 『中庸』:“可以贊天地之化育, 則可與天地參矣.” 朱注:“與天地參, 謂與天地竝立爲【三】也.” 『漢書』「揚雄傳」上:“參天地而獨立兮.” 注云:“【參】之言【三】也.” 【之】指天地.]

15. 詹注2-5: 『周易』「繫辭下」:“『周易』이 책으로 이루어지면서 넓고 큰 것을 모두 망라하였다. 天道, 人道, 地道가 모두 있다. 三才를 겸하였고, 이를 둘로 곱하여 六이 되었다. 六이란 바로 三才의 도를 말한 것이다.” 鄭玄:“太極은 三才를 포괄하여 하나로 만들어 서로 어우러져 함께 나타나

게 한다. 이에 태극은 양의를 낳았고, 삼재가 드러나게 되었다." 『周易』「說卦」··"이러한 하늘의 도를 세워 陰陽이라 하였고, 땅의 도를 세워 柔剛이라 하였고, 사람의 도를 세워 仁義라 하였다. 三才를 겸하여 둘을 곱하니 『周易』은 六劃이 되어 괘를 이룬다." 『後漢書』「張衡傳」注··"三才란 天地人을 말한다." 白居易 與元九書』··"무릇 문장의 고상함은 三才가 모두 문채를 가지고 있기 때문이다. 天文은 【三光: 日·月·星】이 으뜸이고, 地文은 【五材: 金·木·水·火·土】가 으뜸이고, 人文은 【六經: 『詩經』·『書經』·『禮記』·『樂記』·『周易』·『春秋』】이 으뜸이다." 【性靈】은 사람의 지혜를 의미한다. 「序志」··"세월이 훌쩍 지나니 사람의 지혜도 남아 있지 않도다." 이상은 陰陽이 있은 연후에 天地가 있고, 天地가 있은 연후에 萬物이 있고, 萬物이 있은 연후에 人間이 있음을 설명한 것이다. 그러나 천지만물 가운데 무릇 사람만이 【지혜를 모을 수 있기에】 천지와 함께 三才가 된다. [『易』「繫辭下」: "『易』之爲成書也, 廣大悉備; 有天道焉, 有地道焉, 有人道焉. 兼三材而兩之, 故六. 六者非它也, 三材之道也." 鄭玄日: "太極函三爲一, 相幷俱生. 是太極生兩儀, 而三才已見矣." 『易』「說卦」: "是以立天之道, 日陽與陰; 立地之道, 日柔與剛; 立人之道, 日仁與義. 兼三才而兩之, 故易六畵而成卦." 『後漢書』「張衡傳」注: "三才, 天地人也에." 白居易의 『與元九書』: "夫文尙矣, 三才各有文: 天之文, 三光首之; 地之文, 五材首之; 人之文; 『六經』首之." 【性靈】, 指人的知慧. 「序志」篇: "歲月飄忽, 性靈不居." 以上是說有陰陽然後有天地, 有天地然後有萬物, 有萬

物然後有人類. 而在天地萬物之中, 惟人類內【性靈所鍾】, 所以與天地竝列爲三才.]

16. 范注1-11: 『說文解字』: "사람이 천지의 본성 가운데 가장 귀한 존재다." 『禮記』「禮運」篇: "사람이란 천지의 덕이며, 음양의 交合이며, 귀신과 화합하는 오행 가운데 가장 뛰어난 기운을 가지고 있다." 다시: "인간은 천지의 核心이며, 五行의 근원이며, 五味를 먹고, 五聲을 분별하며, 五色을 입고 사는 존재다." [『說文』: "人, 天地之性最貴者也." 『禮記·禮運』篇 "人者, 其天地之德, 陰陽之交, 鬼神之會, 五行之秀氣也." 又曰: "人者, 天地之心也, 五行之端也, 食味別聲被色而生者也.]

詹注2-6: 黃叔琳校: "다른 판본에는【實】字 앞에【人】字가 있고,【心】字 다음에는【生】字가 있다." 徐復『文心雕龍正字』: "【人】字는 응당 앞 구의【爲】字 앞에 두어 두 구의 주어로 삼아야하기에 반드시 넣어야 한다.【生】字는 다음【文心生而言立】과 관련이 있다고 보는 것이 타당하다." 楊明照『文心雕龍校注拾遺』(1982년 增訂本, 以下 簡稱『校注』)에서는 이 두 구에 대하여: "원래는【爲五行之秀氣, 實天地之心生】이었을 것이다. 아래의【心生而言立】은【天地】와 긴밀히 연계되어 있다.「徵聖」篇 贊에서【秀氣成采】라 했는데, 이 역시【秀氣】와 연결된 문형이다." 병존할 수 있음을 설명한 것이다. 『說文解字』: "사람이 천지의 생명 가운데 가장 귀한 존재다." 『禮記』「禮運」篇: "사람이란 천지의 덕이며, 음양의 交合이며, 귀신과 화합하는 오행 가운데 가장 뛰어난 기운을 가지고 있다.” 다시··“인간은 천지의 核心이며, 五行의 근원이며, 五味를 먹고, 五聲을 분별하며, 五色을 입고 사는 존재다.” 『正義』··“【天地之心】이란 天地는 사방의 높고, 멀고, 낮은 곳에 자리하며, 사람이 그 중앙에 자리하여 움직이고 정지하면서 천지와 호응한다는 것을 말한다. 천지에 사람이 자리함은 마치 사람의 뱃속에 심장이 있고, 이것이 움직이고 정지하면서 사람과 호응하는 것과 같다. 이에 【天地之心】이라 한 것이다. 王肅··‘인간이 천지 사이에 있는 것은 五臟 속에 心臟이 있는 것과 같다. 인간이 살아있는 것 가운데 가장 신령스러운 것은 심장이 오장 가운데 가장 중요한 것과 같다.’ 【五行之端】에서 【端】은 【首: 으뜸】의 뜻이다. 만물은 모두 오행에서 생겨난 것이며, 사람이 그 오묘한 기운을 획득하여 仁, 義, 禮, 智, 信을 이해하기에 오행의 으뜸인 것이다.” 【天地之心】이란 천지의 핵심이라는 의미이다. [黃叔琳校··“一本【實】上有【人】字, 【心】下有【生】’字.” 徐復『文心雕龍正字』··“按【人】字當在上句【爲】字上, 爲二句之主詞, 應增. 【生】字則涉下【文心生而言立】句衍.” 楊明照『文心雕龍校注拾遺』(一九八二年增訂本, 以下簡稱『校注』.) 謂此二句··“疑原作【爲五行之秀氣, 實天地之心生】. 下文【心生而言立】, 則緊承【天地】句. 「徵聖」篇贊··【秀氣成采】, 亦以【秀氣】連文.” 可說竝存. 『說文』··“人, 天地之性最貴者也.” 『禮記·禮運』篇··“人者, 其天地之德, 陰陽之交, 鬼神之會, 五行之秀氣也.” 又曰··“人者, 天地之心也, 五行之端也, 食味別聲被色而生者也.” 『正義』··“【天地之

心】也者, 天地高遠在上, 臨下四方, 人居其中央, 動靜應天地, 天地有人, 如人腹內有心, 動靜應人也. 故云【天地之心】也. 王肅云··'人於天地之間, 如五藏之有心矣. 人乃生之最靈, 其心, 五藏之最聖者也.' 【五行之端】也者, 【端】猶【首】也. 萬物悉由五行而生, 而人最得其妙氣, 明仁義禮智信爲五行之首也." 【天地之心】就是天地的核心.]

17. 詹注2-7: 揚雄『法言』「問神」篇··"언어는 마음의 소리이고, 글은 마음의 그림이다. 소리와 그림의 형태를 통해 군자와 소인의 차이가 드러난다." 이 【心】字는 사람을 지칭하지만, 또한 思想을 지칭할 수도 있다. 劉勰이 운용한 이 구의 의미는 인간이 출현한 다음에 언어가 있음을 설명한 것이다. [揚雄『法言·問神』篇··"言心聲也; 書心畵也; 聲畵形, 君子小人見矣." 這個【心】字是指的人, 【心】也可以指思想. 劉勰此句意思是說: 人出現了便有語言.]

18. 詹注2-8: 【文明】은 문장의 뜻이 명확하게 드러남 말한다. [【文明】, 謂文章顯明.]

19. 范注1-12: 揚雄『法言』「問神」篇··"언어는 마음의 소리이고, 글은 마음의 그림이다. 소리와 그림의 형태를 통해 군자와 소인의 차이가 드러난다. 군자와 소인의 動情에 있어서야?". 『說文解字』··"詞의 의미는 심중에 있는 것이고, 언어는 밖으로 드러난 것이다. 그래서 음은 【司】요 의미는 【言】이다." 段玉裁注··"【司】란 주재한다는 의미이다. 의미는 안에서 주재하고, 언어는 밖으로 드러난 것이기에 【司言】을 따라야 한다." [揚雄『法言·問神』篇··"言心聲也; 書心

畵也; 聲畵形, 君子小人見矣. 聲畵者, 君子小人之所以動情乎!" 『說文』: "詞, 意內而言外也." 段玉裁注曰: "【司】者主也. 意主於內而言發乎外, 故從【司言】."]

詹注2-9: 『老子』25章: "사람은 땅을 본받고, 땅은 하늘을 본받고, 하늘은 도를 본받고, 도는 자연을 본받았다." 揚雄 『法言』 「君子」篇: "【生】이 있으면 반드시 【死】가 있고, 시작이 있으면 반드시 끝이 있는 것은 자연의 규율이다." 『論衡』 「偶會」: "【命】은 吉凶을 主宰이며, 自然之道이며, 우연한, 교묘한 만남이며 특별한 氣 혹은 사물이 타자를 압도하거나 영향을 미치는 것은 아니다." 「自然」篇: "妖氣는 귀신을 만들고, 귀신이 인간의 형상을 담는 것은 자연스러운 이치로 결코 누군가 억지로 그렇게 한 것이 아니다." 阮籍 『達莊篇』: "얻으려는 자는 잃을 것이요, 밝음을 다투려하는 자는 밝음을 잃을 것이고, 욕심을 부리지 않는 사람은 스스로 만족할 것이며, 공허에 자리한 사람이라야 실질을 얻을 수 있다. 산은 고요하고, 계곡이 깊은 것은 자연의 이치이다. 도를 얻고도 바른 것이 군자의 실질이다." 다시: "乾坤의 변화는 간단하기에 雅樂은 번잡하지 않다. 道德은 平淡하기에 소리도 맛도 없다. 번잡하지 않으면 음양이 저절로 통하게 되고, 맛이 없더라도 만물은 저절로 즐겁고, 매일 훌륭하게 교화가 이루어져도 스스로 알지 못하니 풍속이 바뀌어도 함께 이를 즐거워한다. 이것이 바로 【自然之道】이며, 즐거움의 시원이다." [『老子』二十五章: "人法地, 地法天, 天法道, 道法自然." 揚雄 『法

言』「君子」篇‥“有【生】者必有【死】, 有始者必有終, 自然之道也.” 『論衡』「偶會」‥“【命】, 吉凶之主也. 自然之道, 適偶之數, 非有他氣旁物厭勝感動使之然也.” 又「自然」篇‥“妖氣爲鬼, 鬼形人形, 自然之道, 非或爲之也.” 阮籍 『達莊篇』‥“求得者喪, 爭明者失, 無慾者自足, 空虛自受實. 夫山靜而谷深者, 自然之道也; 得之道而正者, 君子之實也.” “乾坤易簡, 故雅樂不煩; 道德平淡, 故無聲無味. 不煩則陰陽自通, 無味則百物自樂, 日遷善成化而不自知, 風俗移易而同于是樂. 此【自然之道】, 樂之所始也.”]

【自然之道】는 자연스러운 이치다. 唐 獨孤郁은 『辨文』에서 「原道」篇의 관점을 발휘하여‥“무릇 天文은 위에 자리하고, 地文은 아래에 자리하며, 人文은 그 사이에 자리한다. 알 수 없으나 저절로 增損하는 것이기에 【自然之文】이라 한다. …… 무릇 하늘이 어찌 문채에 뜻을 지니고 있겠는가? 따라서 日月星辰은 더할 것이 없다. 땅이 어찌 문채에 뜻을 지니고 있겠는가? 山川丘陵은 더할 것이 없다. 八卦와 『春秋』가 어찌 문채에 뜻을 지니고 있겠는가? 지극히 천지와 같다. 자연이란 어쩔 수 없이 그러한 것을 말한다.” [【自然之道】, 就是自然而然的道理. 唐獨孤郁有『辨文』一文, 發揮了「原道」篇的觀點說‥“夫天之文, 位乎上, 地之文, 位乎下, 人之文, 位乎中. 不可得而增損者, 【自然之文】也.…… 夫天豈有意于文采耶? 而日月星辰不可踰. 地豈有意于文采耶? 山川丘陵不可加. 八卦、『春秋』豈有意于文采也? 而極與天地侔(比). 夫自然者, 不得不然之謂也.”]

『札記』‥"劉勰의 뜻은 문장은 본래 자연에서 생겨난 것이기에 篇中에서 수차례 자연을 언급하였다. 첫 번째는 【마음이 동하면 언어로 표현되고, 언어로 표현되면 문장도 선명해지니, 이것이 自然之道다.】 두 번째는 【어찌 억지로 꾸민 것이겠는가? 모두 자연스러운 것이다.】 세 번째는 【누가 이를 주관하는가? 또한 신비한 이치일 뿐이다.】 그 의미를 새겨보면 대단히 평이하다. 무릇 사람이 생각을 가지게 되면 언어가 생기고, 언어가 있으면 문장이 만들어지며, 언어로 마음을 표현하고, 문장으로 언어를 대신하는데, 성인은 능히 문장의 묘를 다할 수 있기에 소위 도란 이와 같을 뿐이다. 이는 후세의 사람들이 말한 文以載道와는 확연히 다르다." [『札記』‥"案彦和之意, 以爲文章本由自然生, 故篇中數言自然, 一則曰‥【心生而言立, 言立而文明, 自然之道也.】 再則曰‥【夫豈外飾, 蓋自然耳.】 三則曰‥【誰其尸之, 亦神理而已.】 心繹其旨, 甚爲平易. 蓋人有思心, 則有言語, 旣有言語, 卽有文章, 言語以表思心, 文章以代言語, 惟聖人爲能盡文之妙, 所謂道者, 如此而已. 此與後世言文以載道者截然不同."]

이상 몇 구절의 의미는 오행으로 구성된 만물 가운데 인간이 가장 우수한 이유는 오직 인간만이 性靈을 지녀 능히 생각할 수 있기에 천지 만물과 더불어 【三才】라 불릴 수 있으며, 나아가 인간이 우주의 핵심이라는 것이다. 인간이 천지사이에 자리할 수 있는 것은 마치 심장이 육체에 있는 것과 같이 생각할 수 있는 유일한 존재이기 때문이다. 『日本學者論中國古代文學的特點問題』··“1978년에 吉川幸次郞의 『中國文學史』가 출판되었다. 吉川幸次郞은 중국 고대문학의 특징은 한마디로 【人本主義】라고 주장하였다. 그는 『孝經』의 【천지 사이의 모든 생물 가운데 인간이 가장 고귀하다.】, 『禮記』「禮運」篇의 【사람이란 천지의 덕이며, 음양의 變合이며, 귀신과 화합하는 오행 가운데 가장 뛰어난 기운을 가지고 있다.】, 『尙書』「泰誓」篇의 【인간에게 천지가 없으면 살아갈 수 없고, 천지에 사람이 없다면 신령스러울 게 없다.】 등의 예를 들었다. …… 그리고 이러한 【人本主義】 세계관이 표현된 가장 결정적 의미를 지니고 있는 것이 바로 【언어문화】이며 그 전형이 바로 【문학】이다. 그는 『文心雕龍』「原道」篇의 【兩儀가 생기자, 사람이 여기에 함께 하였고, 성령을 지니고 있어 이를 三才라 한다. 오행 중 가장 뛰어나 실로 천지의 핵심이라 하겠다. 마음이 동하면 언어로 표현하고, 언어로 표현되면 문장도 선명해지는데, 이것이 自然之道다.】를 가지고 증거로 삼았다(『古籍整理出版情況簡報』, 一九八0年第二期 참조). [以上幾句話的意思是說··五行組成的萬物之中, 人是最優秀的, 只有人有性靈, 能思想, 所以有刺激和天地竝稱爲【三才】, 而且人是宇宙的核心. 人在天地之間, 好象心在肉體內一樣, 是唯一能思想的事物. 『日本學者論中國古代文學的特點問題』··“一九七四年出版吉川幸次郞的『中國文學史』. 吉川幸次郞認爲, 中國古代文學的特點, 一言以蔽之, 就是【人本主義】. 他擧『孝經』【天地之性, 人爲貴】, 『禮記·禮運』篇中【故人者, 其天地之德, 陰陽之交, 鬼神之會, 五行

之秀氣也.】", 『尙書·泰誓』篇中【人非天地, 無以爲生; 天地非人, 無而爲靈】等爲例. …… 而表現這種【人本主義】世界觀的最具有決定意義的東西, 那便是【語言文化】, 典型以爲【文學】. 他擧『文心雕龍』作證, 「原道」篇曰【故兩儀旣生矣, 惟人參之, 性靈所鍾, 是謂三才. 爲五行之秀, 實天地之心. 心生而言立, 言立而文明, 自然之道也.】(見『古籍整理出版情況簡報』, 一九八O年第二期).]

1–2.

만물을 살펴보니 동물과 식물은 모두 문양을 지니고 있다. 용과 봉황은 아름다운 문양으로 상서로움을 드러내고, 호랑이와 표범은 찬란한 자태를 드러낸다. 구름과 노을의 아름다운 색은 화공의 교묘함을 초월한 것이다. 초목이 피운 꽃은 비단 만드는 장인의 기예가 필요 없다. 어찌 억지로 꾸민 것이겠는가? 자연스러운 것이다. 숲이 만들어낸 소리는 피리와 거문고가 조화를 이룬 소리와 같다. 냇물과 자갈이 만들어낸 소리는 마치 磬鐘의 조화로운 소리와 같다. 따라서 형상이 만들어지고, 소리가 흘러나오면 자연히 문장이 만들어진다. 무릇 생명이 없는 사물도 풍부한 文彩를 지닐진대 하물며 심령을 지닌 인간에게 문채가 없겠는가?

1-2.
傍及萬品[20], 動植皆文[21]: 龍鳳以藻繪呈瑞[22], 虎豹以炳蔚凝姿[23]; 雲霞雕色, 有踰畵工之妙; 草木賁華[24], 無待錦匠之奇; 夫豈外飾, 蓋自然耳[25]. 至於林籟結響, 調如竽瑟[26]; 泉石激韻, 和若球鍠[27]; 故形立則章成矣, 聲發則文生矣[28]. 夫以無識之物, 鬱然有彩, 有心之器, 其文無歟[29].

20. 詹注3-1: 王利器『文心雕龍校證』(以下 簡稱『校證』)‥“何焯은【傍】을【旁】으로 校監하였다.”『校注』‥“何焯은【旁】으로 교감한 것이 옳다고 여겼다.”『說文』上部‥“【旁】은【溥: 두루 미치다】」와 같은 의미다.”『漢書』「郊祀志上」‥“【四夷에 두루 미쳤다.】라는 기록이 있다. 그 단어의 성격이 이와 같으니 족히 推證할 수 있다.【旁及萬品】은 萬品에 두루 미친다는 것.”【溥】는【普】와 같은 뜻. [王利器『文心雕龍校證』(以下簡稱『校證』)‥“何焯校【傍】作【旁】.”『校注』‥“何焯校【旁】是.”『說文』上部‥“【旁】,【溥】也.”『漢書』「郊祀志上」‥“【旁及四夷】…… 其詞性幷與此同, 足爲推證.【旁及萬品】者, 猶言溥及萬品耳.”【溥】, 就是【普】.]

21. 詹注3-2: 張衡『東京賦』‥“동물도 이처럼 생장하고, 식물도 이처럼 생장한다.” [張衡『東京賦』‥“動物斯生, 植物斯長.”]

22. 詹注3-3:『論衡』「書解」篇‥“용의 비늘은 文彩가 있어 蛇類에서 가장 신령하고, 鳳凰의 깃털은 오색을 지녔기에 鳥類의 으뜸이고, 호랑이는 용맹스러워 털의 색깔이 가장 현란하고, 거북이는 지혜로워 등에 花紋이 있다. 이 네 동물은 文質을 잘 체현했기에 동물의 賢聖이라 하겠다. 만일 산에 나무가 없다면 이는 토산에 불과하고, 땅에 풀이 없다면 갯벌에 지나지 않는다. 사람에게 문채가 없다면 이는 너무나 소박한 사람이며, 토산에는 사슴이 없고, 갯벌에는 오곡이 나지 않고, 사람에게 文德이 없으면 聖賢이

될 수 없다." [『論衡』「書解」篇: "龍鱗有文, 於蛇爲神; 鳳羽五色, 於鳥爲君; 虎猛, 毛蚡蜦; 龜知, 背負文; 四者體文質, 於物爲聖賢. 且夫山無林, 則爲土山; 地無毛, 則爲潟土; 人無文, 則爲僕(樸)人, 土山無麋鹿, 潟土無五穀, 人無文德, 不爲聖賢."]

23. 范注2-1: 『周易』「革卦象辭」: "大人이 호랑이로 변하면 그 문장이 빛난다." 또한: "군자가 표변하면 그 문장이 울연하다." [『周易·革卦象辭』: "大人虎變, 其文炳也." 又: "君子豹變, 其文蔚也."]

詹注3-4: 黃叔琳注(以下 簡稱 『黃注』): "『周易』에서 '【大人이 호랑이로 변하면 그 문장이 빛난다.】' 다시: '【군자가 표변하면 그 문장이 울연하다.】'" 이는 「革卦」95, 「上六卦辭」다. 毛西河 『仲氏易』에서 王湘卿의 말을 인용하여: "호랑이 문양처럼 풍성하고 분명한 것을 【炳: 빛나다】이라 한다. 표범의 문양처럼 주밀하고 가지러한 것을 【蔚: 풍성하다】이라 한다." 『正義』: "문장이 아름다우면 찬연하여 가히 볼만한데, 이는 마치 호랑이로 변한 것처럼 문장도 아름다운 빛을 발하게 되다는 것이다. …… 그리하여 위대한 업적을 형용함은 마치 표범 문양의 아름다움과 같기에 【君子豹變】이라 한 것이다." 【凝姿】는 털빛이 만든 아름다움. [黃叔琳注(以下簡稱黃注): "『易』: '【大人虎變, 其文炳也.】' 又曰: '【君子豹變, 其文蔚也.】'" 案此「革卦」九五、「上六卦辭」. 毛西河『仲氏易』引王湘卿云: "虎文疏而著曰【炳】, 豹文密而理曰【蔚】." 『正義』: "有文章之美, 煥然

可觀, 有似虎變, 其文彪炳. …… 然亦潤色鴻業, 如豹文之蔚縟, 故曰【君子豹變】也." 【凝姿】, 形成毛色的美.]

24. 詹注3-5: 『校注』: "『周易』「序卦」傳: '【賁】은 【飾: 꾸미다】과 같은 뜻. 여기에서 【賁】字는 응당 【飾】字로 해석해야 한다.' …… 『書經』「僞湯誥」: '초목처럼 폈다.' 枚傳: '【賁】은 【飾】과 같은 뜻. …… 찬란하게 꾸민 것이 마치 초목이 모두 꽃을 피운 것과 같다.' 劉勰의 언급은 이것을 근거로 삼은 것이다." 【華】는 꽃으로, 초목이 장식처럼 꽃이 핀 것을 말한다. 『說苑』「反質」篇: "孔子가 賁卦를 얻자 하늘을 우러러 탄식하였다. …… 이르길 '백옥이 조각되지 않고, 寶珠가 꾸며지지 않았도다.……'" 여기에서 【雕】는 【賁】과 對文를 이루며, 마치 『說苑』에서 【雕】字와 【飾】字가 對文을 이룬 것과 같다. [『校注』: "按『易·序卦』傳: '【賁】은 【飾】也.' 此【賁】字亦當訓爲【飾】. …… 『書·僞湯誥』: '賁若草木.' 枚傳: '賁, 飾也. …… 煥然咸飾, 若草木同華.' 蓋舍人語意所本." 【華】, 花, 謂草木裝飾上花朶. 『說苑·反質』篇: "孔子得賁卦, 喟然仰而歎息, … 曰: '白玉不雕, 寶珠不飾.……'" 此處以【雕】與【賁】對文, 正猶『說苑』以【雕】與【飾】對文.]

25. 范注2-2: 孫蜀丞: "『三國蜀志』「秦宓傳」: '어떤 사람이 宓에게 당신 스스로 巢, 許, 四皓와 비교해본다면 어찌해서 文藻가 옥구슬처럼 드러난다고 생각하시오? 라고 물었다. 宓이 저는 글로는 말을 표현할 수도 없고, 말로는 의미를 모두 드러낼 수도 없는데 어찌 文藻가 뛰어나다 하겠습니

까? 무릇 호랑이는 태어나면서부터 무늬가 빛나고, 봉황은 태어나면서 오색을 지니고 있는 것인데 어찌 五彩로 스스로를 꾸미겠습니까? 다 천성입니다. 무릇 『河圖』와 『洛書』에서 글이 만들어지고, 『六經』에서 문장이 일어났으니 군자는 마땅히 문덕을 갖추어야 하는 것인데 어찌 문사로 무엇을 그르치게 할 수 있단 말인가?' 劉勰의 언급은 이를 바탕으로 한 것이다." 陸德明 『周易』 「音義」에서 傅氏의 말을 인용하여:"옛것을 꾸민 어지러운 글귀도 문장의 형태다." 『說苑』 「反贊篇」:"孔子가 賁卦를 얻고는 우러러 탄식하며 의미가 없도다...... 공자가 이르길 【賁】은 정색이 아니다. 나는 또한 丹漆에 문식을 가하지 않고, 白玉을 조탁하지 않고, 보화와 진주에는 수식을 가하지 않는다는 말을 들었다. 왜 그런가? 바탕이 충분하면 수식을 가하지 않아도 되기 때문이다." 『呂氏春秋』 「愼行論一行篇」 高誘注:"【賁】이란 색이 순수하지 못한 것이다." 이 모두는 【賁】이 문장 형태라는 증거이다. [孫君蜀丞云"三國蜀志』「秦宓傳」'或謂宓曰, 足下欲自比於巢許四皓, 何故揚文藻見瓌穎乎? 宓答曰, 僕文不能盡言, 言不能盡意, 何文藻之有揚乎? 夫虎生而文炳, 鳳生而五色, 豈以五彩自飾畵哉, 天性自然也. 蓋『河洛』由文興, 『六經』由文起, 君子懿文德, 彩藻其何傷?" 彦和言意本此. 陸德明 『周易·音義』引傅氏云"賁古斑字, 文章貌." 『說苑·反贊篇』"孔子卦得賁, 喟然仰而嘆息, 意不乎......孔子曰, 【賁】非正色也. 吾亦聞之, 丹漆不文, 白玉不雕, 寶珠不飾, 何也? 質有餘者, 不受飾也." 『呂氏春秋·愼行論一行篇』高誘注 "【賁】, 色不純也."

皆【賁】爲文章貌之證.]

詹注3-6: 范注에서 孫蜀丞의 말을 인용하여··“『三國蜀志』「秦宓傳」··‘어떤 사람이 宓에게 당신 스스로 巢, 許, 四皓와 비교해본다면 어찌해서 文藻가 옥구슬처럼 드러난다고 생각하시오? 라고 물었다. 宓이 저는 글로는 말을 표현할 수도 없고, 말로는 의미를 모두 드러낼 수도 없는데 어찌 文藻가 뛰어나다하겠습니까? 무릇 호랑이는 태어나면서 무늬가 빛나고, 봉황은 태어나면서 오색을 지니고 있는 것인데 어찌 五彩로 스스로를 꾸미겠습니까? 다 천성입니다. 무릇 『河圖』와 『洛書』에서 글이 만들어지고, 『六經』에서 문장이 일어났으니 군자는 마땅히 문덕을 갖추어야 하는 것인데 어찌 문사로 무엇을 그르치게 할 수 있단 말인가?’ 劉勰의 언급은 이를 바탕으로 한 것이다.” 紀昀評··“齊梁時期의 문채는 나날이 조탁과 화려함만 추구하였다. 자연을 종지로 표방한 것은 劉勰이 소탈한 사람이라는 증거다.” 사실 鍾嶸의 『詩品』 역시 【自然】을 주창하여··“사물과의 감응을 통해 감정을 표현하는 것은 자연스러운 일이다.” “자연의 아름다움을 아는 사람을 만나기 어렵다.” 이는 그 분명한 예이다. 『綴補』··“劉勰은 문학에 있어 자연미를 주장하였다. 그러나 자연이라 말한 것은 조탁을 마친 뒤의 자연스러움이다.” [范注引孫蜀丞云··“『三國·蜀志· 秦宓傳』‘或謂宓曰, 足下欲自比於巢許四皓, 何故揚文藻見瓌穎乎? 宓答曰, 僕文不能盡言, 言不能盡意, 何文藻之有揚乎? 夫虎生而文炳, 鳳生而五色, 豈以五彩自

飾畵哉, 天性自然也. 蓋『河洛』由文興, 『六經』由文起, 君子懿文德, 彩藻其何傷?' 彦和言意本此." 紀評‥"齊梁文藻, 日競雕華. 標自然以爲宗, 是彦和吃緊爲人處." 其實, 鍾嶸『詩品』亦揭【自然】之說, 如云‥"感物吟志, 莫非自然." "自然英旨, 罕値其人." 卽其顯例. 『綴補』‥"彦和於文, 主自然美. 然其所謂自然, 乃彫琢後之自然也."]

26. 詹注4-1: 『莊子』「齊物論」‥"【地籟】는 모든 구멍에서 나오는 소리며, 【人籟】는 퉁소와 같은 것이다." 【結】은 【構成】과 같은 뜻. 李詳 『文心雕龍補注』(以下 簡稱 『補注』)‥"宋玉의 「高唐賦」에서 '섬세한 비명, 竽籟의 소리와 같구나.'" [『莊子·齊物論』‥"【地籟】則衆竅是已, 【人籟】則竹比是已." 【結】, 【構成】. 李詳『文心雕龍補注』(以下簡稱『補注』)‥"宋玉「高唐賦」‥'纖條悲鳴, 聲似竽籟."]

27. 詹注4-2: 吳均 『與宋元思書』‥"샘물이 돌과 부딪치니 【泠泠】 소리를 낸다." 『尙書』「益稷」‥"톡톡 두드리니 玉磬이 울리는구나." 『孔傳』‥"【球】는 玉磬이다." 【鍠】에 대하여 『說文』 金部‥"鐘聲이다. 『詩經』에서 이르길 "종과 북이 둥둥 울리다." 『說文』에서 인용한 『詩經』 『周頌』 「執競」을 참조. 오늘날의 판본에서는 【喤喤】으로 되어있다. 『毛傳』‥"부드러운 소리다." [吳均『與宋元思書』‥"泉水激石, 【泠泠】作響." 『尙書·益稷』‥"戛擊鳴球." 孔傳‥"【球】, 玉磬." 【鍠】, 『說文』 金部云‥"鐘聲也. 『詩』曰‥鐘鼓鍠鍠." 『說文』引『詩』見『周頌』·「執競」, 今本作【喤喤】. 『毛傳』云‥"和也."]

28. 詹注4-3: 이 두 구는 하나는【形文】, 하나는【聲文】을 지칭한다.【形立則章成】은 위의【動植皆文】을 말한 것이다. 『荀子』「富國」: "금옥을 조각하고, 새기며, 아름답게 수를 놓는다." 楊倞注: "청색과 적색을 섞은 것을【文】이라 하며, 적색과 백색을 섞은 것을【章】이라 한다." 『札記』: "劉勰의 의도는 무릇 聲采는 모두 자연에서 비롯되는 것이며, 조탁이 과하면 그 근본을 상실하기에 당연히 이를 멀리해야 하다는 것이지 오로지 질박함만을 강조한 것은 아니다." [這兩句一指【形文】, 一指【聲文】.【形立則章成】, 指上文的【動植皆文】而言. 『荀子·富國』: "爲之雕琢刻鏤, 黼黻文章." 楊倞注 : "靑與赤謂之【文】, 赤與白謂之【章】." 『札記』: "彦和之意, 蓋謂聲采由自然生, 其雕琢過甚者, 則寖失其本, 故宜絶之, 非有專隆樸質之語."]

魯迅의 『漢文學史綱要』제1편 「從文字到文章: 문자에서 문장까지」: "梁代 劉勰은【人文의 근원은 太極에서 시작되었다.】고 하였으며, 三才의 출현이 도의 오묘함에서 나왔으며,【형체가 만들어지고, 성운이 발현하면 저절로 문장이 이루어지기에】 아름다운 호랑이의 무늬, 비단 같은 노을, 숲이 만들어낸 소리, 냇물이 부딪쳐 내는 소리는 모두 문장이 된다고 말했다. 그의 주장은 아득하여 헤아리기조차 어렵다." [魯迅『漢文學史綱要』第一篇「從文字到文章」: "梁之劉勰, 至謂【人文之元, 肇自太極】, 三才所顯, 幷由道妙,【形立則章成矣, 聲發則文生矣】, 故凡虎斑霞綺, 林籟泉韻, 俱爲文章. 其說汗漫, 不可審理."]

29. 范注2-3: 『尙書』「皐陶謨」: "玉磬을 쳐서 울리다."라고 하였다. 『說文』에서: "【球】는 玉磬이다. 【鍠】이란 종소리다." 『周易』「上繫辭」: "형태가 있는 것을 【器】라 한다." 韓康伯注: "모양을 이루기에 【器】라 한다." [『尙書·皐陶謨』"戞擊鳴球." 『說文』: "【球】玉磬也. 【鍠】 鐘聲也." 『易上繫辭』: "形乃謂之【器】." 韓康伯注曰 "成形曰【器】."]

詹注4-4: 『周易』「繫辭上」: "형태가 있는 것을 【器】라 한다." 韓康伯注: "모양을 이루기에 【器】라 한다." 이는 지각이 없는 사물도 오히려 聲采가 무성한데 어찌 생각을 지닌 사람이 어찌 문채가 없다 말하겠는가? 라는 사실을 말한 것이다. 斯波六郎: "劉勰은 【天之文】, 【地之文】과의 관계 및 【聲之文】, 【形之文】의 관계로부터 【人之文이 천지와 함께 만들어졌음】을 설명하였다. 「情采」篇에서 【文】을 【形文】, 【聲文】, 【情文】 셋으로 나누고 【감정이 들어나 문장이 되는 것은 자연스러운 이치】임을 설명하였다. 이러한 견해는 본편의 관점과 같다."(『日本研究文心雕龍論文集』 44쪽 참조.) [『易·繫辭上』: "形乃謂之【器】." 韓康伯注曰 "成形曰【器】." 此言無知覺之物, 猶且聲采幷茂, 何況有心思的人類, 焉可無文耶? 斯波六郎: "彦和從與【天之文】、【地之文】的關係以及與【聲之文】、【形之文】的關係, 說明【人之文與天地竝生】. 「情采」篇中把【文】分成【形文】、【聲文】、【情文】三種, 幷云由此【發而爲辭章者, 神理之數也】, 這種說法和本篇觀點是相同的."(見『日本研究文心雕龍論文集』第四十四頁.)]

이상의 단락에서는 천지가 처음 존재하면서부터 문채도 함께 있었으며, 日月, 星辰, 山川, 草木, 鳥禽의 문채는 모두 자연스러운 것임을 설명하였다. 인간은 만물의 영장으로, 언어를 지니게 되 자 문장을 짓게 되었고, 그리하여 자연스럽게 문채도 지니게 되었던 것이다. [以上爲第一段, 說明自有天地以來就有文采, 日月星辰山川草木鳥禽的文采, 都是自然而然的. 人爲萬物之靈, 有了言語, 就有文章, 因而自然也有文采.]

1-3.

人文의 시원은 태극에서 시작되었고, 신비한 도리를 심도 있게 설명한 것은 『周易』에서 시작되었다. 庖犧가 八卦를 처음 그렸고, 孔子가 『十翼』으로 매듭을 지었다. 그 가운데 「乾卦」「坤卦」에 공자가 특별히 「文言」을 달았다. 언어의 문채는 천지 심령의 표현이다. 이는 마치 『河圖』가 품었던 八卦, 『洛書』가 가지고 있던 9개의 규범, 玉版金鏤의 내용, 丹文綠牒의 文采는 누가 만들었을까? 이 또한 신비한 도의 계시일 뿐이다.

1-3.

人文之元[30], 肇自太極[31], 幽贊神明[32], 易象惟先[33]. 庖犧畫其始[34], 仲尼翼其終[35]. 而乾坤兩位[36], 獨制文言[37]. 言之文也, 天地之心哉[38]. 若迺『河圖』孕乎八卦[39], 洛書韞乎九疇[40], 玉版金鏤之實, 丹文綠牒之華[41], 誰其尸之, 亦神理而已[42].

30. 詹注5-1: 『易·賁』彖辭··"天文을 살펴 때의 변화를 살피고, 人文을 살펴 천하를 교화시킨다." 李翺 『雜說』··"日月星辰은 하늘을 오가는데, 이를 【天文】이라 한다. 山川草木은 땅위에 펼쳐져 있는데, 이를 【地文】이라 한다. 志氣와 언어가 사람에게서 나온 것을 【人文】이라 한다." 【元】은 【本源】 혹은 【根源】을 말한다. [『易·賁』彖辭··"觀乎天文以察時變, 觀乎人文以化成天下." 李翺『雜說』··"日月星辰經乎天, 【天之文】也; 山川草木羅乎地, 【地之文】也; 志氣言語發乎人, 【人之文】也." 【元】指【本源】或【根源】

31. 范注3-1: 『周易』「上繫辭」··"이러한 까닭에 易에는 太極이 있고, 태극에서 兩儀가 나왔다." 韓康伯注··"무릇【有】는【無】에서 나왔고, 따라서 태극에서 兩儀가 나왔다. 太極이란 명칭을 붙일 수 없기에 이름을 부를 수 없어【有】의 극한에서 이름을 취해 와야 하는데, 하물며 太極은 어찌해야 하겠는가?" 「賁卦」彖辭··"天文을 살펴 시대의 변화를 살피고, 人文을 살펴 천하의 교화를 완성한다." [『易』「上繫辭」"是故易有太極, 是生兩儀" 韓康伯注曰"夫【有】必始於【無】, 故太極生兩儀也. 太極自無稱之稱, 不可得而名, 取有之所極, 況之太極者也." 「賁卦」彖辭··"觀乎天文以察時變, 觀乎人文以化成天下."]

詹注5-2: 『周易』「上繫辭」··"이러한 까닭에 『易』에는 太極이 있다." 『正義』··"태극은 천지가 구분되기 전을 의미하며, 元氣가 섞여 하나로 된 것으로【太初】,【太一】을 말한다. 따라서 老子가 【道가 하나를 낳고】라 하였는데 이것이 바로 太極이다.…… 하늘과 땅이 갈라진 것은 실로 태극에서 비롯된 것이며, 人文의 시작 역시 마찬가지다." 『淮南子』「覽冥訓」: "태극에서 분류되어 나왔다." 高誘注: "태극은 천지가 처음으로 형태를 갖추기 시작할 무렵이다." 斯波六郎은 『周易』 緯書 『乾鑿度』 鄭玄注에서 太極의 해석을 인용하여: "太極은 氣象이 나누어지지 않았을 무렵, 天地의 시작이다." 『晉書』「紀瞻傳」: "顧榮: '太極이란 혼돈의 시기에 몽롱한 채 아직 분화되지 않은 것.'" [『易·上繫辭』: "是故易有太極." 『正義』: "太極謂天地未分之前, 元氣混而爲一, 卽太初太一也. 故老子曰: '道生一', 卽此太極是也.…… 天地剖判, 固原乎太極, 卽人文之始, 亦復有同然也." 『淮南子·覽冥訓』: "引類於太極之上." 高誘注: "太極, 天地始形之時也." 斯波六郎引『易』緯書『乾鑿度』鄭玄注釋太極云: "氣象未分之時, 天地之所始也." 『晉書·紀瞻傳』: "顧榮言: 太極者, 蓋謂混沌時矇昧未分."]

32. 詹注5-3: 『校證』: "【讚】, 黃本에서는 【贊】」이라 하였고, 舊本에서는 모두 【讚】이라 하였으며, 『御覽』에서도 역시 【讚】이라 하였다. 【贊】으로 하는 것이 옳다. 『易·說卦』: "옛 성인들이 『周易』을 지으심에 神明을 심오하게 밝히셨기에 저술이 만들어졌다." 韓康伯注: "【幽】는 【深: 심오하다】과 같은 뜻. 【贊】은 【明: 밝히다】과 같은 뜻." 『正義』: "【幽】는 은밀하여 알기 어려운 것이기에 심오하다고 하였다. 【贊】이란 도와서 이루어지게 한다는 것이기에 …… 명

확하게 인식한 것이다. …… 성인은 神明한 도리를 심오하게 인식하였다. …… 도가 신비한 까닭은 음양을 헤아릴 수 없고, 기묘하여 방향도 없고, 생성과 변화과정에서 그렇게 되는 연유를 알 수 없기 때문이다." 『晉書』「終軍傳」: "神明의 경외에 진력하다." 顔師古注: "【明】이란 【明靈】, 즉 【神】을 말한다." 【神明】이란 【神道】다. [『校證』: "【讚】, 黃本作【贊】, 舊本俱作【讚】」, 『御覽』亦作【讚】'. 按作【贊】是. 『易·說卦』: "昔者聖人之作『易』也, 幽贊于神明而生著." 韓注: "【幽】, 【深】也. 【贊】, 【明】也." 『正義』: "幽者隱而難見, 故訓爲深. 贊者佐而助成, …… 故訓爲明也. …… 聖人所以深明神明之道, …… 神之爲道, 陰陽不測, 妙而無方, 生成變化, 不知所以然而然者也." 『晉書·終軍傳』: "專神明之敬." 顔師古注: "【明】者, 【明靈】, 神也. 是【神明】卽【神道】."]

33. 范注3-2: 『周易』「說卦」: "옛 성인들이 『易』을 지으심에 神明을 심오하게 밝히셨기에 저술이 만들어졌다." 韓康伯注: "【幽】는 【深: 심오하다】과 같은 뜻. 【贊】은 【明: 밝히다】과 같은 뜻. 【著】는 마치 소리 같아 그렇게 되는 까닭은 모르나 그렇게 되는 것이다." 高千里: "【幽贊神明】의 【贊】은 舊本에서는 【讚】이라 했으며, 이것이 옳다. 『周易』「釋文」: '【幽贊】은 판본에 따라 【讚】이라 하였다.' 「孔龢碑」에서도 【幽讚神明】이라 하였다. 白石神君碑에서도 【幽讚天地】라 하였다. 漢代의 사람들은 讚字를 바르게 사용하였다." 孫詒讓 「札迻」十二: "劉勰은 經典의 말을 인용함

에 자주 다른 판본을 따랐으며, 일례로 【幽讚神明】은 『周易』「釋文」 혹은 다른 판본을 바탕으로 한 것이다.” [『易』「說卦」“昔者聖人之作『易』也, 幽贊於神明而生蓍.” 韓康伯注曰:“【幽】, 【深】也. 【贊】, 【明】也. 蓍受命如嚮, 不知所以然而然也.” 高千里曰:“【幽贊神明】, 舊本作【讚】, 是也. 『易釋文』云:‘【幽贊】本或作【讚】.’ 「孔龢碑」【幽讚神明】. 「白石神君碑」【幽讚天地】. 漢人正用讚字.” 孫詒讓 「札迻」十二:“彦和用經語, 多從別本, 【幽讚神明】, 本『易』「釋文」或本.”]

詹注5-4: 『漢書』「眭兩夏候京翼李傳贊」:“神明을 깊게 이해한다는 것은 천지의 도리를 소통, 합치시키는 것이며, 『周易』, 『春秋』보다 분명한 것이 없다.” 『周易』「繫辭下」: “이러한 까닭에 【易】이란 【象】이다. 【象】은 【像】이다.” 『正義』:“【卦】란 만물의 형상을 말하며, 만물을 본받는 것은 마치 乾卦의 상이 하늘의 상을 본받은 것과 같다.” 『左傳』「昭公二年」:“晉侯가 韓宣子를 초빙해 와서 『周易』 象과 魯의 『春秋』를 살펴보게 하였다.” 杜注:“『易』의 【象】이란 繫辭上·下의 【象】에 대한 설명을 말한다.” 『易』의 象은 卦象을 말하는 것이라 생각한다. 「乾卦」 『正義』:“物象을 걸어 놓고 사람에게 보여주기에 【卦】라 말한다.” 다음 문장인 【庖犧가 처음 괘를 그렸고, 孔子가 「十翼」을 달아 마무리 졌다.】는 卦象을 지칭한다. [『漢書·眭兩夏候京翼李傳贊』:“幽贊神明, 通合天人之道者, 莫著乎『易』、『春秋』.” 『周易·繫辭下』:“是故【易】者, 【象】也. 【象】也者, 【像】也.” 『正義』:“謂【卦】爲萬物象者, 法像萬物, 猶若乾卦之象法像

于天也.”『左傳』「昭公二年」‥“晉侯使韓宣子來聘, …… 見『易』象與魯『春秋』.” 杜注‥“『易』【象】, 上下經之【象】辭.” 按『易』象指卦象而言. 「乾卦」『正義』‥“懸掛物象, 以示於人, 故謂之卦.” 下文【庖犧畵其始, 仲尼翼其終】者, 卽指卦象而言.]

34. 范注3-3: 『周易』「下繫辭」‥“옛날 庖犧氏가 천하를 다스림에 위로는 하늘의 상을 관찰하였고, 아래로는 땅의 이치를 관찰하였으며, 鳥獸의 문양을 살피고, 땅의 마땅함을 따르시니, 가까이는 자신의 주위에서 취하고, 멀게는 사물에서 취하셨다. 이에 八卦를 만들어 神明의 德에 통하시고, 만물의 情志를 구분하시었다.” [『易』「下繫辭」‥“古者庖犧氏之王天下也, 仰則觀象於天, 俯則觀法於地, 觀鳥獸之文, 與地之宜, 近取諸身, 遠取諸物, 於是始作八卦, 以通神明之德, 以類萬物之情.”]

詹注5-5: 明代 梅慶生注(以下 簡稱 梅注)‥“【庖犧畵其始】의 【庖犧】를 【虙犧】」로 쓰기도 한다.…… 『周易』「繫辭下」‥‘庖犧氏가 천하를 다스림에 위로는 하늘의 상을 관찰하였고, 아래로는 땅의 이치를 관찰하였으며, 鳥獸의 문양을 살피고, 땅의 마땅함을 따르시니, 가까이는 자신에게서 취하고, 멀게는 사물에서 취하셨다. 이에 八卦를 만들어 神明의 德에 통하시고, 만물의 情志를 구분하시었다.’” 【虙】은 【伏】으로 쓰기도 한다. 明代 王惟儉의 『文心雕龍訓故』(以下 簡稱 『訓故』)‥“『周易』『正義』‥‘伏羲氏가 천하를 다르실 때 龍馬가 『河圖』를 메고 黃河에서 나오자 이를 본받아 八卦를 그렸다.'" [明梅慶生注(以下簡稱梅注)‥"【庖犧畫其始】, 亦作【虙犧】. …… 『易·繫辭下』曰‥'庖犧氏之王天下也, 仰則觀象於天, 俯則觀法於地, 觀鳥獸之文, 與地之宜, 近取諸身, 遠取諸物, 於是始作八卦, 以通神明之德, 以類萬物之情.'" 【虙】一作【伏】. 明王惟儉『文心雕龍訓故』(以下簡稱『訓故』)‥"『易』『正義』‥'伏羲氏有天下, 龍馬負圖, 以出於河, 遂法之, 畫八卦.'"]

이 단락에서는 【天文】, 【地文】, 【人文】이 뒤섞여 있다가 분리되어 나올 때 자연스럽게 그 본래의 모습을 보였으나, 기록의 도구가 없었기에 庖犧가 괘를 그리고, 書契가 나타난 다음에야 비로소 문학이 있을 수 있다고 주장한다. [此處以爲【天文】、【地文】、【人文】, 於混沌初開之時, 卽已自然呈現, 然缺乏記載工具, 必至庖犧畫卦, 書契出現後, 方有文學.]

35. 范注3-4: 『史記』「孔子世家」‥"孔子는 나이가 들어 『周易』을 좋아하여 彖, 繫, 象, 說卦와 文言에 【序】를 달았다." 張守節 『正義』‥"【序】는 【易卦】다. 史書에는 雜卦가 없으며, 雜卦는 序卦의 다른 명칭이다." 『漢書』「儒林傳」‥"공자께서 『周易』을 좋아하시어 韋編三絶할 정도로 읽으셨으며, 이를 위해 【傳】을 지으셨다." 顔師古注‥"【傳】은 彖, 繫辭, 文言, 說卦를 말한다." 『周易『正義』』「序」第六‥"「十翼」의 글은 공자가 지었다는 것에 대하여 先儒들은 이견이 없었다. 다만 「十翼」을 들어 말함에 있어서는 학파별로 차이가 있었다. 그 중 일가一家는 「十翼」을 (1) 上彖,

(2) 下彖, (3) 上象, (4) 下象 (5) 上繫, (6) 下繫, (7) 文言, (8) 說卦, (9) 序卦, (10) 雜卦라 하였다." [『史記』「孔子世家」: "孔子晩好『易』, 【序】彖繫象說卦文言" 張守節『正義』: "【序】, 【易卦】也. 史不出雜卦, 雜卦者於序卦之外別言." 『漢書』「儒林傳」: "孔子好『易』, 讀之爲韋編三絶, 而爲之【傳】." 顔師古注曰: "傳謂彖繫辭文言說卦之屬." 『周易正義』「序」第六: "「十翼」之辭, 孔子所作, 先儒更無理論. 但數十翼亦有多家. 一家數「十翼」云上彖一, 下彖二, 上象三, 下象四, 上繫五, 下繫六, 文言七, 說卦八, 序卦九, 雜卦十."]

詹注5-6: 『訓故』: "『易』傳: '夏商 말기에 『易』道가 중간에 힘을 잃었다가 文王이 羑里에 갇혀서 彖辭를 연결하니 『易』道가 부흥하였다.'" 黃注: "『易通卦驗』: '공자가 「上彖」, 「下彖」, 「上繫」, 「下繫」, 「文言」, 「說卦」, 「序卦」, 「雜繫」로 「十翼」으로 삼았다.'" 『史記』「孔子世家」: "공자는 말년에 『周易』을 좋아하여 「彖」, 「繫」, 「象」, 「說卦」, 「文言」을 지었다." 『漢書』「藝文志」: "殷周 무렵에 이르러 紂가 황위에 올랐으나 천도를 어기고 폭력으로 다스리니, 文王이 제후로서 천명에 따라 도를 행하자 하늘과 인간에 대한 占이 효력을 얻었고, 이에 『周易』 六爻를 중히 여겨 上下篇을 지었다. 공자가 여기에 「繫」, 「象」, 「說卦」, 「文言」 10편을 지었다. 이에 『易』道가 심오해지고, 인간은 伏羲, 文王, 孔子 三聖을 경험하였고, 세상은 三古를 거쳤다." 橋川時雄: "「十翼」은 둘이 짝을 이루어 상호 보충하고 인신하여 補義하기에 文王은 『易經』을 上下 두 권으로 나누었고, 「十翼」은 2권의 의미를 보충한다." 『論衡』「謝短」篇‥"伏羲가 八卦를 만들고, 文王이 이를 넓혀 64괘를 만들었고, 孔子가 「彖」, 「繫」, 「繫辭」를 지었다. 三聖이 중요한 업으로 삼으시니 이에 『周易』이 모든 것을 갖추게 되었다." [『訓故』‥"『易』傳‥'夏商之末, 『易』道中微, 文王拘於羑里, 繫以彖辭, 『易』道復興." 黃注‥"『易通卦驗』‥'孔子作「上彖」、「下彖」、「上繫」、「下繫」、「文言」、「說卦」、「序卦」、「雜繫」爲「十翼」." 『史記·孔子世家』‥"孔子晩而好『易』, 序「彖」、「繫」、「象」、「說卦」、「文言」." 『漢書·藝文志』‥"殷、周之際, 紂在上位, 逆天暴物, 文王以諸侯順命而行道, 天人之占, 可得而効, 於是重『易』六爻, 作上下篇. 孔子爲「繫」、「象」、「說卦」、「文言」之屬十篇. 故曰『易』道深矣, 人更三聖, 世歷三古." 橋川時雄‥"按翼必兩相補, 故引申爲補義, 文王『易經』本分上下兩卷, 「十翼」補成二卷之義也." 『論衡』「謝短」篇‥"伏羲作八卦, 文王演爲六十四, 孔子作「彖」、「繫」、「繫辭」. 三聖重業, 『易』乃具足."]

36. 詹注5-7: 【乾】卦는 하늘이기에 높고, 【坤】卦는 땅이기에 낮다. 이 두 괘의 위치가 확고하게 정해졌기에 【兩位】라 한다. [【乾】卦爲天而高, 【坤】卦爲地而卑. 二者有固定部位, 故曰【兩位】.]

37. 詹注5-8: 『札記』‥"『周易音義』‥'「文言」은 卦 아래의 말에 문식을 가한 것이다.'" 『正義』에서 莊氏의 말을 인용하여‥"【文】은 【文飾】이며, 하늘과 땅의 덕이 크기에 문식을 가하여 「文言」을 지었던 것이다.' 이 두 설명은 劉勰의 뜻

과 같다. 『周易』「乾·文言」『正義』:“「文言」은 공자의 「七翼」이다. 【乾】·【坤】이 『周易』의 文이라 여긴 것이 아니겠는가? 나머지 卦와 爻는 모두 【乾】·【坤】에서 나온 것이며, 義理가 심오하여 특별히 「文言」을 지어 설명한 것이다.” 다른 卦에는 「文言」이 없고, 단지 【乾】·【坤】 두 괘에만 있기에 【獨制文言】이라 한 것이다. 阮元 『文言說』:“공자가 【乾】·【坤】에 대한 설명을 스스로 【文】이라 명명하였고, 이는 천고 문장의 鼻祖다. 문장을 지음에 음의 조화에 힘쓰지 않아도 韻이 이루어지고, 수식을 가하지 않았지만 원대함을 표현하여 쉽게 낭송하고 기억하게 하였다. 단조로운 말로 함부로 이런 저런 말을 늘어놓아 고인의 직언인지, 어려운 문제를 논한 것이지를 알 수 없다면 말에 문채가 있다 할 수 없으며, 孔子가 소위 【文】이라 한 것과는 다르다. 「文言」은 수 백자에 불과하고, 몇몇 구에만 用韻했을 뿐이다. 공자가 여기에서 【乾】·【坤】의 의미를 밝히고, 四德의 명칭을 설명하고, 수사의 의미를 넓혔다. …… 풍부한 用韻을 사용했을 뿐만 아니라 대우도 많이 사용하였다. 무릇 대우란 문사다. 사물에 대하여 두 가지 색으로 서로 짝을 이루어 어우러지게 하였기에 【文】이란 이름을 얻은 것이며, 【文】이란 사물의 모습을 본뜬 것이다.” [『札記』:“『周易音義』:‘「文言」, 文飾卦下之言也.’” 『正義』引莊氏曰:“【文】爲【文飾】, 以乾坤德大, 故特文飾以爲「文言」.” 按此二說與彦和意正同. 『周易·乾·文言』『正義』:“「文言」者, 是夫子第「七翼」也. 以【乾】【坤】其易之門戶邪? 其餘諸卦及爻, 皆從【乾】【坤】而出, 義理深奧, 故特作「文言」以開釋之.”

他卦無「文言」, 止【乾】【坤】兩卦有, 故曰【獨制文言】." 阮元『文言說』‥"孔子於【乾】【坤】之言, 自名曰文, 此千古文章之祖也. 爲文章者, 不務協音而成韻, 修辭以達遠, 使人易誦易記, 而惟以單行之語, 縱橫恣肆, 動輒千言萬字, 不知此乃古人所謂直言之語, 論難之語, 非言之有文也, 非孔子之所謂文也. 「文言」數百字, 幾於句句用韻. 孔子於此, 發明【乾】【坤】之蘊, 詮釋四德之名, 幾費修辭之意. …… 不但多用韻, 抑且多用偶. 凡偶皆文也. 於物兩色相偶而交錯之, 乃得名爲【文】, 【文】卽象其形也."]

38. 范注3-5: 『周易音義』‥"「文言」은 卦 아래의 말에 문식을 가한 것이다." 『正義』에서는 莊氏의 말을 인용하여‥"【文】이란 文飾이며, 하늘과 땅의 덕이 크기에 문식을 가지고 「文言」을 지었던 것이다." 黃先生‥"이 두 설명은 劉勰의 뜻과 같다." [『周易音義』 "「文言」, 文飾卦下之言也." 『正義』引莊氏曰"【文】謂文飾, 以乾坤德大, 故特文飾以爲「文言」." 黃先生曰‥"此二說與彦和意正同."]

詹注5-9: 『周易』「復」彖辭‥"근본으로 돌아가 천지의 핵심을 살펴야 한다." 王弼注‥"【復】은 근본으로 돌아감을 말한다. 천지는 근본을 마음으로 삼는다." 『正義』‥"천지가 만물을 자라게 함에 고요함을 근본으로 삼으며, …… 고요히 움직이지 않는 것이 바로 천지의 마음이다." [『周易·復』彖辭‥"復其見天地之心乎." 王弼注‥"【復】者, 反本之謂也. 天地而本爲心者也." 『正義』‥"天地養萬物以靜爲心, …… 寂然不動, 此天地之心也."]

여기에서는 【乾】·【坤】 두 괘에만 「文言」을 지은 것은 언어의 문식이 바로 천지의 본심이라는 것이다. 이 말은 사람에게 언어가 있고, 언어가 문식을 지닌 것은 자연스러운 것으로 본래 지니고 있던 특징이다. [這里說【乾】【坤】兩卦所以獨制「文言」, 是因爲言語之文飾, 是天地之本心. 意思是說人之有言語, 而言語又有文飾, 是自然本有的特點.]

39. 詹注6-1: 紀昀評··"何晏 『論語注』에서 孔安國의 말을 인용하여 『河圖』는 八卦이며, 이는 八卦가 지니고 있는 말과 서로 부합하였다." 『周易』 「繫辭上」··"河水에서 그림이 나오고, 洛水에서 글자가 나왔고, 聖人이 이를 본받았다." 『正義』··"河龍이 『河圖』를 가지고 나왔고, 洛龜가 『洛書』를 가지고 나왔다. 『河圖』는 9편, 『洛書』는 6편이었다. 孔安國은 『河圖』는 八卦이며, 『洛書』는 九疇라고 주장하였다." 『漢書』 「五行志」··"劉歆은 虙犧氏가 하늘의 뜻을 이어받아 왕이 되었고, 『河圖』를 받아 그리니 八卦가 되었다. 禹가 홍수를 다스리다 『雒書』를 받아 이를 본받아 풀어 설명하니 이것이 『洪範』이다." [紀評··"何晏『論語注』引孔安國之說, 謂『河圖』卽八卦, 與此孚乎八卦語相合." 『易·繫辭上』··"河出圖, 洛出書, 聖人則之." 『正義』··"河龍圖出, 洛龜書感. 『河圖』有九篇, 『洛書』有六篇. 孔安國以爲『河圖』, 則八卦是也, 洛書則九疇是也." 『漢書·五行志』··"劉歆以爲虙犧氏繫天而王, 受『河圖』, 則而畵之, 八卦是也; 禹治洪水, 賜『雒書』, 法而陳之, 『洪範』是也."]

40. 范注3-7: 『周易』 「上繫辭」··"河水에서 그림이 나오고, 洛水

에서 글자가 나왔고, 성인이 이를 본받았다." 『漢書』「五行志」: "劉歆이 이르길 虙羲가 하늘의 뜻을 이어받아 왕이 되었고, 『河圖』를 받아 그리니 八卦가 되었다. 禹가 홍수를 다스리다 『雒書』를 받아 이를 본답아 풀어 설명하니 이것이 바로 『洪範』이다." 다시: "첫째가 五行이고, 둘째가 五事를 경건하게 처리하는 것이고, 셋째가 여덟 가지 정사에 힘쓰는 것이고, 넷째가 다섯 가지 규율을 조화롭게 하는 것이고, 다섯째가 임금의 법칙을 세워 사용하는 것이고, 여섯째가 세 가지 덕을 다스려 쓰는 것이고, 일곱째가 의문을 풀어 바르게 사용하는 것이고, 여덟째가 여러 가지 경험을 적절히 사용하는 것이며, 아홉째는 오복과 여섯 가지 궁함을 조절하여 사용하는 것이다." 劉勰이 【『洛書』는 9개의 규범을 품고 있다.】라고 말한 것과 같은 말이다. [『易』「上繫辭」: "河出圖, 洛出書, 聖人則之." 『漢書』「五行志」 "劉歆以爲虙羲氏繼天而王, 受『河圖』, 則而畫之, 八卦是也. 禹治洪水, 賜雒書, 法而陳之, 『洪範』是也." 又曰: "初一曰五行, 次二曰羞用五事, 次三曰農用八政, 次四曰叶用五紀, 次五曰建用皇極, 次六曰艾用三德, 次七曰明用稽疑, 次八曰念用庶徵, 次九曰嚮用五福, 畏用六極. 凡此六十五字, 皆洛書本文." 彦和云【『洛書』韞乎九疇】, 正同此說.]

詹注6-2: 『尙書』『洪範』: "하늘이 禹에게 『洪範』의 九疇를 내리니 첫째가 五行이고, 둘째가 五事를 경건하게 처리하는 것이고, 셋째가 여덟 가지 정사에 힘쓰는 것이고, 넷째가 다섯 가지 규율을 조화롭게 하는 것이고, 다섯째가 임금의 법칙을 세워 사용하는 것이고, 여섯째가 세 가지 덕을 다스려 쓰는 것이고, 일곱째가 의문을 풀어 바르게 사용하는 것이고, 여덟째가 여러 가지 경험을 적절히 사용하는 것이며, 아홉째는 오복과 여섯 가지 궁함을 조절하여 사용하는 것이다." 「孔傳」··"하늘이 禹에게 천하를 허락하니 洛水에서 글이 나왔는데, 신비한 거북이 등에 글을 지고 나왔는데 등에 아홉 가지 숫자가 있었고, 禹가 이를 본받아 차례를 정하자 九類가 만들어졌다." 『正義』·· "【疇】는 부류를 나눈 이름으로 모든 일은 저절로 九類가 되며, 아홉 가지는 각기 하나의 장이 되었기에 『漢書』에서 이를 『九章』이라 했다." 『論衡』「正說」篇··"禹가 천하를 다스릴 때 洛書를 얻었는데, 그 글은 洛水에서 나왔으며, 『洪範』의 九章이다." [『尙書·洪範』··"天迺錫禹『洪範』九疇, 初一曰五行, 次二曰羞用五事, 次三曰農用八政, 次四曰叶用五紀, 次五曰建用皇極, 次六曰乂用三德, 次七曰明用稽疑, 次八曰念用庶徵, 次九曰嚮用五福, 畏用六極." 「孔傳」··"天與禹, 洛出書, 神龜負文而出, 列於背有數至于九, 禹遂因而第之, 以成九類." 『正義』··"【疇】是輩類之名, 言其每事自相爲類者九, 九者各爲一章, 故『漢書』謂之『九章』." 『論衡·正說』篇··"禹之時得洛書, 書從洛水中出, 『洪範』九章是也."]

『札記』··"『漢書』「五行志上」··'첫째가 五行이고, 둘째가 五事를 경건하게 처리하는 것이고, 셋째가 여덟 가지 정사에 힘쓰는 것이고, 넷째가 다섯 가지 규율을 조화롭게 하는 것이고, 다섯째가 임금의 법칙을 세워 사용하는 것이고, 여섯째가 세 가지 덕을 다스려 쓰는 것이고, 일곱째가 의문을 풀어 바르게 사용하는 것이고, 여덟째가 여러 가지 경험을 적절히 사용하는 것이며, 아홉째는 오복과 여섯 가지 궁함을 조절하여 사용하는 것이다.' 이 65자가 『雒書』의 본문이었다. 劉勰이 【『洛書』가 九疇를 가지고 있다.】고 하였는데, 이 말과 부합한다." [『札記』:『漢書·五行志上』:"初一曰五行, 次二曰羞用五事, 次三曰農用八政, 次四曰叶用五紀, 次五曰建用皇極, 次六曰艾用三德, 次七曰明用稽疑, 次八曰念用庶徵, 次九曰嚮用五福, 畏用六極. 凡此六十五字, 皆『雒書』本文. 彦和云【『洛書』韞乎九疇】, 正同此說."]

41. 范注3-8: 『尙書』「中候握河紀」:"河水에서 용이 圖畵를 가져나왔고, 洛水에서 거북이가 書威를 가지고 나왔는데, 붉고 푸른 문자로 쓰여 졌으며, 이것이 軒轅에게 전해졌다."(馬國翰 『玉函山房輯佚書』) 紀昀評:"玉板, 丹文, 綠字는 緯書에 산견되다." 黃注:"『拾遺記』, 『宋書』의 기록은 모두 근거가 없다." [『尙書』「中候握河紀」:"河龍出圖, 洛龜書威, 赤文綠字, 以授軒轅."(馬國翰『玉函山房輯佚書』) 紀評云:"玉板丹文綠字散見緯書". 黃注所云:『拾遺記』『宋書』皆非根柢."]

詹注6-3: 范注:"『尙書』「中候握河紀」에서 '河水에서 용이 圖畵를 가져나왔고, 洛水에서 거북이가 書威를 가지고 나왔는데, 붉고 푸른 문자로 쓰여 졌고, 이것이 軒轅에게 전해졌다.'(馬國翰『玉函山房輯佚書』)" 『後漢書』「崔駰傳」:"검은 옥에 위대한 공적을 기록하였다." 注:"「詩含神霧」:'옥판에 새기고, 金匱에 보관하였다.'" 또한 「張衡傳」:"옥판을 살펴보았다고 거짓으로 말했다." 注:"「遯甲開山圖」:'禹가 東海를 노닐다 玉珪을 얻었는데, 碧色이었고, 길이는 一尺 二寸이었고, 해와 달처럼 둥글었으며, 스스로 빛을 발하여 幽冥까지 비추었다.'" [范注:"『尙書·中候·握河紀』」:'河龍出圖, 洛龜書威, 赤文綠字, 以授軒轅.(馬國翰『玉函山房輯佚書』)" 『後漢書·崔駰傳』:"乃將鏤玄珪, 冊顯功." 注:"「詩含神霧」:'刻之玉版, 藏之金匱.'" 又「張衡傳」:"而僞稱洞視玉版板." 注:"「遯甲開山圖」:'禹游東海, 得玉珪, 碧色, 長一尺二寸, 圓如日月, 以自照, 自達幽冥."]

『大戴禮記』「保傅」:"옥판에 써서 金櫃에 보관하였다." 『漢書』「鼂錯傳」:"옥핀에 새겨서 金匱에 보관하였다." 『山海經』「中山經」:"玄扈의 강물." 郭注에서 『河圖』를 인용하여:"(蒼頡이) 玄扈 洛水 어귀에 이르렀을 때, 신령한 거북이 책을 지고 나왔는데 붉은 거북등에 푸른 글씨로 쓰여 있었다." 『淮南子』「叔眞訓」:"낙수에서 붉은 책이 나왔고, 하수에서 녹색 그림이 나왔다." 『御覽』81에서 『中候』「考河命」을 인용하여:"黃龍이 두루마리를 지고 나와 그림을 펼치니 붉은 글씨 사이를 녹색으로 구분하였다." 注:"【錯】은 【分】과 같은 뜻. 글을 녹색으로 구분하였다."

즉 【丹文綠牒】을 말한다. 金縷는 銅器에 글을 새긴 것을 지칭하며, 『淮南子』 「叔眞訓」에서 【犧尊: 비취의 깃을 새긴 술그릇】을 설명하면서 【새김칼로 새기고】, 【화려한 금박이 선명하였다.】(고대에는 금으로 장식한 물건을 鏄이라 하였다.)라고 한 것이 그 예다. 『後漢書』 「方術傳序」‥"신비한 經牒은 옥판에 금실로 쓰여 있다." 『文心雕龍』 「封禪」篇‥"실로 황제만이 玉板과 金線으로 封禪을 행할 수 있음을 알아야 한다." 魏文帝 『典論』‥ "漢帝衛侯가 장사를 지냄에 모두 구슬을 장식한 비단옷과 옥으로 장식한 상자(玉匣)이었는데, 玉匣의 모양은 갑옷과 같았고, 금장식으로 이어졌다." 【鏤】는 조각한다는 뜻. 緯書 『尙書』 「中侯」稱堯時‥"찬란한 빛이 河水에서 나오자 龍馬가 거북 등딱지를 바치니 붉은 글씨가 노색 바탕에 쓰여 있었다." 劉勰은 실제로 『尙書』 緯書에 근거하여 【赤】字를 【丹】字로 바꿔 【丹文綠牒】이라 한 것이다. 【牒】은 【書版】이다. [『大戴禮記·保傅』‥"書之玉版, 藏之金櫃." 『漢書·鼂錯傳』‥"刻于玉版, 藏于金匱." 『山海經·中山經』‥"玄扈之水." 郭注引『河圖』云"(蒼頡)臨于玄扈洛汭, 靈龜負書, 丹甲青文." 『淮南子·叔眞訓』‥"洛出丹書, 河出綠圖." 『御覽』八一引『中候·考河命』‥"黃龍負卷舒圖, 赤文綠錯." 注‥"【錯】, 【分】也. 文而以綠色分其間." 卽所謂丹文錄牒. 金鏤, 當之銅器鏤文, 『淮南子·叔眞訓』言犧尊【鏤之以剞劂】、【華藻鏄鮮】者(古以金飾物謂之鏄)是也. 『後漢書·方術傳序』‥"神經怪牒, 玉策金繩." 本書「封禪」篇‥"固知玉牒金鏤, 專在皇帝也." 魏文帝『典論』‥"漢帝衛侯送葬, 皆珠襦玉匣, 玉匣形如鎧甲, 連

以金鏤."【鏤】, 刻也. 緯書『尙書·中侯』稱堯時··"榮光出河, 龍馬銜甲, 赤文綠地." 劉勰實據『尙書』緯, 易【赤】爲字【丹】, 曰【丹文綠牒】. 【牒】, 【書版】.]

「玉板」 2구는 서로 연결되어 의미를 설명하는 것으로 실제로는 玉板, 金鏤, 丹文, 錄牒의 華實 문제를 언급한 것이다. 『文心雕龍』에서는 자주 華實을 가지고 辭采의 화려함과 질박함을 비유하였다. 「徵聖」篇··"그러한 까닭에 성인의 문장은 화려함과 질박함을 지니고 있다." [「玉板」二句, 互文見義, 實謂玉版、金鏤、丹文、錄牒的華、實. 『文心』常用華、實比喩辭采的文和質, 「徵聖」篇··"然則, 聖文之雅麗, 故銜華而佩實者也."]

42. 詹注6-4: 『詩經』『召南』「采蘋」··"누가 이를 주관할까? 有齊가 여인에게 위탁하였다." 「毛傳」··"【尸】는 【主: 주재하다.】와 같은 뜻." 『周易』「繫辭上」··"음양을 헤아릴 수 없는 것을 【神】이라 한다." 韓注··"【神】이란 변화의 극치로 만물을 오묘하게 만들지만, 말로는 설명할 수 없는 것이다." 王融 「三月三日曲水詩序」··"【神理】를 펼쳐 세속을 밝게 하고, 【文化】를 펼쳐 풍속을 柔遠하게 만든다." 李善注··"【神理】는 【神道】와 같은 뜻." 『周易』··"성인이 신리로 가르침을 펼치시니 천하가 복종한다." 曹植 「武帝誄」··"이 간사와는 단절하였으나 밝은 신리를 비추고 계시네."(詩文이 완전하지 않으며, 『全三國文』에 輯錄되어 있다.) 『文選』에 기록된 謝靈運의 「述祖德」에서 祖父 謝玄의 공적을 가송하면서··"천하가 모두 두려움에 빠졌어도 자유롭

게 떠돌며 군자와 함께하였다. 道를 향한 마음으로 탐닉을 잠재우고, 신리로 폭력을 다스린다.” 呂延濟注에서 뒤 두 구에 대해‥“마음속에 道를 향한 마음이 있어야 제멋대로인 탐닉에서 벗어날 수 있고, 신묘한 이치를 근본으로 삼아야 暴亂을 잠재울 수 있다.” 이 시의 【道情】과 【神理】는 호응하는 것으로 【神】과 【道】를 합친 것이 바로 【神道】다. 이 두 구가 표현한 것은 【성인이 신리로 가르침을 펼치시니 천하가 복종하다.】의 의미이다. 분명히 【神理】의 의미는 『周易』에 근거한 것이다. [『詩·召南·采蘋』‥“誰其尸之, 有齊委女.” 毛傳‥“【尸】, 【主】.” 『易·繫辭上』‥“陰陽不測之謂【神】.” 韓注‥“【神】也者, 變化之極, 妙萬物而爲言, 不可以形詰者也.” 王融「三月三日曲水詩序」‥“設【神理】而景俗, 敷【文化】以柔遠.” 李善注 ‥“神理猶神道也.” 『周易』曰‥“聖人以神理設教以天下服.” 曹植「武帝誄」‥“人事旣闕, 聰鏡神理.”(詩文殘缺, 輯錄于『全三國文』) 『文選』謝靈運「述祖德」詩, 歌頌祖父謝玄功績說‥“天下咸震慴, 橫流賴君子. 極溺由道情, 龕暴資神理.” 呂延濟注後兩句說‥“言拯橫流之溺, 由懷道情; 勝暴靜亂, 資神妙之理.” 這詩中的【道情】與【神理】互文, 合【神】與【道】便是【神道】. 兩句所表達的正是【聖人以神理設教以天下服】的意思. 【神理】之義, 是本之于『周易』的.]

『論衡』「自然」篇‥“혹자가 이르길‥‘태평성세에 길상의 징조로 『河圖』와 『洛書』가 나왔다. 그리지 않았으면 만들어지지 않았을 것이고, 쓰지 않았으면 이루어지지도 않았을 것이다. 천지가 『河圖』와 『洛書』를 보여준 것은 하늘이 의지를 지니고 있다는 증거이다.……' 나는 이 모든 것이 자연스러운 것이라 생각한다. 어찌 하늘이 필묵으로 圖書를 만들었겠는가? 천도가 자연이듯, 圖書 역시 저절로 만들어진 것이다." [『論衡』「自然」篇: "或曰: '太平之應, 河出圖, 洛出書, 不畵不就, 不爲不成, 天地出之, 有爲之驗也. ……' 曰: 此皆自然也. 夫天安得以筆墨而爲圖書乎? 天道自然, 故圖書自成."]

1-4.

書契가 結繩을 대체한 뒤부터 문자가 비로소 확실해졌다. 神農氏와 伏犧氏에 대한 사적이 『三墳』에 기록되어 있으나 세월이 너무나 멀어 그 문장의 본래 모습을 추측할 수 없다. 堯舜時代에 이르러 文章이 처음으로 찬란하고 풍성해지기 시작하였다. 舜이 처음으로 노래를 지으셨는데 이미 인간의 情志를 노래하였다. 伯益과 后稷이 의론을 말하니 進言의 기풍이 전해지게 되었다. 夏后氏가 흥성하니 그 업적이 너무나 뛰어나 아홉 가지 공적이 차례대로 노래로 불리니 그 공덕이 더욱 아름답게 표현되었다. 商代와 周代에 이르러 문식이 내용보다 화려해졌고, 『雅頌』이 노래로 불리자 아름다운 문체로 일신하였다. 文王은 곤경에 처해서도 빛나는 卦辭와 爻辭를 지으시니 자연스러운 문채와 풍부한 은유로 정교한 내용을 심오하게 설명하셨다. 다시 周公이 뛰어난 재능으로 문왕의 뛰어난 공적을 널리 알리고, 詩와 頌을 지으심에 많은 글을 깎고 다듬으셨다. 孔子에 이르러 이전의 성인을 계승하시고, 나아가 이들을 뛰어넘으시어 六經을 다듬어 집대성하셨다. 情性을 가다듬는 위대한 글을 지으시어 큰 가르침을 펼치니 천리 밖에서도 호응하고, 훌륭한 도를 펼쳐 전파하니 만세에 울려 퍼지고, 천지의 광채를 묘사하니 백성의 이목이 일깨워졌다.

1-4.

自鳥跡代繩, 文字始炳[43]. 炎皞遺事, 紀在三墳[44], 而年世渺邈, 聲采靡追[45]. 唐虞文章, 則煥乎始盛[46]. 元首載歌[47], 既發吟詠之志[48]; 益稷陳謨, 亦垂敷奏之風[49]. 夏后氏興, 業峻鴻績[50], 九序惟歌[51], 勳德彌縟[52]. 逮及商周, 文勝其質[53], 雅頌所被, 英華日新[54]. 文王患憂[55], 繇辭炳曜[56], 符采複隱[57], 精義堅深. 重以公旦多才, 振其徽烈[58], 剬(制)詩緝頌[59], 斧藻羣言[60]. 至夫子繼聖, 獨秀前哲[61], 鎔鈞六經[62], 必金聲而玉振[63]; 雕琢情性[64], 組織辭令, 木鐸起而千里應[65], 席珍流而萬世響[66], 寫天地之輝光[67], 曉生民之耳目矣[68].

43. 范注4-1: 許愼「說文解字序」: "黃帝의 史官 蒼頡이 鳥獸의 발자국을 보고 이를 이치에 따라 나누어보니 서로 다르다는 것을 알게 되었다. 처음【書契】를 만들자 百官이 이를 가지고 다스렸고, 만민이 이를 통해 관찰하게 되는데, 모두【夬卦: 소인은 궁하고, 군자는 성한 괘】에서 취한 것이다." 『周易』「下繫辭」: "上古時代에는【結繩】으로 세상을 다스렸고, 후세의 성인이 이를【書契】로 바꾸었다."【鳥跡】은【書契】를 말한다. 「情采」篇: "마음을【鳥跡】으로 새겼다." [許愼『說文序』: "黃帝之史蒼頡, 見鳥獸蹄迒之迹, 知分理之可相別異也. 初作【書契】, 百官以治, 萬民以察, 蓋取諸【夬】." 『易』「下繫辭」: "上古【結繩】以治, 後世聖人易之以【書契】."【鳥跡】謂【書契】也. 「情采」篇: "鏤心【鳥跡】之中."]

詹注7-1: 孔安國「尙書序」: "옛날 伏犧氏가 천하를 나스릴 때 처음으로 八卦를 그리고,【書契】를 만들어【結繩】으로 다스리는 것을 대신하였는데, 문적이 이것에서 비롯되었다." 許愼「說文解字序」: "黃帝의 史官 蒼頡이 鳥獸의 발자국을 보고 이를 이치에 따라 나누어보니 서로 다르다는 것을 알게 되었다. 처음【書契】를 만들었다." 范注: "『周易』「下繫辭」: '上古時代에는【結繩】으로 세상을 다스렸고, 후세의 성인이 이를【書契】로 바꾸었다.'【鳥跡】은【書契】를 이른다. 「情采」篇: '마음을 鳥跡으로 새겼다.'" 『呂氏春秋』「君守」篇 高誘注: "蒼頡은 태어나면서부터 書寫를 알아 조적을 모방하여 문장을 지었다." 『文心雕

龍』「練字」篇··"문양을 열거하던 것에서 【結繩】으로 변화하였고, 【鳥迹】을 구분하게 되자 【書契】가 만들어졌다." 『周易』「革」象辭··"大人이 호랑이로 변하면 그 문장이 빛난다." 『說文』··"【炳】은 【明: 밝다】과 같은 뜻." 【炳】이란 밝고 현저하다는 뜻. [孔安國「尙書序」··"古者伏羲氏之王天下也, 始畵八卦, 造【書契】, 以代【結繩】之政, 由是文籍生焉." 許愼「說文解字序」··"黃帝之史官蒼頡, 見鳥獸蹄迒之迹, 知分理之可相別異也. 初作【書契】." 范注··"『易·下繫辭』··'上古【結繩】以治, 後世聖人易之以【書契】.' 【鳥跡】, 謂【書契】也. 「情采」篇··'鏤心鳥跡之中.'" 『呂氏春秋·君守』篇高誘注··"蒼頡生而知書寫, 仿鳥迹以造文章." 本書「練字」篇··"夫文象列而【結繩】移, 【鳥跡】明而【書契】作." 『易·革」象辭··"大人虎變, 其文炳也." 『說文』··"【炳】, 【明】也." 【炳】是彰明顯著.]

44. 范注4-2: 『左傳』「昭公十二年」··"楚의 左史 倚相은 『三墳』, 『五典』, 『八索』, 『九邱』를 읽을 수 있었다." 杜預注··"모두 옛 책의 이름이다." 『正義』··"孔安國의 「尙書序」··'伏羲, 神農, 黃帝의 책을 『三墳』이라 하며, 大道를 말했다.'" 『周禮』··"外史는 三皇五帝의 책을 관장한다." 鄭玄··"楚靈王이 말한 『三墳』, 『五典』이 그것이다." 賈逵··"『三墳』은 三皇의 책이다." 張平子··"『三墳』과 『三氣』는 예의 근본이다. 『書經』에서 누가 三禮를 바르게 할 수 있는가? 三禮는 天地人의 예다." 馬融··"『三墳』, 『三氣』란 음양에서 처음으로 만들어진 天地人의 氣다." 이러한 언급은 제

가가 각기 자신의 뜻에 따라 말한 것이라 증거가 없다. 杜預가 믿을 수 없기에 모두 옛 책의 이름이라 한 것이다. [『左傳』「昭公十二年」‥“楚左史倚相能讀『三墳』, 『五典』, 『八索』, 『九邱』.” 杜預注曰‥“皆古書名.” 『正義』云‥“孔安國「尙書序」‥‘伏羲神農黃帝之書謂『三墳』, 言大道也.’” 『周禮』‥“外史掌三皇五帝之書.” 鄭玄云‥“楚靈王所謂『三墳』『五典』是也.” 賈逵云‥“『三墳』三皇之書.” 張平子說‥“『三墳』『三氣』禮爲大防. 『書』曰‥‘誰能典朕三禮. 三禮天地人之禮也.’” 馬融說‥“「三墳」『三氣』, 陰陽始生天地人之氣也.” 此諸家者各以意言, 無正驗. 杜所不信, 故云皆古書名.]

詹注7-2: 【炎皞】는 炎帝 神農氏와 太皞 伏犧氏를 말한다. 黃注‥“『三墳』은 오래 전에 없어졌다.” 元代 吳萊의 『三墳辨』‥“『三墳』은 근래에 나온 僞書다. 세상에 간혹 전해왔다. 무릇 伏犧氏는 【山墳】에 근거하여 『連山』을 지었고, 神農氏는 【氣墳】에 근거하여 『歸藏』을 지었고, 黃帝가 【形墳】에 근거하여 『乾坤』을 지었다고 말한다. 卦爻는 없고, 卦象만 있다. 문사도 비루하고, 의미도 남루하여 周官 太卜의 것과는 다르다.” 『左傳』「昭公 21年」‥“(楚)左史 倚相이 종종걸음으로 지나가자 왕이 ‘그는 참 훌륭한 사관이다. …… 그는 능히 『三墳』, 『五典』, 『八索』, 『九丘』를 읽을 수 있다.” 杜注‥“모두 고서의 이름이다.” 『正義』‥“孔安國 「尙書序」‥‘伏羲, 神農, 黃帝의 책이 『三墳』이며, 大道를 말한 것이다.’ …… 『周禮』‥‘外史는 ‘三皇, 五帝의 책을 관장하였다.’ 鄭注‥‘楚靈王이 말한 『三墳』, 『五典』이다.’

賈逵··‘『三墳』은 三王의 책이다.’ 張平子··‘『三墳』과 『三禮』는 예의 근본이다. …… 『書經』에서 이르길 ‘누가 능히 『三禮』를 바르게 할 수 있는가? 『三禮』란 天地人의 예다.’…… 馬融··‘三氣란 음양에서 처음으로 만들어진 천지인의 기이다.’ 여기에서 諸家들이 각자 자신의 뜻대로 말했으나 정확한 근거가 없어 杜預가 모두 옛 책의 이름이라고 한 것이다.” 馬敍倫 「文心雕龍黃注補正」··“오늘날 말하는 『三墳』에 대해 晁公武, 陳振孫은 모두 僞書로 毛漸에게서 나왔다고 주장하였다.”(『文學月刊』, 1932년 5월) [【炎皞】, 指炎神農氏、太皞伏犧氏. 黃注··“『三墳』書久亡.” 元吳萊『三墳辨』··“『三墳』書, 近出僞書. 世或傳. 大抵言伏犧本【山墳】而作『連山』, 神農本【氣墳】而作『歸藏』, 黃帝本【形墳】而作『乾坤』. 無卦爻, 有卦象, 文鄙而義陋, 與周官太卜所掌異焉.” 『左傳』昭公二十一年··“(楚)左史倚相趨過, 王曰··‘是良史也……是能讀『三墳』、『五典』、『八索』、『九丘』.” 杜注··“皆古書名.” 『正義』··“孔安國「尙書序」云··‘伏羲、神農、黃帝之書, 謂之『三墳』, 言大道也.’……『周禮』外史‘掌三皇五帝之書.’, 鄭注··‘楚靈王所謂『三墳』、『五典』、是也. 賈逵云··‘『三墳』, 三王之書.’ 張平子說··‘三墳三禮, 禮爲大防.’…… 『書』曰··‘誰能典朕三禮. 三禮天地人之禮也.’ 馬融說··‘『三墳』三氣, 陰陽始生天地人之氣也.’ 此諸家者各以意言, 無正驗, 杜所不信, 故云皆古書名.” 馬敍倫『文心雕龍黃注補正』··“今所謂『三墳』, 晁公武、陳振孫皆以爲僞書, 出毛漸.”(『文學月刊』, 一九三二年五月)]

45. 詹注7-3: 【靡追】는 고찰할 수 없다는 뜻이다. [【靡追】, 無從考究.]

46. 范注4-3: 『論語』「泰伯」篇: "공자가 이르길: 위대하도다! 요의 군왕됨이여! …… 찬란한 그 문장이여!" 何晏 『集解』: "【煥】은 【明】과 같은 뜻. 그 문장 체제 수립이 분명하도다." [『論語』「泰伯」篇: "子曰, 大哉堯之爲君也, …… 煥乎其有文章." 何晏 『集解』曰: "【煥】【明】也. 其立文垂制又著明."]

詹注8-1: 『校注』: "【始】에 대하여 『黃校』에서: '馮本에서는 【爲】로 적었다.' 『御覽』에서도 【爲】로 썼다. 「徵聖」篇: '唐堯時代를 기리며 문화가 燦爛하고 豊富하다고 말씀하였다.' 그 의미가 서로 같다는 것은 【爲】가 옳다는 증거다. 위 문장 【鳥跡代繩, 文字始炳】에서 이미 문자의 기원에 대하여 언급하였으며, 아래에서 【元首載歌, ……益稷陳謨】 운운한 것은 唐虞의 문장이 찬란하고 성대한 업적임을 정확하게 밝힌 것이다. 만일 【始盛】으로 한다면 상하 문장의 의미가 서로 맞지 않을 뿐만 아니라 【文字始炳】의 【始】와 중복된다." [『校注』: "【始】, 『黃校』云: '馮本作爲.' 按『御覽』引作【爲】. 「徵聖」篇: '遠稱唐世; 則煥乎爲盛.' 辭義與此同, 可證作【爲】是也. 上文【鳥跡代繩, 文字始炳】, 已言文之起原; 下言【元首載歌, ……益稷陳謨】云云, 正明唐虞文章煥乎爲盛之績. 若作【始盛】, 匪特上文意不屬, 此與【文字始炳】之【始】字重出."]

『論語』「泰伯」: "공자가 이르길 '위대하도다! 요의 군왕됨이여! 웅장하도다! 하늘의 거대함이여! 오로지 堯만이 이를 본받으니 그 공덕의 넓고 깊음을 무어라 형용하지 못하는구나. 웅대한 그 성공이여! 찬란한 그 문장이여!" 【煥】은 【鮮明】과 같은 뜻. 공자는 오로지 堯만을 언급하였으나 역대로 堯舜을 병칭하였기에 이는 舜과도 관련이 있을 것이다. 여기서 말한 【文章】이란 廣義의 文章이며, 원래는 典章制度를 지칭한다. [『論語』「泰伯」‥"子曰, 大哉堯之爲君也, 巍巍乎有天爲大, 唯堯則之. 蕩蕩乎, 民無能名焉. 巍巍乎其有成功者, 煥乎其有文章." 【煥】, 【鮮明】. 孔子專言堯, 而歷來堯舜竝稱, 故此連及舜. 此處所謂【文章】, 爲廣義的文章, 原指典章制度而言.]

47. 詹注8-2: 『尙書』「益稷」篇(『今文尙書』에서는 「皐陶謨」)‥ "임금님이 노래하길‥'天命을 조심스럽게 받아들이고 언제나 무슨 일이든 최선을 다해야 한다.' '股肱의 신하들 기쁘게 열심히 일하면, 임금의 정사 흥성해지고, 백관의 업적 빛나리라!' 皐陶가 손을 땅에 대고 머리를 조아리며 큰소리로 말하길 '생각하소서! 신하를 다스리고 일을 흥성하게 하시되 법의 사용에 신중하셔야 합니다. 이루신 일을 여러 번 살피시고 공경스러운 태도를 지니십시오.' 이에 화답하여 '임금의 밝으심이여! 股肱은 실로 훌륭하도다! 만사가 모두 편안하도다!'" 「孔傳」‥"【元首】는 【君: 임금】이다." 이는 舜을 지칭한다. 다시‥"【載】는 【成: 이루다.】과 같은 뜻." [『尙書·益稷」篇(今文作「皐陶謨」)‥"帝庸作歌曰‥'勅天之命, 惟時惟幾.' 乃歌曰‥'股肱喜哉, 元首起哉, 百工

熙哉.' 皐陶拜手稽首, 颺言曰:‘念哉, 率作興事, 愼乃憲. 屢省乃成, 欽哉.' 乃賡載歌曰:‘元首明哉, 股肱良哉, 庶事康哉.'" 孔傳:“【元首】, 【君】也." 指舜. 又:“【載】, 【成】也."]

48. 范注4-4: 『夏書』「益稷」篇:“임금께서 노래를 지어 부르길:‘股肱의 신하들 기쁘게 열심히 일하면, 임금의 정사 흥성해지고, 백관의 업적 빛나리라.'" [『夏書』「益稷」篇:“帝乃歌曰:‘股肱喜哉, 元首起哉! 百工熙哉!'"]

49. 范注4-5: 「堯典」(※역자주: 「堯典」은 「舜典」의 오기. 詹鍈 『文心雕龍義證』에도 「舜典」으로 되어 있음.):“奏를 올려 아뢰었다." 「僞孔傳」:“【敷】는 【陳: 펼치다】의 뜻, 【奏】는 【進: 들어가 말함】의 뜻. 제후는 4년에 한 번 來朝하여 治禮를 말하였다." 黃先生:“劉勰이 【舜이 처음 노래한 것】, 【白益과 后稷이 의견을 제시하는 것】을 문장의 범주에 포함시켰으니 문장에는 禮文의 【廣誼: 廣義的 논의】는 필요없다는 것이다." [『堯典』:“敷奏以言." 「僞孔傳」:“【敷】, 【陳】; 【奏】, 【進】也. 諸侯四朝各使陳進治禮之言." 黃先生曰: “案彦和以【元首載歌】, 【益稷陳謨】屬之文章, 則文章不用禮文之【廣誼】."]

詹注8-3: 『札記』:“劉勰이 【元首載歌】, 【益稷陳謨】도 문장의 범주에 포함시켰으니 문장에는 禮文의 廣誼는 필요없다는 것이다." 『尙書』「夏書」에 「益稷」篇이 있다. 「孔傳」:“禹가 그들을 칭송하여 이름으로 편명을 정한 것이다." 『正義』:“禹가 益과 稷에 대한 언급은 그 두 사람을 칭송하기 위한 것이다. 두 사람은 禹를 보좌하여 공을 세웠기에 이 두 사람의 이름으로 편명을 정한 것이다.” 『尙書』「舜典」··“널리 상주하게 하시고, 그 공로를 명확하게 시험하셨다.” 「孔傳」··“【敷】는 【陳: 펼치다】과 같은 뜻. 【奏】는 【進: 들어가다】과 같은 뜻. 제후들은 4년마다 治禮에 관해 진술하였다.” 【益稷】은 【益】과 【后稷】을 말한다. 【陳謨】에 대하여 『說文解字』鍇注··“장차 정해야 할 모의를 널리 논의하는 것을 【謨】라 한다.” 【垂】는 【流傳】한다는 뜻. 「益稷」篇··“말을 널리 받아들이고……임금께서 이와 같이 하지 않으시면 날로 일을 해나가도 공이 없을 것입니다.” [『札記』··“案彦和以【元首載歌】、【益稷陳謨】屬之文章, 則文章不用禮文之廣誼.” 『尙書·夏書』有「益稷」. 孔傳云··“禹稱其人, 因以名篇.” 『正義』云··“禹言曁益曁稷, 是禹稱其二人. 二人佐禹有功, 因以此二人名篇.” 『尙書·舜典』··“敷奏以言, 明試以功.” 孔傳··“【敷】, 【陳】也; 【奏】, 【進】也. 諸侯四朝各使陳進治禮之言.” 【益稷】, 【益】和【后稷】. 【陳謨】, 『說文』鍇注··“泛議將定其謀曰謨.” 【垂】, 【流傳】. 按「益稷」篇云··“敷納以言. ……帝不時, 敷同日奏罔功.”]

50. 詹注8-4: 『札記』··“【業】, 【績】은 【功】과 같은 뜻. 【峻】, 【鴻】은 【大: 크다】와 같은 뜻. 이 구절의 글자 위치가 常軌에서 벗어났다.” 顔虛心 『文心雕龍集注』(以下 簡稱 『集注』)··“「正緯」篇··‘夫神道闡幽, 天命微顯.’ 「徵聖」篇··‘抑引隨時, 變通會適’ 「祝盟」篇··’凡群言發華, 而降神實務.’ 「銘箴」篇··‘銘實表器, 箴維德軌.’ 예문의 글자 위치가 모두 이와 동일하기에 결코 常軌를 벗어났다고 할 수 없다.”

[『札記』: "案【業】、【積】同訓【功】,【峻】、【鴻】訓【大】. 此句位字, 殊違常軌." 顏虛心『文心雕龍集注』(以下簡稱『集注』): "「正緯」篇: '夫神道闡幽, 天命微顯.' 「徵聖」篇: '抑引隨時, 變通會適.' 「祝盟」篇: '凡群言發華, 而降神實務.' 「銘箴」篇: '銘實表器, 箴維德軌.'位字均與此同例, 非違常軌也."]

51. 詹注8-5: 梅注: "『左傳』: '【九功】의 德은 모두 노래할 수 있어 이를【九歌】라 한다.【六府】와【三事】를【九功】이라 한다. 水, 火, 金, 木, 土, 穀를【六府】라 한다. 正德, 利用, 厚生을【三事】라 한다.'" 이는 「文公 7년」에 보인다. 『尙書』「大禹謨」: "禹가 다시 政務에 대해 말했다. '아! 임금님! 덕으로만 선정을 펼칠 수 있고, 선정의 목적은 백성을 잘 보양하는 것입니다. 물, 불, 쇠, 나무, 흙, 곡식을 잘 다스리고, 正德, 利用, 厚生을 잘 조화시켜야 합니다. 9가지 공적이 질서를 갖추게 되면 이 9가지 질서를 노래하게 하십시오. 태만함을 경계하고, 권세의 사용에 대해 알게 하고, 9가지 공덕의 노래로 독려하시어 그르치는 일이 없도록 하십시오." 「孔傳」: "六府와 三事의 공적에는 순서가 있기에 모두 노래로 부를 수 있다." 『漢書』「禮樂志」: "모두 九歌의 德을 배웠다." 師古注: "水, 火, 金, 木, 土, 穀를【六府】라 한다. 正德, 利用, 厚生을【三事】라 한다.【六府】와【三事】를【九德】이라 한다. 아홉 가지 공덕은 모두 노래할 수 있기에 이를【九德】이라 한 것이다." 『文心雕龍』「明詩」篇: "大禹에 이르러 공적을 이루니 아홉 가지 공덕이

질서를 지니니 가히 歌頌할 수 있었다.” 또한 「時序」篇‥ “大禹가 땅을 구획하니 九歌로 공덕을 노래하였다.” [梅注‥“『左傳』云‥‘【九功】之德. 皆可歌也, 謂之【九歌】.【六府】【三事】, 謂之【九功】. 水、火、金、木、土、穀, 謂之【六府】. 正德、利用、厚生謂之【三事】.’” 按此見「文公七年」.『尙書·大禹謨』‥“禹曰‥於, 帝念哉務! 德惟善政, 政在養民. 水、火、金、木、土、穀, 惟修; 正德、利用、厚生, 惟和.【九功】惟序, 九敍惟歌. 戒之用休, 董之用威, 勸之以九歌, 俾勿壞.” 孔傳‥“【六府】【三事】之功, 有次敍, 皆可歌.”『漢書·禮樂志』‥“皆學【九歌】之德.” 師古注‥“水、火、 金、木、土、穀謂之【六府】. 正德、利用、厚生謂之【三事】.【六府】【三事】謂之【九功】.【九功】之德皆可歌也, 故言【九德】也.” 本書「明詩」篇‥“及大禹成功, 九敍惟歌.” 又「時序」篇‥“至大禹敷土, 九歌詠功.”]

52. 范注4-6: 黃侃‥“【業績】은【功】과 같은 뜻이고,【峻鴻】은【大: 크다】는 뜻이며, 이 구절의 글자의 위치가 常軌에서 벗어났다.” 「僞大禹謨」‥“禹가 다시 政務에 대해 말했다. ‘아! 임금님! 덕으로만 선정을 펼칠 수 있고, 선정의 목적은 백성을 잘 보양하는 것입니다. 물, 불, 쇠, 나무, 흙, 곡식을 잘 다스리고, 正德, 利用, 厚生을 잘 조화시켜야 합니다. 9가지 공적이 질서를 갖추게 되면 이 9가지 질서를 노래하게 하십시오. 태만함을 경계하고, 권세의 사용에 대해 알게 하고, 9가지 공덕의 노래로 독려하시어 그르치는 일이 없도록 하십시오.” [黃先生曰‥“案【業績】同訓【功】,【峻

鴻】皆訓【大】, 此句位字殊違常軌.”「僞大禹謨」:“禹曰, 於, 帝念哉! 德惟善政, 政在養民. 水, 火, 金, 木, 土, 穀, 惟修; 正德, 利用, 厚生, 惟和. 九功惟敍, 九敍惟歌. 戒之用休, 董之用威, 勸之以九歌, 俾勿壞.”]

詹注8-6: 【勳德】은 【功德】과 같은 뜻. 『校注』: “『說苑』「修文」篇: ‘덕이 성대할수록 문장은 더욱 아름다워진다.’” 【縟】은 수식이 번다하다는 뜻. [【勳德】卽功德. 『校注』: “『說苑·修文』篇: ‘德彌盛者文彌縟.’” 【縟】, 繁采飾也.]

53. 詹注9-1: 『論語』「雍也」: “공자가 말씀하시길 질박함이 문아함을 이기면 촌스럽고, 문아함이 질박함을 이기면 겉만 번지르르 한 것이니, 文質이 조화를 이룬 연후에야 비로소 군자라 할 수 있다.” 『漢書』「杜欽傳」: “殷은 夏를 계승하였기에 質朴을 숭상하였고, 周는 殷을 계승하였기에 文雅함을 숭상하였다.” 『校注』: “『禮記』「表記」: ‘공자께서 虞夏의 質朴함과 殷周의 문아함을 지극하고, 虞夏의 문아함은 질박함에서 벗어나지 않았고, 殷周의 질박함 역시 문아함을 벗어나지 않았다고 하셨다. 劉勰이 이를 근거로 글을 썼다.” [『論語·雍也』: “子曰: 質勝文則野, 文勝質則史. 文質彬彬, 然後君子.” 『漢書·杜欽傳』: “殷因于夏, 尙質; 周因于殷, 尙文.” 『校注』: “按『禮記·表記』: ‘子曰: 虞夏之質, 殷周之文, 至矣. 虞夏之文, 不勝其質, 殷周之質, 不勝其文.’ 舍人遣詞本此.”]

54. 范注4-7: 鄭玄「詩譜序」: “商王의 통치시대에 이르러 『風雅』가 사라졌다.” 『正義』: “商代에도 『風雅』가 있었으나

지금은 商의 『風雅』는 없고, 오직 『頌』만 있는 것은 周代에 들어와 버리고 기록하지 않았기 때문이다. 그래서 【가까이 상의 통치시대에도 『風雅』가 없었다.】라 한 것은 있으나 취하지 않았음을 이른 것이다." [鄭玄「詩譜序」 "邇及商王, 不風不雅." 『正義』曰"商亦有『風雅』, 今無商『風雅』, 惟有其『頌』, 是周世棄而不錄. 故云【近及商王, 不風不雅】', 言有而不取之."]

詹注9-2: 范注‥"鄭玄「詩譜序」‥'가까이 商의 통치시대에는 『風雅』가 없었다.' 『正義』‥"商代에도 『風雅』가 있었으나 지금은 商의 『風雅』 조차 없고, 오직 『頌』만 있는 것은 周代에 들어와 버리고 기록하지 않았기 때문이다. 그래서 【가까이 商王의 통치시대에도 『風雅』가 없었다.】라 한 것은 있으나 취하지 않았음을 이른 것이다." 【被】는 【披】와 같은 뜻. 【英華】는 꽃이며, 【辭采】를 비유한 것이다. 『大學』‥"湯王의 盤銘에서 '만약 하루라도 새롭게 할 수 있으면, 날마다 새롭게 하고, 또 나날이 새롭게 하라.'" 「通變」篇‥"虞夏의 문장은 질박하면서도 분명했으며, 商周의 문장은 화려하면서도 전아하였다." [范注‥"鄭玄「詩譜序」‥'近(邇)及商王, 不風不雅.' 『正義』曰‥"商亦有『風雅』, 今無商『風雅』, 惟有其『頌』, 是周世棄而不錄. 故云【近及商王, 不風不雅】, 言有而不取之." 【被】同【披】. 【英華】, 花, 喩【辭采】. 『大學』‥"湯盤銘曰‥ 苟日新, 日日新, 又日新." 「通變」篇‥"虞夏質而辨, 商周麗而雅."]

55. 詹注9-3: 『周易』「繫辭下」‥"『周易』의 흥기는 中古時代에

이루어진 것인가? 『周易』을 지음에 어떤 憂患이 있었겠는가?” 또한··“『周易』의 흥기는 분명 殷 말기, 周 盛德 시기에 이루어졌도다. 응당 文王과 紂王 사이의 일이지 않겠는가?” 『史記』 「太史公自序」··“옛날 문왕이 羑里 감옥에서 『周易』을 서술하였다.” 「周易『正義』序」··“卦辭와 爻辭는 모두 文王이 지었다.” [『易·繫辭下」··“『易』之興也, 其於中古乎? 作『易』者其有憂患乎?” 又曰··“『易』之興也, 其當殷之末世, 周之盛德邪, 當文王與紂之事邪?” 『史記·太史公自序』··“昔西伯拘羑里, 演『周易』.” 「周易『正義』序」··“卦辭、爻辭幷是文王所作.”]

56. 范注4-8: 「周易『正義』序」··“卦辭와 爻辭는 모두 文王이 지었다.” 智者들은 「繫辭」에 근거하여··‘『周易』이 中古 시대에 만들었졌을까?’ ‘『周易』을 지음에 어떤 憂患이 있겠는가?’ 다시 ‘『周易』의 흥기는 분명 殷 말기에 이루어졌으니 어찌 周代만의 盛德이겠는가?’ 이러한 여러 글에 의거하면 伏羲가 卦를, 文王이 「繫辭」를, 孔子가 「十翼」을 지었다고 하겠다. 이러한 까닭에 司馬遷이 文王이 감옥에서 『周易』을 서술하였다고 언급했던 것이다.” [「周易『正義』序」··“卦辭爻辭竝是文王所作. 智者, 案「繫辭」云··‘易之興也, 其於中古乎’ ‘作易者其有憂患乎?’ 又曰··‘易之興也, 其當殷之末世, 周之盛德邪?’ 準此諸文, 伏羲制卦, 文王「繫辭」, 孔子作「十翼」, 故史遷云, 文王囚而演易.”]

詹注9-4: 『左傳』 「僖公 4年」··“또한 그 占兆辭이다” 杜注··“【繇】는 卜兆辭다.” 다시 「閔公 2년」··“成季의 점괘”

杜注‥“【繇】는 卦兆의 占辭다.” 즉 卦辭와 爻辭를 지칭한다. 【炳曜】는 찬란한 빛을 발한다는 의미. [『左傳』 僖公四年‥“且其繇曰.” 杜注‥“【繇】, 卜兆辭.” 「閔公二年」‥“成季之【繇】.” 杜注‥“【繇】, 卦兆之占辭.” 卽指卦辭和爻辭. 【炳曜】, 光輝照曜.]

57. 詹注9-5: 『補注』‥“左思 「蜀道賦」에서 【符采彪炳】이라 하였다.” 劉逵注‥“【符采】는 옥에 옆으로 난 무늬.” 「原賦」‥“옥의 무늬처럼 빛나는 아름다움의 작렬.” 【符采】는 무릇 옥의 광채를 말하며 여기에서는 문장의 자연스러운 文采를 지칭한다. 「練字」篇‥“이체자와 이상한 해설.”, 「總術」篇‥“심오한 것은 복잡하고 은유가 많다.” 「隱秀」篇‥“【隱】이란 문장 밖에 또 다른 의미가 숨어 있어야 공교해짐을 이름.” [『補注』‥“左思「蜀道賦」‥【符采彪炳】.” 劉逵注‥“【符采】, 玉之橫文也.” 按「原賦」云‥“符采彪炳, 暉麗灼爍.” 【符采】蓋言玉之光采, 在此指文章的自然文采. 「練字」篇‥“複文隱訓” 「總術」篇‥“奧者複隱.” 「隱秀」篇‥“【隱】以複意爲工.”]

58. 詹注9-6: 『史記』 「魯周公世家」集解‥“譙周가 이르길‥‘太王이 머물던 周의 땅을 采邑으로 삼았기에 周公이라 했다.’” 『尙書』 「金縢」‥“元孫은 旦의 多材, 多藝에 미치지 못한다.” 【振】은 원래 【縟】으로 되어 있었다. 馮舒校‥“【縟】을 朱氏가 【振】으로 고쳤는데, 『御覽』에 의거하여 고쳤다.” 『補注』‥“應璩 「與王將軍書」‥‘雀鼠는 비록 미물이지만 아름다운 업적을 안다.’”(『文選』 劉峻의 「廣絶交論」 李

善注 引用) 【振】은 【振興】, 【發揚】의 뜻. 『詩經』『小雅』「角弓」‥"君子는 훌륭한 행실을 실천한다." 「毛傳」‥"【徽】는 【美】와 같은 뜻." 【徽烈】은 【美業: 훌륭한 업적】과 같은 뜻. [『史記·魯周公世家』集解‥"譙周曰‥'以太王所居周地爲采邑, 故謂周公." 『尙書·金縢』‥"乃元孫不若旦多材多藝." 【振】原作【縟】. 馮舒校云‥"【縟】, 朱改作【振】, 按『御覽』改." 『補注』‥"應璩「與王將軍書」‥'雀鼠雖微, 猶知徽烈.'"(『文選』劉峻「廣絶交論」李善注引) 【振】, 【振興】, 【發揚】. 『詩·小雅·角弓』‥"君子有徽猷." 毛傳‥"【徽】, 【美】也." 【徽烈】, 【美業】.]

59. 詹注9-7: 『校證』‥"【制】자는 원래 【剬】字였으나 오늘날 『御覽』에 근거하여 고쳤다. 【制】, 【剬】」의 隸書 모양이 비슷하여 잘못 사용한 것이다. 「宗經」篇‥'사실에 의거하여 전범을 세우다.'" 『唐寫本』에는 【剬】이 【制】로 되어 있다. 『史記』「五帝本紀」‥"귀신에 의지하여 의미를 바르게 한다." 『正義』‥"【剬】은 【制】의 古字다." 또한 『正義』「論字例」‥"【制】字를 【剬】字로 쓰는 것은 매우 일반적인 것이며, 옛날에는 글자가 적어 통용했을 것이다." 이는 【制】字가 잘못 【剬】이 되었다는 증거이다(『正義』에서는 【制】와 【剬】을 今字와 古字로 여기는 것은 오류라고 하였다.). 【制詩】는 詩篇 창작을 이름. 『訓故』‥"『書經』에서 周公이 東都에서 2년을 머물고 시를 지어 왕에게 주었는데, 제목이 「鴟鴞」였으나, 왕 또한 공을 나무라지 못했다. 『國語』‥" 周文公이 지은 『頌』에서‥'后稷에 대한 글은 하늘의 뜻과

꼭 맞아 떨어진다.'" 이는 「周語」에 보인다. 范注··"「毛詩·豳風·七月序」에 의하면 「七月」은 周公이 지었다고 한다. 『尙書』「金縢」에 의하면 「鴟鴞」는 周公이 지었다고 한다. 『國語』「周語」上에 의하면 「時邁」는 周公이 지었다고 한다. 이러한 까닭에 劉勰이 【詩를 짓고, 頌을 편집하였다.】라고 한 것이다." 【緝】은 【輯】과 같은 뜻. [『校證』··"【制】原作【剬】, 今據『御覽』改. 【制】【剬】隸書形近而譌. 「宗經」篇··'據事剬範.'" 『唐寫本』【剬】作【制】. 『史記·五帝本紀』"依鬼神以剬義." 「『正義』」··'【剬】, 古【制】字.' 又『正義』「論字例」··'制字作剬, 此之般流, 緣古少字, 通共用之.' 此【制】譌爲【剬】之證. (『正義』以【制】【剬】爲古今字, 非.) 【制詩】, 言製作詩篇. 「訓故」··"『書』··周公居東二年, 乃爲之詩以貽王, 名之曰「鴟鴞」, 王亦未敢誚公. 『國語』··周文公之爲頌曰··'思文后稷, 克配彼天.'" 按此見「周語」. 范注··"據「毛詩·豳風·七月序」, 「七月」, 周公所作. 據『尙書·金縢』, 「鴟鴞」, 周公所作; 據『國語·周語上』, 「時邁」亦周公所作; 故彦和云【剬詩緝頌】也." 【緝】, 卽【輯】.]

『校注』··"『國語』「周語」··'周文公의 詩에서 이르길 형제는 담 안에서는 서로 다툴지라도 밖에서는 능멸에 함께 맞선다.' 『漢書』「劉向傳」··'文王이 세상을 떠나자 周公이 사모하여 文王의 덕을 歌頌하였는데, 그 시에서··'淸廟(周文王의 宗廟)를 공경하여…… 文王의 德을 지키려하였다.'" 『呂氏春秋』「古樂」篇··"周公 旦이 시를 지어 '文王이 천명을 받아 그 뜻을 천하에 펼치니 周가 비록 오래된 나라이지만 그 使命이 一新되었다.'는 말로 文王의 덕을 기렸다." 『小雅』·「常棣」, 『大雅』·「文王」, 『周頌』·「淸廟」는 모두 周公이 지은 것이다. 이에 劉勰이 그렇게 언급한 것이다. [『校注』:"按『國語·周語中』:'周文公之詩曰:兄弟鬩於牆, 外禦其侮.' 『漢書·劉向傳』:'文王旣沒, 周公思慕歌詠文王之德, 其詩曰:'於穆淸廟, ……秉文之德.'" 『呂氏春秋』「古樂」篇:'周公旦乃作詩曰:'文王在上, 於昭于天, 周雖舊邦, 其命維新.'以繩文王之德.' 『小雅』·「常棣」、『大雅』·「文王」、『周頌』」·「淸廟」, 幷周公所制. 故舍人云然.]

60. 范注4-9: 『尙書』「金縢」:"元孫은 旦의 多才多藝에는 미치지 못한다." 『毛詩』『豳風』「七月序」에 의하면 「七月」은 周公이 지었다고 한다. 『尙書』「金縢」에 의하면 「鴟鴞」는 周公이 지었다고 한다. 『國語』「周語」上에 의하면 「時邁」는 周公이 지었다고 한다. 이러한 까닭에 劉勰이 【詩를 짓고, 頌을 편집하였다.】라고 한 것이다. 『尙書』「大傳」:"周公이 6년간 攝政하시며 禮樂을 제작하였다." 이는 각종 글에 수사를 더했다는 의미이다. 李詳 『文心雕龍黃注補正』: "紀文達이 【剬】字는 【制】字와 같다. 『說文解字』는 【齊】라 풀이하였는데, 말이 나뉘어져도 이를 가지런하게 만든다는 것으로 詩意와는 관련이 없다. 古帖에서는 【制】字를 흔히 【剬】字로 많이 썼으며, 여기서 【剬】字는 【制】字를 잘못 쓴 것이다. 『史記』「五帝本紀」:"귀신에게 의지하여 의미를 바르게 한다." 注:"【剬】는 【制】와 같은 뜻. 이처럼 3字(【剬】, 【齊】, 【制】)는 서로 어지럽게 사용된 지 오래되

었으니 반드시 본의에 따라 훈을 달 필요는 없다. 李詳 張守節의 『史記正義論字例』에 의거하여‥"【制】字를 【剬】字로 사용한 것은 예전에는 글자가 적어 통용했던 것이며, 『史記』 『漢書』에도 이러한 古字가 있으니 좋은 예라 하겠다." 이러한 사실에서 보면 【剬】은 【制】字다. 『說文解字』에 의거하여 【齊】로 해석할 필요도 없고, 【制】와 【剬】이 유사하여 생긴 잘못을 변별할 필요도 없다." 李詳의 설명 또한 대단히 자세한 것은 아니다. 錢大昕의 『三史拾遺』에서 制字의 篆書는 㓡이고, 隸書에서는 【剬】으로 썼으며, 후에 다시 잘못되어 【制】가 되었다. 唐代 사람들이 小學을 잘 몰라 【剬】字를 【制】字의 고자로 알았다. 나는 전씨의 설명이 옳다고 생각한다. 『法言』「學行」‥"나는 덕행을 억지로 꾸미는 것을 좋아하는 것을 보지 못했으며, 이는 마치 작은 쓸데없는 작은 나무에 조각을 하는 것과 같다."

[『尙書』「金縢」‥"乃元孫不若旦多材多藝." 據『毛詩』「豳風·七月序」, 「七月」周公所作. 據『尙書』「金縢」, 「鴟鴞」周公所作. 據『國語』「周語」上, 「時邁」周公所作. 故彦和云【剬詩緝頌.】『尙書』「大傳」‥"周公攝政六年, 制禮作樂." 此斧藻群言也. 李詳『文心雕龍黃注補正』云‥"紀文達云 '【剬】字卽【制】字. 『說文』訓爲齊, 言切割而使之齊, 與詩意無涉. 古帖【制】字多書爲【剬】, 此【剬】字疑爲【制】之訛.' 『史記』「五帝本紀」‥"依鬼神以剬義." 注曰‥"【剬】有【制】義." 是三字相亂已久, 不必定用本訓也.' 詳案張守節『史記『正義』論字例』云‥'【制】字作【剬】, 緣古少字, 通共用之, 史漢本有此古字者, 乃爲好本.' 據此, 【剬】卽【制】字. 旣不可依說文訓【剬】

爲【制】; 亦不必辨制㓢相似之譌也.” 李說亦未甚諦. 錢大昕『三史拾遺』謂制篆作㸙, 隸變作【㓢】, 字又譌作【制】; 唐人不明小學, 誤以【㓢】爲【制】之古字, 案錢說是也. 『法言』「學行」: “吾未見好斧藻其德, 若斧藻其楶者也.”]

詹注9-8: 揚雄『法言』「學行」: “나는 덕행을 억지로 꾸미는 것을 좋아하는 것을 보지 못했으며, 이는 마치 작은 쓸데없는 작은 나무에 조각을 하는 것과 같다.” 李軌注: “斧藻는 나뭇가지를 조각하고, 기둥에 색칠을 하는 수식을 의미한다.” 『司馬光集注』: “【斧】는 【斲削: 깎고 잘라내는 것】, 【藻】는 【文飾】이다.” 范注: “「尙書大傳」: ‘周公이 六年을 攝政하면서 禮樂을 만들었다.’ 이것이 바로 군언을 다듬고 수식한 것이다.” 張華「女史箴」: “다듬고 수식하였다.” 【斧藻】는 修飾, 刪正의 의미. [『揚子法言·學行』: “吾未見好斧藻其德, 若斧藻其楶者也.” 李軌注: “斧藻, 猶刻桷丹楹之飾.” 司馬光集注: “【斧】, 斲削也; 【藻】, 【文飾】也.” 范注: “「尙書大傳」: ‘周公攝政六年, 制禮作樂.’ 此斧藻群言也.” 張華「女史箴」: “斧之藻之.” 【斧藻】, 修飾刪正之意.]

61. 詹注10-1: 李曰剛 『文心雕龍斠詮』(以下 簡稱 『斠詮』): “【繼聖】이란 文王, 周公을 계승하여 성인이 되었다는 뜻.” 『宋書』「符瑞志上」: “무릇 지혜를 체득하고, 징조를 모두 헤아릴 수 있으며, 신령함을 지녀 홀로 뛰어난 사람을 성인이라 한다.” 【秀】는 【異: 특이하다】와 같은 뜻. 『孟子』「萬章」: “백성이 태어난 이래 공자와 같은 사람이 없었다.” 『文心雕龍』「序志」: “인간이 출현한 이래 孔子와 같

은 사람이 없었다." [李日剛『文心雕龍斠詮』(以下簡稱『斠詮』)··"【繼聖】, 謂繼文王、周公而爲聖也." 『宋書·符瑞志上』··"夫體睿窮幾, 含靈獨秀, 謂之聖人." 【秀】, 【異】也. 『孟子 · 萬章』··"自生民以來, 未有如夫子者也." 本書「序志」··"自生民以來, 未有如夫子者也."]

62. 詹注10-2: 『漢書』「董仲舒傳」··"무릇 윗사람이 아랫사람을 교화시키면, 아랫사람은 윗사람을 따르게 된다. 마치 진흙이 녹로에서 기와로 만들어지고, 쇠가 용광로에서 주물이 되는 것과 같다." 顔師古注··"【鎔】은 鑄器의 거푸집을 말한다. 【鈞】은 기와를 만드는 모형 중간에 있는 돌아가는 장치." 【鎔鈞】은 陶冶의 뜻으로 修訂을 비유한다. [『漢書 · 董仲舒傳』··"夫上之化下, 下之從上. 猶泥之在鈞, 猶甄者之所爲. 猶金之在鎔, 唯冶者之所鑄." 顔師古注··"【鎔】謂鑄器之模範也. 【鈞】, 造瓦之法, 其中旋轉者." 【鎔鈞】, 陶鑄之意, 以喩修訂.]

63. 詹注10-3: 『孟子』「萬章下」··"「孔子를 集大成者라 말하는 것이니, 집대성이란 金으로 소리를 퍼뜨리고, 玉으로 거두는 것이다. 金으로 소리를 퍼뜨린다는 것은 條理의 始作이요, 玉으로 소리를 거둔다는 것은 條理를 마감하는 것이다." 趙岐注··"공자가 이전 聖人의 大道를 모아 자신의 聖德을 완성하였기에 능히 金으로 소리를 퍼뜨리고 玉으로 소리를 거둘 수 있었던 것이다. 【振】은 【揚】과 같은 뜻. 따라서 金聲이 사라지면 옥음이 휘날려야 始終如一할 수 있다." 朱注··"마치 음악을 진작시키는 자가 여러 음악의 작

은 성취를 모아 하나의 위대한 음악으로 만드는 것이다. 【成】이란 음악이 한 번 끝나는 것이니, 『書經』에서 말한 【簫音九成】이 바로 그것이다. 【金】은 鐘에 속하는 것이다. 【聲】은 【宣: 펼쳐지다】의 뜻. 【玉】은 【磬】. 【振】은 【收: 거두다】의 뜻. 이는 성덕을 모두 갖추었다는 것을 말하는 것으로, 마치 음악을 진작시키는 사람이 鐘으로 소리를 내고, 磬으로 소리를 거두어 소리를 집대성하는 것과 같다." [『孟子』「萬章下」: "「孔子之謂集大成, 集大成也者, 金聲而玉振之也. 金聲也者, 始條理也; 玉振之也者, 終條理也." 趙岐注: "孔子集先聖之大道, 以成己之聖德者也, 故能金聲而玉振之. 【振】, 【揚】也. 故如金聲之有殺, 振揚玉音, 終始如一也." 朱注: "猶作音者集衆音之小成, 而爲一大成也. 成者, 樂之一終, '『書』所謂【簫音九成】是也. 【金】, 鐘屬; 【聲】, 【宣】也; 【玉】, 磬也; 【振】, 【收】也. 此言聖德全備, 如作樂之以鐘發聲, 以磬收韻, 集音之大成也."]

64. 詹注10-4: 『淮南子』「精神訓」: "근세에 도덕이 쇠퇴하자 말단의 학설만 추구하여 본래의 마음과 근본으로 돌아올 줄 모르고 오로지 본성을 雕琢하거나, 본성에 위배되는 것을 꾸미어 세속과 교류한다." 高誘注: "천성을 조탁하고, 본성에 어긋나는 것을 숭상하여 세속에 부합하면서 세상 사람들과 교류한다." 『淮南子』「精神訓」에서는 먼저 【性】을 언급하고 【情】을 나중에 언급하였다. 陸機의 「演連珠」: "【情】은 【性】에서 나온다." 【情性】은 元刻本, 兩京本에서는 모두 【性情】으로 썼고, 『御覽』 역시 【性情】이라

했으니, 이것이 옳다. 【雕琢性情】은 性情을 도야하는 것으로 修身을 지칭하는 말이며, 【組織辭令】」이란 修辭를 지칭한다. [『淮南子』「精神訓」··"衰世湊學, 不知原心反本, 直雕琢其性, 矯拂其情, 以與世交." 高誘注··"雕琢其天性, 拂戾其本情, 以合流俗, 與世人交接也." 『淮南子·精神訓』先【性】後【情】. 陸機「演連珠」··"【情】生于【性】." 按【情性】, 元刻本、兩京本俱作【性情】, 『御覽』亦作【性情】, 爲是. 【雕琢性情】猶陶冶性情, 指修身言, 【組織辭令】, 指修辭言.]

65. 詹注10-5: 『校注』··"【起】는 『御覽』에 【启】로 되어 있다. 何焯이 【启】로 교감했다. 【启】字가 보다 의미심장하다. 元本, 弘治本, 汪本, 佘本, 張本, 兩京本, …… 에서도 【启】로 썼으니, 결코 오류가 아니다. 【启】와 【起】가 음이 유사해서 쉽게 오류가 나타난다. 【起】는 여러 판본에서 【启】로 적었고, 梅氏가 고쳤다. 黃本, 長松孫本에서도 모두 이를 따랐다." [『校注』··"【起】, 『御覽』引作【启】. 何焯校作【启】. 按【启】字義長. 元本、弘治本、汪本、佘本、張本、兩京本……亦幷作【启】, 不誤. 【启】、【起】音近, 易譌. 【起】, 各本作【启】, 梅改; 黃本、長松孫本俱從之."]

『周易』「繫辭上」··"공자께서 이르길 군자가 집에서 말하더라도 훌륭하면 천리 밖에서도 호응할 것인데, 하물며 가까운 곳에 있어서야?" 『論語』「八佾」··"儀의 封人이 나와 말하기 하늘이 장차 공자를 목탁으로 삼으려 한다." 孔安國注··"木鐸은 政敎를 펼칠 때 울리는 것이다. 하늘이 장차 孔子로 하여금 법도를 만들어 천하를 호령하게 하려는 것을 말한 것이다.” 『尙書』「胤征」: “이에 사람들이 목탁을 가지고 길을 돌아다녔다.” 「孔傳」: “木鐸이란 【金鈴: 금으로 만든 방울】과 나무막대를 말하는 것이며, 이를 가지고 文教를 진작시킨다.” [『易·繫辭上』: “子曰: 君子居其室, 出其言, 善則千里之外應之, 況其邇者乎?” 『論語·八佾』: “儀封人出言: 天將以夫子爲木鐸.” 孔安國注: “木鐸, 施政教時所振也. 言天將命孔子制作法度以號令於天下.” 『尙書·胤征』: “遒人以木鐸巡于路.” 孔傳: “木鐸, 金鈴木舌, 所以振文教.”]

66. 范注4-10: 『孟子』「公孫丑」: “백성이 세상에 나온 이래 공자보다 위대한 사람은 없었다.” 다시 「萬章」: “공자를 集大成者라 한다. 集大成이란 금으로 소리를 퍼트리고, 옥으로 소리를 거두는 것이다.” 『論語』「八佾」: “儀의 封人이 나와서 이르길 하늘이 장차 공자를 목탁으로 삼을 것이다.” 孔安國注: “목탁은 政教를 시행함에 흔들어 사람들을 경계시키는 것이다. 하늘이 장차 공자에게 법도를 만들어 천하를 호령하라고 명령을 내린 것을 말한다.” 『周易』「上繫辭」: “공자께서 군자는 방에 있으면서도 훌륭한 언론을 펴면 천리 밖에서도 호응한다고 말씀하셨다.” 『禮記』「儒行」篇: “공자가 선비는 석상의 보배로 초빙되길 기다리고, 아침 일찍부터 밤늦게까지 열심히 공부해서 사람의 질문을 기다린다고 말씀하였다.” [『孟子』「公孫丑」: “自生民以來, 未有盛於孔子也.” 又「萬章」: “孔子之謂集大成. 集大成也者, 金聲而玉振之也.” 『論語』「八佾」: “儀封人出

曰, 天將以夫子爲木鐸." 孔安國注曰:"木鐸施政敎時所振也. 言天將命孔子制作法度以號令於天下." 『易』「上繫辭」: "子曰, 君子居其室, 出其言善則千里之外應之." 『禮記』「儒行」篇:"孔子曰, 儒有席上之珍以待聘."]

詹注10-6: 『禮記』「儒行」:"哀公이 자리를 명하자 孔子가 侍立하고 儒士는 석상의 보배로 초빙을 기다린다고 말씀하셨다." 『正義』』:"【席】은 【鋪陳: 펼치다】과 같은 뜻. 【珍】은 【美善: 아름답고 훌륭하다】을 이르는 말. 儒士는 上古 堯舜의 아름답고 훌륭한 도를 펼쳐서 군왕의 부름을 기다려야 함을 말한 것이다." 【流】는 傳播. 【響】은 響應. [『禮記』「儒行」:"哀公命席, 孔子侍, 曰:儒有席上之珍以待聘. 夙夜强學以待問." 『正義』:"【席】猶【鋪陳】也. 【珍】謂【美善】之道, 言儒能鋪陳上古堯舜美善之道, 以待君上聘召也." 【流】, 傳播. 【響】, 響應也.]

67. 詹注10-7: 『周易』「大畜」象辭:"찬란한 빛으로 그 덕을 日新시켰다.". 이 구절은 孔子의 문채는 족히 일월과 같은 빛으로 천지를 환하게 비춘다는 것을 말한다. [『易·大畜』象辭:"輝光日新其德." 此句言夫子文采足與日月同光, 照輝天地.]

68. 詹注10-8: 이 구절은 공자의 말씀이 귀머거리를 들을 수 있게 하고 맹인을 볼 수 있게 하는 공이 있음을 말한 것이다. [此句言夫子之言論有啓聾振瞶之功.]

이상은 두 번째 단락으로 【人文】의 역사적 발전을 서술한 것으로 八卦에서 시작, 그 다음이 『河圖』, 『洛書』이다. 문자 창시 이후 『三墳』이 있었고, 夏, 商, 周文王, 周文公을 거쳐 孔子에 이르러 집대성이 되었음을 설명한 것이다. [以上爲第二段, 敍述【人文】的發展歷史, 從八卦開始, 其次是『河圖』、『洛書』. 創始文字以後, 有了『三墳』, 經過夏、商、周文王、周文公以至孔子, 集其大成.]

1–5.

伏羲와 많은 성인을 거쳐 공자에 이르는 동안 성인들은 典禮를 창제하셨고, 공자는 그 의미를 설명하였는바, 도의 핵심에 근거하여 글을 지었고, 신비한 도리를 연구하여 가르침을 펼치심에 『河圖』와 『洛書』에서 상을 취하고, 蓍草와 龜甲으로 이치를 묻고, 천문을 살펴 세상의 변화를 극진하게 파악하고, 인문을 살펴 교화를 완성하셨다. 그러한 뒤에 천지를 다스리기 위한 법도를 보완하고, 사업을 진작시키고, 훌륭한 문장을 이룩하셨다. 따라서 도는 성인을 통해 글로 나타나고, 성인은 글로 도를 밝히시니 두루 통하여 막힘이 없고, 매일 써도 마르지 않는다. 『周易』에서 천하를 고무시켜 움직이게 하는 힘은 文辭에 있다고 하였다. 文辭로 천하를 고무시킬 수 있어야 비로소 도를 밝힌 문장이라 할 수 있다.

1-5.

爰自風姓[69], 暨於孔氏, 玄聖創典[70], 素王述訓[71], 莫不原道心以敷章[72], 研神理而設教[73], 取象乎河洛[74], 問數乎蓍龜[75], 觀天文以極變, 察人文以成化[76]; 然後能經緯區宇[77], 彌綸彝憲[78], 發揮事業[79], 彪炳辭義[80]. 故知道沿聖以垂文, 聖因文而明道[81], 旁通而無滯[82], 日用而不匱[83].

易曰: 鼓天下之動者存乎辭[84]. 辭之[85]所以能鼓天下者, 迺道之文也[86].

69. 范注5-1: 『左傳』「僖公 21年」: "任宿, 須句, 顓臾는 성이 風氏다. 太皞와 有濟의 제사를 담당하였다." 『禮記』「月令」『正義』」에서 『帝王世紀』를 인용하여: "太皞帝와 伏羲氏는 성이 風氏였다." 紀昀評: "玄聖은 당연히 伏羲와 여러 성인을 지칭하며, 만일 孔子를 지칭한다면 下句의 내용과 중복된다." [『左傳』「僖公二十一年」: "任宿須句顓臾風姓也, 實司太皞與有濟之祀." 『禮記』「月令」『正義』引『帝王世紀』云: "太皞帝伏羲氏風姓也." 紀評云: "玄聖當指伏羲諸聖, 若指孔子, 於下句爲複."]

詹注11-1: 『史記』「三皇本紀」: "太皞, 庖犧氏는 姓이 風氏였다." 【庖犧】는 【伏羲】다. [『史記』「三皇本紀」: "太皞庖犧氏, 風姓." 【庖犧】卽【伏羲】.]

70. 詹注11-2: 『莊子』「天道」: "이 다음부터는 현성과 소왕의 도다." 紀昀評: "玄聖은 당연히 伏羲 등의 諸聖을 지칭한다. 만일 孔子를 지칭한다면 다음 구와 중복된다." 范注: "【玄聖】은 당연히 【元聖】이라 해야 한다. 『說文』: "【元】은 【始】의 뜻이다." 張衡「東都賦」薛綜注: "【玄】은 【神】과 같은 뜻." 【玄聖】은 神明한 聖王으로 伏羲같은 사람이다. [『莊子·天道』: "以此處下, 玄聖素王之道也." 紀評: "玄聖當指伏羲諸聖, 若指孔子, 於下句爲複." 范注: "【玄聖】應作【元聖】. 『說文』: "【元】, 【始】也." 張衡「東都賦」薛綜注: "【玄】, 【神】也." 【玄聖】, 謂神明聖王, 如伏羲.]

71. 范注5-2: 杜預「春秋左氏傳序」: "孔子가 衛에서 魯로 돌아온 후에 『春秋』를 편수하고 素王이 되었다." 『正義』: "孔

子는 스스로 素王이라 여겼기에 『春秋』를 지어 素王의 법을 세웠으며, 漢魏의 모든 유생들은 모두 이 말을 믿었다." 【玄聖】은 당연히 【元聖】이라 해야 한다. 『說文』‥"【元】은 【始】와 같은 뜻." [杜預「春秋左氏傳序」‥"說者以仲尼自衛反魯, 脩『春秋』, 立素王." 『正義』曰‥"孔子自以身爲素王, 故作『春秋』立素王之法, 漢魏諸儒, 皆爲此說." 【玄聖】當作【元聖】. 『說文』‥"【元】【始】也."]

詹注11-3: 上文‥"神明을 깊이 밝힌 것은 『周易』이 처음이었다. 庖犧가 처음 八卦를 그렸고, 孔子가 「十翼」을 저술하셨다." 【述訓】은 孔子가 「十翼」으로 마무리한 것을 지칭하며, 【創典】은 伏羲가 처음 八卦를 그린 것을 말한다. [以上說‥"幽贊神明, 『易』象惟先. 庖犧畫其始, 仲尼翼其終." 【述訓】正指孔子的翼其終. 【創典】則是伏羲的畫其始.]

『北堂書鈔』52에서 『論語讖』을 인용하여‥"子夏가 이르길‥'孔子께서 素王이 되셨다.'" 『淮南子』「主術訓」‥"孔子께서 ……오로지 教道를 행하시어 素王이 되셨다." 『漢書』「董仲舒傳」‥"孔子가 『春秋』를 지어 먼저 王을 바르게 하고, 만사와 연결하시니, 素王의 글이 나타난 것이다." 『論衡』「超奇」篇‥"따라서 孔子의 『春秋』는 素王의 업적이다." 杜預의 「春秋左氏傳序」‥"孔子가 衛나라에서 魯나라로 돌아온 후에 『春秋』를 편수하고 素王이 되었다." 『正義』‥"【素】는 【空: 없음】과 같은 뜻. 왕위가 없는 왕을 이르는 것이다. 孔子가 衛나라에서 魯나라로 돌아와 『春秋』를 編修하여 素王의 법을 세웠다." 素王은 帝王의 도를 지니고 있으나 왕위가 없는 孔子 같은 聖王을 지칭하는 것이다. 『論語』「述而」: "전술할 뿐 새롭게 짓지 아니한다." 孔子는 스스로 天子의 위치에 있지 아니하기에 작자의 임무를 담당할 수 없다고 여겨 『六經』을 修訂하였으며, 이는 모두 先王의 舊文을 전술한 것이다. 劉勰은 伏羲는 왕위를 지닌 【玄聖】이라 생각하여 【創典】, 즉 예전을 창제하였다고 했는데, 이는 처음 八卦를 그린 것을 말한다. 孔子는 왕위가 없는 【素王】이기에 【述訓】이라 하였는데, 이는 故訓을 傳述한 것을 말한다. [『北堂書鈔』五十二引『論語讖』: "子夏曰: 仲尼爲素王." 『淮南子』「主術訓」: "孔子…… 專行教道, 以成素王." 『漢書·董仲舒傳』: "孔子作『春秋』, 先正王而繫萬事, 見素王之文焉." 『論衡』「超奇」篇: "然則孔子之『春秋』, 素王之業也." 杜預「春秋左氏傳序」: "說者以仲尼自衛反魯, 脩『春秋』, 立素王." 『正義』: "【素】, 【空】也. 言無位而空王之也. 孔子自以爲素王, 故作『春秋』立素王之法." 素王指有帝王之道而無其位的成王, 如孔子. 『論語·述而』: "述而不作". 孔子自以無天子之位, 不能擔當作者之任, 修訂『六經』, 都是傳述先王舊文. 劉勰以伏羲有位的【玄聖】, 乃稱其【創典】, 卽創制禮典, 指始畫八卦; 孔子爲無位的【素王】, 則稱其【述訓】, 傳述故訓.]

72. 詹注11-4: 『荀子』「解蔽」篇: "人心은 위태롭고, 道心은 미묘하다." 【道心】은 【義理之心】에서 나온 것으로, 【人心】과 대립하는 말이다. 『尙書』「大禹謨」: "【人心】은 위태롭고, 【道心】은 미묘하다." 『朱子全集』『尙書』: "【人心】은 【人

欲】이다. 【道心】은 【天理】다. 소위 【人心】이란 혈기가 화합하여 이루어진 것이며, 【道心】은 본래 타고난 【仁義禮智】의 마음이다.” 「蔡傳」‥“【心】이란 사람의 知覺이며, 마음속 주관이 외물에 반응한 것이다. 형상과 기운에서 비롯된 것을 인심이라 말한다. 의리에서 비롯된 것을 【道心】이라 말한다. 인심은 쉽게 사사롭게 되기에 공평하기 어려워 위태롭다고 한 것이다. 【道心】은 명확히 파악하기 어렵고 애매하기에 미묘하다고 한 것이다.” [『荀子』「解蔽」篇‥“人心之危, 道心之微.” 【道心】, 發于【義理之心】, 對人心而言. 『尙書』「大禹謨」‥“人心惟危, 道心惟微.” 『朱子全集』『尙書』‥“【人心】, 【人欲】也; 【道心】, 【天理】也. 所謂人心者, 是血氣和合做成, 道心是本來稟受得【仁義禮智】之心.” 蔡傳‥“【心】者, 人之知覺, 主於中而應于外者也. 指其發於形氣者而言, 則謂之人心. 指其發於義理者而言, 則謂之【道心】. 人心易私而難公, 故危; 【道心】難明而易昧, 故微.”]

『校注』‥“【以敷章】은 여러 판본에서 【裁文章】으로 기재되었으나 黃本에서는 『御覽』에 의거하여 고쳤다. 徐氏‥‘『御覽』에서 【原道心以敷章】으로 기재하였으며, 다음 구와 관련하여 본다면 이것이 옳다.’ 「鎔裁」篇‥‘兩句를 확대하여 一章으로 만들 수 있다.’ 【敷章】은 『文心雕龍』에서 자주 사용되는 말이다.” 【敷章】은 辭采를 펼치는 것. [『校注』‥“【以敷章】, 各本作【裁文章】, 黃本從『御覽』改. 徐云‥‘『御覽』作【原道心以敷章】, 對下句, 是.’ 案「鎔裁」篇云‥‘兩句敷爲一章.’ 則【敷章】亦本書恒語.” 【敷章】, 發布辭采.]

73. 詹注11-5: 『周易』「觀·象辭」: "聖人이 神道로 說教하니 천하가 복종한다." 『正義』: "神道는 미묘하여 견줄 수도 없고, 이성으로 알 수 없으며, 눈으로 볼 수도 없으며, 왜 그런지 이유도 알 수 없기에 이를 神道라 한다." "성인은 하늘의 신도를 본받아 본인 스스로 선을 행하여 사람들에게 교화를 내리나 말을 빌지 않고도 경계하게 만들며…… 아랫사람들은 자연스럽게 교화를 보고 복종한다." 饒宗頤 『文心雕龍集釋稿』(以下 簡稱 『集釋稿』): "劉勰은 【神道】를 【神理】라 바꿔 말하였다. 위에서 【누가 관장하는가? 神理일 뿐이다.】라고 하였으며, 이는 윗글과 다음 글의 문의가 서로 관통하게 한다."(『文心雕龍研究專號』 참조) 唐代 逄行珪 「進鬻子表」의 【道心에 근거하여 글을 짓고, 神聖을 연구하여 흉금을 털어 놓고, 彝訓을 망라하니 천하의 經緯로 삼지 않은 것이 없다.】는 여기에서 나왔다. [『易·觀』象辭: "聖人以神道設教, 而天下服." 『正義』: "神道者, 微妙無方, 理不可知, 目不可見, 不知所以然而然謂之神道." "聖人法則天之神道, 本身自行善, 垂化于人, 不假言語教戒…… 在下自然觀化服從." 饒宗頤『文心雕龍集釋稿』(以下簡稱『集釋稿』): "【神道】, 劉勰變言曰【神理】者, 因上文言【誰其尸之, 亦神理而已】, 使上下文意相貫."(見『文心雕龍研究專號』) 唐逄行珪「進鬻子表」의 【莫不原道心而裁章, 研神聖而啓沃, 彌綸彝訓, 經緯區中.】 卽出於此.]

74. 詹注11-6: 『河洛』은 『河圖』와 『洛書』. 【象】은 【法: 본받다】와 같은 뜻. [『河洛』謂「『河圖』『洛書』. 【象】者, 【法】也.]

75. 詹注11-7: 『周易』「繫辭上」··“깊은 이치를 탐구하여 숨겨진 사실을 찾아내며, 심원한 의미를 찾아내어 먼 곳까지 이르게 하고, 이로써 천하의 길흉을 정하고, 천하의 사람을 힘쓰게 하는 것은 蓍龜보다 더 큰 것이 없다. 그런 까닭에 하늘이 神物을 만들면 성인이 이를 본받으며, 천지가 변화를 일으키면 성인이 이를 본받으며, 하늘이 象으로 길흉을 드러내면 성인이 이를 본받는다. 『河圖』와 『洛書』가 나오자 성인이 이를 본받았다.” [『易·繫辭上』··“探賾索隱, 鉤深致遠, 以定天下之吉凶, 成天下之亹亹者, 莫大乎蓍龜. 是故, 天生神物, 聖人則之, 天地變化, 聖人效之, 天垂象, 見吉凶, 聖人象之. 河出圖, 洛出書, 聖人則之.”]

【數】는 【運數】, 【氣數】를 말한다. 故人은 길흉을 살필 때는 【龜】를 사용하였고, 점을 칠 때는 【蓍】를 사용하였다. 『論衡』「卜筮」··“무릇 【蓍】는 【耆: 노인】을 말한다. 【龜】는 【舊: 옛것】을 말한다. 의심스러운 사실을 명확하게 알려면 당연히 노인에게 물어봐야 한다.” [【數】, 【運數】, 【氣數】. 故人卜用龜, 筮用蓍. 『論衡』「卜筮」··“夫【蓍】之爲言【耆】也, 【龜】之爲言【舊】也. 明狐疑之事, 當問耆舊也.”]

76. 詹注11-8: 『周易』「賁·彖辭」··“天文을 살펴 시대의 변화를 살피고, 人文을 살펴 천하의 교화를 완성한다.” 李鼎祚의 『周易集解』에서 虞翻의 말을 인용하여··“日月星辰이 天文이다.” 다시 干寶의 말을 인용하여··“四時의 변화는 日月에 달려있고, 성인의 교화는 文章으로 완성된다.” 『正義』··“聖人이 인문을 관찰했다는 것은 『詩經』, 『書經』,

『禮記』, 『樂記』를 말하는 것으로 이 가르침을 본받아 천하를 교화시키는 것이다." 【極】은 窮盡이다. 【成化】는 教化를 완성한다는 의미. [『易·賁』彖辭··"觀乎天文以察時變, 觀乎人文以化成天下." 李鼎祚『周易集解』引虞翻云··"日月星辰爲天文也." 又引干寶曰··"四時之變, 懸乎日月; 聖人之化, 成乎文章." 『正義』··"聖人觀察人文, 則『詩』『書』『禮』『樂』之謂, 當法此教而化成天下也." 【極】, 窮盡. 【成化】, 完成教化.]

77. 詹注11-9: 『左傳』「昭公 25年」··"禮는 상하 모든 사람의 기강이며, 天地의 經緯(理致)다." 『正義』··"천지의 禮는 마치 베를 짜는데 씨줄과 날줄이 있는 것과 같으며, 經緯가 서로 짜이면 文이 이루어진다." 다시 「28年」··"천지가 경위로 짜인 것을 文이라 한다." 『詩經』『大雅』「皇矣」의 「毛傳」도 같다. 『史記』「始皇本紀」··"천하를 통치하다." 【區宇】에 대하여 『文選』「東京賦」··"세상이 평온하다." 『五臣劉良注』··"區宇는 天地다." 즉 天下四方의 의미다. 摯虞『漢高祖贊』··"천하를 다스리다." 【經略】은 經緯와 같은 의미로 【治理: 다스리다】를 비유한다. 「程器」篇··"글을 쓰는 목적은 軍國을 다스림에 있다." [『左傳·昭公二十五年』··"禮, 上下之紀, 天地之經緯也." 『正義』··"言禮於天地, 有織之有經緯, 得經緯相錯乃成文." 又「二十八年」··"經緯天地曰文." 『詩經·大雅皇矣』「毛傳」同. 『史記·始皇本紀』··"經緯天下." 【區宇】, 『文選·東京賦』··"區宇乂寧." 五臣劉良注··"區宇, 天地也." 卽天下四方之意. 摯虞『漢高祖贊』··"經略

區宇.”【經略】, 與經緯義同, 喩治理. 「程器」篇:“摛文必在緯軍國.”]

78. 詹注11-10: 『周易』「繫辭上」:“『周易』은 천지의 법이다. 그런 까닭에 천하의 도를 모두 다스린다.” 『正義』:“【彌】는 꿰매 補合한다는 뜻, 【綸】은 다스려 이끈다는 뜻.” 『尙書』「冏命」:“영원토록 그대의 임금을 불변의 법도로 도와주시오.” 「孔傳」에서는 【彝憲】을 【常法】이라 해석하였다. 「序志」篇의 【群言을 모두 개괄하기는 어렵다】와 【법도를 통괄한다】의 【彌綸】은 포괄하고 통괄한다는 뜻이다. [『易·繫辭上』:“『易』與天地準, 故能尾輪天地之道.” 『正義』:“【彌】謂彌縫補合, 【綸】謂經綸索引.” 『尙書』「冏命」:“永弼乃后於彝憲.” 孔傳釋【彝憲】爲【常法】. 「序志」篇【彌綸群言爲難】與【彌綸彝憲】的【彌綸】皆謂包羅統括.]

79. 詹注11-11: 【揮】는 原作에서는 【輝】로 되어 있다. 何焯校:“【揮】가 아닐까 한다.” 范注에서 孫蜀丞의 말을 인용하여:“【輝】는 당연히 【揮】로 바로잡아야 한다. 『御覽』에서도 【揮】로 바로잡았다.” 橋川時雄:“『周易』「說卦」:‘剛柔에서 발휘된다.’ 『釋文』에서 鄭注를 인용하여:‘【揮】는 【揚: 발휘하다】과 같은 뜻.” 『校注』:“「程器」篇:‘군자는 재덕을 갖추고 때를 기다렸다가 사업을 이룬다.’ 이는 바로 그 증거다. 【輝】라 한 것은 소리 때문에 생긴 실수다.” 『校注』:“王惟儉本에서는 【揮】로 바로 잡았다.” 『周易』「繫辭上」:“이러한 까닭에 形而上의 것을 【道】라 하고, 形而下의 것을 【器】라 하고, 【道】와 【器】를 결합시켜 조정하

는 것을 【變】이라 하고, 양자를 결합하여 미루어 운용하는 것을 【通】이라 하고, 이를 가지고 천하의 백성들에게 조치하는 것을 【事業】이라 한다.” 「序志」篇··“무릇 문장의 쓰임은 실제로는 經典의 가지와 같다. 五禮가 經典을 바탕으로 이루어지게 하며, 六典이 經典에 맞춰 시행되게 하면, 君臣의 업적을 빛나게 만들고, 軍國의 사업을 훌륭하게 만든다.” 이것이 바로 【發揮事業: 사업을 이룩하다】이다. [【揮】, 原作【輝】. 何焯校云··“疑作【揮】.” 范注引孫蜀丞曰··“【輝】當作【揮】. 『御覽』引正【揮】.” 橋川時雄··“『易·說卦』··‘發揮於剛柔.’ 『釋文』引鄭注云··‘【揮】, 【揚】也.’” 『校注』··“「程器」篇··‘君子藏器, 待時而動, 發揮事業.’ 尤爲明證. 其作【輝】者, 乃音之誤..” 『校證』··“王惟儉本正作【揮】.” 『易·繫辭上』··“是故, 形而上者謂之【道】, 形而下者謂之【器】, 化而裁之謂之【變】, 推而行之謂之【通】, 擧而措之天下之民, 謂之【事業】.” 「序志」篇··“唯文章之用, 實經典枝條, 五禮資之以成, 六典因之致用, 君臣所以炳煥, 軍國所以昭明.”卽謂【發揮事業】.]

80. 詹注11-12: 【彪炳】은 【輝煌】의 의미로 문채가 빛남을 말한다. 「明詩」篇··“【四始】가 찬란한 빛을 발하고, 【六義】가 심오해졌다.” 『詩品』에서 郭璞의 시를 평하면서··“潘岳을 본받고 문사와 체식이 모두 빛나니 그 찬란함은 가히 즐길만하다.” 【彪炳辭義】는 辭義를 분명하게 만든다는 뜻. [【彪炳】, 【輝煌】, 言文采煥發. 「明詩」篇··“【四始】彪炳, 【六義】環深.” 『詩品』評郭璞詩··“憲章潘岳, 文體相輝, 彪

炳可翫."【彪炳辭義】辭義鮮明.]

『顔氏家訓』「文章」篇에서 문장의 작용을 논하면서··"朝廷의 憲章, 軍事의 誓誥는 仁義를 분명히 펼치고, 功德을 명확하게 밝히는 것이기에 백성을 다스리고 국가를 건설함에 잠시라도 없어서는 안 된다. 性靈을 陶冶하고, 점잔은 諷諫에 감칠맛을 더하는 것 역시 즐거운 일이다." 이러한 언급은【經緯區宇, 彌綸彛憲, 發揮事業, 彪炳辭義: 세상을 다스리고, 법도를 만들고, 사업을 이루고, 辭義를 밝히다.】를 설명한 것이다. [『顔氏家訓』「文章」篇論文章之作用云··"朝廷憲章, 軍旅誓誥, 敷顯仁義, 發明功德, 牧民建國, 不可暫無.(一本作施用多途). 陶冶性靈, 從容諷諫, 入其滋味, 亦樂事也." 與此處所云【經緯區宇, 彌綸彛憲, 發揮事業, 彪炳辭義.】]

81. 詹注12-1:【以明道】의【以】에 대해『校證』에서··"원래는【而】로 되어 있었으나 지금은『御覽』에 의거하여 고쳤다. 이 글의【道沿聖以垂文】에서【以】字를 끼워 넣어 짝을 이루게 하였고, 다음 구인【旁通而無滯】에서는【而】字를 끼워 넣어 짝을 이루게 하였다.【문체를 서로 엮는】것의 명백한 예이다."【沿】은【因】과 같은 뜻. [【以明道】的【以】,『校證』謂··"原作【而】, 今從『御覽』改. 此文【道沿聖以垂文】二句,【以】字句爲偶, 下文【旁通而無滯】二句, 以【而】字箚句, 以【而】字箚句爲偶,【彌縫文體】, 至爲明白."【沿】,【因】也.]

『札記』··"物理는 무궁하나 언어가 없으면 드러낼 수 없고,

문장이 아니면 전할 수도 없기에 도가 전하는 것은 즉 만물의 정, 인륜이며, 작은 것도 없고, 큰 것도 없으며, 포괄하지 않은 것도 없다." 『漢書』「司馬遷傳」: "孔子의 시대에는 통치자 가운데 聖君도 없었고, 臣下로 임용되지 않았기에 『春秋』를 지어 【空文: 이념적인 글】으로 예의를 규정하였다." 또한 "推論과 書策으로 울분을 서술하고, 생각을 【空文】에 드리워 스스로를 드러냈다." 『後漢書』「劉瑜傳」: "글에 찬란한 빛을 더했다." 羅根澤: "도는 볼 수 없는 것이나 이를 볼 수 있는 사람은 도를 명확히 이해하는 성인뿐이기에 도를 알고 싶다면 반드시 성인을 본받아야 한다. 따라서 「徵聖」篇을 지어 【周公과 孔子를 본받으면 문장의 스승을 지닌 것이다.】라 하였다…… 聖人은 세상을 떠났기에 사람들이 가히 본받을 수 없으나 성인을 통해 글에 드러난 도를 본받을 수 있기에 「宗經」篇을 지었다."(『中國文學批評史』제1책 250쪽.) [『札記』: "物理無窮, 非言不顯, 非文不傳, 故所傳之道, 卽萬物之情, 人倫之傳, 無小無大, 靡不幷包." 『漢書·司馬遷傳』: "孔子之時, 上無聖君, 下不得任用, 故作『春秋』, 垂空文以斷禮義." 又曰: "退論書策以舒其憤, 思垂【空文】以自見." 『後漢書·劉瑜傳』: "垂文彪炳." 羅根澤說: "道不可見, 可見者惟明道之聖, 所以欲求見道, 必需徵聖. 所以又作「徵聖」篇云【徵之周孔, 則有師矣.】…… 聖人往矣, 其人不可徵, 惟有徵沿聖以垂之文, 所以又作「宗經」篇."(『中國文學批評史』第一冊二百五十頁)]

82. 詹注12-2: 黃叔琳校··“【滯】는 【涯】로 쓰기도 했으나 『御覽』에 의거하여 고쳤다.” 范校··“鈴木·· ‘내가 본 바로는 『御覽』에서 【涯】라 하였고, 【滯】라 하지 않았다.’” 范注에서 孫蜀丞의 말을 인용하여··“【無涯】와 【不匱】의 의미가 서로 가깝기에 【滯】로 고치는 것은 옳지 않다. 『御覽』에서는 이를 인용하여 【涯】로 적고 【滯】로 적지 않았는데 그 근거는 알 수 없다.” 이를 근거로 보면 【涯】로 쓰는 것이 옳다. 【旁】은 【溥: 넓다】와 같은 뜻. 【旁通】은 두루 통한다는 뜻. [黃叔琳校··“【滯】, 一作【涯】, 從『御覽』改.” 范校··“鈴木云··‘予所見『御覽』作【涯】, 不作【滯】”. 范注引孫蜀丞曰··“【無涯】與【不匱】義近, 不當作【滯】. 『御覽』引此文亦作【涯】, 不作【滯】, 未知所據.” 據此改作【涯】爲是. 【旁】, 【溥】也. 【旁通】, 猶言遍通.]

83. 詹注12-3: 『左傳』「襄公 29年」··“써도 다함이 없어 영원히 줄 수 있다.” 斯波六郎 『文心雕龍范注補正』··“袁宏의 「三國名臣贊」··‘仁義가 몸에 있으면 써도 다함이 없다.’” 「文賦」··“도리는 원대한 것도 모두 포괄할 수 있고, 아무리 섬세한 것도 모두 포괄할 수 있다...... 金石의 음악에 맞춰 덕을 더 크게 하며, 管絃에 맞춰 나날이 새롭게 한다.” [『左傳』「襄公二十九年」··“用而不匱, 永錫爾類.” 斯波六郎『文心雕龍范注補正』··“袁宏「三國名臣贊」··‘仁義在躬, 用之不匱.’” 「文賦」··“塗無遠而不彌, 理無微而不綸......被金石而廣德, 流管絃而日新.]

84. 詹注12-4: 『周易』「繫辭上」··“천하를 고무하여 움직이게

하는 것은 辭에 있다." 韓康伯注··"【辭】는 爻辭다." 『正義』··"【鼓】는 發揚의 의미이고, 천하는 움직이며, 움직임의 得失은 爻卦의 辭에 나타나기에 사를 살피면 득실을 알 수 있다고 말하는 것이다." 여기서 언급한 【辭】는 원래는 爻辭를 이르지만 다음 문장에서 『周易』의 문구를 승계하고 인신하여 【辭】의 의미를 확대, 文辭의 의미로 섰다. [『周易·繫辭上』··"鼓天下之動者存乎辭." 韓注··"【辭】, 爻辭也." 『正義』··"鼓謂發揚, 天下之動, 動有得失, 存乎爻卦之辭, 謂觀辭以知得失也." 按此處所謂【辭】, 本指爻辭, 下文承『易』之文句而引申之, 【辭】的含義遂擴大而爲泛指文辭.]

85. 范注5-3: 孫蜀丞··"【輝】는 당연히 【揮】로 바로잡아야 한다. 『御覽』에서도 【揮】로 바로잡았다. 당연히 옳은 것을 근거로 삼아야 한다." 다시··"【无涯】와 【不匱】는 비슷한 뜻이기에 【滯】로 고치는 것은 부당하다. 『御覽』에서도 이를 인용하여 【涯】로 쓰고 【滯】로 쓰지 않았다. 그 근거를 모르겠다." 『易』「上繫辭」··"천하를 고무하여 움직이는 것은 辭에 있다." 韓康伯注··"【辭】는 爻辭다." 『正義』··"文辭를 살피면 得失을 알 수 있음을 말하는 것이다." [孫君蜀丞曰"【輝】當作【揮】, 『御覽』引正作【揮】, 當據正." 又曰"【无涯】與【不匱】義近, 不當改作【滯】也. 『御覽』引此文亦作【涯】, 不作【滯】, 未知所據." 『易』「上繫辭」"鼓天下之動者存乎辭." 韓康伯注曰··"【辭】, 爻辭也." 『正義』曰··"謂觀辭以知得失也."]

86. 詹注12-5: 【道之文】은 聖人의 道가 지닌 文采를 의미한다. [【道之文】, 指聖人之道的文采.]

세 번째 단락에서는 聖人의 道와 문장의 관계를 설명하였다. 聖人은 문사를 통해 교화를 진행하는 사람이며, 문사가 능히 작용을 불러 일으킬 수 있는 것은 그것이 藝術性을 지니고 있기 때문이다. [第三段說明聖人之道和文的關係, 聖人是通過文辭來進行教化的, 而文辭之所以能起鼓作用, 就在它有藝術性.]

1–6.

贊에서 이르길: 도의 핵심은 쉽게 알 수 없는 것이기에 神道를 통하여 가르침을 베푸셨다. 위대한 성인 공자께서 仁孝의 의미를 환하게 밝히셨다. 龍馬가 『河圖』를 바쳤고, 거북이 『洛書』를 바쳤다. 천문을 볼 수 있게 되니 백성들도 이를 본받았다.

1-6.
贊曰[87]: 道心惟微[88], 神理設教[89]. 光采元聖, 炳燿仁孝[90]. 龍圖獻體, 龜書呈貌[91]. 天文斯觀[92], 民胥以傚[93].

87. 范注6-1: 本書「頌贊」篇··"【贊】이란【明: 밝히다】,【助: 보조하다】와 같은 뜻."『周禮』의 州長, 允人, 大行人注··"【贊】은【助】와 같은 뜻."『周易』「說卦傳」··"神明을 심오하게 밝혀 시초(蓍)를 만드셨다." 韓康伯注··"【贊】은【明】과 같은 뜻." 이것이 劉勰이 언급한 근거다.『說文』에【讚】字가 없기에 【贊】이라 해도 옳다고 스스로 생각한 것이다. [本書「頌贊」篇云··"【贊】者【明】也,【助】也." 案『主禮』州長,允人,大行人注皆曰··"【贊】【助】也."『易』「說卦傳」··"幽贊於神明而生蓍." 韓康伯注曰··"【贊】【明】也." 此彦和說所本,『說文』無【讚】字, 自以作【贊】爲是.]

詹注13-1: 范注··"本書「頌贊」篇··'【贊】이란【明: 밝히다】,【助: 보조하다】와 같은 뜻.'……『周易』「說卦傳」··'神明을 심오하게 밝혀 시초(蓍)를 만드셨다.' 韓康伯注··'【贊】은【明】이다.' 이것이 劉勰 언급의 근거다." [范注··"本書「頌贊」篇云··'【贊】者,【明】也,【助】也.'……『易·說卦』傳云··'幽贊于神明而生蓍.' 韓注曰··'【贊】,【明】也.' 此彦和說所本."]

『史通』「論贊」篇··"무릇 모든 작품의 立論에 있어 번다함이 심하거나, 贊으로 논리를 이어감에 혼탁함이 너무나 심하면 마치 文士가 碑文을 지음에 끝까지 서술한 뒤 다시 銘에서 석가모니 설법을 다 설명하고 나서 또 다시 偈言으로 설명하는 것과 같다." [『史通·論贊』篇··"夫每卷立論, 其煩已多. 而解(一作嗣)論以贊, 爲黷彌甚, 亦猶文士製碑, 序終而續以銘曰; 釋氏演法, 義盡而宣以偈言."]

88. 范注6-2:『荀子』「解蔽」에서『道經』을 인용하여··"人心은

위태롭고, 道心은 미묘하다." 枚賾이 이를 채용하여 『僞大禹謨』에 삽입하면서 【之】字를 【惟】字로 고쳤다. 劉勰은 당시에 『古文尙書』가 위조된 것을 몰랐기에 그 말을 인용한 것이다. [『荀子』「解蔽」引『道經』曰‥"人心之危, 道心之微." 枚賾采此文入『僞大禹謨』, 改兩之字爲惟字. 彦和時不知『古文尙書』僞造, 故用其言.]

詹注13-2: 『札記』‥"이 부분은 荀子가 『道經』을 인용한 것이며, 枚賾이 僞古文으로 『大禹謨』에 삽입하였으며, 그 논의의 상세한 내용은 太原 閻君의 『尙書古文疏證』을 보면 된다." 范注‥"『荀子』「解蔽」에서 『道經』을 인용하여‥'人心은 위태롭고, 道心은 미묘하다.' 枚賾이 이를 채용하여 『僞大禹謨』에 삽입하면서 두 【之】字를 【惟】字로 고쳤다. 劉勰은 당시에 『古文尙書』가 위조된 것을 몰랐기에 그 말을 인용한 것이다." 孔傳‥"【微】란 밝히기 어렵다는 뜻." [『札記』‥"此荀子引『道經』之言, 而枚賾僞古文采以入『大禹謨』, 其辯詳見太原閻君『尙書古文疏證』." 范注‥"『荀子·解蔽』篇引『道經』曰‥'人心之危, 道心之微.' 枚賾采此文入僞『大禹謨』, 改兩【之】字爲【惟】字, 彦和時不知『古文尙書』僞造, 故用其語." 孔傳‥"【微】則難明的."]

89. 詹注13-3: 【神理設教】는 神道로 設敎한다는 뜻. [【神理設教】, 卽以神道設敎.]

90. 詹注13-4: 上文‥"繇辭가 찬란한 빛을 발하다." 「詔策」篇‥"天命의 徵驗이 찬란한 빛을 발하다." 『說文解字』‥"【燿】는 【照】와 같은 뜻." [上文云‥"繇辭炳曜." 「詔策」

篇:"天命炳燿." 說文:"【燿】,【照】也."]

『孟子』「離婁」:"孔子께서 道에는 【仁】과 【不仁】 두 가지밖에 없다고 말씀하셨다." 다시 "堯舜이 仁政을 베풀지 않았다면 천하가 편안하게 통치될 수 없었다."『論語』「學而」:"孝弟는 인의 근본이 아닌가?"『孝經』「開宗明義章」:"무릇 【孝】란 德의 근본이며, 교화의 시원이다." 유가의 道는 仁을 핵심으로 삼고 있으며, 仁을 孝의 근본으로 간주한다. 劉勰은 작가와 작품을 평가할 때 仁과 孝를 일종의 척도로 삼았다. 예를 들어「諸子」篇:"商鞅과 韓非子는「六虱」과「五蠹」에서 仁孝를 폐기하였기에 비참한 최후를 맞이하였다."「程器」篇:"黃香의 지극한 효심",「指瑕」篇:"左思의「七諷」은 효를 말하면서도 이를 실천하지 않았으며, 도에 반함이 이와 같아 나머지는 볼 필요도 없다." 이는 劉勰의 【原道】가 유가사상을 위주로 하고 있음을 말한다. [『孟子·離婁』:"孔子曰:道二,【仁】與【不仁】而已矣." 又:"堯舜之道, 不以仁政, 不能平治天下."『論語·學而』:"孝弟也者, 其爲仁之本與?"『孝經·開宗明義章』:"夫【孝】, 德之本, 教之所由生也." 儒家之道以仁爲核心, 仁以孝爲根本. 劉勰評論某些作家作品時, 也是以仁、孝作爲一種尺度的. 如「諸子」篇:"至如商韓,「六虱」「五蠹」, 棄孝廢仁, 轘藥之禍, 非虛至也."「程器」篇:"黃香之淳孝",「指瑕」篇:"左思「七諷」, 說孝而不從, 反道若斯, 餘不足觀矣." 這說明劉勰【原道】仍以儒家思想爲主.]

91. 詹注13-5:『禮記』「禮運」:"黃河에서 馬圖가 나왔다." 鄭

注: "馬圖는 龍馬가 메고 나온 그림이다." 『竹書紀年』: "黃帝가 洛水에서 제사를 지냈다." 沈約: "龍圖가 黃河에서 나왔고, 龜書가 洛水에서 나왔으며, 붉은 전서로 쓰여졌고, 이것이 軒轅에게 전해졌다." 『宋書』「符瑞志」에서만 【作】字를 【出】字로 적었고, 나머지는 모두 같다. [『禮記·禮運』: "河出馬圖." 鄭注: "馬圖, 龍馬負圖而出也." 『竹書紀年』: "黃帝祭于洛水." 沈約附注: "龍圖出河, 龜書作洛, 赤文篆(綠)字, 以授軒轅." 『宋書·符瑞志』【作】作【出】, 餘全同.]

92. 詹注13-6: 『易·賁』彖辭: "天文을 살펴 시기변화를 살핀다." 【斯】는 빈어를 동사 앞으로 전치시키는 助詞다. 【天文】은 『河圖』와 『洛書』를 말한다. [『易·賁』彖辭: "觀乎天文以察時變." 【斯】是用以把賓語提置動詞全的助詞. 【天文】, 『河圖』、『洛書』.]

93. 詹注13-7: 『詩經』『小雅』「角弓」: "그대가 가르치면 백성들이 따라 본받는다." 鄭箋: "천하의 모든 사람들이 배우기에 통치자는 백성들을 말로 교화함에 신중을 기하지 않을 수 없다." 『爾雅』「釋詁」: "【胥】는 【皆: 모두】와 같은 뜻." [『詩經·小雅·角弓』: "爾之教矣, 民胥傚矣." 鄭箋: "天下之人皆學之, 言上之化下, 不可不慎." 『爾雅·「釋詁』: "【胥】, 【皆】也."]

第二篇「徵聖」[94]

94. 范注1-1: 【徵】은 證據를 구한다는 뜻으로, 聖人이 남겨둔 문장에서 증거를 구한다는 것이다. 揚雄『法言』「學行」篇: "학자는 올바른 것을 헤아릴 뿐이다. 어떤 사람이 '어떻게 옳은 것을 알고 익혀야 합니까?'라고 물었다. 대답하길: '日月을 보고 뭇 별들이 사라짐을 알고, 성인을 우러르면 뭇 학설이 하찮다는 것을 알 수 있다.'" 이어서, 「吾子」篇: "글을 좋아하나 孔子에게서 요점을 구하지 않으면 글이 방자하게 되고, 말하기 좋아하나 공자에게서 요점을 구하지 아니하면 그 말은 방울 소리에 지나지 않는다." 劉勰이 본편에서 말한 聖人이란 周公과 孔子를 지칭한다. [【徵】驗也, 謂驗之于聖人遺文也. 揚雄『法言』「學行」篇: "學者審其是而已矣. 或曰: '焉知是而習之?' 曰: '視日月而知衆星之蔑也, 仰聖人而知衆說之小也.'" 又「吾子」篇: "好書而不要諸仲尼, 書肆也; 好說而不要諸仲尼, 說鈴也." 彦和此篇所稱之聖, 指周公孔子.]

2-1.

무릇 새로운 글을 창작할 수 있는 사람을 聖人이라 하고, 聖人의 창작의도를 서술할 수 있는 사람을 明哲이라 한다. 孔子의 文章은 배워 알 수 있음은 聖人의 情志가 文章에 나타나기 때문이다. 先王의 성스러운 가르침은 서적에 실려 있다. 孔子의 風度와 文采는 그의 格言에 잘 나타나 있다. 이러한 까닭에 孔子는 멀리는 唐堯時代를 기리며 문화가 燦爛하고 豊富하다고 말씀하셨다. 가까이 周代를 칭찬하며 문화가 燦爛하여 가히 따를만하다고 하였다. 이는 政治的 敎化에 文章을 중시했다는 증거다. 鄭國의 王이 陳國을 공격함에 文辭로 공적을 이루었다. 宋國에 隆重한 연회를 거행함에 풍부한 문채로 禮節을 표현하였다. 이는 사실에 있어 문사를 귀하게 여겼다는 증거다. 공자가 子産을 칭찬하며 "말로 하여금 충분히 뜻을 이루게 하고, 문사로 충분히 말이 되게 하여야 한다."고 말씀하였다. 君子에 대해 "감정은 진실하여 믿음이 있어야 하며, 文辭는 정교해야 한다."고 말씀하셨다. 이는 修身에 있어 문사를 중요하게 여겼던 증거다. 따라서 내용이 충실하고, 언어가 문채를 지니고, 감정이 진실하고, 문사의 정교함은 문장 창작의 金科玉條다.

2-1.

夫作者曰聖, 述者曰明[95], 陶鑄性情, 功在上哲[96], 夫子文章, 可得而聞[97], 則聖人之情, 見乎文辭矣[98]. 先王聖化(聲敎)[99], 布在方冊[100]; 夫子風采[101], 溢於格言[102]. 是以遠稱唐世, 則煥乎爲盛[103]; 近褒周代, 則郁哉可從[104]. 此政化貴文之徵也[105]. 鄭伯入陳, 以文辭爲功[106]; 宋置折俎, 以多文擧禮[107]. 此事蹟貴文之徵也[108]. 褒美子産, 則云言以足志, 文以足言[109]; 泛論君子, 則云情欲信, 辭欲巧[110]. 此修身貴文之徵也[111]. 然則志足而言文[112], 情信而辭巧, 迺含章之玉牒, 秉文之金科矣[113].

95. 范注1-2: 『禮記』「樂記」‥“따라서 禮樂의 情性을 아는 자만이 능히 창작할 수 있고, 예악의 文飾을 아는 자만이 서술할 수 있다. 【作者】를 【聖人】이라 하고, 【述者】를 【明哲】이라하기에 명철과 성인을 일러 【述作】이라 한다.” [『禮記』「樂記」‥“故知禮樂之情者能作, 識禮樂之文者能述, 【作者】之謂【聖】, 【述者】之謂【明】. 【明聖】者, 【述作】之謂也.”]

詹注1-1: 『禮記』「樂記」‥“따라서 예악의 情性을 아는 자만이 능이 지을 수 있고, 예악의 文飾을 아는 자만이 서술할 수 있다. 【作者】를 【聖人】이라 하고, 【述者】를 【明哲】이라 하기에 명철과 성인을 일러 【述作】이라 한다.” 鄭注‥“述이란 그 뜻을 설명한 것이다.” 『正義』‥“聖人은 物理에 通達하였기에 作者를 聖人이라 칭한 것이며, 堯, 舜, 禹, 湯이 그러한 성인이다.”, “明哲한 사람이란 시비를 辨說할 수 있기에 가려 서술한 자를 明哲이라 하며 子游, 子夏와 같은 사람이 이러한 사람이다.” 『漢書』「禮樂志」‥“作者를 聖人이라 한다.” 注‥“作者란 새로운 것을 만든 사람을 이른다.” 「禮樂志」‥“述者를 明哲이라 한다.” 注‥“敍述함이란 그 의미를 명확하게 변별하고 그대로 행하는 것이다.” 『論語』「述而」‥“공자가 이르길 서술하되 짓지는 않는다.” 『論衡』「書解」篇‥“聖人이 【經】을 지으시고, 賢者가 經典의 【傳】을 지어 作者의 뜻을 풀어내어 聖人의 뜻을 採納하였다.” 張華 『博物志』‥“성인이 지은 것을 【經】이라 하고, 현자가 저술한 것을 【傳】이라 한다.” [『禮記』「樂記」‥

“故知禮樂之情者能作, 識禮樂之文者能述, 作者之謂聖, 述者之謂明. 明聖者,【述作】之謂也.” 鄭注:“述, 謂訓其義也.”『正義』:“聖人通達物理, 故作者之謂聖, 則堯、舜、禹、湯是也.”, “明者辨說是非, 故脩述者之謂明, 則子游、子夏之屬是也.”『漢書』「禮樂志」:“作者之謂聖.” 注云:“作者謂有所興造也.” 「禮樂志」又云“述者之謂明.” 注云:“述謂明辨其義而循行也.”『論語』「述而」:“子曰:‘述而不作.’”『論衡』「書解」篇:“聖人作其【經】, 賢者造其【傳】, 述作者之意, 採聖人之志.” 張華『博物志』:“聖人製作曰【經】, 賢者著述曰【傳】.”]

96. 范注1-3:『荀子』「性惡」篇:“무릇 堯禹와 같은 군자들을 귀하게 여기는 이유는 사람으로 하여금 능히 본성을 바꾸어 인위적 노력을 하도록 만들었기 때문이다. 인위적 노력이 있어야 禮義를 만들 수 있다. 그러므로 성인이 예의를 위한 인위적 노력을 기울이는 것은 마치 도공이 흙을 이겨 그릇을 만드는 것과 같다.”『法言』「學行」篇:“어떤 사람이 ‘사람도 새롭게 만들 수 있습니까?’ 陽子가 ‘공자께서 顏淵을 새로운 사람으로 만들었다.’라고 대답하였다” 다시 “螟蛉의 애벌레가 죽어 蜾蠃를 만났다. 축원하며 말하길 ‘나를 닮아라, 나를 닮아라!’ 오래 마주하면 닮게 되리니. 빠르도다. 70 제자가 공자를 닮은 것이여!” 劉勰은 공자가 사람의 성정을 바로잡은 공로는 顏淵 및 70 제자들에게서 나타났으며, 이에 그 문장은 후세 사람들이 들어 알 수 있다고 말한 것이다. 孫蜀丞:“『北史』「常爽傳」

에서 仁義는 인간의 본성이며, 經典은 사람의 문채이다. 仁義와 經典이 사람들의 정신을 새롭게 하고, 이목을 깨우치게 한다." [『荀子』「性惡」篇··"凡所貴堯禹君子者, 能化性, 能起僞. 僞起而生禮義, 然則聖人之於禮義積僞, 亦猶陶埏而生之也." 『法言』「學行」篇··"或曰, 人可鑄與? 曰, 孔子鑄顔淵矣." 又"螟蠕之子殪而逢蜾蠃, 祝之曰'類我類我' 久則肖之矣. 速哉七十子之肖仲尼也." 彦和謂仲尼陶鑄性情之功效, 見於顔淵及七十子之徒, 而其文章則後世尙可得而聞也. 孫君蜀丞云··"『北史 』「常爽傳」, 仁義者人之性也, 經典者身之文也, 皆以陶鑄神情, 启悟耳目."]

詹注1-2: 『莊子』「逍遙遊」··"그대는 먼지와 때, 쭉정이와 겨를 가지고도 堯舜같은 사람을 만들 수 있을 것이다." 이 부분은 聖人(堯, 舜, 周, 孔)의 敎化가 衆人의 性情을 도야시킴을 말한 것이다. 「原道」篇··"孔子에 이르러 이전 성인을 계승하시고, 나아가 이들을 뛰어 넘으시어……. 성정을 가다듬는 글을 지으셨다." 【雕琢性情: 성정을 가다듬다.】은 바로 【陶鑄性情: 성정을 만들다.】과 같은 뜻이다. 『荀子』「性惡」篇··"무릇 堯禹와 같은 군자들을 귀하게 여기는 이유는 사람으로 하여금 능히 본성을 바꾸어 인위적 노력을 하도록 만들기 때문이다. 인위적 노력이 있어야 禮義를 만들 수 있다. 그러므로 성인이 예의를 위한 인위적 노력을 기울이는 것은 마치 도공이 흙을 이겨 그릇을 만드는 것과 같다." 이는 바로 성인이 범인을 【陶化: 교화】시킬 수 있음을 강조한 말이다. 『法言』「學行」篇··"어떤 사람이 '사람도 새롭게 만들 수 있습니까?'라고 물었다. 陽子가 '공자께서 顔淵을 새로운 사람으로 만들었다.'라고 대답하였다." 『魏書』「儒林傳」에서는 常爽의 「六經略注序」를 인용하여··"따라서 仁義는 인간의 바탕이다. 經典은 몸의 문식이기에 정신과 성정을 도야시키고 이목을 깨우쳐 준다." 【陶鑄】는 모든 敎化를 포함한다. 劉勰 『滅惑論』··"신의 교화로 두루 다스리는 것과 중생을 도야시킴은 서로 다른 것이 아니다." 【功】은 【功績】과 같은 뜻. 「程器」篇··"성인이 아니면 갖추기 힘들다." 「時序」篇··"中宗은 지혜로 국운을 흥성시켰다." 【上哲】은 【上智】로, 여기에서는 성인을 지칭한다. 이상은 성인의 서술이 모두 인문 교화의 작용을 지니고 있어 한편으로는 性情을 도야시켜 品德을 도탑게 하고, 한편으로는 풍속을 변화시켜 천하를 교화시킬 수 있음을 설명한 것이다. [『莊子』「逍遙遊」··"是其塵垢粃糠, 將猶陶鑄堯舜者也." 此處乃謂聖人(堯、舜、周、孔)之敎化, 將以陶鑄衆人之性情. 「原道」篇云··"夫子繼聖, 獨秀前哲. …… 雕琢性情, 組織辭令." 【雕琢性情】, 卽此【陶鑄性情】. 『荀子』「性惡」篇··"凡所貴堯禹君子者, 能化性, 能起僞. 僞起而生禮意. 然則聖人之於禮意積僞, 亦猶陶埏而生之也." 此正强調聖人之【陶化】凡人. 『法言』「學行」篇··"或曰, 人可鑄與? 曰, 孔子鑄顔淵矣." 『魏書』「儒林傳」引常爽「六經略注序」··"然則仁義者, 人之性也; 經典者, 身之文也, 所以陶鑄神情, 启悟耳目." 陶鑄之義, 卽包含一切敎化在內. 劉勰『滅惑論』云··"其彌綸神化, 陶鑄群生, 無異也." 【功】謂功績. 「程器」篇··"自非上哲, 難以求備." 「時序」篇··"中宗以上

哲興運.”【上哲】卽【上智】, 此處指聖人. 以上是說聖人著述, 莫不有人文化成的作用, 卽一方面可陶鑄性情, 敦勵品德; 一方面可移風易俗, 化成天下.]

97. 范注1-4: 『論語』「公冶長」: “子貢이 이르길 ‘공자의 문장은 들을 수 있다.’” 邢昺疏: “자공이 말한 공자의 저술은 威儀와 禮法을 말한 것이다. 문채와 형질이 분명하여 귀로 듣고 눈으로 볼 수 있기에 학습을 통해 알 수 있다.” [『論語』「公冶長」: “子貢曰夫子之文章, 可得而聞也.” 邢昺疏曰: “子貢言夫子之述作威儀禮法, 有文彩形質著明, 可以耳聽目視, 依循學習, 故可得而聞也.”]

詹注1-3: 『論語』「公冶長」篇: “子貢이 이르길 ‘공자의 문장은 들을 수 있다.’” 邢昺疏에서 “자공이 말한 공자의 저술은 威儀와 禮法을 말한 것이다. 문채와 형질이 분명하기에 귀로 듣고 눈으로 보는 학습을 통해 알 수 있다는 것이다.” 劉寶楠 『論語』『正義』: “『世家(『史記』「孔子世家」)의 기록에 의하면 孔子의 文章은 『詩』, 『書』, 『禮』, 『樂』을 말한다.” [『論語』「公冶長」篇: “子貢曰夫子之文章, 可得而聞也.” 邢昺疏曰: “子貢言夫子之述作威儀禮法, 有文彩形質著明, 可以耳聽目視, 依循學習, 故可得而聞也.” 劉寶楠『論語正義』: “『據世家(『史記』「孔子世家」)諸文, 則夫子文章, 謂『詩』、『書』、『禮』、『樂』也.”]

98. 范注1-5: 『周易』「下繫辭」: “聖人의 情志는 文辭에 나타난다.” 『唐寫本』에는 【文】字가 없다. 나는 【文】은 文章을, 【辭】는 言辭를 말한다고 생각한다. 義는 廣狹이 있기에

산거할 수 없고, 語氣의 순조로움을 위해서도 반드시 【文】字가 있어야 한다. [『易下繫辭』··“聖人之情見乎辭.” 『唐寫本』無【文】字. 案【文】謂【文章】, 【辭】謂【言辭】. 義有廣狹, 似不可刪, 循繹語氣, 亦應有【文】字.]

詹注1-4: 范注··“『易下繫辭』··‘성인의 情志는 文辭에 나타난다.’ 『唐寫本』에는 【文】字가 없다. 나는 【文】은 【文章】을, 【辭】는 【言辭】를 말한다고 생각한다. 義에는 廣狹이 있기에 산거할 수 없고, 語氣의 순조로움을 위해서도 반드시 【文】字가 있어야 한다.” 『易』「下繫辭」··“성인의 情志는 문사에 나타난다.” 『正義』··“辭는 성인이 운용한 情志를 언급한 것이기에 그 文辭를 보면 성인의 情志를 알 수 있다.” 【見】은 【現】과 같은 뜻. 楊明照 『范文瀾文心雕龍注擧正』··“여기서 사용한 『周易』「繫辭」는 결코 보태고 고친 것이 없다. 실로 【辭】는 【文辭】이고 一言이면 족하기에 【文】字를 보탤 필요가 없다. ······ 오늘날의 판본은 傳寫者가 아래 위를 따져 【文】字를 더한 것이다.”(『文學年報』 第三期) [范注··“『易下繫辭』··‘聖人之情見乎辭.’ 『『唐寫本』』無【文】字. 案【文】謂【文章】, 【辭】謂【言辭】. 義有廣狹, 似不可刪, 循繹語氣, 亦應有【文】字. 『易·繫辭下』··“聖人之情見乎辭.” 『正義』··“辭則言其聖人所用之情, 故觀其辭而知其情也.” 【見】, 同【現】. 楊明照『范文瀾文心雕龍注擧正』··“此用『易』「繫辭」幷無增改. 誠以【辭】卽【文辭】, 一言已足, 無須更加【文】字. ······ 今本蓋傳寫者涉上下而衍.”(『文學年報』第三期)

99. 詹注2-1: 『校證』: “【聲教】는 원본에 【聖化】로 되어 있다.” 『唐寫本』에 근거하여 고친 것이다. 「練字」篇: “선왕들의 【聲教: 教化】” 『尙書』「禹貢」: “동쪽으로는 바다에 다다랐고, 서쪽으로는 流沙에 다다랐고, 북쪽에서 남쪽까지 명성과 聲教가 온 세상에 퍼졌다.” 「孔傳」: “이는 五服 이외에 王者의 교화에 따라 모두 朝見하게 됨을 말한다.” 『正義』: “모두 천자의 위엄 있는 教化와 文教를 듣고 때에 맞추어 朝見하였다.” 「蔡傳」: “【聲】은 【風聲】이다. 【教】는 【教化】를 말한다.” [『校證』: “【聲教】原本作【聖化】.” 據『唐寫本』改. 「練字」篇亦云: “先王聲教.” 『尙書』「禹貢」: “東漸于海, 西被于流沙, 朔南暨聲教, 訖于四海.” 「孔傳」: “此言五服之外, 皆與王者聲教而朝見.” 『正義』: “皆與聞天子威聲文教, 時來朝見.” 「蔡傳」: “【聲】, 【風聲】. 【教】謂【教化】.”]

100. 范注1-6: 『禮記』「中庸」篇: “哀公이 정치하는 방법을 물었다. 공자께서: ‘文王과 武王이 정치한 사적이 책에 실려 있습니다.’ 라고 대답하였다.” 『正義』: “文王과 武王이 정치를 펼친 도가 方牘과 簡冊에 나열되어 있음을 말한 것이다.” [『禮記』「中庸」篇: “哀公問政. 子曰: ‘文武之政, 布在方策.’” 『正義』云: “言文王武王爲政之道, 皆布列在於方牘簡冊.”]

詹注2-2: 『禮記』「中庸」篇: “哀公이 정치하는 방법을 물었다. 공자께서: ‘文王과 武王이 정치한 사적이 책에 실려 있습니다.’ 라고 대답하였다.” 鄭注: “【方】은 【版】이다.

【策】은 【簡】이다.” 『正義』: “文王과 武王이 정치를 펼친 도가 方牘과 簡冊에 나열되어 있음을 말한 것이다.” 【方】은 【木板】이고, 【冊】은 竹片에 구멍을 낸 것으로 【策】과 통용된다. 【方策】은 넓은 의미에서 書籍을 지칭함. [『禮記』「中庸」篇: “哀公問政. 子曰: ‘文武之政, 布在方策.’” 鄭注: “【方】, 【版】也; 【策】, 【簡】也.” 『正義』云: “言文王武王爲政之道, 皆布列在於方牘簡冊.” 【方】是木版, 【冊】是穿起來的竹片, 與【策】通用. 【方策】泛指書籍.]

101. 詹注2-3: 【風采】는 『唐寫本』에는 【文章】으로 되어 있다. 만일 【文章】으로 쓴다면 위의 【夫子文章】과 중첩되기에 【風采】로 쓰는 것이 옳다. 『漢書』「霍光傳」: “천하의 政令은 자신에게서 나오기에 천하는 그 風采를 알아보고자 한다.” 顔師古注: “【采】는 【文采】와 같은 뜻.” 「書記」篇: “언어로 울적함을 달래고, 風度에 寄託함.” 【風采】는 【風度】와 【文采】를 말한다. [【風采】, 『唐寫本』作【文章】. 如作【文章】則與上文【夫子文章】重出, 仍以【風采】爲是. 『漢書』「霍光傳」: “政自己出, 天下想聞其風采.” 師古注: “【采】, 【文采】.” 「書記」篇: “言以散鬱陶, 託風采.” 【風采】謂【風度】【文采】.]

102. 范注1-7: 『論語比考讖』: “格言이 法이되면 次序가 정해진다.”(『文選』 潘岳 「閒居賦」의 注, 沈約 「奏彈王源」의 주에서 인용) 『家言』 「五儀」篇: “입으로는 訓格의 말을 하지 않는다.” 注: “【格】은 【法】과 같은 뜻.” 【格言】은 『莊子』 「人間世」의 【法言】을 말한다. 『莊子』 「人間世」: “그러므로

法言(格言)에서도 진실만을 전하고 지나친 말을 전하지 않는다고 하였다." 【溢】에는 【充滿】의 뜻이 있다. 劉勰은 아마도 『莊子』를 저본으로 삼았지만 그 어의를 변용하여 적었을 것이다. [『論語比考讖』‥"格言成法, 亦可以次序也."(『文選』潘岳「閒居賦」注又沈約「奏彈王源」注引) 『家言』「五儀」篇‥"口不吐訓格之言." 注‥"【格】【法】也." 【格言】卽『莊子』「人間世」之【法言】. 彼文曰‥"故法言曰, 傳其常情, 無傳其溢言." 【溢】有【充滿】之義, 彦和殆本『莊子』而變其語用之.]

詹注2-4: 『唐寫本』에는 【於】가 【乎】로 되어 있다. 范注‥"『論語比考讖』‥'格言이 法이 되면 次序가 정해진다.'"(『文選』 潘岳 「閒居賦」의 注, 沈約 「奏彈王源」의 注에서 인용) 『(孔子)家言』 「五儀」篇‥"입으로는 訓格의 말을 하지 않는다." 注‥"【格】이란 【法】이다." 【格言】은 법이 될 수 있는 말이다. 『三國·魏志』 「崔琰傳」‥"이러한 周公과 孔子의 격언은 모두 경전의 명확한 의미다." 【格言】은 여기에서 『論語』 등의 책을 이르는 말이다. 『中庸』‥"이러한 까닭에 명성이 격언에 넘친다." [『唐寫本』【於】作【乎】. 范注‥"『論語比考讖』‥'格言成法, 亦可以次序也.'"(『文選』潘岳「閒居賦」注又沈約「奏彈王源」注引) 『(孔子)家言』「五儀」篇‥"口不吐訓格之言." 注‥"【格】【法】也." 【格言】蓋卽可以爲法之語. 『三國·魏志』 「崔琰傳」云‥"此周、孔之格言, 二經之明義." 【格言】, 在此指『論語』等書而言『中庸』‥"是以聲名洋溢乎格言.』]

103. 詹注3-1: 【唐世】는 【堯】를 지칭한다. 『論語』「泰伯」篇: "공자가 이르길: '위대하도다! 堯의 군왕됨이여! 높고 크도다! 오직 저 하늘이 가장 크거늘, 堯만이 하늘과 같다. 넓고도 넓도다! 하여 백성들이 무어라 형용하지 못하는 도다. 높고 높은 堯의 성공! 찬란한 문장!'" 『集解』: "【煥】【明】과 같은 뜻." [【唐世】, 指【堯】. 『論語』「泰伯」篇: "子曰: '大哉! 堯之爲君也. 巍巍乎! 唯天爲大, 唯堯則之, 蕩蕩乎! 民無能名焉; 巍巍乎! 其有成功也. 煥乎! 其有文章.'" 『集解』: "【煥】, 【明】也."]

104. 范注1-8: 『論語』「八佾」: "공자께서 '周(왕조)는 夏殷 二代를 잘 살폈기에 문채가 찬란하도다. 나는 周를 따르겠다.'" 孔安國注: "【監】은 【視: 보다】의 뜻. 주의 문채가 夏殷 二代보다 잘 갖추어졌기에 응당 이를 따르겠다고 말한 것이다." [『論語』「八佾」篇"子曰周監於二代, 郁郁乎 文哉! 吾從周." 孔安國注曰: "監視也. 言周文章備於二代, 當從之."]

詹注3-2: 『論語』「八佾」篇: "孔子: '周(왕조)는 夏殷 二代를 잘 살폈기에 문채가 찬란하도다. 나는 周를 따르겠다.'" 孔安國注: "【監】은 【視: 보다】의 뜻. 주의 문채가 夏殷 二代보다 잘 갖추어졌기에 응당 이를 따르겠다고 말한 것이다." 『皇疏』: "【郁郁】은 文章의 내용을 명확하게 드러낸다는 뜻." [『論語』「八佾」篇: "子曰周監於二代, 郁郁乎 文哉! 吾從周." 孔安國注曰: "【監】【視】也. 言周文章備於二代, 當從之." 『皇疏』: "【郁郁】, 文章明著也."]

105. 詹注3-3: 이는 정치교화에 있어 문채를 중시해야 한다는

증거를 말한 것. [意謂這些是政治教化都要重視文采之證.]

106. 范注1-9: 『左傳』「襄公 25년」‥"孔子가 子産을 평하며 이르길‥책에 기록되어 있기를 【말로 충분하게 뜻을 이루게 하고, 문사로 충분히 말이 성립되게 하여야 한다.】라 하였으니, 말을 하지 아니하면 누가 그 뜻을 알겠는가? 말에 문채가 없다면 이를 행해도 멀리까지 전할 수 없다. 晉國이 覇者가 되고, 鄭國이 陳國으로 진공하였어도 문사가 없었다면 功績이 이루어지지 않았을 것이므로 문사를 신중히 다루어야 한다." 杜注‥"【足】은 【成: 이루다】과 같은 뜻." [『左傳』「襄公二十五年」‥"孔子稱子産曰‥'『志』有之, 【言以足志, 文以足言.】 不言誰知其志? 言之無文, 行而不遠. 晉爲覇, 鄭入陳, 非文辭不爲功, 愼辭也." 杜注曰‥"足猶成也."]

詹注4-1: 『校證』‥"여러 판본에 【文】이 【立】으로 되어 있으나 馮校, 何校, 黃本에 의거하여 고쳤다." 『訓故』‥"『春秋左傳』‥'鄭國이 陳國을 정벌하려함에 子産이 晉國에 첩보를 보냈다. 晉國人이 陳國의 죄목을 물었다. 子産이 陳國은 周代의 大德을 망각하고 楚國의 많은 군대를 믿고 우리나라를 침공하였습니다. 하늘이 우리의 진심을 알아주시고, 우리나라 백성들의 마음을 열어주시고, 晉國도 자신의 죄를 알고 우리에게 손을 들었으므로 이에 승리를 보고하는 바입니다.' 趙文子‥'이 문장은 이치에 맞는다. 이치에 맞지 아니하면 상서롭지 못하다.'라고 말하곤 포로들을 받아들였다." 孔子‥"책에 기록되어 있기를‥'말로 충분하게 뜻을 이루게 하고, 문사로 충분히 말이 되게 하여야 한다. 鄭國이 陳國을 침입함에 文辭가 아니었으면 성공할 수 없었으니 文辭는 신중하게 다루어야 한다.'" [『校證』: "各本【文】作【立】, 馮校, 何校, 黃本改." 『訓故』: "『春秋左傳』: '鄭伐陳, 子產獻捷于晉, 晉人問陳之罪, 對曰: 陳亡周之大德, 介恃楚衆, 以憑陵我敝邑. 天誘其衷, 啓敝邑心, 陳知其罪, 授受于我, 用敢獻功." 趙文子曰: "其辭順, 犯順不祥." 乃受之. 仲尼曰: "『志』有之 : 言以足志, 文以足言. 鄭入陳, 非文辭不爲功, 愼辭哉!"]

『左傳』「襄公 25년」: "子展이 鄭의 임금과 함께 陳國으로 가서 陳國 정벌의 공적에 대해 사례하였다. ……孔子: "책에 기록되어 있기를: '말로 충분하게 뜻을 이루게 하고, 문사로 충분히 말이 되게 하여야 한다. 말하지 않으면 누가 그 뜻을 알겠는가? 말에 문채가 없다면 이를 행해도 멀리까지 전할 수 없다. 晉國이 覇者가 되고, 鄭國이 陳國으로 진공하였어도 문사가 없었다면 功績이 이루어지지 않았을 것이므로 문사를 신중히 다루어야 한다." 鄭國 天子가 陳國을 정벌하였고, 晉國이 패자가 된 사실에 대해 질문하자 子產의 대답이 적당하였기에 【문사가 없었다면 功績이 이루어지지 않았을 것이다.】라 했던 것이다. 『左傳』『正義』: "子產은 문사 운용에 뛰어나 鄭國에서 영예가 높았다." 이것이 그 의미다. [按『左傳』「襄公二十五年」: "子展相鄭伯如晉, 拜陳之功. …… 仲尼曰: "『志』有之: 言以足志, 文以足言. 不言, 誰知其志? 言之無文, 行而不遠.

晉爲伯, 鄭入陳, 非文辭不爲功, 愼辭也.” 蓋鄭伯之伐陳, 晉爲覇主, 進行質問, 子産對答適當, 故云【非文辭不爲功】.『左傳』『正義』云: “子産善爲文辭, 于鄭有榮也.”卽此意.]

107. 范注1-10: 『左傳』「襄公 27年」: “宋國 사람이 趙文子를 대접할 때 宋國 司馬가 고기를 잘랐으니 예의에 맞는 일이었다. 공자가 예절에 대해 아름다운 문사를 많이 사용하였다고 말하였다.” 杜注: “【折俎】는 몸통을 해체하고 마디를 절개하여 도마에 올려놓는 것으로 卿公 대접의 예다.” 『正義』: “이 문장은 생략이 심하여 그 본의를 알기 어렵다. 무릇 이 대접의 자리에서 손님과 주인이 많은 언사를 사용하였고, 이때 사람들이 사적에 따라 기록한 것이다. 공자가 이 대접하는 자리에 사용된 많은 문사가 가히 법도에 맞는다고 생각하였기에 특별히 제자들을 시켜 기록한 것이다.” [『左傳』「襄公二十七年」: “宋人享趙文子, 司馬置折俎, 禮也. 仲尼使擧是禮也, 以爲多文辭.” 杜注: “【折俎】, 體解節折, 升之於俎, 合享宴之禮.” 『正義』曰: “此文甚略, 本意難知. 蓋於此享也, 賓主多有言辭, 時人跡而記之; 仲尼以爲此享多文辭, 而文辭可爲法, 故特使弟子記錄之.”]

詹注4-2: 『訓故』: “『春秋左傳』: ‘宋國 사람이 趙文子를 대접할 때 叔向은 副使가 되고, 宋國 司馬가 고기를 잘랐으니 예의에 맞는 일이었다. 공자가 예절에 대해 아름다운 문사를 많이 사용하였다고 말씀하셨다.’” 이는 「襄公 27년」의 기록이다. 杜注: “【折俎】는 몸통을 해체하고 마디를 절개하여 도마에 올려놓는 것으로 卿公 대접의 예이다. 『周禮』에서 司馬가 會同을 관장한다.” 또한··“宋 向戌이 和平을 구가하는 것이 스스로 훌륭하다 여겨 趙武의 뜻을 거두게 하자, 趙武와 叔向이 이 일로 연회를 열었을 때 손님과 주인의 文辭를 나열하였기에 공자가 문사가 많다고 한 것이다.” 또한 沈氏의 말을 인용하여··“【擧】는 기록을 말한다.” 『正義』··“무릇 이 연회에서 손님과 주인이 많은 이야기를 하였으며, 당시의 사람들이 사후에 기록하였다. 孔子가 그 사실을 알고 그 문사가 훌륭하다 여기고 제자들로 하여금 宋國에서 趙盟에게 향연을 베푼 것을 기록하게 한 것은 후인에게 본받을 만한 것이라 여겼기 때문이다. 左丘明이 이 뜻을 설명한 것이다. 孔子가 특별히 이 예를 기록한 것은 이 향연에서 많은 文辭가 운용되었으며, 문사가 가히 본받을 만 하다고 여겼기에 특별히 기록하여 널리 운용케 한 것이다.” 【置】는 【置辦: 마련하다】과 같은 뜻. 연회에서 대부를 대접할 때 가축을 해체하여 예기에 담는 것을 【折俎】라 한다. 【俎】는 가축의 고기를 담는 禮器. 손님과 주인이 연회에서 한 말이 文采가 풍부자여 공자가 특별히 제자로 하여금 기록하게 한 것이다. [『訓故』··“『春秋左傳』··宋人享趙文子, 司馬置折俎, 禮也. 仲尼使擧是禮也, 以爲多文辭.” 按此見「襄公二十七年」. 杜注··“【折俎】, 體解節折, 升之於俎, 合享宴之禮, 故曰禮也. 『周禮』··司馬掌會同之事.” 又··“宋向戌自美弭兵之意, 敬逆趙武, 趙武、叔向因享宴之會, 展賓主之辭, 故仲尼以爲多文辭.” 又引沈云··“【擧】謂記錄之也.” 『正義』··“蓋于此享也,

賓主多有言辭, 時人跡而記之. 仲尼見其事, 善其言, 使弟子擧是宋享趙孟之禮, 以爲後人之法. 丘明述其意. 仲尼所以特擧此禮者, 以爲此享多文辭, 以文辭爲可法, 故特擧而施用之." 按【置】謂【置辦】. 宴享大夫時, 將牲體解節, 折盛于俎, 稱【折俎】.【俎】, 盛牲體的禮器. 因賓主宴會上的辭令多有文采, 孔子特使弟子把這些禮節記下來.]

108. 范注1-11: 【蹟】字는 『唐寫本』에 【績】으로 되어 있으며 이것이 옳다. 『爾雅』「釋詁」‥"【績】은 【功】과 같은 뜻." [【蹟】, 『唐寫本』作【績】, 是. 『爾雅』「釋詁」‥"【績】, 【功】也."]

詹注4-3: 范注‥"【蹟】字는 『唐寫本』에 【績】으로 되어 있으며 이것이 옳다. 『爾雅』「釋詁」‥'【績】은 【功】과 같은 뜻.'" 【事績】은 政務와 外交의 功績. 鄭國이 첩보를 전하자 宋國이 折俎를 준비한 것은 모두 외교와 관계가 있다. [范注‥"【蹟】『唐寫本』作【績】, 是. 『爾雅』「釋詁」‥'【績】, 【功】也.'" 【事績】, 政事邦交之功績. 因鄭國之獻捷, 宋置折俎, 皆有關邦交之事.]

109. 詹注5-1: 앞서 인용한 『左傳』「襄公 25년」의 내용을 보라. 杜注‥"【足】은 【成: 이룩하다】와 같은 뜻. [見前引『左傳』「襄公二十五年」. 杜注‥"足, 猶成也."]

110. 范注1-12: 『禮記』「表記」篇‥"공자가 이르길‥'情은 믿음이 있어야 하고, 문사는 교묘해야 한다.'" 鄭注‥"【巧】란 순리에 맞게 하는 말." 『正義』‥문사의 교묘함이란 군자의 情

貌는 믿음직하고, 언사는 화순하고, 아름답고, 절묘해야함을 말한다. 이치에 어긋나지 않는 것과 巧言令色과는 다르다." [『禮記』「表記」篇‥"子曰‥'情欲信, 辭欲巧.'" 鄭注曰‥"【巧】謂順而說也." 『正義』曰‥"辭欲巧者言君子情貌欲得信實, 言辭欲得和順美巧. 不違逆於理, 與巧言令色者異也."]

詹注5-2: 范注‥"『禮記』「表記」篇‥'공자‥情은 믿음이 있어야 하고, 문사는 교묘해야 한다.'" 鄭注‥"【巧】란 순리에 맞게 하는 말이다." 『正義』‥"문사의 교묘함이란 군자의 情貌는 믿음직하고, 언사는 화순하고, 아름답고, 절묘해야 함을 말한다. 이치에 어긋나지 않는 것과 巧言令色과는 다르다." 또한 「表記」‥"문사가 없으면 서로 相接하지 못한다." 鄭注‥"문사는 감정을 통하게 만드는 것이다." [范注‥"『禮記』「表記」篇‥'子曰,情欲信, 辭欲巧.'" 鄭注曰‥"【巧】謂順而說也." 『正義』曰‥"辭欲巧者言君子情貌欲得信實, 言辭欲得和順美巧. 不違逆於理, 與【巧言令色】者異也." 又「表記」‥"無辭不相接也." 鄭注‥"辭所以通情也."]

111. 詹注5-3: 『禮記』「大學」‥"天子에서 庶人에 이르기까지 오로지 修身을 근본으로 삼아야 한다." [『禮記』「大學」‥"自天子以至於庶人, 壹是皆以修身爲本."]

112. 詹注5-4: 『校注』‥"이는 【言以足志, 文以足言】과 호응하는 말이다." 【志足】는 【志】를 충실하게 만든다는 것으로, 반드시 사상을 충실하게 만들어야 함을 말한다. 이 구절은 내재적으로는 충실하고, 외재적으로는 자연스럽고 아

름답게 만들어야 한다는 것이다. 【而】는 『唐寫本』에는 【以】로 되어 있다. [『校注』‥"此爲回應上文'言以足志, 文以足言之辭." 【志足】, 猶【志充】, 爲思想要充實. 這句是說內在充實, 外在自然美好. 【而】『唐寫本』作【以】]

113. 范注1-13: 王弼은 【含章】을 【含美】라고 설명하였으나, 여기서 말하는 【含章】이란 글을 짓는다는 뜻이다. 『文選』 揚雄 「劇奏美新」‥"金科玉條". 李善注‥"金科玉條란 【法令】이다." 【玉牒】은 【玉條】를 말한다. 紀昀‥"金玉이라 말한 것은 이를 귀하게 여긴다는 뜻." [【含章】王弼訓【含美】, 此所云【含章】, 猶言秉文耳. 『文選』揚雄「劇奏美新」‥"金科玉條." 李善注曰‥"金科玉條謂法令也." 玉牒猶言玉條. 紀昀評曰‥"言金玉, 貴之也.]

詹注5-5: 【迺】는 『唐寫本』에 【作】으로 되어 있다. 『周易』 「坤」 六三爻辭‥"글을 지음에 반드시 반듯해야 하다." 王弼注‥"아름다움을 품고 있으면서도 바른 것이다." 여기서 【含章】과 【秉文】은 서로 對를 이루어 互義를 이룬다. 左思 「吳道賦」‥"玉牒은 돌에 기록한 것이다." 『說文解字』‥"【牒】은 【札】이다." 『文選』 「極秦美新」‥"金科玉條." 李善注‥"金科玉條는 法令을 말한다. 金玉은 귀하다는 의미를 말한다." 【含章】과 【秉文】은 모두 【寫作】을 지칭한다. 【玉牒金科】는 【金科玉律】과 같은 뜻이다. [『唐寫本』【迺】作【作】. 『周易』「坤」六三爻辭‥"含章可貞." 王弼注‥"含美而可正者也." 此處【含章】與【秉文】對, 兩詞互義. 左思「吳道賦」‥"玉牒記." 『說文解字』‥"【牒】, 【札】也." 『文選』「極秦

美新」··“金科玉條.” 李善注··“金科玉條, 謂法令. 言金玉, 貴之也.” 【含章】、【秉文】均指【寫作】. 【玉牒金科】猶【金科玉律】]

이상의 第一段은 성인의 文章(文采)에 대한 重視를 설명한 것으로 政治教化는 물론 事迹과 功業, 개인적 修養에 있어 문장은 귀중한 것이기에, 寫作의 최고 기준은 바로 사상의 충실함이며, 따라서 情感은 眞摯해야하고 言辭에는 문채가 풍부해야 한다는 것이다. [以上爲第一段, 說明聖人對于文章(文采)的中侍, 無論政治教化, 事迹功業, 個人修養, 都以文爲貴, 而寫作的最高準則就是思想充實, 情感眞摯, 言辭富于文采.]

2-2.

성인이 지닌 일월 같은 넓고 기묘한 식견은 거의 신의 경지에 이르렀다. 이에 문장은 전범이 되었고, 사상은 사물의 이치와 부합하였다. 더러는 간략한 언어로 뜻을 표현하였고, 더러는 풍부한 문사로 감정을 개괄하였고, 더러는 명확한 이치로 체제를 수립하였고, 더러는 함축적 의미로 작용을 포괄하였다. 따라서 『春秋』는 一字로 褒貶을 가했고, (『禮記』)에서는 간단한 喪服으로 중요한 사실을 개괄하였는데, 이는 간략한 언어로 의미를 표현한 것이다. 『詩經』「邠風」은 積句 방식으로 章을 만들고, 章을 연결하여 篇을 만들었다. 『禮記』「儒行」篇에서는 다양한 것을 나열하는 방식의 문사를 사용하였는데, 이는 풍부한 문사로 감정을 개괄한 예이다. 결단적인 문장의 예는 『周易』의 夬卦이며, 명쾌한 문장의 예는 『周易』의 離卦이다. 이는 명백한 논리로 문장의 체계를 수립한 예다. 『周易』 四象의 정교한 의미는 곡진하고 은유적이며, 『春秋』「五例」의 문사는 완전하고 함축적이다. 이는 함축적 의미로 문장의 의미를 감추는 작용이다. 따라서 번다함과 간략함은 형태가 다르고, 은밀함과 분명함은 기법이 다르며, 시기에 맞추어 압축 확대하고, 전통의 계승과 발전을 이해하여 서로 다른 상황에 적응한 뒤 周公과 孔子의 문학정신을 본받을 수 있다면 문학창작의 스승을 얻었다 말할 수 있다.

2-2.

夫鑒周日月, 妙極機神[114]; 文成規矩, 思合符契[115]; 或簡言以達旨, 或博文以該情也[116]. 或明理以立體, 或隱義以藏用[117]. 故春秋一字以褒貶[118], 喪服擧輕以包重[119], 此簡言以達旨也. 邠詩聯章以積句[120], 儒行縟說以繁辭[121], 此博文以該情也. 書契斷決以象夬[122], 文章昭晰以象離[123], 此明理以立體也. 四象精義以曲隱[124], 五例微辭以婉晦[125], 此隱義以藏用也. 故知繁略殊形[126], 隱顯異術[127], 抑引隨時, 變通會適[128], 徵之周孔, 則文有師矣[129].

114. 范注2-1: 『周易』「繫辭上」: "陰陽의 이치는 日月의 이치와 같다." 두루 日月을 살핀다는 것은 궁극의 陰陽之道를 밝힘을 의미한다. 『周易』「繫辭上」: "幾微가 있기에 천하의 사물을 확정지을 수 있고, 신묘함이 있기에 재촉하지 않아도 신속하게 이루어지고, 행하지 않아도 이루어진다." 韓康伯注: "막 움직이려는 때를 【幾】라 한다." [『易上繫辭』: "陰陽之義配日月." 鑒周日月, 猶言窮極陰陽之道. 機當作幾. 『易上繫辭』: "唯幾也, 故能性天下之務; 唯神也, 故不疾而速, 不行而至." 韓康伯注云: "適動微之會曰【幾】."]

詹注6-1: 『校證』: "馮舒: '【機】는 【幾】로 써야 한다.'" 何焯과 黃叔琳: "【機】는 【幾】로 써야 한다." 「論說」篇의 【銳思於幾神之區: (郭象의) 예리한 사상은 거의 신비의 경계까지 도달했다.】에는 【幾】로 정확하게 썼다. 范注: "『周易』「繫辭上」: '陰陽의 이치는 日月의 이치와 같다." 두루 日月을 살핀다는 것은 궁극의 陰陽之道를 밝힌다는 것을 의미한다. 『周易』「繫辭上」: "幾微가 있기에 천하의 사물을 확정지을 수 있고, 신묘함이 있기에 재촉하지 않아도 신속하게 이루어지고, 행하지 않아도 이루어진다." 韓康伯注: "막 움직이려는 때를 【幾】라 한다." 『譯文』: "【幾】는 본문에서 【機】로 썼다." 이는 【幾】를 【機】로도 쓸 수 있음을 말한 것이다. 斯波六郎 『文心雕龍范注補正』: "范注는 아마도 잘못된 것이리라. 【鑒周日月】과 贊의 【鑒懸日月】은 같은 의미로 빛이 두루 퍼지는 것을 말한다." 『周易』「乾·文言」: "무릇 대인은 천지와 더불어 그 德을 일치시키고, 日月과 더불어 밝음을 일치시킨다." 『周易』「繫辭上」: "하늘에서 빛을 발하는 것 가운데 일월보다 큰 것이 없다." 『周易』「繫辭下」: "공자가 말하길 기미를 안다는 것은 입신의 경지에 들어서야 가능한 일이다. 군자는 높은 자와 사귀나 아첨하지 않고, 아랫사람과 사귀나 더럽혀지지 않는다. 機微는 사물의 움직임이 극히 미미한 것에서 나타나는 징조로 여기에는 이미 길흉의 단서가 먼저 드러나 있다는 뜻이다. 군자는 미세한 징조를 보면 당장에 일어난다. 하루 종일 기다리지 않는다." 『正義』: "神道는 微妙하여 조용한 가운데 예측할 수 없으며, 사람이 만일 사물의 機微를 지각할 수 있다면 그 신도와 합일 할 수 있다." 「繫辭上」: "음양을 헤아릴 수 없는 것을 【神】이라 한다." 韓康伯注: "【神】이란 변화의 극치로 만물을 오묘하게 만드는 것을 말하며, 형태로 헤아릴 수 없는 것이다." [『校證』: "馮舒云: '【機】當作【幾】.'" 何焯、黃叔琳云: "【機】疑作【幾】." 「論說」篇【銳思於幾神之區】正作【幾】. 范注: "『易上繫辭』: "陰陽之義配日月." 鑒周日月, 猶言窮極陰陽之道. 【機】當作【幾】. 『易上繫辭』: "唯幾也, 故能性天下之務; 唯神也, 故不疾而速, 不行而至." 韓康伯注云"適動微之會曰幾." 『譯文』: "【幾】, 本作【機】." 是【幾】亦可作【機】. 斯波六郞『文心雕龍范注補正』: "范說恐非. 【鑒周日月】與贊之【鑒懸日月】同意, 謂明之週徧也." 『易·乾·文言』: "夫大人者, 與天地合其德, 與日月合其明." 『周·繫辭上」: "懸象著明, 莫大乎日月." 『易·繫辭下』: "子曰: 知幾其神乎! 君子上交不諂, 下交不瀆, 其知幾乎. 幾者動之微, 吉之先見者也. 君子見其

而作, 不侍終日.” 『正義』: “神道微妙, 寂然不測, 人若能豫知事之幾微, 則能與其神道會合也. ” 「繫辭上」: “陰陽不測之謂【神】.” 韓注: “【神】也者, 變化之極, 妙萬物而爲言, 不可以形詰之者也.”

【鑒周日月】은 성인의 식견이 마치 일월처럼 널리 비춰짐을 말하는 것으로 自然界를 전체적으로 관찰할 수 있음을 이른다. 【妙極機神】은 성인의 지혜가 미묘한 것까지 파고들어 神通하게 되었음을 형용한 것이다. 唐代 逄行珪 『進鬻子表』: “널리 徵硏하면 그 오묘함이 機神까지 도달한다.” 이는 이를 바탕으로 삼은 것이다. 吉川行次郎 『評斯波六郎文心雕龍原道·徵聖篇札記』: “【妙】는 심리적 靈妙함이며, …… 결론적으로 심리작용의 가장 機微한 부분이 최대한도까지 발휘된 것이다.” [【鑒周日月】謂聖人的識鑒可以遍照日月, 卽謂能全面觀察自然界. 【妙極機神】, 形容聖人智慧入微通神. 唐 逄行珪『進鬻子表』: “循環徵究, 妙極機神.”卽本於此. 吉川行次郎『評斯波六郎文心雕龍原道·徵聖篇札記』: “【妙】則心理的靈妙, …… 總之是說心理作用的最機微部分發揮到了最大限度.”]

115. 詹注6-2: 【符契】는 【符節】과 같은 뜻. 『韓非子』「主道」篇: “신하가 의견을 제시하면 【契】를 들고, 신하가 일을 완성하면 【符】를 든다. 【符契】가 합치되면 賞罰이 행해진다.” 『漢書』「高帝紀」: “秦王 子嬰이 흰 마차와 흰 말의 목을 묶어 짝을 이루게 하고는 황제의 玉璽를 찍어 符節로 삼았다.” 顔師古: “【符】는 짝을 이루어 서로 부합되는

것을 말한다." 吉川行次郞‥"【符契】는 【要點】과 같은 뜻. 단 【文成規矩】는 표현형식이 문장의 법칙에 합당하다는 의미이고, 【思合符契】는 【思合于符契】를 말하는 것으로, 표현의 전제가 되는 사색과 사물의 요점이 일치되어야 사실을 긴밀하게 파악할 수 있다는 말이다. 결론적으로 【鑒周日月】은 원인이고, 【文成規矩】는 결과다. 【妙極機神】은 원인이고, 【思合符契】는 그 결과다." [【符契】, 猶【符節】. 『韓非子』「主道」‥"言已應, 則執其【契】, 事已增則操其【符】. 【符契】之合, 賞罰之所生也." 『漢書』「高帝紀」‥"秦王子嬰, 素車白馬, 繫頸以組, 封皇帝璽符節." 師古曰‥"【符】, 謂諸所符合以爲契者也." 吉川行次郞‥"【符契】乃是「要點」之意. 但【文成規矩】係表現形式合乎文章法則之意; 【思合符契】……是說【思合于符契】, 卽作爲表現前提的思索與事物的要點一致, 幷被緊緊之把握住. 總之, 【鑒周日月】」是因, 【文成規矩】是果; 【妙極機神】是因, 【思合符契】是果."]

116. 詹注6-3: 王金凌 『文心雕龍文論術語析論』(以下 簡稱 王金凌)‥"【博文該正】은 문사가 상세하면서 많은 의미를 포함하고 있음을 말한 것이다. 【情】은 【情意】로 해석해야 한다." [王金凌『文心雕龍文論術語析論』(以下簡稱「王金凌」)‥"【博文該正】謂辭詳而兼包衆意. 【情】作【情意】解."]

117. 范注2-2: 『周易』「繫辭上」‥"仁으로 타내기도 하고, 사용하지만 드러나지 않는다." 『正義』‥"사용하지만 드러나지 않는 것이란 功用 속에 숨긴다는 것으로 대상으로 하여금 알지 못하게 한다는 것이 바로 사용하지만 드러나지 않는

다는 것이다." [『易上繫辭』··"顯諸仁, 藏諸用." 『正義』曰··"藏諸用, 謂潛藏功用, 是藏諸用也."]

詹注6-4: 『札記』··"【或簡言以達志】 이하 4구는 문학창작 기법의 핵심은 繁·簡·隱·顯이기에 劉勰은 聖人의 문장을 예로 들어 4가지 예시를 제시했던 것이다." 范注··"『周易』「繫辭上」··'仁으로 타내기도 하고, 사용하지만 드러나지 않게 한다.' 『正義』··'사용하지만 드러나지 않게 하는 것이란 功用 속에 숨긴다는 것으로 대상으로 하여금 알지 못하게 한다는 것이 바로 사용하지만 드러나지 않게 한다는 것이다.'" [『札記』··"「或簡言以達志」四句 ― 文術雖多, 要不過繁簡隱顯而已, 故彦和徵擧聖文, 立四者以例示." 范注··"『易上繫辭』··'顯諸仁, 藏諸用.'" 『正義』曰··"藏諸用, 謂潛藏功用, 是藏諸用也."]

이상 4구의 의미는 성인의 저작은 때에 따라 간단한 언어로 意旨(의미의 핵심)을 표현하기도 하고, 어떤 때에는 편폭을 확대하기도 하며, 번다한 문사로 상세하게 감정을 펼쳐 보이기도 하며, 어떤 때에는 분명한 사리로 문장의 체제를 수립하며, 어떤 때에는 隱晦와 含蓄으로 작품의 用意를 남모르게 감춰 두어 독자로 하여금 상상의 여지를 지니게 한다는 것이다. [以上四句意謂聖人著作, 有時用簡單的語言來表達意旨, 有時擴大篇幅, 縟說繁辭來詳盡地抒發感情, 有時顯明事理來樹立文章的體制, 有時隱晦含蓄把作品的用意暗藏起來, 使讀者有想像的餘地.]

118. 范注2-3: 范甯『春秋穀梁傳序』··"한 글자의 칭찬은 화려

한 곤룡포를 주는 것보다 낫고, 한 마디 비판은 市朝에서 매질을 당하는 것보다 더 치욕스럽다." 杜預『春秋左氏傳序』: "『春秋』에서 비록 한 자로 褒貶한다 하지만 모두 몇 구절로 이루어져 있다." 『正義』: "杜預가 賈誼 「鵩鳥賦」를 一字褒貶하려 하였기에 여러 차례 예로 언급한 것이다." [范甯『春秋穀梁傳序』"一字之褒, 寵踰華衮之贈, 片言之貶, 辱過市朝之撻." 杜預『春秋左氏傳序』: "『春秋』雖以一字爲褒貶, 然皆須多句以成言." 『正義』曰: "杜欲盛破賈服一字, 故擧多言之."]

詹注7-1: 范甯『春秋穀梁傳序』: "한 글자의 칭찬은 화려한 곤룡포를 주는 것보다 낫고, 한 마디 비판은 市朝에서 매질을 당하는 것보다 더 치욕스럽다." 杜預『春秋左氏傳序』: "『春秋』에서 비록 한 자로 褒貶을 하였으나 모두 몇 구절로 이루어져 있다." 『正義』: "褒貶이 비록 한 자로 이루어진다고 하지만 단지 한 자만가지고 褒貶을 드러낼 수는 없다." 이러한 이유에서 杜氏가 【당연히 傳에 의거하여 판단을 내려야 한다.】라고 주장했던 것이다. [范甯『春秋穀梁傳序』: "一字之褒, 寵踰華衮之贈, 片言之貶, 辱過市朝之撻." 杜預『春秋左氏傳序』: "『春秋』雖以一字爲褒貶, 然皆須多句以成言." 『正義』: "褒貶雖在一字, 不可單書一字以見褒貶." 此因杜氏主張【固當依傳以爲斷.】]

「宗經」篇: "『春秋』는 시비를 변별함에 글자 하나로 포폄을 드러냈다." 「史傳」篇: "칭찬 한 글자가 높은 관직보다 훨씬 귀하고, 몇 마디 질책은 도끼에 죽는 것보다 더 치욕스럽다." 예를 들어 『春秋』 「隱公元年」의 【鄭國의 왕이 鄢에서 段과 싸워 克(승리)하였다】에서 【克】를 사용하여 鄭國 王이 오랫동안 아우 公叔段을 공격하려는 마음을 먹었음을 비난하였다. 아우라 부르지 않은 것은 公叔段이 형과 대립하였음을 비판한 것이다. [「宗經」篇: "『春秋』辨理, 一字見義." 「史傳」篇: "褒見一字, 貴踰軒冕; 貶在片言, 誅深斧鉞." 如『春秋』「隱公元年」: "鄭伯克段于鄢." 用【克】字貶鄭伯蓄意要攻弟公叔段. 不稱弟, 貶公叔段和兄對立.]

119. 范注2-4: 黃注: "緦麻服을 입으면 제사를 지내지 않는다는 예를 든 것은 緦麻服의 의미를 중시한 것으로 제사를 지내지 않음은 말하지 않아도 알 수 있다. 小功에는 追服을 입지 않음을 예로 든 것은 小功의 의미를 중시한 것으로 追服의 의미를 알 수 있다. 모두 말은 간략하지만 그 뜻은 핵실하다." 【시복을 입으면 제사를 지내지 않는다.】는 『禮記』 「曾子問」篇을 참고하라. 【小功에는 追服을 입지 않는다.】는 『禮記』 「檀弓」篇을 참조하라. 鄭注: "시간이 이미 흘렀으나 喪이 들어 입는 옷을 【稅】라 하며, 大功 이상만 이리하고, 小功은 가벼운 상이라 【稅】를 입지 않는다." [黃注曰"如擧緦不祭, 則重於緦之服, 其不祭不言可知; 擧小功不稅, 則重於小功者, 其稅可知, 皆言約而義該也." 案【緦不祭】見『禮記』「曾子問」篇. 【小功不稅】見『禮記』「檀弓」篇. 鄭注曰: "日月已過聞喪而服也【稅】, 大功以上然, 小功輕不服."]

詹注7-2: 『唐寫本』에는 【包】가 【苞】로 되어 있다. 黃注:

"緦麻服을 입으면 제사를 지내지 않는다는 예를 든 것은 緦麻服의 의미를 중시한 것으로 제사를 지내지 않음은 말하지 않아도 알 수 있다. 小功에는 追服을 입지 않음을 예로 든 것은 小功의 의미를 중시한 것으로 追服의 의미를 알 수 있다. 모두 말은 간략하지만 그 뜻은 핵실하다." 【시복을 입으면 제사를 지내지 않는다.】와 관련하여 『禮記』「曾子問」에서··"서로 알고 지내는 사람이 상복을 입고 있으면 그 사람의 제사에 참여할 수 있습니까?라고 물었다. 공자가 '자신이 緦麻服을 입고 있으면 자신의 종묘제사에도 참여하지 않는데 어찌 타인의 제사를 도울 수 있겠는가?라고 대답하였다.'" 『正義』··"이 절은 자신이 상복을 입고 있으면 타인의 제사를 도울 수 없음을 논한 것이다. …… 이는 자신이 상복을 입고 있으면 자신의 종묘제사에도 참여하지 않는데 어찌 타인의 제사를 도울 수 있겠는가를 말하는 것이다." 【緦】는 3개월간 입는 상복이며, 자신이 緦服을 입고 있으면 다른 사람과 함께 제사지내지 않기에 【緦不祭】라 한 것이다. 『禮記』「檀弓上」··"曾子가 小功에는 追服을 입지 않는다는 것은(鄭注에서 『禮記』에 의거하여 말한 것으로 시간이 흘러갔으나 喪을 들으면 입는 옷을 稅라 하며, 大功 이상만 이리하고, 小功은 가벼운 상이라 稅服을 입지 않는다고 하였다.) 즉 멀리 있는 형제는 상복을 입지 않는다는 것이다(鄭注에서 이는 멀리 떨어져 있는 사람은 소식을 항상 늦게 듣기 때문이라고 하였다.). 이는 그리 할 수 있는 것입니까?" (鄭注에서 스스로 이상하게 생각한 것이라고 하였다.) 『正義』··"曾子는 『禮

記』에 의거하여 小功의 상이 이미 시간이 지나 稅服과 追服으로 갈아입지 않음은 멀리 있는 형제는 喪 소식을 항상 늦게 듣기 때문인데 끝까지 상복을 입지 않은 것이 가한 것입니까? 라고 말한 것은 그리 하지 않아야 함을 말한 것이다." [『唐寫本』【包】作【苞】. 黃注··明(※역자주: 范注에서는【如】字로 되어 있다.)擧緦不祭, 則重於緦之服, 其不祭不言可知; 擧小功不稅, 則重於小功者, 其稅可知, 皆言約而義該也."【緦不祭】, 『禮記』「曾子問」··"曾子問曰··相識有喪服, 可與於祭乎? 孔子曰··緦不祭, 又何助於人!" 『正義』··"此節論身有喪服, 夫得助他人祭事. …… 言身有喪服, 尙不得自祭己家宗廟, 何得助於他人祭乎!"【緦】, 三月服, 己有緦服, 不得與祭, 故曰緦不祭. 『禮記』「檀弓上」··"曾子曰··小功不稅(鄭注··"據禮而言也, 日月已過, 乃聞喪而服曰稅, 大功以上然, 小功輕不服.")則是遠兄弟無服也. (鄭注··"言相離遠者, 聞之恒晩.") 而可乎?" (鄭注··"以己思怪之.") 『正義』··"曾子以爲依禮, 小功之喪日月已過, 不更稅而追服, 則是遠處兄弟聞喪恒晩, 終無服而可乎?, 言不可也."]

120. 范注2-5: 『說文解字』··"【邠】은 周의 大王國이다."【豳】은 美陽亭, 즉【豳】지역이다." 段玉裁注··"經典에서는 대부분【豳】이라 했으나 『孟子』에서는【邠】으로 썼다." 여기서 말하는 「邠詩」는 응당 『豳風』「七月」篇을 말한다. 「七月」은 一篇 八章이며, 一章은 十一句로 이루어졌으며 『國風』 가운데 가장 긴 시이다. [『說文』··"【邠】, 周大王國."【豳】, 美陽亭, 則【豳】. 段玉裁注曰··"經典多作【豳】, 惟『孟子』作

【郊】.” 此云「郊詩」, 當指『豳風』「七月」篇. 「七月」一篇八章, 一章十一句, 風詩之最長者.]

詹注8-1: 『訓故』··“『詩』傳··‘周成王이 즉위하였으나 나이가 어려 보위에 임할 수 없었다. 周公이 六官의 長으로 攝政을 하면서 后稷과 公劉의 교화를 서술하고, 시를 지어 경계로 삼으니 이를 『豳風』이라 한다.’” 梅注··“「郊詩」는 「七月」 詩이다.”[『訓故』··“『詩』傳·· ‘周成王立, 年幼不能涖阼, 周公以冢宰攝政, 乃述后稷公劉之化, 作詩以戒, 謂之『豳風』.’” 梅注··“「郊詩」—「七月」之詩.”]

『札記』··“「七月」 一篇은 八章이며, 一章은 11句로 이루어졌으며, 『國風』 가운데 가장 긴 시이다.” 范注··“『說文解字』··‘【郊】은 周의 大王國이다.’” 【豳】은 美陽亭, 즉 【豳】 지역이다. 段玉裁注··“經典에서는 대부분 【豳】이라 했으나 『孟子』에서는 【郊】으로 썼다.” 여기서 말하는 「郊詩」는 응당 『豳風』 「七月」篇을 말한다. [『札記』··“「七月」一篇八章, 一章十一句, 此風詩之最長者.” 范注··“『說文』··‘郊, 周大王國.’ 【豳】, 美陽亭, 則豳也. 段玉裁注曰··“經典多作豳, 惟『孟子』作郊.” 此云「郊詩」當指「豳風·「七月」篇.]

121. 范注2-6: 『禮記』 「儒行」篇의 鄭注에 의거하면 孔子는 15가지 유형의 儒生을 거론했으나, 聖人을 보태면 16가지 유형의 儒生이 있다고 하였다. [據『禮記』「儒行」篇鄭注, 孔子所擧十五儒, 加以聖人之儒爲十六儒.]

詹注8-2: 『訓故』··“『禮記』 「儒行」篇··‘哀公이 감히 유생의

행실에 대해 여쭙겠습니다.'라고 물었다. 공자가 '급히 세자면 다 셀 수 없고, 이것을 다 세자면 오래 지체되어 지친 일꾼을 교대해도 끝낼 수 없을 것입니다.'" 【辭】는 『唐寫本』에 【詞】로 되어 있다. 【辭】와 【詞】는 통용할 수 있다. 范注:"『禮記』「儒行」篇의 鄭注에 의거하면 孔子는 15가지 유형의 儒生을 거론했으나, 聖人을 보태면 16가지 유형의 儒生이 있다고 하였다." 그래서 【縟說以繁辭】라 했던 것이다. 『禮記』「儒行」篇 『正義』:"鄭氏 「目錄」:'儒行이란 도덕을 지닌 사람들의 所行을 기록한 것이다.'" [『訓故』:"『禮記』「儒行」篇:'哀公問曰'敢問儒行? 孔子曰:遽數之, 不能終其物, 悉數之, 乃留, 更僕未可終也.'" 【辭】, 『唐寫本』作【詞】. 【辭】、【詞】通用. 范注:"『禮記』「儒行」篇鄭注, 則孔子所擧十有五儒, 加以聖人之儒爲十六儒也." 故曰【縟說以繁辭】. 『禮記』「儒行」篇『正義』曰:"案鄭「目錄」云:'名曰儒行者, 以其記有道德者所行也.'"]

122. 范注2-7: 『周易』「繫辭下」:"上古時代에는 結繩으로 세상을 다스렸고, 聖人이 나타나 이를 書契로 바꾸니 百官은 이로써 다스리고, 만민은 이를 통해 살폈으며, 모두 이를 통해 결정하였다." 韓康伯注:"【夬】는 【決】의 뜻이다. 書契로 만사를 決斷했기 때문이다." [『周易』「繫辭下」:"上古結繩而治, 後世聖人易之以書契, 百官以治, 萬民以而察, 蓋取諸夬." 韓康伯注曰:"【夬】, 【決】也. 書契所以決斷萬事也."]

詹注9-1: 『校注』:"【斷決】은 『唐寫本』에 【決斷】으로 되어

있다. 『唐寫本』이 정확하다. 『七略』: "書契로 결단한다. 【斷】은 義理의 證據다."(『初學記』卷21, 『御覽』卷609에서 인용) 『周易』「繫辭下」 韓康伯注: "【夬】는 【決】의 뜻이다. 書契로 만사를 決斷했기 때문이다." 『訓故』: "『周易』「繫辭下」: '古代에는 結繩으로 세상을 다스렸고, 聖人이 나타나 이를 書契로 바꾸니 百官은 이로써 다스리고, 만민은 이로써 살폈으며, 모두 이를 통해 결정하였다.'" 【夬】, 【決】은 모두 【斷】의 의미. 【夬】는 『周易』의 卦名으로 「乾」下「兌」上을 말한다. 「彖」: "【夬】는 【決】의 의미다. 【剛】이 【柔】를 결단하는 것이다. 건강하여 기뻐하고, 결단하여 화락한다." 「夬」卦는 五爻가 陽, 一爻가 陰이어서 剛이 柔보다 승하다. 【夬】는 【決】의 의미며, 書契에 의한 결단은 萬事의 형상에 의한 것이다. 『唐寫本』에서 【夬】를 【史】로 썼는데 잘못된 것이다. [『校注』: "【斷決】, 『唐寫本』作【決斷】. 按『唐寫本』是也. 『七略』: "書以決斷; 【斷】者, 義之證也."(『初學記』卷二一、『御覽』卷六〇九引) 『易』「繫辭下」韓注: "【夬】, 【決】也; 書契所以決斷萬事也." 『訓故』: "『周』「繫辭下」云: '上古結繩而治, 後世聖人易之以書契, 百官以治, 萬民以而察, 蓋取諸夬.'" 按【夬】、【決】皆有【斷】義. 【夬】, 『易』卦名, 「乾」下「兌」上. 「彖」曰: "夬, 決也, 剛決柔也. 健而說, 決而和." 「夬」卦, 五爻爲陽, 一爻爲陰, 故剛勝柔. 【夬】, 【決】也, 書契的斷決萬事象之. 『唐寫本』【夬】作【史】, 誤.]

123. 范注2-8: 『周易』「離卦彖辭」: "【離】는 【麗】와 같은 뜻."

【離】는 해와 불을 의미하며, 모두 文明의 象이다. 陳壽『左海經辨』「晢哲辨」:"『說文解字』白部:'【晳】은 사람의 피부가 흰 것을 말한다.' 日部:'【晢】은 밝고 명확하다는 뜻이다. 【日】이 부수고 【折】로 읽는다.'" 『玉篇』:"【晣】은 之逝切이고, 【晢】【晣】는 모두 같은 의미다." 【晳】【晢】 두 자는 判然이 다른 글자이다. 오늘날 經典에서 서로 혼용하여 왕왕 서로 어지럽게 사용되었다. 【晢】을 【晳】으로 잘못 쓴 것이고, 【晳】은 字書에 없기에 사용할 수 없다. [『易』「離卦彖辭」:"【離】【麗】也." 【離】爲日爲火, 皆文明之象. 陳壽『左海經辨』「晢哲辨」:"『說文』白部曰:'【晳】, 人白色也.' 日部:'【晢】, 昭晣, 明也. 從【日】, 【折】聲.'" 『玉篇』:"【晣】之逝切, 【晢】【晣】竝同上." 【晳】【晢】二字判然. 今經典相沿, 往往互亂. 且【晢】誤爲【晳】, 【晳】則字書所無, 不可用.]

詹注9-2: 『唐寫本』에는 【晣】을 【晳】으로 썼다. 『校證』:"【昭晣】은 원래 【昭晣】이었으며, 元本…… 馮本, 余本, 兩京本, 王惟儉本, 彙函本, 馮本에서는 【晳】로 되어 있으며, 徐氏가 【晣】으로 校勘하였다." 孫詒讓:"『說文解字』日部에서:'【昭晢】은 밝다는 의미다.'" 【晢】은 【晣】으로 표기하기도 하며, 【晣】은 【晣】의 변형된 자체다. 이 책에서는 【晳】이 많이 사용되었으며, 通借字로 사용된 것이다. …… 徐校, 孫說이 옳기에 현재 이에 근거하여 고쳤다." 또한 【効】는 원래 【象】으로 되어 있으며 『唐寫本』에서는 【効】로 되어 있다. 위의 【積句】와 【繁辭】은 서로 다른 글자이지만 짝을 이루고, 아래의 【曲隱】과 【婉晦】도 서로 다른 글자이지만 짝을 이루니 여기서도 당연히 서로 다른 글자로 짝을 이루어야하기에 모두 【象】으로 쓰는 것은 不當하다. 현재는 『唐寫本』에 의거하여 고쳤다." [『唐寫本』【晰】作【晳】. 『校證』: "【昭晰】原作【昭晰】, 元本…… 馮本, 余本, 兩京本, 王惟儉本, 彙函本, 馮本作【晳】, 徐校作【晰】. 孫詒讓曰: '『說文』日部云: 【昭晳】, 明也." 【晳】或作【晰】, 【晰】卽【晰】之譌體. 此書多作【晳】者, 用通借字也. ……' 案徐校、孫說是, 今據改." 又: "【効】原作【象】, 『唐寫本』作【効】. 案上文【積句】與【繁辭】異文作對, 下文【曲隱】與【婉晦】異文作對, 則此亦當以異文作對, 不當俱作【象】. 今據『唐寫本』改."]

『訓故』: "『周易』「離卦彖辭」: '【離】는 【麗】와 같은 뜻이다. 日月은 하늘에 자리하고, 百穀과 草木은 땅에 자리한다.'" 黃注에서 項安世의 말을 인용하여: "日月은 하늘에 자리하여 빛이 되고, 百穀草木은 땅에 자리하여 문양을 이루기에 【離】는 문양이기도 하고, 빛이기도 하다." 『周易』「說卦」傳: "【離】는 밝다는 의미로, 만물이 모두 모습을 드러낸 것으로 南方의 卦다. 聖人이 南面하여 천하의 소식을 들으니 밝음이 펴져나가 잘 다스려지는 것은 모두 이것에서 비롯된 것이다." 또한 "【離】는 불(火), 해(日), 번개(電)의 의미이다." 日, 火는 모두 文明의 象이다. 【文字昭晰】은 바로 離卦의 卦象을 본받은 것이다. [『訓故』: "『易』「離卦彖辭」: '【離】, 【麗】也. 日月麗乎天, 百穀草木麗乎

土.'” 黃注引項安世曰··“日月麗乎天而成明, 百穀草木麗乎土而成文, 故離爲文又爲明.” 『易』「說卦」傳··“【離】也者, 明也, 萬物皆相見, 南方之卦也 . 聖人南面而聽天下, 嚮明而治, 蓋取諸此也.” 又··“【離】爲火, 爲日, 爲電.” 日爲爲火, 皆文明之象. 【文字昭晰】就是效法離卦的象.]

宗白華『中國美學史中重要問題的初步探索』六「易經的美學」(二) 離卦(『文藝論叢』第六輯 참조)··“離☲··(1) 【離】는 【麗: 붙다, 자리하다】와 같은 뜻. 고대인들은 한 器具에 붙어있는 것은 아름답다고 여겼다. …… 【附麗】와 【美麗】의 統一은 「離」卦의 중요한 의미 가운데 하나다. (2) 【離】는 【明: 밝다】의 뜻이다. 【明】의 古字는 한 쪽은 달이고, 한 쪽은 창문이다. 달빛이 창문에 이르면 밝다는 뜻이다.…… 아울러 離卦 자체의 모습은 간극 사이로 투명하게 비추는 것이기에 창과 관계가 있다. 이는 離卦의 미학이 고대 건축예술 사상과 관련이 있음을 말한다. …… 離卦의 미학은 바로 虛實相生의 미학이며, 내외 소통의 미학이다.” [宗白華『中國美學史中重要問題的初步探索』六「易經的美學」(二)離卦(見『文藝論叢』第六輯)··“離☲··(一) 【離】者, 【麗】也. 故人認爲附麗器具上的東西是美的. …… 【附麗】和【美麗】的統一, 這是「離」卦的一個意義. (二)【離】也者, 【明】也. 【明】古字, 一邊是月, 一邊是窗. 月亮照到窗子上, 是爲明. …… 而離卦本身形狀離空透明, 也同窗子有關. 這說明離卦的美學和古代建築藝術思想有關. …… 離卦的美學乃是虛實相生的美學, 內外通透的美學.”]

124. 范注2-9: 『周易』「繫辭上」‥“易卦에는 【四象: 少陰, 少陽, 老陰, 老陽】이 있어 (陰陽剛柔)의 변화를 나타낸다.” 『正義』에서 莊氏의 말을 인용하여‥“四象이란 64괘의 實象, 假象, 義象, 用象을 말한다.” 「原道」篇‥“乾坤 두 괘에 (孔子가) 文言을 달았다.” 劉勰은 莊氏의 말에 동의하였으며, 본편에서 언급한 四象의 정교한 의의를 곡진하게 언급했다는 것은 당연히 이를 지칭한 것이다. [『易上繫辭』“易有四象, 所以文(示)也.” 『正義』引莊氏曰“四象謂六十四卦中有實象, 有假象, 有義象, 有用象, 爲四象也.” 「原道」篇“乾坤兩位獨制文言.” 彦和同莊氏說, 則本篇所云四象精義以曲隱, 當卽指此.]

詹注10-1: 『周易』「繫辭上」‥“『周易』에는 太極이 있고, 太極은 兩儀를 낳고, 兩儀는 四象을 낳고, 四象은 八卦를 낳았다.” 『正義』‥“兩儀가 四象을 낳았다는 것은 金木水火가 천지가 생길 때부터 있었음을 말한다.” 또한 「繫辭上」‥“『周易』에 四象이 있음은 보여주기 위함이다.” 『札記』‥“四象에 대한 劉勰의 의견은 거의 莊氏와 같았기에 사상의 정교한 의미를 곡진하게 표현하였다고 말한 것이다. 『正義』에서 莊氏는 四象이란 64괘 가운데 있는 實象, 假象, 義象, 用象을 말한다고 하였다.”[『易』「繫辭上」‥“『易』有太極, 太極生兩儀, 兩儀生四象, 四象生八卦.” 『正義』‥“兩儀生四象者, 謂金、木、水、火, 禀天地而有.” 「繫辭上」又曰‥“『易』有四象, 所以示也.” 『札記』‥“四象, 彦和之義蓋與莊氏同; 故曰‥四象精義而曲隱. 『正義』引莊氏曰‥

四象謂六十四卦之中有實象, 有假象, 有義象, 有用象."]

周振甫『文心雕龍注釋』(이하 간칭『周注』)··"예를 들어 乾卦에서는【乾】으로 하늘을 상징하였으니 응당 實象이다.【乾】으로 하늘을 상징하는 것을 인신하여 아버지라 한 것은 응당 假象이다.【乾】은【健】과 같으니 응당 義象이다. 이 사상의 含義는 곡절하면서도 은유적이다." [周振甫『文心雕龍注釋』(以下簡稱周注)··"按如乾卦, 以乾象天, 當爲實象. 乾象天, 引申爲父, 當爲假象. 乾, 健也, 當爲義象. 這四象的含義是曲折隱晦的."]

『周易集解』에서 虞翻이【四象】은【春夏秋冬】을 지칭한다는 말을 인용하였으나 이 해석을【曲隱】과 관계 지을 방법이 없다. [『周易集解』引虞翻說謂【四象】指【春、夏、秋、冬】, 但此一解釋無法與【曲隱】關聯.]

張立齋『文心雕龍注訂』(以下 簡稱『注訂』)··"『周易』「繫辭上」··'(君子는) 조용히 있을 때는 象을 음미한다.' '兩儀가 四象을 만든다.' '象을 본받은 것 가운데 천지보다 큰 것이 없다.' '하늘에 달려 있는 것 가운데 日月보다 큰 것이 없다.'라고 하였다. 이는 天地日月이 四象이라는 것이다.『周易』에 있는 분명한 내용의 글은 어떤 일과 부합하지 않겠는가? 예를 들어『正義』의 金木水火土의 주장, 莊氏의 實象, 假象의 주장, 邵氏의 陰陽老少의 주장은 거의 의도적인 曲解로 모두『周易』의 본의는 아니다. 이에『周易』이 四象을 가지고 우리에게 보여주는 것이다. 설사 天地日月이 아니면 어쩌랴? 따라서【정교한 의미를 곡진하게 표현하였다.】는 天地日月을 말한 것이 아니라 乾坤陰陽을 말한 것이다." 이는 일가의 견해라 할 수 있다. [張立齋『文心雕龍注訂』(以下簡稱『注訂』)‥"『易』「繫辭上」‥'居則觀其象.' 又云‥'兩儀生四象.' 又云‥'法象莫大乎天地.' 又云‥'懸象著明, 莫大乎日月.' 是天地日月則四象. 『易』有明文, 何事附合? 其如『正義』金木水火土之說, 莊氏實象假象之說, 邵氏陰陽老少之說, 率作意曲解, 皆非『易』之本旨也. 況『易』有四象所以示也, 非天地日月而何? 然則所謂【精義而曲隱】者, 蓋不言天地日月而言乾坤陰陽也." 亦可備一說.]

【精義】는 「繫辭下」의 【精義入神】에서 나왔다. 韓注‥"精義는 物理의 미묘함." 【曲隱】은 「繫辭下」의 【其言曲而中: 그 말은 곡진하며, 사실과 부합한다.】에서 나왔다. (韓注‥"변화에는 같은 것이 없어 일정한 법칙이 있을 수 없기에 그 말이 곡진해야 사실과 부합할 수 있다.") 사실은 분명하면서도 은유적이나.(韓注‥"사실은 분명하나 이치는 미묘하다.") [【精義】出「繫辭下」【精義入神.】 韓注‥"精義, 物理之微者也." 【曲隱】出「繫辭下」【其言曲而中】(韓注‥"變化無恒, 不可爲典要, 故其言曲而中也.") 其事肆而隱.(韓注‥"事顯而理微也.")]

125. 范注2-10: 杜預의 「春秋左氏傳序」‥"【情】에는 5가지 例가 있다. 첫째: 간략하면서도 분명한 것. 둘째: 뜻을 기록하였으나 애매한 것. 셋째: 완곡하지만 整然한 것. 넷째: 빠짐없이 기록하였으나 왜곡하지 않은 것. 다섯째: 勸善懲惡的인 것." [杜預「春秋左氏傳序」‥"爲例之【情】有五. 一曰微而

顯: 二曰志而晦; 三曰婉而成章; 四曰盡而不汙; 五曰懲惡而勸善.]

詹注10-2: 『唐寫本』에 【以】는 【而】로 되어 있다. 杜預「春秋左氏傳序」‥"情에는 5가지 例가 있다. 첫째: 간략하면서도 분명한 것으로 글은 이쪽에서 시작되었으나 의미는 다른 쪽에 있는 것……과 같은 종류가 있다. 둘째: 뜻을 기록하였으나 애매한 것으로 간략한 언어로 전범을 제시하여 추측하여 알 수 있는 것……과 같은 종류가 있다. 셋째: 완곡하면서 整然한 것으로 곡진하게 의훈을 따른 순종을 보여주는 것……과 같은 종류가 있다. 것; 넷째: 빠짐없이 기록하였으나 왜곡하지 않은 것으로 진실하게 사실을 적어 문장을 이루면 의미가 드러나는 것……과 같은 종류가 있다. 다섯째: 勸善懲惡的 名聲을 구하나 이루지 못하거나, 추악함을 가리고자 하나 밝게 드러나는 것……과 같은 종류가 있다. [『唐寫本』【以】作【而】. 杜預『春秋左氏傳序」‥"爲例之情有五, 一曰微而顯, 文見於此, 而起義在彼……之類是也. 二曰志而晦, 約言示制, 推而知例……之類是也. 三曰婉而成章, 曲從義訓, 以示大順……之類是也. 四曰盡而不汙, 直書其事, 具文見意,……之類是也. 五曰懲惡而勸善, 求名而亡, 欲蓋而章……之類是也.]

『左傳』「成公 14년」‥"君子가 이르길‥'『春秋』의 稱呼는 간략하나 그 뜻은 명백하며, 완곡하면서도 整然하며, 빠짐없이 기록하였으나 왜곡되지 않으며, 勸善懲惡한다. 聖人(孔子)이 아니라면 누가 능히 이와 같이 훌륭하게 만들 수 있겠는가?'" 杜預의 「序」는 이를 바탕으로 한 것이다. [『左傳』「成公十四年」: "故君子曰: 『春秋』之稱, 微而顯, 婉而成章, 盡而不汙, 懲惡而勸善. 非聖人誰能修之?" 杜預「序」本此.]

董仲舒 『春秋繁露』 「精華」篇: "『春秋』의 學問은 道가 전해져 밝음으로 돌아온 것이다. 그러나 그 문사는 하늘의 미묘함을 본받은 것이라 알기 어렵다." 『公羊傳』 「定公元年」: "定公, 哀公의 기록에는 미묘한 문사가 많다." 孔廣森의 『通義』: "미묘한 문사는 의미를 기탁한 바가 문사에 드러나지 않기에 무릇 그 미묘함을 살핀 뒤에야 비로소 의미를 알 수 있다." [董仲舒『春秋繁露』「精華」篇: "『春秋』之爲學也, 道往而明來者也. 然而其辭體天之微, 故難知也." 『公羊傳』「定公元年」: "定、哀多微辭." 孔廣森『通義』: "微辭者, 意有所託而辭不顯, 惟察其微者乃能知之."]

126. 詹注11-1: 『唐寫本』에 【形】은 【制】로 되어 있으며, 이를 근거로 고쳤다. 【制】는 문장의 體制다. 【繁】은 위의 【博文以該情】을 말하고, 【略】은 【簡文而達旨】를 말한다. [『唐寫本』【形】作【制】, 應據改. 【制】是文章體制. 【繁】卽上文【博文以該情】, 【略】卽【簡文而達旨】.]

127. 詹注11-2: 【隱】은 【隱義以藏用】을, 【顯】은 【明理以立體】를 지칭한다. [【隱】卽【隱義以藏用】, 【顯】卽【明理以立體】.]

128. 范注2-11: 【適會】가 옳다. 『周易』 「繫辭上」: "무릇 변화는

적시에 이루어져야 한다.” 韓康伯注··“변화는 적시에 이루어지는 것이 중요하고, 趣舍는 때에 달려있다.” 紀昀評··“번다함과 간략함, 은은함과 확연함은 모두 경전을 근본으로 한 것이다. 후대 문학가들이 숭상함이 서로 달라 서로 배격하니 대부분 근원을 찾을 수 없었다. 8자로도 精微하게 서술함은 문장에 定格이 없음을 이르는 것으로 그 요점은 이것에 귀결된다.” [作【適會】是也. 『易』「上繫辭」··“唯變所適 ” 韓康伯注曰··“變動貴於適時, 趣舍存乎其會也.” 紀評曰··“繁簡隱顯, 皆本乎經. 後來文家, 偏有所尙, 互相排擊, 殆未尋其源. 八字精微, 所謂文無定格, 要歸於是.”]

詹注11-3: 『校證』··“【適會】는 원래 【會適】으로 되어 있으나, 『唐寫本』에는 【適會】로 되어 있다.” 『校注』··“『唐寫本』의 것이 옳다고 생각한다. 「章句」篇에서도 【隨變適會】로, 「練字」篇에도 【詩騷適會】로, 「養氣」篇에서도 【優柔適會】로 쓴 것 모두가 그 증거다.” 趙萬里 『唐寫本文心雕龍殘卷校記』··“위에서 언급한 【抑引隨時】는 이 구절과 對를 이루어 문장을 구성하니 【適會】가 옳다고 생각한다.” 『宋書』「鄭鮮之傳」··“변화를 구하는 것과 전통을 계승하는 것, 압축하는 것과 펼쳐 놓는 것은 모든 사실에 따라 다르다.” 이는 이 구절의 用例와 동일하다. 【抑】은 【抑制】의 의미로 압축한다는 의미이고, 【引】은 【引伸】을 말한다. 【適會】는 그 때 가장 적당한 것이라는 의미다. 【抑引】, 【通變】의 이치는 『易經』에서 비롯되었다. 『周易』「繫辭下」··

“『周易』은 멀리할 수 없는 책이다. 『周易』의 道는 늘 변하며, 변동하여 한 곳에 머물지 않는다. 六虛에 두루 흘러 위아래가 항상 같지 않으며, 剛柔가 서로 바뀌니 변화하지 않는 것은 원칙이 될 수 없으며, 오로지 적당한 때에 따라 변화할 뿐이다.” 韓康伯注··“변화는 적시에 이루어지는 것이 중요하고, 趣舍는 때에 달려있다.” 文章의 【抑引】과 【通變】의 이치는 『文心雕龍』에 누차 언급된 바 있다. 「通變」篇··“무릇 문장의 체제는 일정한 것이나 문장의 변화는 무궁하다.” 「鎔裁」篇··“剛柔에 입각하여 체제를 세우고, 通變에 의거하여 세태에 적응한다.” “繁華와 簡略은 좋아하는 바에 의해 결정된다.” 「章句」篇··“내용의 변화에 따라 편폭과 운율을 조절함에는 일정한 규칙이 없다.” 紀昀評··“번다함과 간략함, 은은함과 확연함은 모두 경전을 근본으로 한 것이다. 후대 문학가들이 숭상함이 서로 달라 서로 배격하니 대부분 근원을 찾을 수 없었다. 8자로도 精微하게 서술함은 문장에 定格이 없음을 이르는 것으로 그 요점은 이것에 귀결된다.” [『校證』··“【適會】原作【會適】, 『唐寫本』作【適會】.” 『校注』··“按『唐寫本』作是. 「章句」篇【隨變適會】, 「練字」篇【詩騷適會】, 「養氣」篇【優柔適會】, 幷其證也.” 趙萬里『唐寫本文心雕龍殘卷校記』··“按上云【抑引隨時】, 與此句相對成文, 則以作【適會】爲是.” 『宋書』「鄭鮮之傳」··“變通抑引, 每事輒殊.” 與此處用例同. 「抑」謂抑制, 卽壓縮; 「引」謂引伸. 「適會」, 適乎其會. 【抑引】【通變】之理, 『易經』發其端. 『易』「繫辭下」··“『易』之爲書也不可遠, 爲道也屢遷, 變動不居, 周流六虛, 上下無常, 剛柔

相易, 不可爲典要, 唯變所適." 韓注··"變動貴於適時, 趣舍存乎其會也." 文章【抑引】【通變】之理, 本書屢屢言之. 「通變」篇··"夫設文之體有常, 變文之數無方."「鎔裁」篇··"剛柔以立本, 變通以趨時." "謂繁與略, 隨分所好."「章句」篇··"隨變適會, 莫見定準." 紀評··"繁簡隱顯, 皆本乎經. 後來文家, 偏有所尙, 互相排擊, 殆未尋其源. 八字精微, 所謂文無定格, 要歸於是.]

이는 문장에는 繁·簡·隱·顯의 서로 다른 4가지 표현 방법이 있으며, 창작할 때 혹자는 압축하고, 혹자는 引伸하니 그때그때 필요성을 살펴보아야 하고, 【隱顯】 사이의 【通變】도 그때의 정황에 적절히 적응시켜야 한다는 것이다. [這是說文章有繁簡隱顯四種不同的表達方法, 寫作時或者壓縮, 或者引伸, 要看當時的需要; 至于【隱顯】之間的【通變】, 也要適應當前的情況.]

129. 詹注11-4: 「序志」篇··"聖人을 본받아야 한다."[「序志」篇··"師乎聖."]

이상은 제2단락이며, 聖人 著作의 특징은 서로 다른 정황에 근거하여 繁·簡·隱·顯 등 서로 다른 방법을 운용하였기에 족히 후세의 師表가 될 수 있음을 설명한 것이다. [以上爲第二段, 說明聖人著作的特點, 在根據不同的政況, 運用繁、略、隱、顯等不同的方法, 足爲後世師.]

2-3.

따라서 문장을 논함에 반드시 성인을 본받아야 하며, 성인을 살피려면 반드시 經典을 위주로 삼아야 한다. 『周易』「繫辭下」에서 "천하의 사물을 구분하여 올바르게 이름 지었고, 그리하여 卦辭와 爻辭가 갖추어지게 되었다."라고 하였다. 『尙書』「僞畢命」에서 "文辭는 구체적이고 간략함을 중시하니 무릇 기이함을 좋아하지 말지어다."라고 하였다. 言辭가 올바르기에 辯論을 펼칠 수 있고, 이치가 분명하고 간략해야 文辭가 이루어질 수 있음을 알아야 한다. 문사를 운용함에 기이함을 좇는 허점이 없어야 하며, 辯論을 정확히 펼치려면 단호한 문사로 내용을 표현할 수 있어야 한다. 비록 정교한 의미가 곡진하고 은밀하게 표현되었다 하더라도 올바른 言辭를 절대 해치지 않아야 하며, 정교한 文辭가 완전하고 함축적이라도 절실함과 간략함을 해치지 말아야 한다. 구체적, 간략한, 정교한 문사가 서로 상통하여야, 정확한 言辭와 정교한 意味가 함께 운용될 수 있다. 이러한 예는 모두 성인의 문장에서 볼 수 있다. 顔闔이 "공자는 아름다운 깃털에 화려한 그림을 그렸기에 헛되이 화려한 문사를 추구하였다."라고 하였다. 비록 성인을 폄하하려해도 그리 할 수 없다. 따라서 성인 문장의 아려함에는 아름다운 꽃(文辭)과 탐스러운 과실(內容)을 함께 지니고 있다. 天道는 알기 어려우나 혹자는 이를 깊이 연구한다. 문장을 볼 수 있으면서 어찌 깊이 생각하지 않겠는가? 만일 성인을 본받아 立論하였다면 그 문장 역시 가하다 하겠다.

2-3.

是以(子政)論文, 必徵於聖[130]; (稚圭勸學), 必宗於經. 《易》稱"辯物正言, 斷辭則備"[131]; 書云"辭尚體要, 弗惟好異[132]". 故知正言所以立辯[133], 體要所以成辭[134], 辭成無好異之尤, 辯立有斷辭之義[135]. 雖精義曲隱, 無傷其正言; 微辭婉晦, 不害其體要. 體要與微辭偕通, 正言共精義並用[136]; 聖人之文章, 亦可見也. 顔闔以爲仲尼飾羽而畵, 徒事華辭[137]. 雖欲訾聖, 弗可得已[138]. 然則聖文之雅麗, 固銜華而佩實者也[139]. 天道難聞, 猶或鑽仰[140]; 文章可見, 胡寧勿思141. 若徵聖立言, 則文其庶矣[142].

130. 范注3-1: 『唐寫本』에는 【是以論文必徵於聖, 窺聖必宗於經】으로 되어 있다. 趙萬里: "『唐寫本』의 기록이 옳다고 생각한다. 黃氏本은 楊氏의 校注에 의거하여 【政】字 앞에 【子】字를 더했고, 【必宗於經】句 아래에 【稚圭勸學】 4字를 더했으나 臆說로 잘못된 것이다." [『唐寫本』作【是以論文必徵於聖, 窺聖必宗於經.】 趙君萬里曰: "案唐本是也. 黃本依楊校【政】上補【子】字, 【必宗於經】句下補【稚圭勸學】四字, 臆說非是."]

詹注12-1: 『校證』: "【是以子政論文, 必徵於聖, 稚圭勸學, 必宗於經】 二句는 원래 【是以政論文, 必徵於聖, 必宗於經.】으로 되어 있다. 王惟儉本에는 【政】字 앞에 【一口】가 있으며, 楊愼은 이를 보충하여 【是以子政論文, 必徵於聖, 稚圭勸學, 必宗於經】으로 고쳤다." …… 「宗經」篇: "덕행을 권장하고, 명성을 수립함에 聖人을 본받지 않은 사람이 없으나, 글을 짓고 修辭를 가함에 經典을 충분히 본받지 못했다." 「史傳」篇: "이러한 까닭에 주제를 확립하고 문사를 선택함에 응당 經典에 입각하여 원칙을 세워야 하고; 勸勉, 警戒, 獎勵, 排斥함에 반드시 성인에 부합함을 원칙으로 삼아야 한다." "경전을 숭상하고 성인의 전아함을 본받다." 「論說」篇: "聖人과 經典에 대해 논하였다. 이것이 論文家의 正體다." 「樂府」篇: "옛날 劉向이 문체를 논하면서 詩와 歌를 구분하였다." 그럼에도 楊愼이 이러한 예문을 끌어들여 함부로 補證한 것이기에 따를 수 없다. 현재는 『唐寫本』에 근거하여 고쳤다." 元刻本에서는

【是以政論文, 必徵於聖, 必宗於經.】으로 되어 있다. 梅注:"【子】字는 元刻本에는 없으나 楊愼이 보충한 것이고, 【稚圭勸學】도 元刻本에는 없으나 楊愼이 보충한 것이다." 【稚圭勸學】의 注에서:"『漢書』에 匡衡의 字는 稚圭이고 東海 承 사람이다. 成帝가 즉위하자 匡衡이 經學과 威儀의 원칙을 권장하는 上疏에서 이르길:'저는 『六經』이란 聖人이 천하를 다스리는 마음이며, 선악의 귀결을 밝힌 것이며, 吉凶의 구분을 명시한 것인지라 인간의 바른 도리와 통하는 것으로 사람으로 하여금 本性과 어그러지지 않게 만드는 것이라 들었습니다. 따라서 六禮의 종지를 살피면 하늘과 인간의 이치가 조화롭게 되고, 草木昆蟲도 生育하게 되기에 이는 영원히 변할 수 없는 도입니다. 『論語』와 『孝經』에 있는 성인 언행의 요점에 이르면 응당 그 의미를 알 수 있습니다.'" [『校證』:"【是以子政論文, 必徵於聖, 稚圭勸學, 必宗於經】二句, 原作【是以政論文, 必徵於聖, 必宗於經.】 王惟儉本【政】前有一□, 楊愼補作【是以子政論文, 必徵於聖, 稚圭勸學, 必宗於經】." …… 今案「宗經」篇:"邁(※역자주: 【邁】는 【勵】의 오기)德樹聲, 莫不師聖, 而建言修辭, 鮮克宗經.", 「史傳」篇:"立義選言, 宜依經以樹則; 勸戒與奪, 必附聖以居宗." 又云:"宗經矩聖之典." 「論說」篇:"述聖通經, 論家之正體也." 皆與此「徵聖」「宗經」意同, 並撮略爲言, 而不必指實爲何人. 「樂府」篇:"昔子政論文, 詩與歌別." 楊氏蓋涉彼妄補, 不可從. 今改從『唐寫本』." 案元刻本作【是以政論文, 必徵於聖, 必從於經.】 梅注:"【子】字元脫楊補", 【稚圭勸學】四字元脫楊補." 于【稚圭勸學】注

云‥"『漢書』‥'匡衡字稚圭, 東海承人也. 成帝卽位, 衡上疏勸經學威儀之則曰‥臣聞『六經』者, 聖人所以統天地之心, 著善惡之歸, 明吉凶之分, 通人道之正. 使不悖于本性者也. 故審六藝之指, 則天人之理可得而和, 草木昆蟲可得而育, 此永永不易之道也. 及『論語』『孝經』聖人言行之要, 宜究其意.'"]

橋川時雄 『文心雕龍校讀』‥"『唐寫本』에는 【子政】 두 자가 없으며, 이 두 자는 후인이 억지로 붙여 넣은 것이기에 응당 산거해야 하며, 劉向이 論文을 지었다는 것도 들은 바가 없다." 또한 "【稚圭勸學】에 대해 徐校도 이 4자에 대해 언급하지 않았으며, 何校는 楊愼의 보충을 그대로 따랐으나 고증할 수 없으며, 楊愼의 보충이 어떤 판본에 의거하여 보탠 것이지도 상세하지 않으며, 『唐寫本』에는 이 4자는 없으나 【窺聖】 두 자가 있고, 그 의미가 順通하다. 각 판본에 【窺聖】이 없는 이유는 전후의 의미가 통하지 않자 임으로 고쳐 보탠 것이기 때문이다." 『校釋』‥"『唐寫本』은 …… 응당 따라야 하나 升庵(楊愼)의 보충은 잘못된 것이다." [橋川時雄『文心雕龍校讀』‥"按『唐寫』無【子政】二字, 二字後人强附, 當刪, 未聞劉向有論文也." 又‥"【稚圭勸學】, 徐校不及此四字, 何校惟從楊補, 亦無所考, 未詳楊據何本所增, 『唐寫本』亦無此四字, 而有【窺聖】二字, 句順意通. 以各本無【窺聖】二字, 前後意不通, 故後人任意改補." 『校釋』‥"『唐寫本』……當從, 升庵所補非也."]

【宗】은 【主】의 뜻이다. 【窺聖必宗於經】은 성인이 이미 작

고하였기에 성인의 사상과 문장을 헤아려 알고자 한다면 반드시 경서를 주체로 삼아야 한다는 것이기 때문에 「序志」篇에서 【경전을 주체로 해야 한다.】라고 한 것이다. [【宗】是【主】. 【窺聖必宗於經】是說聖人早已作古, 欲窺知聖人的思想和文章, 必須以經書爲主體, 所以「序志」篇說【體乎經】.]

131. 范注3-2: 『周易』 「繫辭下」: "(卦와 爻를) 만들어 이름을 바르게 하고, 사물의 성질을 분별하여 바르게 설명하였다. 그리하여 卦辭와 爻辭가 갖추어졌다." 韓康伯注: "爻와 卦를 만들어 해석하면서 그 이름을 바르게 하면 이치가 분명하게 되기에 【斷辭】라 한 것이다." [『易下繫辭』: "開而當名, 辨物正言, 斷辭則備矣." 韓康伯注曰: "開釋爻卦, 使名當其名, 理類辨明, 故曰【斷辭】."]

詹注13-1: 【辨】은 원래 【辯】으로 되어있으나 『唐寫本』과 『易經』에 의거하여 고쳤다. 『周易』 「繫辭下」: "무릇 『周易』은 지나간 일을 밝히어 미래를 예언하고, 미세한 것을 보고 드러난 것을 밝히는 것이다. (卦와 爻를) 만들어 이름을 바르게 하고, 사물의 성질을 분별하여 바르게 설명하였다. 그리하여 卦辭와 爻辭가 갖추어졌다." 『集解』에서 干寶의 말을 인용하여: "辨物은 사물의 종류를 변별하는 것이다. 正言은 말이 정의로운 것이다. 【斷辭】란 吉凶을 구분하는 것이다. 이러한 것은 경전에 다 나타나 있다." 韓康伯注: "爻와 卦를 만들어 설명하여 그 이름을 바르게 하면 이치가 분명하게 되기에 【斷辭】라 한 것이다." 『正

義』: "【辨物正言】이란 천하의 사물을 구분하고, 각각 분류를 바르게 하여 이름 짓는 것을 말한다. 예를 들어 剛健한 사물을 구분하면서 龍이라 이름 짓고, 순한 사물을 구분하면서 馬라 이름 짓는데 이것이 바로 【辨物正言】이다. 【斷辭則備】는 말이 시작되어 그 이름이 정당하게 되는 것과 사물을 구분하고 이름을 바르게 하는 두 가지 일은 爻卦의 문사에 의해 결정되어야 모두 완성되었다 하겠다." 이 말의 뜻은 사물을 분명하게 구분하려면 정당한 언사가 필요하며, 이러한 과정을 통해 얻은 판단은 비교적 완정하다는 것이다. [【辨】原作【辯】 據『唐寫本』及『易經』改. 『易』「繫辭下」: "夫『易』彰往而察來, 而微顯闡幽, 開而當名, 辨物正言, 斷辭則備矣." 『集解』引干寶曰: "辨物, 辨物類也. 正言, 言『正義』也. 【斷辭】, 斷吉凶也. 如此, 則備於經矣." 韓注: "開釋爻卦, 使各當其名也. 理類辨明, 故曰【斷辭】也." 『正義』: "【辨物正言】者, 謂辨天下之物, 各以類正定言之. 若辨健物, 正言其【龍】; 若辨順物, 正言其【馬】, 是【辨物正言】也. 斷辭則備者, 言開而當名, 及辨物正言, 凡此二事, 決斷於爻卦之辭, 則備具矣." 意思是說辨明事物, 要用正當的言辭, 這樣作出的判斷, 就比較完備了.]

132. 范注3-3: 『尙書』「僞畢命」: "政事는 일관성을 중시하고 문사는 구체적이고 간략함을 중시하니 무릇 기이함을 좋아하지 말지어다." 「僞孔傳」: "문사는 구체적이고 실질적인 것을 중요하게 여기에서 辭를 귀이 숭상한다. 만일 선왕의 도리와 다른 것이면 군자는 이를 좋아하지 않는다." [『尙

書』「僞畢命」“政貴有恒, 辭尙體要, 不惟好異.” 「僞孔傳」曰 “辭以體實爲要, 故貴尙之. 若異於先王, 君子所不好.”]

詹注13-2: 『校證』··“【不】은 원래 【弗】로 되어 있었으나, 『唐寫本』에 【不】로 되어 있으며, 『古文尙書』 「僞畢命」과도 부합하여 이를 근거로 고쳤다.” 『校注』··“【惟弗】은 『唐寫本』에는 【不唯】로 되어 있다. 【弗】은 【不】로 써야 「僞畢命」과도 부합한다.”(이 책에서 【不】로 한 이유는 『唐寫本』과 『御覽』 모두 【不】을 사용한 예문이 너무 많아 모두 열거할 수 없을 정도이기 때문이다.) 『札記』··“『尙書』「僞畢命」··‘政事는 일관성을 중시하고, 문사는 구체적이고 간략함을 중시하니 무릇 기이함을 좋아하지 말지어다.’” 「孔氏傳」··“文辭는 要領의 體察을 중시하기에 이처럼 숭상하였던 것이다. 만일 先王의 것과 다르면 군자는 이를 좋아하지 않는다.” 『正義』··“정치는 법도가 귀하고, 文辭는 【體要】를 숭상하기에 응당 기이함만 좋아해서는 안 된다.” 「風骨」篇··“『周書』··‘文辭는 요령을 파악하는 것이 중요하니 기이함을 좋아하지 말아야 한다. 이리해야 문사의 지나침을 방지할 수 있다.” 『論衡』 「超奇」篇··“또한 화려하고 말초적인 언사에 천박한 의미일 뿐이며(『文選』 陸機「文賦」注에는 【虛談竟于華葉之言: 공허한 말이 화려하고 말초적인 말에 가득하다.】로 되어 있다.), 뿌리와 같은 핵심도 없고, 大道의 【體要】를 보지 못하면서 성공한 사람은 드물다.’” [『校證』··“【不】原作【弗】, 『唐寫本』作【不】, 與「僞畢命」合, 今據改.” 『校注』··“【弗惟】, 『唐寫本』作【不唯】. 按

【弗】作【不】, 與「僞畢命」合."(本書今作【不」】, 『唐寫本』或『御覽』均作【不】, 例多不具擧.) 『札記』∙∙"『僞古文尙書』「畢命」篇∙∙'政貴有恒, 辭尙體要, 不惟好異.'" 孔氏傳∙∙"辭以體實爲要, 故貴尙之. 若異于先王, 君子所不好." 『正義』∙∙"爲政貴在有常, 言辭尙辭其體實核要, 當不唯好其奇異." 「風骨」篇∙∙"『周書』云∙∙'辭尙體要, 弗唯好異. 蓋防文濫也." 『論衡』「超奇」篇∙∙"且淺意于華葉之言(『文選』陸士衡「文賦」注引作【虛談竟于華葉之言.】), 無根核之深, 不見大道【體要】, 故立功者希."]

【體要】는 切實함과 簡略함이다. 『尙書』「蔡傳」∙∙"취지가 완벽하게 갖추어지면 멈추는 것이 【體】이며, 온갖 【體】를 이해한 것을 【要】라 한다." 『集說』에서 夏候僎의 말을 인용하여∙∙"【體】는 이치를 갖춤에 부족함이 없는 것이고, 【要】는 간략하여 군더더기가 없는 것이며, 문사로 표현된 이치가 충분하면서도 간략한 것이다." 또한 王樵의 말을 인용하여∙∙"【趣】는 文辭의 【旨趣】를 말하며, 【旨趣】가 완벽하게 갖추어지지 않으면 뜻을 표현할 수 없으며, 이치가 분명하지 않으면 【旨趣】가 완벽하게 갖추어져도 지엽적이고, 군더더기 문사가 계속 나열되면 【體】라 말할 수 없다." 「序志」篇∙∙"무릇 『周書』에서 문사를 논함에 【體要】를 귀중하게 여겼다."는 바로 이를 두고 한 말이다. [【體要】, 謂切實簡要. 『尙書』「蔡傳」∙∙"趣完具而已之謂【體】, 衆體所會之謂【要】." 『集說』引夏候僎曰∙∙"【體】則具于理而無不足, 【要】則簡而不至于餘, 謂辭理足而簡約也." 又引王氏樵曰∙∙

“【趣】謂辭之【旨趣】, 趣不完具則未能達意, 而理未明, 趣完具而不已則爲枝辭衍說, 皆不可謂之體”. 「序志」篇:“蓋『周書』論辭, 貴乎體要.” 卽指此而言.]

133. 詹注14-1: 『唐寫本』에 【辯】字는 【辨】字로 되어 있으며, 다음 문장의 【辯立】의 【辯】字도 마찬가지다. 『校注』:“이 구절은 위의 『周易』이 사물의 구분에 따라 이름을 바르게 한다는 것을 이어서 언급한 것이기에 당연히 【辨】으로 하는 것이 옳다.” 이는 정당한 언사가 있어야 비로소 사물의 구분하는 기준이 세워진다는 의미이다. [『唐寫本』【辯】作【辨】」, 下文【辨立】之【辯】幷同, 『校注』:“按此言承上『易』稱辨物正言句, 當以作【辨】爲是.” 意謂正當的言辭才是建立辨物的標準.]

134. 詹注14-2: 절실하고 간략해야 비로소 위대한 文辭를 창출할 수 있다는 의미다. 『春秋齋論文』「述旨」:“무엇을 【正言】이라 하는가? 성인의 말씀을 근본으로 삼았기에 수많은 변론에 대항할 수 있는 것이다. 무엇을 【體要】라 하는가? 성인의 말씀을 마음속에 두었기에 위대한 문사를 만들어낼 수 있는 것이다. 그러나 또한 말로 표현하기 어려운 것을 어록에 글로 남기시니 萬古 正言의 正鵠이라 하겠으나, 모든 것을 글 사이에 하나하나 펼칠 수 있겠는가? 당연히 어록은 理學 先儒가 주신 글이기에 모든 말이 부당한 것이 없으며, 朱考亭, 陸象山, 陳同甫 등 여러 선생들의 글도 정교하지 않은 것이 없기에 학문이 일천한 사람은 항상 이를 따라가기 힘들어 한다. 朱考亭, 陸象山의 어

록이 名理에 바탕을 두지 않았다면 어찌 사람들의 神志를 깊이 탐색할 수 있었겠는가?" 紓氏:'道를 논한 글은 질박하지만, 질박함이 더러는 화려함만 못할 때도 있다. 이치를 분석한 글은 세밀하나, 세밀함에만 빠지면 앉아서 생각하느라 힘만 든다. 옛날의 문장가는 본래 여러 가지 문체를 두루 섭렵했으니 반드시 각종 체제를 理學의 언급에만 묶어둘 필요는 없다.' 劉勰이 本篇 贊에서 다시:'정교한 이론으로 문장을 짓고 뛰어난 氣質로 문채를 이룬다.' 무릇 이치를 정교하게 분석하면 言路가 바르지 않은 것이 없으며, 언로의 정확한 방향에 의거하여 詞采를 운용하면 뛰어난 기질은 저절로 생긴다." [意爲切實簡要才能鑄成偉辭.『春秋齋論文』「述旨」:"何謂【正言】? 本聖人之言, 所以抗萬辯也. 何謂【體要】? 衷聖人之言, 所以鑄偉辭也. 然亦有難言者, 文至于語錄, 成萬古正言之鵠, 皆能一一施之文間耶? 無論語錄, 卽理學先儒之文間耶? 無論語錄, 卽理學先儒之與書, 語語靡不當, 要觀朱考亭與陸象山、陳同甫諸先生書, 無語不精, 亦無語不要, 而淺人恒苦其邃, 豈朱、陸之言尙不衷于名理, 而至索人之神志? 紓曰:'論道之書質, 質則或絀于采; 析理之言微, 微則坐困于思. 古之文章家, 本盡備各體, 不必各體中皆寓以理學之言. 劉勰之此篇, 亦曰:'精理爲文, 秀氣成采.' 大率析理精, 則言匪不正, 因言之正, 施以詞采, 秀氣自生."]

135. 詹注14-3:『校證』:"【美】는 원래 【義】로 되어 있는데, 글자 모양이 서로 비슷해서 생긴 오류다. 지금은『唐寫本』에

의거하여 고쳤다. 【無尤】와 【有美】는 서로 대를 이룬다." 范校: "孫云: '『唐寫本』에는 【辭成】 아래에 【則】字가 있다. 【辯】은 【辨】이라 하였으며, 【立】字 다음에 【則】字가 있다.'" 두 구의 의미는 위대한 문사를 만들려면 奇異함만 추구하는 실수가 있어서는 안 되며, 사물을 구분하는 표준을 건립하면 문사는 필연적으로 【剛斷】의 아름다움을 지닌다는 것이다. [『校證』: "【美】原作【義】, 形近之誤. 今改從『唐寫本』. 【無尤】、【有美】對文." 范校: "孫云: '『唐寫本』(辭)成下文有【則】字. 【辯】作【辨】, 【立】下有【則】字." 二句意謂鑄成偉辭就不會有追求奇異的過失, 建立了辨物的標準, 文辭必然有【剛斷】之美.]

136. 詹注14-4: 『札記』: "내 생각에 『周易』에서 【辨物正言】부터 【正言共精義竝用】은 【四象】 두 자의 의미를 계승하여 【隱顯】의 마땅함을 구분한 것이다. 모름지기 사람들은 성인 문장의 분명함을 헤아리고자 하나 응당 잘 알지 못하는 말이 없을 수 없기에 이를 辨釋해야 한다. 무릇 【正言】이란 구분의 정확함이며, 심오한 이론은 반드시 이치 구분이 확실해야 한다. 【體要】는 문사를 완성한 뒤 婉妙한 문장을 더욱 아름답게 만드는 것이다. 비단 【隱顯】이 서로 방해하는 것이 아니라 무릇 더욱 隱微하면서도 顯明하게 만들어야 한다. 그러나 문장을 짓는 일에 있어 반드시 隱密해야 할 부분이 있으면 顯明한 부분은 없어야 한다. 『周易』의 이치는 심오하고 은밀하여 당연히 『詩經』과 『書經』의 명확함과 같을 수 없다. 『春秋』는 簡約하기에 당연

히 「傳」이나 「記」처럼 자세할 수 없다. 번잡한 文辭와 칭찬하는 말은 서로 體製가 다르다. 聖人이 지은 문장 역시 체제가 다르며, 『周易』은 典要하지 않기에 심오한 이치를 설명한 것이 많으며, 史書는 策書에 바탕을 둔 것이기에 褒貶의 法度를 간략하게 세웠던 것이다. 반드시 이러한 의미에 통달한 연후에 더불어 經典을 논할 수 있다." [『札記』··"案自『易』稱【辨物正言】, 至【正言共精義竝用】, 【四象】二語, 以辨【隱顯】之宜. 恐人疑聖文名著, 無宜有隱晦之言, 故申辨之. 蓋正言者, 求辨之正, 而淵深之論, 適使辨理堅剛. 【體要】者, 制辭之成; 而婉妙之文, 益使辭致姱美. 非獨【隱顯】不相妨礙, 惟其能隱, 所以爲顯也. 然文章之事, 固有宜隱而不宜顯者, 『易』理邃微, 自不能如『詩』『書』之明菿; 『春秋』簡約, 自不能如「傳」「記」之周詳. 必令繁辭稱說, 乃與體製相乖. 聖人爲文, 亦因其體而異, 『易』非典要, 故多陳幾深之言, 史本策書, 故簡立褒貶之法, 必通此意, 而後可與談經."]

『註訂』··"【體要】와 【微辭: 세밀한 묘사】는 서로 통하며 【正意】와 【精義】도 竝用할 수 있다. 【體要】를 말하려면 【微辭】를 사용해야 하고, 【正言】은 【精義】를 통해 이루어지기 때문이다." [『註訂』··"【體要】與【微辭】偕通, 【正意】工【精義】竝用者, 言【體要】可以用【微辭】出之, 【正言】可以由【精義】成之也."]

饒宗頤 『文心雕龍探源·劉勰思想與宗炳顏延之之關係』 (四) 「觀書貴體要」··"『庭誥』··'독서는 要點이 중요하며, 要

點을 살핌에는 廣博이 중요하다. 廣博하면서 要點도 챙길 수 있다면 萬流가 하나로 될 수 있다. ……褒貶을 가한 책도 그 正言의 숨은 의미를 취하여 衰落한 王道를 회복하고자 한다면 微辭로 主旨를 펼칠 수 있어야 한다.'" 『文心雕龍』「徵聖」篇:"『周易』에서는 사물을 명확하게 구분하려면 정확한 설명이 이루어져야 한다고 말했고, 『書經』에서는 文辭는 簡要함이 중요하다. …… 비록 정교한 의미는 곡절하고 은밀하나 정확한 설명을 방해하지 않으며, 문사가 완약하고 함축적이더라도【體要】를 손상시키지 않는다.【體要】와【微辭】는 서로 통하며,【正言】과【精義】는 함께 운용되기에 성인의 문장 역시 우리가 볼 수 있는 것이라 했다."【體要】,【正言】과【微辭】의 상관된 의미는 『庭誥』의 啓發을 받아 심화시킨 것이다. [饒宗頤『文心雕龍探源·劉勰思想與宗炳顔延之之關係』(四)「觀書貴體要」:"『庭誥』云'觀書貴要, 觀要貴博, 博而知要, 萬流可一. …… 褒貶之書, 取其正言晦義, 轉制衰王, 微辭宣旨.'" 『文心雕龍』「徵聖」篇:"『易』稱辨物正言, 『書』云辭尙【體要】. …… 雖【精義】曲隱, 無傷其【正言】, 微辭婉晦, 不害其【體要】,【體要】與【微辭】偕通,【正言】共【精義】竝用, 聖人之文章亦可見也." 對于【體要】與【正言】、【微辭】相關之義, 頗受『庭誥』之啓發, 而加以推闡者.]

이상은【體要】와【微辭】,【正言】과【精義】의 관계를 서술한 부분으로, 양자는 서로 모순을 이루지 않으며, 오히려 서로 합쳐져 더욱 분명하게 됨을 설명한 것이다. [以上申

述【體要】與【微辭】, 【正言】與【精義】的關係, 認爲二者並不矛盾, 而是相得益彰.]

137. 詹注15-1: 『校證』‥“【從】은 원래 【徒】」로 되어 있다. 梅注‥‘【徒】는 『莊子』에 【從】으로 되어 있다. 何焯도 【從】으로 校注하였기에 지금 이에 근거하여 고쳤다.’” 梅注‥“楊用脩‥‘顏闔의 사실은 『莊子』에 기록되어 있다.’” 『莊子』「列禦寇」篇‥“魯哀公이 顏闔에게 묻기를‥‘내가 孔子를 重臣으로 삼는다면 우리나라가 잘 다스려질 수 있겠는가?’ 顏闔이 대답하길‥‘위태롭습니다. 공자는 새의 깃털에 그림을 그리듯 화려하게 꾸미는 말만 일삼고, 가지를 뿌리로 여기는 사람입니다. 사람의 本性을 억지로 고쳐 백성에게 보여주지만 백성들이 이를 믿지 않는 다는 사실조차 모릅니다. 부질없이 心神을 수고롭게 하니 어찌 백성 위에 설 수 있겠습니까?’” 郭象注‥“【圾】은 【危: 위태롭다】와 같은 뜻. 무릇 至人은 백성의 안정을 편안하다고 여기고, 重臣이 되는 것은 고귀한 공적이 萬世에 미친다는 것이고, 仁義만을 꾸미기 바쁜 것은 아름다운 깃털에 다시 새기고 색칠하는 것과 같다. 백성이 이미 위태롭게 되면 사람들 모두 평안하게 생각하지 않는다. …… 飾畵는 眞에 자리하는 것이 아니다. 후세의 종사자로 하여금 실체 없이 意趣만을 함부로 드러내게 만드는 것이다.” 成玄英疏‥“깃털은 자연의 문양을 지닌 것인데 여기에 그림을 그려 꾸미는 것은 사람이 기교에만 힘쓰는 것이다.” 다시‥“깃털에 수식을 가하면 眞性을 상실한다.” 이는 깃털은 본래의 문

채가 있음에도 다시 수식하고 화려하게 만든다는 뜻이다. 顔闔은 春秋戰國時代 魯國의 隱士다. [『校證』‥“【從】原作【徒】. 梅云‥‘【徒】, 『莊子』作【從】. 何焯校作【從】, 今據改.’” 梅注‥“楊用脩云‥‘顔闔事見『莊子』’”. 愚案『莊子』「列禦寇」篇‥“魯哀公問于顔闔曰‥‘吾以仲尼爲貞幹, 國其有瘳乎?’ 曰‥‘殆哉圾乎! 仲尼方且飾羽而畵, 從事華辭, 以支爲旨. 忍性以視民, 而不知不信, 受乎心, 宰乎神, 夫何足以上民!’” 郭象注‥“【圾】, 【危】也. 夫至人以民靜爲安, 今一爲貞幹, 則遺高跡于萬世, 令飾競于仁義, 而雕畵其羽彩. 百姓旣危殆, 人亦無以爲安也. …… 飾畵, 非任眞也. 將令後世之從事者, 無實而意趣橫出也.” 成玄英疏‥“羽有自然之文, 飾而畵之, 則務人巧.” 又‥“修飾羽儀, 喪其眞性也.” 意思是羽毛本有文采而又加以修飾描畵. 顔闔, 春秋戰國間魯國隱士.]

138. 范注3-4: 『莊子』「列禦寇」‥“魯哀公이 顔闔에게 묻기를‥‘내가 공자를 중용하면 우리나라가 나아질 수 있겠는가?’ 顔闔이 ‘거의 위태롭습니다. 공자는 아름다운 깃털에 색을 덧칠하듯 일을 함에 화려한 말만 하고, 가지로 뿌리를 삼으며……, 어찌 백성들 위에 설 수 있겠습니까?’” [『莊子』「列禦寇」“魯哀公問於顔闔, ‘吾以仲尼爲貞幹, 國其有瘳乎?’ 曰‥‘殆及圾乎! 仲尼方且飾羽而畵, 從事華辭, 以支爲旨, …… 夫何以足以上民.’”]

詹注15-2: 元刻本에는 【訾】가 【此言】으로 되어 있다. 『校證』‥“【訾】는 舊本에 【此言】 2字로 되어 있으나, 黃本에서 바로잡았다. 馮校‥‘【此言】은 【訾】로 표기하는 것이 옳다.’

何校‥'【此言】은 【呰】字의 誤謬다.' 王謨本 역시‥'【此言】 두 자는 【呰】의 오류다.' 『唐寫本』에는 【呰】로 바르게 표기되어 있다. 『唐寫本』에는 【弗】이 【不】로 되어 있고, 【已】는 【也】로 되어 있다." 『論語』「子張」‥"叔孫武가 孔子를 헐뜯었다. 子貢이 '그러지 말라! 공자는 헐뜯을 수 있는 사람이 아니다.'" [元刻本【呰】作【此言】. 『校證』‥"【呰】, 舊本作【此言】二字, 黃本改. 馮校云‥'【此言】當作【呰】.' 何校云‥'【此言】, 【呰】字之訛.' 王謨本亦云‥'【此言】二字, 【呰】字之譌.' 案寫本正作【呰】. 『唐寫本』【弗】作【不】, 【已】作【也】." 『論語』「子張」‥"叔孫武毁仲尼. 子貢曰‥'無以爲也, 仲尼不可毁也.'"]

139. 詹注15-3: 『淮南子』「本經訓」‥"초목이 싹을 틔우고 꽃을 피우고 열매를 맺고 죽는 것은 그 수를 헤아릴 수 없이 많다." 【銜】은 【口含: 입에 머금다】의 뜻. 【銜華佩實】은 문체도 아름다울 뿐만 아니라 내용도 뛰어나다는 의미다. 「詮賦」篇‥"높은 곳에 올라 부를 짓는 이유는 사물을 보면 감정이 솟아나기 때문이다. 감정은 사물로 인해 솟아나기에 그 의미는 분명하고 전아하다. 사물은 情思를 통해 관찰되기에 문사는 반드시 교묘하고 아름답다. 아름다운 文辭와 아정한 내용은 본질과 문채가 서로 빼어남을 타투는 듯해야 한다." 「才略」篇‥"뛰어난 유학자인 馬融은 광박한 사상과 고매한 식견을 지녔기에 모든 말이 규범처럼 문채와 내용이 서로 잘 어우러졌다." [『淮南子』「本經訓」‥"草木之句萌銜華戴實而死者, 不可勝數." 「銜」, 【口含】. 【銜華佩

實】, 謂旣有文采, 又有內容. 「詮賦」篇··"原夫登高之旨, 蓋睹物興情. 情以物興, 故義必明雅; 物以情觀, 故詞必巧麗. 麗詞雅義, 符采相勝." 「才略」篇··"馬融鴻儒, 思洽識高, 吐納經範, 華實相扶."]

『札記』··"이것이 劉勰이 「徵聖」篇을 쓴 본의다. 문장은 聖哲을 근간으로 삼아야함에도 불구하고 후대인들이 오로지 화려한 문사만 숭상하여 본질에서 벗어남이 점점 심해졌기에 劉勰이 華實兼備를 주장한 것이다. 孔子가 이르길··'질박함이 문아함을 이기면 촌스럽고, 문아함이 질박함을 이기면 겉만 번지르르 한 것이니, 文質이 조화를 이룬 연후에야 비로소 군자라 할 수 있다.' 包咸注··'【野】는 야인처럼 언어가 비루한 것이다. 【史】는 문식은 많으나 質朴함이 부족한 것이다. 【彬彬】은 문질이 서로 잘 어울린 모습이다.' 이를 살펴보면 문식의 번다함은 실로 공자가 질책했던 것이며, 비루함은 더욱이 성인이 용납하지 않았던 것인데 어찌하여 후대인들은 화려한 문사만을 추구하고 비루함만 숭상하였을까? 劉勰 같은 사람만이 【중용을 얻었다】고 말할 수 있다." [『札記』··"此彦和「徵聖」篇之本意. 文章本之聖哲, 而後世專尙華辭, 則離本浸遠, 故彦和必以華實兼言. 孔子曰··'質勝文則野, 文勝質則史. 文質彬彬, 然後君子.' 包咸注曰··'【野】, 如野人, 言鄙略也. 【史】者, 文多而質少; 彬彬者, 文質相半之貌'. 審是, 則文多者固孔子所譏, 鄙略更非聖人所許, 奈之何後人欲去華辭而專崇質陋哉! 如舍人者, 可謂【得尙于中行】者矣."]

葉長靑『文心雕龍雜記』(以下 簡稱『雜記』)에서 錢基博의 말을 인용하여··“【銜華佩實】 4자는 劉勰이 문장을 평가하는 기준이기에 贊에서··‘정교한 이치가 문장이 되고, 탁월한 才氣가 辭采를 구성한다.’【탁월한 才氣가 辭采를 구성한다.】는【銜華】를, 【정교한 이치가 문장이 된다】는【佩實】을 말한다.「昭明文選序」··‘老子, 莊子의 저작, 管子, 孟子의 글은 무릇 立意를 종지로 삼았으며, 문사를 능란하게 운용하는 것을 근본으로 삼지는 않았다.’” 이는【佩實】이며【銜華】가 아니다. 그러나 范曄『後漢書』「自序」··“情志를 기탁해야하기에 응당 意味를 으뜸으로 삼고, 문사로는 의미를 전달할 뿐이다. 意味를 위주로 삼으면 그 종지가 반드시 드러나기 마련이다. 문사로 의미를 전달하려면 문사는 시류를 따르지 않아야 한다. 그러한 연후에 비로소 향기를 뿜고 세상의 귀감이 될 수 있다.” …… 獨孤及『李遐叔文集序』··“文敎가 下代로 내려오면서 衰落하자 文辭로 꾸미기만 하고 의미는 멀리하니 윤색은 공교하나 그 내용은 힘을 잃고 말았다. 모든 것이 무너지게 되니 짝을 이루는 章句나 늘어놓고, 가지와 잎으로 대를 이루니 글로 말을 충분히 전달하지 못하고, 말로 뜻을 충분히 표현하지 못한다.” 이는【銜華】이나【不佩實】을 지적한 것이다.【銜華】이나【不佩實】의 폐해는 조탁을 중시하던 齊梁 시기에 이르러 극에 달했고,【佩實】이나【不銜華】의 末流가 宋明 시기의 語錄이다. [葉長靑『文心雕龍雜記』(以下簡稱『雜記』)引錢基博云··“【銜華佩實】四字, 厥爲彦和衡文之準繩, 而緟以贊曰··‘精理爲文, 秀氣成采.’【秀氣成采】

之謂【銜華】,【精理爲文】之謂【佩實】.「昭明文選序」謂‥‘老莊之作, 管孟之流, 蓋以立意爲宗, 不以能文爲本’ 此【佩實】而不【銜華】者也. 然范曄『後漢書』「自序」謂‥‘情志所託, 故當以意爲主, 以文傳意. 以意爲主, 則其旨必見; 以文傳意, 則其詞不流. 然後抽其芬芳, 振其金石耳.’ …… 獨孤及『李遐叔文集序』以爲‥‘文敎下衰, 乃至有飾其辭而遺其意者, 則潤色愈工, 其實愈喪. 及其大壞也, 儷偶章句, 使枝對葉, 文不足言, 言不足志.’ 此【銜華】而【不佩實】者也.【銜華】而【不佩實】, 其敝極于齊梁之雕藻; 佩實而不銜華, 其末流爲宋明之語錄."]

140. 詹注16-1:『唐寫本』에【猶】는【且】로 되어 있다.『論語』「公冶長」‥"子貢이 이르길‥‘공자의 문장을 들을 수 있으나 부자께서 性과 天道를 말씀하신 것은 들을 수 없다.’"『集解』‥"【章】은【明】과 같은 뜻. 文彩와 形質이 드러나면 耳目 주위를 맴돈다. 性이란 사람이 태어날 때 부여받은 것이다. 天道는 大通하고 日新하는 도로 심오하여 쉽게 알 수 없다."【鑽仰】와 관련하여,『論語』「子罕」‥"顔淵이 크게 탄식하며 이르길‥‘우러러볼수록 더욱 높고, 뚫을수록 더욱 견고하고, 바라봄에 앞에 있더니 홀연 뒤에 자리한다.’"『集解』‥"말로는 모든 것을 표현할 수 없다." 疏‥"우러러보며 구하려하나 너무 높고, 뚫고 들어가 얻으려하지만 너무 견고하다." [『唐寫本』【猶】作【且】.『論語』「公冶長」‥"子貢曰‥‘夫子之文章可得而聞也; 夫子之言性與天道, 不可得而聞也.’"『集解』‥"【章】,【明】也. 文彩形質著見,

可以耳目循. 性者, 人之所受以生也. 天道者, 元亨日新之道深微, 故不可得而聞也."【鑽仰】,『論語』「子罕」: "顏淵喟然嘆曰: '仰之彌高, 鑽之彌堅. 瞻之在前, 忽焉在後.'"『集解』: "言不窮盡." 疏: "仰而求之則益高, 鑽而求之則益堅."]

141. 范注3-5: 【胡寧】은 【何乃】와 같은 뜻이다.[【胡寧】猶言【何乃】.]

詹注16-2:『唐寫本』에는 【胡寧】이 【寧曰】로 되어 있다.『校注』: "『詩經』『小雅』·「四月」과『大雅』·「雲漢」에 【胡寧忍予】라는 문구가 있다." 范注: "【胡寧】은 【何乃】와 같은 뜻이다."『詩經』『邶風』·「日月」: "어찌하면 마음을 잡을 수 있을까? 나를 돌봐주지 않는구나!"『毛傳』: "【胡】는 【何】와 같은 뜻." 箋: "【寧】은 【言】과 같은 뜻." 또한『魏風』·「園有桃」: "그 누가 알아줄까? 어이 근심하지 않을까?" [『唐寫本』【胡寧】作【寧曰】.『校注』: "『詩經』『小雅』「四月」、『大雅』「雲漢」竝有【胡寧忍予】之文." 范注: "【胡寧】猶言【何乃】"『詩經』邶風·「日月」: "胡能有定, 寧不我顧?"『毛傳』: "【胡】, 【何】也." 箋: "【寧】猶【言】也." 又『魏風』「園有桃」: "其誰知之, 蓋亦勿思."]

142. 詹注16-3:『唐寫本』에는 【若】字가 없다.『論語』「先進」: "孔子가 이르길: '顏回는 (도에) 가까웠고, 자주 끼니를 굶었다.'"『集解』: "顏回가 거의 聖道에 가까웠음을 말한다." 二句는 著作에 종사할 때 만일 성인을 능히 본받는다는 것은 內容에서 形式에 이르기까지 모두 聖人의 저작을 학습하였기에 文章의 저술이 별 차이가 없다는 것이다. [『論

語』「先進」: "子曰: '回也其庶乎, 屢空.'" 『集解』: "言回庶幾聖道." 二句意謂在從事著作時, 如能取徵于聖人, 從內容到形式都向聖人學習, 文章就寫得差不多了.]

세 번째 단락은 「徵聖」에서 「宗經」으로 넘어가는 過渡部分이며, 華實幷重과 【徵聖을 통한 글쓰기】를 강조하고 있다. [第三段由「徵聖」過渡到「宗經」, 强調華實幷重, 【徵聖立文】.]

2-4.

贊에서 이르길: 오묘한 극치를 태어나면서 아셨던 성인만이 지혜로운 철리를 주재하신다. 정교한 이치를 표현한 문장은 빼어난 기운이 있어 아름다운 문채가 저절로 이루어진다. 성인의 식견은 해와 달이 하늘에 있는 것과 같고, 그 문채는 산과 바다보다 풍부하다. 백년이 지나 성인은 사라지셨지만, 천년이 지나도 사람들 마음속에 남아 있도다.

2-4.
贊曰: 妙極生知[143], 睿哲惟宰[144]. 精理爲文[145], 秀氣成采[146]. 鑒懸日月, 辭富山海[147]. 百齡影徂, 千載心在[148].

143. 詹注17-1: 『唐寫本』에 【贊】은 【讚】으로 되어 있다. 이하 모든 편이 동일하다. 『論語』 「季氏」: "孔子가 이르길: '태어나면서 아는 자가 上等이다.'" 邢注: "태어나면서 아는 자가 上等이라 한 것은 성인을 두고 한 말이다." 【妙極生知】와 위의 【妙極幾神】은 유사한 말이다. [『唐寫本』【贊】作【讚】. 以下各篇均同. 『論語』「季氏」: "孔子曰: '生而知之者上也.'" 邢注: "生而知之者上也者, 謂聖人也." 【妙極生知】與上文【妙極幾神】類似.]

144. 詹注17-2: 『唐寫本』에 【睿】는 【叡】로 되어 있다. 『詩經』 『商頌』 「長發」: "밝고 밝은 상나라" 『尙書』 『洪範』: "【明】은 【哲】과 같은 뜻이며, …… 【睿】는 【聖】과 같은 뜻이다." 후세에 【睿哲】은 【聖明】의 뜻을 지니게 되었다. 『玉篇』: "【惟】는 【爲】와 같은 뜻이다." 【宰】는 【主宰】를 말한다. 吉川行次郎: "【睿哲惟宰】은 【睿哲】, 聖人이 人文을 주재한다고 해석할 수 있다." 『斟詮』: "성인의 妙悟는 生而知之의 경계에서 이루어지며, 총명하고 叡智가 충분해야 일체를 주제할 수 있음을 말한다." [『唐寫本』【睿】作【叡】. 『詩經』『商頌』·「長發」: "濬哲惟商." 『尙書』『洪範』: "【明】作【哲】, …… 【睿】作【聖】." 後世【睿哲】有聖明之義. 『玉篇』: "【惟】, 【爲】也." 【宰】, 【主宰】. 吉川行次郎: "【睿哲惟宰】或可解作【睿哲】」卽聖人爲人文之主宰." 『斟詮』: "言聖人之妙悟造於生之境界, 惟聰明睿足以主宰一切."]

145. 詹注17-3: 『文選』 王僧虔 「答顔延年」詩: "아름다운 문장은 文學의 寶庫이며, 정교한 議論은 道의 核心이다." 李善

注∙∙“문장의 아름다움은 문학의 보고를 비추고, 정교한 理論은 道의 핵심까지 이르렀다.” 「時序」篇∙∙“미묘한 언어와 정교한 이론이 청담 속에 가득하다.” 【精理】는 정교하고 심오한 議論을 말한다. [『文選』王僧虔「答顔延年」詩∙∙“珪璋旣文府, 精理易道心.” 李善注∙∙“言珪璋之麗, 旣光于文府; 精理之妙, 亦窮于道心.” 「時序」篇云∙∙“微言精理, 函滿玄席.” 【精理】, 謂精深之義理.]

146. 詹注17-4: 『文心雕龍』「諸子」篇∙∙“(문장의) 기세도 장대하고, 문채도 기이하고 아름답다.” 「章表」篇∙∙“文氣가 드날리니 문채가 날아오른다.” 聖人의 문장은 빼어난 기세를 지니고 있기에 문장을 쓰면 문채가 기이하다. 「物色」篇∙∙“珪璋같은 훌륭한 인품을 지닌 사대부의 지혜를 일깨우고, 깨끗한 기운을 지닌 문체를 더욱 빛나게 하나니.” 이것이 바로 그 뜻이다. [本書「諸子」篇∙∙“氣偉而采奇.” 「章表」篇∙∙“氣揚采飛.” 聖人之文, 正由于有秀氣, 故文成異采. 「物色」篇∙∙“若夫珪璋挺其惠心, 英華秀其淸氣.” 卽是此意.]

147. 詹注17-5: 『校注』∙∙“『方言』 揚雄 「答劉歆書」∙∙‘(張)伯松이 이르길∙∙이는 일월처럼 분명하기에 고치거나 마멸시킬 수 없는 위대한 책이다.’” 『斠詮』∙∙“【鑒懸日月】은 성인의 식견은 주도면밀하여 마치 해와 달이 蒼穹에 걸려 있는 것과 같음을 말한다.” 黃宗羲等 『文心雕龍集釋稿』∙∙“【辭富山海】는 「宗經」篇의 【經典을 본받아 체식을 가다듬고, 雅言을 헤아려 어휘를 풍부하게 하는 것은 마치 鑛山에서 銅을 주조하고, 바닷물을 끓여 소금을 만드는 것과 같다.】와

그 의미가 같다.” [『校注』: “『方言』揚雄「答劉歆書」: ‘(張)伯松曰: 是縣諸日月, 不刊之書也.’” 『斟詮』謂: “【鑒懸日月】, 言聖人之見識周密, 與日月懸掛蒼穹.” 黃宗羲等『文心雕龍集釋稿』: “【辭富山海】卽「宗經」篇【若稟經以製式, 酌雅以富言, 是仰山而鑄銅, 煮海而爲鹽也.】之意.”]

148. 詹注17-6: 【影徂】는 身影이 사라졌다는 뜻. 【徂】는 【往】과 같은 뜻. 마지막 두 구는 「諸子」篇: “그들의 이론은 萬年을 뛰어 넘었고, 그들이 기탁한 회포는 千年이 지났다. 돌과 쇠는 마모되었을지 몰라도 그들의 명성이 사라졌겠는가!”와 그 의미가 비슷하다. [【影徂】, 猶身影消逝. 【徂】, 【往】. 最後兩句與「諸子」篇: “標心於萬古之上, 而送懷於千載之下, 金石靡矣, 聲其銷乎!”. 取意略同.]

『集釋稿』: “이는 聖人은 세상을 떠났으나 그 심령은 남아 있고, 그 마음이 후대에 전해진 것은 【聖人之情, 見乎辭矣: 聖人의 情志는 文辭에 나타난다.】의 【辭】와 【夫子風采, 溢於格言: 孔子의 風采는 그의 格言에 흘러넘친다.】의 【格言】이 있기 때문이다. 즉 그 【心】이 【文】에 자리한다는 것이다. 마음을 문장에 기탁하는 것은 책 전체에서 여러 번 언급된 바 있다. 【心生文辭: 마음에서 문사가 나온다.】(「麗辭」)는 문장에 用心이 드러난다는 것이다. 따라서 【世遠莫見其面, 覘文輒見其心.: 시대의 격차가 너무나 요원하여 작가의 얼굴을 볼 수 없으나, 글을 보면 언제나 작가의 마음을 볼 수 있다.】(「知音」)는 성인의 마음만 글에 남아 있는 것이 아니라 다른 사람도 마음이 있다면 마찬가지라는 의미이다." [『集釋稿』··"此云聖人往矣, 而其心在, 傳其心于後者, 由于【聖人之情, 見乎辭矣】之【辭】, 與【夫子風采, 溢於格言】之【格言】. 卽其【心】在于【文】也. 心以文寄, 全書屢言. 蓋【心生文辭】(「麗辭」), 文可見心, 故【世遠莫見其面, 覘文輒見其心.】(「知音」), 非特聖人之心存乎文, 他人有心, 亦如是也."]

王金凌··"이는 聖哲은 세상을 떠났지만 그들의 사상과 감정은 經典을 통해 후세에 流傳함을 말한 것이다. 【心】은 【情志】를 지칭한다." [王金凌··"此謂聖哲雖逝, 其思想感情仍順經典而流傳後世; 【心】卽指其【情意】."]

楊愼批··"절묘한 구절이로다! 제찬은 모두 蛇足에 불과하며 이처럼 뛰어난 구절은 실로 한 둘에 불과하다." [楊愼批··"奇句也! 諸贊例皆蛇足, 如此麟角, 固不一二."]

第三篇「宗經」

3-1.

天地人 三才, 불변의 도리를 기록한 것을【經】이라 한다.【經】은 영원불변의 지극한 道理이며 어느 것 하나도 덜어낼 수 없는 위대한 가르침이다. 천지를 본받고, 귀신의 徵驗을 헤아리고, 만물의 질서를 참고하여 인륜 紀綱을 제정하였기에 性靈의 가장 심오한 곳까지 헤아렸고, 문장의 정화를 모두 밝혔다. 三皇時代의『三墳』, 五帝時代의『五典』에 팔괘를 설명한『八索』이 더해지고, 九州에 관한 기록인『九邱』가 보태졌으나 긴긴 세월이 지나자 그 체계가 어지러워졌다. 孔子가 이를 정리해내자 보배와 같은 저술이 찬연한 빛을 발했다. 이에『周易』에『十翼』이 더해졌고,『尙書』에 중요한 7종의 관점이 더해졌다.『詩經』은 四始로 정리되었고,『禮經』에서는 五禮를 정했고,『春秋』에는 5종의 문체에 대한 설명이 더해졌다. 이에 經書의 도리는 인간 성정의 극진한 것까지 설명했으며, 文辭는 문학의 이치를 잘 다듬어 냈기에 學習의 올바른 시작을 이루게 하였고,

道理를 명확히 이해하게 만들었다. 그러나 도의 핵심은 워낙 미묘하며, 성인의 가르침은 거대한 집처럼 높고 심오하기에 토로한 내용 또한 저절로 심오하다. 이는 마치 萬鈞의 종이 작은 소리를 내지 않은 것과 같다.

3-1

三極彝訓[149], 其書言經[150]. 經也者, 恒久之至道, 不刊之鴻教也[151]. 故象天地, 效鬼神, 參物序, 制人紀[152], 洞性靈之奧區[153], 極文章之骨髓者也[154]. 皇世三墳, 帝代五典, 重以八索, 申以九邱[155], 歲歷緜曖[156], 條流紛糅[157], 自夫子刪述[158], 而大寶咸耀[159]. 於是易張十翼[160], 書標七觀[161]. 詩列四始[162], 禮正五經[163], 春秋五例[164], 義旣極(挻)乎情性[165], 辭亦匠於文理[166], 故能開學養正, 昭明有融[167]. 然而道心惟微[168], 聖謨卓絕[169], 牆宇重峻[170], 而吐納自深[171]. 譬萬鈞之洪鍾[172], 無錚錚之細響矣[173].

149. 范注1-1: 『周易』「上繫辭」: "六爻의 움직임은 天地人 三才의 지극한 법칙을 표현한 것이다." 韓康伯注: "三極은 三才다." 『正義』: "六爻가 서로 추동하면 변화가 일어나는데, 이것이 바로 天地人 三才의 지극한 도리다." 【彛訓】은 【常訓】과 같은 뜻. [『易』「上繫辭」: "六爻之動, 三極之道也." 韓康伯注曰: "三極 三才也." 『正義』曰: "六爻遞相推動而生變化, 是天地人三才至極之道." 【彛訓】猶言【常訓】.]

詹注1-1: 『周易』「上繫辭」: "六爻의 움직임은 天地人 三才의 지극한 법칙을 표현한 것이다." 韓康伯注曰: "【三極】은 【三才】다. 三才의 道를 모두 알기에 吉凶을 알 수 있고, 변화를 일으킬 수 있다." 『正義』曰: "六爻가 서로 추동하면서 변화가 일어나는데, 이것이 바로 天地人 三才의 지극한 도리다." 『尙書』「酒誥」: "선조의 훌륭한 교훈을 분명히 알아야 한다." 「孔傳」: "子孫은 父祖의 常教를 분명히 알아야 함을 말한 것이다." 『爾雅』「釋明」: "【彛】는 【常】과 같은 뜻." [『易』「上繫辭」"六爻之動, 三極之道也." 韓康伯注曰: "【三極】, 【三才】也. 兼三才之道, 故能見吉凶, 成變化也." 『正義』曰: "六爻遞相推動而生變化, 是天地人三才至極之道." 『尙書』「酒誥」: "聰聽祖考之彛訓." 「孔傳」: "言子孫聰聽父祖之常教." 『爾雅』「釋明」: "【彛】, 【常】也."]

150. 范注1-2: 『唐寫本』에 【言】은 【曰】로 되어 있으며, 이것이 옳다. [『唐寫本』【言】作【曰】, 是.]

詹注1-2: 『校證』: "【曰】은 이전에는 【言】으로 되어있었으나, 『唐寫本』과 『御覽』608에서 모두 【曰】로 썼으며, 지금은 이를 근거로 바르게 고쳤다. 「論說」篇‥'聖哲의 彝訓을 經이라 한다.' 「總術」篇‥'常道를 經이라 한다.' 용례가 같다." [『校證』‥"【曰】舊作【言】, 『唐寫本』及『御覽』六〇八俱作【曰】, 今據改正. 「論說」篇‥'聖哲之彝訓曰經.' 「總術」篇‥'常道曰經.' 文例正同."]

151. 范注1-3: 『白虎通論』「論五經象五常」‥"【經】이 다섯인 까닭은 무엇인가? 【經】은 불변의 도이다. 불변의 도가 다섯이기에 『五經』라 한 것이다." 陳立 『疏證』‥"『孔叢子』「執節篇」‥'【經】이란 불변의 도리를 취한 것이다. 변하지 않는 것이어야 【經】이라 할 수 있다.' 『詩經』「小旻」‥'위대한 법도(經)를 본받지 못했다.' 「毛傳」‥'【經】은 【常】과 같은 뜻.' 『韓詩外傳』에서 『孟子』를 인용하면서‥'【常】은 【經】과 같은 뜻.' 【經】이 다섯이고, 【常】도 역시 다섯이기에 五常의 도리가 있다." 『釋名』「釋典藝」‥"【經】은 【徑: 길】과 같은 뜻. 徑路는 통하지 않는 곳이 없기에 항상 갈 수 있는 것이다." 『說文解字』‥"【經】은 織造의 세로줄이다." 段玉裁注‥"織造의 세로줄을 【經】이라 한다. 반드시 【經】이 있어야 【緯】가 있을 수 있기에 三綱, 五常, 六禮를 天地의 【常經】이라 하는 것이다." 【經】을 【常】으로 설명한 것은 나중에 나타난 것이다. 『國語』「吳語」‥"十行에 한 명의 下大夫가 있으며, 旌을 세우고 經을 끼고 북채를 들고 있었다. 十旌에 한 명의 將軍이 있으며, 日月이 새겨진 깃발을 꽂고, 북을 세워두고, 經을 끼고, 북채를 들고 있었다. 韋昭注‥'겨드랑이에 끼우는 것을 【挾】이라 하고, 【經】은

【兵書】의 의미다.' 이 문장 다음에 왕이 북채를 들고 직접 나가 鐘鼓, 【丁寧: 군대에서 사용하는 악기명】, 【錞于: 북에 맞추어 치는 쇠로 만든 악기】, 金鐸을 치면 용맹한 자와 겁먹은 자 모두가 호응하여 三軍이 큰소리로 군대를 정비하였는데 그 소리가 천지를 진동시켰다. 吳王은 이 전투에서 허장성세로 적을 놀라게 할 요량으로 처음에 鐸과 經을 지니고 있으면서 소리를 낼까 조심하다가 후에 갑자기 커다란 소리를 내어 천지를 진동시키니 진국의 장수가 크게 놀랐던 것이다. 따라서 【經】은 결코 【兵書】가 아님은 지극히 명확한 도리라 하겠다. 【經】은 【金】字의 假借가 아닐까하며, 아마도 丁寧이나 錞于와 비슷한 악기일 것이다. 【經】과 【金】은 通假字이며, 『六經』의 【經】은 본래 【金】이라고도 불렸을 것이다. 古人은 巨典, 寶訓, 혹은 鐘鼎을 주조하거나, 金策을 말로하면 金口(귀중한 말)라 하고, 그 소리를 金聲이라 하였다. 孔門의 제자들은 공자가 刪定한 책을 존귀하게 여겨 이를 【金】이라 불렀으며, 이후에는 【經】을 【金】이라 부르게 되면서 본의는 점차 사라지고 말았다(經과 金은 韻部는 다르나 聲部는 같기에 별다른 左證도 없기에 망령된 설명이나마 부쳐본다.). [『白虎通論』「論五經象五常」: "【經】所以有五何? 【經】【常】也. 有五常之道, 故曰『五經』." 陳立『疏證』: "『孔叢子』「執節篇」: '【經】者, 取其常也. 可常則爲【經】矣.' 『詩經』「小旻」: '匪大猷是經.' 「毛傳」: '【經】【常】也.' 『韓詩外傳』引『孟子』云: '【常】之爲【經】.' 【經】有五. 【常】亦有五, 故爲有五常之道." 『釋名』「釋典藝」: "【經】【徑】也. 徑路無所不通, 可常用也."

『說文』··“【經】織從絲也.” 段玉裁注··“織之從絲謂之【經】, 必先有【經】以後有【緯】, 是故三綱五常六禮謂之天地之【常經】.” 竊疑訓【經】爲【常】, 或是後起之義. 『國語』「吳語」··“十行一嬖大夫, 建旌提鼓, 挾經秉枹. 十旌一將軍經, 載常建鼓, 挾經秉枹. 韋昭注曰··‘在掖曰【挾】, 【經】【兵書】也.” 此文下有【王乃秉枹親就鳴鐘鼓丁寧錞于振鐸, 勇怯盡應, 三軍皆譁釦以振旅, 其聲動天地.】 吳王此戰本欲虛聲驚敵, 故初則擁鐸挾經, 恐其有聲, 及後驟發巨聲振動天地, 晉師乃大駭, 所挾之【經】決非兵書, 爲理至明. 疑【經】乃【金】之假字, 丁寧錞于之屬耳. 疑經乃金旣可通假, 疑『六經』之【經】, 本呼爲【金】. 古人凡巨典寶訓, 或鑄鐘鼎, 或書今策, 口日金口, 聲曰金聲. 孔門弟子尊夫子删定之書, 稱之曰【金】, 其後假【經】爲【金】, 而本義遂湮沒不著.(經金韻部不同, 而聲類則同, 但別無左證, 故附於此以當妄說.)]

詹注1-3: 斯波六郎··“『周易』「恒·彖」··‘天地의 道는 恒久한 것이기에 멈춤이 없다.’” 『斟詮』··“至道는 지극한 道理.” 『禮記』「學記」··“비록 지극한 도리가 있어도 배우지 아니하면 그 훌륭함을 알 수 없다.” [斯波六郎··“『周易』「恒·彖」··‘天地之道, 恒久而不已.’” 『斟詮』··“至道, 至極之道.” 『禮記』「學記」··“雖有至道, 不學不知其善也.”]

劉勰은 經書는 영원한 불변의 最高 도리를 말한 것이고, 바꿀 수 없는 위대한 설교라 생각하였다. 杜預「春秋左氏傳序」··“左丘明이 孔子에게서 經典을 전수 받으면서 바꿀 수 없는 책이라 하였다.” 「總術」篇··“『六經』은 내용이 정확하고 심오하기에 고칠 수 없다." [劉勰認爲經書宜講的是 永恒的最高的道, 不可更改的偉大的說教. 杜預「春秋左氏傳序」:"左丘明受經於仲尼, 以爲經者不刊之書也."「總術」篇:"『六經』以典奧爲不刊."]

152. 詹注1-4: 『唐寫本』에 【效】는 【効】로 되어 있다. 范注: "『禮記』「禮運」:'공자가 이르길: 그러므로 禮는 반드시 하늘에 근본을 두었으며, 땅을 본받았으며, 귀신을 나열하여 제사를 지내고, 喪祭, 射御, 冠婚, 朝聘에까지 영향을 미친다.' 『釋文』:'【殽】는 戶教 反切이며, 【法】과 같은 뜻.' 아마 劉勰의 언급은 이 부분을 근거로 삼았을 것이다." 王更生『文心雕龍范注駁正』:"劉勰의 이러한 언급은 群經에 대한 總論이다. 范氏의 引證은 미흡한 부분이 있는 것 같다." 『禮記』「禮運」:"따라서 聖人은 천지의 도리를 헤아리고, 귀신과 더불어 정치를 시행하였다." 『校注』에서 『漢書』「禮樂志」를 인용하여:"『六經』의 도를 향한 지향은 동일하다. …… 따라서 천지의 도리를 본받아 예악을 제정하니 神明과 통하고, 인륜을 확립하고, 情性을 바로잡고, 만사를 절도 있게 만든다." 【象天地】는 천지에서 형상을 취하는 것으로, 천지를 본받음을 말한다. 【效】는 【徵驗: 징험】과 같은 뜻으로 귀신의 변화에 따라 얻은 徵驗을 말한다. 【參物序】는 만물의 질서, 예를 들어 日月, 四時 운행의 질서를 헤아리는 것이다. 【制人紀】는 人倫 紀綱을 제정하는 것이다. 이 말은 經典의 내용에는 지극히 광범위한 것까지 포괄되었기에 무릇 우주, 만물, 인생의 모든

것(天地의 道, 鬼神의 理致, 人物의 事業)이 망라되지 않은 것이 없다. [『唐寫本』【效】作【効】. 范注··“『禮記』「禮運」··‘孔子曰, 是故夫禮必本於天, 殽於地, 列於鬼神, 達於喪祭射御冠昏朝聘.’” 『釋文』··‘【殽】戶教切, 【法】也’ 此殆彦和說所本.” 王更生『文心雕龍范注駁正』··“舍人此文, 統論群經. 范氏所引, 似有未愜.” 『禮記』「禮運」··“故聖人參於天地, 並於鬼神, 以治政也.” 『校注』引『漢書』「禮樂志」··“『六經』之道同歸. …… 故象天地而制禮樂, 所以通神明, 立人倫, 正情性, 節萬事者也.” 【象天地】, 取象於天地, 效法天地. 【效】, 【徵驗】, 從鬼神的變化得到徵驗. 【參物序】, 參究萬物的秩序, 如日月四時等運行的秩序. 【制人紀】, 制定人倫的綱紀. 這是說··聖人經典的內容包羅至廣, 凡是宇宙萬物, 人生百事(天地之道, 鬼神之理, 人物之事), 莫不在其網羅涵蓋中.]

153. 詹注1-5: 【性靈】은 性情, 靈魂의 뜻. 顏延之『庭誥』··“이에 修業과 學習으로 天職을 떠나게 만들면, 세상에서는 性靈이 사라져도 이를 받아들인다.” 【奧區】에 대하여, 班固「西京賦」··“防禦의 험지, 즉 天地의 굽이진 곳.” 『後漢書』「班固傳」에서도 【防禦之阻, 則天下之奧區焉】을 인용하였다. 注··“【奧】는 【深】과 같은 뜻. 秦지역은 험하고 견고하여 천하의 深奧한 區域이다.” 『校注』··“【奧區】는 『唐寫本』에 【區奧】라 하였다. 『唐寫本』에서 실수로 뒤집어 쓴 것일 것이다. 贊에서는 【奧府】라 하였는데, 【奧區】와 같은 뜻이다. 『文選』 張衡 「西京賦」··‘실로 천지의 심오한 곳이다.’

劉勰이 【奧區】라 한 것은 이를 근거로 하였을 것이다." 「事類」篇:"실로 群言의 오묘함이며, 才思의 신묘함이다." 『廣雅』:"【洞】은 【深】과 같은 뜻." 全句의 의미는 심령의 심오함에 통달하였으나 쉽게 알 수 없는 영역이라는 뜻이다. [【性靈】, 性情, 靈魂. 顔延之『庭誥』:"遂使業習移其天識, 世服沒其性靈." 【奧區】, 班固「西京賦」:"防禦之阻, 則天地之奧區焉." 『後漢書』「班固傳」引作【防禦之阻, 則天下之奧區焉】, 注:"【奧】, 【深】也. 言秦地險固, 則天下之奧區焉." 『校注』:"【奧區】, 『唐寫本』作【區奧】. 按『唐寫本』誤倒. 贊中【奧府】, 與此【奧區】同意. 『文選』張衡「西京賦」:'實惟天地之奧區神皐.' 蓋舍人'奧區'二字所本." 「事類」篇:"實群言之奧區, 而才思之神皐.也" 『廣雅』:"【洞】, 【深】也." 全句意謂洞達人靈魂的深奧而不易見的領域.]

154. 范注1-4: 『禮記』「禮運」:"공자가 이르길:'그러므로 禮는 반드시 하늘에 근본을 두었으며, 땅을 본받았으며, 귀신을 나열하여 제사를 지내는 것과 喪祭, 射御, 冠婚, 朝聘에까지 영향을 미친다.'" 『釋文』:"【殽】는 戶教 反切이며, 본받는다는 뜻이다." 아마 劉勰의 언급은 이 부분을 근거로 삼았을 것이다. 【奧區】는 『文選』「西京賦」에 보인다. 『漢書』「禮樂志」:"무릇 음악은 성정에 근본을 두고, 피부를 거쳐 骨髓에 저장된다." [『禮記』「禮運」:"孔子曰, 是故夫禮必本於天, 殽於地, 列於鬼神, 達於喪祭射御冠昏朝聘." 『釋文』:"【殽】戶教切, 法也" 此殆彥和說所本. 【奧區】見『文選』「西京賦」. 『漢書』「禮樂志」:"夫樂本性情, 浹肌膚

而藏骨髓."]

詹注1-6: 『漢書』「禮樂志」··"무릇 음악은 性情에 근본을 두고, 皮膚를 거쳐 骨髓에 저장된다." 「序志」篇··"가벼운 머리털을 뽑는 것 같으나 骨髓처럼 심오한 곳까지 헤아려야 한다." 【極】은 【盡】과 같은 뜻. 全句의 의미는 문장의 근본정신까지 도달해야 한다는 것. 이는 經典의 功能과 效用은 修身과 文章의 創作 두 방면에 나타난다는 것이다. 經典은 性靈의 심오함과 신비함을 모두 이해한 것이기에 性情을 충분히 陶冶하게 만들며, 한편으로는 內容과 形式을 모두 갖추었기에 문장의 모범이 될 수 있다. [『漢書』「禮樂志」··"夫樂本性情, 浹肌膚而藏骨髓." 「序志」篇··"輕采毛髮, 深極骨髓." 【極】, 【盡】也. 全句意謂極盡文章之根本精神. 這是說經典的功用, 表現在修身與爲文兩方面. 一方面經典能洞見性靈的奧秘, 足可爲陶鑄性情. 一方面內容與形式兼容並蓄, 可爲文章的楷模.]

155. 范注1-5: 『左傳』「昭公十二年」『正義』··"孔安國「尙書序」··'伏羲, 神農, 黃帝의 글을 『三墳』이라 하며, 大道에 대한 언급이다. 少昊, 顓頊, 高辛, 唐, 虞의 글을 『五典』이라 하며, 常度에 대한 언급이다. 八卦의 설명은 『八索』이라 하며, 그 道義를 구한 것이다. 九州의 기록을 『九邱』라 하며, 언덕처럼 싸인 것으로, 九州에 있는 것, 토지에서 생산된 것, 기풍의 마땅함이 모두 모여 책이 이루어짐을 말한다.' 賈逵··'『三墳』은 三皇의 글이고, 『五典』은 五帝의 책이고, 『八索』은 八王의 法度이며, 『九邱』는 九州의 亡國에 대한

경계이다.'" 劉勰의 이 말은 孔安國 「尙書序」의 뜻을 인용한 것이다. [左傳』「昭公十二年」『正義』: "孔安國「尙書序」云: '伏羲神農黃帝之書謂之『三墳』, 言大道也. 少昊顓頊高辛唐虞之書謂之『五典』, 言常度也. 八卦之說謂之『八索』, 求其義也. 九州之志, 謂之『九邱』, 邱聚也, 言九州所有, 土地所生, 風氣所宜, 皆聚此書也.' 賈逵云: '『三墳』三皇之書, 『五典』五帝之典, 『八索』八王之法, 『九邱』九州亡國之戒.'" 彦和此語, 用僞孔安國「尙書序」義.]

詹注2-1: 『左傳』「昭公十二年」: "左史 倚相이 종종걸음으로 지나갔다. 왕이 이르길: '이 사람은 훌륭한 사관이니, 그대도 잘 살펴 보거라. 이 사람은 능히 『三墳』, 『五典』, 『八索』, 『九丘』를 읽을 수 있다.'" 杜注: "모두 古書의 이름이다." 『正義』에서 賈逵의 말을 인용하여: "『三墳』은 三皇의 글이고, 『五典』은 五帝의 책이고, 『八索』은 八王의 法度이며, 『九邱』는 九州의 亡國에 대한 경계이다." 孔安國「尙書序」『正義』: "伏羲. 神農, 黃帝의 글을 『三墳』이라 하며, 大道를 논한 것이다. 少昊, 顓頊, 高辛, 唐, 虞의 글을 『五典』이라 하며, 常度를 논한 것이다. 八卦의 설명은 『八索』이라 하며, 그 道義를 구한 것이다. 九州의 기록을 『九邱』라 하며, 언덕처럼 싸인 것으로, 九州에 있는 것, 토지에서 생산된 것, 기풍의 마땅함이 모두 모여 책이 이루어짐을 말한다." 『札記』: "여기에 쓰인 몇 字는 僞孔「尙書序」의 내용을 인용한 것이다. 僞孔「尙書序에서: '『春秋左氏傳』: 楚 左史 倚相은 능히 『三墳』, 『五典』, 『八索』, 『九丘』

를 읽을 수 있다 하였는데, 이는 上世 帝王의 遺書다.'" 『尙書』「堯典」:"다시 羲叔에게 명을 내렸다." 孔傳:"【申】은 【重】과 같은 뜻." 【申】과 위 구문의 【重】은 같은 뜻이다. [『左傳』「昭公十二年」:"左史倚相趨過. 王曰:'是良史也, 子善視之; 是能讀『三墳』、『五典』、『八索』、『九丘』.'" 杜注:"皆古書名." 『正義』引賈逵云:"『三墳』三皇之書, 『五典』五帝之典, 『八索』八王之法, 『九邱』九州亡國之戒." 孔安國「尙書序」:"伏羲神農黃帝之書謂之『三墳』, 言大道也. 少昊顓頊高辛唐虞之書謂之『五典』, 言常度也. 八卦之說謂之『八索』, 求其義也. 九州之志, 謂之『九邱』, 邱聚也, 言九州所有, 土地所生, 風氣所宜, 皆聚此書也." 『札記』:"此數語用僞孔「尙書序」義, 彼文曰:'『春秋左氏傳曰:'楚左史倚相能讀『三墳』, 『五典』, 『八索』, 『九丘』, 卽謂上世帝王遺書也.'" 『尙書』「堯典」:"重命羲叔." 孔傳:"【申】, 【重】也." 【申】與上文【重】義同.]

156. 詹注2-2: 【歲歷】은 【年代】의 뜻. 【緜曖】는 오래되어 분명하지 않음. [【歲歷】, 【年代】. 【緜曖】, 永久不明.]

157. 詹注2-3: 『楚辭』『九辯』:"무릇 잡다해지면 머지않아 沒落하게 된다." 『楚詞補注』에서 五臣注를 인용하여:"【紛糅】는 【衆雜: 여러 가지가 뒤섞인 것】과 같은 뜻." 【條流紛糅】에 대해, 『斠詮』:"支流, 流派가 번잡하게 뒤섞인 것이다." [『楚辭』『九辯』:"惟其紛糅而將落兮." 『楚詞補注』引五臣注云:"【紛糅】, 【衆雜】." 【條流紛糅】, 『斠詮』:"謂枝條流派紛紜糅雜也."]

이상은 고대의 문적은 정리가 필요하다는 사실을 말한 것으로 다음의 【孔子刪述: 孔子가 刪去하고 記述한 것】을 이끌어내기 위한 부분이다. [以上言古代文籍需要整理, 引起下文【孔子刪述】.]

158. 詹注3-1: 【刪】은 元刻本에 【刊】으로 적었다. 徐𤊹校: "【刊】은 『唐寫本』에 【刪】으로 되어 있다." 『唐寫本』에서 정확하게 【刪】으로 적었다. [【刪】, 元刻本作【刊】. 徐𤊹校云: 【刊】唐作【刪】." 『唐寫本』正作【刪】.]

159. 范注1-6: 『周易』「上繫辭」: "聖人의 大寶를 【位】라 한다." 여기서 말한 大寶는 繫辭와 관련이 없다. [『易』「上繫辭」: "聖人之大寶曰【位】." 此云大寶, 與繫辭無涉.]

詹注3-2: 孔安國「尙書序」: "夏商周의 서적은 가르침이 순서에 맞지 않으나 전아한 訓誥와 오묘한 의미 귀결은 동일한 이치다. 이러한 까닭에 역대에 걸쳐 이를 보배처럼 여겨 위대한 가르침으로 여겼다." 孔安國「尙書序」『正義』: "先君 孔子께서 周代 말기에 나타나시어 史籍의 번다한 문장을 보시고 이를 보는 사람이 다른 의미로 해석할까 두려워 禮樂을 정하시고, 옛 문자의 뜻을 명확하게 하시고, 『詩經』을 刪去하여 『三百篇』으로 만드시고, 역사 기록을 간략하게 만드시어 『春秋』를 편수하시고, 『周易』의 道를 밝히시어 『八索』을 없애시고, 【職方: 국가경계를 관장하는 직명】을 서술하시어 『九丘』를 산거하셨다." [孔安國「尙書序」: "至于夏商周之書, 雖設教不倫, 雅誥奧義, 其歸一揆. 是故歷代寶之, 以爲大訓." 孔安國「尙書序」『正

義』: "先君孔子生于周末, 睹史籍之煩文, 懼覽者之不一, 遂乃定禮樂, 明舊章, 刪『詩』三百篇, 約史記而修『春秋』, 讚『易』之道而黜『八索』, 述職方而除『九丘』."]

范注: "『周易』「下繫辭」: '聖人의 大寶를 【位】라 한다.'" 『注訂』: "『尙書』「顧命」: '越나라에 진열한 다섯 가지의 寶玉은 陳寶, 赤刀, 大訓이 있었다.'" 【大訓】은 三皇五帝의 책이기에 보배의 하나로 진열한 것이다. 여기서 언급한 【大寶】는 바로 孔子가 刪述한 群經을 지칭하며, 『周易』「上繫辭」의 【聖人之大寶曰位: 聖人의 大寶를 【位】라 한다.】와는 무관하다. [范注: "『易』「下繫辭」: '聖人之大寶曰【位】.'" 『注訂』: "『尙書』「顧命」云: '越玉五重, 陳寶, 赤刀, 大訓.'" 【大訓】者, 三皇五帝之書也, 陳寶之一. 此云【大寶】, 乃指孔子刪述之群經, 與『易』「繫辭」之【聖人之大寶曰位.】無涉.]

『斠詮』에서는 【大寶】를 위대한 【寶典】으로 해석하면서, 이는 『五經』의 전적을 지칭하는 것이라 하였다. 【大寶咸耀】는 群經이 모두 위대한 광채를 발산한다는 의미. 【咸】字는 『唐寫本』에 【启】字로 되어 있으며, 서로 의미가 통한다. [『斠詮』釋【大寶】爲偉大【寶典】, 借指『五經』典籍. 【大寶咸耀】謂群經皆大放光彩. 【咸】『唐寫本』作【启】, 亦可通.]

160. 范注1-7: 「十翼」에 대해서는 5쪽 「原道」篇 注(19)를 참조하라. [「十翼」見上五頁「原道」篇注十九.]

詹注3-3: 『訓故』: "『周易』『正義』: '「十翼」은 孔子가 지은

것으로, 「上彖」, 「下彖」, 「上象」, 「下象」, 「上繫」, 「下繫」, 「文言」, 「說卦」, 「序卦」, 「雜卦」다.'" 『周易』『正義』: "「彖」, 「象」 등 「十翼」의 글은 孔子가 지은 것이며, 이에 대하여 先儒 또한 이견이 없었다. 그러나 「十翼」을 세는 데 있어서는 또 다른 주장을 하는 사람들이 있다. 이전에 文王은 『易經』을 上下 2편으로 구분하였는데, 이는 區域에 따라 구별한 것이다. 「彖」, 「象」의 괘를 풀이하는 것 역시 응당 經에 의거해서 구분하여야 한다. 따라서 一家에서는 「十翼」을 「上彖」(1), 「下彖」(2), 「上象」(3), 「下象」(4), 「上繫」(5), 「下繫」(6), 「文言」(7), 「說卦」(8), 「序卦」(9), 「雜卦」(10)이라 하였다. 鄭學의 추종자들도 이 학설을 받아들였기에 오늘날 이를 따르게 되었다." [『訓故』: "『易』『正義』: '「十翼」, 孔子所作, 「上彖」, 「下彖」, 「上象」, 「下象」, 「上繫」, 「下繫」, 「文言」, 「說卦」, 「序卦」, 「雜卦」.'" 『周易』『正義』』: "「彖」, 「象」等「十翼」之辭以爲孔子所作, 先儒更無異論. 但數「十翼」, 亦有多家. 旣文王『易經』本分上下二篇, 則區域各別; 「彖」, 「象」釋卦, 亦當隨經而分. 故一家數「十翼」云: '「上彖」一, 「下彖」二, 「上象」三, 「下象」四, 「上繫」五, 「下繫」六, 「文言」七, 「說卦」八, 「序卦」九, 「雜卦」十. 鄭學之徒, 並從此說, 故今亦依之."]

【張】은 發揚과 같은 뜻. [【張】, 發揚.]

161. 范注1-8: 『尙書大傳』: "孔子가 이르길: '『六誓』(「甘誓」, 「湯誓」, 「泰誓」 「牧誓」, 「費誓」, 「秦誓」)를 통해 【義】를 볼 수 있으며, 『五誥』(「酒誥」, 「召誥」, 「洛誥」, 「大誥」, 「康誥」.

『尙書·湯誥」는 東晉時期에 續出된 僞古文이기에 「大傳」에서는 『五誥』만 언급한 것이다.)를 통해 【仁】을 살필 수 있으며, 『甫刑』을 통해 【誠】을 살필 수 있으며, 『洪範』을 통해 【法度】를 살필 수 있으며, 『禹貢』을 통해 【事業】을 살필 수 있으며, 『皐陶』를 통해 【政治】를 살필 수 있으며, 『堯典』을 통해 【美】를 살필 수 있다.'" 『七觀』이 들어 있는 편장은 모두 伏生의 29편에 들어 있다. 만일 孔子 말씀이라고 믿는다면 어찌하여 百篇에 미치지 못하겠는가? 이는 伏生이 보탠 것으로 결코 今文과 古文의 일반적인 것은 아닐 것이다. [『尙書大傳』: "孔子曰, 『六誓』(「甘誓」, 「湯誓」, 「泰誓」, 「牧誓」, 「費誓」, 「秦誓」)可以觀【義】, 『五誥』(「酒誥」, 「召誥」, 「洛誥」, 「大誥」, 「康誥」. 『尙書·湯誥」係東晉續出之僞古文, 故「大傳」僅云『五誥』.)可以觀【仁】, 『甫刑』可以觀【誠】, 『洪範』可以觀【度】, 『禹貢』可以觀【事】, 皐陶可以觀【治】, 『堯典』可以觀【美】." 案『七觀』所屬之篇, 皆在伏生二十九篇. 若信爲孔子之語, 非古今文之通說.]

詹注3-4: 『困學紀聞』卷二書: "『文心雕龍』: '『尙書』는 일곱 가지의 장점을 제기하였다.'" 孔子가 이르길: '『六誓』에서 【義】를 살필 수 있고, 『五誥』에서 【仁】을 살필 수 있고, 『甫刑』에서 【誠】을 살필 수 있고, 『洪範』에서 【法度】를 살필 수 있고, 『禹貢』에서 【事業】을 살필 수 있고, 『皐陶謨』에서 【政治】를 살필 수 있고, 『堯典』에서 【美】를 살필 수 있다.'(『大傳』 참조)." 原注: "『孔叢子』: '『帝典』에서 【美】를 살필 수 있고, 『大禹謨』와 『禹貢』에서 【事業】을

살필 수 있고, 『皐陶謨』와 『益稷』에서 【政治】를 살필 수 있고, 『泰誓』에서 【義】를 살필 수 있다.' 이 언급은 조금씩 차이가 있다." 『困學紀聞』에서 인용한 【孔子曰】은 『尙書大傳略說』을 참조한 것이며, 반드시 孔子의 언급은 아닐 것이다. [『困學紀聞』卷二書··"『文心雕龍』云··'『書』標七觀.' 孔子曰··'『六誓』可以觀【義】, 『五誥』可以觀【仁】, 『甫刑』可以觀【誡】, 『洪範』可以觀【度】, 『禹貢』可以觀【事】, 『皐陶謨』可以觀【治】, 『堯典』可以觀【美】.' 見『大傳』." 原注··"『孔叢子』云··'『帝典』觀【美】, 『大禹謨』『禹貢』觀【事】, 『皐陶謨』『益稷』觀【治】, 『泰誓』觀【義】.' 此其略略異者." 『困學紀聞』所引【孔子曰】見『尙書大傳略說』, 未必爲孔子語.]

范注··"『六誓』는 「甘誓」, 「湯誓」, 「泰誓」, 「牧誓」, 「費誓」, 「秦誓」다. 『五誥』는 「酒誥」, 「召誥」, 「洛誥」, 「大誥」, 「康誥」다. 『尙書·湯誥」는 東晉時期에 續出된 僞古文이기에 「大傳」에서는 『五誥』만 언급한 것이다." [范注··"六誓··『甘誓』, 『湯誓』, 『泰誓』, 『牧誓』, 『費誓』, 『秦誓』. 『五誥』··「酒誥」, 「召誥」, 「洛誥」, 『大誥』, 「康誥」. 『尙書』·「湯誥」係東晉續出之僞古文, 故「大傳」僅云『五誥』."]

『札記』··"『七觀』에 속한 篇章은 모두 伏生의 29篇 내에 있으며, 만일 孔子의 언급이라고 믿었다면 왜 百篇에 이르지 않겠는가? 이는 伏生이 보탠 말로 古文과 今文의 通說은 아닐 것이다." [『札記』··"案『七觀』所屬之篇, 皆在伏生二十九篇內, 若信孔子之語, 何以不及百篇? 疑此爲伏生傳益之言, 非古今文之通說也."]

162. 范注1-9: 「毛詩序」‥"이러한 까닭에 一國의 사업은 一人의 근본과 연계된 것이기에 이를 『風』이라 한다. 천하의 事業을 말하여 四方의 氣風을 형성하기에 이를 『雅』라 한다. 【雅】는 【正】과 같은 뜻. 王政興敗의 이유를 말한 것이다. 정치에 大小의 구분이 있기에 『雅』에도 『小雅』와 『大雅』가 있다. 『頌』은 훌륭한 盛德을 형용하여 神明에게 고하는 것이다. 이를 【四始】라 하며 詩의 지극함이다." 鄭箋‥"【始】는 王道 興衰의 이유를 설명한 것이다." 【四始】의 의미는 응당 이를 기준으로 삼아야 한다. 『史記』 「孔子世家」‥"「關雎」篇은 『風』의 【始】이고, 「鹿鳴」篇은 『小雅』 【始】이고, 「文王」篇은 『大雅』 【始】이고, 「淸廟」篇은 『頌』의 【始】이다." 『詩』 『大雅』 『正義』에서 「汎歷樞」를 인용하여‥"「大明」은 【亥】에 해당하기에 【水始】이며, 「四牡」는 【寅】에 해당하기에 【木始】이며, 「嘉魚」는 【巳】에 해당하기에 【火始】이며, 「鴻雁」은 【申】에 해당하기에 【金始】다." 모두 今文家의 주장으로 근거가 부족하다. [「毛詩序」‥"是以一國之事, 繫一人之本, 謂之『風』. 言天下之事, 形四方之風, 謂之『雅』. 【雅】者, 【正】也. 言王政之所由興敗也. 政有大小, 故有『小雅』焉, 有『大雅』焉. 『頌』者, 美盛德之形容, 以其成功告於神明者也. 是謂四始, 詩之至也." 鄭箋云‥"【始】者, 謂王道興衰之所由也." 案【四始】之義, 當以此爲準. 其『史記』「孔子世家」之「關雎」之亂, 以爲『風』始, 「鹿鳴」爲『小雅』始, 「文王」爲『大雅』始, 「淸廟」爲『頌』始." 『詩』『大雅』『正義』』所引「汎歷樞」‥"「大明」在【亥】, 【水始】也, 「四牡」在【寅】, 【木始】也, 「嘉魚」在【巳】, 【火始】也, 「鴻雁」在

【申】, 【金始】也.” 皆今文家說, 不足據.]

詹注3-5: 范注··“「毛詩序」··‘이러한 까닭에 一國의 사업은 一人의 근본과 연계된 것이기에 이를 『風』이라 한다. 천하의 事業을 말하여 四方의 氣風을 형성하기 이를 『雅』라 한다. 【雅】는 【正】과 같은 뜻. 王政興敗의 이유를 말한다. 정치에 大小의 구분이 있기에 『雅』에도 『小雅』와 『大雅』가 있다. 『頌』은 훌륭한 盛德을 형용하여 神明에게 고하는 것이다. 이를 【四始】라 하며 시의 지극함이다.” 箋··‘【始】는 王道興衰의 이유를 설명한 것이다.’ 【四始】의 의미는 응당 이를 기준으로 삼아야 한다. 『史記』「孔子世家」의 ‘「關雎」篇은 『風』의 始이고, 「鹿鳴」篇은 『小雅』의 始이고, 「文王」篇은 『大雅』의 始이고, 「淸廟」篇은 『頌』의 始이다.’ 『詩經』『大雅』『正義』에서 「汎歷樞」를 인용하여··‘「大明」은 【亥】에 해당하기에 【水始】이며, 「四牡」는 【寅】에 해당하기에 【木始】이며, 「嘉魚」는 【巳】에 해당하기에 【火始】이며, 「鴻雁」은 【申】에 해당하기에 【金始】다.’ 모두 今文家의 說法으로 근거가 부족하다.” 「頌讚」··“【四始】는 지극한 것이며, 『頌』이 가장 높은 곳에 자리한다.” 【頌】을 【四始】의 으뜸으로 삼은 것을 통해 劉勰이 「毛詩序」의 주장을 원용한 것임을 알 수 있다. [范注··“是以一國之事, 繫一人之本, 謂之『風』. 言天下之事, 形四方之風, 謂之『雅』. 【雅】者, 【正】也. 言王政之所由興敗也. 政有大小, 故有『小雅』焉, 有『大雅』焉. 『頌』者, 美盛德之形容, 以其成功告於神明者也. 是謂【四始】, 詩之至也.” 鄭箋云··“【始】者,

謂王道興衰之所由也.” 案【四始】之義, 當以此爲準. 其『史記』「孔子世家」之‘「關雎」之亂, 以爲『風』始, 「鹿鳴」爲『小雅』始, 「文王」爲篇『大雅』」始, 「淸廟」爲『頌』始.’ 『詩·『大雅』『正義』所引「汎歷樞」‥‘「大明」在【亥】, 【水始】, 「四牡」在【寅】, 【木始】, 「嘉魚」在【巳】, 【火始】, 「鴻雁」在【申】, 【金始】.’ 皆今文家立說, 不足據.” 按「頌讚」篇‥“【四始】之至, 『頌』居其極.” 以『頌』爲【四始】之一, 可見劉勰用「毛詩序」說.]

163. 范注1-10: 『禮記』「祭統」篇‥“治人의 道理에서 禮보다 중요한 것이 없다. 禮에는 五經이 있으며, 祭禮가 가장 중요하다.” 鄭注‥“禮의 五經은 吉禮, 凶禮, 賓禮, 軍禮, 嘉禮를 말한다.” [『禮記』「祭統」‥“治人之道, 莫急於禮. 禮有 五經, 莫重於祭.” 鄭注‥“禮有五經, 謂吉禮, 凶禮, 賓禮, 軍禮, 嘉禮也.”]

詹注3-6: 梅注‥“謝耳伯‥‘『五經』은 五禮, 즉 吉禮, 凶禮, 賓禮, 軍禮, 嘉禮다.’” 『訓故』‥“『尙書』「舜典」‥‘五禮를 익히다.’” 註‥“吉禮, 凶禮, 賓禮, 軍禮, 嘉禮.” 『禮記』「祭統」‥“무릇 治人之道에 있어 禮보다 중요한 것이 없다. 禮에는 五禮가 있으며, 祭禮가 가장 중요하다.” 鄭注‥“禮에는 五禮가 있으며, 吉禮, 凶禮, 賓禮, 軍禮, 嘉禮를 말한다.” 『正義』‥“【經】은 【常】과 같은 뜻. 吉禮, 凶禮, 賓禮, 軍禮, 嘉禮를 말하는 것이며, 예는 항상 지켜져야 하며, 禮에는 『五經』이 있다.” [梅注‥“謝耳伯云‥‘『五經』, 吉, 凶, 賓, 軍, 嘉.’” 『訓故』‥“『尙書』「舜典」‥‘脩五禮.’ 註‥“吉, 凶, 賓,

軍, 嘉.”『禮記』「祭統」‥“凡治人之道, 莫急于禮, 禮有『五經』, 莫重于祭.” 鄭注‥“禮有『五經』, 謂吉禮, 凶禮, 賓禮, 軍禮, 嘉禮.”『正義』‥“【經】,【常】也. 言凶, 賓, 軍, 嘉, 禮所常行, 故云禮有『五經』.”]

164. 范注1-11:【五例】는 11쪽 「徵聖」篇 注23 참조. [【五例】見上十一頁「徵聖」篇注二三.]

詹注3-7: 「徵聖」篇‥“「五例」의 文辭는 완정하고 함축적이다.”의 주석을 참조하라. [「徵聖」篇‥“「五例」微辭而婉晦.” 注見「徵聖」篇.]

이상에서 『三墳』, 『五典』, 『八索』, 『九丘』 등을 차례로 서술하였으나 시대가 너무 요원하여 窮究할 방법이 없기에 단지 書名만을 거론한 것이다. 『五經』은 孔子가 산정한 것으로 믿을 만한 증거가 있기에 書名 이외에 세분하여 그 요지를 밝혔다. [以上歷述『三墳』、『五典』、『八索』、『九丘』等, 由于時代久遠, 無法窮究, 故僅去書名而已. 至於『五經』, 乃孔子刪定, 信而有徵, 除擧出書名外, 尙分別明其大要.]

165. 詹注4-1: 『校證』‥“【挻】은 원래는【極】으로 되어 있었다. 『唐寫本』와 銅活字本 『御覽』에는【挺】으로 되어 있으며, 宋本 『御覽』, 明鈔本 『御覽』에는【埏】으로 되어 있다.【埏】,【挺】은 모두【挻】과 글자 모양이 비슷하여 생긴 오류다. 『老子』十一章‥‘【埏埴以爲器: 흙을 이겨 기물을 만들다】.’【挻】과【匠】은 그 의미가 유사하기에 지금 바로잡

았다." 橋川時雄··"【極】字는 의미가 통하지 않는다. 【挺】, 【極】은 글자 모양이 비슷하여 생긴 오류다. 【挺】字는 始然反切. 『老子』··'【埏埴以爲器: 흙을 이겨 기물을 만들다】.' 『釋文』에서 『聲類』를 인용하여··'부드럽다.' 河上公注··'조화와 같은 뜻.'" 斯波六郎은 趙萬里 『校記』의 주장에 동의하면서 응당 【埏】이라 하는 것이 옳으며, 도기를 만드는 模型이다. 아울러 【埏】字는 動詞로 쓸 수 있다. 『老子』 十一章··'흙을 이겨 기물을 만들다.', 『荀子』「性惡」··'그러므로 陶工은 진흙을 이겨 기물을 만든다.', 『齊策』三··'자식을 가다듬어 사람이 되게 하다.' 등이 그 예이다." 潘重規 『唐寫文心雕龍殘本合校』··"【挺】은 【埏】字의 오류다. 『說文解字』··'【挻】은 【長: 늘리다】과 같은 뜻.' 『字林』도 같다. 『聲類』··'부드럽다.'(『釋文』에서 인용) 『老子』··'흙을 이겨 기물을 만들다.'에서 잘못하여 【埏】으로 썼다. 朱駿聲··'【柔】字는 지금 【揉】字로 쓰며, 【煣】와도 같은 의미다. 무릇 반죽으로 만드는 물건은 늘려 길게 만들 수도 있고, 뭉쳐서 짧게 만들 수도 있고, 나눌 수도 있고, 합칠 수도 있고, 네모나게 만들거나 둥글게 만들 수 있기에 이를 【埏】이라 한다. 陶工이 그릇을 만드는 것은 그 一端이다." 【挻】은 【埏】과 통하며, 여기서는 【陶冶】의 의미로 사용되었다. [『校證』··"【挻】原作【極】. 『唐寫本』及銅活字本『御覽』作【挺】, 宋本『御覽』, 明鈔本『御覽』作【埏】. 【埏】, 【挺】俱【挻】形近之誤. 『老子』十一章··'埏埴以爲器.' 【挻】與【匠】義正相比, 今改." 橋川時雄··"【極】字不通. 【挺】, 【極】形似之誤. 【挺】字【始然】反. 『老子』··'埏埴以爲器.' 『釋文』引

『聲類』云··‘柔也’. 河上公注云··‘和也.’” 斯波六郎同意趙萬里『校記』之說, 謂應作【埏】, 是作陶器的模型. 又說··“此字又可作動詞用. 『老子』十一章‘埏埴以爲器.’, 『荀子』「性惡」··‘故陶人埏埴以爲器.’, 『齊策』三··‘埏子以爲人’等.” 潘重規『唐寫文心雕龍殘本合校』··“【挻】蓋【埏】之誤字. 『說文』··【挻】, 【長】也.’ 『字林』同. 『聲類』云··‘柔也.’(據『釋文』引) 『老子』··‘挻埴以爲器.’字或誤作【埏】. 朱駿聲曰··‘【柔】, 今字作【揉】, 猶【煣】也. 凡柔和之物, 引之使長, 搏之使短, 可析可合, 可方可圓, 謂之【挻】. 陶人爲坯, 其一端也.” 按【挻】通【埏】, 此處猶言【陶冶】.]

166. 范注1-12: 趙君萬··“『唐寫本』에 【極】은 【挻】으로 되어 있다. 『御覽』608에는 【埏】으로 되어 있다. 다음의 【文辭亦匠於文理】의 예를 보더라도 【埏】이 옳다. 『唐寫本』의 【挻】字는 【埏】字의 오류다.” 趙君萬의 주장이 정확하다고 생각된다. [趙君萬里曰··“『唐寫本』【極】作【挻】. 『御覽』六百八引作【埏】. 以下文【辭亦匠於文理】句例之, 則【埏】是也. 『唐寫本』作【挻】, 卽【埏】字之譌.” 案趙說是.]

詹注4-2: 『禮記』「三年問」··“모두 이 예절을 지키도록 예문을 이루어 喪을 벗어나게 하였다.” 孫希旦『集解』··“【文】은 【文章】이고, 【理】는 【條理】다.” 顏延之 『廣誥』··“文理는 정교함에서 나온다.” 【匠】은 의미를 다듬어 운영하는 것. [禮記』「三年問」··“壹使足以成文理, 則釋之矣.” 孫希旦集解··“【文】, 謂【文章】, 【理】, 謂【條理】.” 顏延之『廣誥』··“文理精出.” 【匠】謂意匠經營.]

斯波六郎 : "이 二句는 【『易』에 「十翼」을 가하고,…… 『春秋』에서 「五例」를 언급한】 결과로 『五經』이 지닌 특징을 개괄한 것이며, 위 문장 【洞性靈之奧區, 極文章之骨髓】과 호응하고, 「原道」篇의 【雕琢性情, 組織辭令】과 멀리서 서로 호응한다." [斯波六郎 : "這二句是【『易』張十翼,…… 『春秋』五例】的結果, 概括了『五經』所備的特質, 照應上文【洞性靈之奧區, 極文章之骨髓】, 兼與「原道」篇【雕琢性情, 組織辭令】遙相呼應."]

167. 范注1-13: 『周易』「蒙卦彖辭」 : "蒙昧에서 벗어나 바른 도리를 스스로 배양할 수 있음은 聖人의 공덕이다." 『正義』 : "蒙昧하여 어두워도 스스로 正道를 수양해야 비로소 聖人의 功德을 성취할 수 있다." 『毛詩』 『大雅』 「旣醉」 : "밝음이 오래갈 수 있다." 傳 : "【融】은 【長】과 같은 뜻." 그는 다시 앞 구절은 孔子가 刪述한 效能을 논한 것이라고 주장하였다. [『易』「蒙卦彖辭」 : "蒙以養正, 聖功也." 『正義』曰 : "蒙昧隱默自養正道, 乃成聖之功也." 『毛詩』『大雅』「旣醉」 : "昭明有融." 傳 : "【融】【長】也." 他又說以上一節在論孔子刪述的效能.]

詹注4-3: 『周易』 「蒙」彖辭 : "몽매함에서 벗어나 스스로 정도를 수양할 수 있음은 성인의 공적이다." 『正義』 : "몽매하여 어두워도 스스로 正道를 수양해야 비로소 聖人의 功德을 성취할 수 있다." 『詩經』 『大雅』 「旣醉」 : "밝고 명랑하다." 鄭箋 : "【昭】는 【光: 비추다】의 뜻, 【有】는 【又: 또한】와 같은 뜻." 【開學養正】은 처음 공부하는 사람이 스스로 정도를 수양해야 함을 말하는 것. 『左傳』「昭公 5年」··"昭明有融." 杜注··"【融】은 【郞】과 같은 뜻." 【昭明有融】은 문장을 밝고 명랑하게 만든다는 뜻. 『斟詮』에서 「毛傳」, 「鄭箋」에 근거하여 해석하길··"『五經』은 학업을 시작하는 사람에게 광명의 大道를 보여줄 수 있으며, 또한 그로 하여금 자라서 많은 명예를 얻을 수 있게 한다." 이렇게 번역하면 다음 【然而】와 쉽게 연결되지 않는다. [『易』「蒙」彖辭··"蒙而養正, 聖功也." 『正義』··"謂能以蒙昧隱黙自養正道, 乃成至聖之功." 『詩經』「『大雅』旣醉」··"昭明而融." 鄭箋··"【昭】, 【光】也. 【有】, 【又】也." 【開學養正】, 謂啓發學者, 自養正道. 『左傳』「昭公」五年··"昭明未融" 杜注··"融, 郞也뜻." "昭明未融"謂使文章明而又郞. 『斟詮』根據「毛傳」, 「鄭箋」解作··"『五經』能示學者以光明正道, 又可使之長有令聞廣譽也." 這樣解與下文【然而】不易銜接.]

168. 詹注5-1: 「原道」篇贊··"道心은 미묘하다." [「原道」篇贊··"道心惟微"]

169. 詹注5-2: 【謨】는 이전 판본에 【謀】로 되어 있다. 【謨】는 【謀議】와 같은 뜻이며, 【謨】와 【謀】는 서로 통한다. 斯波六郎··"『尙書』「伊訓」··'선조의 가르침은 위대하고, 훌륭한 말씀은 매우 분명하다.'" 『斟詮』··"【卓絶】은 일반적인 것을 뛰어 넘어 그 버금과 비할 수 없음." [【謨】, 舊作【謀】, 【謨】是【謀】議, 【謨】【謀】可通. 斯波六郎··"『尙書』「伊訓」··'聖謨洋洋, 嘉言孔彰.'" 『斟詮』··"【卓絶】, 超越尋常莫可比亞也."]

170. 詹注5-3: 『校注』: “『書·僞五子之歌』: ‘높고 아름다운 성인의 인품과 학문이여!’ 「枚傳」: ‘【竣】은 높고 크다는 뜻.’” 【牆宇】는 성인의 도덕과 학문을 지칭한다. 『論語』「子張」: “子貢이 이르기 대궐의 담장에 비유하자면 ……孔子의 담장은 여러 길이나 되기에 문으로 들어가지 아니하면 종묘의 아름다움과 百官이 많음을 볼 수 없다.” 【重竣】은 【重疊】, 【高峻】의 뜻. [『校注』: “『書·僞五子之歌』: ‘峻宇彫墻’ 「枚傳」: ‘【竣】, 【高大】.’” 【牆宇】指聖人的道德學問. 『論語』「子張」: “子貢曰, 譬之宮牆……夫子之牆數仞, 不得其門而入, 不見宗廟之美, 百官之富.” 【重竣】, 【重疊】, 【高峻】.]

171. 詹注5-4: 『校注』: “【而】字는 『唐寫本』에는 없으며, 『御覽』에도 없다. 二句는 하나의 의미로 연결되는 것이기에 【而】는 반드시 있어야 할 필요가 없기에 당연히 刪去해야 한다.” 「神思」篇: “읊조리는 사이에 주옥같은 작품이 흘러나온다.” 【吐納】에는 단지 【吐: 나오다】의 뜻만 있다. 【吐納】은 여기서는 【言論】을 의미한다. [『校注』: “【而】, 『御覽』引同. 二句按一意貫注, 【而】字實不應有, 當刪去.” 「神思」篇: “吟詠之間, 吐納珠玉之聲.” 【吐納】只有吐意. 【吐納】在此指【言論】.]

172. 詹注5-5: 「知音」篇: “三十萬斤 大鐘은 고대의 악사 師夔와 師曠이 제정한 것이다.” 黃注: “「西京賦」: ‘三十萬斤의 大鐘’ 注: ‘三十斤을 【鈞】이라 한다.’” [「知音」篇: “洪鍾萬鈞, 夔曠所定.” 黃注: “「西京賦」: ‘洪鍾萬鈞’ 注: ‘三十斤曰

【鈞】.'"]

173. 范注1-14: 『說文解字』: "【錚】은 쇳소리다." [『說文』: "【錚】, 金聲也."]

詹注5-6: 『後漢書』「劉盆子傳」: "즉 쇠에서 나는 錚錚하는 가는 소리를 말한다." 李賢注: "『說文解字』: '【錚錚】은 쇠에서 나는 소리다.' 쇠에서 【錚錚】하는 소리가 난다는 것은 미미하지만 강하고 예리함이 있다는 것이다." 『說文解字』 段注: "『後漢書』: '쇠에서 【錚錚】하는 소리가 난다. 쇠의 단단함에 따라 소리가 다르다." 【無錚錚之細響: 錚錚 소리가 나지 않음】은 철이 錚錚 울리지만 가는 소리는 전혀 없다는 것이다. [『後漢書』「劉盆子傳」: "卽所謂鐵中【錚錚】." 李賢注: "『說文』曰: '【錚錚】, 金聲也.' 鐵之【錚錚】, 言微有剛利也." 『說文』段注: "『後漢書』: '鐵中【錚錚】. 鐵堅則聲異也." 【無錚錚之細響】, 謂鐵中【錚錚】, 決無細響.]

이상은 經典의 意義, 經典의 價値 및 孔子가 서술한 『五經』의 내용과 교육의 작용에 대한 논술이다. [以上爲第一段, 論述經的意義, 經的價値, 以及孔子刪述的『五經』之內容及其教育作用.]

3-2.

『周易』에서 논한 하늘의 도리는 신묘한 경지에 이르러야 실제로 운용할 수 있다. 그리하여 繫辭의 요지는 원대하고, 문사는 아름다우며, 언급은 타당하고, 사실은 은유적이기에 공자도 韋編三絶하셨으니 실로 哲人의 보고라 하겠다. 『尙書』는 실제적인 것만 기록하였기나 이전에 대한 언급은 이해하기 어려워 『爾雅』를 통해야 그 文意를 분명하게 알 수 있다. 이에 子夏가 “日月이 교대하며 빛을 발하듯 분명하며, 별의 배열처럼 또렷하고 밝도다.”라고 말했다. 그 언급은 밝고 분명하도다. 『詩經』에서 詩는 뜻을 표달하는 것이라는 전제를 제시하였으나 그 서술은 『尙書』처럼 난해하다. 『風雅』를 발양하고, 比興의 수법을 가다듬었으며, 아름다운 문사로 넌지시 깨우치니 읊조려보면 溫柔한 풍격을 체득할 수 있다. 『禮經』은 예로서 準則을 바로 세웠고, 사실에 의거하여 규범을 만들었기에 典章의 조목은 섬세하고 곡진하며, 이를 실천하면 그 효능이 분명하게 드러난다. 문장의 작은 구절 하나도 그 의미는 보배처럼 훌륭하다. 『春秋』는 이치를 분별함에 一字로 褒貶을 드러냈다. 송나라에 다섯 개의 돌이 떨어지고, 6마리 鷁鳥가 거꾸로 날아간 사실을 가지고 상세한 역사 사실을 드러냈으며, 宮

門과 兩觀 화재의 예를 통해 선후의 관계의 중요성을 설명하였다. 文辭는 완곡하며, 의미는 난해하나 헤아려보면 깊이 감상할만하다. 『尙書』는 문사를 얼핏 보면 이해가 어려우나 그 의미를 헤아려보면 오히려 분명하다. 『春秋』는 글만 보면 쉽게 이해할 수 있을듯하나 의미는 은밀하다. 이것이 성인 문장의 특징이며, 表裏의 체제가 다른 이유이다.

3-2.

夫易惟談天[174], 入神致用[175]. 故繫稱旨遠辭文, 言中事隱[176], 韋編三絶[177], 固哲人之驪淵也[178]. 書實記言[179], 而訓詁茫昧[180], 通乎《爾雅》, 則文意曉然[181]. 故子夏歎書, 昭昭若日月之明, 離離如星辰之行[182], 言昭灼也[183]. 詩主言志[184], 詁訓同書[185], 摛風裁興[186], 藻辭譎喩[187], 溫柔在誦[188], 故最附深衷矣[189]. 禮以立體[190], 據事剬範[191], 章條纖曲, 執而後顯[192], 採掇生言[193], 莫非寶也[194]. 春秋辨理[195], 一字見義[196], 五石六鷁[197], 以詳略成文[198]; 雉門兩觀[199], 以先後顯旨[200]; 其婉章志晦[201], 諒以邃矣[202]. 尙書覽文如詭[203], 而尋理卽暢; 春秋則觀辭立曉, 而訪義方隱[204]. 此聖人(文)之殊致[205], 表裏之異體者也[206].

174. 范注2-1: 陳先生··“「宗經」篇의 【易惟談天】에서 【表裏之異體者也】까지 二百字는 王仲宣의 「荊州文學志」의 문장을 바탕으로 삼았다.” 仲宣의 문장은 『禮文類聚』38, 『御覽』608에 보인다. 『文史通義』 「說林」··“저작의 요체를 古義에서 원용하거나, 기존의 문장을 襲用하면서 출처를 표시하지 않는 것은 아름다움을 노략질한 것은 아니라 하더라도 體勢는 따라갈 수 없다. 또한 반드시 의지와 지식이 족히 자립적인지, 인용한 말에 매달리지 않는가를 살펴보아야 한다. 이에 인용한 바가 현격한 차이를 나타내고, 중요한 견해를 손상시키지 않아야 비로소 著作에 대해 말할 수 있다.” 『法言』 「寡見」篇··“天理를 논함에 『易』보다 분명한 게 없다.” [陳先生曰··“「宗經」篇··【易惟談天】至【表裏之異體者也】二百字, 幷本王宣「荊州文學志」文.” 仲宣文見『禮文類聚』三十八, 『御覽』六百八. 『文史通義』 「說林」曰··“著作之體, 援引古義, 襲用成文, 不標所出, 非爲掠美, 體勢有所不暇及也. 亦必視其志識之足以自立, 而無所藉重於所引之言 ; 此所引者幷懸天壤, 而吾不病其重見言, 乃可語於著作之事也.” 『法言』 「寡見」篇··“說天者, 莫辯乎易.”]

詹注6-1: 『校證』··“黃叔琳은 【夫】字는 『御覽』에 의거하여 보탠 것이라 하였다. 현재 『唐寫本』에도 【夫】字가 있다.” 范注에서 陳漢章의 말을 인용하여··“「宗經」篇의 【易惟談天】에서 【表裏之異體者也】 二百字는 王仲宣의 「荊州文學志」을 바탕으로 서술한 것이다.” 張相 『古今文綜』 「綴言」··“王仲宣 「荊州文學之文」 嚴鐵橋輯本의 【百氏備矣】

이하 188자 대부분의 語意가 『文心雕龍』「宗經」篇과 동일하나, 글자 배열이 정확하지 않은 것은 아마도 실수에서 비롯된 것일 것이다." 『校注』: "陳氏는 嚴鐵橋가 편집한 『全後漢文』(권91)에 근거하여 말한 것이다. 范文瀾注의 출처 역시 嚴鐵橋의 글을 옮겨 쓴 것이다. 모두 『類聚』와 『御覽』을 검토하지 않아 嚴可均에 의해 잘못되었다고 비판받았다." 『法言』「寡聞」篇: "天理를 논함에 『易』보다 분명한 게 없다." [『校證』: "黃叔琳云: '【夫】字從『御覽』增.' 今案『唐寫本』正有【夫】'字." 范注引陳漢章曰: "「宗經」篇【易惟談天】至【表裏之異體者也】二百字, 幷本王宣「荊州文學志」文." 張相『古今文綜』「綴言」: "王仲宣「荊州文學記官志鐵橋輯本【百氏備矣】多百八十八字, 語意與『文心雕龍』「宗經」篇同, 屬辭不類, 疑爲誤會." 『校注』: "陳氏蓋據嚴輯『全後漢文』(卷九一)爲言. 范氏所注出處, 亦係迻錄嚴書. 皆不曾一檢『類聚』及『御覽』, 故嚴可均所誤." 『法言』「寡聞」篇: "說天者莫辯乎『易』."]

175. 范注2-2: 『周易』「下繫辭」: "【精義: 정교한 의미】가 入神에 경지에 이르면 모든 작용을 일으킬 수 있다." 韓康伯注: "【精義】는 物理의 오묘함이며, 神은 고요하고 움직이지 않으나 느끼고 통할 수 있기에 천하의 오묘함을 관장하고 그 쓰임을 會通하게 만든다." [『易』「下繫辭」: "【精義】入神, 以致用也." 韓康伯注: "【精義】物理之微者也. 神寂然不動, 感而遂通, 故能乘天下之美, 會而通其用也."]

詹注6-2: 范注: "『周易』「下繫辭」: "【精義: 정교한 의미】

가 入神에 경지에 이르면 가히 작용을 일으킬 수 있다." 韓康伯注: "【精義】는 物理의 오묘함이며, 神은 고요하고 움직이지 않으나 느끼고 통할 수 있기에 천하의 오묘함을 관장하고 그 쓰임을 회통하게 만든다." 이는 『易經』이 명백하게 밝힌 정교한 의미는 미묘한 경지에 진입한 것이기에 족히 실제에 응용할 수 있음을 말한다. 天道의 논의는 인사에 통달하였기에 입신의 경지에 이르면 가히 작용을 일을 킬 수 있음을 말한다. [范注: "『易』「下繫辭」: '【精義】入神, 以致用也.' 韓康伯注: '【精義】物理之微者也. 神寂然不動, 感而遂通, 故能乘天下之美, 會而通其用也.'" 此謂『易經』闡發精義進入微妙境地, 足以致用. 由談天道而通于人事, 所以入神致用.]

176. 范注2-3: 『周易』「下繫辭」: "그 요지는 심원하고, 그 문사는 아름다우며, 그 말은 곡절하면서도 정곡을 찌르며, 그 사실은 분명하고 오묘하나." 韓康伯注: "변화에는 일정함이 없어 고정적이지 않기에 그 말은 곡절하면서도 정곡을 찌를 수 있는 것이다. 【事肆而隱者: 사실은 분명하고 오묘함】과 【事顯而理微也】과 같은 뜻이다." 『正義』: "그 요지가 심원하다함은 가까이 있는 사실을 말하지만 다른 사실까지 분명하게 밝히기에 그 요지가 심원하다고 한 것이다. 그 문사가 아름답다는 것은 논한 사실을 직접 말하지 않으면서도 의리를 명확하게 들어낸다는 것이며, 이것이 文辭의 修飾이다." [『易』「下繫辭」: "其旨遠, 其辭文, 其言曲而中, 其事肆而隱." 韓康伯注: "變化無恒, 不可爲典要, 故

其言曲而中也. 其事肆而隱者, 事顯而理微也.” 『正義』曰: “其旨遠者, 近道此事, 遠明彼事, 是其旨意深遠. 其辭文者, 不直言所論之事, 乃以義理明之, 是其辭之飾也.”]

詹注6-3: 梅注: “【文】은 원래【高】로 되어 있다. 孫無撓: ‘『周易』「下繫辭」: 그 요지는 심원하고, 그 문사는 아름다우며, 그 말은 곡절하면서도 정곡을 찌르며, 그 사실은 분명하고 오묘하다.’” 『唐寫本』에는【辭高】로 정확하게 기록되었다.【高】와【遠】은 對文이며, 「雜文」篇에도【辭高而理疏: 문사는 뛰어나나 이치는 소원하다.】라는 문구가 있다. 韓康伯注: “변화는 일정함이 없어 고정적이지 않기에 그 말은 곡절하면서도 정곡을 찌를 수 있는 것이다.【事肆而隱者: 사실은 분명하고 오묘함】와【事顯而理微也】는 같은 뜻이다.” 『正義』: “그 요지가 심원하다함은 가까이 있는 사실을 말하지만 다른 사실까지 분명하게 밝히기에 그 요지가 심원하다고 한 것이다. 용이 들판에서 싸운다는 것은 가까이는 용이 싸운 것을 말하지만 멀리는 음양의 투쟁을 밝힌 것으로 변화 넘치는 성인의 문장은 그 의미가 심원하다. 문장의 문사가 아름답다는 것은 직접 논하려는 사실을 말하지 않고도 그 의미를 명확하게 만들기에 이를 문사의 수식이라 한다. 黃裳을 입으니 크게 길하다는 것은 중요한 지위에 올랐음을 직접 말하지 않아도 黃裳을 말한 것만으로 그 문사가 빼어나다. 언어가 곡절하면서도 정곡을 지른다는 것은 변화에는 일정함이 없어 고정적이지 않기에 표현이 사물과 함께 굴곡을 이루면서도 각각 사리에 합당하게 된다. 사실이 분명하면서도 오묘한 것은 『周易』에 기록된 사실처럼 그 문사는 분명하나 논한 이치는 대단히 심오하다는 것이다." [梅注‥"【文】原作【高】. 孫無撓曰‥按『易』「繫辭」曰‥'其旨遠, 其辭文, 其言曲而中, 其辭文, 其事肆而隱'" 按『唐寫本』正作【辭高】. 【高】【遠】對文, 「雜文」篇亦有【辭高而理疏】語. 韓康伯注‥"變化無恒, 不可爲典要, 故其言曲而中也. 其事肆而隱者, 事顯而理微也." 『正義』曰‥"其旨遠者, 近道此事, 遠明彼事, 是其旨意深遠. 其辭文者, 不直言所論之事, 乃以義理明之, 是其辭之飾也. 若龍戰於野, 近言龍戰, 乃遠明陰陽鬪爭, 聖人變筆, 是其旨遠也. 其辭文者, 不直言所論之事, 乃以義理明之, 是其辭文飾也, 若黃裳元吉, 不直言得中居職, 乃云黃裳, 是其辭文也. 其言曲而中者, 變化無恒, 不可爲體要, 其言隨物屈曲, 而各中其理也. 其事肆而隱者, 『易』所載之事, 其事放肆顯露, 而所論義理幽隱也."]

177. 詹注6-4: 『訓故』‥"『史記』「儒林傳序」‥'孔子가 말년에 『易經』을 좋아하여 이은 끈이 세 번이나 끊어질 정도로 읽고 傳을 지었다.'" 『史記』「孔子世家」‥"공자가 말년에 『周易』을 좋아하였고, 「彖」, 「繫」, 「象」, 「說卦」, 「文言」에 序를 달았다. 『周易』을 읽다가 끈이 세 번이나 끊어졌다." 范注‥"焦循 『易道略』‥'공자가 『周易』을 읽다가 韋編三絶한 것은 결코 해득을 못해서가 아니라 애매모호한 이유를 바르게 해독하기 위함이었다. 한 卦爻를 읽으면 다른 卦爻와의 比例를 알아 검토, 심의하였다. 하나에서 다른 것으

로 또 다른 것에서 또 다른 것까지 이르니 千萬의 脈絡이 하나의 기운으로 관통하게 되어 앞에서 이끌고 뒤에서 밀어 사실의 경과를 모두 드러내기 위해 韋編三絶한 것이다. 만일 한 번 읽어 이해하지 못해 수백 번 읽어 韋編三絶했다고 해석한다면 잘못된 견해다.'" [『訓故』‥"『史記』「儒林傳序」‥'孔子晩而好『易』, 讀之韋編三絶, 故爲之傳.'" 『史記』「孔子世家」‥"孔子晩而喜『易』, 序「彖」,「繫」,「象」,「說卦」,「文言」. , 韋編三絶." 范注‥"焦循『易道略』曰‥'孔子讀『易』, 韋編三絶, 非不能解也, 正是解得其參伍錯綜之故, 讀至此卦此爻, 知其與彼卦彼爻相比例, 遂檢彼以審之. 由此及彼, 又由彼及, 千脈萬絡, 一氣貫通, 前後互推, 端委悉見, 所以韋編至於三絶. 若云一見不解, 讀之千百度, 至於韋編三絶乃解, 失之矣."]

178. 范注2-4: 『史記』「孔子世家」‥"공자가 말년에 『周易』 읽기를 좋아하여 끈이 세 번이나 끊어졌다." 焦循의 『易圖略』‥"공자가 『周易』을 읽음에 韋編三絶한 것은 결코 해독을 못해서가 아니라 애매모호한 이유를 바르게 해독하기 위함이었다. 한 卦爻를 읽으면 다른 卦爻와의 比例를 알아 검토, 심의하였다. 하나에서 다른 것으로, 또 다른 것에서 또 다른 것까지 이르니 千萬의 脈絡이 하나의 기운으로 관통하게 되어 앞에서 이끌고 뒤에서 밀어 사실의 경과를 모두 드러내기 위해 韋編三絶한 것이다. 만일 한 번 읽어 이해하지 못해 수백 번 읽어 韋編三絶했다고 해석한다면 잘못된 견해다." 『莊子』「列禦寇」‥"千金의 구슬

은 반드시 九重의 연못에 있는 驪龍의 턱 아래에 있다." [『史記』「孔子世家」: "孔子晩而喜易, 讀易韋編三絶." 焦循 『易圖略』: "孔子讀易, 韋編三絶, 非不能解也, 正是解得其參伍錯綜之故, 讀至此卦此爻, 知其與彼卦彼爻相比例, 遂檢彼以審之. 由此及彼, 又由彼及, 千脈萬絡, 一氣貫通, 前後互推, 端委悉見, 所以韋編至於三絶. 若云一見不解, 讀之千百度, 至於韋編三絶乃解, 失之矣." 『莊子』「列禦寇」: "夫千金之珠, 必在九重之淵而驪龍頷下."]

詹注6-5: 『莊子』「列禦寇」: "황하 가에 어떤 가난한 집안은 갈대로 발을 만들어 팔아 생계로 삼았다. 어느 날 그의 아들이 깊은 연못으로 들어가 千金의 구슬을 가져왔다. 그 아버지가 아들에게: '돌을 가져와 그 구슬을 깨버려라. 千金의 구슬은 반드시 九重의 연못에 있는 驪龍의 턱 아래에 있는 것이다.'" 【固】는 『唐寫本』에 【故】로 되어 있다. 橋川時雄: "【故】字와 【固】字는 서로 통한다." [『莊子』「列禦寇」: "河上有家貧恃緯蕭而食者, 其子沒于淵, 得千金之珠. 其父謂子曰: '取石來鍛之, 夫千金之珠, 必在九重之淵, 而驪龍頷下'" 【固】, 『唐寫本』作【故】. 橋川時雄: "按【故】【固】兩字通."]

『易經』이 지니고 있는 【精義】는 철인에게는 실로 가치를 매길 수 없는 보배의 연원이다. [此爲『易經』蘊藏【精義】, 對哲人而言, 實爲具有無價之寶的淵源.]

179. 范注2-5: 『漢書』「藝文志」: "고대의 통치자들에게는 대대로 史官있어 君主가 행동하면 반드시 기록하였다.…… 左

史는 말을 기록하였다…… 그 기록이 『尙書』가 되었다.”
[『漢書』「藝文志」: “古之王者, 世有史官, 君擧必書…… 左史記言,…… 言爲『尙書』.”]

詹注7-1: 范注: “『漢書』「藝文志」: ‘고대의 통치자들에게는 대대로 史官이 있어 君主가 행동하면 반드시 기록하였다…… 左史는 말을 기록하였다…… 그 기록이 『尙書』가 되었다.’” [范注: “『漢書』「藝文志」: ‘古之王者, 世有史官, 君擧必書…… 左史記言,…… 言爲『尙書』.’”]

『文史通義』「書敎」: “『記』: ‘左史는 말을 기록하고, 右史는 행동을 기록하였으나, 그 직책이 『周官』에는 보이지 않고, 책도 후세에 전하지 않는데 거의 禮家의 잘못된 기록 때문이 아니겠는가! 후세 유학자들의 不察로 『尙書』는 記言을 나누어 기록하였고, 『春秋』는 記事를 나누어 기록하니 그 손실이 대단히 크다. 무릇 『春秋』는 傳이 있어야 함에도 단지 事目만 있었기에, 『左氏』에 기록된 말이 千萬에서 머물지 않는다. 『尙書』의 「典」, 「謨」篇은 記事이나 記言도 보인다. 「訓」, 「誥」篇에 記言과 記事도 보인다. 고인이 事業은 말로 나타나고, 말을 통해 사업을 이룬다 하였으니, 일찍이 말과 사업을 둘로 나누어 말하지 않았다. [『文史通義』「書敎」: “『記』曰: ‘左史記言, 左史記動, 其職不見于『周官』, 其書不傳于後世, 殆禮家之愆文歟! 後儒不察, 『尙書』分屬記言, 『春秋』分屬記事, 則失之甚也. 夫『春秋』不能舍傳而空存其事目, 則『左氏』所記之言, 不啻千萬矣. 『尙書』「典」「謨」之篇, 記事而言亦見焉; 「訓」「誥」之篇, 記言

而事亦見焉. 古人事見于言, 言以爲事, 未嘗分言、事二物也.]

180. 詹注7-2: 『校注』‥“【訓詁】는 『唐寫本』에 【詁訓】으로 되어 있다. 元本, 弘治本, …… 『四庫』本에서도 【詁訓】으로 되어 있다. 다음의 【詁訓同書】 및 「雜文」篇의 【雅以淵源詁訓】의 예를 보더라도 【詁訓】이 적당하다. [『校注』‥“【訓詁】, 『唐寫本』作【詁訓】. 按元本、弘治本、…… 『四庫』本亦幷作【詁訓】. 以下文【詁訓同書】及「雜文」篇【雅以淵源詁訓】例之, 此似以作【詁訓】爲得.]

『校證』‥“【而訓詁茫昧】에서 【文意曉然】까지 3句 14字는 傳校元本, 兩京本, 梅六次本, 張松孫本 모두 【覽文如詭, 而尋理卽暢】 2句 10字로 되어 있다. 黃叔琳‥‘梅本의 「宗經」篇에는 【書實記言】 아래에 【而訓詁茫昧, 通乎『爾雅』, 則文意曉然】이 있다고 하였으나 【覽文】 이하 10字는 없다. 【章條纖曲】 다음에 【執而後顯, 採掇生辭, 莫非寶也, 『春秋』辨理】가 있으나 注에서‥‘四句 16字는 元本에는 탈루되었던 것이나 朱氏가 『御覽』에 의거하여 보완한 것이다.’” 【觀辭立曉】 이하 12字는 없다. 【諒以邃矣】 다음에 【『尙書』則覽文如詭, 而尋理卽暢, 『春秋』則觀辭立曉, 而訪義方隱.】이 있다. 『爾雅』는 『詩經』을 해석한 것으로 『書經』의 訓詁와는 무관하다. 또한 『五經』을 나누어 언급하면서 오로지 『書經』과 『春秋』만을 거론하는 것은 옳지 않아 쓸데없이 【覽文】 운운한 것이다. 【鬱儀】가 보충된 4구는 문사 또한 올바르지 않으니 응당 王惟儉本을 따라야 한다. 紀昀‥‘癸巳(1773) 3月에 武進, 劉靑垣과 『四庫全書』

處에서의 編修過程에서는 『永樂大全』에 수록된 舊本을 가지고 교감하였다. 정확하게 梅本과 동일했으니, 王本은 明代人의 억측을 바탕으로 개작된 것임을 알 수 있다.' 현재는 紀昀의 주장이 정확하다고 생각된다. 『御覽』에서도 이 문장을 인용하였으며, 그 次序가 梅本과 완전히 동일하기에 元本, 傳校元本, 兩京本, 王惟儉 등은 억측에 의한 개작임을 알 수 있다. 아울러 梅六次本은 반대로 元本과 같게 고쳤으며, 아울러 【表裏之異體者也】의 注에서 이르길: '【書實記言】부터 그 이후는 倒着이 심해 통하지 않아 내가 善本에 의거하여 校定하였다.' 이전에는 정확하게 알았으나 후대에 이르러 미혹하게 되었다 말할 수 있다." 元本은 黃本과 동일하나 梅六次本과는 다르다. [『校證』: "【而訓詁茫昧】至【文意曉然】三句十四字, 傳校元本、兩京本、梅六次本、張松孫本, 俱作【覽文如詭, 而尋理卽暢】二句十字. 黃叔琳云: '是篇梅本「書實記言」以下, 有「而訓詁茫昧, 通乎『爾雅』, 則文意曉然」云云, 無【覽文】以下十字. 「章條纖曲」下, 有【執而後顯, 採掇生辭, 莫非寶也】, 『春秋』「辨理」云云, 注: '四句十六字元脫, 朱從『御覽』補.'" 無【觀辭立曉】以下十二字. 【諒以邃矣】下有「『尙書』則覽文如詭, 而尋理卽暢, 『春秋』則觀辭立曉, 而訪義方隱」云云. 案『爾雅』本以釋『詩』, 無關『書』之訓詁. 且『五經』分論, 不應獨擧『書』與『春秋』贅以【覽文】云云. 鬱儀所補四句, 辭亦不類, 宜從王惟儉本.' 紀云: '癸巳(一七七三)三月, 與武進劉靑垣編修在『四庫全書』處, 以『永樂大全』所載舊本校勘. 正與梅本相同, 知王本爲明人臆改.' 今案紀說是. 『御覽』引此文, 其次

序與梅本全同, 固知元本、傳校元本、兩京本、王惟儉等之爲臆改, 而梅六次本反改如元本, 幷于【表裏之異體者也】下注云··'自【書實記言】下, 倒着難通, 余從諸善本校定.' 可謂先覺而後迷者也." 按元本與黃本同, 與梅六次本異.]

『集注』··"『毛詩正義』··'【詁訓】에서 【詁】는 【古】와 같고, 古今의 다른 말로 사람들을 이해시키고자 했던 것이다. 【訓】이란 【道: 말하다】와 같고, 事物의 모양을 말로 다른 사람에게 전하는 것이다. 그러므로 詁訓는 고금의 다른 말로 사물의 形貌를 구분하는 것을 말한다.'" 『斠詮』·· "【詁訓】은 본래는 【古言】이며, 오늘날의 말로 【古言】을 해석한 것 역시 【詁訓】이라 한다. 『說文』··'【詁】는 【故言】이다.' 沈濤 『說文古文考』··'『後漢書』의 桓譚과 鄭興의 傳 및 『一切經音義』에서는 모두 이를 인용하여 【詁訓】은 【古言】이라고 설명하였다.' 【訓詁】 두 자는 連文이다. 【茫昧】는 空虛하고 아득하여 알 수 없다는 의미다." [『集注』·· "『毛詩正義』··'【詁訓】者, 【詁】者, 【古】也, 古今異言, 通之使人知也. 【訓】者, 【道】也, 道物之貌, 以告人也. 然則【詁訓】者, 古今之異言, 辨物之形貌.'" 『斠詮』··"【詁訓】, 本爲【古言】; 而以今語釋古言, 亦曰【詁訓】. 『說文』··'【詁】, 【故言】也.' 沈濤『說文古文考』··'『後漢書』桓譚、鄭興二注及『一切經音義』皆引云··【訓詁】, 【古言】也.' 【詁訓】二字連文. 【茫昧】, 謂空虛杳冥不可知也."]

181. 范注2-6: 『漢書』「藝文志」··"『書經』은 옛 號令이다. 많은 사람들에게 號令을 내림에 그 언어가 구체적이지 않으면

듣고 시행하는 자가 이해할 수 없다. 고문의 해독은 『爾雅』를 근거로 해야 옛것을 지금의 언어로 풀이할 수 있고 그 내용도 알 수 있다." 王先謙은 『補注』에서 沈欽韓의 말을 인용하여 ‥"『大戴』「小辯篇」‥'『爾雅』로 옛 글을 살펴보면 어의를 변별할 수 있다.'" 다시 葉德輝의 말을 인용하여‥"『史記』「五帝·夏·周紀」에 『尙書』의 문장을 기록하면서, 많은 부분을 訓詁로 經典을 대신하였으니 읽음에 반드시 『爾雅』를 근거로 삼아야 한다." [『漢書』「藝文志」‥"書者古之號令. 號令於衆, 其言不立具, 卽聽受施行者勿曉, 古文讀應『爾雅』, 故解古今語而可知也." 王先謙『補注』引沈欽韓曰‥"『大戴』「小辯篇」『爾雅』以觀於古, 足以辨言矣." 又引葉德輝曰‥"『史記』「五帝·夏·周紀」載『尙書』文, 多以訓詁代經, 卽讀應『爾雅』也."]

詹注7-3: 『訓故』‥"『西京雜記』‥'郭盛의 字는 子偉, 茂陵 출신, 周公이 『爾雅』를 지었다고 주장하였다. 내가 전에 揚子雲에게 물어보았다. 揚子雲이 이르길‥'공자의 제자들 가운데 子游, 子夏 등이 기록한 것으로 六禮를 해석한 것입니다. 아버님이 『外戚傳』을 인용하여 말씀하시길 史佚은 『爾雅』로 아들을 교육하였다고 하였다.' 또한 『禮記』에서 孔子가 魯哀公에게 『爾雅』를 공부하라는 가르침을 주셨다고 언급한 바 있으니 『爾雅』의 출현은 이미 오래되었다. 舊傳에서는 모두 周公의 기록이라 하며, 【張仲孝友: 張仲은 효성이 지극하고 우애가 깊었다.】는 등의 기록은 후세인들이 첨가한 것이다." 黃注‥"「爾雅序」‥'『爾雅』

는 훈고의 의미를 통하게 하고, 시인의 흥취를 서술하며, 아득한 시기의 서로 다른 말을 총괄하고, 내용은 동일하나 호칭이 다른 것을 구분해냈다.' 「釋詁」 一篇은 周公이 지었고, 「釋言」 이하는 孔子가 增補하였고, 子夏가 보충했으며, 叔孫通이 늘렸고, 梁文이 보충하였다고 한다." [『訓故』: "『西京雜記』: '郭盛, 字子偉, 茂陵人, 以『爾雅』周公所制. 余嘗以問揚子雲. 子雲曰: 孔子門徒, 游夏之儔所記以解釋六禮者也. 家君以『外戚傳』稱: 史佚教其子以『爾雅』. 又『記』言孔子教魯哀公學『爾雅』, 則『爾雅』之出遠矣. 舊傳皆云周公所記也, 【張仲孝友】後人所足耳." 黃注: "「爾雅序」: '『爾雅』所以通訓詁之指歸, 敍詩人之興詠, 總絶代之離辭, 辨同實而異號者也.' 「釋詁」一篇周公所作, 「釋言」以下, 或言仲尼所增, 子夏所足, 叔孫通所益, 梁文所補."]

范注2-7: "『漢書』「藝文志」: '『書經』은 옛 號令이다. 많은 사람들에게 號令을 내림에 그 언어가 구체적이지 않으면 듣고 시행하는 자가 이해할 수 없다. 古文의 해독은 『爾雅』를 근거로 삼아야 옛것을 지금의 언어로 풀이할 수 있고 그 내용도 알 수 있다.' 王先謙의 『補注』에서 沈欽韓의 말을 인용하여 : '『大戴』「小辯篇」: '『爾雅』로 옛 글을 살펴보면 어의를 변별할 수 있다.' 다시 葉德輝의 말을 인용하여: '『史記』「五帝·夏·周紀」에 『尙書』의 문장을 기록하면서, 많은 부분을 訓詁로 經典을 대신하였으니 읽음에 반드시 『爾雅』를 근거로 삼아야 한다.'" 『大戴禮』「孔子三朝記」에서 孔子가 魯哀公에게 『爾雅』를 학습하라 가르친 사실로 보아 『爾雅』의 由來가 오래되었음을 알 수 있다. 『文心雕龍』「練字」篇··"무릇 『爾雅』는 孔子의 제자들이 지은 것이다." 『論衡』「是應」篇··"『爾雅』의 기록은 『五經』의 訓詁다." 이 책은 상세하고 명확하게 訓詁한 것으로 응당 한 시대, 한 사람에 의해 이루어진 것이 아니다. [范注··"『漢書』「藝文志」··'書者古之號令. 號令於衆, 其言不立具, 卽聽受施行者勿曉, 古文讀應『爾雅』, 故解古今語而可知也.' 王先謙『補注』引沈欽韓曰··'『大戴』「小辯篇」『爾雅』以觀於古, 足以辨言矣.' 又引葉德輝曰··'『史記』「五帝·夏·周紀」載『尙書』文, 多以訓詁代經, 卽讀應『爾雅』也.'" 『大戴禮』「孔子三朝記」稱孔子教魯哀公學『爾雅』, 乃知『爾雅』由來已久. 本書「練字」篇··"夫『爾雅』者, 孔徒之所纂.", 『論衡』「是應」··"『爾雅』之書, 『五經』之訓詁." 是書祥明詁訓, 當非一時一人之作.]

『四庫提要』 黃注本··"「宗經」篇 말미에 주를 붙여 梅本의 오류를 상세하게 논하면서 마땅히 王惟儉本을 따라야 한다고 말했다. 그러나 篇中의 언급은 여전히 梅本을 인용하고 王本을 인용하지 않아 스스로 모순된다. 예를 들어 「宗經」篇의 【『書』實記言, 而訓詁茫昧, 通乎『爾雅』, 則文意曉然: 『書經』은 실로 말을 기록한 것이나 訓詁가 난해하여 『爾雅』를 통해야 비로소 문의가 분명해진다.】의 주석에서 【『爾雅』는 본래 『詩經』를 해석하기 위한 것으로 『書經』의 훈고와는 무관하다.】고 하였다. 『爾雅』의 開卷 第二字에 대하여 郭注는 『尙書』「哉生魄」을 인용하여 증거로 삼았다. 『書經』을 해석한 다른 것도 헤아릴 수 없이 많은데 어찌 『書經』과 무관하다고 말할 수 있겠는가?" [『四庫提要』謂黃注本‥"「宗經」篇末附注, 極論梅本之舛誤, 謂宜從王惟儉本, 乃仍用梅本, 非用王本, 自相矛盾. 所注如「宗經」篇【『書』實記言, 而訓詁茫昧, 通乎『爾雅』, 則文意曉然.】句, 謂【『爾雅』本以釋『詩』, 無關『書』之訓詁.】案『爾雅』開卷第二字, 郭注則人『尙書』「哉生魄」爲證. 其他釋『書』者不一而足, 安得爲與『書』無關?"]

郝懿行 『文心雕龍輯注』批注‥"이 注釋에서 언급한 내용을 나는 잘 이해하지 못하겠다. 『五經』에 대해 각기 論及하면서 유독 『書經』과 『春秋』만을 【簡言達旨: 간략한 언사로 요지를 전달하였다.】, 【辭尙體要: 문사는 體要를 중시해야 한다.】라고 하였는데, 하필 번다한 문사를 끌어다 쓴다면 어찌 귀하다 하겠는가? 「練字」篇‥'『爾雅』는 『詩經』과 『書經』의 중요한 보충서다.' 이 한 구설을 근거로 보더라도 이러한 주의 오류를 더욱 정확히 알 수 있다." [郝懿行『文心雕龍輯注』批注‥"此注云云, 愚所未曉. 至於『五經』分論, 獨擧『書』與『春秋』, 所謂【簡言達旨】, 【辭尙體要】, 奚必徵引繁詞, 乃爲可貴乎? 「練字」篇云‥'『爾雅』者, 『詩』『書』之襟帶.' 據玆一言, 益知此注之紕鏐."]

182. 詹注7-4: 『校注』‥"『唐寫本』에는 【明】字 앞에 【代】字가 있으며, 【行】字 앞에 【錯】字가 있다. 『唐寫本』이 옳다. 劉勰의 이 글은 『尙書大傳』「略說」에 근거한 것이며, 『大傳』에 원래 【代】, 【錯】 두 字가 있다. 응당 이에 근거하여 증

보해야 한다. 『禮記』「中庸」: '비유하자면 四時가 교차 운행되는 것은 마치 일월이 교대로 세상을 밝히는 것과 같다.'가 그 방증이다." [『校注』: "『唐寫本』【明】上有【代】字, 【行】上有【錯】字. 按『唐寫本』是. 舍人此言, 本『尙書大傳』「略說」, 『大傳』原有【代】【錯】二字. 當據增. 『禮記』「中庸」: '辟如四時之錯行, 如日月之代明.' 亦其旁證."]

黃注: "『尙書』「大傳」: '子夏가 『尙書』를 읽은 뒤 孔子를 만났다. 孔子가 子夏에게 『尙書』를 어떻게 생각하는지를 물었다. 子夏가 『尙書』는 사실을 논함에 일월이 교대로 빛을 발하는 듯 밝으며, 별의 배열처럼 분명하며, 위로는 堯舜의 도를 지니고 있으며, 아래로는 三王의 道義를 지니고 있습니다. 제가 선생님께 배운 바가 가슴에 아로새겨져 있어 감히 잊을 수 없습니다.'" 范注: "郝懿行: '子夏의 『尙書』에 대한 감탄은 『尙書』「大傳」에 있으며, 『韓詩外傳』 2권에서는 子夏가 『詩經』을 말한 것이라 하였다. 이는 『詩經』과 『尙書』가 같은 도리를 말한 것이기에 같은 의미로 訓詁한 것이다. 이러한 이유에서 『爾雅』는 『詩經』과 『尙書』의 【襟帶: 핵심】라 말한다.'" 【離離】는 뚜렷하고 분명한 모양. 『晉書』「劉寶傳」: "분명하게 서로 차례를 맞추니 혼란해질 수 없다." 『孔叢子』「論書」에서 이르길 子夏가 『尙書』를 다 읽고 공자를 만나 말하길: "『尙書』는 사실을 논함에 일월이 교대로 빛을 발하는 듯 밝으며, 별의 배열처럼 분명합니다." [『尙書』「大傳」: "子夏讀『書』畢, 見於孔子, 夫子問焉, 子何爲於『書』? 子夏對曰: 『書』之論事也,

【昭昭】如日月之代明, 【離離】若參辰之錯行, 上有堯舜之道, 下有三王之義, 商所受於夫子, 志之於心, 不敢忘也." 范注: "日月之代明, 離離若參辰之錯行, 上有堯舜之道, 下有三王之義, 商所受於夫子, 志之於心, 不敢忘也." 郝懿行: "子夏歎書之言, 見尙書大傳, 而『韓詩外傳』二卷則稱子夏言詩, 是知詩書一揆, 詁訓同歸, 故曰, 爾雅者詩書之【襟帶】." 【離離】, 狀歷歷分明. 『晉書』「劉實傳」: "歷歷相次, 不可得而亂也." 『孔叢子』「論書」稱子夏讀『書』畢, 見孔子說: "『書』之論事也, 昭昭如日月之代明, 離離若參辰之錯行."]

183. 范注2-8: 『尙書』「大傳」: "子夏가 『尙書』를 읽은 뒤 공자를 만났다. 공자가 子夏가 『尙書』를 어떻게 생각하는지 물었다. 子夏가 『尙書』는 사실을 논함에 일월이 교대로 빛을 발하는 듯 밝으며, 별의 배열처럼 분명하며, 위로는 堯舜의 도를 지니고 있으며, 아래로는 三王의 道義를 지니고 있습니다. 제가 선생님께 배운 바가 가슴에 아로새겨져 있어 감히 잊을 수 없습니다." 郝懿行: "子夏의 『尙書』에 대한 감탄은 『尙書』「大傳」에 있으며, 『韓詩外傳』 券2에서는 子夏가 『詩經』을 말한 것이라 하였다. 이는 『詩經』과 『尙書』가 같은 도리를 말한 것이기에 같은 의미로 訓詁한 것이다. 이러한 이유에서 『爾雅』는 『詩經』과 『尙書』의 襟帶라 말한다." 『唐寫本』에는 【明】字와 【代】字가 있으며, 【行】字 앞에 【錯】字가 있다. 『荊州文學志』에는 【行】, 【錯】 2字가 없다. [『尙書』「大傳」: "子夏讀書畢, 見於夫子. 夫子問焉, 子夏何爲於書? 子夏對曰書之論事也, 昭昭如日月之

代明, 離離若參辰之錯行, 上有堯舜之道, 下有三王之義, 商所受於夫子, 志之於心, 不敢忘也." 郝懿行‥"子夏歎書之言, 見尙書大傳, 而『韓詩外傳』二卷則稱子夏言詩, 是知詩書一揆, 詁訓同歸, 故曰, 爾雅者詩書之襟帶."『唐寫本』【明】字上有【代】字, 【行】字上有【錯】字.『荊州文學志』無【行】【錯】二字.]

詹注7-5: 【昭】는『唐寫本』에 【照】로 되어 있으며, 【灼】은 밝다는 의미이며, 여기에서는 기재된 사실이 대단히 명백함을 말한다. [【昭】,『唐寫本』作【照】, 【灼】是明亮, 在此是說記載得非常明白.]

184. 詹注8-1:『唐寫本』에는 【主】가 【之】로 되어 있으며, 서로 통한다.『尙書』「堯典」(※역자주: 「堯典」은 「舜典」의 오기)‥"詩는 뜻을 표현한 것이며, 그 말을 길게 뽑은 것이 노래이며, 聲은 읊조림에 고저장단을 더한 것이고, 음률은 聲音을 잘 조화시킨 것이다." 孔傳‥"詩는 뜻을 표현하여 백성들을 이끄는 것이다." [『唐寫本』【主】作【之】, 亦可通.『尙書』「堯典」‥"詩言志, 歌永言, 聲依永, 律和聲." 孔傳‥"謂詩言志以導之."]

185. 范注2-9: 「詩大序」‥"시는 뜻이 가는 것이다. 마음속에 있으면 뜻이고, 말로 표현되면 시가 된다."『毛詩周南關雎詁訓傳正義』‥"詁訓傳은 注解의 별칭이다. 毛亨은『爾雅』를 가지고『詩經』을 해석하였다. …… 이런 까닭에『爾雅』의 訓詁에 의거하여『詩經』의 傳을 지었다." [「詩大序」‥"詩者志之所之也, 在心爲志, 發言爲詩." 「毛詩周南關雎詁訓傳

『正義』」曰··"詁訓傳者, 注解之別名. 毛以爾雅之作多爲釋詩 …… 故依爾雅詁訓而爲詩立傳."]

詹注8-2: 元本에는【詁】字가 없다. 『校證』··"徐先生이【詁】字를 보충하였다. 馮校··'『御覽』에는【志】字 아래에【詁】字가 있다.'" [按元本無【詁】字. 『校證』··"徐補【詁】字. 馮校云··'【志】下字『御覽』有【詁】字.'"]

『札記』··"『詩疏』··'毛亨은 주로『爾雅』를 가지고『詩經』을 해석하였고, 「釋詁」, 「釋訓」과 같은 篇名이 있다. 따라서『爾雅』의 훈고에 의거하여『詩經』의 傳을 지었다. 이러한 사실에 의거해보면『詩經』역시 고금의 언어를 통해야 알 수 있기에『書經』처럼 訓詁를 거쳐야 한다고 말한 것이다." [『札記』··"『詩疏』··'毛以『爾雅』之作多爲釋『詩』, 而篇有「釋詁」「釋訓」, 故依『雅』訓而爲『詩』立傳. 據此, 則『詩』亦須通古今語而可知, 故曰詁訓同書."]

范注2-10··"「詩大序」··'시는 뜻이 가는 것이다. 마음속에 있으면 뜻이고, 말로 표현되면 시가 된다.' 「毛詩周南關雎詁訓傳『正義』」··'詁訓傳은 注解의 별칭이다. 毛亨은『爾雅』를 가지고『詩經』을 해석하였다. …… 이런 까닭에『爾雅』의 訓詁에 의거하여『詩經』의 傳을 지었다.'" [范注··"「詩大序」··'詩者志之所之也, 在心爲志, 發言爲詩.' 「毛詩周南關雎詁訓傳『正義』」曰··'詁訓傳者, 注解之別名. 毛以爾雅之作多爲釋詩 …… 故依爾雅詁訓而爲詩立傳.'"]

186. 詹注8-3:【摛風裁興】에 대해, 『斠詮』에서··"『風雅』를 발

양하고, 比興의 수법을 가다듬는 것이다." [【摛風裁興】, 『斟詮』: "謂抒布『風雅』, 鎔裁比興".]

187. 范注2-10: 「詩大序」: "文辭를 위주로 넌지시 풍간하면 말하는 사람도 죄가 되지 않고, 듣는 사람도 족히 경계가 된다." [「詩大序」: "主文而譎諫, 言之者無罪, 聞之者足以戒."]

詹注8-4: 【藻辭譎喩】는 문사가 화려하고 비유가 간접적인 것을 말한다. 「詩大序」: "文辭를 위주로 넌지시 풍간하면 말하는 사람도 죄가 되지 않고, 듣는 사람도 족히 경계가 된다." 鄭箋: "【譎諫】은 歌詠에 있어 직간하지 않는 원칙을 따른 것." ["藻辭譎喩", 謂文辭華麗而比喩詭譎. 「詩大序」: "主文而譎諫, 言之者無罪, 聞之者足以戒." 鄭箋: "譎諫, 詠歌依違不直諫."]

188. 詹注8-5: 이 구절은 誦讀하는 가운데 시의 溫柔敦厚한 특징을 체득할 수 있음을 말한다. 范注: "『禮記經解』: '溫柔敦厚함이 詩敎다.'" 「鄭風·子矜」傳: "옛 성인들은 시악으로 교화하면서, 외우고, 노래하고, 연주하고 춤췄다." 『正義』: "【誦之】는 글을 외워 암송하는 것을 말한다." [這句是說在誦讀中, 可以體會到它溫柔敦厚的特點. 范注: "禮記經解』: '溫柔敦厚, 詩敎也.'" 「鄭風·子矜」傳曰: "古者敎以詩樂, 誦之歌之絃之舞之." 『正義』: "【誦之】, 謂背文闇誦之."]

189. 范注2-11: 『禮記經解』: "溫柔敦厚함이 詩敎다." 「鄭風子衿

傳」:"고인들은 詩樂으로 교화시키려 시악에 맞춰 읊고, 노래하고, 연주하고, 춤추었다."『正義』:"【誦】은 문장을 외워 암송하는 것이다."【故最附深衷矣】는『文學志』에【最稱衷矣】로 되어 있다. 鈴木『校勘記』:"『四部叢刊嘉靖本』에서는【故】를【敢】으로 썼는데, 아마도 잘못된 표기일 것이다.『御覽燉煌本』에는【故】字가 없다." [『禮記經解』:"溫柔敦厚, 詩教也."「鄭風子衿傳」:"古者教以詩樂, 誦之歌之絃之舞之."『正義』:"【誦】之謂背文闇誦之." 故最附深衷矣,『文學志』作最稱衷矣. 鈴木『校勘記』:"『四部叢刊覆嘉靖本』【故】作【敢】, 恐非是.『御覽燉煌本』無【故】字."]

詹注8-6: 이 구절은 元本, 弘治本, 汪本, 余本, 張之象本, …… 모두【敢最附深衷矣】로 되어 있다.『校證』에서 이곳이 잘못되었다고 교감하였다. 橋川時雄:"【最附深衷矣】라 하면 보다 의미가 질 통하며,【敢】字는『唐寫本』과『御覽』에 의거 삭제함이 옳다. 梅本에서는【敢】을【故】로 고쳤으나 그 이유에 대한 아무런 언급이 없다."【附】는【接近】과 같은 뜻.【深衷】은 內心의 깊은 곳이라는 뜻. [此句元本, 弘治本, 汪本, 余本, 張之象本, …… 俱作【敢最附深衷矣】."『校證』本校記此處有誤. 橋川時雄:"按作【最附深衷矣】尤通,【敢】字當從唐寫、『御覽』刪. 梅本改【敢】作【故】, 亦無謂也."【附】,【接近】;【深衷】, 內心的深處.]

190. 詹注9-1:【以】字는 元本, 弘治本에【秀】字로 되어 있으며, 謝恒 抄本에는【記】로 되어 있다. 馮舒校:"『御覽』에는

【以】字로 되어 있다." 『唐寫本』, 黃本에 모두 【以】字로 되어 있으며, 【以】字가 옳다. [【以】元本、弘治本作【秀】, 謝恒抄本作【記】. 馮舒校云: "『御覽』【以】." 按寫本、黃本竝作【以】, 作【以】爲是.]

『廣雅』: "【禮】는 體制. 事業의 체제를 세우는 것이다." 『釋名』: "【禮】는 【體】와 같은 뜻이며, 事業의 체제를 세우는 것이다." 范注: "『漢書藝文志』: '『禮記』로 體制를 분명하게 만들다.' 『法言』「寡見」: '體制를 설명함에 『禮記』보다 분명한 것이 없다.' 【立體】는 【明體: 체제를 밝히는 것】와 같은 뜻." 이 구절에 있어 兩京本에는 【立體】 다음에 【弘用】 두 자가 더 있다. 이후로 많은 판본이 이를 따랐다. 橋川時雄: "【弘用】 두 자는 후인들이 함부로 첨가한 것이기에 응당 산거해야 한다." 『禮』는 『禮經』을 말하며, 『周禮』, 『儀禮』, 『禮記』를 모두 포괄한다. 【『禮』以立體】는 『禮』를 가지고 체제 혹은 準則을 건립한다는 뜻이다. [『廣雅』: "禮, 體也. 得事體也." 『釋名』: "【禮】, 【體】也, 言得事之體也." 范注: "『漢書藝文志』: '『禮』以明體.' 『法言』「寡見」: '說體者莫辯乎禮.' 【立體】猶言【明體】." 又按此句在兩京本【立體】下有【弘用】二字. 其後多種板本從之. 橋川時雄云: "【弘用】二字, 後人妄附, 宜刪." 『禮』指『禮經』, 包括『周禮』『儀禮』『禮記』. 【『禮』以立體】, 『禮』用來建立體制或準則.]

191. 詹注:9-2: 事理에 근거하여 규범을 제정하다. 『校證』: "【制】는 原來 【剬】으로 되어 있었으나, 『唐寫本』, 梅六次

本, 張松孫本에 모두 【制】로 되어 있다. 오늘날은 이를 따른다." 「原道」篇··"詩와 頌을 짓다." 『校證』··"【制】와 【剬】은 隷書에서 글자가 비슷하여 잘못 쓴 것이다. 『史記』「五帝本紀」··'鬼神에 의거하여 의례를 만든다.' 『正義』··'【剬】은 【制】의 古字다.'" [根據事理來制定規範. 『校證』··"【制】原作【剬】, 『唐寫本』、梅六次本、張松孫本俱作【制】. 今從之." 「原道」篇··"制詩緝頌." 『校證』··"【制】【剬】隷書形近而爲譌. 『史記』「五帝本紀」··'依鬼神以剬義.' 『正義』··'【剬】古【制】字.'"]

192. 詹注9-3: 范注··"『論語』「述而」··'『詩經』, 『書經』과 예를 지키는 것은 공자가 평소에 늘 하시는 말씀이었다.' 『郱疏』··'『禮記』는 외워 읊조리는 것이 아니라 揖讓과 周旋을 알고 지켜 행하는 것이기에 【執】이라 말한 것이다.'" 『禮記』「中庸」··"禮儀의 조목이 三百, 威儀의 조목이 三千가지다." 이러한 까닭에 【章條纖曲: 典章의 조목은 섬세하고 곡진하다.】이라고 한 것이다. [范注··"『論語』「述而」··'『詩』『書』執禮皆雅言也.' 『郱疏』··'『禮』不背誦, 但知其揖讓周旋, 執而行之, 故言執也.'" 『禮記』「中庸」··"禮儀三百, 威儀 三千." 故云【章條纖曲】."]

193. 詹注9-4: 『唐寫本』에 【掇】字는 【綴】字로 되어 있다. 『校證』··"【片】字는 원래 【生】字로 되어 있었으며, 梅六次本, 張松孫本, 崇文本에는 【王】字로 되어 있으며, 何焯, 黃叔琳··'【片】字 써야할 것이다.' 紀昀··'【生】字는 아마도 【聖】字를 잘못 표기한 것이다.' 『唐寫本』, 譚教本 및 宋本 『御

覽』에 근거하여 【片】으로 바로 잡았으며, 오늘날에는 이를 따른다. 「史傳」篇:‘몇 마디 질책이 도끼로 죽는 것보다 치욕스럽다.’ 이는 本書에서 【片言】이라 한 것의 증거다.” [『唐寫本』【掇】作【綴】. 『校證』:“【片】原作【生】, 梅六次本、 張松孫本、崇文本作【王】, 何焯, 黃叔琳云:‘疑作【片】.’ 紀昀云:‘【生】字疑【聖】字之譌.’ 案『唐寫本』、譚敎本及宋本『御覽』正作【片】, 今從之. 「史傳」篇:‘貶在片言, 誅深斧鉞.’ 此亦本書作【片言】之證.”]

194. 范注2-12: 『漢書藝文志』:“『禮記』로 體制을 분명하게 만들다.” 『法言』「寡見」:“體制를 설명하지만 『禮記』를 辯說하지는 않는다.” 【立體】는 【明體】와 같은 뜻. 『論語』「述而」:“『詩經』, 『書經』과 예를 지키는 것은 공자가 평소에 늘 하시는 말씀이었다.” 『邢疏』:“『禮記』는 외워 읊조리는 것이 아니라 揖讓과 周旋을 알고 지켜 행하는 것이기에 【執】이라 말한 것이다.” 【生言】을 『唐寫本』에서는 【片言】이라 하였는데, 【片言】이 옳다. 『文學志』에서도 잘못하여 【生言】이라 하였다. 『文學志』에는 【據事】 다음에 【剬範】 2字가 없다. [『漢書藝文志』:“『記』以明體.” 『法言寡見』:“說體者, 莫辯乎『禮』.” 【立體】猶【明體】. 『論語』「述而」:“『詩』『書』執禮皆雅言也.” 『邢疏』:“『禮』不背誦, 但知其揖讓周旋, 執而行之, 故言【執】也.” 【生言】, 『唐寫本』作【片言】, 是. 『文學志』亦誤作【生言】. 【據事】下『文學志』無【剬範】二字.]

詹注9-5: 이 구절은 독자가 문장 속 얼마 안 되는 짧은 글의 의미를 능히 파악할 수 있으면 모두 평생 무궁한 의미로 받아들일 수 있음을 말한 것이다. 【寶】는 인생의 중요한 전적이다. 『校證』‥"【執而後顯】에서 【莫非寶也】까지 3句 12字는 傳校元本, 兩京本, 王惟儉本에서는 【觀辭立曉, 而訪義方隱】 2句 9字로 되어 있다." 元本에는 【執而後顯】 다음의 4구가 빠졌다. 梅本‥'원래 누락된 것을 朱鬱儀가 『御覽』에 의거하여 보충하였다.'" 橋川時雄‥"【執而】 이후 4句 16字는 오늘날 『唐寫本』과 『御覽』에 의거하여 보충한 것이다. 黃校‥'馮本에는 【執而】 다음의 16字가 있다.'" [此謂讀者只要能採取其中的片言隻語, 皆可以終生受用無窮. 【寶】者, 爲人生重要之憑藉. 『校證』‥"【執而後顯】至【莫非寶也】三句十二字, 傳校元本、兩京本、王惟儉本作【觀辭立曉, 而訪義方隱】二句九字." 按元本【執而後顯】以下四句脫. 梅本云‥'案原脫, 朱(鬱儀)按『御覽』補.'" 橋川時雄‥"【執而】」四句十六字, 今從『唐寫本』及『御覽』補. 黃校云‥'案馮本有【執而】以下十六字.'"]

195. 詹注10-1: 『春秋繁露』 「實性」篇‥"『春秋』에서 사물을 구분하는 이치를 설명하였다." 『法言』 「寡見」篇‥"도리를 논함에 『春秋』보다 논리적인 것이 없다." [『春秋繁露』「實性」篇‥"『春秋』別物之理." 『法言』「寡見」篇‥"說理莫辯乎『春秋』."]

196. 范注2-13: 『法言』 「寡見」篇‥"도리를 논함에 『春秋』보다 논리적인 것이 없다." 【一字見義】는 『春秋』의 【一字褒貶】을 말한다. [『法言』「寡見」篇‥"說理莫辯乎『春秋』." 【一字

見義】謂『春秋』【一字褒貶】.]

詹注10-2: 范注‥"【一字見義】는 『春秋』의 【一字褒貶】을 말한 것이다." 「徵聖」篇‥"『春秋』에서 한마디 말로 포폄을 가했는바, …… 이는 간략한 언어로 의미를 표현한 것이다." [范注‥"【一字見義】謂『春秋』【一字褒貶】." 「徵聖」篇‥"『春秋』一字而褒貶, …… 此簡言而達旨也."]

197. 詹注10-3: 『訓故』‥"『春秋左傳』「僖公 16년」正月‥宋나라에 5개의 돌이 떨어졌는데 유성이었다. 같은 달에 여섯 마리의 鷁鳥가 宋나라 수도를 거꾸로 날아갔는데, 바람에 날려간 것이다." [訓故』‥"『春秋左傳』僖公十六年正月‥隕石于宋五, 隕星也. 是月, 六鷁退飛過宋都, 風也"]

梅注‥"『春秋穀梁傳』‥'왜 먼저 떨어지는 것을 말하고 돌을 언급했을까? 돌이 떨어지는 소리를 기록한 것이다. 펑하는 소리를 듣고 바라보니 돌이였고, 다섯 개였다. 왜 먼저 여섯을 말하고 나중에 鷁鳥를 언급했을까? 여섯 마리의 鷁鳥가 거꾸로 날아가는 것은 본 것을 기록한 것이다. 바라보니 여섯 마리였고, 자세히 살피니 鷁鳥였으며, 찬찬히 살펴보니 새가 거꾸로 날아갔던 것이다." 范注에서 臧琳의 『經義雜記』를 인용하여‥"『說文解字』 鳥部‥'【鶂】는 새의 일종으로 【鳥】가 部首이고 【兒】가 聲部다.'" 『春秋』「僖公 16年」의 【六鷁退飛】에 대하여 『正義』‥"【鷁】字는 【鶂】字로 쓰기도 한다." 『釋文』‥"六鷁는 【五歷】 反切, 본래는 【鶂】이라 썼다. 같은 음이기 때문이다." 또한 『公羊』, 『穀梁』, 『釋文』 모두 【六鷁은 五歷의 反切이다.】라고 하였으니 세 傳本 모두 【鶂】字를 사용했음을 증명하며, 『說文』의 내용과도 같다. 오늘날 『公羊』注疏에서는 모두 【鷁】이라 하였고, 오직 何休만 【六鶂無常】이라 하여 한 자도 고치지 않았다. 『穀梁』의 注疏는 모두 【鶂】라 하였고, 오직 經文에서만 【六鷁退飛】」라 하여 【鷁】字를 따랐다. 무릇 唐代 『左傳』에는 이미 【鷁】으로 표기하였기 때문에 후대인들이 이를 근거로 二傳을 고쳤을 것이다." 【鷁】은 【鷺鷀: 백로의 일종】와 비슷한 水鳥로 높이 날 수 있는 새다. 『校證』: "【鷁】은 『唐寫本』, 『御覽』에 【鶂】로 되어 있다. 『春秋』「僖公 16년」: '여섯 마리의 鷁鳥가 거꾸로 날아갔다.' 『釋文』: '본래 【鶂】로 썼으며, 음도 같다.'" 橋川時雄: "『說文』에는 【鷁】字가 없다." [梅注: "『春秋穀梁傳』: '曷爲先言隕而後言石? 隕石記聞, 聞其磌然, 視之則石, 察之則五. 曷爲先言六以後言鷁? 六鷁退飛, 記見也. 視之則六, 察之則鷁 徐而察之則退飛.'" 范注引臧琳『經義雜記』: "『說文』鳥部: '【鶂】, 【鳥】也, 從【鳥】兒【聲】.'" 按『春秋』僖公十六年【六鷁退飛】『正義』: "【鷁】字或作【鶂】." 『釋文』: "六鷁, 五歷反, 本或作【鶂】, 音同." 又『公羊』、『穀梁』、『釋文』皆云【六鷁, 五歷反】.", 可證三傳本皆作【鶂】, 與『說文』同. 今『公羊』注疏皆作【鷁】, 惟何休【六鶂無常】, 此一字未改. 『穀梁』注疏皆作【鶂】, 惟經文【六鷁退飛】」此一字從【益】. 蓋唐時『左傳』已有【鷁】者, 故後人據而易二傳也." 按【鷁】是一種鷺鷀的水鳥, 能高飛. 『校證』: "【鷁】」『唐寫本』、『御覽』作【鶂】. 『春秋』僖公十六年: '六鷁退飛.' 『釋文』: '本或作【鶂】, 音同'" 橋川時雄: "『說文』無【鷁】字."]

198. 范注2-14: 陳先生: “【五石六鷁, 以詳略成文】의 경우 『文學志』에는 【略】字가 【備】字로 되어 있으며, 이는 『穀梁傳』에서 언급된 것과 완전히 일치한다. 【略】字로 쓰는 것은 부당하다.” 臧林 『經義雜記』: “『說文解字』 鳥部에서 鶂는 새로 鳥가 部首이고 兒가 聲部다. 『春秋』「僖公 16년」에 【六鷁退飛: 六鷁이 거꾸로 날아갔다】는 기록이 있다. 『正義』: ‘【鷁】을 【鶂】로 쓰기도 한다.’ 『釋文』: ‘六鶂의 【鶂】는 五歷 反切, 본래는 【鷁】이라고도 섰다. 같은 음이기 때문이다.’ 다시 『公羊穀梁譯音』: ‘六鷁의 鷁은 五歷의 反切이다.’ 三傳은 본시 모두 【鶂】로 썼음이 증명되며, 『說文解字』도 동일하다. 오늘날 『公羊注疏』에는 【鷁】으로 쓰고 있으나 何休는 六鶂가 자주 사용되지 않아 이 자를 고치지 않았다. 『穀梁注疏』에서는 모두 【鶂】字를 사용하였는데, 아마도 經文 【六鷁退飛】의 【鷁】를 따랐을 것이다. 무릇 唐代의 『左傳』에는 이미 【鷁】으로 쓴 것이 있었기에 후대의 사람들이 이를 근거로 二傳을 바꿨을 것이다.” 『春秋』「僖公 16년」 『穀梁傳』: “돌이 宋에 5개가 떨어졌고, 六鷁이 바람에 날려 宋의 수도를 거꾸로 날아갔다. 왜 먼저 떨어진 것을 말하고 나중에 돌을 언급한 것은 들은 것을 기록한 것이다. 쿵하는 소리를 들은 뒤 살펴보니 돌이었고, 5개였다. 왜 먼저 6개를 말한 뒤에 鷁을 언급했을까? 六鷁이 바람에 날려 날아간 것은 본 것을 기록한 것이다. 바라보니 6마리였고, 살펴보니 鷁이었으며 천천히 살펴보니 바람에 날려간 것이었다.” [陳先生曰: “【五石六鷁, 以詳略成文】, 『文學志』【略】字作【備】, 與『穀梁傳』所云

盡其辭合, 不當作【略】字.” 臧林『經義雜記』:“『說文』:‘鳥部, 【鶂】鳥也. 從鳥兒聲.’ 『春秋』僖公十六年【六鷁退飛】. 『正義』:‘【鷁】或作【鶂】.’ 『釋文』:‘六鶂五歷反, 本或作【鷁】, 音同.’ 又『公羊穀梁譯音』:‘六鷁五歷反.’ 可證三傳本皆作【鶂】, 與『說文』同. 今『公羊注疏』皆作【鷁】, 惟何休六鶂無常, 此一字未改. 『穀梁注疏』皆作【鶂】, 惟經文【六鷁退飛此】一字從【鷁】. 蓋唐時『左傳』已有作【鷁】者, 故後人據以易二傳也.” 『春秋』僖公十六年『穀梁傳』:“霣石于宋五, 六鷁退飛過宋都. 曷爲先言霣而後言石? 記聞, 聞其磌然, 視之則石, 察之則五. 曷爲先言六而後言鷁? 六鷁退飛, 記見也. 視之則六, 察之則鷁. 徐而察之, 則退飛.”]

詹注10-4: 『校證』:“【略】字는 『御覽』에는 【備】字로 되어 있다.” [『校證』:“【略】, 『御覽』作【備】.”]

『春秋』「僖公 16년」:“봄, 正月 戊申 초하루에 송나라에 별똥 5개가 떨어졌다.” “같은 달에 여섯 마리 鷁이 거꾸로 송나라 수도를 날아갔다.” 『穀梁傳』에서 이에 대해:“子曰:‘돌은 無知의 사물이고, 鶂는 약간의 지능이 있는 동물이다. 돌은 無知하기에 日까지 기록하였고, 鶂은 지능이 있는 동물이기에 月만 기록하였다. 君子는 사물에 대하여 구차함이 없어야 한다. 돌과 鶂 또한 문사로 표현하였는데, 하물며 사람에게 있어서야!” 晉 范甯 『集解』:“돌이 無知한데도 떨어진 것은 반드시 하늘이 그렇게 만든 것을 상세하게 설명하기 위해 날을 기록한 것이다. 鶂는 때때로 스스로 거꾸로 날기도 하여 생략하고 달만 기록한 것이다.” 여기의 【詳略成文】은 范寧의 설명에 근거한 것이고, 日月을 병기한 것을 【詳】, 단지 月만 기록한 것을 【略】이라 한 것이다. [『春秋』僖公十六年··“春, 正月戊申, 朔, 隕石于宋五.” “是月, 六鷁退飛過宋都.” 『穀梁傳』于此云··“子曰··‘石無知之物, 鵙, 微有知之物. 石無知, 故日之; 鵙微有知之物, 故月之. 君子於物, 無所苟而已. 石、鷁且猶盡其辭. 而況於人乎!” 晉范寧『集解』··“石無知而隕, 必天使之然, 故詳而日之. 鵙或時自欲退飛耳, 是以略而月之.” 此處【詳略成文】, 蓋本范寧之說, 以日月幷記者爲【詳】, 僅記月者爲【「略】.]

199. 詹注10-5: 梅注··“【觀】字는 去聲이다.” 다시 “『春秋』 定公 2년에 雉門과 兩觀에 화재가 발생했다. 注··‘雉門은 公宮의 南門이다. 兩觀은 闕의 이름이다.’” 『訓故』··“『春秋』「定公 2년 5월」··‘雉門과 兩觀에 화재가 발생했다.’ 겨울 10월에 ‘새로 雉門과 兩觀을 지었다.’ 「傳」에 【新作】이라 쓴 것은 왕이 세우면 고칠 수 없음을 풍자한 것이다.” 『斠詮』··“雉門은 『周禮·天官·閽人』의 鄭注에 의하면 天子의 5개 문 가운데 세 번째 문으로 庫門 안에 자리한다.” [梅注··“【觀】去聲.” 又··“『春秋』「定公二年」, 雉門及兩觀災. 注云··‘雉門, 公宮之南門. 兩觀, 闕名.’” 『訓故』··“『春秋』定公二年五月, ‘雉門及兩觀災.’ 冬十月, ‘新作雉門及兩觀.’ 「傳」書【新作】者, 譏僭王制而不能革也.” 『斠詮』··“雉門, 據『周禮·天官·閽人』鄭注, 爲天子五門中之三門, 在庫門之內.”]

200. 范注2-15: 『公羊傳』定公 2年··“雉門과 兩觀에 화재가 발생

했다. 雉門과 兩觀에 화재가 났다고 서술한 이유는 무엇일까? 兩觀은 微微한 것이기 때문이다. 그렇다면 왜 雉門에 화재가 난 뒤 두 관망대에 화재가 났다고 하지 않았을까? 당시에는 두 전망대에만 화재가 났기 때문이다. 그러면 왜 나중에 말한 것일까? 미미한 것에서 중대한 것으로 이르는 것은 옳지 않기 때문이다." [『公羊傳』定公二年: "雉門及兩觀災. 其言雉門及兩觀災何? 兩觀微也. 然則曷爲不言雉門災及兩觀? 時災者兩觀. 則曷爲後言之? 不以微及大也."]

詹注10-6: 梅注: "『穀梁傳』: '雉門과 兩觀에 화재가 났다고 서술한 이유는 무엇일까? 兩觀은 微微한 것이기 때문이다. 그렇다면 왜 雉門의 화재가 나고 兩觀에 화재가 났다고 말하지 않았을까? 화재가 주로 兩觀에서 일어났기 때문이다. 이때의 화재가 兩觀에서 일어났는데 왜 나중에 언급했을까? 미미한 것에서 중대한 것으로 서술하지 않기 때문이다.' 何休: '雉門과 兩觀은 모두 천자가 만든 것으로 門이 중심이고 觀은 장식이기에 미미하다고 한 것이다.'" 『春秋』「定公 2년」: "여름 五月 壬辰日, 雉門과 兩觀에 화재가 일어났다." 『穀梁傳』: "雉門에 화재가 일어났고, 兩觀에 옮겨 붙었다고 말하지 않은 이유는 무엇인가? 화재는 兩觀에서 시작되었으나 존귀한 것에서 재앙이 일어나지 않은 것이라 여겼기에 먼저 雉門을 언급하여 존귀한 것을 높이 받든 것이다." 雉門은 魯國 궁궐의 남문이다. 兩觀은 문 밖 좌우에 자리한 두 臺 위에 있는 누각으로 雉門의 부속 시설이다. 화재가 실제로는 兩觀에서 시작되었기에 만일 雉門에 화재가 일어나 兩觀으로 옮겨졌다고 말한다면 사실에도 부합하지 않으며, 만일 兩觀에서 화재가 나서 치문으로 옮겨졌다고 말하는 것은 『穀梁傳』의 해석에 의하면 兩觀은 미미한 것이고, 雉門은 존귀한 것이기에 미미한 것이 존귀한 것을 넘어서는 것은 不可하기 때문이다. 물론 『公羊傳』, 『穀梁傳』의 주장은 모두 경전에서 雉門을 먼저 말하고, 兩觀을 나중에 언급하였을 뿐만 아니라 【災】字를 兩觀 다음에 두어 兩觀에서 주로 화재가 발생했음을 암시하였다. 이리하면 사실에도 부합하고, 또한 雉門은 중요한 것이고, 兩觀은 중요하지 않은 것임을 분명하게 드러낼 수 있다. 【先後顯旨】는 경중과 존비를 구분한다는 의미를 지니고 있다. [梅注:"『穀梁傳』云:'其言雉門及兩觀災何? 兩觀微也. 然則曷爲不言雉門災及兩觀? 主災者兩觀也. 時災者兩觀, 則曷爲後言之? 不以微及大也.' 何休云:'雉門兩觀, 皆天子之制, 文爲其主, 觀爲其飾, 故微也.'" 『春秋』定公二年:"夏五月壬辰, 雉門及兩觀災." 『穀梁傳』云:"其不曰雉門災及兩觀, 何也? 災自兩觀始也, 不以尊者親災也, 先言雉門, 尊尊也." 「雉門」, 魯宮南門. 「兩觀」, 是宮門外左右二臺上的樓, 附屬於雉門. 災實從兩觀起, 如曰雉門災及兩觀, 便與事實不附, 倘曰兩觀災及雉門, 按『穀梁傳』的解釋, 兩觀卑, 雉門尊, 卑不可以及尊. 無論按照『公羊傳』或『穀梁傳』的說法, 都是經文先言雉門, 後及兩觀, 并且把【災】字放在兩觀下面, 暗示兩觀主災. 這樣既合事實, 又顯示雉門重要, 兩觀不重要. 此處

【先後顯旨】, 有分別輕重或尊卑的用意.]

201. 詹注10-7: 黃注··"【婉章志晦】에 대해서는 【五例】」의 주를 참고하라." 『左傳』「成公 14年」··"그렇기 때문에 군자가 이르길··'『春秋』의 언급은 간략하나 의미가 분명하며, 기록은 간략하고 난해하나 완곡한 표현을 통해 정연한 문장을 이루었으며, 사실을 곡진하게 기록하면서도 왜곡이 없으며, 惡人을 징계하고 선인을 격려하고 있다. 성인이 아니라면 누가 능히 이렇게 만들 수 있겠는가?'" 杜注··"【志】는 【記: 기록하다】의 뜻이고, 【晦】 역시 【微: 미묘하다】는 뜻이다. 간략한 언어로 사실을 기록하였고, 역사를 기록함에 문사가 미묘하였다." 또한 "【婉】은 【曲】과 같은 뜻이다. 완곡한 문사는 피해야 할 것이 있더라도 위대한 도리를 드러내어 篇章을 이루었다." 또한 「昭公 11年」··"그러한 까닭에 『春秋』의 언급은 간략하나 내용은 분명하며, 서술은 완곡하나 그 뜻은 구분된다." 斯波六郎··"劉勰은 여기에서 【婉章志晦】」 2구만을 언급했으나 실제로는 『左氏傳』의 【간략하나 의미가 분명하며, 기록은 간략하여 난해하나 완곡한 표현을 통해 정연한 문장을 이루었으며, 사실을 곡진하게 기록하면서도 왜곡이 없으며, 惡人을 징계하고 선인을 격려하고 있다.】의 전체적 의미를 모두 포괄하였다. 여기서 언급된 【諒以邃矣】와 『左氏傳』의 【非聖人誰能脩之: 성인이 아니었다면 누가 이런 글을 쓸 수 있단 말인가?】를 대조하여 본다면 깊이 감상할만한 의의가 있다." [黃注··"【婉章志晦】見「五例」注." 『左傳』「成公十四年」··"故

君子曰:‘『春秋』之稱, 微而顯, 志而晦, 婉而成章, 盡而不汙, 懲惡而勸善. 非聖人, 誰能修之?’” 杜注:“【志】,【記】也,【晦】亦【微】也. 謂約言以紀事, 事敍而文微.” 又昭公十一年:“故曰:『春秋』之稱, 微而顯, 婉而辨.” 斯波六郎:“彦和此處雖僅用「婉章志晦」二句, 實際上可能含有『左氏傳』【美而顯, 志而晦, 婉而成章, 盡而不汙, 懲惡而勸善】的全部意義. 將這里的【諒以邃矣】和『左氏傳』【非聖人誰能脩之】對照起來看, 其中用意是値得玩味的.”]

202. 范注2-16: 【諒以邃矣】는 『文學志』에 【原已邃矣】로 되어 있다. 【婉章志晦】에 대하여 杜預 「春秋左氏傳序」:“둘째 【志而晦】: 간략한 언어로 제도를 보여주어 미루어 그 예를 알 수 있게 하는 것으로 모임 장소가 불분명하지만 누구와 함께, 어느 날짜에 도착했다는 것이 그러한 예다. 셋째 【婉而成章】: 완곡하게 議訓에 따라 큰 도리를 보여주는 것으로 諱避를 할 때 璧은 許田을 빌려 말하는 것이 그 예다.” [【諒以邃矣】『文學志』作【原已邃矣】. 【婉章志晦】者, 杜預「春秋左氏傳序」:“二曰【志而晦】. 約言示制, 推以知例, 參會不地, 與謀日及之類是也. 三曰【婉而成章】: 曲從議訓, 以示大順, 諸所諱避, 璧假許田之類是也.”]

詹注10-8: 『校證』:“『御覽』에는 【諒以】가 【源已】로 되어 있다. 『唐寫本』에는 【以】가 【已】로 되어 있다.” 【已】字로 쓰는 것이 意味深長하다. [『校證』:“『御覽』【諒以】作【源已】. 『唐寫本』【以】作【已】.” 按作【已】字義長.]

明 屠隆 『文論』(『由拳集』卷二十三):“세상 사람들이 『六

經』을 논하면서 경솔하게 『六經』은 성인의 마음을 서술한 것이라 말하지만, 聖人이 말씀하신 道術이야말로 순수하고 결백하여 천하를 환하게 비추니 만세에 찬연하여 마치 日月이 하늘에서 운행하는 것과 같아 천하에서 만세에 걸쳐 귀하게 여겼던 것이다. 무릇 『六經』의 귀한 바는 道術이며, 이는 확고한 것이니, 내가 이를 이해한다면 어찌 문장이 성대해지지 않겠는가! 『周易』의 현묘함, 『詩經』의 온화하고 은은함, 『書經』의 장중하고 전아함, 『春秋』의 간략하고 장엄함에는 후세 문인들의 纖弱하거나, 화려하거나, 경망스럽거나, 재주나 부리는 것이 전혀 없으며 힘찬 風骨을 갖추고 높은 곳에서 千古를 내려보니 『禮記』「檀弓」, 『周禮』「考工記」 등은 높은 봉우리가 우뚝 솟아나듯, 파도가 이어 밀려오는 자태를 뽐내니 실로 문장의 大觀이라 하겠다." [明屠陵『文論』(『由拳集』卷二十三)‥"世人譚『六經』者, 率謂『六經』寫聖人之心, 聖人所謂道術, 醇粹潔白, 曉告天下, 萬世燦然, 如揭日月而行, 是以天下萬世貴之也. 夫『六經』之所貴者道術, 固也, 吾知之, 卽其文字奚不盛哉! 『易』之沖玄, 『詩』之和婉, 『書』之莊雅, 『春秋』之簡嚴, 絶無後世文人纖穠佻巧之態, 而風骨格力, 高視千古, 若『禮』「檀弓」, 『周禮』「考工記」等篇, 則又峯巒峭拔, 波濤層起, 而姿態横出, 信文章之大觀也."]

203. 詹注11-1: 『校證』‥"【『尙書』則覽文如詭】에서 【而訪義方隱】까지 4句 24字는 傳校元本, 兩京本, 王惟儉本, 梅六次本, 張松孫本에는 없다." 梅注‥"【書實記言】부터는 倒錯으

로 뜻이 알기 어려워 내가 여러 선본에 의거하여 校定하였다.” 紀昀 : “네 마디 말로 두 경전을 모두 포괄하려 했으니 이 위에 몇 구가 누락되었을 것이다.” 黃叔琳 : “【諒以邃矣】 다음에 【『尙書』則覽文如詭, 而尋理則暢: 『春秋』則 觀辭立曉, 而訪義方隱】 운운 했으나…… 이는 『五經』을 나누어 논한 것이니 응당 『書經』과 『春秋』만 거론해서는 안 될 것임에도 쓸데없이 【覽文】 운운한 것이다.” 『校釋』 : “黃叔琳이 ……에서 응당 『書經』과 『春秋』만 거론해서는 안 될 것이라 말하였는데, 이 또한 옳지 않다. 劉勰이 『五經』에 대하여 나누어 언급한 뒤 다시 이 두 경전을 골라 논한 것은 이 두 경전이 隱顯에 분명한 차이가 있어 성인 문장의 특별한 성취, 즉 表裏가 다른 體式과 神理를 지니고 있음을 비교하여 드러내고자 함이었다. 최근 학자 張孟劬 『史徵』 : ‘「宗經」篇에서 六禮의 문장을 논하면서 『易』, 『禮』, 『詩』 三經을 언급하지 아니했으니 아마도 누락된 부분이 있을 것이다.’ 이는 같은 오류를 범한 것이다. 위 문장에서 명확하게 『五經』을 논했는데 어찌 부족하다 하는가?” [『校證』 : “【『尙書』則覽文如詭】至【而訪義方隱】四句二十四字, 傳校元本, 兩京本, 王惟儉本, 梅六次本, 張松孫本, 無.” 梅注 : “自【書實記言】」下, 倒錯難通, 余從諸善本校定.” 紀云 : “四語括盡兩經, 然此上疑脫數句.” 黃叔琳 : “【諒以邃矣】下有【『尙書』則覽文如詭, 而尋理則暢; 『春秋』則 觀辭立曉, 而訪義方隱】云云, …… 且『五經』分論, 不應獨擧『書』與『春秋』, 贅以【覽文】云云.” 『校釋』 : “黃叔琳……至謂不應獨擧『書』與『春秋』, 亦非. 舍人于『五經』之

後, 復提此二經幷論者, 正以二經隱顯有別, 比論之以見聖文殊致, 表裏異體, 而各當神理也. 近人張孟劬『史徵』亦謂··'此篇論六禮之文, 缺論『易』、『禮』、『詩』三經, 疑有脫文.' 其誤亦同. 且上文明有論『五經』一段, 何得曰缺邪?"]

『札記』··"『尙書』의 기록은 당시의 언어로 쓴 것이기에 당시로써는 이상한 것이 아니었다. 劉勰의 이러한 언급은 약간 헤아림이 부족하다 하겠다. 그리하여 韓愈가 【周『誥』殷『盤』, 佶屈聱牙: 周代의 『誥』, 殷代의 『盤』은 글이 너무 어려워 읽기 힘들다.】고 했던 것이다." [『札記』··"按『尙書』所記, 卽當時語言, 當時固無所謂詭也. 彦和此語, 稍欠斟酌. 然韓退之亦云【周『誥』殷『盤』, 佶屈聱牙矣.】"]

『玉篇』··"【詭】는 【怪: 괴이하다】와 같은 뜻." 여기서 언급한 『尙書』의 문사가 古怪하여 이해가 어렵다는 것은 위 문장의 【訓詁茫昧】와 서로 호응한다. [『玉篇』··"【詭】, 【怪】也." 此處謂『尙書』的文辭古怪難懂, 與上文【訓詁茫昧】相應.]

204. 詹注11-2: 橋川時雄··"『唐寫本』에 【觀】은 【親】으로 되어 있으나 잘못된 것이다." [橋川時雄··"『唐寫本』【觀】作【親】, 誤."]

『注訂』··"『尙書』의 문사는 이해하기 어려우나 의미가 간략하여 이치를 이해하면 의미가 잘 통하기에 처음부터 깊이 생각하면 쉽게 이해할 수 있다. 『春秋』는 문사가 분명하고 구절이 간략하나 종종 내용을 이해하기가 어렵다."

[『注訂』: “『尙書』文艱義簡, 理近而順, 初思之易解. 『春秋』辭顯句約, 驟求之難得.”]

205. 詹注11-3: 『校證』: “【聖文】은 원래 【聖人】으로 되어 있었다. 徐氏가 【聖文】으로 교정하였다. 『唐寫本』, 『御覽』 모두 【聖文】이라 하였기에 지금 이에 의거하여 바로잡았다.” 【致】는 【表達】과 같은 뜻. 【殊致】는 表達의 방법이 다름을 말한다. [『校證』: “【聖文】原作【聖人】, 徐校作【聖文】. 按『唐寫本』, 『御覽』俱作【聖文】, 今據改.” 【致】是表達, 【殊致】謂表達方式不同.]

『斟詮』: “【聖文】은 孔子가 刪定한 『尙書』 『春秋』를 지칭한다. 【殊致】는 풍격이 서로 다른 것을 말한다.” [『斟詮』: “【聖文】, 指孔子所刪修之『尙書』『春秋』. 【殊致】, 謂風格互殊也.”]

206. 范注2-15: 【聖人】은 『文學志』에 【聖文】으로 되어 있고, 『唐寫本』에도 【聖文】으로 되어 있다. [【聖人】『文學志』作【聖文】, 『唐寫本』亦作【聖文】.]

詹注11-4: 橋川時雄: “【觀辭立曉……】4句 22字는 汪, 余, 張, 胡 각 판본에 【春秋則】에서 【至根柢槃深】 앞까지 이어져 있다. 『唐寫本』, 『御覽』에는 한두 자가 같거나 다르지만 여러 板本과 같고, 造句도 순리에 맞아 意味가 서로 통한다. 橋川時雄은 다시 汪, 余, 張의 舊本에는 【章條纖曲】 이하 【執而】 4句 16字가 탈락되었다고 여겨 『唐寫本』와 『御覽』에 근거하여 보완하였다. 이리해야 이 구절이 내용이 잘 통할 수 있다. 胡, 王, 楊, 梅 제가들은 어떤 의도에서 고의로 순서를 바꿔 많은 의문이 생기게 하여 결국 읽을 수 없는 지경에 이르게 했을까? 잘못된 흔적이 너무 많다. 지금부터 각 판본 차서의 錯亂을 다음과 같이 서술해본다. [橋川時雄··"【觀辭立曉……】凡四句二十二字, 汪、余、張、胡各本, 接于【春秋則】下, 續于【至根柢槃深】上. 『唐寫本』、『御覽』雖有一二字異同, 亦與諸本同, 造句坡順, 意義相通也. 時又按汪、余、張舊本【章條纖曲】下, 脫落【「執而】四句十六字, 今從唐寫、『御覽』補之. 則此一節可以通暢. 胡、王、楊、梅諸家何意故爲倒錯, 致群疑紛起, 竟迄于不可讀? 劣迹可厭也. 今將各本錯亂次第, 列述于下··]

一. 胡本, 王本: 【然覽文如詭, 而審理則暢】 10字를 【書實紀言】 다음에 보충하였다. 【而訓詁茫昧, 通乎爾雅, 則文意曉然】 14字를 【最附深衷】句 다음에 이어 붙였다. 또 【章條纖曲】 다음에 【觀辭立曉而訪義方隱, 春秋則】 12字를 두었다. 【此聖人之殊致】 2句는 【諒以邃矣】句 아래에 연결시켰다. [一. 胡本、王本: 以【然覽文如詭, 而審理則暢】十字, 補于【書實紀言】下. 【而訓詁茫昧, 通乎爾雅, 則文意曉然】十四字, 則接于【最附深衷】句下. 又【章條纖曲】下, 有【觀辭立曉而訪義方隱, 春秋則】十二字. 【此聖人之殊致】二句, 則接于【諒以邃矣】句下.]

二. 梅本: 梅本注··"【書實記言】 이후는 倒錯으로 인해 해독이 어려워 내가 여러 선본을 참조하여 校定하였다." 曹能始는 梅本에 批注를 달면서··"이 단락은 青州本

과 同異가 존재하나 나는 이 판본이 훌륭하다고 생각한다." 橋川時雄은 이 판본에 근거하여【書實記言】다음에【然覽】」10字가 있으나【而詁】14字는 없으며,【而詁】14字를【深衷】다음에 연결해야 된다고 여겼다.【纖曲】다음에【執而】4句 16字가 있다. 注:·"원래는 누락된 것이나 朱氏가『御覽』에 의거하여 보충한 것이다." 그 다음에【一字見義】句가 이어지며, 그 뒤에【故觀辭立曉而訪義方隱】10字가 있다.【此聖人】2句는【邃矣】다음에 이어 붙였으나 倒錯 현상은 胡, 王 두 판본과 같다.『御覽』에 근거하여【執而】4句를 증보한 것이 보다 좋으나『御覽』전편을 따르니 만 못하니 정말 아쉽다. [二. 梅本: 梅本注云·"自【書實記言】下, 倒錯難通, 余從諸善本校定." 又曹能始批梅本云··"此段與青州本, 互有同異, 然以玆本爲得." 時按是本【書實記言】下有【然覽】十字, 而缺【而詁】十四字,【而詁】十四字接【深衷】下.【纖曲】下有【執而】四句十六字. 注云··"元脫, 朱按『御覽』補." 下接【一字見義】句, 此句下有【故觀辭立曉而訪義方隱】十字.【此聖人】二句, 接【邃矣】下, 倒錯略與胡、王兩本同. 惟以從『御覽』增「執而」四句爲優, 未及從『御覽』是正全篇, 可惜.]

三. 何校本:【書實記言】句 다음의【而詁】14字를 산거하고, 이를【深衷】아래에 이어 붙였다.【章條纖曲】句 다음은『御覽』에 의거【執而】」4句를 증보하였다.【諒以邃矣】句 아래에【尙書則覽文如詭, 而尋理則暢, 春秋

觀辭立曉】 18字를 첨부하였고,【諒以邃矣】句 아래【曉而訪義方隱】 6字를【異體者也】句 앞에 두었다. 何校本은 『御覽』을 근거로 약간 訂正했으나 이를 따르는 것이 완전히 정확한 것인지는 모르겠다. [三. 何校本:【書實記言】句下刪【而詁】十四字, 附之于【深衷】句下.【章條纖曲】句下, 從『御覽』增【執而】四句.【諒以邃矣】句下, 入【尙書則覽文如詭, 而尋理則暢, 春秋觀辭立曉】十八字, 于【諒以邃矣】句下, 入【曉而訪義方隱】六字于【異體者也】句上. 按何校本從『御覽』稍有訂正, 而未知完全從此是正也.]

四. 黃本: 黃本은 舊本의 본래 모습과는 사뭇 반하지만 『御覽』을 근거로【執而】 4句를 증보한 것은 실로 정확하다. 篇末의 記는 심히 애매모호하여 橋川時雄이 이해가 되지 않는다 했다. 篇末 記:“이 편은 梅本에서 書實…… 부분은 朱氏가 『御覽』에 의거 증보한 것이다.” 橋川時雄은 梅本에는【而訓】 운운한 부분이 없고,【然覽】 10字가 있다고 하였다. 黃本에서 梅本이라 한 것은 결코 梅本이 아니며, 梅本의 錯誤는 한꺼번에 앞서 기술하였다. 黃本 記에서 다시:“【觀辭立曉】 12字는 필요 없으며. 마땅히 王惟儉本을 따라야 한다.” …… 橋川時雄은 梅本에【故觀辭】 이하 10字는 있으나 『尙書』 云云한 句가 없는 것으로 보아 앞서 몇 번 언급하였듯이 黃本에서 梅本이라 한 것은 사실은 王本이라고 생각하였다. 이러한 어그러짐은 실로 가소롭다. 紀昀··"이 주석에는 王本을 언급했으나 실제로는 梅本을 따랐다." 紀昀은 다시··"癸巳年 三月에 武進 출신의 劉青垣과 함께 편수작업을 하면서 …… 校勘하면서 王本이 明代의 사람들에 의해 마음대로 고쳐졌음을 알았다." 橋川時雄이 다시 『四庫全書』에 기록된 『永樂大典』本에 근거하여보니 결코 梅本과 같지 않았고, 『四庫全書』本은 王, 余 舊刻本과 동일하였다고 하였다. 紀昀의 기록 역시 망령됨이 심하다. 이 부분의 각 판본은 대단히 혼잡하여 지금은 일률적으로 『唐寫本』에 의거하여 校正하였다. [四. 黃本: 黃本頗反于舊本之正, 又從『御覽』增【執而】四句, 誠是. 惟篇末所記, 甚爲糊塗, 是則時之所不解也. 篇末記云··"是篇梅本, 書實……朱從『御覽』補." 時按梅本無【而訓】」云云, 有【然覽】十字. 黃本所謂梅本, 幷非梅本, 梅本錯誤, 一爲已述于前. 黃本又記云··"無【觀辭立曉十二字……. 宜從王惟儉本." …… 時又按梅本有【故觀辭】以下十字, 無『尙書』云云等句, 如前數條記述, 黃本所謂梅本者, 實正爲王本. 如此之舛陋, 可笑. 紀昀云··"此注云王本, 而所從仍是梅本." 紀昀又云··"癸巳三月, 與武進劉青垣編修…… 校勘……知王本爲明人臆改." 時又按『四庫』所著錄之 『永樂大典』本, 亦幷不與梅本相同, 『四庫』本則王、余舊刻相同也. 紀氏所記亦妄甚. 可見這一部分各本非常混亂, 今一律就『唐寫本』校正.]

斯波六郎··"위의 【夫『易』惟談天】」에서 【諒以邃矣】까지

『五經』의 문체 특색에 대하여 나누어 논술한 뒤, 여기서 다시 『五經』의 본체를 개괄적으로 논하는 방식은 지극히 번잡하니 아마도 劉勰도 이러한 것을 달갑게 여기지는 않았을 것이다. 이러한 이유에서 【『尙書』則,……】 이하 4句에서 『五經』의 文體에 대해 各論한 뒤 『五經』 가운데 【말을 기록한 것을 『尙書』, 사업을 기록한 것을 『春秋』라 한다.】(「史傳」篇)는 심각한 관계를 예로 들어 작법이 확연이 다른 두 經典을 대조함으로써 聖人 文章의 특별한 체식을 설명하려는 것이라 생각할 수도 있을 것이다." [斯波六郎: "上文自【夫『易』惟談天】至【諒以邃矣】分別論述『五經』文體特色, 而此處再次概論『五經』本體, 方式至爲繁瑣, 恐非彥和樂意採用者. 因此可以認爲【『尙書』則,……】以下四句是在『五經』文體各論之後, 擧出『五經』中雖有【言經則『尙書』, 事經則『春秋』.】(「史傳」篇) 這樣一層深刻關係, 但寫法却截然相反的二經用資對照, 以說明聖文的殊致異體"]

3-3.

經典의 문장은 뿌리가 단단하여 枝葉은 무성하고, 문사는 간략하나 그 내용은 풍부하며, 사실은 비근하지만 그 비유는 심원하다. 따라서 오래 전의 문장이라 하더라도 그 여운은 나날이 새롭다. 後進이 이를 취해도 결코 늦은 것이 아니며, 先人들이 오래전부터 운용했더라도 결코 진부한 것이 아닌지라 經典은 가히 거대한 산이 비를 내려주고, 黃河가 천리에 물을 흘려준 것과 같다고 말할 수 있다.

3-3.

至(於)根柢槃深[207], 枝葉峻茂[208], 辭約而旨豐, 事近而喩遠[209], 是以往者雖舊, 餘味日新[210], 後進追取而非晩[211], 前修文(久)用而未先[212], 可謂太山徧雨, 河潤千里者也[213].

207. 詹注12-1: 舊本에는【於】字가 없으나, 『校證』에서 『唐寫本』에 의거 增補하였다. 【柢】字는 『說文解字』에서【木根: 나무의 뿌리】이라 하였다. 【槃】은【盤】으로 쓰기도 하며【蟠】과도 의미가 통한다. 彎曲하다는 뜻. 【槃深】은 『唐寫本』에는【盤固】로 되어 있다. 斯波六郎··“『老子』 59章에【深根固柢: 뿌리가 깊고 단단하다】라는 말이 있으며, ……【盤】은【磐】과 같은 뜻이며, 아래에 이어진【固】字를【深】字로 교감한 것은(당연히 타당한 글자다.)…… 어떤 이유에서 현재 판본에서【盤深】으로 했을까? …… 아마도 후인들이【盤】을【磻】으로 해석하면서【深】을【固】로 대체했을 것이다.” 橋川時雄··“【於】字가 들어가는 게 옳다. 【槃固】, 【槃深】 모두 옳다. 【槃】은【盤】의 篆書다. 『文選』「琴賦」에【盤紆隱深】이라는 구절이 있다. 注··‘【盤】은【曲: 완곡】의 뜻, ……’” [舊本無【於】字, 『校證』據『唐寫本』增. 【柢】, 『說文』··“木根也”. 【槃】一作【盤】, 與【蟠】通. 彎曲意. 【槃深】『唐寫本』作【盤固】. 斯波六郎··“『老子』第章五十九章有【深根固柢】語, ……【盤】爲【磐】之意, 下接【固】字校【深】爲要(當是妥字)…… 何以今本作【盤深】? …… 或是後人將【盤】解作【磻】, 故以【深】代【固】.” 橋川時雄··“按有【於】. 【槃固】, 【槃深】幷是. 【槃】, 【盤】之籒也. 『文選·琴賦』【盤紆隱深】, 注云··‘【盤】, 【曲】……’”]

208. 詹注12-2: 『校注』··“『楚辭』『離騷』··‘가지와 잎이 무성하길 기대했다(冀枝葉之峻茂兮).’ 王注··‘【峻】은【長】과 같은 뜻.” 斯波六郎은 위 두 구와 「隱秀」篇의【根盛而穎峻:

뿌리가 튼튼해야 지엽이 크다.】과 같은 의미라고 주장하였다. 【峻茂】는 枝葉이 그냥 무성하게 자란 것이 아니며, 그 重點은 【峻】字에 있다. 蔡邕 「月令問答」: "무릇 뿌리가 단단하고 곧으면 枝葉도 이를 따르기 마련이다." 魏 曹元首 「六代論」: "나무를 키우는 것에 비유하자면 세월이 오래 흐르면 根本은 깊고 단단해지고, 가지와 잎은 무성하게 된다." [『校注』: "『楚辭』『離騷』: '冀枝葉之峻茂兮' 王注: '【峻】, 【長】也'" 斯波六郎認爲以上二句與「隱秀」篇【根盛而穎峻】意同. 【峻茂】者言枝葉非徒茂也, 重點在于【峻】字. 蔡邕「月令問答」: "夫根柢植, 則枝葉必相從也." 魏曹元首「六代論」: "譬之種樹, 久則深固其根本, 茂盛其枝葉."]

209. 詹注12-3: 『史記』「屈原列傳」에서 『離騷』를 기리며: "언급한 글의 내용은 짧지만 그것이 지칭하는 의미는 지극히 크고, 예로 들은 것은 흔한 것이나 의미는 원대하다." 이것이 바로 【辭約而旨豐, 事近而喩遠】의 의미다. 『春覺齋論文』 「神味」條: "譚格이 이르길: '古人은 내면에서의 함양을 거쳐 이해했으나, 요즘 사람들은 밖에서 이것저것 주어든 것을 가지고 이해했다고 한다.' 내면을 함양한 사람은 많은 사실과 이치를 축적하고, 精華만을 뽑아내 한 편의 글을 지으니, 만고에 사라지지 않을 저작을 만드는데, 이는 陳繹曾이 말한 【사리에 정통한 글이란 筆札을 빌어 사리를 드러낸 것이다.】과 같은 의미이다. 【辭約而旨豐, 事近而喩遠】은 이를 두고 한 말이다." [『史記』「屈原列傳」讚『離騷』云: "其稱文小, 而其指極大, 擧類邇而見義遠." 即是

【辭約而旨豐, 事近而喩遠】. 『春覺齋論文』「神味」條‥“譚格謂‥‘古人從裏面涵養而得, 今人從外面掇拾而得.’ 裏面涵養者, 是積萬事萬理, 擷其精華, 每成一篇, 皆萬古不家磨滅之作, 此陳繹曾所謂【精于事理之文, 假筆札而著之者】耳. 【辭約而旨豐, 事近而喩遠】, 斯云得矣.”]

210. 詹注12-4: 【往者】는 『五經』을 지칭한다. 『唐寫本』에는 【餘】字 앞에 【而】字가 있다. 橋川時雄‥“【而】字가 있는 것이 옳다.” 다시‥“『唐寫本』에 【雖】字는 【唯】字로 되어 있고, 각 판본에는 【雖】字로 되어 있으나 橋川時雄은 【唯】字, 【雖】字 모두 의미가 통한다고 여겼다.” [【往者】指『五經』. 『唐寫本』【餘】上有【而】字. 橋川時雄‥“有【而】字是.” 又‥“『唐寫本』【雖】作字唯」, 各本作【雖】字, 時按【唯】、【雖】兩通.”]

211. 詹注12-5: 이는 후배가 그 속에서 탐색을 하더라도 늦은 것이 아니라는 뜻. [此謂後輩從中探索并不爲晩.]

212. 范注3-1: 『唐寫本』에 【文】은 【久】로 되어 있다. 【久】가 정확하다. [『唐寫本』【文】作【久】. 是.]

詹注12-6: 『校證』‥“【運】은 원래 【文】이었다. 曹學佺‥‘【文用】은 【運用】」일 것이다.’ 梅六次本, 張松孫本에서는 【運】으로 고쳤으며, 오늘날 이를 따른다. 『唐寫本』에서는 【久用】으로 적었다.” 斯波六郎‥“【運用】으로 고치는 것은 더욱 惡劣하다.” 范注‥“『唐寫本』에 【文】은 【久】로 되어 있다. 【久】가 정확하다.” 『校注』‥“『唐寫本』에서 【久】라

하였는데 이것이 옳다. 【文】은 形誤다. 【久用】은 上句 【追取】와 서로 짝을 이루는 말이다. 天啓 梅本은 曹學佺의 주장에 의거 【運】으로 고쳤으나 잘못된 것이다." 潘重規··"班固 「典引」··'오래되었으나 더욱 새롭고, 아무리 써도 고갈되지 않는다.' 【久用未先】은 班固의 말에 근거한 것이다. 【未先】은 【非晩】과 서로 짝을 이루는 말이다." 『斠詮』··"【未先】」은 이보다 먼저 있었던 것이 아니라는 뜻." 【일찍이 이보다 먼저 넘어선 것이 없다】고 直解할 수 있다. [『校證』··"【運】原作【文】. 曹云··'【文用】疑作【運用】' 梅六次本, 張松孫改作【運】, 今從之. 『唐寫本』作【久用】」." 斯波六郎··"改作【運用】頗爲惡劣." 范注··"『唐寫本』【文】作【久】, 是." 『校注』··"按『唐寫本』作【久】是也. 【文】其形誤. 【久用】與上句【追取】相對爲文. 天啓梅本據曹學佺說改作【運】, 非是." 潘重規云··"班固「典引」··'久而愈新, 用而不竭.' 【久用未先】, 正本班語. 【未先】與【非晩】亦相對爲文." 『斠詮』··"【未先】 未有前於此也." 直解爲【未嘗超先】.]

213. 范注3-2: 『公羊傳』 「僖公 21年」··"돌 틈 사이에서 나온 물은 일촌도 되지 않아 서로 합쳐진다. 짧은 시간에 천하에 비를 내릴 수 있는 것은 泰山뿐이다. 河海는 千里를 윤택하게 만들 수 있다." [『公羊傳』 「僖公二十一年」··"觸石而出, 膚寸而合, 不崇朝而徧于天下者, 唯泰山爾. 河海潤于千里."]

詹注12-7: 橋川時雄··"『唐寫本』에 【徧】은 【遍】」으로 되어 있으며, 나는 【徧】과 【遍】은 서로 통한다고 생각한다." 梅

注‥“『公羊傳』‥‘돌 틈 사이에서 나온 물은 일촌도 되지 않아 서로 합쳐진다. 짧은 시간에 천하에 비를 내릴 수 있는 것은 泰山뿐이다. 河海는 千里를 윤택하게 만들 수 있다.’” 『訓故』‥“『春秋考異郵』‥‘河는 물의 精氣이자, 四瀆의 精氣이며, 흘러 다니면서도 교화를 이루기에 河海가 千里를 윤택하게 만든다고 한 것이다.” 『公羊傳』의 문장은 「僖公31年」에 있다. [橋川時雄‥“唐寫【徧】作 【遍】, 時按【徧】、【遍】兩通.” 梅注‥“『公羊傳』云‥‘觸石而出, 膚寸而合, 不崇朝而徧于天下者, 唯泰山爾. 河海潤于千里.’” 『訓故』‥“『春秋考異郵』‥‘河者水之氣, 四瀆之精, 所以流化, 故曰河潤千里.” 『公羊傳』文見「僖公」三十一年.]

以上의 두 번째 단락에서는 『五經』의 중요한 저술 특징 및 위대한 성취를 설명하고 있다. [以上爲第二段, 說明『五經』的主要寫作特點, 及其偉大成就.]

3-4.

따라서 論說辭序는 『易經』에 의거하여 처음 만들어졌으며, 詔策章奏는 『書經』에서 발원하였으며, 賦頌歌贊은 『詩經』에 뿌리를 두고 있고, 銘誄箴祝은 『禮記』가 발단이 되었으며, 記傳盟檄은 『春秋』가 그 근원이다. 모두 극히 높은 표준을 세웠으며, 무한대까지 경계를 확장하니 제자백가들이 아무리 날뛰어도 결국은 그 범위를 벗어날 수 없다.

3-4.

故論說辭序, 則『易』統其首(旨)[214]; 詔策章奏, 則『書』發其源[215]; 賦頌歌讚, 則詩立其本[216]; 銘誄箴祝, 則禮總其端[217]; 紀傳銘檄, 則春秋爲根[218]; 並窮高以樹表, 極遠以啓疆[219], 所以百家騰躍, 終入環內者也[220].

214. 詹注13-1: 『校證』‥"梅六次本, 張松孫本에 【首】는 【旨】로 되어 있다." 이 단락에서 『五經』은 각종 문체의 來源이라 말하였기에 【首】, 【源】, 【木】, 【端】, 【根】 5字를 사용했다. 【旨】로 쓰면 아래의 구절의 의미와 부합하지 않는다. [『校證』‥"梅六次本、張松孫本【首】作【旨】." 按此段說『五經』是各種文體的來源, 所以用了【首】, 【源】, 【木】, 【端】, 【根】五字. 作【旨】就下面的句意不能配合了.]

『顔氏家訓』「文章」篇‥"문장은 그 근원인 『五經』에서 나왔다. 詔, 命, 策, 檄 등의 문장은 『書經』에서 나왔고, 序, 述, 論, 議는 『易經』에서 나왔으며, 歌, 詠, 賦, 頌 등의 문장은 『詩經』에서 나왔고, 祭, 祀, 哀, 誄 등의 문장은 『禮記』에서 나왔으며, 書, 奏, 箴, 銘 등의 문장은 『春秋』에서 나왔다." [『顔氏家訓』「文章」篇‥"夫文章者原本『五經』. 詔、命、策、檄, 生於『書』者也, 序、述、論、議生於『易』者也, 歌、詠、賦、頌, 生於 『詩』者也, 祭、祀、哀、誄, 生於『禮記』者也, 書、奏、箴、銘, 生於『春秋』者也."]

『札記』‥"【論說辭序, 則『易』統其首】는 「繫辭」, 「說卦」, 「序卦」 諸篇이 이와 같은 여러 문체의 근원이라는 말이다. 그 실질을 찾아보면 이러한 종류의 문체는 모두 논리적 문장이다." 『斠詮』‥"【辭序】의 【辭】는 바로 공자의 繫辭 및 趙岐의 「孟子題辭」와 같은 후세의 題辭類를 지칭하는 것이며, 【序述】 역시 이와 같은 의미다." 斯波六郎‥"「論說」篇에서 이미 【序】는 【論】體의 일종이라 언급한 바 있으며, 【辭】는 「論說」篇 말미에 기재되어 있으니 「書記」篇

을 참조하라." [『札記』··"【論說辭序, 則『易』統其首】는 「繫辭」、「說卦」、「序卦」諸篇爲此數體之原也. 尋其實質, 則此類皆論理之文." 『斟詮』··"【辭序】之【辭】乃指孔子繫辭及後世題辭若趙岐「孟子題辭」之類而言, 與【序述】亦相同." 斯波六郎··"「論說」篇曾云【序】爲【論】體之一種, 【辭】「論說」篇末載, 見于「書記」篇."]

215. 詹注13-2: 『札記』··"『書經』의 기록은 통치자가 백성들에게 고한 것이 아니라 백성들이 통치자에게 고한 것을 말한다. 그 실질을 살펴보면 이러한 종류의 글은 모두 사실을 논한 문장이다." [『札記』··"謂『書』之記言, 非上告下, 則下告上也. 尋其失支此類皆論事之文."]

郭晉稀 『文心雕龍注譯』(以下 簡稱 『郭注』)··"『詔策』··'命은 三代時期에 있어 誥命과 誓命을 함께 포괄하였다.' 여기서 말하는 【詔策】은 【誥誓】에서 기원했다. 『尙書』에 『五誥』와 『六誓』가 있으니 【詔策】은 『尙書』에서 기원하였다. 「議對」篇··'唐堯는 사방 제후의 우두머리에게 자문을 구했다.' '舜은 자문을 구한 뒤 5명의 신하를 발탁하였다.' 「奏啓」篇··'唐虞之世, 敷奏以言: 唐虞의 시대에는 구두로 진언하였다.'(※역자주: 「奏啓」篇에 「唐虞之世」은 있으나, 「敷奏以言」은 없다. 「敷奏以言」은 「章表」篇의 기록이다.) 따라서 【奏議】 역시 『書經』에서 비롯되었다." [郭晉稀 『文心雕龍注譯』(以下簡稱『郭注』)··"『詔策』云··'其在三代, 事兼誥誓.' 是「詔、策」原于「誥、誓」. 『尙書』中有五誥、六誓, 所以「詔、策」原于『尙書』. 「議對」篇云··'堯咨四岳.', '舜疇五

人.' 奏啓」云 : '唐虞之世, 敷奏以言.' 所以「奏、議」也是『書』發其原."]

『斟詮』: "顏之推는【檄】은『書經』에서 비롯되었다라고 말했으나 劉勰은『春秋』에서 비롯되었다라고 하였다. 劉勰은【章奏】가『書經』에서 나왔다고 했으나, 顏之推는【書奏】는『春秋』에서 비롯되었다고 하였다. 그러나『書經』과『春秋』는 모두 역사서이긴 마찬가지이다." [『斟詮』: "顏(之推)謂檄原於『書』, 劉(勰)則原於『春秋』. 劉謂章奏原語『書』, 顏則以書奏原於『春秋』, 此其不同之處. 然而『書』與『春秋』同爲史則一."]

216. 詹注13-3: 『札記』: "『詩經』은 韻文의 總體라 이른다. 그 실질을 살펴보면 이러한 종류는 모두 감정을 표현한 글이다." 『斟詮』: "劉勰은【贊】은 언급했으나【詠】은 언급하지 않았다. 顏之推는【詠】은 언급했으나【贊】은 언급하지 않았다. 그러나 歌詠은 서로 비슷한 種類이고, 頌讚도 서로 近似하여 대체로 큰 차이가 없다." [『札記』: "謂『詩』爲韻文之總匯. 尋其實質, 此類皆敷情之文." 『斟詮』: "劉言【贊】而未言【詠】, 顏言【詠】而未言【贊】. 但歌詠相類, 頌讚相近, 要其大體, 亦無出入."]

郭注 : "「詮賦」: '『詩經』에는 六義가 있으며, 그 두 번째를【賦】라 한다.' 「樂府」篇 : '음악에 맞춘 가사를【詩】라 하고, 詩를 성률에 맞춰 부르는 것을【歌】라 한다.' 「頌讚」篇 : '【四始】는 지극한 것이며, 『頌』이 그 첫머리에 자리한다.' 또한 :【贊】은 '크게 보아【頌】의 작은 지류일 뿐이다.'

라고 하였다. 이러한 이유에서 賦, 頌, 歌, 贊은 『詩經』에 뿌리를 두었다고 말한 것이다." [郭注··"「詮賦」云··'詩有六義, 其二曰【賦】.' 「樂府」云··'樂辭曰【詩】, 詩聲曰【歌】.' 「頌讚」云··'【四始】之至, 『頌』居其首.' 又以爲贊者, '大抵所歸, 其頌家之細條乎.' 所以說 賦、頌、歌、贊, 則『詩』立其本."]

217. 詹注13-4: 『札記』··"이들 또한 운문이나 예를 행함에 쓰이기에 『禮記』에 속한다." 『周禮』에서 太祝이 「六辭」를 지었으며, 그 여섯 번째를 【誄】라 한다. 周의 太師가 百官에게 명을 내려 관직마다 왕의 잘못을 경계하는 글을 짓게 하였다(『春秋左傳』「襄公 4年」). 『禮記』「祭統」에는 衛孔悝의 『鼎銘』을 기록하였고, 『大學』에서도 商湯의 『盤銘』을 기록하였다. 『儀禮』에도 祝辭가 있다. 『斠詮』··"劉勰은 【銘】」과 【箴】이 『禮記』에서 비롯되었다고 말했으나, 顏之推는 『春秋』에서 나왔다고 주장하였다. 이것이 서로 다른 점이다." 『札記』··"此亦韻文, 但以行禮所用, 故屬『禮』." 『周禮』太祝「作六辭」, 其六爲【誄】. 周百太師明百官, 箴王闕. 『禮記』「祭統」錄衛孔悝『鼎銘』, 又『大學』載商湯『盤銘』. 『儀禮』有祝辭. 『斠詮』··"惟劉言【銘與【箴】原於『禮記』, 顏則以爲原於『春秋』. 此其相異之處."]

218. 范注3-3: 『唐寫本』에 【紀】」는 【記】로, 【銘】은 【盟】으로 되어 있으며, 이것이 옳다. 『漢書』「藝文志」··"左史가 사실을 기록하니, 그 사실이 역사가 되었다." 『左傳』「僖公 9年」 葵丘之盟··"무릇 나와 동맹을 맺은 사람은 좋은 결말을 얻을 것이다." [『唐寫本』紀作記, 【銘】作【盟】, 是. 『漢

書』「藝文志」‥"左史記事, 事爲春秋." 『左傳』「僖公九年」葵丘之盟曰‥"凡我同盟之人, 言歸于好."]

詹注13-5: 范注‥"『唐寫本』에 【紀】는 【記】로, 【銘】은 【盟】으로 되어 있으며, 이것이 옳다. 『漢書』「藝文志」‥'左史가 사실을 기록하였고, 그 사실이 역사가 되었다.' 『左傳』「僖公 9年」 葵丘之盟‥'무릇 나와 동맹을 맺은 사람은 좋은 결말을 얻을 것이다.'" 『校證』‥"【盟】은 원래 【銘】으로 되어있으나 『唐寫本』에 【盟】으로 되어 있어 지금은 이를 근거로 고쳤다. 朱, 徐 두 사람은 【銘】은 당연히 【移】로 해야 옳다고 주장하였다." 지금은 위의 【銘誄箴祝, 則『禮』總其端】 구절에 이미 【銘】字가 있으므로 여기에서 중복해서 언급하는 것은 옳지 않다. 「定勢」篇‥"符檄書移는 분명한 결단을 楷式으로 삼아야 한다. 箴銘碑誄은 체제가 크고 심각해야 한다." 같은 종류별 구분이 여기에서도 똑같이 반복되기는 마찬가지이다. 『御覽』579에서 李充의 『翰林論』을 인용하여‥"【盟檄】은 軍事에서 비롯되었다." 이는 【盟檄】 連文의 증거다. 朱校에는 【盟】을 【移】라 하였는데, 그 의미는 비교적 사실에 가깝다. 그러나 劉勰의 생각이 구태의연하다는 뜻은 아니다. 張立齊『文心雕龍考異』(이하 簡稱 『考異』)‥"春秋時代에는 會盟이 성하였다고 했으니, 【盟】으로 하는 것이 옳다." 『札記』‥"【記傳】은 記事의 문장이며, 【移檄】 또한 사실을 논하는 문장일 뿐이다." [范注‥"『唐寫本』【紀】作【記】, 【銘】作【盟】, 是. 『漢書』「藝文志」‥'左史記事, 事爲春秋.' 『左傳』

「僖公九年」葵丘之盟曰:‘凡我同盟之人, 言歸于好.’” 『校證』:“【盟】原作【銘】, 『唐寫本』作 【盟】, 今據改. 朱、徐俱云:‘【銘】當作【移】.’ 今按上文云:‘銘誄箴祝, 則『禮』總其端.’ 已出【銘】字, 此不當復及之. 「定勢」篇云:‘符檄書移, 則楷式於明斷; 箴銘碑誄, 則體制於弘深.’ 分別部居, 與此正復相同. 『御覽』五七九引李充『翰林論』云:‘盟檄發於師旅.’ 此「盟檄」連文之證. 朱校「盟」作「移」, 其義近是, 但非彦和之舊耳.” 張立齊『文心雕龍考異』(以下簡稱『考異』):“春秋盟會爲盛, 從【盟】是.” 『札記』:“【記傳】乃紀事之文, 【移檄】亦論事之文耳.”]

郭注:“「史傳」篇:‘말을 기록한 것을 『尙書』, 사실을 기록한 것을 『春秋』라 한다.’ 따라서 紀傳은 『春秋』가 그 근본이다. 「祝盟」篇에서 거론한 曹沫, 毛遂, 秦昭, 漢祖, 臧洪, 劉琨 등이 지은 【盟】은 모두 史傳에 실려 있다. 「檄移」篇에서 거론된 劉獻公, 管仲, 呂相 등의 詰責은 모두 『左傳』에 보이며, 【오늘날의 檄文이다.】라고도 말한다. 張儀, 隗囂, 陳琳 등의 격문은 사전에 모두 보이기에 【紀, 傳, 盟, 檄은 『春秋』를 근본으로 삼는다.】라고 말한 것이다.” [郭注:“「史傳」云:‘言經則『尙書』, 言事則『春秋』’, 故紀傳以『春秋』爲根. 「祝盟」所擧曹沫、毛遂、秦昭、漢祖、臧洪、劉琨諸人之【盟】, 皆載史傳; 「檄移」所擧劉獻公、管仲、呂相等之詰責, 皆見『左傳』, 且謂【卽今之檄文.】; 張儀、隗囂、陳琳等之檄文, 亦無不見史傳, 所以說:‘紀、傳、盟、檄, 則『春秋』爲本.’”]

『校注』‥“『春秋左氏傳』에는 많은 【盟】이 있기에(예를 들면 桓公 元年「越之盟」, 僖公 9年「葵丘之盟」 등 10篇이 넘는다.) 劉勰이 그리 언급했던 것이다. 【移】는 漢代에 비로소 출현했으며(『漢書』「律曆志上」, 「公孫弘傳」, 「劉歆傳」, 「張安世傳」 등), 周代에는 아직 이러한 文體가 없었기에 어쩔 수 없이 【檄】과 함께 언급했던 것이다.” [『校注』‥“『春秋左氏傳』中所載【盟】辭之夥(如桓元年【越之盟】, 僖九年「葵丘之盟」等不下十篇), 舍人云然. 【移】文漢世始有(見『漢書』「律曆志上」、「公孫弘傳」、「劉歆傳」、「張安世傳」等), 周代尙無其體, 不得與【檄】相提並論.”]

『四庫全書總目提要』卷一九二集部總集類類存目二『六藝流別』‥“劉勰이 『文心雕龍』을 지으면서 처음으로 각종 문체를 경전들과 연관시키고 源流라 지칭하였으나, 그 주장은 이미 억측을 넘어섰다.” [『四庫全書總目提要』卷一九二集部總集類類存目二『六藝流別』‥“至劉勰作『文心雕龍』, 始以各體分配諸經, 指爲源流所自, 其說已涉於臆創.”]

219. 詹注13-6: 【疆】에 대하여, 橋川時雄‥“『唐寫本』에는 【壃】으로 적혀있다. 橋川時雄은 『說文解字』田部‥‘【疆】은 境界이며, 俗字는 【壃】이다.’에 의거하여 『唐寫本』이 오류는 아니라고 주장하였다.” [【疆】, 橋川時雄‥“唐寫作本【壃】. 時按『說文』田部‥‘【疆】, 界也; 俗作【壃】.’ 『唐寫』非誤.”]

『集注』‥“『後漢書』「蓋勳傳」‥‘즉 나무 표식을 지칭한다.’ 注‥‘【表】는 【標】다.’” 范注‥“『禮記』「樂記」‥‘대저 禮樂은 하늘의 조화에 따르고, 땅의 秩序를 망라하며, 음양

사이에서 움직여 귀신과 통하고, 高遠함의 궁극에 이르러 深厚함을 헤아린다.'" 『周易』「上繫辭」: "天地의 법칙을 範圍로 하나 지나침이 없다." 『注訂』: "【樹表】는 체재를 건립하여 준칙으로 삼는 것이다. 【啓疆】이란 범위를 개척하고 이를 이용하는 것이다." [『後漢書』「蓋勳傳」: '乃指木表.' 注: '【表】, 【標】也.' 范注: "『禮記』「樂記」: '夫禮樂之極乎天而蟠乎地, 行乎陰陽而通乎鬼神, 窮高極遠而測深厚.' 『易』「上繫辭」: '範圍天地之化而不過.'" 『注訂』: "【樹表】者, 建立體裁以爲準則. 【啓疆】者, 開拓範圍以爲利用."]

斯波六郎: "【樹表】, 【立表】, 【植表】 등은 같은 의미다. 【窮高以樹表】는 문체 분별이 최고 수준을 보여준다는 것을 말한다. 또한 【樹表】는 『淮南子』「天文訓」에서 나왔다. …… 【啓疆】, 【拓境】, 【拓宇】는 같은 의미다. 【極遠以啓疆】은 문체가 최대한도까지 확대되었음을 지칭한다. 이 두 구는 『五經』의 문장은 각종 문체의 가장 높은 봉우리이며, 아울러 각종 종류를 포괄하기 때문에 다음 문장에서 百家의 문장이 이 범위를 넘어서지 못한다고 언급했던 것이다. 이러한 사실에서 보자면 劉勰은 『五經』을 절대권위로 받들었음을 알 수 있다. 아울러 范注에서는 『樂記』의 【窮高極遠: 하늘의 조화에 다다르고】을 인용하였는데, 『樂記』 鄭注에서는 【高, 遠은 三辰(日, 月, 星)이다.】라고 하였다. 【高】, 【遠】 모두 하늘의 지칭한다. 만일 鄭注를 따른다면 『樂記』에서 말한 【遠】은 이 구절에서 언급한 것과 차이가 있다." 『斟詮』에서는 이 두 구를 【문장의 체식을 수립한 것은 그 來源이 가장 오래되었다. 후학이 경계를 개척하면 그 혜택은 대단히 장구하다.】라고 해석하였다." [斯波六郎:"【樹表】與【立表】、【植表】等同義.【窮高以樹表】是說文體分別顯示了最高水準. 又【樹表】之於出『淮南子』『天文訓』. …… 【啓疆】與【拓境】、【拓宇】等同義.【極遠以啓疆】指把文體範圍擴大到最大限度. 此二句言『五經』文章是各種文體的頂峰, 兼又包含各種種類, 故下文云百家無有能出此範圍者. 由此可見彦和是把『五經』奉爲絶對權威的. 又范注曾引『樂記』「窮高極遠」語,『樂記』鄭注云【【高】、【遠】, 三辰也.】【高】【遠】均指天空. 如從鄭注, 則『樂記』之【遠】, 與此處之用法有異."『斠詮』解此二句【謂樹立文章之體式, 來源最古; 開闢後學之疆宇, 流澤孔長也】]

220. 范注4-1:『禮記』「樂記」:"대저 禮樂은 하늘의 조화에 다다르고, 땅의 秩序를 망라하며, 음양 사이에서 움직이며 귀신과 통하고, 高遠함의 궁극에 이르러 深厚함을 헤아리게 한다."『周易』「上繫辭」:"天地의 법칙을 範圍로 하나 지나침이 없다."『漢書』「藝文志」:"오늘날 유가와 다른 학파들이 각기 자신의 장점을 주창하나 그들의 지식과 사유를 窮究히 살펴 그 요지를 밝히면 비록 폐단은 있으나 그 귀결점은 또한『六經』의 支流일 뿐이다." [『禮記』「樂記」:"夫禮樂之極乎天而蟠乎地, 行乎陰陽而通乎鬼神, 窮高極遠而測深厚."『易』「上繫辭」:"範圍天地之化而不過."『漢書』「藝文志」:"今異家者, 各推所長, 窮知究慮, 而明其指, 雖有弊短, 合其要歸, 亦六經之支與流裔."]

詹注13-7: 『唐寫本』에는 【者也】 2字가 없다. 范注··“『漢書』「藝文志」··‘오늘날 유가와 다른 학파들이 각기 자신의 장점을 주창하나 그들의 지식과 사유를 窮究히 살펴 그 요지를 밝히면 비록 폐단은 있으나 그 귀결점은 또한 『六經』의 支流일 뿐이다.’” 『五經』의 범위를 벗어나지 못하면 전진과 발전을 말할 수 없다. [『唐寫本』無【者也】二字. 范注··“『漢書』「藝文志」··‘今異家者各推所長, 窮知究慮, 以明其指, 雖有弊短, 合其要歸, 易『六經』之支與流裔.’” 旣然跳不出『五經』的圈子, 就談不上向前發展.]

『藝概』 卷一 「文概」··“『六經』은 문장의 모든 범주다. 聖人의 要旨는 경전을 통해야 그 위대함, 심오함, 무한의 廣博을 알 수 있다. 이에 『文心雕龍』에서 【백가가 아무리 날고 뛰어도 그 범위를 벗어날 수 없다.】라고 하였다.” [『藝概』 卷一「文概」··“『六經』, 文之範圍也. 聖人之旨, 於經觀其大, 備其深, 博无涯涘. 乃『文心雕龍』所謂【百家騰踊, 終入環內者也.】”]

斯波六郎··“【百家】는 諸子百家를 말한다. 「時序」篇에서 諸子를 간단하게 【百家】라고 하였다. 【騰躍】은 百家가 『五經』의 범주를 뛰어넘은 것을 말한다. 이러한 화법은 「通變」篇의 【雖軒翥出轍, 而終入籠內: 비록 옛 격식에서 벗어나려 하지만 결국은 그 울타리 내에 들어가고 말았다】와 같다. 【百家騰躍】은 위의 【窮高而樹表】을 이어서 한 언급이고, 【終入環內】는 위의 【極遠而啓疆】을 이어서 한 언급이다. 『漢書』 「藝文志」에서 諸子를 평하길··‘오늘날 유가와 다른 학파들이 각기 자신의 장점을 주창하나 그들의 지식과 사유를 窮究히 살펴 그 요지를 밝히면 비록 폐단은 있으나 그 귀결점은 또한 『六經』의 支流일 뿐이다.' 이는 사상을 언급한 것이나 여기서는 文章을 논한 것이다." [斯波六郎: "【百家】指諸子百家. 「時序」篇中述及諸子亦單言【百家】」. 【騰躍】者, 言百家有超乎『五經』之概. 此種說法與「通變」【雖軒翥出轍, 而終入籠內】同. 【百家騰躍】承上句【窮高而樹表】, 【終入環內】承上句【極遠而啓疆】. 『漢書』「藝文志」評諸子云: '今異家者, 各推所長, 窮知究慮, 而明其指, 雖有弊短, 合其要歸, 亦六經之支與流裔.' 乃言其思想, 此處係論文章."]

3-5.

經典을 본받아 體式을 가다듬고, 雅言을 헤아려 어휘를 풍부하게 하는 것은 마치 鑛山에서 銅을 주조하고, 바닷물을 끓여 소금을 만드는 것과 같다. 따라서 문장을 지음에 經典을 본받으면 다음 여섯 가지 특징을 지니게 된다. 첫째: 감정이 깊고 진지하여 거짓이 없다. 둘째: 풍격이 청순하여 잡스러움이 없다. 셋째: 敍事가 진실하여 荒誕함이 없다. 넷째: 의리가 굳고 올바르기에 사악함이 없다. 다섯째: 문체가 깔끔하고 세련되어 거칠거나 잡스럽지 않다. 여섯째: 문사는 전아하고 아름다우나 음탕하지 않다. 양웅이 보옥도 조각하지 않으면 器物이 될 수 없음을 지적한 것은 『五經』에도 文飾이 필요함을 말한 것이다. 文辭는 德行을 바탕으로 이루어지고, 덕행은 문장을 통해 전파되기에, 孔子가 언급한 文行忠信 四教 가운데, 文行이 앞에서 이끌어야 文行의 조화를 통한 教化가 이루어진다. 덕행에 힘써 명성을 얻은 사람들 가운데 聖人을 본받지 않은 사람이 없으며, 言辭의 수립에는 宗經보다 나은 것이 없다. 따라서 『楚辭』의 화려함, 漢賦의 부화함이 점점 더 심각해졌으며, 이러한 말단의 병폐를 바로잡아 정도로 돌아가게 할 수 있다면 훌륭하지 않겠는가?

3-5

若稟經以製式[221], 酌雅以富言[222], 是仰山而鑄銅, 煮海而爲鹽也[223]. 故文能宗經, 體有六義[224]; 一則情深而不詭[225], 二則風淸而不雜[226], 三則事信而不誕[227], 四則義直(貞)而不回[228], 五則體約而不蕪[229], 六則文麗而不淫[230], 揚子比雕玉以作器[231], 謂五經之含文也[232]. 夫文以行立, 行以文傳, 四敎所先[233], 符采相濟[234], 勵德樹聲[235], 莫不師聖, 而建言修辭, 鮮克宗經[236]. 是以楚豔漢侈[237], 流弊不還, 正末歸本[238], 不其懿歟![239]

221. 詹注14-1: 【制】字는 원래 【製】로 되어 있으나 이전에는 서로 통용되었었다. 『札記』··"이 두 句節이야말로 「宗經」篇의 진정한 의미다." 【稟】은 【稟承: 명령을 받다】의 뜻. 斯波六郞··"【式】은 體式의 뜻으로 문장의 格式을 지칭한다." 즉 論, 說 辭, 序 등의 문장 형식이다. [【制】, 原作【製】, 古通. 『札記』··"此二句爲「宗經」篇正意." 【稟】」謂【稟承】. 斯波六郞··"【式】, 卽體式, 指文章格式." 卽論、說、辭、序等文體形式.]

222. 詹注14-2: 郭注··"【雅】는 『爾雅』를 지칭한다. 郭璞 「爾雅序」··'무릇 『爾雅』란 訓故를 통해 의미를 통하게 하고, 시인의 感興과 吟詠을 서술하고, 먼 시대의 離詞를 두루 모으고, 실제는 같으나 호칭이 다른 것을 구분한 것이다. 실로 백가를 이해하는 통로요, 六藝의 관건이요, 학자의 심오함이요, 문인의 華苑이다. 사물을 널리 알고, 미혹을 없애고, 鳥獸草木의 명칭을 많이 알고자 함에 『爾雅』보다 좋은 것이 없다.' 이러한 까닭에 【『爾雅』를 헤아려 언사를 풍부히 해야 한다.】고 한 것이다." 斯波六郞··"【雅】는 당연히 『爾雅』다. 「練字」篇··'『爾雅』는 訓詁의 연원이며, 『蒼頡篇』은 기이한 문자의 화원이다. …… 옛것을 헤아려 새로운 것을 알 수 있으면 가히 글도 지을 수 있다.'" [郭注··"【雅】, 指『爾雅』. 郭璞「爾雅序」··'夫『爾雅』者, 所以通詁訓之指歸, 敍詩人之感詠, 總絶代之離詞, 辯同實而殊號者也. 誠九流之津涉, 六藝之鈐鍵, 學覽者之潭奧, 摛翰者之華苑也. 若乃博物不惑, 多識于鳥獸草木之名者, 莫近于『爾

雅』' 所以說【酌『雅』以富言.】" 斯波六郞··"『雅』當是『爾雅』.「練字」篇··'【雅】(『爾雅』)而淵源詁訓, 『頡』(『蒼頡篇』)以苑囿奇文. ……該舊而知新, 亦可以屬文.'"]

223. 范注5-1: 【仰】은 『唐寫本』에 【卽】으로 되어 있다. 【卽】이 정확하다. 『漢書』「殖貨傳」··"鐵山에 가서 鑄造하였다." 師古··"【卽】은 【就: 나아가다】와 같은 뜻." [【仰】『唐寫本』作【卽】, 是. 『漢書』「殖貨傳」··"卽鐵山鼓鑄." 師古··"【卽】【就】也."]

詹注14-3: 『校證』··"【卽】은 원래 【仰】으로 되어 있으며, 『唐寫本』에는 【卽】으로 되어 있다. …… 『漢書』「吳王濞傳」과 「晁錯傳」에 모두 【卽山鑄錢, 煮海爲鹽: 산에 가서 주조하였고, 바닷물을 끓여 소금을 만들었다.】는 구절이 있으며, 師古··'【卽】은 【就: 나가다】와 같은 뜻.' 이것이 바로 劉勰의 저본이기에 이를 근거로 고쳤다." [校證』··"【卽】原作【仰】, 『唐寫本』作【卽】…… 『漢書』「吳王濞傳」、「晁錯傳」俱有【卽山鑄錢, 煮海爲鹽】語, 師古曰··'【卽】, 【就】也.' 此正彦和所本, 今據改"]

『校注』··"『史記』「吳王濞傳」··'이에 더욱 교만해져 산으로가 주조하고 바닷물을 끓여 소금을 만들었다(『漢書』「吳王濞傳」에는 【水】字가 없다.).' 『索隱』··'【卽】은 【就: 나가다】와 같은 뜻이다.' 이것이 劉勰이 근거로 삼은 것이다. 따라서 【仰】은 자형이 비슷하여 생긴 오류다." 『漢書』「晁錯傳」··"황제가 이르길 吳王이 산으로 가서 주조를 하고, 바닷물을 끓여 소금을 만들어 천하의 호걸들을 유혹하려

하지만 하찮은 자들의 계획인지라 어찌 성공할 수 있겠는가?" 또한 「吳王濞傳」: "晁錯이 御使大夫가 되어 皇帝에게 이르길 …… 지금의 吳王은 전에 태자와 사이가 좋지 않자 거짓으로 병을 핑계로 朝會에 나오지 않았는데, 이는 고대의 법도대로라면 응당 誅殺에 처할 일입니다. …… 허나 자신의 잘못을 고치지 않고 더욱 교만해져 공이 직접 산으로 가서 鑄造를 하고 바닷물을 끓여 소금을 만들어 천하의 망령된 인간들을 유혹하여 난을 일으키고자 합니다." 『唐寫本』에는 【鹽】」字 다음에 【者】가 있다. 斯波六郎: "【卽山而鑄銅, 煮海而爲鹽】의 의미는 글을 짓는 사람에게 있어 經書는 無盡藏의 寶庫라는 것이다. 앞 단 말미 【泰山遍雨, 河潤千里】의 의미는 經書는 모든 작가들에게 예외 없이 무궁한 은혜를 제공한다는 것이다. 이 두개의 비유는 전후에서 호응한다." [『校注』: "『史記』「吳王濞傳」: '乃益驕溢, 卽山鑄錢, 煮海水(『漢書』「吳王濞傳」無【水】字)爲鹽' 『索隱』: '【卽】者, 【就】也.' 此舍人遣詞所本. 則作【仰】者, 乃形似之誤也." 『漢書』「晁錯傳」: "上曰: 吳王卽山鑄錢, 煮海爲鹽, 誘天下之豪傑, 白頭擧事, 此其計不百全, 豈發虖?" 又「吳王濞傳」: "錯爲御使大夫, 說上曰 …… 今吳王前有太子之隙, 詐稱病不朝, 于高法當誅. …… 不改過自新, 乃益驕咨, 公卽山鑄錢, 煮海爲鹽, 誘天下亡人謀作逆亂." 『唐寫本』「鹽」字下有「者」. 斯波六郎: "【卽山而鑄銅, 煮海而爲鹽】意爲對作文者來說, 經書爲無盡藏之寶庫; 前段末尾【泰山遍雨, 河潤千里】意爲經書對每一個作文者都施以無窮的恩惠, 這兩個譬喩是前後呼應的."]

224. 詹注15-1: 斯波六郞··“【體】는 응당 문장의 형식과 내용이 혼연일체가 된 모습을 지칭한다.” 【體有六義: 문체의 6가지 의의】는 『文體明辨序說』「文章綱領總論」에는 【有六文善: 문장의 6가지 훌륭함이 있다.】로 되어 있다. 王金凌·· “간단히 말하자면 문장을 지음에 經典을 본받으면 이러한 6가지 원칙을 얻을 수 있고, 이를 작품에 펼치면 작품 역시 이러한 6가지 현상이 있게 마련이다. 위의 첫 번째 【體】字는 크게 모든 문학작품의 體要를 지칭하는 것이다.” 【體】는 體製라 말할 수 있다. 「附會」篇··“무릇 學童이 글을 배움에 體裁를 바르게 하려면 표현하려는 사상과 감정을 神明으로 삼고, 내용의 본질적 의미를 골격으로 삼아야 하며, 문장의 辭采를 피부로 삼고, 언어적 음률을 소리의 기세로 삼아야 한다.” 【體製】는 情志, 事義, 文辭를 모두 포괄하는 것이라 할 수 있다. 【義】는 【宜: 마땅함】, 【善: 훌륭함】과 같은 뜻. 『詩經』『大雅』「文王」··“宣昭義問.” 毛傳에서··“【義】는 【善】과 같은 뜻.” [斯波六郞·· “【體】應指文章的形式和內容渾一之恣.” 【體有六義】, 『文體明辨序說』「文章綱領總論」作【有六文善】. 王金凌··“易言之, 文能宗經則可得此六項原則, 施於作品亦有此六種現象. 上一【體】字泛指整個文學作品的體要.” 按【體】謂體製. 「附會」篇云··“夫才量(童)學文, 宜正體製, 必以情志爲神明, 事義爲骨髓, 辭采爲肌膚, 宮商爲聲氣.” 可見【體製】包括情志、事義、文辭等方面. 【義】, 【宜】也, 【善】也. 『詩經』『大雅』 ·「文王」··“宣昭義問.” 毛傳··“【義】, 【善】.”]

225. 詹注15-2: 감정이 깊고 진지하여 거짓이 없음. [感情深摯而不詭詐.]

226. 詹注15-3: 풍격이 청순하여 잡스러움이 없다. 「風骨」篇‥ “의기가 빼어나고 활달하면 문학적 풍격도 청신해진다.” [風格淸純而不駁雜. 「風骨」篇‥“意氣駿爽, 則文風淸焉.]

227. 詹注15-4: 敍事가 진실하여 荒誕함이 없음. 斯波六郞‥ “【事】는 작품 내용을 구성하는 事實로 오늘날 사람들이 말하는 【素材】와 비슷하다.” [敍事眞實而無荒誕. 斯波六郞‥“【事】是構成作品內容的事實, 近于今人所謂【素材】.”]

228. 詹注15-5: 『校證』‥“【貞】은 원래 【直】으로 되어 있으나 『唐寫本』에는 【貞】」으로 되어 있다. …… 이를 근거로 고쳤다.” 『廣雅』「釋詁一」‥“【貞】은 【正: 바르다】와 같은 뜻.” 『斟詮』‥“【貞】은 바르고 변하지 않는다는 뜻.” 이 구절을 【義理가 굳고 올바르기에 사악함이 없다.】고 직해하였다. 『校注』‥“【直】은 『唐寫本』에 【貞】으로 되어 있다. 『唐寫本』을 따르는 것이 옳다. 「明詩」篇‥‘文辭는 詭異하나 意義는 정직하다.’ 「論說」篇‥‘반드시 시세에 유리해야 하고 의미는 정확해야 한다.’ 이는 모두 그 증거다.” 【回】는 【邪惡】을 말한다. [『校證』‥“【貞】原作【直】, 『唐寫本』作【貞】. …… 今據改.” 『廣雅』「釋詁一」‥“【貞】, 【正】也.” 『斟詮』‥“【貞】, 正定專一之義.” 直解爲【義理堅正而不邪.】 『校注』‥“【直】, 『唐寫本』作【貞】. 按『唐寫本』是也. 「明詩」篇‥‘辭譎義貞.’ 「論說」篇‥‘必使時利而義貞.’ 幷其證.” 【回】, 謂回邪.]

229. 詹注15-6: 文體(風格)가 깔끔하고 세련되어 거칠거나 잡스럽지 않다. [文體(風格)簡練而不蕪雜.]

230. 詹注15-7: 文辭가 전아하고 아름다우나 음탕하지 않다. 『法言』「吾子」篇: "詩人의 작품은 아름다우면서도 절도가 있으나, 辭人들의 작품은 아름다우나 음탕하다." [文辭雅麗而不淫靡. 『法言』「吾子」篇: "詩人之賦麗而則, 辭人之賦麗而淫."]

『札記』: "이것이 바로 문장을 지음에 經典을 본받은 효과다. 여섯 가지 의의 가운데【事信】과【體要】가 무엇보다 중요하다. 群言을 折衷하여 百代의 문제를 해결하는 것은【事信】의 증거다. 煩亂을 없애고 부화한 문사를 잘라 버려야【體要】가 이루어진다." 사실【情深: 감정의 심오함】이 가장 중요하다. [『札記』: "此乃文能宗經之效. 六者之中, 尤以【事信】、【體要】二者爲要. 折衷群言, 俟解百世,【事信】之徵也; 芟夷煩亂, 剪裁浮辭, 體要之故也." 其實【情深】是首要的.]

曹學佺: "『文心雕龍』은【心】을 主,【風】을 用으로 삼았다. 이러한 까닭에 六義를 먼저 보여주고, 마지막에 이를 문사로 귀결시켰다. 소위 아름다우나 음탕하지 않음이 바로【雕龍: 용을 아름답게 조각하는 것】이다." [曹學佺曰: "此書以【心】爲主, 以【風】爲用. 故于六義首見之, 而末則歸之以文, 所謂麗而不淫, 則【雕龍】也."]

『校釋』: "【情深】·【風淸】은【志】와 관련된 것이다.【事信】

·【義直】은【辭】와 관련된 것이다.【體約】·【文麗】는【文】과 관련된 것이다. …… 곰곰이 생각하여 그 의미를 推斷한다. ……【志】는 작가의 감정과 사상이다.【辭】는 감정과 사상을 기탁하여 사실을 드러내는 것이다.【文】은 사실의 표현을 통하여 그【志: 뜻, 내용】를 살필 수 있게 한다.” [『校釋』··“【情深】·【風淸】,【志】之事也. 【事信】·【義直】,【辭】之事也. ……竊嘗推闡其義. ……【志】者, 作者之情思也.【辭】者, 情思所託之而見之事也.【文】」者, 所以表其事而因以見其【志】也.”]

231. 詹注15-8:『唐寫本』에는【揚】」字 앞에【故】字가 있다. 梅注··“『揚子法言』··‘어떤 사람이 좋은 옥은 가공하지 않으며, 아름다운 문장은 억지로 수식을 가하지 않는다고 하는데 무엇을 말한 것입니까? 라고 물었다. 대답하길 구슬에 조각을 하지 않았다면 璵璠과 같은 보옥이 器物로 만들어지지 못했을 것이며, 말에 수식을 더하지 않으면 典謨가 經典이 되지 못했을 것이다.’” 이는『法言』「寡見」篇을 보라. [『唐寫本』【揚】上有【故】字. 梅注··“『揚子法言』··‘或曰良玉不雕, 美言不文, 何謂也? 曰··玉不雕, 璵璠不作器, 言不文, 典謨不作經典.’” 按此見『法言』「寡見」篇.]

232. 范注5-1:『法言』「寡聞」篇··“어떤 사람이 좋은 옥은 가공하지 않으며, 아름다운 문장은 억지로 수식을 가하지 않는다고 하는데 무엇을 말한 것입니까? 라고 물었다. 대답하길 구슬에 조각을 하지 않았다면 璵璠과 같은 보옥이 器物로 만들어지지 못했을 것이며, 말에 수식을 더하지

않으면 典謨가 經典이 되지 못했을 것이다." [『法言』「寡見」篇:"或曰良玉不雕, 美言不文, 何謂也? 曰:玉不雕, 璵璠不作器, 言不文, 典謨不作經典."]

詹注15-8: 【文】은 여기에서 修飾을 지칭한다. [【文】在此處指修飾.]

233. 詹注16-1: 范注:"『論語』「述而」篇:'공자는 文行忠信 네 가지로 가르치셨다.'" 四教 가운데 【文】과 【行】이 앞에서 이끄는 것이기에 【四教의 앞자리】는 바로 【文】과 【德行】이다. [范注:"『論語』「述而篇」:'子以四教: 文行忠信.'" 四教之中, 【文】與【行】領先, 【四教所先】, 就是 【文】與【德行】.]

234. 詹注16-2: 左思 「蜀都賦」:"그 사이에 琥珀과 丹青이 있으며, 강물 속의 진주와 아름다운 美玉, 금모래와 은빛 돌은 아름다운 문양을 뽐낸다." 劉淵林注:"【符采】는 玉의 가로 무늬다." 『文選』 曹丕 「與鍾大理書」 李善注에서 王逸의 「正部論」을 인용하여:"어떤 사람이 玉의 특징에 대해 물었다. 붉기는 닭 벼슬과 같고, 누렇기는 삶은 밤과 같으며, 희기는 돼지의 지방과 같고, 검기는 옻칠과 같은 것이 玉의 특징이라고 대답하였다." 珠寶와 같은 것은 반드시 특수한 광채를 지니고 있어 가능한 방식으로 진위를 확인할 수 있기에 【符采】라 한 것이다. 【濟】는 【成】과 같은 뜻. 【文】과 【行】은 상호작용을 통하여 교화를 이루기에 옥이 【符采】를 지닌 것에 비유한 것이다. 『抱朴子』 「文行」篇: "어떤 사람이 덕행은 근본이요, 문장은 말단이기에 四科

의 순서에 있어 문이 위에 자리하지 않으며 종이에 쓴 것은 조잡한 餘技에 지나지 않는다고 말했다. …… 抱朴子가 대답하길 …… 文이 없으면 道를 행할 수 없기에 文은 반드시 필요한 것이다. …… 또한 文章과 德行은 마치 十尺과 一丈과 같은데 이를 餘事라 말하는 것은 이전에 들어본 적이 없다고 하였다." 다른 해석방법은 비록【文】이 맨 앞에 자리한다 하더라도 반드시 옥과 그 문양처럼 다른 3개 항목과 긴밀히 하나로 결합되어야 한다고 주장한다. 斯波六郞: "【符采相濟】는 응당【文】,【行】양자가 표리를 이루어야 符采를 형성할 수 있다고 해석해야 옳다." [左思「蜀都賦」: "其間則有琥珀丹靑, 江珠瑕英, 金沙銀礫, 符采彪炳." 劉淵林注曰: "【符采】, 玉之橫文也." 『文選』曹丕「與鍾大理書」李善注引王逸「正部論」: "或問玉符. 曰: 赤如鷄冠, 黃如蒸栗, 白如猪脂, 黑如純漆, 玉之符也." 珠寶之類必有特殊的光彩可據以驗其眞僞, 故稱【符采】.【濟】,【成】.【文】與【行】相互爲用, 以成敎化, 猶玉之有符采. 『抱朴子』「文行」篇: "或曰德行者, 本也; 文章者, 末也. 故四科之序, 文不居上, 然則著紙者, 糟粕之餘事. …… 抱朴子答曰: …… 文可廢而道未行, 則不得無文. …… 且文章之與德行, 猶十尺與一丈, 謂之餘事 未之前聞也.." 另一種解釋認爲, 雖然【文】列其首, 但必須像玉與其花紋那樣, 和其它三項緊密地結爲一體. 斯波六郞: "【符采相濟】宜解作【文】與【行】二者互爲表裏, 以成符采."]

235. 范注5-2: 『僞大禹謨』: "皐陶가【種德: 덕을 베품】을 행하

였다." 枚傳··"【邁】는 【行】의 뜻이다." 오늘날의 판본에 【邁】를 【勵】로 誤記했으나 『唐寫本』에는 誤記되지 않았다. 『左傳』「文公 6年」··"風敎를 수립하였다." 『潛夫論』「務本篇」··"오늘날 학문하는 선비들은 허무한 일을 말하기 좋아하고, 다투어 화미한 문장을 지으며, 세상에서 괴이하게 여기는 것을 구한다. 사람을 평가함에 아는 게 부족해도 함부로 높이는데, 이는 도덕의 실제를 손상시키고 몽매한 사람을 위대하게 만드는 것이다. 詩賦는 善하거나 醜한 덕을 노래하고, 哀樂의 감정을 노정시키는 것이다. 따라서 溫雅함으로 문장의 내용을 확장시키고, 興喩로 감정을 다 표현해야 한다. 오늘날의 賦頌하는 사람들은 번다하고 논리도 부족한 글로 誣罔하고, 이상한 사실을 경쟁하듯 나열하고, 세상에서 괴이하게 여기는 것을 찾는다. 우둔하고 어리석은 선비들이 헛되이 이를 기이하다 하는데, 이는 아이들의 생각과 어른의 경계심을 어그러뜨리는 말이다." [『僞大禹謨』··"皐陶邁種德." 枚傳··"【邁】【行】也." 今本【邁】誤作【勵】, 『唐寫本』不誤. 『左傳』「文公六年」··樹之風聲." 『潛夫論』「務本篇」··"今學問之士, 好語虛無之事, 爭著雕麗之文, 而求見異於世. 品人鮮識, 從而高之, 此傷道德之實, 而惑矇夫之大者也. 詩賦者, 所以頌善醜之德, 洩哀樂之情也. 故溫雅以廣文, 興喩以盡意. 今賦頌之徒, 苟爲饒辯屈蹇之辭, 競陳誣罔無然之事, 以索見怪於世. 愚夫戇士從而奇之, 此悖孩童之思, 長不誡之言也."]

詹注16-3: 范注··"『僞大禹謨』··'皐陶가 【種德: 덕을 베품】

을 행하였다.' 枚傳··'【邁】는 【行】의 뜻이다.' 오늘날의 판본에 【邁】를 【勱】로 誤記했으나 『唐寫本』에는 誤記되지 않았다. 『左傳』「文公 6年」··'風教를 수립하였다.'" 『校注』··"【邁】字가 옳다." 또한 『左傳』 僖公 28년··"앞으로 뛰기를 3번, 구부려 뛰기를 3번 하였다." 杜注··"【百】은 【勱】와 같은 뜻." 『釋文』··"【勱】와 【邁】는 발음이 같다." 疏本··"【勱】를 【勵】로 오기하였는데, 같은 이유다. 대개 처음에는 【邁】로 표기하였다가 후에 잘못하여 【勵】로 쓰게 된 것일 뿐이다." [范注··"『僞大禹謨』··'皐陶邁種德.' 枚傳··'【邁】【行】也.' 今本邁誤作【勱】, 『唐寫本』不誤. 『左傳』文公六年··'樹之風聲.'" 『校注』··"按【邁】字是." 又『左傳』「僖公二十八年」··"距躍三百, 曲躍三百." 杜注··"【百】」猶【勱】." 『釋文』··"【勱】, 音【邁】." 疏本誤【勱】爲【勵】, 與此同. 蓋初由【邁】作【勱】, 後遂譌爲【勵】耳."]

斯波六郎··"【邁德】과 【樹聲】이 연용된 예는 魏 吳質 「在元城與魏太子箋」의 【若乃邁德種恩, 樹之風聲, 使農夫逸豫於疆畔, 女工吟詠於機杼, 固非質之所能也.】에서도 볼 수 있다." [斯波六郎··"【邁德】與【樹聲】連用之例, 見于魏吳質「在元城與魏太子箋」【若乃邁德種恩, 樹之風聲, 使農夫逸豫於疆畔, 女工吟詠於機杼, 固非質之所能也.】"

『斟詮』··"『唐寫本』에 【邁】로 되어 있으며, 【勱】와 同音 假借字다." 다시··"【勱德】은 덕업을 쌓는 일에 매진함을 말한다." [『斟詮』··"『唐寫本』作【邁】, 亦【勱】」之同音假借字." 又··"【勱德】, 謂勉進德業."]

236. 詹注16-4: 『周易』「乾·文言」: “말을 바르게 하고, 마음을 정성스럽게 함은 業을 닦기 위함이다.” 「情采」篇: “『風雅』는 멀리하고 辭賦만을 따른다.” [『易』「乾·文言」: “修辭立其誠, 所以居業也.” 「情采」篇: “遠棄『風雅』, 近師辭賦.”]

237. 詹注16-5: 「通變」篇: “楚漢時代의 작품은 지나치게 과장되고 화려하다.” 斯波六郎: “『楚辭』의 화려함에 대하여, 「辨騷」篇에서: ‘찬란하고, 아름답고, 우울하고, 화려하다.’, ‘문채가 경이롭고, 艷麗가 극치를 이루었다.’, ‘평범한 문인은 아름다운 문사만 취하려 한다.’” 『漢書』「藝文志·詩賦略」: “그 후로 宋玉, 唐勒이 있었다. 漢代가 들어와 枚乘, 司馬相如에서 揚雄에 이르기까지 지나치게 미려하고 과식적인 글로 경쟁하니 諷諭의 뜻은 사라지고 말았다.” 皇甫謐 「三都賦序」: “宋玉의 무리에 이르러 부화한 글이 함부로 창작되니 말이 사실보다 과했고, 다투어 과장에 힘쓰는 경향이 일어나 점차 체식을 상실하여 『風雅』의 원칙이 이로 인해 어그러졌다. 漢代 賈誼에 이르기까지는 자못 예로써 절제하는 경향이 있었으나 이 이후로 글을 쓰는 사람들은 典言을 멀리하고 과장에만 몰두하였다. …… 부화뇌동하여 경물에만 매달리니 방탕한 흐름이 정상으로 돌아오지 않은 것은 비단 한 시기의 일이 아니다.” [「通變」: “楚漢侈而艷.” 斯波六郎: “『楚辭』之艷, 「辨騷」篇云: ‘耀艷而采華.’ ‘驚采絶艷.’, ‘中巧者獵其艷辭.’” 『漢書』「藝文志·詩賦略」: “其後宋玉、唐勒; 漢興, 枚乘、司馬相如, 下及揚子雲, 競爲侈麗宏衍之詞, 沒其諷諭之義.” 皇甫謐「三都賦

序」··"宋玉之徒, 浮文放發, 言過其實, 誇競之興, 體失之漸, 『風雅』之則, 於是乎乖. 逮漢賈誼, 頗節之以禮, 自是厥後, 綴文之士, 不率典言, 並務誇張. …… 雷同景附, 流宕, 非一時也."]

238. 詹注16-6: 『校證』··"『唐寫本』에서는 【正末】이 【極正】으로 되어 있다." [『校證』··"『唐寫本』【正末】作【極正】."]

『校注』··"『唐寫本』은 정확하지 않다. 【極】은 文章을 지나치게 찬미한 것이기에 잘못된 것이며, 단지 【末】字가 탈락됐을 뿐이다." 橋川時雄··"『唐寫本』에서 【歟】字는 【哉】字로 되어 있다. 【歟】字와 【哉】字 모두 옳다고 생각한다." 郭注··"【末】은 당시의 문풍을 지칭한다." 「通變」··"宋代 초기의 문풍은 詭誕異과 新奇만 추구하였다." 「定勢」··"近代 이래의 작가 대부분은 내용의 기이함, 문사의 교묘함을 좋아하였다." 【本】은 『五經』의 문풍을 지칭한다. 『文心雕龍』「詮賦」篇··"宋玉이 과장된 이야기를 만드니 실로 음탕하고 화려한 기풍이 시작되었다.…… 그러나 말류를 추구했던 사람들은 근본을 멀리하니 비록 수천 편의 부를 읽는다 하더라도 작품 핵심에 대하여 더욱 미혹하게 되니 결국 꽃이 지나치게 많아 가지가 찢어지고, 너무 비만하여 뼈를 해하며, 규범을 귀하게 여기지도 않으니 勸誡에도 아무런 도움이 되지 않는다." [『校注』··"按『唐寫本』非是. 【極】字蓋涉贊文而誤, 又脫去【末】字耳." 橋川時雄··"唐寫【歟】作【哉】. 時按【歟】、【哉】兩是." 郭注··"【末】, 指當時文風." 「通變」··"宋初訛而新." 「定勢」··"近代辭人, 率

好詭巧.”【本】, 指『五經』文風. 『文心雕龍』「詮賦」篇:“宋發巧談, 實始淫麗.……然逐末之儔, 蔑棄其本, 雖讀千賦, 愈惑體要, 遂使繁華損枝, 膏腴害骨, 無貴風軌, 莫益勸戒.”]

斯波六郞은 최후의 一段에 대해:“정확하게 宗經의 필요성을 논한 것으로 그 내용은 다시 세 부분으로 나눠진다. 【「故論說辭序」에서 【煮海而爲鹽也】까지의 18구가 첫 번째 절이다. 후세의 모든 문체가 『五經』의 文章에서 비롯되었음을 서술하였다. 【故文能宗經】에서 【謂『五經』之含文也】까지의 10구가 두 번째 절이다. 문장에서 宗經의 장점을 서술하였다. 【夫文以行立】에서 【不其懿歟】까지의 12구가 세 번째 절이다. 후세에 宗經의 문장이 너무 적음을 애석하게 여겼다. …… 세 번째 절의 旨趣와 「徵聖」篇 말미의 【天道難聞, 猶或鑽仰……】은 대략 같은 의미이며, 논술 방법 역시 유사하다.” [斯波六郞謂最後一段:“正面論述宗經之必要性, 其中又分三節. 自【故論說辭序】至【煮海而爲鹽也】十八句爲一節. 敍述後世諸文體皆源出『五經』文章. 【故文能宗經】至【謂『五經』之含文也】十句爲第二節. 論述文章中因宗經而生的長處. 【夫文以行立】至【不其懿歟】十二句爲第三節. 惋惜後世宗經之文甚少. …… 第三節之旨趣與「徵聖」篇末【天道難聞, 猶或鑽仰……】大致相同, 論述方法亦類似.”]

세 번째 단락에서는 문장 창작에 있어 宗經의 필요성을 강조하였다. 작자는 문장을 지음에 宗經을 실천한 수 있으면 6가지의 장점을 생산할 수 있으나, 經典을 벗어나면 반드시 流弊가 생긴다고 주장하였다. 아울러 후대의 각종 문체는 모두 『五經』에서 나왔기 때문에 이 책 전반부 「明詩」篇에서 「書記」篇까지 문체를 나누어 설명하면서 『宗經』을 근거로 삼지 않을 수 없다고 주장하였다. [第三段强調爲文必須宗經. 作者認爲文能宗經, 就會產生六方面的優點, 違經就會產生流弊. 又認爲後代各種文體都出于『五經』, 所以本書上半部從「明詩」到「書記」分論文體, 不能不以『宗經』爲根據.]

239. 范注5-3: 『論語』「述而篇」··"孔子는 文, 行, 忠, 信 네 가지로 가르치셨다." [『論語』「述而篇」··"子以四敎: 文行忠信."]

3-6.

贊에서 이르길: 天地人 三才 불변의 도리에 대한 언급은 너무나 심오하여 옛것을 헤아려 보아야 그 의미를 알 수 있다. 교화에 이르는 길은 오직 하나이고, 그 가르침을 나누어 보면 이 다섯 가지이다. 성령을 가다듬는 것이 문학의 寶庫를 만드는 것이다. 심오하고 아름답도다! 문장의 시원이여!

3-6.

贊曰: 三極彝道, 訓(道)深稽古[240]. 致化歸一[241], 分敎斯五[242]. 性靈鎔匠[243], 文匠奧府. 淵哉鑠乎[244], 羣言之祖.

240. 詹注17-1: 『校證』: "【三極彝道, 道深稽古】는 원래 【三極彝道, 訓深稽古】으로 되어 있다. 鈴木: '【三極彝訓】은 이미 본문에 있다. 이곳의 【道】와 【訓】은 아마도 순서가 잘못되었을 것이다.' 鈴木의 주장이 옳기에 오늘날 이에 근거하여 고쳤다." 斯波六郎: "【道深稽古】 운운한 것은, 道는 본시 深遠한 것이기에 옛것을 헤아려야 비로소 그 의미를 명확하게 알 수 있다는 것이다." [『校證』: "【三極彝道, 道深稽古】原作【三極彝道, 訓深稽古】. 鈴木云: '案【三極彝訓】, 已見正文. 此【道】、【訓】二字錯置.' 案鈴木說是, 今據改." 斯波六郎: "【道深稽古】云者, 因其道深遠, 故須稽古始能明之意."]

241. 詹注17-2: 『校證』: "【歸】字는 『唐寫本』에 【惟】字로 되어 있다." 『校注』: "【唯一】과 【斯五】가 서로 대를 이루기에 『唐寫本』이 옳다. 『書經』 「僞大禹謨」: '무릇 깊이 생각하여 통일하여야 한다.'" 【致】는 【到達】과 같은 뜻. 張衡 「二京賦」: "황제는 하늘의 뜻에 따라 교화를 이루어야 한다." 【致化惟一】은 교화에 이르는 길은 오로지 하나, 즉 宗經이라는 뜻. [校證』: "【歸】, 『唐寫本』作【惟】." 『校注』: "【唯一】與【斯五】對, 『唐寫本』是也. 『書經』「僞大禹謨」: '惟精惟一.'" 【致】, 【達到】. 張衡「二京賦」: "帝者因天地以致化." 【致化惟一】是說達到教化的途徑只有一個, 卽宗經.]

242. 詹注17-3: 『校注』: "『禮記』 「經解」: '나라에 가면 교화를 알 수 있다. 爲人이 溫柔敦厚함은 『詩經』의 가르침이다. 두루 통하고 원대함을 아는 것은 『書經』의 가르침이다. 널

리 좋은 기풍으로 바꾸는 것은 『樂經』의 가르침이다. 정결하고, 정밀함은 『易經』의 가르침이다. 공손하고, 검소하고, 장중하고, 예의가 바른 것은 『禮記』의 가르침이다. 글을 지음에 사실에 견주어보는 것은 『春秋』의 가르침이다.' 『樂經』은 일실된 지 오래되었기에(篇中에서도 『五經』만 언급하였다.) 【가르침을 나누어보면 이 다섯 가지이다.】라고 한 것이다." [『校注』: "『禮記』「經解」: '入其國, 其敎可知也. 其爲人也, 溫柔敦厚, 『詩』敎也; 疏通知遠, 『書』敎也; 廣博易良, 『樂』敎也; 契靜精微, 『易』敎也; 恭儉莊敬, 『禮』敎也; 屬辭比事, 『春秋』敎也.' 『樂經』久亡(篇中亦止論五經), 故云【分敎斯五.】"]

243. 詹注17-4: 錢大昕 『恒言錄』卷一 「人身類·性靈」: "『晉書』「樂志篇」: '성령을 표현함에 어찌할 줄 몰라 詠歌를 통해 표현한다……' 『文心雕龍』: '성령을 가다듬는 것은 文章의 寶庫를 만드는 일이다.'" 斯波六郎: "【性靈鎔匠】은 本文의 【洞性靈之奧區】, 【義旣極(挻)乎情性】과 서로 짝을 이룬다. 【文章奧府】는 본문의 【極文章之骨髓】, 【辭亦匠於文理】와 짝을 이룬다. 『斠詮』: "【奧府】는 【淵府】와 같은 뜻. 『傅子』: '『詩經』의 雅頌, 『書經』의 典謨는 文辭가 흡족하고 내용과도 서로 부합하니 가볍게 생각하면 가까이 있는듯하나 그 진정한 의미를 찾으려하면 멀리 있으니 광대한 문장의 淵府라 하겠다.'" [錢大昕 『恒言錄』卷一「人身類·性靈」: "『晉書』「樂志篇」: '性靈之表, 不知所以發于詠歌. ……' 『文心雕龍』: '誓令鎔匠, 文章奧府.'" 斯波六郎:

“【性靈鎔匠】與本文【洞性靈之奧區】、【義既極(挻)乎情性】相當; 【文章奧府】與本文【極文章之骨髓】、【辭亦匠於文理】」相當.” 『斠詮』: “【奧府】, 猶言【淵府】. 『傅子』: ‘『詩』之雅頌, 『書』之典謨, 文足以相副, 翫之若近, 尋之若遠, 浩浩焉文章之淵府也.’”]

244. 詹注17-5: 【淵】은 【深】과 같은 뜻. 【鑠】은 【美】와 같은 뜻. 구 전체는 얼마나 심원하고 아름다운가! 라는 뜻. [【淵】, 【深】. 【鑠】, 【美】. 全句意爲多麽深遠美好啊!]

第四篇「正緯」[245]

245. 范注1-1: 胡應麟『四部正譌』: "세상에서【讖】과【緯】를 같이 논하면서 경솔하게 이 둘이 서로 表裏를 이룬다고 말하나 실제로는 서로 다른 것이다. 緯書의 명칭은【經】과 짝을 이루기에 『六經』, 『論語』, 『孝經』 이외에는 다시 나타나지 않으며, 『河圖』, 『洛書』 등의 緯書는 『易經』에 가탁한 것이다. 讖書는 『六經』에 부속된 것이나 『論語』의 讖書 8권이 있을 뿐 나머지는 거의 보이지 않는다. 다만 이 한 종만 있다고 생각했다가 『隋書』「經籍志」를 살펴보니 注에 十餘家의 것이 보였다. 이에 讖書는 모두 고대 聖賢에 가탁하여 명명하였기에 緯書와는 체제가 완연히 다름을 알게 되었다. 무릇 그 주장이 대단히 망령되었기에 隋代에 금지시킨 뒤로 영원히 사라졌다. 이와 같은 책을 인용할 수도 없고, 唐宋의 藏書家들도 입을 닫고 언급하지 않으니 세상 사람들 가운데 아는 이가 적어 여기에 그 목록을 붙인다. 『孔老讖』 12권, 『老子洛書讖』 1권, 『尹公讖』 4권, 『劉向讖』 1권, 『雜讖書』 29권, 『堯戒舜禹』 1권, 『孔子王明鏡』 1권, 『郭文金雄記』 1권, 『王子年歌』 1권, 『嵩山道士歌』 1권. 또한 緯候라 병칭되는 것은 지금 『尚書中侯』에 목록이 있으나 다른 것은 고증하여 말할 수 없다." 이 부분은 胡應麟의 주장을 인용하여 讖과 緯의 性質이 다름을 설명한 것이다. [胡應麟『四部正譌』: "世率以【讖】

【緯】並論, 二書雖相表裏, 而實不同. 緯之名所以配【經】, 故曰『六經』『語』,『孝』而外, 無復別出, 『河圖』『洛書』等緯皆『易』也. 讖之依附『六經』, 但『論語』有讖八卷, 餘不槪見. 以爲僅此一種, 偶閱『隋』「經籍志」, 注附見十餘家. 乃知凡讖皆託古聖賢而名其書, 與緯體制逈別. 蓋其說尤誕妄; 故隋之後永絶. 類書亦無從援引, 而唐宋諸藏書家絶口不談, 以世所少知, 附其木於此. 『孔老讖』十二卷. 『老子洛書讖』一卷, 『尹公讖』四卷, 『劉向讖』一卷, 『雜讖書』二十九卷, 『堯戒舜禹』一卷, 『孔子王明鏡』一卷, 『郭文金雄記』一卷, 『王子年歌』一卷, 『崇山道士歌』一卷. 又有以「緯候」竝稱者, 今有『尙書中侯』見目中, 他不可考云." 右引胡說以明讖緯性質不同.]

徐養元 「緯候不起於哀平辨」(嚴杰의 『經義叢鈔』을 참조하라)··"옛날 劉勰이 그의 저서(『文心雕龍』)에서 이르길·· '緯書에는 4가지 거짓이 있고, 뛰어난 유생들이 검토한 뒤 (緯書가) 哀帝와 平帝 무렵에 비롯되었다고 하였다.'" 이러한 주장이 지속되자 모두 이 주장에 동의하였다. 劉熙載 『釋名』··"【緯】는 【圍: 감싸다】와 같은 뜻으로 반복적으로 經典의 주위를 맴돌다가 經이 되었다. 【圖】는 【度: 헤아리다】와 같은 뜻으로 道理를 헤아린다는 것이다. 【讖】은 【纖: 섬세하다】의 뜻으로 그 의미가 섬세하고 미묘하다는 것이다." 이 세 가지는 실제는 유사하나 이름이 다른 것으로, 미묘한 차이가 있다. 무릇 緯書의 명칭은 經과 짝을 이루기에 『六經』, 『論語』, 『孝經』 이외에는 나타나지 않았으며, 『河圖』, 『洛書』 등의 緯書는 『易經』에 가탁한 것이

다.…… 자세히 따져보면 緯書는 응당 西漢 무렵에 생겼으나 圖讖은 예로부터 있었다. 『史記』「趙世家」:“扁鵲이 秦穆公에게 잠도 자지 않고 上帝의 말을 서술하자 公孫支가 이를 적어 보관하였다. 秦代의 讖書는 이것에서 시작되었다.”「秦本紀」:“燕國 사람 盧生이 사신으로 바다에 갔다 와서 귀신의 일을 말하고 圖讖書에 기록하였다.” 圖讖의 명칭은 이것에서 처음으로 시작되었다. 기타 「三戶」의 謠, 秦始皇에 관한 언급, 『史記』「大宛傳」:“天子가 易을 적어 보내면 天馬가 반드시 西北쪽에서 온다.” 등은 대체로 이와 같은 類라 하겠다. 요약하자면 圖讖은 術士의 말이며, 처음에는 經典의 내용과 관련이 없었다. 후대의 사람들이 緯書를 만들며 圖讖에 의거하여 經典의 내용에 억지로 부합시켰다. 經典의 내용은 모두 西漢 博士들의 家語로 今文學이 되었다. 무릇 前漢時期 經典을 언급한 사람들은 災異를 말하길 좋아하여 『周易』에는 京房에 관한 기록이 있고, 『尙書』에는 夏候勝에 관한 기록이 있으며, 『春秋』에는 董仲舒에 관한 기록이 있는데, 이러한 기록은 圖讖과 상당히 유사하다. 緯書를 지은 사람들이 이를 바탕으로 文飾을 가했던 것이다. 오늘날 『乾鑿圖』와 孟喜와 京房의 易學은 서로 표리를 이루며, 卦氣가 늘어나자 『稽覽圖』에서 상세히 설명하였다. 張覇가 가짜 『百兩篇』을 지었는데, 緯書를 지은 사람들이 『中候』 18편을 조작하여 百二十篇을 符契로 삼았던 것이다. 何休는 『公羊傳』에 注釋을 가하면서 『演孔圖』를 마지막 편에 기술하였다. 鄭康成(鄭玄):“『公羊』은 圖讖에 밝다.” 또한 翼奉:“신이 『齊詩』를 배우면서 五代의 要諦를 들었습니다.” 이러한 말들은 『汎歷樞』에 보인다. 이러한 것이 經術에 문식을 가한 그 대략이다. 『周易』, 『書經』, 『春秋』에서 災異를 언급한 것이 많아 緯書 또한 많다. 『詩經』, 『禮記』, 『樂記』에는 災異를 언급한 것이 적어 緯書 또한 적다. 이전에 經義에 근접하기 위해서는 古語를 통째로 베낀 연후에야 비로소 사람들의 신뢰를 얻을 수 있었다. 『禮記』「經解」에서 【군자는 시작을 조심해야 한다. 약간의 차이가 천리의 오류를 낳기 때문이다.】를 인용하면서 【『周易』曰】이라고만 했을 뿐 【緯書曰】이라고는 언급하지 않았으나 『通卦驗』에도 이 구절이 보인다. 『史記』「天官書」에서는 【비록 현명한 천자라도 반드시 災禍의 소재를 살펴보아야 한다.】를 인용하면서 【故曰】이라고만 했을 뿐 【緯書曰】이라고 말하지 않았으나 『春秋』「文耀鉤」에도 이 구절이 있다. 이처럼 緯書가 古語를 습용한 것은 옛사람들이 緯書를 먼저 알고 인용한 것이 아니다. 『後漢小黃門譙敏碑』··“저의 할아버지, 國師 譙贛께서는 전적에 깊은 이해가 있으셨고, 讖錄과 圖緯에도 밝아 天意를 정교하게 파악하여, 그 道를 京君明에게 전하셨습니다.” 무릇 동한 무렵에는 緯를 內學으로 간주하였고, 譙贛과 京君明의 『周易』에 대한 언급은 術數에만 빠져들었음에도 불구하고 緯의 도리를 밝혔다고 하나, 사실 譙贛이 활동하던 시기에 어떻게 緯書를 볼 수 있었겠는가? 『莊子』「天道」篇··“孔子가 서쪽 주나라로 가서 책을 보관하려 하였다…… 十二經을 老子에게 되풀이하여 말했다.” 이러한 설명은 근거가 없으며, 이를 주장하는 사람이 『六經』과 『六緯』을 짝짓는 것은 오류다. 「李尋傳」에 이르러서야 비로소 【『六經』와 『六緯』의 문장】이 존재하였다. 李尋의 王根에 대한 언급에 의하면 成帝 무렵에 이미 緯書의 맹아가 있었으나 아직 秘府에 列入되지는 못했으며, 劉向이 교감하였다고 하나 기록에는 보이지는 않는다. 哀帝와 平帝 무렵, 王莽이 簒奪이 있었을 때 시작되었다 하나 이 또한 분명한 사실은 아닐 것이다. 무릇 緯體가 비록 西漢 末葉에 시작되었으나 책의 내용 대부분은 先儒의 것이기에 순수한 것과 잡스러운 것이 섞여 있고, 정교한 것과 조악한 것이 함께 나타난다. 經典을 논하는 문사들도 이를 폐할 수는 없었다. 康成(鄭玄)이 緯書를 신뢰할만한 것이라 말했으나, 緯書를 믿은 것이 아니라 經典의 의미와 부합하는 것만을 믿었던 것이다. 『詩經』과 『禮記』의 注에서 인용한 것은 모두 淳厚하고 확실한 것이라 믿을만하며 何休와 비교한다면 대단히 근엄하다. 歐陽永叔이 九經疏의 讖緯를 刪去하려 하였으나 다행히 그 말이 실행되지 않았고, 말을 보충하여 『大傳』의 【河水에서 그림이 나오고, 洛水에서 글자가 나왔다.】와 병기하였으나 결국 다시 삭제되었으니, 이는 注疏 뿐만 아니라 완벽한 판본도 없었음 설명할 따름이다. 선인의 말에 밝은 사람들은 【緯書의 문장은 모두 거짓된 사람들의 손에서 나온 것은 아니며, 그 사이에 비록 오류와 망령됨이 있더라도 중요한 것은 학자들의 선택일 따름이다.】라고 말한다. 또한 【緯書는 前漢에 만들어지기 시작하였으니 옛 시대와 그리 멀지 않아 당시의 학자들은 대부분 고서를 보면서 저술하였기에 반드시 저본이 있었을 것이니 경전이 아니라 하여 홀시할 수는 없다.】라고 하였다. 이는 형평성을 지닌 평가라 말할 수 있다. 이 부분은 徐養元의 말을 인용하여 緯書의 起源을 설명한 것이다. [徐養元「緯候不起於哀平辨」(見嚴杰『經義叢鈔』)云: "昔劉彦和著書稱'緯有史僞, 通儒討覈, 緯起哀平.'" 自爾相沿, 俱同此說. 按劉熙載『釋名』: "【緯】【圍】也, 反覆圍繞, 以成經也. 【圖】【度】也, 盡其品圖也. 【讖】者, 【纖】也, 其義纖微也." 此三者同實異名, 然亦微有分別. 蓋緯之名, 所以配經, 故自『六經』『論語』『孝經』而外, 無復別出, 『河圖』『洛書』等緯皆『易』也.…… 竊意緯書當起於西京之季, 而圖讖則自古有之. 『史記』「趙世家」: "扁鵲言秦穆公寤而述上帝之言, 公孫支書而藏之; 秦讖於是出矣." 「秦本紀」: "燕人盧生使入海還, 以鬼神事因奏錄圖書." 蓋圖讖之明實昉於此, 他如三戶之謠, 祖龍之語. 『史記』「大宛傳」"天子發書易, 神馬當從西北來西", 大率類是. 要之圖讖乃術士之言, 與經義初不相涉. 至後人造作緯書, 則因圖讖而牽合於經義. 其於經義, 蓋書經博士家言, 爲今文學者也. 蓋前漢說經者, 好言災異, 『易』有京房, 『尙書』有夏候勝, 『春秋』有董仲舒, 其說頗近於圖讖. 著緯書者, 因而文飾之. 今有『乾鑿圖』與孟京『易』學相表裏, 卦氣起中孚, 『稽覽圖』詳之. 張霸僞撰『百兩篇』, 作緯者卽造『中候』十八篇以符百二十篇之數. 何休注『公羊』, 述『演孔圖』於終篇. 鄭康成曰"『公羊』長於讖." 又翼奉曰: "臣學『齊詩』聞五際之要." 其說見於『汎歷樞』. 此其緣飾經術之大略也. 『易』『書』『春秋』言災異者多, 故緯書亦多; 『詩』『禮』『樂』言災異者少, 故緯書亦

少. 旣比附經義, 必勦襲古語, 然後能取信於人. 『禮記』「經解」引【君子愼始, 差若毫釐, 謬以千里】, 祇稱【『易』曰】不稱【緯曰】, 而『通卦驗』有之. 『史記』「天官書」引【雖有明天子, 必視熒惑所在.】, 祇稱【故曰】, 不稱【緯曰】, 而『春秋』「文耀鉤」有之. 此乃緯書襲用古語, 非古人預知緯書而引之也. 『後漢小黃門譙敏碑』稱:“其先故國師譙贛, 深明典奧, 讖錄圖緯, 能精微天意, 傳道與京君明.” 蓋東京之世, 以緯爲內學, 而譙京說『易』, 流於術數, 故遂以明緯推之; 其實譙贛時, 安得有緯耶? 『莊子』「天道」篇:“孔子西藏書於周室, 繙十二經而說老聃.” 其說本屬汗漫, 而說者以『六經』六緯當, 謬矣. 迨「李尋傳」始有【六經六緯之文.】按尋說王根, 在成帝之世, 是時緯已萌芽, 猶未入秘府, 故劉向校書, 獨不見錄. 以爲始於哀平帝之際, 王莽之篡, 亦未必然也. 夫緯體雖起於西京之末, 而書中之說, 多本於先儒, 故純駁雜陳, 精粗互見, 談經之士, 莫能廢焉. 康成之信緯, 非信緯也, 信其與經義有合者也; 『詩』『禮』注中所引, 皆淳確可據, 比之何休, 特爲謹嚴. 歐陽永叔欲刪九經疏讖緯之文, 幸而其言不行, 充其說, 將幷『大傳』之【河出圖, 洛出書】而亦刪之, 不但注疏無完本而已. 善乎昔人之言曰【緯書之文, 未必盡出妄人之手, 其間謬妄雖亦不無, 要在學者擇焉而已.】又曰【緯書起自前漢, 去古未遠, 彼時學者多見古書, 凡爲著述, 必有所本, 不可以其不經而忽之.】斯可謂持平之論矣. 右引徐說以明緯之起源.]

劉申叔先生『國學發微』(乙巳年『國粹學報叢談』):“漢武

帝 무렵에 『六經』을 숭상하여 罷黜百家하였고, 通經致用의 미명하에 아랫사람은 經書를 利祿의 수단으로 보았고, 통치자들은 복종의 도구로 여겼다. 王莽에 이르러 문식이 지나쳤고, 經文의 인용이 지나치게 개인적인 것으로 변모하자, 이로 인해 古文을 숭상하고 今文을 하찮게 여겼으나, 古文 서적이 세상에 전해지지 않자 附會穿鑿하면서 자신의 견해에 따라 내용을 마음대로 조작하였다. …… 東漢에 이르러 讖緯가 勃興하였으며, 『後漢書』「張衡」傳을 살펴보면 讖緯가 哀帝와 平帝 무렵에 일어났다고 언급한 사실이 있다. 그러나 『隋書』「經籍志」에서는 西漢 무렵에 緯學이 창성하였으니 哀帝와 平帝 무렵에 시작된 것은 아니라고 언급하였다. 銅符와 金匱에 대한 기록이 이미 周代와 秦代에 萌芽가 생겼으며, 秦에는 무당을 믿는 습속이 있어 귀신과 관련된 잡다한 기록이 존재하였고, 이에 公孫枝가 책을 받은 사실(『史記』「秦本紀」를 참조하라.), 陳寶가 꿩에게 제사를 지낸 일(『史記』「封禪書」를 참조하라.), 胡亥가 秦朝를 멸망시킨 일(『史記』「秦始皇本紀」를 참조하라.), 그 어떤 것이 圖籙의 미묘한 말이 아니겠는가? 周秦 이래 圖籙의 문장이 점차 儒·道 二家와 섞이게 되었으며, 道家와 결합된 것은 圖籙이 되었고, 유가와 결합된 것은 讖緯가 되었다. 董仲舒와 劉向과 같은 大儒도 다투어 災異말하였는 바, 이는 실로 讖緯의 濫觴이라 하겠다. 哀帝와 平帝 무렵에 讖學이 불처럼 일어났고, 王莽과 公孫述의 무리가 또한 符命을 인용하여 惑世誣民하였다. 光武帝에 이르러 符籙으로 천자에 오르고, 이를 任用과 行

政에 운용하였으니 무릇 讖緯은 이로부터 비롯된 것이다. 이러한 까닭에 讖緯는 秘經이 되어 법령으로 반포되었으며, 약간의 貶斥만 가하더라도 즉각 聖人을 비방하거나 법도가 없다고 誅殺당했다. 따라서 몇몇 비루한 유생들은 經文에 수식을 덧대고 讖緯를 섞어 꾸미고 아부하니 비록 何晏, 鄭玄과 같은 무리들도 그 안에 매몰되어 헤어나질 못했다.(康成은 緯에 대하여 혹은【傳】이라 칭하기도 하였고,【說】이라 칭하기도 하였으며, 이에 注釋을 달기도 하였다.) 이것이 東漢 학술의 상황이며, 東漢 무렵이 緯學의 昌盛時期라 하겠다. 무릇 緯書에 經術을 바탕으로 한 내용도 간간히 있으나 지리멸렬하고 괴이하여 어리석은 사람도 그 잘못을 알 수 있다. 漢代에는 깊은 믿음을 가지고 아무런 의심도 없는 사람들은 단지 緯書의 말만 취하여 帝王이 天命을 부여받은 사실만 검증하려 들고, 사람들을 명령에 복종시키고자 했을 뿐이다. 통치자들은 僞學으로 백성들을 속였고, 백성들은 僞學으로 통치자들을 기만하였다. 왜 괴이하고 개칠을 일삼은 책들이 계속 만들어졌겠는가?(『後漢書』「儒林傳」을 참조하라.) 이것이 緯學이 날로 창궐하게 된 이유다." 이 부분은 劉申叔의 주장을 인용하여 東漢時期에 緯學이 성행하게 되었음을 증명한 것이다. [劉申叔先生『國學發微』(見乙巳年『國粹學報叢談』)曰‥"漢武表章『六經』, 罷黜百家, 託通經致用之名, 在下者視爲利祿之途, 在上者視爲挾持之具. 降及王莽, 飾奸文過, 引經文以濟己私, 由是崇古文而抑今文, 以古文世無傳書, 附會穿鑿, 得隨己意所欲爲 …… 降及東漢, 讖緯勃興,『後漢

書』「張衡」傳謂讖緯起於哀平; 然『隋書』「經籍志」則謂西漢之世, 緯學昌盛, 非始於哀平之際. 蓋銅符金匱, 萌於周秦, 秦俗信巫, 雜糅鬼神, 公孫枝之受冊書(見『史記』「秦本紀」), 陳寶之祠野鷄(見『史記』「封禪書」), 胡亥之亡秦祚,(見『史記』「秦始皇本紀」), 孰非圖籙之微言乎? 周秦以還, 圖籙遺文, 漸與儒道二家相雜, 入道家者爲 符籙, 入儒家者爲讖緯. 董劉大儒, 競言災異, 實爲讖緯之濫觴. 哀平之間, 讖學日熾, 而王莽公孫述之徒, 亦稱引符命, 惑世誣民. 及光武以符籙受命, 而用人行政, 惟讖緯之是從. 由是以讖緯爲秘經, 頒爲功令, 稍加貶斥, 則伏非聖無法之誅. 故一二陋儒, 援飾經文, 雜糅讖緯, 獻媚工諛, 雖何鄭之倫, 且沈溺其中而莫反.(康成於緯, 或稱爲【傳】, 或稱爲【說】, 且爲之作注.) 雖間有資於經術, 然支離憁誕, 雖愚者亦察其非; 而漢延深信不疑者, 不過援緯書之說, 以驗帝王受命之眞而使之服從命令耳. 上以僞學誣其民, 民以僞學誣其上. 又何怪賄改漆書接踵而起乎?(『後漢書』「儒林傳」) 此僞學所由日昌也.” 右引劉說以明東漢緯學之盛.]

緯書는 隋代에 이르러 불태워지면서 거의 모두 亡佚되었으며, 唐代에 남아 있던 것은 『易緯』뿐이었다. 宋代 이후에는 『易緯』조차 전해지지 않았다. 淸代 乾隆 38年에 『永樂大典』에서 채집하여 『易緯』 전체를 회복했지만 대부분은 宋代 이후 諸儒가 볼 수 없었던 것이다. 기타 緯書는 經典의 注疏에 散見되며, 『風俗通』, 『白虎通』, 『漢書』「五行志」, 『隋書』「天文志」, 『太平御覽』, 『藝文類聚』, 『玉海』,

『北堂書鈔』, 『開元古經』, 『初學記』, 『文選注』 등의 서적에서 인용된 바가 적지 않다. 緯書를 편집한 것으로 明代 孫穀의 『古微書』, 淸代 馬國翰의 『玉函山房輯佚書』(淸代 侯官 趙在翰은 『七緯』를 편집하였다.)가 있다. 여기에 緯書의 名目를 나열하면 다음과 같다: [緯書自遭隋火, 亡佚殆盡, 唐時存者, 『易緯』而已. 宋以後『易緯』亦佚傳. 淸乾隆三十八年, 采輯『永樂大典』, 得『易緯』全書, 多宋以後諸儒所未見. 其餘諸緯, 散見諸經注, 『風俗通』,『白虎通』,『漢書』「五行志」,『隋書』「天文志」,『太平御覽』,『藝文類聚』,『玉海』,『北堂書鈔』,『開元古經』,『初學記』,『文選注』等書徵引不少. 輯緯書者有明孫穀『古微書』, 淸馬國翰『玉函山房輯佚書』(淸侯官趙在翰亦輯『七緯』). 玆列緯書名目於下:]

一. 『易緯』八: (1) 『乾坤鑿度』 (2) 『乾鑿度』 (3) 『稽覽圖』 (4) 『辨終備』 (5) 『通卦驗』 (6) 『乾元序制記』 (7) 『是類謀』 (8) 『坤靈圖』 (『乾鑿度』 이하 모두 鄭玄의 注.) [(一) 『易緯』八: (1) 『乾坤鑿度』 (2) 『乾鑿度』 (3) 『稽覽圖』 (4) 『辨終備』 (5) 『通卦驗』 (6) 『乾元序制記』 (7) 『是類謀』 (8) 『坤靈圖』 (自『乾鑿度』均鄭玄注.)

二. 『尙書緯』五: (1) 『璇璣鈐』 (2) 『考靈曜』 (3) 『形德放』 (【放】은 【攷】로 쓰기도 한다.) (4) 『帝命驗』 (5) 『運期授』 (5種 모두 鄭玄 注.) [(二) 『尙書緯』五: (1) 『璇璣鈐』 (2) 『考靈曜』 (3) 『形德放』(放一作攷.) (4) 『帝命驗』 (5) 『運期授』 (五種皆鄭玄注.)]

『尙書中候』(十八篇): (1) 『握河紀』 (2) 『考河命』 (3) 『題

期』(4)『立象』(5)『運衡』(6)『勅省圖』(7)『苗興』(8)『契握』(『契握湯』으로도 쓴다.) (9)『洛子命』(10)『稷起』(11)『我應』(12)『雒師謀』(13)『合符后』(14)『擿洛戒』(15)『準讖哲』(16)『義明』(17)『霸免』(18)『覬期』(18篇 모두 鄭玄의 注) [『尚書中候』(十八篇): (1)『握河紀』(2)『考河命』(3)『題期』(4)『立象』(5)『運衡』(6)『勅省圖』(7)『苗興』(8)『契握』(亦作『契握湯』) (9)『洛子命』(10)『稷起』(11)『我應』(12)『雒師謀』(13)『合符后』(14)『擿洛戒』(15)『準讖哲』(16)『義明』(17)『霸免』(18)『覬期』(十八篇皆鄭玄注)]

三.『詩緯』三: (1)『推度災』(2)『氾歷樞』(3)『含神霧』(모두 宋均의 注.) [(三)『詩緯』三: (1)『推度災』(2)『氾歷樞』(3)『含神霧』(皆宋均注.)]

四.『禮緯』三: (1)『含文嘉』(2)『稽命徵』(3)『斗謂儀』(모두 宋均의 注.) [(四)『禮緯』三: (1)『含文嘉』(2)『稽命徵』(3)『斗謂儀』(皆宋均注.)]

五.『樂緯』三: (1)『動聲儀』(2)『稽耀嘉』(3)『叶圖徵』(모두 宋均의 注.) [(五)『樂緯』三: (1)『動聲儀』(2)『稽耀嘉』(3)『叶圖徵』 (皆宋均注.)]

六.『春秋緯』十四: (1)『感精符』(2)『文耀鉤』(3)『運斗樞』(4)『合誠圖』(5)『考異郵』(6)『保乾圖』(7)『漢合孳』(8)『佐助期』(9)『握誠圖』(10)『潛潭巴』(11)『說題辭』(12)『演孔圖』(13)『元命苞』(14)『命歷序』(모두

宋均의 注) 『春秋內事』(孫穀··"『春秋』와 『孝經』은 각기 內事가 있으며, 비록 緯讖의 편목과 연관은 없으나 문사가 어지러우며, 宋均의 注가 있어 기록해둔다.") [(六) 『春秋緯』十四: (1) 『感精符』 (2) 『文耀鉤』 (3) 『運斗樞』 (4) 『合誠圖』 (5) 『考異郵』 (6) 『保乾圖』 (7) 『漢合孳』 (8) 『佐助期』 (9) 『握誠圖』 (10) 『潛潭巴』 (11) 『說題辭』 (12) 『演孔圖』 (13) 『元命苞』 (14) 『命歷序』 (皆宋均注) 『春秋內事』(孫穀曰"『春秋』『孝經』各有內事, 雖不繫緯讖篇, 而其文辭殊甚龐亂, 又有宋均之注, 故以爲錄.)]

七. 『孝經緯』九: (1) 『援神契』 (2) 『鉤命訣』 (3) 『中契』 (4) 『左契』 (5) 『右契』 (6) 『內事圖』(이상은 모두 宋均의 注) (7) 『章句』 (8) 『雌雄圖』 (9) 『古秘』 [(七) 『孝經緯』九: (1) 『援神契』 (2) 『鉤命訣』 (3) 『中契』 (4) 『左契』 (5) 『右契』 (6) 『內事圖』(以上宋均注) (7) 『章句』 (8) 『雌雄圖』 (9) 『古秘』]

八. 『論語讖』八: (1) 『比考讖』 (2) 『撰考讖』 (3) 『摘輔象』 (4) 『摘衰聖承進讖』 (5) 『陰嬉讖』 (6) 『素王受命讖』 (7) 『糾滑讖』 (8) 『崇爵讖』 (모두 宋均의 注.) [(八) 『論語讖』八: (1) 『比考讖』 (2) 『撰考讖』 (3) 『摘輔象』 (4) 『摘衰聖承進讖』 (5) 『陰嬉讖』 (6) 『素王受命讖』 (7) 『糾滑讖』 (8) 『崇爵讖』 (皆宋均注.)]

詹注 序言: 『隋書·經籍志·六藝·緯類序』··"孔子가 이미 『六經』을 서술하여 하늘과 인간의 道를 밝히면서 후세의

사람들이 그 뜻을 헤아릴 수 없음을 알았기에 【緯】와 【讖】을 별도로 세워 후세에 전하고자 하였다.” [詹注序言: 『隋書·經籍志·六藝·緯類序』‥“孔子旣敍『六經』以明天人之道, 知後世不能稽同其意, 故別立【緯】及【讖】, 以遺來世.”]

梅注‥“【緯】는 【讖緯書】이다. 經에는 각기 緯書가 있어, 『易』에는 『通卦驗』, 『是慮謀』가 있고, 『尙書』에는 『中候』가 있고, 『詩經』에는 『含神霧』가 있고, 『禮經』에는 『含文嘉』가 있고, 『春秋』에는 『合誠圖』, 『元命苞』가 있고, 『孝經』에는 『援神契』, 『鉤命訣』, 『論語讖』 등이 있다. 내 생각에 天文에 의해 정해진 것을 【經】이라 하고, 이를 움직이는 것을 【緯】라 한듯하다.” [梅注‥“緯者, 讖緯之書也. 經各有緯, 如『易』之『通卦驗』、『是慮謀』, 『尙書』之『中候』, 『詩』之『含神霧』, 『禮』之『含文嘉』, 『春秋』之『合誠圖』、『元命苞』, 『孝經』之『援神契』, 『鉤命訣』, 『論語讖』之類. 按天文定者爲【經】, 動者爲【緯】.”]

『訓故』‥“『困學紀聞』‥‘『易』의 緯書는 6종, 『書經』의 緯書는 5종, 『詩經』의 緯書는 3종, 『禮經』의 緯書는 3종, 『樂經』의 緯書는 3종, 『春秋』의 緯書는 14종, 『孝經』의 緯書는 2종이다.’” [『訓故』‥“『困學紀聞』‥‘『易』緯六, 『書』緯五, 『詩』緯三, 『禮』緯三, 『樂』緯三, 『春秋』緯十四, 『孝經』緯二.’”]

范注에서 胡應麟의 『四部正譌』을 인용하여‥“세상에서 경솔하게 讖緯를 같이 논하면서 이 둘은 서로 표리를 이룬다고 하나 실제로는 서로 다른 것이다. 緯書의 명칭은 經과 짝을 이루기에 『六經』, 『論語』, 『孝經』 이외에는 다시 나타나지 않았으며, 『河圖』, 『洛書』 등의 緯書는 『易經』에 가탁한 것이다. 讖書는 『六經』에 부속된 것이나 『論語』의 讖書 8권이 있을 뿐 나머지는 거의 보이지 않는다. 다만 이 一種만 있다고 생각했다가 『隋書』「經籍志」를 살펴보니 注에 十餘家의 것이 보인다. 이에 讖書는 모두 고대 聖賢에 가탁하여 이름을 붙였기에 緯書와는 체제가 완연히 다름을 알게 되었다. 무릇 그 주장이 훨씬 망령되었다. 이러한 까닭에 隋代에 금지시킨 뒤로 영원히 단절되었다. 이와 같은 책 또한 인용할 수도 없고, 唐宋의 藏書家들도 입을 닫고 언급하지 않으니…… 또한 緯候라 병칭되는 것은 지금 『尙書中侯』에 목록이 있으나 다른 것은 고증하여 말할 수 없다.” [胡應麟『四部正譌』: “世率以讖緯並論, 二書雖相表裏, 而實不同. 緯之名所以配經, 故曰『六經』『語』,『孝』而外, 無復別出, 『河圖』『洛書』等緯皆『易』也. 讖之依附『六經』, 但『論語』有讖八卷, 餘不概見. 以爲僅此一種, 偶閱『隋』「經籍志」, 注附見十餘家. 乃知凡讖皆託古聖賢而名其書, 與緯體制迥別. 蓋其說尤誕妄; 故隋之後永絶. 類書亦無從援引, 而唐宋諸藏書家絶口不談……, 又有以「緯候」竝稱者, 今有『尙書中侯』見目中, 他不可考云.”]

『四庫提要·易類』六: “儒家의 사람들 대부분이 讖緯라 부르지만 사실 讖은 讖이고, 緯는 緯다. 讖은 은밀한 것을 말하는 것으로 와전되어 吉凶을 예단하는 것이 되었다.

緯는 經의 支流로 다른 經義를 찾는 것이다. 무릇 秦漢 이후로 聖人과 점점 멀어짐에 儒者들이 논설의 의미를 밝히고자 각자 책을 저술하였으나 經義와 부합되지 않았다. 伏生의 『尙書大傳』, 董仲舒의 『春秋陰陽』과 같은 저술은 그 체제를 살펴보면 緯書이나 명의가 분명하게 들어나기에 공자에게 가탁할 수 없었다. 기타 사사로운 저술에 점차 術數를 논한 말들이 섞이게 되니 작자가 누구인지도 모를 뿐만 아니라 신비를 추구하는 주장에 부화뇌동하였다. 전해지면 질수록 더욱 더 본의를 상실하게 되었고, 또한 망령된 언사들이 늘어나게 되어 마침내 讖과 하나처럼 되었다. 그러나 班固는 【聖人은 經을 지으시고, 賢者는 經에 緯를 더했다】라고 하였으며, 楊侃은 緯書와 같은 책을 【秘經】이라 말하고, 圖讖의 책을 【內學】이라 칭하고, 『河圖』와 『洛書』와 같은 것을 【靈篇】이라 말했으며, 胡應麟은 讖緯 二書는 비록 表裏를 이루지만 실제로는 다른 것이라고 말했다. 즉 緯와 讖은 별개의 것임을 前人들이 이미 확고하게 분석한 바 있다." [『四庫提要·易類』六云··"儒家者多稱讖緯, 其實讖自讖, 緯自緯. 讖者, 詭爲隱語, 預決吉凶. 緯者, 經之支流, 衍及旁義. 蓋秦漢以來去聖日遠, 儒者推闡論說, 各自成書, 與經原不相比符, 如伏生『尙書大傳』, 董仲舒『春秋陰陽』, 核其文體, 卽是緯書, 特以顯有主名, 故不能託諸孔子. 其他私相撰術, 漸雜以術數之言, 旣不知作者爲誰, 因附會以神其說. 迨彌傳彌失, 又益以妖妄之詞, 遂與讖合而爲一. 然班固稱【聖人作經, 賢者緯之.】, 楊侃稱緯書之類謂之【秘經】 圖讖之類謂之【內學】, 『河』、『洛』

之書謂之【靈篇】; 胡應麟亦謂二書, 雖相表裏, 而實不同.. 則緯與讖別, 前人固已分析之."]

章士劍의 『柳文指要』下卷十五 「讖緯」條에서 "내가 십 년 전에 北京圖書館에서 王西莊(鳴盛)의 『蛾術編』을 빌려 보다가 李越縵이 書眉에 정말 작은 글씨로 讖緯에 관한 중요한 내용을 적어둔 것을 보았다. …… 그 내용은 다음과 같다. 緯와 讖은 서로 다른 것이며, 緯는 經典을 보충하는 것이기에 三代의 典制, 聖人의 微言이 왕왕 있으며, 康成(鄭玄)이 주를 단 것과 세 가지 『禮』를 해설한 것이 이에 속한다. 讖은 哀帝, 平帝 이후 성행하였으나 秦漢 사이에도 간혹 이러한 것이 있었다. 좋고 나쁨을 예단하거나, 符命에 假託한 것으로 난잡하고 요망한 말로 예를 들어 【亡秦者胡】, 【赤伏符】, 【白水眞人】, 【代漢者當塗高】, 【「八厶子孫, 十二爲期】와 같은 것들이다. 讖에는 圖가 있으나, 緯에는 圖가 없으며, 讖圖 가운데 오늘날 전하는 것으로 『推背圖』와 같은 것이 있으며, 이러한 이유에서 圖讖이라 말한다. 光武帝가 이를 가장 신봉하였다. 『後漢書·儒林·尹敏傳』‥'世祖가 圖讖을 교감하라는 명령을 내리자 尹敏이 이르길‥讖은 聖人이 지은 것이 아니기에 그 안에 비루한 내용이 많아 자못 世俗의 文辭와 유사하여 후세 사람들에게 잘못을 전할까 두렵다고 말했다. 그러나 皇帝가 받아들이지 않았다.' 「鄭興傳」‥'황제가 전에 鄭興에게 郊祀에 대해 물으며 나는 讖에 의거하여 결단을 내리고 싶은 데, 어떻게 생각하시오? 라고 물었다. 鄭興이 신은 讖

을 믿지 않습니다. 라고 대답하였다.' 「桓譚傳」··'靈臺에서 조회가 있었다. 皇帝가 桓譚에게 내가 讖으로 결정한다면 어떻겠는가? 라고 말하자 桓譚이 한참을 말없이 있다가 신은 讖을 읽지 않는다고 대답하였다. …… 다시 讖이 經이 아님을 극력 설명하였다. 다시 桓譚이 上疏하길··'오늘날 교묘한 작은 재주를 지니고 있는 사람들이 圖書를 늘려놓고 교만하게 讖記라고 말합니다.' 이는 讖과 緯가 분명하게 다르며, 桓譚이 讖을 믿지 않은 것이지, 緯를 믿지 않은 것은 아니다. 讖에는 圖가 있어 圖書라 칭하며 圖緯라고 부르기도 하였다. 즉 緯에도 圖가 있음을 말하는 것이다. 「張衡傳」··'元年에 光武帝가 讖을 좋아하였고, 顯宗과 肅宗에 이르러 이를 계승하였다. 中興 이후로 儒家들이 圖緯를 다투어 학습하면서 요망한 말들을 첨가하였다. 張衡이 圖緯를 虛妄하여 성인의 법도가 아니라 여겨 상소에서 讖書가 처음 세상에 나왔을 때 이를 아는 자가 별로 없었으나 漢이 秦을 멸하는 일이야 말로 大事라 말할 수 있었고, 이때까지도 讖이라 칭하지 않았다. 夏候勝와 眭孟 같은 사람들은 道術로 이름을 얻었고, 그들의 저술에는 讖字가 하나도 없었다. 劉向 父子가 秘書를 校勘하고 九流를 정함에 있어서도 讖錄은 없었다. 成帝, 哀帝 이후에야 비로소 이러한 것들을 알 수 있다.' 이후로 역대에 걸쳐 『尙書讖』, 『春秋讖』, 『詩讖』을 인용하면서 ··'이전 侍仲이었던 賈逵가 讖言 가운데 서로 다른 30여 사안을 뽑았으니 讖에 관한 모든 말들을 다 말할 수 없다.' 다시··'마땅히 收藏된 圖讖은 일거에 금해야 한다.' 무릇 이러한 모든 것은 緯書를 끊어야 함을 언급한 것이 아니며, 張衡이 특별히 讖書를 신뢰하지 않았다는 것이니 결코 緯書를 신뢰하지 않았다는 것은 아니었다. 東漢時期의 여러 유생들은 緯書를 內學으로 삼았고, 錢行汀, 趙甌北, 王述菴 등이 이를 소상히 고찰하였다. 그리하여 이를 익히려는 자가 많다 보니 보태고 더하는 것이 없을 수 없었기에 더러는 讖書에 의해 혼란스러워졌다. 예를 들어 『春秋元命苞』는 본래 緯書였으나 張衡의 疏에서 인용한 『元命苞』는 讖書와 유사한 것이었다. 『三國志·魏·文帝紀』注에서 인용한 것을 보면 모두 緯書와 讖書가 섞여 나오며, 隋文帝가 讖書를 금지시키면서 緯書도 함께 금지시키고 그 책을 모두 불사르게 하였으나 현재 전하는 殘卷에는 讖書와 緯書가 어지럽게 섞여 있어 구분하기 어려운 지경이 되었다. 예를 들어 『乾鑿度』가 가장 순수하다고 말하지만 역시 【孔子曰】, 【丘按錄讖論國定符: 공자가 讖書에 의거하여 국가의 상서로움을 논하여 정하였다.】라는 말이 있으며, 이러한 종류의 서적에는 蒙孫의 이름까지 끼어들었고, 漢代의 蒙孫에 관한 괴이한 말들이 생겨나니 『三國志』注에서 許芝가 『春秋佐助期』를 언급하며 漢나라가 蒙孫 때문에 망했다는 사실과 부합시키는 것으로 보아 漢末의 학자들은 讖書의 내용을 緯書에 더했으며, 鄭玄의 注 역시 魏晋 이후부터 唐代에 이르기까지 術士에 의해 내용이 증익되어 오류가 심각하였고, 傳寫되는 과정에서도 문제가 많아 근본을 찾을 수조차 없었다.' 李越縵의 이러한 언급이 특별한 점은 讖書와 緯書를 서로 다른 것으로 확실하게 구분 지어야 하고, 讖書는 經典의 道에서 벗어나 믿을 수 없으나 緯書는 經典과 서로 호응하며 內外의 위치를 지키고 있어 믿을 만한 학술적 의미를 끝까지 상실하지 않았다고 주장한 사실이다." [章士釗『柳文指要』下卷十五「讖緯」條··"吾十年全從北京圖書館借閱王西莊(鳴盛)『蛾術編』, 見李越縵于書眉上以眞正蠅頭細字, 錄有關讖緯一大段文字. …… 文如下: 緯與讖別, 緯者所以補經, 三代典制, 聖人微言, 往往而在, 康成所注, 及以解三『禮』者是也. 讖者, 哀平以後所盛行, 而秦漢間亦間有之, 乃推決休咎, 假託符命, 多瀆亂妖妄之言, 如【亡秦者胡】及【赤伏符】、【白水眞人】、【代漢者當塗高】、【八厶子孫, 十二爲期】之類是也. 讖有圖而緯無圖, 讖圖爲今世所傳『推背圖』之類, 故日圖讖. 光武最信之. 『後漢書·儒林·尹敏傳』··'世祖令校圖讖, 敏對曰··讖者非聖人所作, 其中多近陋別子, 頗類世俗之辭, 恐貽誤後生. 帝不納.' 「鄭興傳」··'帝嘗問興郊祀事, 日··吾欲以讖斷之何如? 興對曰··臣不爲讖.' 「桓譚傳」··'有詔會議靈臺所處. 帝謂譚曰··吾欲以讖斷決之何如? 譚默然良久, 曰··臣不讀讖. …… 復極言讖之非經.' 又譚上疏稱··'今諸巧慧小才伎數之人, 增益圖書, 矯稱讖記.' 是讖之與緯, 分別甚明, 譚不信讖, 非不信緯也. 讖以有圖, 故稱圖書, 亦日圖緯. 謂緯之有圖者也. 「張衡傳」··'初, 光武善讖, 及顯宗肅宗, 因祖述焉. 自中興之後, 儒者爭學圖緯, 兼復附以妖言. 衡以圖緯虛妄, 非聖人之法, 乃上疏曰··......讖書始出, 蓋知之者寡, 自漢取秦, 可謂大事, 當此之時, 莫或稱讖. 若夏候勝、眭孟之徒, 以道術立名, 其所述著, 無讖一言. 劉向父子領校秘書, 閱定九流, 亦無讖

錄. 成哀之後, 乃始聞之.' 其下歷引『尙書讖』、『春秋讖』、『詩讖』. 又云:'往者侍仲賈逵, 摘讖互異三十餘事, 諸言讖者皆不能說.' 又云:'宜收藏讖, 一禁絶之.' 凡此皆絶不及緯, 是衡特不信讖, 非不信緯也. 東漢諸儒, 以緯爲內學, 錢行汀、趙甌北、王述菴皆考之甚詳. 然習之者衆, 不免有所附益, 或以讖汩之. 如『春秋元命苞』, 本緯也, 而張衡疏亦引『元命苞』, 乃近讖言. 『三國志·魏·文帝紀』注所引, 皆緯讖雜出, 自隋文禁讖幷禁緯書, 悉焚其書, 而今所傳者零殘之簡, 皆讖緯互亂, 不可復辨. 如『乾鑿度』最稱純粹, 而亦有【孔子曰】【丘按錄讖論國定符】等語, 是類雜有蒙孫之名, 生衆妖及赤世蒙孫之語, 與『三國志』注許芝所稱『春秋佐助期』言漢以蒙孫亡相合, 皆漢末人以讖附緯, 而康成注又多爲魏晋以後至唐術士所附益, 支離錯謬, 傳寫竄亂, 不可究詰矣. 越縵此一文獨大特色, 是將讖與緯劈分兩部, 認爲讖屬離經叛道, 而不可信, 緯則與經相對, 各守內外部位, 終不失爲足可信據之學."]

徐養原 「緯候不起于哀平辨」(范注에서는 嚴杰의 『經義叢抄』에서 인용):"옛날 劉勰이 그의 저서(『文心雕龍』)에서 이르길 '緯書에는 4가지 거짓됨이 있고, 뛰어난 유생들이 검토한 뒤 (緯書가) 哀帝와 平帝 무렵에 비롯되었다고 하였다.'" 이러한 주장이 지속되자 모두 이 주장에 동의하였다. 劉熙載 『釋名』:"【緯】는 【圍: 감싸다】와 같은 뜻으로 반복적으로 경전의 주위를 맴돌다가 經이 되었다. 【圖】는 【度: 헤아리다】와 같은 뜻으로 道理를 헤아린다는 것이

다.【讖】은【纖: 섬세하다】의 뜻으로 그 의미가 섬세하고 미묘하다는 것이다.” 이 세 가지는 실제는 유사하나 이름이 다른 것으로, 또한 미묘한 차이가 있다. 무릇 緯書의 명칭은 經과 짝을 이루기에 『六經』, 『論語』, 『孝經』 이외에는 다시 나타나지 않았으며, 『河圖』, 『洛書』 등의 緯書는 『易經』에 가탁한 것이다…… 자세히 살펴보면 緯書는 응당 西漢 무렵에 생겼으나 圖讖은 예로부터 있었다. …… 요약하자면 圖讖은 術士의 말이며, 처음에는 經義와는 서로 관련이 없었다. 후대의 사람들이 緯書를 만들며 圖讖에 의거하여 억지로 經典의 뜻에 부합시켰다. 경전의 뜻은 모두 西漢 博士들의 家語로 今文學이 되었다…… ["昔劉彦和著書稱'緯有史僞, 通儒討覈, 緯起哀平.'" 自爾相沿, 俱同此說. 按劉熙載『釋名』‥"緯圍也, 反覆圍繞, 以成經也. 圖度也, 盡其品圖也. 讖者, 纖也, 其義纖微也." 此三者同實異名, 然亦微有分別. 蓋緯之名, 所以配經, 故自『六經』『論語』『孝經』而外, 無復別出, 『河圖』『洛書』等緯皆『易』也.…… 竊意緯書當起於西京之季, 而圖讖則自古有之.…… 要之圖讖乃術士之言, 與經義初不相涉. 至後人造作緯書, 則因圖讖而牽合於經義. 其於經義, 蓋書經博士家言, 爲今文學者也.……]

劉師培『國學發微』(乙巳年『國粹學報叢談』參照)‥"周秦이래로 圖籙의 遺文이 점차 儒·道 二家와 섞이게 되었다. 道家에 유입된 것은 符籙이 되었고, 儒家에 유입된 것은 讖緯가 되었다. 董仲舒, 劉向 등의 大儒들이 다투어 災異

를 언급한 것이 바로 讖緯의 濫觴이었다. 哀帝와 平帝 무렵에 讖學이 날로 성행하자 王莽, 公孫述과 같은 무리들이 符命을 끌어들여 惑世誣民하기에 이르렀다. 光武帝가 符籙으로 황위에 오른 뒤로 用人과 行政은 오로지 讖緯를 따랐다. 이리하여 讖緯는 秘經이 되었고, 功令으로 반포되기에 이르렀다. 이에 대해 조금이라도 비판을 가하면 즉시 【성인을 비난하고, 無法하다고】 誅殺되었기 때문에 몇몇 비루한 儒生들이 經文을 가다듬는다는 핑계로 讖緯의 내용을 섞어 넣어 아첨하니 비록 何晏, 鄭玄과 같은 인물들조차 이러한 추세에 빠져들어 정도로 돌아오지 않았다(鄭玄은 緯를 【傳】, 【說】이라 부르며 注釋을 가했다.). 東漢의 학술은 이러한 경향을 지녔으니, 緯學의 昌盛時代라 하겠다. 비록 讖緯書가 간혹 經術에 바탕을 두기도 했으나 지리멸렬하고 괴기하여 어리석은 자도 한번 살펴보면 그 잘못을 살필 수 있다. 그러나 漢代에는 이에 대하여 더욱 믿음을 가지고 의심조차 없이 단순히 緯書의 설명을 원용하여 帝王이 천명을 부여받은 것을 증명하고, 이에 복종하라는 명령을 내렸을 뿐이다. 위정자는 거짓된 학문으로 그 백성을 기만하고, 백성들은 거짓된 학문으로 위정자를 기만한 것이다. 또한 괴이한 【漆書: 옻으로 쓴 竹木簡】가 계속 등장한 것이 이상하다 하겠는가?(『後漢書』「儒林傳」) 이것이 僞學이 나날이 창성하게 된 원인이다.”
[劉師培『國學發微』(見乙巳年『國粹學報叢談』)··“周秦以還, 圖籙遺文, 漸與儒道二家相雜. 入道者爲符籙, 入儒家者爲讖緯. 董、劉大儒, 竸言災異, 實爲讖緯之濫觴. 哀平之

間, 讖緯日熾, 王莽公孫述之徒, 亦稱引符命, 惑世誣民. 光武以符籙受命, 而用人行政, 惟讖緯之是從. 由是以讖緯爲秘經, 頒爲功令. 稍加貶斥, 卽伏【非聖無法】之誅. 故一二陋儒, 援飾經文, 雜糅讖緯, 獻媚工諛, 雖何鄭之倫, 且沈溺其中而莫反(康成于緯, 或稱爲傳, 或稱爲說, 且爲之作注), 是則東漢之學術, 乃緯學昌盛之時代也. 夫讖緯之書, 雖間有資于經術, 然支離怪誕, 雖愚者亦察其非; 而漢延深信不疑者, 不過援緯書之說, 以驗帝王受命之眞, 而使之服從命令耳. 上以僞學誣其民, 民以僞學誣其上. 又何怪賄改漆書接踵而起乎(『後漢書』「儒林傳」)? 此僞學所由日昌也."]

『集注』: "『文選』卷五十八 「郭有道碑文」: '圖緯를 탐구하여 종합하였다(探綜圖緯).' 注: '緯는 『六經』과 『孝經』에 모두 있다.'" [『集注』: "『文選』卷五十八「郭有道碑文」: '探綜圖緯.' 注: '緯, 『六經』及『孝經』皆有緯也.'"]

『後漢書』 「方術傳 · 樊英傳」: "바람을 가지고 점을 치거나, 별을 보고 길흉을 가늠하는 일을 잘했으며, 『河圖』와 『洛書』의 七緯를 가지고 災異를 추측하였다." 注: "七緯는 다음과 같다. 【『易』緯】: 『稽覽圖』, 『乾鑿度』, 『坤靈度』, 『通卦驗』, 『稽覽圖』, 『是類謀』, 『辨終備』. 【『書』緯】: 『璇機令』, 『考靈曜』, 『刑德放』, 『帝命驗』, 『運期授』. 【『詩』緯】: 『推度災』, 『氾歷樞』, 『含神霧』. 【『禮』緯】: 『含文嘉』, 『稽命徵』, 『斗威儀』. 【『樂』緯】: 『動聲儀』, 『稽耀嘉』, 『叶圖徵』. 【『孝經』緯】: 『援神契』, 『鉤命訣』. 【『春秋』緯】: 『演孔圖』, 『元命苞』, 『文耀鉤』, 『運斗樞』, 『感精符』, 『合誠圖』, 『考異

郵』, 『漢含孳』, 『佑助期』, 『握誠圖』, 『潛潭巴』, 『說題辭』.” [『後漢書』「方術傳 · 樊英傳」: “善風角、星算, 『河』『洛』七緯, 推步災異.” 注: “七緯者, 【『易』緯】: 『稽覽圖』、『乾鑿度』、『坤靈度』、『通卦驗』、『稽覽圖』、『是類謀』、『辨終備』也; 【『書』緯】: 『璇機令』、『考靈曜』、『刑德放』、『帝命驗』、『運期授』也. 【『詩』緯】: 『推度災』、『氾歷樞』、『含神霧』也; 【『禮』緯】: 『含文嘉』、『稽命徵』、『斗威儀』也; 【『樂』緯】: 『動聲儀』、『稽耀嘉』、『叶圖徵』也; 【『孝經』緯】: 『援神契』、『鉤命訣』也. 【『春秋』緯】『演孔圖』、『元命苞』、『文耀鉤』、『運斗樞』、『感精符』、『合誠圖』、『考異郵』、『漢含孳』、『佑助期』、『握誠圖』、『潛潭巴』、『說題辭』也.”]

『集釋稿』: “무릇 緯候는 哀帝, 平帝 이전인 西漢 말기에(徐養原 「緯候不起于哀平辨」, 『詁經精舍文集』卷十二 參照)에 시작되었으나 勃興 昌盛한 것은 東漢부터다(劉師培의 『國學發微』 參照). 六朝 이후에도 그 추세는 수그러들지 않았다. 『隋書』「經籍志」: ‘宋代 大明 무렵에 처음으로 圖讖이 금지되었다. 梁 天監 이후에 다시 제제가 엄중해졌다.’ 『隋書』에는 七經緯 36편이 있고, 여기에 『河圖』, 『洛書』 및 잡다한 讖이 있으며, 이는 모두 같은 종류다. 李賢 『後漢書』「樊英傳」注에서는 『易』, 『書』, 『詩』, 『樂』, 『孝經』, 『春秋』의 緯 35편을 나열했으나, 『隋志』를 그대로 따르지는 않았다. 北宋 楊侃의 『兩漢博文』卷十一에서 秘經, 內學, 靈篇 세 가지를 언급했는데, 秘經은 緯書, 內學은 圖讖, 靈篇은 『河圖』와 『洛書』다. 이처럼 讖緯學에 대한 衆

說이 분분하지만 讖緯 두 가지로 구분하는 것이 定論이다.” [『集釋稿』: “夫緯候蓋起自哀平之前, 西漢之末(見徐養原「緯候不起于哀平辨」, 『詁經精舍文集』卷十二), 惟勃興昌盛, 則始自東漢(見劉師培『國學發微』). 六朝以降, 其勢未衰. 『隋書』「經籍志」: ‘宋大明中, 始禁圖讖. 梁天監以後, 又重其制.’ 『隋書』有七經緯三十六篇, 又有『河圖』、『洛書』、雜讖等篇. 俱屬此類. 李賢『後漢書』「樊英傳」注列『易』『書』『詩』『樂』『孝經』『春秋』諸緯三十五篇, 其所定未盡依『隋志』. 北宋楊侃『兩漢博文』卷十一擧秘經、內學、靈篇三類, 以爲秘經卽緯書, 內學卽圖讖, 靈篇則河、洛之書. 是以讖緯之學, 衆說紛紜, 惟讖緯釐別爲二, 則成定論.”]

앞서 인용한 諸論을 근거로 삼아 보면 讖과 緯는 성질이 서로 다르다는 사실을 알 수 있다. 緯는 經義와 관련이 있으며, 讖은 길흉을 예단하는 책이라 하겠다. 近人 陳槃은 고증을 통해 讖緯는 구분할 수 없는 것이라 주장하였다. 緯는 경전과 깊은 연관이 있으나 讖 또한 그러하다. 선후 순서에 있어 먼저 『河圖』와 『洛書』가 있은 연후에 이로부터 讖이 만들어졌고, 그 다음에 緯가 생겼다. 陳槃의 『讖緯釋名』(『歷史語言硏究所集刊』第十一本)과 『論早期讖緯及其與鄒衍書說之關係』(『集刊』第二十本) 등을 참조하라. [根據上引諸論, 可見讖與緯性質不同; 緯與經義有關, 讖爲豫決吉凶之書. 惟近人陳槃考證, 以爲讖緯不分. 緯固附經, 而讖亦未嘗不然; 至其先後之序, 則先有『河圖』、『洛書』, 然後有由此而產生之讖, 然後始有緯. 見陳槃『讖緯釋名』(『歷

史語言研究所集刊』第十一本); 『論早期讖緯及其與鄒衍書說之關係』(『集刊』第二十本)等.]

『校釋』‥“劉勰이 「正緯」篇을 지은 것은 시태를 바로잡기 위한 것이다. 무릇 讖緯說은 宋 武帝가 금했지만 근절되지 않았고, 梁代에 이르러는 오히려 다시 높이 받들어졌다. 讖緯書들은 대부분 孔子에게서 비롯되었다고 가탁하였고, 경전과 함께 운용되면서 浮華하고 詭辯的이며, 기이함을 추구하는 기풍을 널리 퍼뜨렸다. 따라서 四僞(네 가지 오류)를 지적하여 오류를 바로잡으려 했고, 四賢(네 명의 훌륭한 학자)을 기술하여 풍속을 바로잡으려 했다. 【정도를 벗어나 경전과 배치됨】을 疾視하였기에 이를 바로잡으면 곧 「徵聖」, 「宗經」의 내용이 된다. 이에 「徵聖」篇과 「宗經」篇 다음에 「正緯」篇을 두었던 것이다.” [『校釋』‥“舍人之作此篇, 以箴時也. 蓋讖緯之說, 宋武禁而未絕, 梁世又復推崇. 其書多託始仲尼, 抗行經典, 足以長浮詭之習, 揚愛奇之風. 故列四僞以匡謬, 述四賢而正俗. 疾其【乖道謬典】, 正所以足成「徵聖」「宗經」之義. 故次之以「正緯」.”]

朱逿先 등의 筆記에 의하면‥“梁武帝가 대단히 緯書를 싫어하였기에 劉勰이 「正緯」篇을 지은 것은 더러 시류에 迎合하려는 의도가 있다. 緯書는 今文學派의 亞流다.” [朱逿先等筆記‥“梁武帝深惡緯書, 彥和之作是篇, 亦間有迎合之意. 緯書, 今文學派之流亞也.”]

斯波六郎 『文心雕龍札記』‥“「正緯」篇에서 언급한 내용은

緯書의 정확한 인식, 즉 緯書에 대한 잘못된 평가를 바로 잡기 위함이다. 劉勰이 「正緯」篇을 특별히 지은 것은 당시에 後漢 이래의 風習을 계승하여 緯書가 크게 유행하면서 적절치 않게 과도한 평가를 받았기 때문이었다." [斯波六郎 『文心雕龍札記』··"「正緯」云者, 意爲對緯書的精確認識, 亦卽對緯書的錯誤評價的糾正. 彦和之特撰此篇, 當是由于當時後漢以來風習, 緯書十分流行, 而且受到不適當的過高評價所致."]

"劉勰이 本篇에서 말한 緯의 의미는 대단히 광범위한 것으로, 圖, 讖을 모두 포괄하는 것이다. 劉勰은 이러한 광의적 緯를 眞·僞 두 개 부분으로 구분하였다. 그는 『河圖』, 『洛書』, 堯의 『綠圖』, 文王의 『丹書』 등은 하늘이 聖人에게 보여준 상서로운 물건이라 확신하여, 이것이야말로 진정한 緯書라 여겼으나, 후대 術士의 손에서 만들어진 것은 가짜 緯書라 폄하하였다." "옛 부터 圖讖, 圖緯 및 讖緯가 있었다. 圖, 讖, 緯 三者는 대체적으로 유사한 내용을 지니고 있었으나 서로 다른 부분도 있었다. …… 그러나 古來로 이 三者을 줄곧 하나로 간주했으며, 劉勰 또한 이러한 관점을 지녔기에 이들을 緯로 총칭한 것이다." ["彦和于本篇所言之緯, 意義深廣, 圖、讖皆包括在內. 彦和把這廣義的緯分爲眞僞兩部份. 他相信『河圖』、『洛書』、堯之『綠圖』, 文王『丹書』等天示聖人以祥瑞之物的存在, 認爲它們是眞的緯書, 而成于後世術士之手者, 則被斥爲僞的緯書." "古來有圖讖之語, 圖緯之語, 讖緯之語. 圖、讖、緯三

者俱有大至相同的內容, 然而又有互異之處. …… 但是古來一向把這三者視作爲一物, 彥和也是持這種觀點的, 故把它們總稱爲緯."]

唐亦男『文心雕龍講疏』(이하 簡稱『講疏』)··"【正】은 【辨正: 분석하여 바로 잡는다】과 같은 뜻. 全篇의 주요 내용은 바로 緯書의 眞僞와 得實을 분석하여 바로잡는 것이다." [唐亦男『文心雕龍講疏』(以下簡稱『講疏』)··"【正】是辨正的意思. 全篇的主要內容就在辨正緯書的眞僞與得失."]

詹鍈의 견해: 緯書는 漢朝人들이 儒家 經書를 배합하고, 孔子의 말이라 假託하여 만들어진 것이다. 齊梁時代에도 緯書가 여전히 유행하였으나 【宗經】의 관점에서 이를 바로 잡으려하였기에 【正緯】라 명명한 것이다. [按: 緯書, 是漢朝人配合儒家的經書僞托孔丘的話僞造出來的. 在齊梁時代, 緯書還流行, 劉勰要從【宗經】的觀點來糾正他, 所以叫【正緯】.]

4-1.

神道는 그윽함을 바탕으로 드러나게 되며, 天道는 미묘함에 기탁하여 분명해진다. 龍馬가 『河圖』를 메고 나오자 『易』이 흥기하였고, 神龜가 『洛書』를 가지고 나타나자 『洪範』이 빛을 발했다. 이에 「繫辭」에서 "黃河에서 『河圖』가 나오고, 洛水에서 『洛書』가 나왔고, 성인이 이를 본받았다."라 한 것은 이를 두고 한 말이다. 그러나 年代가 너무나 오래되었기에 글이 隱晦하여 망령된 가탁이 쉽게 행해지니, 비록 眞實한 것이 있다 하더라도 僞造 또한 이를 근거로 출현하였다.

4-1.

夫神道闡幽, 天命微顯[246], 馬龍出而大易興[247], 神龜見而洪範燿[248]. 故繫辭稱河出圖, 洛出書[249], 聖人則之[250], 斯之謂也. 但世夐文隱[251], 好生矯誕[252], 眞雖存矣, 僞亦憑焉[253].

246. 范注1-2: 『周易』「繫辭下」‥“무릇 『易』이란 옛것을 밝혀 새로 올 것을 살피고, 幽玄한 것을 밝히는 것이다.” 韓康伯注‥“『易』이란 옛것을 밝힐 수 있으면 새로 올 것을 살필 수 있기에 미묘한 것을 드러나게 하고, 幽玄한 것을 밝히는 것이다. 【闡】은 【明: 밝히다】과 같은 뜻.” [『易』「下繫」‥“夫『易』彰往而察來, 而微顯闡幽.” 韓康伯注云“『易』無往不彰, 無來不察, 而微以之顯, 幽以之闡. 【闡】【明】也.”]

詹注1-1: 『易·觀』彖辭‥“신령한 하늘의 법칙을 보라. 春夏秋冬의 순서가 어긋남이 없도다. 聖人이 신령한 하늘의 법칙을 본받아 교화를 세우니, 천하의 인민이 심복하는 도다.” 『正義』‥“미묘하여 방향도 없고, 이치도 알 수도 없으며, 눈으로 볼 수도 없으며, 왜 그러한지 알 수도 없기에 이를 【神道】라 한다.” [『易·觀』彖辭‥“觀天之, 而四時不忒. 聖人以神道設教, 而天下服矣.” 『正義』‥“微妙無方, 理不可知, 目不可見, 不知所以然而然, 謂之【神道】.”]

「夸飾」篇‥“형상을 넘어 관념적인 것을 道理라 하고, 형상을 지니고 있는 구체적 사물을 器物이라 한다. 신묘한 도리는 묘사하기 어려워 정교한 언어로도 극진히 표현할 수 없다. 器物은 표현이 쉬워 웅장한 언사로 진면모를 드러낼 수 있다.” [「夸飾」‥“夫形而上者謂之道, 形而下者謂之器. 神道難摹, 精言不能追其極; 形器易寫, 壯辭可得喩其眞.”]

斯波六郞‥“이곳에서 말하는 【神理】와 【天命】은 서로 대를 이루며, 다음 문장에 사용된 【神教】는 신비한 사물을 관장하는 도리로 볼 수 있다.” [斯波六郞‥“此處的【神理】

與【天命】相對, 下文又有【神教】之語, 看來執司神秘事物的道."]

『注訂』‥"劉勰이 말한 【神】, 【神理】, 【天命】은 모두 【自然】을 지칭한다. 自然은 궁극까지 모두 알 수 없기에 【神】이라 말한 것이다. 【天道】, 【神理】는 모두 자연을 관장하는 도리를 말한다. 【極致】를 이해한 것을 【神理】라 말한다. 나에게 부여된 바를 받드는 것을 【天命】이라 한다." [『注訂』‥"凡彦和所稱【神】、【神理】、【天命】, 概指【自然】而言. 自然不可窮極, 故曰【神】. 【天道】、【神理】皆統自然而言. 窮其【極致】者, 乃謂之【神理】. 承其賦予者, 則謂之【天命】."]

范注‥"『周易』「繫辭下」‥'무릇 『易』이란 옛것을 밝혀 새로 올 것을 살피고, 幽玄한 것을 밝히는 것이다.' 韓康伯注‥'『易』이란 옛것을 밝힐 수 있으면 새로 올 것을 살필 수 있기에 미묘한 것을 드러나게 하고, 幽玄한 것을 밝혀야 한다. 【闡】은 【明: 밝히다】와 같은 뜻." [『易』「下繫」‥"夫『易』彰往而察來, 而微顯闡幽." 韓康伯注云"『易』無往不彰, 無來不察, 而微以之顯, 幽以之闡. 【闡】【明】也."]

橋川時雄‥"『周易』「繫辭下」‥'군자는 미묘한 것도 알고, 드러난 것도 안다.'" [橋川時雄‥"『易』「繫辭下」云‥'君子知微知彰.'"]

斯波六郎‥"이 두 구는 당연히 【神道는 그윽함을 바탕으로 드러나게 되며, 천도는 미묘함에 기탁하여 분명해진다.】는 것을 말한다. 杜預의 「春秋左氏傳序」에도 【微顯闡幽】라는 구절이 있으며, 顯은 「繫辭」의 문장에 근거한 것이며, 『正義』에서는 【분명하게 들어난 사실로 그윽한 이치를 밝힌다.】고 해석하였다. …… 【天道】와 【天命】은 그 내용이 서로 동일하다. …… 하나는 【形象】의 각도에서, 하나는 【作用】의 각도에서 설명한 것이다." [斯波六郎:"此處二句當謂【神道藉幽而明, 天道托微而顯.】 杜預「春秋左氏傳序」中有【微顯闡幽】語, 顯係據「繫辭」之文, 『正義』卽釋作【徵其顯事, 闡其幽理.】 …… 【天道】與【天命】, 其內容大致相同. …… 一是【形象】上的說法, 另一是【作用】上的說法."]

247. 范注1-3: 『禮記』「禮運」:"黃河에서 馬圖가 나왔다." 鄭注:"馬圖는 龍馬가 메고 나온 그림이다." 『正義』에서 『中候握河紀』를 인용하여:"伏犧氏가 천하를 다스릴 때 龍馬가 황하에서 그림을 메고 나왔으며, 이를 본받아 八卦를 그렸다." 다시 『握河紀注』를 인용하여:"龍이라 했으나 모습은 말과 비슷하다." [『禮記』「禮運」:"河出馬圖." 鄭注:"馬圖, 龍馬負圖而出也." 『正義』引『中候握河紀』:"伏犧氏有天下, 龍馬負圖出於河, 法之以畵八卦." 又引『握河紀注』云:"龍而形象馬."]

詹注1-2: 『禮記』「禮運」:"黃河에서 馬圖가 나왔다." 鄭注:"馬圖는 龍馬가 메고 나온 그림이다." 『正義』에서 『中候握河紀』를 인용하여:"伏犧氏가 천하를 다스릴 때 龍馬가 황하에서 그림을 메고 나왔으며, 이를 본받아 八卦를 그렸다.” 다시 『握河紀注』를 인용하여··“龍이라 했으나 모습은 말과 비슷하다.” [『禮記』「禮運」“河出馬圖.” 鄭注“馬圖, 龍馬負圖而出也.” 『正義』引『中候握河紀』“伏犧氏有天下, 龍馬負圖出於河, 法之以畫八卦.” 又引『握河紀注』云··“龍而形象馬.”]

『集釋稿』··“기타 緯書를 살펴보니 다음과 같은 것이 있다. 『中候考河命』··‘黃龍이 두루마리를 메고 나와 그림을 펼치니 붉고 푸른 글자가 적혀있었다.’(『御覽』81 인용) 『中候握河紀』··‘龍馬가 그림을 메고 나왔는데 붉고 푸른 글자로 쓰여 있었고, 黃河에서 나왔다.’(『路史·陶唐紀』注)” [『集釋稿』··“見于其他 緯書者有. 『中候考河命』··‘黃龍負卷舒圖, 赤文綠錯.’(『御覽』八一引) 『中候握河紀』··‘龍馬銜甲, 赤文綠字, 自河而出.’(『路史·陶唐紀』注)”]

橋川時雄··“『唐寫本』과 각 판본은 동일하나, 『四庫』本에서는 【龍馬】라 하였다. 【龍馬】의 전고가 있으니 응당 【龍馬】라 하는 것이 옳고, 각 판본에서 【馬龍】라 했으나 또한 통하지 않은 것은 아니다.” [橋川時雄··“唐寫及各本同, 『四庫』本作【龍馬】. 按【龍馬】有典, 當作【龍馬】, 惟各本作【馬龍】, 亦非不通”]

【大『易』興】이라 하였는데, 전하는 바에 의하면 伏羲가 『河圖』에 근거하여 八卦를 지었고, 周文王이 八卦에 爻辭를 지어 『易』이 이루어졌다고 한다(『周易正義』序 참조). [【大『易』興】, 相傳伏羲據『河圖』制成八卦, 周文王爲八卦作卦爻辭而成『易』.(見『周易正義』序)]

斯波六郎··“【馬龍出】은 『河圖』를, 【神龜見】은 『洛書』를 지칭한다. 劉勰은 緯書의 起源이 『河圖』, 『洛書』와 관련이 있다고 여겼다. 위 문장의 【闡幽】와 【微顯】을 만일 【神道는 그윽함을 바탕으로 드러나게 되며, 천도는 미묘함에 기탁하여 분명해진다.】로 해석할 수 있다면 여기서 말하는 【馬龍出】과 【神龜見】은 【幽】와 【微】 二字에 해당한다. 【大『易』興】과 【『洪範』耀】는 【闡】과 【顯】 二字에 해당한다. 아울러 위 문장 【闡幽微顯】을 글자 그대로 直讀한다면 劉勰의 견해는 【馬龍出】, 【神龜見】은 【幽】에 해당하고, 【大『易』興】과 【『洪範』耀】는 【闡】에 해당하는 것이다. 동시에 【大『易』興】과 【『洪範』耀】를 【顯】과 같은 의미로 이해하고, 【馬龍出】, 【神龜見】을 【微】의 의미로 이해하고, 서로 연관시킨다면 보다 분명해질 것이다.” [斯波六郎·· “【馬龍出】指『河圖』, 【神龜見】指『洛書』. 彦和認爲緯書的起源與『河圖』、『洛書』有關. 上文【闡幽】、【微顯】如作【神道藉幽而明, 天道托微而顯.】解, 此處【馬龍出】與 【神龜見】則正當【幽】與【微】二字. 【大『易』興】與【『洪範』耀】則當【闡】與【顯】二字. 又上文【闡幽微顯】如照字面直讀, 則彦和的看法當是【馬龍出】、【神龜見】爲【幽】, 【大『易』興】、【『洪範』耀】爲【闡】. 同時【大『易』興】, 【『洪範』耀】等【顯】者係藉【馬龍出】【神龜見】等【微】者而彰現的.”]

248. 范注1-4: 『周易』「繫辭上」··“『河圖』와 『洛書』가 세상에 나오자 성인이 이를 본받으셨다.” 『正義』에서 『春秋緯』를 인용하여··“黃河는 하늘과 통하여 『河圖』를 낳았고, 洛水

는 땅으로 흘러들어 地符를 토해냈다. 河龍은 『河圖』로 뜻을 나타냈고, 洛龜는 『洛書』로 감응을 낳았다. 『河圖』는 九篇이었고, 『洛書』는 六篇이었다. 孔安國은 『河圖』는 八卦며, 『洛書』는 九疇라고 주장하였다." 『尙書』 『洪範』: "하늘이 禹에게 『洪範』 九疇를 내렸다." [『易』「上繫」: "河出圖, 洛出書, 聖人則之." 『正義』引『春秋緯』云: "河以通乾出天苞, 洛以流坤吐地符. 河龍圖發, 洛龜書感. 『河圖』有九篇, 『洛書』有六篇. 孔安國以爲『河圖』則八卦是也, 『洛書』則九疇是也." 『尙書』『洪範』: "天賜禹以『洪範』九疇."]

詹注1-3: 【燿】字는 『唐寫本』에 【耀】字로 되어 있다. 『校證』에서 『唐寫本』에 【曜】字로 되어 있다고 했는데, 오류다. 橋川時雄: "【耀】와 【燿】는 모두 옳으며, 校注는 「原道」篇을 참조하라." [【燿】『唐寫本』作【耀】; 『校證』謂『唐寫本』作【曜】, 誤. 橋川時雄: "【耀】、【燿】兩是, 校注見「原道」篇."]

范注: "『周易』 「繫辭上」: '『河圖』와 『洛書』가 세상에 나오자 성인이 이를 본받으셨다.' 『正義』에서 『春秋緯』를 인용하여: '黃河는 하늘과 통하여 『河圖』를 낳았고, 洛水는 땅으로 흘러들어 地符를 토해냈다. 河龍은 『河圖』로 뜻을 나타냈고, 洛龜는 『洛書』로 감응을 낳았다. 『河圖』는 九篇이었고, 『洛書』는 六篇이었다. 孔安國은 『河圖』는 八卦며, 『洛書』는 九疇라고 주장하였다.' 『尙書』 『洪範』: '하늘이 禹에게 『洪範』 九疇를 내렸다.'" [范注: "『易』「上繫」: '河出圖, 洛出書, 聖人則之.' 『正義』引『春秋緯』云: '河以通

乾出天苞, 洛以流坤吐地符. 河龍圖發, 洛龜書感. 『河圖』有九篇, 『洛書』有六篇. 孔安國以爲『河圖』則八卦是也, 『洛書』則九疇是也.' 『尙書』「洪範」: '天賜禹以『洪範』九疇.'"]

『集注』: "『論語』「子罕」篇: '黃河에서 『河圖』가 나오지 아니하니!' 孔子가 이르길: '『河圖』는 八卦다.' 『正義』: '鄭玄은 『河圖』와 『洛書』를 거북이와 용이 물고 메고 나왔다는 것은 『中候』에서 말한 바와 비슷하다(『後漢書』「方術傳」: "『河圖』, 『洛書』의 기록, 龜龍의 그림." 注에서 『尙書中候』를 인용하여: "堯가 洛水에 碧玉을 담그자 玄龜가 책을 지고 나왔는데, 등에 붉은 문자가 있어 壇에 가져다 놓았다. 舜이 河畔에 단을 세우고 예를 행하며 碧玉을 넣고 예를 마치고 해가 기울자 黃龍이 『河圖』를 메고 제단가 물에서 나왔다."). 龍馬가 甲을 물고 나왔는데 붉고 푸른 문양이 있었다. 甲은 거북등과 같았고, 세로의 넓이가 九尺이었고, 위에 28星宿의 이치를 나열했는데, 帝王이 이 기록한 興亡의 이치였다.'" [『集注』: "『論語』「子罕」: '河不出圖.' 孔曰: '『河圖』, 八卦是也.' 『正義』曰: '鄭玄以爲『河圖』『洛書』龜龍銜負而出, 如『中候』所說.(『後漢書』「方術傳」: "河洛之文, 龜龍之圖." 注引『尙書中候』曰: "堯沈碧于洛, 玄龜負書, 背中赤文朱字, 止壇. 舜禮壇于河畔, 沈璧, 禮畢, 至于下昃, 黃龍負卷舒圖, 出水壇畔.") 龍馬銜甲, 赤文綠色. 甲似龜背, 袤廣九尺, 上有列宿斗正之度, 帝王紀錄興亡之數是也.'"]

『漢書』「五行志」: "劉歆은 虙犧氏가 天命을 받들어 왕이

되어 『河圖』를 받아 그림으로 그리니 이것이 八卦이며, 禹가 홍수를 다스리고 『雒書』를 받아 이를 세상에 펼치시니 이것이 바로 『洪範』이라고 주장했다." [『漢書』「五行志」: "劉歆以爲虙犧氏繼天而王, 受『河圖』, 則而畫之, 八卦是也; 禹治洪水, 賜『雒書』, 法而陳之, 『洪範』是也."]

『集釋稿』: "『拾遺記』卷二: '禹가 있는 힘을 다해 도랑을 만들어 냇물을 夷岳으로 유도하자 黃龍이 앞에서 꼬리를 끌고 나타났고, 玄龜가 뒤에서 푸른 진흙을 지고 나타났다. 玄龜는 黃河 요정의 使者로 턱 아래에 印文이 새겨 있는데, 모두 古篆字로 九州 山川의 기록이었다." 『拾遺記』卷十: "圓嶠山에 ……, 서쪽에 星池가 있는데 千里나 되었고, 星池에 神龜가 있는데 다리가 8개, 눈이 6개가 있으며, 등에는 七星, 日月, 八方의 圖象이 있으며, 배에는 五岳, 四瀆의 圖象이 있었다.'" [『集釋稿』: "『拾遺記』卷二: '禹盡力溝洫, 導川夷岳, 黃龍曳尾于前, 玄龜負山靑泥于後. 玄龜, 河精之使者也. 玄龜頷有印文, 皆古篆字, 作九州山川之字.' 『拾遺記』卷十: '圓嶠山……, 西有星池千里, 池中有神龜, 八足, 六眼, 背有七星日月八方之圖, 腹有五岳四瀆之象.'"]

陳槃 「論早期讖緯及其與鄒衍書說之關係」: "『洪範』의 내용은 戰國 末期에 나온 것이며, 『班志』에서 비록 처음 『洪範』을 인용하면서 【그 법 역시 五德終始說에서 비롯되었다】라고 하였다. 이처럼 『洪範』과 관련된 주장은 五德終始說로 개괄할 수 있을 것이다." [陳槃 「論早期讖緯及其

與鄒衍書說之關係」··“『洪範』之取材, 有出于戰國末年者, 『班志』雖首引『洪範』, 復云【其法亦起五德終始】. 是『洪範』之說, 五德終始足以概之矣.”]

【『洪範』】은 【大法】이다. 【耀】는 광채를 내뿜는 것을 말한다. 이 구절은 「原道」篇의 【道의 핵심에 근거하여 글을 지었고, 신비한 도리를 연구하여 가르침을 펼치심에 『河圖』와 『洛書』에서 상을 취했다.】와 그 대의가 서로 같다. [【『洪範』】, 【大法】. 【耀】謂發出光彩. 這幾句話和「原道」篇中【原道心以敷章, 研神理而設教, 取象乎河洛】, 大意相同.]

249. 詹注2-1: 【辭】는 『唐寫本』에 【詞】로 되어 있다. 【洛】은 顧校에 【雒】으로 되어 있다. [【辭】『唐寫本』作【詞】. 【洛】顧校作【雒】.]

250. 詹注2-2: 『周易』「繫辭上」을 참조하라. 橋川時雄··“『前漢書』「五行志」에도 『周易』을 인용하였으며, 顏注에서 【則】은 【效: 본받다】라고 하였다.” [按見『周易』「繫辭上」. 橋川時雄··“『前漢書』「五行志」又引『易』, 顏注云··‘【則】, 【效】也’”]

『注訂』··“그 옛날 聖哲들은 天地物象 가운데 백성들에게 유익한 것을 취하여 이를 본받았다. 이는 문명 건설의 시초이기에 『河圖』, 『洛書』는 그 존재를 믿을만하였을 것이다. 이후로 사람들이 이를 지나치게 숭상하고 신비화하자, 方士들이 이를 가지고 함부로 사람들을 미혹시켜 의심조차 하지 못하도록 만들었다. 그리하여 공자가 탄식한 것 또한 時事를 개탄한 것일 뿐이다. 따라서 이러한 주장의 유래가 이미 오래되었음은 충분히 증명될 수 있다." [『注訂』: "遠古聖哲, 取天地物象之有益生民者, 則而法之. 此建文明之始, 故『河圖』『洛書』決信其有, 然後人以尊崇太過, 乃神其說, 方士乘之肆惑, 使人不能無疑者矣. 而夫子有嘆者, 亦傷時感事而已. 然足證此說由來已久."]

『雜記』: "神道는 그윽함에서 명확한 것으로 나가고, 天命은 미묘함에서 분명한 것으로 움직이기에 인력으로 미칠 수 없자 성인들이 이를 본받은 것이다." [『雜記』: "神道闡幽, 由于天命微顯, 非人力所能致, 故聖人則之."]

251. 詹注2-3: 『集釋稿』: "『穀梁』「文公 14年」: '멀리 千乘之國으로 들어갔다.' 范寧注: '【夐】은 【遠】과 같은 뜻.'" 斯波六郞: "【文】은 『河圖』, 『洛書』 가운데 문자와 유사한 圖形을 지칭하고, 【隱】은 글의 의미가 隱晦하여 이해가 어려운 言語를 지칭한다." 『集注』: "『後漢書』「方術傳序」: '그리하여 『神經』, 『怪牒』, 『玉策』, 『金繩』은 明靈의 창고에 숨겨두거나 瓊壇 위에 봉해두었기에 이를 살펴 볼 수 없었다.' 「蘇竟傳」: '현묘한 經典을 幽室에 보관하였으며, 문사는 어려우나 내용은 분명하다.' 이러한 것은 모두 隱微한 것을 말한다." [『集釋稿』: "『穀梁』「文公十四年」: '夐入千乘之國.' 范寧注: '【夐】猶【遠】也.'" 斯波六郞: "【文】指『河圖』、『洛書』中類似文字的圖形, 【隱】指詞義隱晦不易理解的隱語之類." 『集注』: "『後漢書』「方術傳序」: '然『神經』『怪牒』, 『玉策』『金繩』, 關扃於明靈之府, 封縢於

瓊壇之上, 靡得而闚也.' 「蘇竟傳」··'玄包幽室, 文隱事明.' 皆隱之謂也."]

252. 詹注2-4: 范文瀾이 孫氏의 말을 인용하여··"『唐寫本』에 【誕】은 【託】으로 되어 있다." 橋川時雄··"각 판본에 【誕】으로 되어 있으나 『唐寫本』에는 【託】으로 되어 있다. 【託】과 【誕】 모두 의미가 통하지만 아래에 있는 【皆託于孔子: 모두 공자에게 가탁하였다】 구절에서는 【託】이 타당해 보인다." [范引孫云··"『唐寫本』【誕】作【託】." 橋川時雄··"各本作【誕】, 『唐寫本』作【託】. 按【託】【誕】兩通, 然下句有【皆託于孔子】句, 作【託】似妥."]

253. 范注1-5: 兪正燮『癸巳類考』「緯書論」··"緯書는 고대의 歷史書다. 緯書는 후세의 靈臺候와 유사한 관공서의 문서로 이전의 유학자들이 이를 받아들여 經義를 輔證하였다. 모든 순수한 고문과 맞지 않는 것도 있다." [兪正燮『癸巳類考』「緯書論」"緯者古史書也. 緯如後世靈臺候, 省寺案牘, 先儒所采以輔證經義者, 皆淳古之文, 他或不逮也."]

詹注2-5: 『注訂』··"康成(鄭玄)이 經典에 注를 가한 것에도 緯에 관한 설명이 있으나 무릇 선택의 문제이다. 荀悅이 사실이 혼란될까 걱정했으나 태워 없애는 것에는 반대했으니 이 또한 哲人의 견해라 하겠다." [『注訂』··"康成注經, 亦存緯說, 蓋在擇焉而已. 荀悅惜其雜眞, 未許煨燔, 亦哲人之見也."]

【憑】은 【依據】한다는 뜻으로, 거짓 역시 이것에 의거하여

출현한다는 것. [【憑】」, 【依據】, 意謂假的也據此而出現.]

斯波六郎:"이 두 구의 의미는 【眞物이 세상에 존재해도 眞物을 이용하여 세상에 나온 僞作 역시 시대에 맞춰 만들어지는 것이다.】 【眞】은 『河圖』와 『洛書』, 【僞】는 후세의 所謂 緯書를 지칭한다." [斯波六郎:"此兩句意謂【眞物雖存于世, 然理容眞物而問世的僞作亦應運而生.】 【眞】指『河圖』、『洛書』之類, 【僞】指後世的所謂緯書."]

이상이 제1단이며, 緯書의 발생을 논했다. [以上爲第一段, 論緯書之發生.]

4-2.

『六經』이 찬란한 빛을 발하자 緯候가 紛雜하게 나왔다. 『孝經』과 『論語』의 내용은 분명하고 정확하지만 緯書는 오히려 지나치게 번잡하다. 經典에 의거하여 緯書를 검증하면 그 위조는 4가지다. 緯書와 經典의 배합은 마치 經緯가 交織하여 옷감을 짜는 것처럼 絲麻가 뒤섞이지 않아야 비단과 광목이 만들어 진다. 오늘날 經書는 正確한데 緯書는 괴이하며, 서로 천리의 차이가 나는 것이 첫 번째 僞造다. 經書는 분명한 성인의 교훈이나, 緯書는 애매한 귀신의 教導이기에 성인의 교훈은 의당 廣博해야 하고, 귀신의 教導는 의당 간략해야 한다. 오늘날 緯書가 經書보다 더 많고, 神理가 더 번다하니 이것이 두 번째 僞造다. 천명은 하늘로부터 내려오고, 이를 符讖이라 이르며, 八十一篇 모두를 孔子에게 가탁했다. 唐堯가 綠圖를 짓고, 문왕이 丹書를 지었다 하는데, 이것이 세 번째 僞造다. 商周 이전에 이미 圖讖이 많이 보이지만 春秋 末期에 이르러서야 經典이 비로소 완비되었는데, 먼저 緯書가 만들어지고, 나중에 經書가 이루어졌다면 이는 옷감을 짜는데 먼저 經線을 준비한 뒤 緯線을 올려놓아야 하는 원칙에 위배되니 이것이 네 번째 僞造다. 거짓이 드러나니 그 義意의 차이는 너무나 자명하다. 經書는 이미 충분히 해석되었으니 緯書가 여기에 어떻게 관여할 수 있겠는가?

4-2.

夫六經彪炳, 而緯候稠疊[254]; 孝論昭晳[255], 而鉤讖葳蕤[256], 按經驗緯[257], 其僞有四; 蓋緯之成經[258], 其猶織綜[259], 絲麻不雜, 布帛乃成[260]; 今經正緯奇, 倍擿千里[261], 其僞一矣[262]. 經顯, 聖訓也; 緯隱, 神敎也[263]. 聖訓宜廣[264], 神敎宜約, 而今緯多於經[265], 神理更繁[266], 其僞二矣[267]. 有命自天[268], 迺稱符讖[269], 而八十一篇[270], 皆託於孔子[271], 則是堯造綠圖[272], 昌制丹書[273], 其僞三矣[274]. 商周以前, 圖籙頻見[275], 春秋之末, 羣經方備[276], 先緯後經, 體乖織綜[277], 其僞四矣[278]. 僞旣倍摘, 則義異自明[280], 經足訓矣[281], 緯何豫焉[282].

254. 范注2-1: 『說文解字』‥“【稠】는 【多: 많다】와 같은 뜻.” 「蒼頡篇」‥“【疊】은 【重:중복】, 【積: 싸이다】의 뜻.” 『史記』「司馬相如傳」‥“어지럽고 우거지도다.” 『索隱』‥“어지러운 모양” [『說文』‥“【稠】, 【多】也.” 「蒼頡篇」‥“【疊】, 【重】也, 【積】也.” 『史記』「司馬相如傳」‥“紛綸葳蕤.” 『索隱』‥“亂貌”]

詹注3-1: 左思 「蜀道賦」‥“옥의 문양이 아름답고 밝도다.” 斯波六郎‥“【彪炳】은 文采가 아름답고 明晳한 것을 말하며, 주로 『六經』의 문장을 지칭한다.” [左思「蜀道賦」‥“符采彪炳.” 斯波六郎‥“【彪炳】謂文采美而明晰, 主要是指『六經』文章.”]

『後漢書』「方術傳序」‥“『河圖』·『洛書』의 文字, 龜龍의 圖形, 箕子의 數術, 緯候 관련 책들은 이따금 소식을 접할 수 있었다.” 注‥“【緯】는 『七經』의 緯書이고, 【候】는 『尙書中候』다.” 七緯는 앞의 해제를 참조할 것. 【候】는 점의 결과. [『後漢書』「方術傳序」‥“河洛之文, 龜龍之圖, 箕子之術, 緯候之部, 時有可聞者焉.” 注‥【緯】, 七經緯也. 【候】, 『尙書中候』“ 「七緯」見前題解, 【候】, 占驗.]

范注‥“『說文解字』‥‘【稠】는 【多: 많다】와 같은 뜻.’ 「蒼頡篇」‥‘【疊】은 【重:중복】, 【積: 싸이다】의 뜻.’ 『史記』 「司馬相如傳」‥‘어지럽고 우거지도다.’ 『索隱』‥‘어지러운 모양’ [『說文』‥“【稠】, 【多】也.” 「蒼頡篇」‥“【疊】, 【重】也, 【積】也.” 『史記』「司馬相如傳」‥“紛綸葳蕤.” 『索隱』‥“亂貌”]

255. 詹注3-2: 『校注』: "【孝】는 『孝經』, 【論】은 『論語』. 『孝經』에는 『鉤命訣』이 있고, 『論語』에는 讖書가 있어 이를 이어서 【鉤讖葳蕤】라 한 것이다. 앞서 먼저 『六經』을 언급한 뒤 이어서 緯候를 말한 것과 유사하다. 『唐寫本』에서 【考】라 했는데, 잘못된 것이다. 【晳】은 『唐寫本』의 【晢】을 따라야 한다." [『校注』: "【孝】, 『孝經』也; 【論】, 『論語』也. 『孝經』有『鉤命訣』, 『論語』有讖, 故繼云【鉤讖葳蕤】. 猶上之先言『六經』, 而繼云緯候然也. 『唐寫本』作【考】, 非是. 【晳】當從『唐寫本』作【晢】."]

『校證』: "【孝】는 『唐寫本』에 【考】로 되어 있다. 「孝經序」疏에서 鄭玄의 「六禮論」을 인용하여: '孔子는 六禮의 題目이 서로 다르고, 지칭하는 의미 또한 다르기에 道가 산란하여 후세 사람들이 근원을 알 수 없을까 걱정하여 『孝經』을 지어 總結하였다.' 趙岐 「孟子題辭」: '『論語』는 『五經』의 關鍵이며, 六禮의 綱領이다.' 이러한 사실에 의거하면 『孝經』은 六禮의 總結이고, 『論語』는 『五經』의 關鍵이다. 聖旨를 널리 밝힘에 그 의미가 이미 분명하니 다시 번다한 鉤讖이 있는 것은 너무 수준이 낮은 것이다. 이전에 【孝】라 한 것이 옳고, 『唐寫本』에서 【考】라 한 것은 오류다." [『校證』: "【孝】, 『唐寫本』作【考】. 今按「孝經序」疏引鄭玄「六禮論」云: '孔子以六禮題目不同, 指意殊別, 恐道離散, 後世莫知根源, 故作『孝經』以總會之.' 趙岐「孟子題辭」: '『論語』者, 『五經』之錧鎋, 六禮之喉襟也.' 據此, 『孝經』爲六禮之總會, 『論語』爲『五經』之錧鎋. 敷贊聖旨, 義已昭晢,

復有葳蕤之鉤讖, 則是打重台矣. 舊作【孝】是, 『唐寫本』作【考】, 非.”]

『補注』‥“明 吳興 淩雲本에는【晳】이【哲】로 되어 있다. 許氏가 고친 것이다. 孫詒讓『札迻』‥‘『說文解字』日部‥【昭晳】은【明: 밝다】와 같은 뜻.’【晳】은【晰】이라 쓰기도 하며,【晰】은【晰】의 잘못된 字體고, 이 책의「徵聖」,「明詩」,「總術」3편에서【昭晰】이라 하였다. 元本, 馮鈔本(馮舒의 抄本)에서도【哲】로 되어 있으며 通借字로 쓸 수 있다.『周易』「大有」九四象‥‘明辯을【晳】이라 한다.’『釋文』‥‘【晳】은【哲】로도 쓴다.’ 劉勰은 경전의 여러 別本을 인용하였다(『札迻』‥‘「徵聖」篇의【文章昭晳】다음 구절은 黃蕘圃가 교감한 元 至正本에 의거한 것이다. 明 淩雲本에 보이는 元本의【昭哲】은「正緯」篇에 보인다. 따라서 孫詒讓의 말을 전재하여 이 구절 다음에 귀결시켰다.’).” 斯波六郎‥“【昭晳】은 조리가 정연하다는 뜻이며, 주로『孝經』과『論語』의 내용을 지칭한다. 단 이곳의【彪炳】과 다음 문장의【昭晳】은 互文의 용법이다. …… 이 말은『六經』과『孝經』,『論語』가 모두 문채가 아름답고, 조리가 정연하기에 緯書類는 이러한 전적에는 필요 없음을 암시한다.” [『補注』‥“明吳興淩雲本【晳】原作【哲】. 許改. 孫氏詒讓『札迻』云‥‘『說文』日部‥【昭晳】,【明】也.【晳】或作【晰】,【晰】卽【晰】之譌體, 此書「徵聖」、「明詩」、「總術」三篇【昭晰】字, 元本、馮鈔本(指馮舒抄本), 亦幷作【哲】, 用通借字.『周易』「大有」九四象云‥‘明辯【晳】也.’『釋文』云‥‘【晳】又

作【哲】. 彦和用經語多從別本.(『札迻』語在「徵聖」篇【文章昭哲】條下, 係據黃蕘圃校元至正本. 案明淩雲所見元本【昭哲】在「正緯」篇, 故剪裁孫語歸此條下.)" 斯波六郞‥"【昭晳】, 意爲條理井然, 主要指『孝經』與『論語』的內容. 但此處之【彪炳】與下文【昭晳】爲互文的用法. …… 是說『六經』與『孝』、『論』都是文采美艶, 條理淸晰, 從而也就暗示緯書之類對于這些典籍來說是不必要的."]

256. 范注2-2: 『孝經緯』에 『鉤命訣』이 있다. 『四部引緯』에서 『鉤命訣』注를 인용하여‥"천하가 질서를 상실하면 반드시 막힘과 틈새가 있기에 陰陽을 가지고 政治를 바꿔야 한다." 孫瑴 『高微書』‥"緯書 가운데 운명을 언급한 것으로 『元命苞』 만한 것이 없고, 鉤讖을 언급한 것으로 『春秋』의 『文耀鉤』, 『河圖』의 『稽耀鉤』 만한 것이 없다." 『論語』는 緯書가 없고, 讖書만 있다. 『古微書』‥"『論語』는 經에 속하지 않아 緯書가 없고 讖書 8권만 있다." [『孝經緯』有『鉤命訣』. 『四部引緯』引『鉤命訣』注曰"天下失序, 必有沮泄, 用陰陽迭治之也.." 孫瑴『高微書』曰‥"緯書以命言者, 莫如『元命苞』, 鉤言者, 莫如『春秋』之『文耀鉤』, 『河圖』之『稽耀鉤』." 『論語』無緯有讖. 『古微書』曰‥"『論語』不入經, 亦不立緯, 惟讖八卷."]

詹注3-3: 黃注‥"司馬相如는 「封禪文」에서 【紛綸葳蕤】라 하였다. 注‥'【衆多: 많다】의 뜻이다.'" 范注‥"『孝經緯』에 『鉤命訣』이 있다. 『四部引緯』에서 『鉤命訣』注를 인용하여‥'천하가 질서를 상실하면 반드시 막힘과 틈새가 있기에 陰陽을 가지고 政治를 바꿔야 한다.'" 孫穀 『古微書』‥ "緯書로 운명을 언급한 것으로 『元命苞』만한 것이 없고, 鉤讖을 언급한 것으로 『春秋』의 『文耀苞』, 『河圖』의 『稽耀鉤』만한 것이 없다. 여기서는 『孝經緯』를 근거로 要訣을 직언한 것이다." 『論語』는 緯書는 없고 讖書만 있다. 『古微書』‥'『論語』는 經에 속하지 않아 緯書가 없고, 讖書 8권만 있다." [黃注‥"司馬相如「封禪文」‥【紛綸葳蕤】. 注‥'言衆多也.'" 范注‥"孝經緯』有『鉤命訣』. 『四部引緯』引『鉤命訣』注曰‥'天下失序, 必有沮泄, 用陰陽迻治之也'" 孫穀『高微書』曰‥"緯書以命言者, 莫如『元命苞』, 鉤言者, 莫如『春秋』之『文耀鉤』, 『河圖』『稽耀鉤』." 『論語』無緯有讖. 『古微書』曰‥"『論語』不入經, 亦不立緯, 惟讖八卷."]

橋川時雄‥"『史記』「司馬相如傳」‥'【紛綸葳蕤】.' 索隱에서 長揖의 말을 인용하여‥'【葳蕤】은 어지러운 모습이다.' 索隱에서 胡廣의 말을 인용하여‥'【憔悴하다】.' 『文選』「文賦」‥'「紛葳蕤以馺遝」의 注‥【葳蕤】은 성대한 모양.'" [橋川時雄‥"『史記』「司馬相如傳」‥'【紛綸葳蕤】.' 索隱引長揖云‥'【葳蕤】, 【亂貌】.' 索隱引胡廣云‥'【委頓也】.' 『文選』「文賦」‥'【紛葳蕤以馺遝】 注云‥【葳蕤】, 盛貌.'"]

257. 詹注4-1: 【按】은 『唐寫本』에 【酌】으로 되어 있다. 橋川時雄‥"【酌】이 보다 타당하다." 斯波六郎‥"【酌】은 경전에 의거하여 헤아린다는 의미로, 經典을 本體로 삼는다는 관점을 보다 잘 표현한다." [【按】, 『唐寫本』作【酌】. 橋川時雄‥"按【酌】字妥." 斯波六郎‥"【酌】者, 引經據典斟酌的意

也, 更好地表達了以經爲本體的觀點."]

258. 詹注4-2: 『集注』: "【成】字는 【於】字의 誤謬다." 『校證』: "【成】字는 【於】字일 것이다. 다음 문장의 【布帛乃成】과 연관시켜 보면 誤謬일 것이다." 『考異』: "緯書와 經典에는 상호 형성의 관계가 있으며, 緯書를 짓는 사람들은 반드시 經典에 의지해야 완성할 수 있고, 經典을 인용해야 立說할 수 있으니 【成】字가 보다 적합하며, 王校에서 【於】字라 한 것은 잘못된 것이다." [『集注』"【成】字乃【於】字之誤." 『校證』: "【成】疑作【於】, 蓋涉下文「布帛乃成」而誤." 『考異』: "緯經有相成之勢, 蓋作緯者必依經而成, 引經爲說, 故【成】字爲長, 王校疑作【於】者非是."]

斯波六郎: "【成】은 【成就】, 【成功】의 【成】이다. …… 【緯以成經: 緯書를 가지고 경전을 짓는다.】는 관점은 이미 『釋名』「釋典藝」에서 말한: '【緯】는 【圍: 주위를 감싸다】와 같은 뜻이며, 반복적으로 주위를 감싸 돌아 經이 된다.' 에도 나타난다. 織機의 經에는 軸이 있고, 緯에는 杼(북)있으나 또한 經이 本體이다. …… 이 구절에서 말한 經書, 緯書는 이미 단어 자체에서 議論이 들어난다." [斯波六郎: "【成】者, 【成就】, 【成功】之【成】, …… 【緯以成經】說法已見『釋名』「釋典藝」: '【緯】, 【圍】也, 反覆圍繞, 以成【經也】.' 織機絲經有軸, 緯有杼, 亦以經爲本體. …… 此句所言經書、緯書, 已經就語詞本身發了議論."]

259. 詹注4-3: 范注: "『說文解字』「絲部」: '【經】은 길쌈의 날줄. 【緯】는 날줄을 지탱해주는 실.' 段玉裁 織字注: '經緯

가 서로 잘 어우러진 것이 옷감이다.' 玄應『一切經音義』에서『三倉』을 인용하여:'【綜】은 날줄을 가지런하게 만든다는 뜻. 베틀의 실이 지속적으로 교차하는 것을 말한다. 실을 잘라 날줄을 만들어야 비로소 길쌈을 시작할 수 있다.'【綜】은 織機에 달려 있는 날줄을 아래위로 여닫는 장치며, 여기서는 織機(베틀) 자체를 의미한다. 緯書의 經典과의 배합은 織布機의 緯線처럼 經典과 배합된다는 것에 대한 비유다."【織綜】은 經線과 緯線의 交織. [范注: "『說文』「絲部」:'【經】, 織從絲也.【緯】, 經衡絲也.' 段玉裁織字注云:'經與緯相成曰織.' 玄應『一切經音義』引『三倉』:'【綜】理經也. 謂機縷持絲交者也. 屈繩制經令得開合也.'【綜】, 織機上帶着經線上下開合的裝置, 這里指織機. 緯書的配合經典, 好比織布機緯線的配合經典.【織綜】, 經緯線的交織."]

260. 范注2-3:『說文解字』「絲部」:"【經】은 길쌈의 날줄.【緯】는 날줄을 지탱해주는 실." 段玉裁 織字注:"經緯가 서로 잘 어우러진 것이 옷감이다." 玄應『一切經音義』에서『三倉』을 인용하여:"【綜】은 날줄을 가지런하게 만든다는 뜻. 베틀의 실이 지속적으로 교차하는 것을 말한다. 실을 잘라 날줄을 만들어야 비로소 길쌈을 시작할 수 있다."【綜】은 織機에 달려 있는 날줄을 아래위로 여닫는 장치며, 여기서는 織機(베틀) 자체를 의미한다. 緯書의 經典과의 배합은 마치 織布機의 緯線처럼 經典과 배합된다는 것에 대한 비유다."【織綜】은 經線과 緯線의 交織. [『說文』「絲

部」··"【經】, 織從絲也. 【緯】, 經衡絲也.' 段玉裁織字注云·· '經與緯相成曰織.' 玄應『一切經音義』引『三倉』··'【綜】理經也. 謂機縷持絲交者也. 屈繩制經令得開合也.' 【綜】, 織機上帶着經線上下開合的裝置, 這里指織機. 緯書的配合經典, 好比織布機緯線的配合經典. 【織綜】, 經緯線的交織."]

詹注4-4: 『校注』··"『禮記』「運禮」··'삼과 실을 다스려 베와 명주를 만들었다.'" [『校注』··"『禮記』「運禮」··'治其絲麻, 以爲布帛.'"]

斯波六郎··"【雜】은 【混雜: 뒤섞이다】이라는 뜻. 여기서 말하는 絲綫과 麻線에는 모름지기 經緯가 있어 결코 혼잡하지 않음을 말한 것이다. 여기서 말한 의미와 유사한 주장은 齊梁時期 陶弘景의 「發眞隱訣序」··'【經】은 【常: 항상 그러한 것】, 【通】과 같은 뜻. 항상 통하여 막힘이 없는 것은 마치 베와 명주에 날줄이 있으면 반드시 緯緖가 균형을 이루어 전체가 조화롭게 만들어져야 비로소 성공할 수 있는 것과 같으니, 만일 기계가 엉성하고, 북과 바디가 어그러지면 어찌 아름다운 문양을 만들 수 있겠는가?'라는 구절에 보인다." [斯波六郎··"【雜】, 【混雜】也. 此處言絲線、麻線雖有經緯, 但并不雜亂. 與此處語意相類的說法見于齊梁間陶弘景的「發眞隱訣序」··'【經】者, 【常】也, 【通】也. 謂常通而無滯, 亦有浦帛之有經耳, 必須銓綜緯緖, 僅乃成功, 若機關疏越, 杼軸乖謬, 安能斐然成文.'"]

261. 詹注4-5: 范注··"孫詒讓『札迻』12··'오늘날 經은 바르나 緯는 기이하다. 【倍摘千里】의 【倍摘】은 다음 문장의 【倍

摘】과 같으며, 두 자는 모두 【適】字와 같은 뜻이다.' 『方言』··'【適】은 【牾: 거스르다】와 같은 뜻.'(『廣雅』 「釋詁」도 동일하다.) 郭注··'【서로 저촉되어 거스르는 것】의 【倍適】은 【背迕】와 같은 뜻.'" [孫詒讓『札迻』十二·"今經正緯奇, 倍擿千里倍擿卽下文倍摘, 字幷與適通." 『方言』云··'【適牾】也.'(『廣雅』「釋詁」同.) 郭注云··'相觸迕也. 【倍適】猶言【背迕】.'"]

『校注』··"【擿】은 『唐寫本』에 【摘】으로 되어 있다. 【擿】, 【摘】은 본래 통하며, 【指摘】을 【指擿】으로 쓰는 것과 같다...... 따라서 다음 구절 【僞旣倍摘】은 『唐寫本』에 의거하여 【摘】으로 쓰는 게 옳으며, 이리해야 上下가 비로소 서로 통한다." [『校注』··"【擿】, 『唐寫本』作【摘】. 【擿】、【摘】二字本通, 猶【指摘】之爲【指擿】,...... 然以下文【僞旣倍摘】, 此當依『唐寫本』作【摘】, 上下始能一律."]

『隋書』 「經籍志·六禮緯類序」··"그러나 文辭가 천박하고 내용의 앞뒤가 맞지 않는 오류가 있어 성인의 뜻과 맞지 않는다." 또한··"무릇 孔安國, 毛公, 王璜, 賈逵와 같은 사람들이 그릇된 것이라 말했으나 사람들이 요망한 것을 계승하니 『中庸』의 典雅함이 어지러워졌다." [『隋書』「經籍志·六禮緯類序」··"然其文辭淺俗, 顚倒舛謬, 不類聖人之旨." 又曰··"唯孔安國、毛公、王璜、賈逵之徒獨非之, 相承以爲妖妄, 亂中庸之典."]

262. 范注2-4: 孫詒讓 『札迻』十二··"오늘날 經은 바르나 緯는 기이하다. 【倍擿千里】의 【倍擿】은 다음 문장의 【倍摘】과

같으며, 두 자는 모두【適】字와 같은 뜻이다.『方言』‥ '【適】은【牾: 거스르다】와 같은 뜻.'(『廣雅』「釋詁」도 동일하다.) 郭注‥'서로 저촉되는 거스르는 것.'【倍適】은【背迕】와 같은 뜻." [孫詒讓『札迻』十二"今經正緯奇,【倍擿千里】【倍擿】卽下文【倍摘】, 字并與【適】通.『方言』云‥'適牾也.'(『廣雅』「釋詁」同.) 郭注云‥'相觸迕也.'【倍適】猶言【背迕】."]

詹注4-6: 范注·夾注‥"顧千里는【矣】를【也】라 校注하였다." 斯波六郎‥"이 구절에서【其僞四矣】에 사용된 4개의【矣】字를 顧千里는 모두【也】字로 고쳤는데, 잘못 고친 것이다.【矣】는 자신이 객관사실을 확인할 때 사용되는 語氣詞이니, 劉勰은 아마도 이러한 어기를 표현하기 위하여【矣】字를 사용했을 것이다." [范注·夾注‥"顧校【矣】作【也】." 斯波六郎‥"自此句至【其僞四矣】, 四個【矣】字, 顧千里均改爲【也】, 改錯了.【矣】是自己確認客觀事實時所用的語氣詞, 彦和恐正是爲了表達這種語氣才用【矣】字的."]

263. 詹注5-1: 范注‥"『唐寫本』에는 두 개의【也】字가 없다. 어기를 헤아려본다면 두【也】字는 산거하지 않아야 할 것 같다.【聖】字는『唐寫本』에서【世】字로 되어 있으며, 의미 또한 통한다." [范注‥"『唐寫本』無兩【也】字. 尋繹語氣兩也似不可刪.【聖】字『唐寫本』皆作【世】, 義亦通."]

『集釋稿』‥"【神敎】에 대하여, 鄭玄『六禮論』‥'『河圖』와『洛書』는 모두 天神의 말씀이기에 왕에게 보고했다.'(『詩經』『大雅』·「文王序」『正義』 인용) 顔延之『庭誥』‥'불교

를 숭상하는 사람의 근본은 神教를 가지고 마음을 다스리는 것을 우선하였다."(『全宋文』 36卷) 【神教】는 【神道說教: 신비한 도리로 설교하는 것】(『周易·觀』彖辭). [『集釋稿』:"【神教】, 鄭玄『六禮論』:'『河圖』『洛書』, 皆天神言語, 所以報告王者也.'(『詩經』『大雅』·「文王序」『正義』引) 顏延之『庭誥』:'崇佛者本在神教, 故治心爲先.'"(『全宋文』卷三十六) 按【神教】, 則以【神道說教】.(『周易·觀』彖辭).]

264. 詹注5-2: 『校注』:"『唐寫本』에는 두 개 【聖】字가 【世】字로 되어 있다. 『唐寫本』이 정확하다고 보인다. 「夸飾」篇: '비록 『詩經』, 『書經』의 위대한 말은 풍속을 교화하고, 世人을 訓導함에 그 事義가 응당 廣博하도다.' 여기서 말하는 【世訓】(다음 구절의 【神教】와 대를 이루기에 【世訓】이라 한 것이다.)과 「夸飾」篇의 【世訓】은 같은 뜻이다." [『校注』:"『唐寫本』兩【聖】字竝作【世】. 按『唐寫本』是. 「夸飾」篇:'雖詩書雅言, 風格(俗)訓世, 事必宜廣.' 此云【世訓】」(因與下句【神教】對, 故作【世訓】.), 彼云【世】, 其誼一也."]

265. 詹注5-3: 『唐寫本』에는 【今】字가 없다. 橋川時雄:"전후의 어의를 살펴보면 【今】字가 없는 것이 옳다." [『唐寫本』無【今】字. 橋川時雄:"尋前後語意, 無【今】字是."]

266. 詹注5-4: 여기서 말하는 【神理】와 【神教】는 같은 뜻이며, 緯書에 기재된 내용은 신령이 들어낸 미묘한 이치임을 지적한 것이다. 『隋書』「經籍志·六禮緯類序」:"光武가 圖讖을 흥성시키자 마침내 세상에 성행하게 되었다. 漢代에 다시 東平王 蒼을 불러 『五經』 章句를 바로잡게 하면서 讖

緯를 따르라 명하니 俗儒들이 時俗에 물들어 이러한 학풍이 더욱 흥성했고, 卷篇第目이 더욱 增廣되었다." [這里【神理】與【神教】同義, 是指緯書中所載的由神靈顯示的微妙之理. 『隋書』「經籍志·六禮緯類序」:"光武以圖讖興, 遂盛行於世. 漢時又詔東平王蒼正『五經』章句, 皆命從讖, 俗儒趨時, 益爲其學, 卷篇第目, 轉加增廣."]

267. 范注2-5: 『唐寫本』에는 두 개의 【也】字가 없다. 어기를 헤아려본다면 두 개 【也】字는 산거하지 않아야 할 것 같다. 【聖】字는 『唐寫本』에서 【世】字로 되어 있으며, 의미 또한 통한다. [『唐寫本』無兩【也】字. 尋繹語氣兩也似不可刪. 【聖】字『唐寫本』皆作【世】, 義亦通.]

詹注5-5: 橋川時雄:"【僞二矣】에 대하여, 胡本에서는 【矣】를 【也】로 썼다. 汪本, 余本에는 【僞】字가 없으며, 【矣】는 【也】로 되어 있다. 徐校:'【僞】字는 보충해서 넣어야 하고, 【也】字는 【矣】字로 고쳐야 한다.' 黃校:'馮本에는 【僞】字가 없으며, 【矣】는 【也】로 되어 있다.' 校本에는 【其二也】라 하였다. 謝本에도 【其僞二矣】로 되어 있다. 顧校에도 【也】라 하였다." 元刻本에는 【其二也】로 되어 있다. [橋川時雄:"【僞二矣】, 胡本【矣】作【也】. 汪余本無【僞】字, 【矣】作【也】. 徐校云:補【僞】字, 【也】改【矣】. 黃校云:案馮本無【僞】字, 【矣】作【也】. 校云:【其二也】, 謝本亦作【其僞二矣】. 顧校作【也】." 按元刻本作【其二也】.]

268. 詹注6-1: 斯波六郎:"『詩經』『大雅』「大明」:'하늘에서 천명을 文王에게 내렸다.'" [斯波六郎:"『詩經』『大雅』「大

明」: '有命自天, 命此文王.'"]

269. 詹注6-2: 【迺】는 『唐寫本』에 【乃】로 되어 있다. 『注訂』: "【符】는 『河圖』와 같은 緯讖를 지칭하며, 다음 문장의 【康王『河圖』, 陳於東序: 周康王이 『河圖』을 東廂房에 진열하였다】를 이어서 【前世符命, 歷代寶傳: 이전에 세상의 符命은 대대로 진보처럼 전해졌다】이라고 하였는데, 이를 통해 符命은 緯書와 讖書를 포괄하는 것임을 알 수 있다. 『六經』에 의거한 것을 【緯書】라 하고, 옛 聖賢의 말씀에 가탁한 책을 【讖書】라 하며, 讖書와 緯書는 體制에 차이가 있다." [【迺】, 『唐寫本』作【乃】. 『注訂』: "【符】指『河圖』緯讖之類, 下文言【康王『河圖』, 陳於東序】, 繼言【前世符命, 歷代寶傳】, 是知符命包括緯讖之類之作也. 依附『六經』者曰【緯】, 託古聖賢之言以名其書曰【讖】, 讖緯體制有別."]

劉勰은 진정한 符命, 圖讖은 모두 하늘에서 내려준 것이며, 사람이 조작한 것이 아니라 여겼다. 따라서 孔子에게 가탁한 緯書는 믿을 수 없는 것이라 여겼다. [劉勰認爲眞正的符命、圖讖都是上天降下的, 不是人造作的. 所以認爲緯書託于孔子不可信.]

270. 詹注6-3: 范注: "『隋書』「經籍志六藝緯類序」: '『周易』에서 河水에서 그림이 나오고, 洛水에서 글자가 나왔다.' 이는 聖人이 天命을 받았다는 것으로 반드시 덕업을 축적하고, 많은 공적과 이로움을 두텁게 하면, 정성이 하늘에 드러나 사람들이 은택을 입고, 만물이 모두 귀의하고, 神明의 福을 누리게 됨은 天命의 응답이다. 무릇 거북과 용이

河水와 洛水에서 물고 지고 나온 것은 朝代 교체의 징후를 기록한 것으로 오묘한 이치로 신비한 도리를 극명하게 밝힌 것인데, 선왕들은 이것이 사람들을 미혹시킬까 두려워 비밀로 간직하여 전하지 않도록 하였다. 說者들이 말하길:‘孔子께서는 이미『六經』를 서술하시어 하늘과 땅의 道를 밝히시었으나 후세인들이 그 뜻을 같은 것으로 이해할 수 없음을 아시고 별도로 緯書와 讖書를 지이시어 다음 세대에 남기시니 그 책들이 前漢에 나타났으며,『河圖』9篇,『洛書』6篇(이것이 바로『圖書秘記』이며, 특히 篇數만 약간 다를 뿐이다.)이 있었으며, 黃帝에서 周文王 때까지 전수받은 것이다. 다른 30편이 있으며, 처음 만들어질 때부터 孔子에 이를 때까지 九聖들이 증보하고 해설하여 그 뜻을 더욱 넓게 만드시었다. 또한『七經緯』36편은 공자가 지은 것이라 말하며, 이전의 것과 합치면 81편이다.’”
[范注:“『隋書』「經籍志六藝緯類序」:『易』曰:‘河出圖, 洛出書.’ 然則聖人之受命也, 必因積德累業, 豐功厚利, 誠著天地, 澤被生人, 萬物之所歸往, 神明之所福饗, 則有天命之應. 蓋龜龍銜負, 出於河洛, 以紀易代之徵, 其理幽昧 究極神理, 先王恐其惑人, 秘而不傳. 說者又云:‘孔子旣敍『六經』以明天人之道, 知後世不能稽同其義, 故別立緯及讖, 以遺來世, 其書出於前漢, 有『河圖』九篇, 『洛書』六篇(案此則『圖書秘記』, 特篇數略異爾.) 云自黃帝至周文王所受本文. 別有三十篇, 云自初起至於孔子, 九聖之所增演, 以廣其義. 又有『七經緯』三十六篇, 幷云孔子所作, 幷前合爲八十一篇.’”]

『集釋稿』··“八十一篇에 대하여 荀悅 『申鑒』「俗嫌」篇··‘세상 사람들이 緯書는 孔子께서 지었다고 말한다. …… 그러나 八十一篇은 孔子께서 지은 것이 아니다.’” [『集釋稿』··“八十一篇者, 荀悅『申鑒』「俗嫌」篇··‘世稱緯書仲尼作也. …… 然則八十一首非仲尼之作矣.’”]

『注訂』··“『河圖』, 『洛書』의 緯書 59편, 『六禮』의 緯書 49편을 일러 81篇이라 한다. 『後漢書』「張衡傳」注를 참조하라.” [『注訂』··“『河』『洛』五九, 『六禮』四九, 謂八十一篇也. 見『後漢書』「張衡傳」注.”]

271. 詹注6-4: 『校注』··“桓譚 「新論」··‘讖書는 『河圖』, 『洛書』에서 나왔으며, 【兆朕:징조】만 있을 뿐 실체는 알 수 없다. 후인들이 함부로 의탁하여 孔子를 칭하니 오류가 심했다.’(『意林』三 인용) 『札記』··‘『隋志』에 의하면 孔子에게 가탁한 것으로는 『七經緯』 뿐이다.’” [『校注』··“桓譚「新論」··‘讖出『河圖』『洛書』, 但有兆朕, 而不可知. 後人妄復加增依託, 稱是孔子, 誤之甚也.’(『意林』三引) 『札記』··‘據『隋志』, 則託于孔子者, 只『七經緯』耳.’”]

『集釋稿』··“앞서 『隋志』의 문장을 인용했으나, 다시 【說者】라고만 했기에 지칭하는 바를 명확히 알 수 없다.” [『集釋稿』··“上引『隋志』文, 亦云【說者】而已, 未明所指.”]

斯波六郎··“荀悅 『申鑒』「俗嫌」篇··‘세상에서 緯書는 孔子가 지은 것이라 말하나 저의 叔父이신 司公 荀爽이 이를 辨釋한 바 있습니다.’” [斯波六郎··“荀悅『申鑒』「俗嫌」篇··

‘世稱緯書仲尼作也, 臣悅叔父司公爽辨之.’”]

272. 詹注6-5: 『訓故』‥“『河圖挺佐輔』‥‘黃帝가 翠嬀의 물가에 이르렀을 때, 농어가 급류를 가르고 다가왔다. 난초 잎에 붉은 글씨가 적힌 것을 黃帝에게 주었는데, 그 이름이 綠圖였다.’” [『訓故』‥“『河圖挺佐輔』‥‘黃帝至于翠嬀之水, 鱸魚折溜而至. 蘭葉朱文, 以授黃帝, 名曰綠圖.’”]

范注‥“『尙書中候握河紀』‥‘堯王이 河水와 洛水에 壇을 차리기 시작하여 仲朔 辛日에 예를 다 갖추었고, 태양이 서쪽으로 기울었을 때 하수에서 찬란한 빛이 나오자, 상서로운 기운이 사방에 가득했고, 白雲이 일고, 바람이 요동치자 龍馬가 거북이 등껍질을 머금고 나왔는데, 푸른 바탕에 붉은 글씨가 적혀 있었으며, 壇에 이르자 날씨가 개였고, 甲圖를 토해내고는 엎드렸다.’”(기록은 『玉函輯佚書』에서 인용) [范注‥“『尙書中候握河紀』‥‘堯修壇河洛, 仲月辛日禮備, 至於日稷, 榮光出河, 休氣四塞, 白雲起, 風回搖, 龍馬銜甲, 赤文綠地, 臨壇止霽, 吐甲圖而蹇.’”(錄自『玉函輯佚書』)]

『校證』‥“【綠】字는 원래 【錄】字로 되어 있다. 馮校‥‘【錄】字는 응당 【綠】字로 써야 한다.’ 黃注本에서도 바꿨다. 『唐寫本』, 譚校本에서도 【綠】字로 썼다. 【綠圖】를 고대에는 【錄圖】로도 썼다. 『淮南子』「俶眞」篇‥‘洛水에서 丹書가 나왔고, 河水에서 綠圖가 나왔다.’ 『經義考』264에서 劉安世의 말을 인용하여 【河水에서 丹書가 나왔고, 洛水에서 錄圖가 나왔다.】라 하였다. 『說文解字』‥‘【錄】은 쇠의 색이다.' 따라서 【錄】 역시 색을 가지고 명명한 것이다." [『校證』: "【綠】原作【錄】. 馮校云: '【錄】當作【綠】.' 黃注改. 『唐寫本』、譚校本作【綠】. 【綠圖】古通【錄圖】. 『淮南子』「俶眞」篇: '洛出丹書, 河出綠圖.' 『經義考』二四六引劉安世作【河出丹書, 洛出錄圖.】『說文』: '錄, 金色也.' 然則錄亦就色而爲言也."]

橋川時雄: "『唐寫本』 및 王本, 黃本에서 【綠】으로 썼다. 何校本에서도 【錄】을 【綠】字로 고쳤다. 汪、佘、胡、梅本에서는 【錄】으로 되어 있다. 黃校에서의 언급에 있어 『春秋』「隱公 10年」『公羊傳』에서 『春秋』는 내부적인 것은 자세하게 기록했으나, 외부의 것을 간략하게 기록하였다고 하였다. 무릇 古人의 문장은 方策에 드러나 있기에 木刻의 의미에 따라 引伸하였던 것이다. 【彔】, 【錄】, 【箓】, 【籙】은 모두 통용된다. 따라서 綠圖와 丹書는 對稱되는 것이니 결코 方冊을 말하는 것이 아니며, 【錄】, 【籙】으로 고친 것은 모두 오류다. 아울러 【綠】, 【錄】은 서로 의미가 통하며, 【綠】은 【劍名】과도 통한다. 『荀子』「性惡」篇 【文王之錄】의 注에서도 【錄】은 【綠】과 같은 의미로 色名이라고 하였다." [橋川時雄: "『唐寫本』及王、黃本作【綠】. 何校【錄】改【綠】, 汪、佘、胡、梅本作【錄】. 黃校云云, 按『春秋』「隱公十年」『公羊傳』云『春秋』錄內, 而略外. 蓋古人文字貯在方策, 即從木刻之義, 而引伸之也다. 【彔】, 【錄】, 【箓】, 【籙】皆通用. 然綠圖與丹書對稱, 並非方冊之謂, 改作【錄】【籙】皆非. 又按【綠】、【錄】亦通, 通【綠】, 【劍名】. 『荀子』「性

惡」篇【文王之錄】, 注云與【綠】同, 以色名.”]

斯波六郎··“『御覽』89에서 鄭玄注를 인용하여··‘영롱한 五色은 河水에서 나왔고, 아름다운 기운이 사방에 가득하고 …… 甲은 그림으로 저장되었고, 赤文의 색은 녹색 바탕이었다.’” [斯波六郎··“『御覽』八九引鄭注云··‘榮光五色, 從河出, 美氣四塞 …… 甲所以藏圖, 赤文色而綠地也.’”]

『注訂』··“【綠圖丹書】—綠色과 丹色이 귀하다는 의미. 【圖】, 【書】는 『河圖』와 『洛書』를 이름. 「原道」篇注를 參照하라.” [『注訂』··“【綠圖丹書】—綠、丹, 貴之也. 【圖】、【書】, 卽『河圖』、『洛書』. 參「原道」篇注.”]

273. 詹注6-6: 『訓故』··“『尙書帝命驗』··‘九月 甲子日에 赤雀이 丹書를 입에 물고 豊郭으로 날아와 文王의 집에 이르렀는데 丹書에 공경함이 태만함보다 나으면 길하고, 태만함이 공경함보다 나으면 멸망할 것이라고 쓰여 있었다.’” [『訓故』··“『尙書帝命驗』··‘季秋之月甲子, 赤雀銜丹書止于豊, 集于昌戶, 其書云 ··敬勝怠者吉, 怠勝敬者滅.’”]

范注··“『尙書中候』「我應」··‘周文王이 西伯이 되었을 때, 九月 甲子日에 赤雀이 丹書를 입에 물고 豊郭으로 날아와 昌戶에 멈추더니 머리를 조아려 절하면서 간단하게(【最】는 【要言】이라는 뜻) 【姬昌은 蒼帝의 아들이며, 殷國을 멸망시킬 사람은 紂王이다.】라는 말을 건넸다.’”(『玉函輯佚書』에서 인용.) [『尙書中候我應』“周文王爲西伯, 季秋月甲子, 赤日雀銜丹書入豊郭, 止於昌戶, 乃拜稽首受最(【最】【略

言】也.)曰【姬昌蒼帝子, 亡殷者紂也】.’”(錄自『玉函輯佚書』.)]

斯波六郎··“『易是類謀』··‘文王이 比隆에서 일어나 패자가 되자 崇을 정벌하고, 靈臺를 만들고, 赤雀의 丹書를 받아 稱王하고, 命을 내려 王의 의지를 나타냈다.’(『詩經』『大雅』「文王序」『正義』에서 引用) 『春秋元命苞』··‘鳳凰이 丹書를 물고 文王의 都邑에 왔다.’(同上引)” [斯波六郎··“『易是類謀』有云··‘文王比隆興, 始覇, 伐崇, 作靈臺, 受赤爵(雀)丹書, 稱王制命, 示王意.’(『詩』『大雅』「王序」『正義』引) 『春秋元命苞』··‘鳳凰銜丹書于文王之都.’(同上引)”]

陳槃 『論早期讖緯及其與鄒衍書說之關係』··“이러한 것들은 文王이 丹書를 받았던 사실을 언급한 것이다. 丹書를 물고 온 것이 鳳凰 혹은 赤雀이라 말한다. 赤雀이 머문 곳이 文王의 都邑이라 말하기도, 文王의 집이라 말하기도 한다. 『呂氏春秋』 및 『封禪書』에서 인용한 赤烏가 편지를 물고 주의 사직에 모여들었다는 것과 비슷하나 다른 종류다. 그러나 고서는 입에서 입으로 流傳했기에 글이 서로 다를 수밖에 없다. 方士의 말이 원칙에서 너무 멀리 벗어나니 牽强附會한 것이 아닐 수 없다.” [陳槃『論早期讖緯及其與鄒衍書說之關係』··“此類云文王所受丹書. 銜書者, 或曰鳳凰, 或曰赤雀; 雀所止處, 或曰文王之都, 或曰文王戶. 似與『呂氏春秋』及『封禪書』引作赤烏銜書集周社者不類. 然古書多賴口授流傳, 不免于異辭. 抑方士怪迂不經, 無不隨意附會.”]

張爾田 『史微』內篇 卷五 「原緯」··“(『隋志』)··‘七經의 緯

36편은 모두 孔子가 지은 것이라 말한다. 이전의 것과 합쳐 81편이다.'(『經籍志』 券1 참조) 原注:·'劉勰:·'천명은 하늘로부터 내려오며, 이를 符讖이라 이르고……, 唐堯가 綠圖를 짓고, 文王이 丹書를 지었다.' 이는 이전부터 있었던 구설이며, 모두 孔子가 이 81편을 지었다고 여겼다." [張爾田『史微』內篇卷五「原緯」:"(『隋志』)又曰:'七經緯三十六篇, 並云孔子所作; 並前, 合爲八十一篇.' (見『經籍志』一) 原注:'劉彦和曰:'有命自天, 迺稱符讖,…… 則是堯造綠圖, 昌制丹書矣.' 是自古舊說, 皆以此八十一篇屬之孔子也."

274. 范注2-6: 『尙書中候·握河紀』:"堯王이 河水와 洛水에 壇을 차리기 시작하여 仲朔 辛日에 예를 다 갖추었다. 태양이 서쪽으로 기울었을 때 하수에서 찬란한 빛이 나오자, 상서로운 기운이 사방에 가득했고, 白雲이 일고, 바람이 요동치자 龍馬가 거북이 등껍질을 머금고 나왔는데, 푸른 바탕에 붉은 글씨가 적혀 있었으며, 壇에 이르자 날씨가 개였고, 甲圖를 토해내고는 엎드렸다." [『尙書中候握河紀』:"堯修壇河洛, 仲月辛日禮備, 至於日稷, 榮光出河, 休氣四塞, 白雲起, 風回搖, 龍馬銜甲, 赤文綠地, 臨壇止霽, 吐甲圖而蹇."]

『尙書中候我應』:"周文王이 西伯이 되었을 때, 九月 甲子日에 赤雀이 丹書를 입에 물고 豊郭으로 날아와 문왕의 집에 멈추더니 머리를 조아려 절하고는 간단하게 【姬昌은 蒼帝의 아들이며, 殷國을 멸망시킬 사람은 紂王이다.】라는 말을 건넸다."(두 고사는 모두 『玉函輯佚書』에서 인용.)

[『尙書中候我應』: “周文王爲西伯, 季秋月甲子, 赤日雀銜丹書入豊郭, 止於昌戶, 乃拜稽首受最(最略言也.)曰‘姬昌蒼帝子, 亡殷者紂也.” (兩條均錄自『玉函輯佚書』.)]

『隋書』「經籍志六藝緯類序」: “『周易』: ‘河水에서 그림이 나오고, 洛水에서 글자가 나왔다.’ 이는 聖人이 天命을 받았다는 것으로 반드시 덕업을 축적하고, 많은 공적과 이로움을 두텁게 해야 정성이 하늘에 드러나 사람들이 은택을 입으며 만물이 모두 귀의하고 神明의 福을 누리게 됨은 天命의 응답이라는 것이다. 무릇 거북과 용이 입에 물고, 등에 지고 河水와 洛水에서 나온 것은 朝代 교체의 징후를 기록한 것으로 그 이치의 오묘함과 신비한 도리를 극명하게 밝힌 것이지만, 선왕들은 이것이 사람들을 미혹시킬까 두려워 비밀로 간직하고 전하지 않도록 하였다. 說者들이 말하길 孔子께서는 이미 『六經』를 서술하시어 하늘과 땅의 道를 밝히시었으나 후세인들이 그 뜻을 같은 것으로 이해할 수 없음을 아시고 별도로 緯書와 讖書를 지이시어 다음 세대에 남기시니 그 책들이 前漢에 출현하였으며, 『河圖』 9篇, 『洛書』 6篇(이것이 바로 『圖書秘記』이며, 篇數가 약간 다를 뿐이다.)이 있었으며, 黃帝에서 周文王 전수받은 것이다. 다른 30편이 있으며, 처음 만들어질 때부터 孔子에 이를 때까지 九聖들이 증보하고 해설하여 그 뜻을 더욱 넓게 만드시었다. 또한 『七經緯』 36편은 공자가 지은 것이라 말하며, 이전의 것과 합치면 81편이다. 또한 『尙書中候』, 『洛罪級』, 『五行傳』, 『詩推度災』, 『氾歷

樞』, 『含神務』, 『孝經勾命訣』, 『援神契』, 『雜讖』 등의 서적이 있으며, 漢代에도 郗氏, 袁氏의 주장이 있다. 漢末의 郎中 郗萌이 圖緯讖雜占을 모아 집대성하고 이를 『春秋災異』라 불렀다. 宋均과 鄭玄 모두 讖律(漢律은 讖書가 아니다)에 注釋을 가했다. 그러나 그 文辭가 천박하고 순서가 맞지 않는 오류가 있어 聖人의 뜻과는 다르며, 전하는 것은 世人들이 조작한 뒤 다시 조금씩 갈아내니 실록은 아닐 것이다. 王莽의 符命이 만들어진 뒤 光武帝가 圖讖으로 흥성하자 마침내 세상에 만연하게 되었다. 漢代에 東平王 蒼을 불러 『五經』의 章句를 바로잡게 하였으나 모든 命은 圖讖을 따르라는 것이었다. 俗儒들이 시속을 趨從하자 이 학설을 增益하고자 하여 篇卷第目이 획기적으로 증가되었다. 『五經』를 말하는 자들은 圖讖에 의거하여 주장을 펼쳤으나 유독 孔安國, 毛公, 王璜, 賈逵 등만이 이와 달랐다. 서로 요망한 것을 계승하니 『中庸』의 典雅함이 어지럽혀졌다(讖緯는 본래 儒家의 말이 아니기에 古文家들은 이에 대하여 언급하지 않았다. 은밀함만 찾으려 하고, 괴이한 것만 행하기에 孔子가 서술하지 않았던 것이다. 이러한 이유 때문에 『中庸』의 典雅함이 어지럽혔다고 말한 것이다.). 이에 漢代 魯恭王, 河間獻王이 古文을 발견한 뒤 이를 참고하여 그 의미를 완성하고 이를 古學이라 불렀다(이러한 古文家에게는 讖緯의 명확한 증거가 없었다. 康成은 今文과 古文을 혼용하였기 때문에 緯書를 믿었다 한 것이다.). 당시의 유가는 이를 훼손시키지 않으려 했으나 결국 실현하지는 못했다. 魏代 王肅가 古學을 추진하려

했으나 그 뜻을 실현하기는 어려웠다. 王弼, 杜預가 이를 추종하여 그 뜻을 밝히려하자 이때부터 古學이 다소 정립될 수 있었다. 宋代 大明에 이르러 비로소 圖讖을 금지시켰고, 梁 天監 이후에 다시 이에 대한 제제를 가하였으며, 隋高祖가 선양을 받은 뒤 이를 더욱 강력하게 금지시켰다. 煬帝가 즉위하자마자 사방으로 관리를 풀어 천하의 서적을 수집하고 讖緯와 관련된 것들을 태워버렸고, 관리에게 붙잡힌 사람들은 죽음에 이르게 되니 다시는 이러한 학문이 부활하지 못했다. 秘府 내에 있던 것 또한 대부분 사라졌다." [『隋書』「經籍志六藝緯類序」: "『易』曰'河出圖, 洛出書.' 然則聖人之受命也, 必因積德累業, 豐功厚利, 誠著天地, 澤被生人, 萬物之所歸往, 神明之所福饗, 則有天命之應. 蓋龜龍銜負, 出於河洛, 以紀易代之徵, 其理幽昧 究極神理, 先王恐其惑人, 秘而不傳. 說者又云: 孔子旣敍『六經』以明天人之道, 知後世不能稽同其義, 故別立緯及讖, 以遺來世, 其書出於前漢, 有『河圖』九篇, 『洛書』六篇(案此則『圖書秘記』, 特篇數略異爾.) 云自黃帝至周文王所受本文. 別有三十篇, 云自初起至於孔子, 九聖之所增演, 以廣其義. 又有『七經緯』三十六篇, 幷云孔子所作, 幷前合爲八十一篇. 而又有『尙書中候』, 『洛罪級』, 『五行傳』, 『詩推度災』, 『氾歷樞』, 『含神務』, 『孝經勾命訣』, 『援神契』, 『雜讖』等書, 漢代有郗氏, 袁氏說. 漢末郎中郗萌集圖緯讖雜占爲五十篇, 謂之『春秋災異』, 宋均鄭玄幷爲讖律(案漢律非讖.)之注. 然其文辭淺俗, 顚倒舛謬, 不類聖人之旨, 相傳疑世人造爲之後, 或者又加點鼠, 非其實錄. 起王莽符命, 光武以圖讖興,

遂盛行於世. 漢時又詔東平王蒼正『五經』章句, 皆命從讖. 俗儒趨時, 益爲其學, 篇卷第目, 轉加增廣. 言『五經』者, 蓋憑讖爲說, 唯孔安國, 毛公, 王璜, 賈逵之徒獨非之. 相承以爲祆妄, 亂中庸之典.(案讖緯本非儒家之言, 故古文家不道. 索隱行怪, 子所不述, 故曰亂中庸之典.) 故因漢魯恭王, 河間獻王所得古文, 參而考之, 以成其義, 謂之古學. (案此古文家無讖緯之明證. 康成兼雜今古, 故信緯也.) 當世之儒, 又非毁之, 竟不得行. 魏代王肅推引古學, 以難其義. 王弼, 杜預從而明之, 自是古學稍立. 至宋代大明中, 始禁圖讖, 梁天監以後, 又重其制, 及隋高祖受禪, 禁之踰切. 煬帝卽位, 及發使四出, 搜天下書籍, 與讖緯相涉者皆焚之, 爲吏所糾者至死, 自是無復其學. 秘府之內, 亦多散亡."]

詹注6-7: 다음 문장에서 "따라서 황하에서 『河圖』가 나타나지 않아 공자께서 탄식하였고, 어찌해야 만들 수 있겠는가? 탄식해도 소용없다."고 하였다. [下文云··"河不出圖, 夫子有歎, 如或可造, 無勞喟然."]

『文心雕龍雜記』··"다시 말하거니와, 천명은 하늘에서 내려오는 것이며, 인력으로는 그 뜻에 도달할 수 없다." [『文心雕龍雜記』··"再申有命自天, 非人力所能致之旨."]

275. 詹注7-1: 【以】는 『唐寫本』에 【已】 되어 있으며, 예전에는 서로 의미가 통했다. 范注··"圖錄과 籙圖는 緯書 속에 散見된다. 陶潛 「聖賢群輔錄」에서 『論語讖摘輔象』을 인용하여··'黃帝의 臣下 天老가 天籙을 얻었다.' 宋均注··'【籙天】은 天命의 가르침이다.'" 『校證』··"『唐寫本』에 【圖籙】

은 【綠圖】로 되어 있으며, 舊本에서 【籙】은 모두 【錄】으로 되어 있다." 馮校··"【錄】은 【籙】이 아닐까 한다." 黃注本에서도 바꿨다. 『文選』「命運論」注에서 『春秋元命苞』를 인용하여··"籙圖에 부응하여 순서대로 왕조가 바뀐다." 「王命論」注에서는 【籙】을 【錄】이라 했다. 즉 【籙】과 【錄】은 고대에 통했으니 반드시 고칠 필요는 없다." [【以】『唐寫本』作【已】, 古通. 范注··"圖錄, 籙圖, 散見緯書中. 陶潛「聖賢群輔錄」引『論語讖摘輔象』··'天老受天籙.' 宋均注··'籙天教命也.'" 『校證』··"『唐寫本』【圖籙】作【綠圖】, 舊本【籙】俱作【錄】." 馮校云··"【錄】疑作【籙】." 黃注本改. 『文選』「命運論」注引『春秋元命苞』··"應籙以次相代." 「王命論」注引【籙】作【錄】. 則【籙】【錄】古通, 不必改作."]

橋川時雄··"『唐寫本』에는 【綠圖】로, 胡, 佘, 張, 梅本에는 【圖籙】으로 되어 있다. 『唐寫本』에 이미 【綠圖】라 했으니 이를 따르는 것이 합당할 것이다. 그러나 【圖籙】, 【綠圖】는 緯書에 자주 등장하는 말이니 반드시 고칠 필요 없으며, 【錄】, 【籙】 모두 옳다." [橋川時雄··"『唐寫本』作【綠圖】, 胡, 佘, 張, 梅本作【圖籙】 按唐寫已作【綠圖】, 從之似是. 然【圖籙】【綠圖】之語, 多見緯書中, 則不必改, 【錄】【籙】亦通兩是."]

『後漢書』「方術傳」··"光武帝가 특별히 讖言을 신뢰하자 士人들 가운데 시의를 좇는 자들은 讖緯 천착에만 매진하며 논쟁을 벌였다. 그리하여 王梁, 孫咸은 圖籙으로 이름을 날려 三公의 지위에 올랐고, 鄭興, 賈逵도 附和雷同하여 유명해졌고, 桓譚, 尹敏은 시류를 거슬러 영락하고 말았다.” 「謝夷吾傳」‥“圖錄을 종합, 校注하였다.” [『後漢書』「方術傳」‥“光武尤信讖, 士之赴趣時宜者, 皆󰡔騁馳穿鑿, 爭談之. 故王梁、孫咸, 名應圖籙, 鉞登槐鼎之任三, 鄭興、賈逵附同稱顯, 桓譚、尹敏乖忤淪敗 .” 又「謝夷吾傳」‥“綜校圖錄.”]

斯波六郎‥“【圖籙】과 위의 【符讖】은 같은 내용으로 『河圖』와 『洛書』, 堯王 綠圖, 文王 昌의 丹書 등을 지칭한다.” [斯波六郎‥“『圖籙』與上文『符讖』同一內容, 指『河圖』『洛書』, 堯之綠圖, 文王昌之丹書 等.”]

『文選』 王融 永明 11年 「策秀才文」‥“朕은 符命에 의거하여 天下를 다스린다.” 翰注‥“【籙】은 【符命】이다. 천자가 하늘에서 명을 받아 【符命】으로 천하를 다스린다.” [『文選』王融永明十一年「策秀才文」‥“朕秉籙御天.” 翰注‥“【籙】,【符命】也. 天子受命執之以御制天下.”]

276. 詹注7-2: 漢代의 儒學者들은 『六經』은 孔子가 春秋 末期에 편저한 것이라 여겼다. 『漢書』 「儒林傳」 참조. 緯書는 經典과 짝을 이루는 것이기에 이치적으로 經典이 먼저고 緯書가 나중에 이루어져야 함에도 圖籙은 이와 반대로 商周 이전의 것이라 말하니 스스로 모순된다. [漢儒認爲『六經』是孔子在春秋末期編定的. 見『漢書』「儒林傳」. 緯書既是配合經典的, 照理應當先經後緯, 然圖籙反而託言在商周以前, 遂成自相矛盾.]

277. 詹注7-3: 【乖】는 【違背】. 【織綜】은 여기서는 經緯가 서로 형성되는 이치를 이름. 經線과 緯線이 서로 어울려 織造함에 반드시 經線이 먼저 있고, 다시 緯線을 가지고 織造해야 하는 것, 즉 劉勰이 【經線이 바르게 자리해야 緯線으로 직조할 수 있다.】(「情采」)를 말하는 것이며, 위에서 언급한 【緯線은 經線이 있어야 하는 것은 옷감을 짜는 것과 같다.】와 같은 뜻이다. [【乖】, 【違背】. 【織綜】, 這裏指經緯相成之理. 經線與緯線相織, 應該是先有經線, 再織以緯線, 卽劉勰所謂【經正而後緯成.】(「情采」), 也就是上文所說的【緯之成經, 其猶織綜】.]

278. 范注2-7: 圖錄과 籙圖는 緯書 속에 散見된다. 陶潛「聖賢群輔錄」에서 『論語讖摘輔象』을 인용하여‥"黃帝의 臣下 天老가 天籙을 얻었다." 宋均注‥"籙天은 천명의 가르침이다." [【圖錄】, 【籙圖】, 散見緯書中. 陶潛「聖賢群輔錄」引『論語讖摘輔象』‥"天老受天籙." 宋均注‥"籙天教命也."]

279. 詹注8-1: 『集釋稿』‥"黃注‥'【倍】는 【掊】일 것이고, 들추어 낸다는 뜻이다. 『唐寫本』에서도 【倍】로 되어 있다.' 孫氏는 『札迻』에서 위에서 언급한 【倍摘】과 동의어라고 주장했다." 斯波六郎‥"孫氏는 위의 文章과 통한다고 하였으나, 이곳에서는 통하지 않는다. 이 句節은 緯書의 4가지 오류를 논술한 總結이다. 黃注가 말한 바와 같이 【倍】는 당연히 【掊】의 誤記다. 【掊摘】은 【發摘】, 【抉摘】과 구조가 동일하고, 暴露, 들춤의 뜻이다. 이는 緯書의 오류가 이미 충분히 폭로되었음을 말한 것이다." [『集釋稿』‥"黃

注··'【倍】疑作【掊】, 抉摘之意. 惟『唐寫本』仍作【倍】.' 孫氏『札迻』以爲與上文【倍摘】同語." 斯波六郎··"孫氏說于上文可通, 于此則不可通. 此句是論述緯書四僞以後的總結. 如黃注所言, 【倍】當是【掊】之誤. 【掊摘】與【發摘】､【抉摘】結構相同, 暴露､揭露之意. 此言緯書之僞已被充分暴露."]

280. 詹注8-2: 斯波六郎··"【義異】는 緯書와 經書의 뜻이 큰 차이가 있음을 말한다. 이 두 구절의 의미는 【지금의 緯書는 孔子의 이름에 假託하여 經書와 짝을 이루는 것이나, 그 오류는 상술한 바와 같으니, 緯書와 經書의 차이는 실로 명백하다.】는 것이다." [斯波六郎··"「義異」, 謂緯書之義與經書逈異也. 此兩句意謂【今之緯書托孔子之名以配經書, 然其僞已如上述, 故緯書與經書之異自可明白.】"]

281. 詹注8-3: 斯波六郎··"이곳의 【訓】은 【聖訓】의 【訓】이 아니며, 응당 【訓解】의 【訓】이다. 그 의미는 經書는 이미 충분하게 訓解되었는데 緯書와 무슨 상관이 있는가? 라는 뜻이다. 다음 문장의 【義非配經: 그 뜻이 경전과 부합하지 않음】을 말한다(張本)." 내 생각으로 【經足訓矣】는 【經書足以爲訓: 經書는 충분한 가르침이 된다.】이라고 해석해야 하며, 결코 【訓解】의 의미가 아니다. [斯波六郎··"此【訓】非【聖訓】之【訓】, 當是 【訓解】之【訓】. 意謂經書已足訓解, 與緯書何干? 爲下文【義非配經】.(張本)" 按【經足訓矣】應解作【經書足以爲訓】, 非指【訓解】.]

282. 詹注8-4: 『集釋稿』··"上句는 위 문장의 【六經彪炳】을 이어 經典은 성인의 가르침이기에 이를 반드시 본받아야 한

다는 것을 말한다. 下句는【緯候稠疊】을 이어 緯書가 번다하고 깊은 情緒와 관련도 없어 緯書가 經典과 짝을 이룰 수 없다는 것이다." [『集釋稿』··"上句承上文【六經彪炳】, 言經聖訓, 必宗之也. 下句承【緯候稠疊】, 言緯多騈枝, 不關弘情也, 明其本不足以配經."]

이상은 두 번째 단락으로 緯書의 4가지 거짓을 논증한 부분이다. 1.【奇正】이 합치하지 않은 점. 2.【廣約】이 어우러지지 않은 점. 3.【天人】이 부합하지 않은 점. 4.【先後】가 타당하지 않은 점. [以上爲第二段, 論症緯書之僞有四: 一、【奇正】不合; 二、【廣約】不倫; 三、【天人】不符; 四、【先後】不當.]

4–3.

圖籙의 출현을 따져보면 하늘이 아름다운 天命을 내려준 사실은 聖王을 상서롭게 만드는 것이었으나 圖讖의 의의와 작용은 經書와 맞지 아니한다. 따라서 황하에서 『河圖』가 나타나지 않으니 공자께서 탄식하였고, 어찌해야 만들 수 있겠는가? 탄식해도 소용이 없었다. 옛날 周康王이 『河圖』를 東厢房에 진열하니, 세상에서 符命은 대대로 珍寶처럼 전해졌다. 공자의 저술은 이를 기록한 것일 뿐이다. 이에 술수로 농락하던 사인들이 거짓된 방법을 동원하여 음양을 말하거나, 災異를 서술하면서 새의 울음소리를 말이라 하고, 벌레가 잎에 새긴 글자라 한 것들이 점점 늘어났고, 이 모두를 孔子에게 가탁하였다. 박학한 유생들이 이를 검토해보니 哀帝와 平帝 무렵에 이런 일이 경향이 일어나자 東厢房에 있었던 보물 같은 기록의 진위가 혼란하게 되었다.

4-3.

原夫圖籙之見[283], 迺昊天休命[284], 事以瑞聖, 義非配經[285]. 故河不出圖, 夫子有歎[286], 如或可造, 無勞喟然[287]. 昔康王『河圖』[288], 陳於東序[289], 故知前世符命[290], 歷代寶傳[291], 仲尼所撰[292], 序錄而已[293]. 於是伎數之士[294], 附以詭術, 或說陰陽, 或序災異[295], 若鳥鳴似語[296], 蟲葉成字[297], 篇條滋蔓[298], 必假孔氏[299], 通儒討覈, 謂起哀平[300], 東序秘寶[301], 朱紫亂矣[302].

283. 詹注9-1: 『唐寫本』에는 【原】字가 없으며, 【圖籙】은 【綠圖】으로 되어 있다. 【見】은 【現: 드러나다】과 같은 뜻으로 出現의 뜻. [『唐寫本』【原】字無, 【圖籙】作【綠圖】. 【見】, 同【現】, 出現.]

284. 詹注9-2: 【迺】는 『唐寫本』에 【乃】로 되어 있다. 『集釋稿』: "위의 문장에서 이미 【천명은 하늘로부터 내려오고, 이를 符讖이라 한다.】고 하였으며, 이는 이 말을 확대하여 말한 것이다." 『商頌』「長發」: "하늘의 미덕을 누렸다." 箋: "【休】는 【美】와 같은 뜻." [【迺】『唐寫本』作【乃】. 『集釋稿』: "上文已云: 【有命自天, 迺稱符讖】. 此申前說." 按『商頌』「長發」: "何天之休" 箋: "【休】, 【美】也."]

『注訂』: "【休命】은 하늘이 내려준 복된 使命. 『左傳』「襄公 28년」: '【以禮承天之休: 예로써 하늘이 주신 사명을 이어 받든다.】'의 注에서: '【休】는 福祿의 뜻이다.'라고 하였다." [『注訂』: "「休命」云者, 天賜福命也. 『左傳』「襄公二十八年」: '以禮承天之休' 注: '福祿也.'"]

『斟詮』: "【昊天休命】은 하늘이 아름답고 훌륭한 사명을 내림을 말한다. 【昊天】은 하늘의 泛稱. 『周禮』「春官·大宗伯」: '禋祀로 하늘의 上帝에게 제사지냈다.' 【休命】은 【美命】과 같은 뜻. 『周易』「大有」: '하늘이 내린 명을 따르다.' 『書經』 僞古文 「武成」: '하늘의 【休命】을 기다리다.'" [『斟詮』: "【昊天休命】, 謂上天賜給美善之使命也. 【昊天】, 天之泛稱. 『周禮』「春官·大宗伯」: '禋祀祀 昊天上帝.' 【休命】, 猶言【美命】. 『易』「大有」: '順天【休命】.' 『書經』僞古文

「武成」:‘俟天【休命】.’”]

285. 詹注9-3: 『集釋稿』: “【事】와 【義】를 분리하여 말한 것이다. 「文選序」에서 【내용은 깊은 생각에서 비롯되고, 그 意義는 문채로 귀결된다.】라 하였는데, 이는 그것을 빗대어 말한 것이다. 【瑞】에 대하여 『說文解字』에서: ‘【玉】으로 信符를 삼은 것이다.’ 段玉裁注: ‘【瑞】는 符節이다.…… 인신하여 상서로운 물건을 의미하며, 符節처럼 영향력이 있는 것을 말한다.’ 여기에서는 【瑞】가 동사로 쓰였으며, 【配】와 짝을 이룬다.” 【瑞】는 祥瑞롭게 하다. 【瑞聖】은 응당 聖王을 상서롭게 만든다는 뜻. [『集釋稿』: “【事】與【義】分言, 「文選序」【事出於沈思, 義歸乎翰藻】, 是其比. 【瑞】, 『說文』: ‘以【玉】爲【信】也.’ 段注: ‘【瑞】, 節信也.…… 引伸爲祥瑞者, 亦謂感召若符節也.’ 此處【瑞】用作動詞, 與【配】爲對文.” 【瑞】, 祥瑞; 【瑞聖】, 瑞應聖王.]

斯波六郎: “【事】는 圖籙에 기재된 사실, 【義】는 圖籙의 의의와 작용을 지칭한다. 『論語』 「子罕」: ‘孔子가 이르길 鳳凰도 오지 않고, 黃河에서 『河圖』도 나오지 않으니 나는 이제 그만이다.’ 孔注: ‘聖人이 천명을 부여받으면 봉황이 날아들고, 황하에서 『河圖』가 나오는데 오늘날에는 이러한 상서로움이 없다.’(敦煌本 『論語』 鄭注와 同一) 孔(鄭)은 만약 聖人이 天命을 부여받으면 하늘이 상서로운 것으로 응답한다는 생각을 전제로 『論語』에 注를 달았으며, 劉勰이 이곳에서 【事以瑞聖】이라 한 것은 응당 孔(鄭)의 견해에 근거한 것이다. 이 두 구절이 비록 대구를 이루나 중점은 上句에 있기에 다음에서 이를 받아 【황하에서 『河圖』가 나오지 않으니 공자가 탄식하였다.】라고 하였던 것이다." [斯波六郎: "【事】指圖籙所載之事. 【義】指圖籙之意義、作用. 『論語』「子罕」: '子曰: 鳳鳥不至, 河不出圖, 吾已矣夫.' 孔注: '有聖人受命, 則鳳鳥至, 河出圖, 今無此瑞.'(敦煌本『論語』鄭注同) 孔(鄭)是以聖人則受命則天降瑞應的想法爲前提來注『論語』的, 彦和此處之【事以瑞聖】當本孔(鄭)之見. 此二句雖是對句, 然重點在上句, 是以其下又承以【故下不出圖, 夫子有歎】.'"]

董仲舒「天人對策」: "신이 알기로 하늘이 높이 들어 왕으로 삼은 자는 사람의 힘으로 그리되는 것이 아니라 저절로 그리되는 것으로, 천명을 부여받은 징표입니다. 천하의 백성들이 같은 마음으로 왕에게 귀의 하는 것은 마치 부모에게 귀의하는 것처럼 하늘이 至誠에 상서로움을 내린 것입니다. 『書經』에서: '白魚가 武王의 배에 뛰어 오르고, 불이 왕실을 뒤덮었다가 까마귀가 되어 날아갔다.'라고 했는데, 이는 모두 천명을 부여받은 징표입니다. …… 모두 積善과 累德의 효험입니다." [董仲舒「天人對策」: "臣聞天之所大奉使之王者, 必有非人力所致而自致者, 此受命之符也. 天下之人同心歸之, 若歸父母, 故天瑞應誠而至. 書曰: '白魚入於王舟, 有火覆於王屋, 流爲烏.' 此蓋受命之符也. …… 皆積善累德之效也."]

286. 詹注9-4: 范注: "『論語』「子罕」: '孔子가 鳳凰도 오지 않고, 黃河에서 『河圖』도 나오지 않으니 나는 이제 그만이라

고 말씀하셨다.' 孔安國··'聖人이 천명을 부여받으면 봉황이 오고, 黃河에서 나온『河圖』는 오늘날 그 어는 것에도 비할 수 없이 상서로운 것이다.【나는 이제 그만이다】라는 것은 이러한 것을 볼 수 없음에 상심했다는 뜻이다.'" [范注··"『論語』「子罕」··'子曰··鳳凰不至, 黃不出圖, 吾已矣夫.' 孔安國曰··'聖人受命, 鳳鳥至, 河出圖, 今天無此瑞.【吾已矣】者, 傷不得見也.'"]

『雜記』··"【僞旣倍摘 …… 無勞喟然】에서 세 번에 걸쳐 主旨를 설명하였다. 무릇 經典과 緯書는 마치 천을 짜는 것과 같다 말하고, 圖籙의 출현은 바로 하늘의 천명을 내린 것이나, 그 의미가 經典과 맞지 않는다고 했으니, 圖籙이라 부르는 것은 가하고, 緯書라 부르는 것은 불가하다. 반드시 이름을 바르게 해야 한다. 이것이 바로 이 편장의 의의라 하겠다." [『雜記』··"【僞旣倍摘 …… 無勞喟然】三申前旨. 夫經緯猶云織綜, 而圖籙之見, 乃昊天休命, 義非配經, 謂之圖籙則可, 謂之緯則不可. 必也正名乎. 此名篇之意也."]

287. 范注3-1:『論語』「子罕」··"孔子가 鳳凰도 오지 않고, 黃河에서『河圖』도 나오지 않으니 나는 이제 그만이라고 말씀하셨다." 孔安國··"聖人이 천명을 부여받으면 봉황이 오고, 黃河에서 나온『河圖』는 오늘날 그 어느 것에도 비할 수 없이 상서로운 것이다.【나는 이제 그만이다.】라는 것은 이러한 것을 볼 수 없음에 상심했다는 뜻이다." [『論語』「子罕」··"子曰··鳳凰不至, 黃不出圖, 吾已矣夫." 孔安國

曰··"聖人受命, 鳳鳥至, 河出圖, 今天無此瑞.【吾已矣】者, 傷不得見也."]

詹注9-5:【造】는 緯書를 僞造하는 것. 『集注』··"『論語』「先進」··'공자께서 아! 하고 탄식하면서 나는 曾點을 許與한다고 말씀하셨다.'" [【造】, 僞造緯書. 『集注』··"『論語』「先進」··'夫子喟然歎曰··吾與點也.'"]

288. 詹注10-1: 『訓故』··"『書經』「顧命」··'赤刀, 大訓, 弘璧, 琬, 琰은 西廂房에 두었다. 大玉, 夷玉, 天球, 『河圖』는 東廂房에 두었다.'" [『訓故』··"『書經』「顧命」··'赤刀大訓, 弘璧琬琰, 在東序. 大玉、夷玉, 天球、『河圖』, 在東序.'"]

范注··"『尙書』「顧命」··'『河圖』를 東廂房에 보관하였다.' 『河圖』와 大玉, 夷玉, 天球를 같이 진열하였으며, 天球는 渾天儀와 유사한 것이며, 『河圖』는 輿地圖와 유사한 것이다. 비록 역대에 걸쳐 전해졌으나 반드시 신비한 寶器는 아닐 것이다. [范注··"『尙書』「顧命」··'『河圖』陳於東序.' 案『河圖』與大玉、夷玉、天球幷陳, 意者, 天球如渾天儀之類, 『河圖』如輿地圖之類. 雖歷代相傳, 不必眞是神秘之寶器.]

『集釋稿』··"『尙書』「顧命」··【東序西嚮: 堂의 동쪽방과 서쪽방】. 堂의 동쪽에 있는 방." [『集釋稿』··"『尙書』「顧命」··【東序西嚮】. 堂之東廂也."]

「顧命」과 「康王之誥」는 본래는 한 편이었으나 후에 두 편으로 나누어졌다. 成王이 세상을 떠나려 할 때 「顧命」이 쓰였다. 康王이 왕위에 올라 「康王之誥」를 지었다. 사실은 본래 연결되어 있었던 것이며, 이는 「堯典」과 「舜典」이 본래 하나로 되어 있었으나 후에 둘로 나누어진 것과 같다. [「顧命」與「康王之誥」本爲一篇, 後分爲兩篇. 成王將崩, 作「顧命」. 康王立, 作「康王之誥」. 事本相連, 猶「堯典」、「舜典」本合爲一, 後分爲二也.]

斯波六郎: "周 成王이 崩御하자, 그의 아들 釗가 康王으로 즉위하였다. 왕위 즉위 의식을 거행하는 곳에는 반드시 선왕이 전해준 보물을 진열하였다. 東序는 東廂房이며, 이곳에 大玉, 夷玉, 天球와 『河圖』를 진열하였으며, 이러한 사실은 『尙書』 「顧命」篇에 있다. 『河圖』는 伏犧氏가 천하에 君臨하였을 때 黃河에서 나온 것으로 역대에 걸쳐 珍寶의 異物로 간주되었으며, 이는 『尙書』 古注를 참고하면 된다. 이러한 까닭에 다음 문장에서 劉勰이 【前世의 符命은 역대에 걸쳐 보물로 전해왔다.】고 말했던 것이다." [斯波六郎: "周成王崩, 子釗卽康王卽位. 行登位儀式之處須陳列先王相傳的寶物. 東序則東廂, 於該地陣烈大玉、夷玉、天球及『河圖』, 事見『尙書』「顧命」篇. 『河圖』係伏犧氏君臨天下時出自黃河, 歷代視爲珍寶的異物, 見『尙書』古注. 故下文彦和云【故知前世符命, 歷代寶傳】.'"]

289. 范注3-2: 『尙書』 「顧命」: "『河圖』를 東廂房에 보관하였다." 『河圖』와 大玉, 夷玉, 天球를 같이 진열하였으며, 天球는 渾天儀와 유사한 것이며, 『河圖』는 輿地圖와 유사한 것이다. 비록 역대에 걸쳐 전해졌으나 반드시 신비한 寶器는 아닐 것이다. [『尙書』「顧命」: "『河圖』陳於東序." 案『河

圖』與大玉、夷玉、天球幷陳, 意者, 天球如渾天儀之類,『河圖』如輿地圖之類. 雖歷代相傳, 不必眞是神秘之寶器.]

290. 詹注10-2:『唐寫本』에【世】는【聖】으로 되어 있다.『漢書』「王莽傳」‥“前煇光 謝囂이 武功에게 長孟通이 우물을 청소하다가 白石을 하나 얻었는데, 위는 둥글고 아래는 네모졌는데, 붉은 글씨가 돌에 적혀 있었다. 글에【安漢公 莽이 황제가 된다.】고 적혀있었다. 符命의 流行은 이러한 것에서 비롯되었다.”『後漢書』「班彪傳」‥“漢代는 堯王의 덕을 이어 靈命의 은혜를 받았다.”『後漢書』「班彪傳」‥“漢의 德은 堯를 계승하였기에 靈明한 符命을 지니게 되었다.” [『唐寫本』【世】作【聖】.『漢書』「王莽傳」‥“前煇光謝囂奏武功長孟通浚井得白石, 上圓下方, 有丹書著石, 文曰【安漢公莽爲皇帝】. 符命之起, 自此始矣.”『後漢書』「班彪傳」‥“以爲漢德承堯, 有靈命之符.”]

『集釋稿』‥“『漢書』「揚雄傳」‥‘이에 맑고 고요하여 符命이 만들어졌다.’ 司馬相如「封禪文」‥‘하늘은 질박하여 진귀한 符命을 암시한다.’ 다시‥‘덕을 쌓으면 符命을 받게 된다.’『文選』48권에「符命」類가 있다.『宋書』에서는『符命志』를 별도로 두었다.” [『集釋稿』‥“『漢書』「揚雄傳」‥‘爰淸淨, 作符命.’ 司馬相如「封禪文」‥‘且天爲質, 闇示珍符.’ 又‥‘修德以賜符.’『文選』卷四十八次「符命」一類.『宋書』特立『符命志』.”]

橋川時雄‥“『後漢書』「方術傳書」‥‘王莽은 符命을 바르게 사용하였다.’『後漢書』「桓譚傳」注‥‘【圖書】는【讖緯】,【符

命】의 일종이다.'" [橋川時雄··"『後漢書』「方術傳書」云··'王莽矯用符命.' 又『後漢書』「桓譚傳」注云··'【圖書】卽【讖緯】【符命】之類.'"]

斯波六郎··"【前世】는 語意는 비록 통하지만 『唐寫本』에는 【世】字가 【聖】字로 되어 있다. 첫째는 앞 문장의 【事以瑞聖】과 호응하고, 둘째는 下句의 【歷代】의 【代】字와 동의어를 피해야 하는데, 이러한 두 관점에서 보면 【聖】字로 쓰는 것이 옳다. 【符命】, …… 그 뜻은 하늘이 덕을 지닌 사람에게 내려준 符號標誌이며, 이곳에서는 『河圖』, 『洛書』와 같은 것을 지칭한다. 위 문장에 언급한 【符讖】, 【圖籙】과 여기서 언급한 【符命】은 詞形은 다르지만 그 含義는 서로 같다." [斯波六郎··"【前世】, 於此語意雖通, 然『唐寫本』【世】字作【聖】字. 一是前文【事以瑞聖】呼應, 二是避下句【歷代】之【代】字的同義語, 自此兩點觀之, 作【聖】字是. 【符命】, …… 其意爲天對有德者所降的符號標誌, 此處指『河圖』、『洛書』之類. 上文所云【符讖】、【圖籙】與此處【符命】, 詞形雖異, 而含義相同."]

291. 詹注10-3: 橋川時雄··"『周書』「顧命」篇 孔氏傳··'『河圖』의 八卦는 伏犧氏가 천하를 다르실 때 龍馬가 황하에서 가지고 나온 것으로 그 문양을 따라 그리니 八卦가 되었다. 『河圖』, 『典』, 『謨』는 모두 대대로 보물처럼 전해졌다고 말한다.' 【歷代傳寶】는 이를 근거로 삼았을 것이다." [橋川時雄··"『周書』「顧命」孔氏傳云··'『河圖』八卦, 伏犧王天下, 龍馬出河, 遂則其文以畫八卦. 謂之『河圖』及『典』、『謨』, 皆

歷代傳寶之.' 按【歷代傳寶】本此."]

292. 詹注10-4: 【仲尼所撰: 공자께서 편찬하셨다】라 하였는데, 이는 孔子가 『尙書』를 編定했고, 「顧命」은 『尙書』에 속해 있다고 전해졌음을 말한다. [【仲尼所撰】, 相傳『尙書』是孔子編定的, 「顧命」則在『尙書』中.]

張爾田 『史微』內篇 第五卷 「原緯」: "원래 緯書의 흥기는 무릇 통치자의 神道 說教의 一端이다…… 『周易』: '河水에서 그림이 나오고, 洛水에서 글자가 나왔고, 이를 성인이 본받았다.' 무릇 政教의 典章이 미치지 못하는 것을 포괄한 것이다. 三皇五帝 이후의 것을 孔子가 기록하였다." 原注: "劉勰 「正緯」篇: '옛날 康王이 『河圖』를 東廂房에 보관하였다……, 공자의 저술은 이를 기록한 것이다.'" [張爾田『史微』內篇第五卷「原緯」: "原夫緯之起也, 蓋往者神道說教之一端也.……『易』曰: '河出圖, 洛出書, 聖人則之.' 蓋包乎政教典章所不逮矣. 三五以降, 我孔子錄焉." 原注: "劉勰「正緯」篇曰: '昔康王『河圖』, 陳於東序,……, 仲尼所撰, 序錄而已.'"]

293. 詹注10-5: 『集釋稿』: "『春秋緯』: '孔子: 내가 역사기록을 살펴보고 이전의 圖讖을 원용하여 하늘의 변화를 두루 모으니 漢帝가 이를 받들어 圖錄에 서술하였다.'(『公羊經傳解詁』隱公第一疏의 『春秋說』에서 引用)" [『集釋稿』: "『春秋緯』: '孔子曰: 丘覽史記, 援引古圖, 推集天變, 爲漢帝製法, 陳敍圖錄.'(『公羊經傳解詁』隱公第一疏引『春秋說』)"]

斯波六郎‥"이는 비록 緯書의 주장이었으나 劉勰도 이와 유사한 생각을 가졌을 것이다." 또한‥"【序錄】은 『經典釋文』의 【序錄】을 이르는 것은 아니며, 아마도 符命이나 圖籙의 意義를 기술한 기록을 지칭했을 것이다…… 劉勰이 말한 의미는 符命은 모두 象徵的 조짐의 표시였으며 공자가 이들을 문자로 썼다는 것이다." 이는 孔子가 撰述한 것은 단지 그 사실만을 서술한 것임을 언급한 것이다. 【序錄】은 【敍錄】」과 같은 뜻이며, 이곳에서는 【以前의 符命】에 대한 기록을 말한다. [斯波六郎‥"這雖是緯書之說, 但彦和也可能有類似的想法." 又‥"【序錄】非云『經典釋文』之【序錄】, 大概是指記述符命或圖籙意義的記載…… 彦和意謂符命皆由象徵性圖兆表示, 孔子將它們寫成文字." 此處是說仲尼所撰, 僅敍述其事而已. 【序錄】卽【敍錄】, 這裏指對【前世符命】的記敍.]

294. 詹注11-1: 【伎】字는 『唐寫本』에 【技】字로 되어 있다. 橋川時雄‥"【技】로 써야 하는데 잘못 쓴 것이다. 『後漢書列傳』「桓譚傳」에는 【伎數之人】이라 하여 【伎】로 썼다." [【伎】, 『唐寫本』作【技】. 橋川時雄‥"按作【技】, 誤. 『後漢書列傳』「桓譚傳」‥【伎數之人】, 作【伎】."]

斯波六郎‥"【於斯】는 아래 【必假孔氏】까지 모두 연관된다. 孔子가 일찍이 序錄을 지었기에 후세의 伎數之士들이 僞書를 짓고는 孔子의 이름에 가탁했기 때문이다." [斯波六郎‥"【於斯】制轄下文之【必假孔氏】. 因孔子曾作序錄, 故後世伎數之士又作僞書, 而托孔子之名."]

『集注』·"『後漢書』「桓譚傳」·'오늘날 작은 지혜와 재주를 지닌 사람들이 圖書를 증익하고는 讖記라 거짓으로 말한다.' 注·'【伎】는【方伎】를 말하고, 醫方의 인물이다.【數】는【數術】을 말하며,【明堂】,【羲和: 中国 上古時代 神话 속 시간을 정하는 여신】,【史官】,【卜官】을 이른다.'" [『集注』·"『後漢書』「桓譚傳」·'今巧慧小才伎數之人, 增益圖書, 矯稱讖記.' 注·'【伎】謂【方伎】, 醫方之家也.【數】謂【數術】,【明堂】、【羲和】、【史】、【卜官】也.'"]

295. 詹注11-2:【序】字는『唐寫本』에【敍】字로 되어 있다. [【序】,『唐寫本』作【敍】.]

『黃注』·"『隋經籍志』·'漢末의 郎中 郗萌이 圖緯讖雜占을 모아 15편으로 만들었고, 이를『春秋災異』라 하였다. 宋均, 鄭玄이 모두 讖律에 注를 달았다. 그러나 그 문사가 賤俗하고 순서가 어그러져 있으니 聖人의 宗旨와는 다르다.'" [『黃注』·"『隋經籍志』·'漢末郎中郗萌, 集圖緯讖雜占爲十五篇, 謂之『春秋災異』. 宋均、鄭玄, 幷爲讖律之注. 然其文辭賤俗, 顚倒舛謬, 不類聖人之旨.'"]

橋川時雄·"【伎數之士, 附以詭術, 或說陰陽, 或序災異】은『後漢書』「箕子之術」에 있는 구절이다. 章懷太子注·'箕子가『洪範』五行陰陽의 術法을 말했다.'『師曠之書』注·'災異를 점치는 책이다.' 현재『七志』에『師曠』6篇이 있다. 劉勰의 언급은 아마도 이를 종합하여 한 말일 것이다." [橋川時雄·"【伎數之士, 附以詭術, 或說陰陽, 或序災異】數語,『後漢書』【箕子之術】句. 章懷太子注·'箕子說『洪範』五

行陰陽之術也. 『師曠之書』句注: '占災異之書也.' 今書『七志』有『師曠』六篇. 彦和所言, 蓋綜此而言."]

【陰陽】은 四時, 節氣, 方位, 星象을 根據로 人事의 吉凶을 말하는 迷信이다. 【序】는 【敍說】. [【陰陽】, 根據四時、節氣、方位、星象來講人事吉凶的迷信. 【序】」謂【敍說】.]

桓譚『抑讖重賞疏』: "오늘날 작은 지혜와 재주를 지닌 사람들이 圖書를 增益하고는 讖記라 거짓으로 말한다." [桓譚『抑讖重賞疏』: "今巧慧小才伎數之人, 增益圖書, 矯稱讖記."]

296. 詹注11-3: 梅注: "柳陳父: '이 사실은 『左傳』에서 나왔다. : 새가 亳社에서 악악 울었다. 甲午日에 宋國에 커다란 화재가 일어났다. 그 때 宋國의 伯姬가 사망하였다.'" 「襄公30年」을 참조하였다. [梅注: "柳陳父云: '事出『左傳』. : 鳥鳴於亳社. 如日譆譆! 甲午宋大災, 宋伯姬卒.'" 按此見「襄公三十年」.]

范注: "『漢書』「五行志」: "董仲舒는 伯姬가 宋國으로 갔다가 五年後 宋 恭公이 죽자 홀로 머물며 三十年을 守節하였다고 말했다. 또한 국가의 재난을 걱정하였는바, 陰이 싸여 陽이 되자 화재가 발생하였다." 董仲舒의 주장은 망령되어 가소로운 지경이니 漢代 陰陽災異說은 모두 董仲舒가 그 출발점이다. [范注: 『漢書』「五行志」: "董仲舒以爲伯姬如宋, 五年宋恭公卒, 伯姬幽居守節三十年. 又憂傷國家之患禍, 積陰生陽, 故火生災也." 董說舒謬妄可笑, 漢代

陰陽災異之說, 董生開其端也.]

『註訂』: "『禮記』「檀弓」: '孔子가 아! 지나치구나! 라고 말씀하셨다.' 注: '【嘻】는 悲恨의 소리.' 宋國에 재난이 들려하자 새들이 먼저 감지하고 악악 소리 내었던 것이다. [『註訂』: "『禮』「檀弓」: '夫子曰嘻其甚也.' 注: '【嘻】, 悲恨之聲.' 宋有災異, 鳥先感之, 作聲如言嘻嘻也."]

297. 范注3-3: 『左傳』「襄公三十年」: "새가 亳社에서 악악 울었다. 甲午日에 宋國에 커다란 화재가 일어났다. 그 때 宋國의 伯姬가 사망하였다." 『漢書』「五行志」: "董仲舒는 伯姬가 宋國으로 갔다가 五年後 宋 恭公이 죽자 홀로 머물며 三十年을 守節하였다고 말했다. 또한 국가의 재난을 걱정하였는바, 陰이 싸여 陽이 되자 화재가 발생하였다." 董仲舒의 주장은 망령되어 가소로운 지경이니 漢代 陰陽災異說은 모두 董仲舒가 그 출발점이다. [『左傳』「襄公三十年」: "鳥鳴於亳社. 如曰譆譆! 甲午宋大災, 宋伯姬卒." 『漢書』「五行志」: "董仲舒以爲伯姬如宋, 五年宋恭公卒, 伯姬幽居守節三十年. 又憂傷國家之患禍, 積陰生陽, 故火生災也." 董說舒謬妄可笑, 漢代陰陽災異之說, 董生開其端也.]

『漢書』「五行志」: "昭帝때, 上林苑의 커다란 버드나무가 잘려 땅에 엎어졌는데, 어느 날 아침에 일어나 枝葉이 생겼고, 벌레가 잎을 갉아먹어 글자가 생겼는데 公孫病己가 왕위에 오를 것이라고 적혀 있었다." [『漢書』「五行志」: "昭帝時, 上林苑中大柳斷, 仆地, 一朝立生枝葉, 有蟲食其葉, 成文字曰, 公孫病己立."]

詹注11-4: 梅注‥“漢 昭帝때, 上林苑의 커다란 버드나무가 잘려 땅에 엎어졌지만 어느 날 아침에 일어나 枝葉이 생겼고, 벌레가 잎을 갉아먹어 글자가 생겼는데 公孫病己가 왕위에 오를 것이라고 적혀 있었다. 昭帝가 崩御하였으나 아들이 없어 昌邑王을 데려다 뒤를 잇게 했으나 광란을 떨어 도를 상실하였다. 霍光이 이를 폐하고 다시 소제의 형 衛太子의 孫子를 세웠으니 이 사람이 宣帝다. 宣帝의 本名이 病己였다.” 이는 『漢書』「五行志」 中의 下에 보인다(『宋書』「符瑞志」 上에도 있다.). 『注訂』‥“이는 宣帝가 장차 즉위할 것을 예언한 것이다.” [梅注‥“漢昭帝時, 上林苑中大柳樹斷仆地, 一朝起立, 成枝葉, 有蟲食其葉, 成文字曰‥公孫病己立. 昭帝崩, 無子, 徵昌邑王嗣位, 狂亂失道. (霍)光廢之, 更立昭帝兄衛太子之孫, 是爲宣帝. 宣帝本名病己.” 按此見『漢書』「五行志」中之下(又見『宋書』「符瑞志」上.) 『注訂』‥“此預言宣帝將立也.”]

298. 詹注11-5: 【篇條】는 名目이 번다한 緯書를 지칭한다. 『集注』‥“『春秋左傳』「隱元年」‥‘滋蔓하지 못하게 하다. 蔓은 다스리기 어렵다는 뜻.’” [【篇條】, 指名目繁多的緯書. 『集注』‥“『春秋左傳』「隱元年」‥‘無使滋蔓, 蔓, 難圖也.’”]

299. 詹注11-6: 『唐寫本』에는 【假】字가 【徵】字로 되어 있다. 黃注‥“『隋 · 經籍志』‥‘사람들이 말하길‥孔子가 이미 『六經』에 대해 서술하면서 하늘과 땅의 도리를 밝혔으나 後世 사람들이 그 의미를 동일하게 헤아릴 수 없음을 알고 緯書와 圖讖을 별도로 세워 후세에 남겼다. 이러한 책들

은 前漢 무렵에 세상에 나타났다.'" [『唐寫本』【假】作【徵】. 黃注··"『隋·經籍志』··'說者又云··孔子旣敍『六經』, 以明天人之道, 知後世不能稽同其意, 故別立緯及讖, 以遺來世. 其書出於前漢.'"]

『集注』··"『後漢書』「蘇竟傳」··'무릇 孔子의 秘經을 바탕으로 【赤制: 漢代의 제도】를 만들었다.' 「郅惲傳」··'漢朝가 오래 갈 수 있었던 것은 孔子가 赤制를 만들었기 때문이다.' 注··'孔子가 緯書를 지어 歷史 進運의 시기를 밝힌 것이 漢代에 이르러 제도가 되었다. 漢은 火德을 바탕으로 하였기에 赤色을 숭상하였기에 【赤制】라 말한 것이다. 즉 『春秋感精符』에서 墨子, 孔子가 【赤制】를 만들었다는 것은 이를 두고 말한 것이다." [『集注』··"『後漢書』「蘇竟傳」··'夫孔氏秘經, 爲漢赤制.' 「郅惲傳」··'漢歷久長, 孔爲赤制.' 注··'言孔丘作緯, 著歷運之期, 爲漢家之制. 漢火德尙赤, 故云爲【赤制】. 卽『春秋感精符』云墨、孔生爲【赤制】'是也."]

橋川時雄··"『後漢書列傳』「桓譚傳」에는 桓譚의 上疏文이 있으며, 그 내용에 【자랑스럽게 讖記라 칭했다】고 운운한 바 있다. 章懷太子注··'『東觀記』에 있는 桓譚의 문장에서 이르길··孔子가 讖記를 지었다고 자랑삼아 한 말이 제왕을 미혹시켰다.' 劉勰의 언급은 이를 바탕으로 한 것이다." [橋川時雄··"按『後漢書列傳』「桓譚傳」載有譚上疏文, 內云【矯稱讖記】云云. 章懷太子注云··'『東觀記』載譚書云··矯稱孔丘爲讖記, 以誤人主也.' 彦和所說蓋亦本此."]

桓譚 『新論』··"讖書는 『河圖』, 『洛書』에서 나왔으며, 兆朕

만 있을 뿐 실체를 알 수 없다. 후인들이 함부로 의탁하여 孔子를 칭하니 오류가 심했다.(『意林』에서 인용) [桓譚『新論』: "讖出『河圖』『洛書』, 但有兆朕, 而不可知. 後人妄復加增依託, 稱是孔子, 誤之甚也."(『意林』引)]

300. 詹注11-7: 『校證』: "舊本에는【僞】字가 없으나 『唐寫本』에는 있다. …… 현재는【僞】字가 있는 것이 옳다고 간주한다. …… 현재는 『補正』을 근거로 삼는다." [『校證』: "【僞】字舊無, 『唐寫本』有. …… 今案有【僞】字是. …… 今據『補正』."]

范注: "『尙書序』『正義』: '緯書의 문장은 비루하기에 성인의 손에서 나온 것이 아니라 선인들이 모두 의심하여 취하지 않는 바였으며, 사람들의 考正을 통해 본다면 잘못된 기풍이 哀帝와 平帝 무렵에 일어났다.' 『正義』의 글은 아마도 劉勰의 말에 근거했을 것이다. 『唐寫本』에서【거짓된 풍조가 哀帝와 平帝 무렵에 일어났다.】하였으니 그 語意가 가장 분명하다." [范注: "『尙書序』『正義』曰: '緯文鄙近, 不出聖人, 前賢共疑, 有所不取, 通人考正, 僞起哀平.' 『正義』之文, 蓋本彦和. 『唐寫本』作【謂僞起哀平】, 語意最明."]

黃注: "『書·洪範』疏: '緯書, 点候書는 누가 지었는지 모르며,【通人: 전문가】의 검토에 의하면 哀帝와 平帝 무렵에 시작되었다고 한다.'" [黃注: "『書·洪範』疏: '緯、候之書, 不知誰作, 通人討覈, 謂起哀平.'"]

補注‥“李詳은 『書經』疏에서 劉勰의 말을 인용하였으며, 黃氏는 이것을 가지고 是非를 증명했으며, 通人은 張衡을 직접 지칭한다는 주장은 黃注의 本篇 後注를 참고하라.” [補注‥“詳案『書』疏卽用彥和語, 黃取以證此非是, 通人自指張衡之說, 見黃本篇後注.”]

『校注』‥“『唐寫本』에는 【謂】字 다음에 【僞】字가 있다. 『唐寫本』이 정확하다. 『書·洪範』疏‥‘緯書, 点候書는 누가 지었는지 모르며, 通人의 검토에 의하면 僞書는 哀帝와 平帝 무렵에 시작되었다고 말할 수 있다.’ 孔氏는 劉勰의 말을 襲用하였기에 【僞】字가 있다. 傳寫者는 대체로 구문의 정제를 추구하기에 刪去했을 따름이다.(黃注는 아마도 『書經』『正義』를 인용하였기에 【僞】字를 刪去했을 것이다.) 『玉海』63권에서는 【僞書가 만들어진 것은 哀帝와 平帝 무렵이라 말한다.】를 인용하였고, 注에 【張衡云】 3자를 더했다. [『校注』‥“【謂】下『唐寫本』有【僞】字. 按『唐寫本』是也. 『書·洪範』疏‥‘緯、候之書 不知誰作, 通人討覈, 謂僞起哀平.’ 孔氏卽襲用舍人語, 正有【僞】字. 傳寫者蓋求其句整而刪去耳.(黃注會引『書』『正義』而刪去【僞】字.) 『玉海』卷六十三引作【謂僞起哀平】, 下注【張衡云】三字.]

『集注』‥“『後漢書』「方術傳序」‥‘이러한 이유로 通儒들이 많이 나타났다.’ 注‥‘桓譚, 賈逵, 張衡과 같은 인물이다.’ 「張衡傳」‥‘讖書가 처음 세상에 나왔을 때는 이를 아는 자가 적었다. 漢朝가 秦朝를 멸함에 병력을 가지고 공업을 이루었는바, 가히 대사라 말할 수 있다. 이 무렵에도 거의

【讖】이라 칭하는 것이 없었다. 夏候勝, 眭盟 같은 무리들은 道術로 명성을 떨쳤으나 이들의 저술에도【讖】이라는 말은 한자도 없었다. 劉向 父子가 秘書를 교열하여【九流】를 가려 뽑은 것에도 讖錄은 없었다. 成帝와 哀帝에 이후에야 비로소 이러한 이름이 알려졌다. …… 따라서 圖讖은 哀帝와 平帝 무렵에 이루었음을 알 수 있다.'" 『漢書』「哀帝紀」:"詔命을 받아 夏賀良 등이 赤精子의 讖書를 논하면서 漢朝의 國運이 中間에 衰殘하였으니 응당 다시 天命을 받아 반드시【元號: 年號】를 고쳐야 한다." "哀帝 四年 봄, 큰 가뭄이 들자 關東 민간에서 西王母籌가 행해졌고, 郡國을 지나 西關으로 들어와 京師까지 전해졌다. 백성들이 모여 西王母에게 제사를 지냈다. 어떤 사람은 횃불을 들고 지붕위로 올라가 북을 치며 고함을 질러 서로 놀라게 만들었다." 또한 『息夫躬傳』:"息夫躬과 같은 마을 사람 河內가 賈惠을 데리고 息夫躬에게 가서【祝盜方: 盜患을 막는 방술】을 가르쳤다. 뽕나무로 동남쪽을 가리키자 가지가【匕: 국자의 일종】가 되었고, 그 위에 北斗七星을 그려 넣었다. 息夫躬이 밤에 머리를 풀어헤치고 뜰 가운데 서서 北斗星을 향하여 비를 들고 祝盜方을 행했다." 또한 『五行志』下之上:"哀帝 建坪 四年 正月에 백성들이 손에【藁: 짚】과【棷: 삼대】 묶음을 손에 들고 서로에게 전해주며 詔籌를 행한다고 말했다. 道中에 지나가다 만나는 사람이 많게는 수천에 이르렀으며, 더러는 머리를 산발하고 돌아다니거나, 빗장을 부수거나, 담장을 넘어 다니거나, 수레를 타고 빠르게 달리면서 驛을 통해 이러한

행동을 전하니 郡國 26개를 거쳐 마침내 京師에까지 이르렀다. 그해 여름, 京師의 里巷에 郡國民 십만이 모여 張博具에게 제사를 지내고 西王母에게 노래와 춤으로 제사를 지냈다. 또한 글을 전하면서··'西王母가 백성에게 말하길 이 글을 지니고 있으면 죽지 않을 것이며, 내 말을 믿지 못하는 자들은 門樞의 아래를 보면 반드시 흰 머리털이 있을 것이다.' 가을에 이르러서 이 일들이 끝났다." 나의 생각으로는 讖緯는 先秦時期에 이미 있었으나 단편적인 기록이기에 책으로 이루어지지는 않았을 것이다. 정리하여 책으로 만들어진 것은 당연히 漢代 哀帝, 平帝 무렵이며, 이는 王莽의 簒奪으로 말미암아 圖讖이 대량으로 만들어졌던 것과 관련이 있다. [『集注』··"『後漢書』「方術傳序」··'是以通儒碩生'" 注··"謂桓譚、賈逵、張衡之流也."「張衡傳」··"讖書始出, 蓋知之者寡. 自漢取秦, 用兵力戰, 功成業遂, 可謂大事, 當此之時, 莫或稱讖. 若夏候勝、眭盟之徒, 以道術立名, 其所著述, 無讖一言. 劉向父子領校秘書, 閱定九流, 亦無讖錄. 成哀之後, 乃始聞之. …… 則知圖讖成於哀平之際也."『漢書』「哀帝紀」··"待詔夏賀良等言精子之讖, 漢家歷運中衰, 當再受命, 宜改元易號." "哀帝四年春, 大旱, 關東民傳行西王母籌, 經歷郡國, 西入關, 至京師. 民又會聚, 祠西王母. 或夜持火上屋, 擊鼓號呼相驚恐." 又『息夫躬傳』··"躬邑人河內掾賈惠往過躬, 教以祝盜方. 以桑東南指枝爲【匕】, 畫北斗七星其上. 躬夜自披髮, 立中庭, 向北斗, 持匕招指祝盜." 又『五行志』下之上··"哀帝建坪四年正月, 民驚走, 持【藁】或【棷】一枚, 傳相付與, 曰行詔籌. 道中相過

逢多至數千, 或被髮徒踐, 或夜折關, 或踰牆入, 或乘車騎奔馳, 以置驛傳行, 經歷郡國二十六, 至京師. 其夏, 京師郡國民聚會里巷仟佰, 設(祭)張博具, 歌舞祠西王母. 又傳書曰‥'母告百姓, 佩此書者不死, 不信我言, 視門樞下, 當有白髮.' 至秋止." 按讖在先秦就有, 團只是片言隻語, 不成爲書. 當始於漢哀帝平帝時, 跟王莽簒位大造圖讖有關.]

淸 王繼培 『緯候不始於哀平辨』‥"緯候의 서적은 周代 말기에 이미 있었을 것이다. 讖緯에서 赤龍이 女媧를 유혹하자 劉秀가 일어나(『詩緯』 『含神霧』, 『類聚』 卷九八引 참조), 군대를 동원하여 無道한 자들을 체포하고(『後漢書』 「光武帝紀」上 참조), 魏代(『後漢書』 「袁術傳」 참조)와 晉代(『三國志』 「蜀志·譙周傳」 참조)에 이르러 사실이 符節과 합치되지 않는 것이 없었기에 지혜로운 사람들이 점을 쳤다. 그리하여 秦을 망하게 할 자는 胡氏라는 기록을 盧生이 알렸다(『史記』 「秦始皇本紀」 참조). 秦을 망하게 할 나라는 楚라는 것을 南公이 기록하였다(『史記』 「項羽本紀」 참조). 秦과 楚가 대립했을 무렵에 讖緯書가 대량으로 나타난 것이 첫 번째 증거다. …… 宣帝 무렵, 王褒가 『九懷』를 지었는데, 그 「株昭」篇에서 【신이 신령스런 글을 펼쳐보였다.】라고 하였다. 王逸은 『河圖』와 『洛書』는 讖緯文이라 주장하였다(『楚辭章句』 참조). 成帝 무렵에 李尋이 王根에게‥'『五經』에는 『六緯』가 있다.'고 하였다. 孟康注에서 『六緯』는 『五經』의 緯 『樂緯』를 말한다고 하였다. 張晏注에서는 『五經』의 緯 『孝緯』를 말한다고 하였다

(『漢書』「李尋」傳 참조). 本文의 의미는 은유적인데 주를 달아 분명히 한 것이 그 다섯 번째 증거다. 漢初에 遺書를 구했으나 讖緯가 秘書에 들어가지 않았기에 劉向이 『七略』에 기록하지 않은 것이다. 그러나 민간에서 誦習하였다는 사실은 역사를 통하여 검증할 수 있다. 張衡은 【成帝와 哀帝 이후에 처음으로 들었다.】라고 하고, 다시 【哀帝와 平帝 무렵에 이루어졌다.】고 하였다(『後漢書』「張衡傳」 참조). 이 말의 요점은 성행했던 시기를 근거로 말한 것이다. 劉勰이 「正緯」篇에서 이를 받아들여 哀帝와 平帝 무렵에 생겼다고 말한 것과 荀悅이 『申鑒』「俗嫌」에서 【漢朝 中興 이전에 생겼으며, 終·張의 무리들이 만들었다.】라는 기록은 모두 사실에 맞지 않는다."(『詁經精舍文集』卷十二下) [清王繼培『緯候不始於哀平辨』: "緯候之書, 周季蓋已有之. 讖言赤龍感女媧, 劉秀興(按見『詩緯』『含神霧』, 『類聚』卷九八引), 劉秀發兵捕不道(按見『後漢書』「光武帝紀」上), 以及當塗(按見『後漢書』「袁術傳」), 典午(按見『三國志』「蜀志·譙周傳」), 莫不事合符節, 智動蓍蔡. 然而亡秦者胡, 盧生奏其錄.(見『史記』「秦始皇本紀」) 亡秦必楚, 南公述其言.(見『史記』「項羽本紀」) 秦楚之際, 秘文疊顯, 其證一也. …… 宣帝時, 王褒作『九懷』, 其「株昭」篇云【神章靈篇.】王逸以爲『河圖』、『洛書』讖緯文.(見『楚辭章句』) 成帝時, 李尋說王根云: '『五經』『六緯』.' 孟康注以『六緯』爲『五經』與『樂緯』. 張晏注以爲『五經』與『孝緯』.(見『漢書』「李尋」傳) 本文義隱, 注爲闡達, 其證五也. 漢初求遺書, 讖緯不入中秘, 故劉向『七略』, 不著於錄. 而民間誦習, 歷可按

驗. 張衡謂【成哀之後, 乃始聞之.】又言【成於哀平之際.】(並見『後漢書』「張衡傳」) 要據其盛行之一而言. 劉勰「正緯」遂謂起於哀平, 荀悅『申鑒』「俗嫌」以爲【起於中興之前, 終張之徒之作】, 均未可得也."(『詁經精舍文集』卷十二下)]

301. 詹注11-8: 『集注』‥"『後漢書』「班固傳」‥'東廂의 秘寶를 관리하였다.' 注‥'【東序】는 【東廂】이다. 秘寶는 『河圖』 등을 말한다.'" 東序에 관해서는 이전 【陳於東序】의 注를 참조하라. 【秘寶】에 대하여, 劉勰은 이를 진짜라 여겼으나, 후래의 圖讖은 가짜라고 여겼다. [『集注』‥"『後漢書』「班固傳」‥'御東序之秘寶.' 注‥'【東序】, 【東廂】也. 秘寶, 謂『河圖』之屬.'" 東序, 見上節 【陳於東序】注. 【秘寶】, 劉勰認爲它是眞的, 後來的圖讖是假的.]

302. 范注3-6: 『尙書序』「『正義』」‥"緯書의 문장은 비루하기에 성인의 손에서 나온 것이 아닌 것이라 선인들이 모두 의심하여 취하지 않았으며, 사람들의 考正을 통해 본다면 잘못된 기풍은 哀帝와 平帝 무렵에 일어났다." 『正義』의 글은 아마도 劉勰의 말을 근거로 삼았을 것이다. 『唐寫本』에서 거짓된 풍조가 哀帝와 平帝 무렵에 일어났다 말하였으니, 그 語意가 가장 분명하다. [『尙書序『正義』」曰"緯文鄙近, 不出聖人, 前賢共疑, 有所不取, 通人考正, 僞起哀平." 『正義』之文, 蓋本彥和. 『唐寫本』作謂僞起哀平, 語意最明.]

詹注11-9: 『集注』‥"『後漢書』「陳元傳」‥'무릇 현명한 사람은 남이 볼 수 없는 것을 볼 수 있어 朱紫에 현혹되지 않는다.' 「左雄傳」‥'朱紫는 같은 계열의 색인지라 淸濁을 나눌 수 없다.' 「黃瓊傳」: '朱紫를 같은 색으로 여기게 하면 粉墨이 뒤섞인다.' 「趙岐傳」注: '玉石과 朱紫는 이로써 결정되는 것이다.' 「張衡傳」: '따라서 朱紫의 어지러움이 없으면 전적에 하자가 없다.' 『論語』 「陽貨」: '紫色이 朱色을 빼앗는 것을 미워한다.'" 이곳에서는 經典이 緯書에 의해 혼란하게 되었음을 비유한 것이다. [『集注』: "『後漢書』 「陳元傳」: '夫明者獨見, 不惑於朱紫.' 「左雄傳」: '朱紫同色, 淸濁不分' 「黃瓊傳」: '使朱紫共色, 粉墨雜糅.' 「趙岐傳」注: '玉石朱紫, 由此定矣.' 「張衡傳」: '則朱紫無所眩, 典籍無瑕玷.' 『論語』「陽貨」: '惡紫奪朱也.'" 這里比喩經典被緯書攪亂.]

張爾田 『史微』內篇卷五 「原緯」: "劉勰은 박식함을 바탕으로 讖緯書가 經典에 무익함을 지적하였으나, 문장을 쓰는 데는 도움이 되는 점은 수용하였다(「正緯」篇 參照). 「正緯」篇에서 비록 【경전에 의거하여 讖緯書를 검증하면 잘못된 점이 4가지다.】라고 언급하였다. 모두 圖讖이 더 늘어난 오류를 지적한 것이다. 뒤의 언급한 바를 보면 【東廂의 秘寶가 있었으나 그 내용이 혼란했다.】고 하였다. 이는 劉勰의 의중은 오류를 없애고 진정한 사실만을 남기자는 것이니 실로 함부로 한 말은 아니다. 劉子玄의 『惑經』, 『疑古』는 의견을 달리하여 학자는 불가불 이를 알지 않으면 안 된다고 여겼다." [張爾田『史微』內篇卷五「原緯」: "劉彦和以博識, 譏其無益於經典, 而取其有助於文章.(說見「正緯」篇) 篇中雖謂【按經驗緯, 其僞有四.】 然所指係圖讖附益

之謬. 觀其後云‘東序秘寶, 朱紫亂矣.’ 則劉氏意在去僞存眞, 固未嘗肆言曲詆也. 與劉子玄『惑經』、『疑古』不同, 學者不可不知.”]

郝懿行『文心雕龍輯注』批注:“【朱紫亂矣】는 張衡의 疏에서 언급한 【마땅히 圖讖書를 수장하고 일시에 이를 금지시켜야 朱紫에 현혹됨이 없고 전적에도 하자가 없게 될 것입니다.】를 근거로 삼은 것이다.” 이는 『後漢書』「張衡傳」을 참조하였다. 劉勰은 【東廂의 秘寶】와 후대 사람들에 의해 조작된 讖緯書가 서로 어지럽게 되었기에 반드시 거짓을 밝혀 그 잘못을 바로잡아야 한다고 생각했다. [郝懿行『文心雕龍輯注』批注:“【朱紫亂矣】句, 本張衡疏云【宜收藏圖讖, 一禁絶之, 則朱紫無所眩, 典籍無瑕玷.】” 按此見『後漢書』「張衡傳」. 劉勰認爲【東序秘寶】與後人僞造的讖緯朱紫相亂, 所以必辨其僞而正其失.]

4-4.

光武帝 무렵에 이르자 사람들이 이러한 邪術을 독실하게 믿자, 『風雅』의 교화를 압도할 정도였으며, 학자들도 덩달아 邪術에 몰두하였다. 沛獻王 劉輔가 緯書를 모아 경의를 설명한 것, 曹褒가 圖讖에 의거하여 예의를 정한 것은 정도를 벗어나 경전과 배치됨이 너무나 심각하였다. 이에 桓譚은 그 허위를 질타하였고, 尹敏은 심각한 瑕疵를 희롱하였으며, 張衡은 괴이한 오류를 폭로하였고, 荀悅은 황당무계함을 설명하였다. 이 博學한 네 학자의 평가는 실로 정교하다.

4-4.

至於光武之世[303], 篤信斯術[304], 風化所靡, 學者比肩[305], 沛獻集緯以通經[306], 曹褒撰讖以定禮[307], 乖道謬典[308], 亦已甚矣. 是以桓譚疾其虛僞[309], 尹敏戲其深瑕[310], 張衡發其僻謬[311], 荀悅明其詭誕[312], 四賢博練, 論之精矣[313].

303. 詹注12-1 『校注』: "【於】字가 『唐寫本』에는 없다. 이 구절은 앞서 서술한 내용을 잇는 것이기에 【於】字가 반드시 있어야 필요가 없으니 산거하는 것이 타당하다." [『校注』: "【於】, 『唐寫本』無. 按此爲承上敍述之辭, 【於】字不必有, 當據刪."]

304. 詹注12-2 『訓故』: "『東觀漢記』: '光武帝가 正殿으로 피해가서 讖緯書를 읽으려고 처마 아래에 앉아 있다가 조금 이슬을 맞았는데 중풍에 걸려 심하게 기침을 하였다.'" [『訓故』: "『東觀漢記』: '光武避正殿讀讖緯, 坐廡下, 淺露, 中風, 苦咳也.'"]

『集注』: "『後漢書』「光武帝紀」: '建武 十七年 二月 乙亥 그믐에 日食이 있었다.' 注: '『東觀記』: 天子가 일식에 正殿으로 피해가서 圖讖을 읽으며 한참을 처마 밑에서 앉아 있었는데 조금 이슬을 맞았을 뿐인데 중풍에 걸려 어지러움이 심했다. 좌우에 日食을 관장하는 司馬史가 있었는데, 병환이 이처럼 심했으나 동요하지 않고 듬직하게 주공을 모셨다. 수레를 타고 몇 리 밖으로 나가자 병에 차도가 있었다.' 「景丹傳」: '世祖가 즉위하여 讖文을 가지고 狄軍을 평정한 孫咸을 大司馬로 삼았다.' 注: '『東觀記』 讖文 기록: 孫咸이 狄을 정벌하였다.……' 「鄭興傳」: '皇帝가 한번은 鄭興에게 郊祀의 일을 물으며: 내가 讖에 의거하여 결정하려는데 어떠하냐고 물었다. 鄭興이 저는 讖緯를 믿지 않습니다. 라고 대답하였다. 황제가 논한 것을 경이 믿지 않는다고 하여 잘못된 것인가? 라고 물었다. 鄭興이 惶恐

하여 신이 서적을 다 공부하지 않았다는 것이지 잘못되었다는 것이 아니라고 말했다. 황제가 그제 서야 마음을 풀었다.' 「桓譚傳 」··'이 무렵에 황제들이 讖緯를 신봉하기 시작하여 이를 바탕으로 嫌疑를 결정하였다. …… 그런 일이 있은 연후에 靈臺가 있는 곳에서 회의를 열었다. 황제가 桓譚에게 내가 讖記로 결정하면 어떠한가? 라고 말하였다. 桓譚이 한참동안 아무 말도 하지 않다가 저는 讖記를 읽지 않는다고 대답하였다. 황제가 그 이유를 물었다. 桓譚이 다시 讖記의 잘못에 대하여 자세하게 말했다. 황제가 【桓譚에게는 성인의 법도가 없다】고 대노하여 참수하라는 명을 내리려 하였다. 桓譚이 머리를 땅에 박아 피가 흘러 내리고도 한참 후에야 풀려날 수 있었다.'" 「時序」篇··"哀帝, 平帝 무렵부터 점차 몰락하다가 光武帝에 중흥을 이루면서 圖讖을 깊게 믿자 문사가 점차가 쇠락하였다." [『集注』··"『後漢書』「光武帝紀」··'建武十七年二月乙亥晦, 日有食之.' 注··'『東觀記』曰··上以日食避正殿, 讀圖讖, 多御坐廡下, 淺露, 中風發疾, 苦眩深. 左右有白大司馬史, 病苦如此, 不能動搖自强從公. 出乘以車, 行數里, 病差.' 「景丹傳」··'世祖卽位, 以讖文用平狄將軍孫咸行大司馬.' 注··'『東觀記』載讖文曰··孫咸征狄也.……' 「鄭興傳」··'帝嘗問興郊祀事曰··吾欲以讖斷之, 如何? 興對曰··臣不爲讖. 帝怒曰··卿之不爲讖, 非之耶? 興惶恐曰··臣於書有所未學, 而無所非也. 帝意乃解' 「桓譚傳 」··'是時帝方信讖言, 多以決定嫌疑.……其後有詔會議靈臺所處. 帝謂譚曰··"吾欲讖決之何如?" 譚黙然良久曰··"臣不讀讖." 帝問其故. 譚復極

言讖之非經. 帝大怒【桓譚非聖無法】, 將下斬之. 譚叩頭流血, 良久內得解.'" 「時序」篇有云: "哀平陵替, 光武中興, 深懷圖讖, 頗略文華."]

『注訂』: "『後漢書』「光武帝紀」: '宛人 李通 등이 圖讖을 가지고 光武帝에게 劉氏가 부흥함에 李氏가 도울 것이다.' 또한: '光武帝가 이전에 長安에 있을 때 같은 숙소에 살았던 彊華이 關中에서 「赤伏符」를 가져와 바치면서 이르길: 劉氏가 發兵하여 不道한 무리들을 잡아들이자 四夷가 龍鬪野에 모였고, 漢高祖에서 光武帝까지 228년은 불의 기운이 중심이 되었다.' 또한 中元 元年: '이때 처음으로 明堂, 靈臺, 辟雍에 관한 의론이 나타났고, 이에 北郊와 兆域에서 천하에 圖讖을 선포하였다.' 讖은 符命에 관한 책. 讖은 驗과 같은 뜻으로 왕이 천명을 부여받은 증거를 말한다. 이를 근거로 보면 東漢 때 圖讖을 독실하게 믿었던 사실을 알 수 있으니, 圖讖은 동한 무렵에 기원하였을 것이다." [『注訂』: "『後漢書』「光武帝紀」: '宛人李通等, 以圖讖說光武云: 劉氏復起. 李氏爲輔.' 又: '光武先在長安時, 同舍生彊華, 自關中奉「赤伏符」曰: 劉秀發兵捕不道, 四夷雲集龍鬭野, 四七之際火爲主.' 又中元元年: '是歲初起明堂、靈臺、辟雍, 乃北郊兆域, 宣布圖讖於天下.' 讖, 符命之書, 讖, 驗也. 據是知東漢之世, 所以篤信斯術, 其原起如是."]

305. 詹注12-3: 『集釋稿』: "「毛詩序」: '風은 諷과 같은 뜻. 바람이 불면 사물이 움직이듯 가르침으로 감화가 이루어진

다.'" [『集釋稿』··"「毛詩序」··'風, 風也. 風以動之, 教以化之.'"]

『後漢書』「方術傳序」··"漢代 武帝가 方術을 사뭇 좋아하자 천하의 道藝 능력을 지닌 士人들이 책략을 들고 나와 논쟁하는 것이 바람처럼 굴기하였다. 후에 王莽이 符命을 교묘하게 사용하였고, 光武帝에 이르러 더욱 참언을 믿으니 모든 士人들이 시류에 편승하여 열심히 穿鑿하며 논쟁을 벌였다. …… 스스로 이를 배우는 것을 內學이라 하면서 기이한 문장을 숭상하고 괴이한 이치를 귀하게 여기는 것이 이때 만연하였다." 李賢注··"內學은 圖讖書를 말하며, 신비한 일이라 하여 內學이라 하였다." [後漢書』「方術傳序」··"漢自武帝頗好方術, 天下懷協道藝之士, 莫不負策抵掌, 順風而屈焉. 後王莽矯用符命, 及光武尤信讖言, 士之赴趨時宜者, 皆騁馳穿鑿, 爭談之也. …… 自是習爲內學, 尚奇文, 貴異數, 不乏於時矣." 李賢注··"內學, 謂圖讖之書, 其事神秘, 故稱內."]

『綴補』··"『藝文類聚』二十과 『御覽』四百二에서 모두 『申子』를 인용하여··'千里에 賢者가 있음은 八字의 운행에 의한 것이다.' 『戰國策』「齊策」··'千里에 있는 한 賢士는 八字의 운행에 의해 태어난 것이다.'" [『綴補』··"『藝文類聚』二十、『御覽』四百二幷引『申子』··'千里有賢者, 是比肩而立也.' 『戰國策』「齊策」··'千里而一士, 是比肩而生.'"]

『申鑒』「俗嫌」篇··"세상에서 緯書는 공자가 지은 것이라 말한다." 明 黃省曾注··"光武帝 무렵에 讖緯를 깊게 신봉하는 경향이 학자들 사이에 풍미하였다. 이러한 까닭에 桓譚, 張衡 등이 항상 그 허위를 밝히려 하였다." [『申鑒』「俗嫌」篇‥"世稱緯書仲尼之作也." 明黃省曾注‥"光武之世, 篤信斯術, 學者風靡. 是以桓譚、張衡輩 , 常發其虛僞矣."]

306. 范注4-1: 『後漢書』「沛獻王輔傳」‥"劉輔는 經書를 좋아하여 『京氏易』, 『孝經』, 『論語語傳』 및 圖讖의 해설이 빼어났으며, 『五經論』을 지었는데 당시 사람들이 이를 『沛王通論』이라 불렀다." [『後漢書』「沛獻王輔傳」"輔好經書, 善說『京氏易』『孝經』『論語語傳』及圖讖, 作『五經論』, 時號之曰『沛王通論』."]

詹注12-4: 『玉海』 卷六十三에서 이 문구를 인용하였고, 본구 아래 注에서 이르길‥"『沛王通論』이다." 『訓故』‥"『後漢書』‥'沛獻王 劉輔는 光武帝의 아들로 經書를 좋아하였고, 『京氏易』, 『孝經』, 『論語』傳 및 圖讖에 해박했으며, 『五經論』을 지었는데, 당시 사람들이 이를 『沛王通論』이라 불렀다." 이는 「沛獻王輔傳」을 참조하였다. [『玉海』卷六十三引此文, 於本句下注云‥"『沛王通論』." 『訓故』‥"『後漢書』‥'沛獻王輔, 光武之子帝, 好經書, 善說『京氏易』、『孝經』、『論語』傳及圖讖, 作『五經論』, 時號之曰『沛王通論』." 按此見「沛獻王輔傳」.]

「時序」篇‥"沛王 劉輔는 『通論』으로 이름을 떨쳤다." [「時序」篇‥"沛王振其『通論』."]

307. 范注4-2: 『後漢書』「曹褒傳」: "曹褒가 禮義를 제정하라는 명을 받아 禮事의 次序를 정함에 이전의 典範에 의거하고, 『五經』의 讖緯 기록을 참조하여 天子에서 庶民에 이르는 冠婚, 吉凶, 始終의 제도 110篇을 撰修하였다." [『後漢書』「曹褒傳」: "褒受命制禮, 乃次序禮事, 依準舊典, 雜以『五經』讖記之文, 撰天子至於庶人冠婚吉凶始終制度, 以爲百十篇."]

詹注12-5: 『唐寫本』에 【撰】은 【選】으로 되어 있다. 『校注』: "『唐寫本』이 정확하다. 【選讖】은 바로 『後漢書』 本傳에서 말한 【『五經』을 讖記의 문장에 섞었다.】는 뜻이다. 만일 【撰】이라 한다면 의미하는 바와 다르다." [『唐寫本』【撰】作【選】. 『校注』: "按『唐寫本』是. 【選讖】, 卽『後漢書』本傳所謂【雜以『五經』讖記之文】之意. 若作「撰」, 則非其指矣."]

『校證』: "『唐寫本』에 【撰】을 【選】이라 하였고, 옛날에는 서로 통했다. 『史記』「司馬相如傳」: '歷撰列辟.' 『集解』에서 徐廣의 말을 인용하여: '【撰】은 【選】으로도 쓴다.' 이것이 그 증거다." 또한 何允中本, 日本活字本, 岡本에서는 【撰】을 【制】라 하였다. 橋川時雄: "【撰】과 【選】 모두 옳다." [『校證』: "『唐寫本』【撰】作【選】, 古通. 『史記』「司馬相如傳」: '歷撰列辟.' 『集解』引徐廣曰: '【撰】, 【選】一作【選】.' 是其證. 又何允中本、日本活字本、岡本【撰】作【制】. 橋川時雄: "【撰】、【選】兩是."]

『梅注』: "曹褒의 字는 叔通이다." 또한 "曹褒는 魯國 薛

출신이다. 後漢 章帝 元年에 황제가 小黃門에게 班固가 바친 叔孫通의 『漢儀』 二十篇을 가져오게 하고, 칙령을 내려 曹褒로 하여금 禮義를 제정하게 하니 禮事의 次序를 정함에 이전의 典範에 의거하고 『五經』의 讖緯 기록을 참조하여 天子에서 庶民에 이르는 冠婚, 吉凶, 始終의 제도 150篇을 撰修하였다." 이는 『後漢書』 「曹褒傳」을 참조. [『梅注』: "褒字叔通." 又"褒, 魯國薛人. 後漢章帝元年, 帝令小黃門持班固所上叔孫通『漢儀』二十篇, 敕褒依禮條正 雜以『五經』讖記之文, 撰次天子至於庶人冠婚吉凶始終制度, 以爲百五十篇." 按此見後漢書』「曹褒傳」.]

朱逷先 등의 筆記: "먼저 今文學派가 있었고, 후에 緯書가 나왔기에 經典에 의거하여 禮義를 정한 것이다." [朱逷先等筆記: "先有今文學派, 後有緯書, 故以之通經定禮."]

308. 詹注12-6: 斯波六郎: "沛獻王과 曹褒의 사실을 가지고 後漢 시기에 【道와 典範이 무너진 것】을 충분히 증명할 수 있다." [斯波六郎: "沛獻與曹褒事, 足可證後漢【乖道謬典】"]

309. 范注4-3: 『後漢書』 「桓譚傳」에서 桓譚이 讖과 관련된 일을 논하였는데 이를 기록하면 다음과 같다. [『後漢書』「桓譚傳」載譚論讖事, 錄之如左.]

이 무렵 제왕들이 讖言을 신봉하게 되어 이를 바탕으로 嫌疑를 결정하였다(「方伎傳序」: "光武帝가 특별히 讖言을 신봉하자 士人이 이에 迎合하는 것이 시의에 적절한가에 대하여 모두 앞을 다투며 치열하게 논쟁을 벌였다. 이러한 이유로 王梁, 孫咸이 圖籙에 대응할 수 있다는 명목으로 지나치게 높은 三公의 지위에 올랐다.”). 桓譚이 다시 上疏를 올려 이르길: “무릇 사람들의 정서가 사실을 살피는 것은 소홀히 하고, 怪異한 소문은 귀하게 여기고 있습니다. 先王이 기술한 바를 보면 모두 仁義와 正道를 근본으로 삼았기에 奇怪하거나 허망한 것이 없습니다. 무릇 天道와 性命은 聖人도 쉽게 말할 수 없습니다. 子貢 이후의 儒人들도 알지 못했는데 하물며 후대의 천박한 유인들이 이에 능통할 수 있겠습니까? 오늘날 여러 지혜와 재능이 부족한 사람들이 圖讖의 서적을 늘려 놓고는 자랑스럽게 讖記라 칭하며 기만과 탐욕으로 제왕을 미혹하니 어찌 이를 억제하고 멀리하지 않을 수 있겠습니까? 신 桓譚이 陛下께서 方士의 煉丹術을 극력 배척하였다는 말을 들은 바 실로 현명하신 처사입니다. 그럼에도 讖記를 받아들인다면 이 얼마나 잘못된 일입니까? 이러한 일은 비록 때때로 합치되기도 하는데 이는 마치 점이 가끔 맞는 것에 비유할 수 있을 것입니다. 폐하께서는 마땅히 명확한 깨달음을 드리우시고, 성인의 뜻을 밝히시고, 群小의 이치에 맞지 않는 말을 막고, 『五經』의 바른 뜻을 서술하시고, 서로 다른 세속의 말을 헤아리시어 通人의 전아한 圖謀를 상세하게 알도록 하십시오.” 황제가 奏文을 살펴보고 점점 기분이 좋지 않았다. 그런 일이 있은 후에 靈臺에서 회의를 열었다. 황제가 桓譚에게: “내가 讖記로 결정하면 어떠한가?” 桓譚이 한참동안 아무 말도 하지 않다가 이르길: “저는 讖記를 읽지 않습니다.” 황제가 그 이유를 물었다. 桓譚이 다시 讖記의 잘못에 대하여 자세하게 말했다. 황제가 대노하여 이르길: “桓譚은 성인을 비난하고 법도도 없다.” 고 하면서 참수하라는 명을 내리려 하였다. 桓譚이 머리를 땅에 박아 피가 흘러 내리고도 한참 후에야 풀려날 수 있었다. [是時帝方信讖言, 多以決定嫌疑.(「方伎傳序」云: “光武尤信讖言, 士之赴趣時宜者, 皆馳騁穿鑿爭論之也. 故王梁孫咸, 名應圖籙, 越登槐鼎之任.”) 桓譚復上疏曰: “凡人情忽於見事, 而貴於異聞, 觀先王之所記述, 咸以仁義正道爲本, 非有奇怪虛誕之事. 蓋天道性命, 聖人所難言也. 自子貢以下, 不得而聞, 況後世淺儒能通之乎? 今諸巧慧小才伎數之人, 增益圖書, 矯稱讖記, 以欺惑貪邪, 詿誤人主, 焉可不抑遠之哉! 臣譚伏聞陛上窮折方士黃白之術, 甚爲明矣. 而乃欲聽納讖記, 又何誤也! 其事雖有時合, 譬猶卜數隻偶之類. 陛下宜垂明聽, 發聖意, 屛群小之曲說, 述『五經』之『正義』, 略靁同之俗語, 詳通人之雅謀.” 帝省奏, 愈不悅, 其後有詔會議靈臺所處. 帝謂譚曰: “吾欲讖決之何如?” 譚黙然良久曰: “臣不讀讖.” 帝問其故. 譚復極言讖之非經. 帝大怒: “桓譚非聖無法.” 將下斬之. 譚叩頭流血, 良久乃得解.]

詹注13-1: 『玉海』卷六十三 인용문의 注: “桓譚이 上疏하길 ‘교묘한 작은 재주를 지니고 있는 사람들이 교만하게 讖記를 말합니다.’” [『玉海』卷六十三引, 於此句下注云: “譚上: ‘巧慧小才伎數之人, 矯稱讖記.’”]

『訓故』··“『後漢書』··‘桓譚의 字는 君山이고 沛國 相 출신이며, 宋弘의 천거로 議郎給事中에 올랐다. 이때 光武帝가 圖讖을 신봉하여 대부분 이를 가지고 혐의를 결정하였다. 桓譚이 상소를 올려 교묘한 작은 재주를 지닌 자들이 圖書를 늘려 놓고 함부로 讖記라 칭하면서 임금을 속이니 마땅히 이를 멀리해야 한다고 말했다.” [『訓故』··“『後漢書』··‘桓譚字君山, 沛國相人, 宋弘薦爲議郎給事中. 時光武信讖, 多以決定嫌疑. 譚上疏以巧慧小才伎數之人, 增益圖書, 矯稱讖記, 以欺誤人主, 宜抑遠之.”]

范注··“『後漢書』「桓譚傳」에서 桓譚이 讖과 관련된 일을 논하였는데 이를 기록하면 다음과 같다. 이 무렵 제왕들이 讖言을 신봉하게 되어 이를 바탕으로 嫌疑를 결정하였다. …… 桓譚이 다시 上疏를 올려··‘무릇 사람들의 정서가 사실을 살피는 것은 소홀히 하고, 怪異한 소문은 귀하게 여기고 있습니다. 先王이 기술한 바를 보면 모두 仁義와 正道를 근본으로 삼았기에 奇怪하고 허망한 일이 없습니다. 무릇 天道와 性命은 聖人도 쉽게 말할 수 없습니다. 子貢 이후의 孺人들도 알지 못했는데 하물며 후대의 천박한 유인들이 이에 능통할 수 있겠습니까? 오늘날 여러 지혜나 재능이 부족한 사람들이 圖讖의 서적을 늘려 놓고는 자랑스럽게 讖記라 칭하니 기만과 탐욕으로 제왕을 미혹하니 어찌 이를 억제하고 멀리하지 않을 수 있겠습니까? 신 桓譚이 陛下께서 方士의 煉丹術을 있는 극력 배척하였다는 말을 들은 바 실로 현명하신 처사입니다. 그럼에도 讖記를 받아들인다면 이 얼마나 잘못된 일입니까? 이러한 일은 비록 때때로 합치하기도 하는데 이는 마치 점이 가끔 맞는 것에 비유할 수 있습니다. 폐하께서는 마땅히 명확한 깨달음을 드리우시고, 성인의 뜻을 밝히시고, 群小의 이치에 맞지 않는 말을 막고, 『五經』의 바른 뜻을 서술하시고, 서로 다른 세속의 말을 헤아리시어 通人의 전아한 圖謀를 상세하게 알도록 하십시오.' 황제가 奏文을 살펴보고 점점 기분이 좋지 않았다." [范注:"『後漢書』「桓譚傳」載譚論讖事, 錄之如左. 是時帝方信讖言, 多以決定嫌疑.……桓譚復上疏曰:'凡人情忽於見事, 而貴於異聞, 觀先王之所記述, 咸以仁義正道爲本, 非有奇怪虛誕之事. 蓋天道性命, 聖人所難言也. 自子貢以下, 夫得而聞, 況後世淺儒能通之乎? 今諸巧慧小才伎數之人, 增益圖書, 矯稱讖記, 以欺惑貪邪, 詿誤人主, 焉可不抑遠之哉! 臣譚伏聞陛上窮折方士黃白之術, 甚爲明矣. 而乃欲聽納讖記, 又何誤也! 其事雖有時合, 譬猶卜數隻偶之類. 陛下宜垂明聽, 發聖意, 屛群小之曲說, 述『五經』之『正義』, 略靁同之俗語, 詳通人之雅謀.' 帝省奏, 愈不悅."]

310. 范注 4-4: 『後漢書』「儒林傳」:"황제가 尹敏이 經典에 박통하다 여겨 圖讖을 교열하라는 명을 내려 崔發에게 가서 王莽이 지었다는 箸錄과 배열의 次序를 밝히도록 하였다. 敏이 대답하길:'讖書는 성인의 所作이 아니기에 그 가운데 비루한 文字가 많아 자못 속세의 文辭와 유사하여 아마도 後生들에게 오해를 가져올까 두렵습니다.' 황제가 그

의 견해를 받아들이지 않았다. 敏이 闕文의 내용을 늘려 이르길: '人君은 말하지 않아도 漢朝에 보탬이 됩니다.' 황제가 이를 보고 괴이하게 여겨 敏을 불러 그 이유를 물었다. 敏이 이르길: '신이 전인들이 圖書를 함부로 증감한 것을 살펴보니 감히 자신의 역량에 벗어난 것이라 좋은 것은 만에 하나에 불과합니다.' 황제가 圖讖을 심히 옳지 않다고 여겼다." 이 문장은 희화한 언급으로 闕事를 증보한 것이다.【深瑕】는【浮假】로 써야 하며 자형이 비슷하여 생긴 오류다. [『後漢書』「儒林傳」: "帝以敏博通經記, 令校圖讖, 使蠲去崔發所謂王莽箸錄次比. 敏對曰: '讖書非聖人所作, 其中多近鄙別字, 頗類世俗之辭, 恐疑誤後生.' 帝不納. 敏因其闕文增之曰: '君無口, 爲漢輔.' 帝見而怪之, 召敏問其故. 敏對曰'臣見前人增損圖書, 敢不自量, 竊幸萬一.' 帝深非之." 此文所謂戲, 卽增闕事也.【深瑕】應作【浮假】, 字形相近而誤.]

詹注13-2: 『校證』: "何校, 黃注에서 공통으로: '【戲】字는 아마도【巇】字일 것이다.'(紀本에서는【爔】字로 잘못 표기) 『鬼谷子』에 「抵巇」篇이 있다.【巇】는【罅】와 같은 뜻이며, 이는 黃注에서 글자를 고치게 된 원본이다. 『後漢書』「儒林傳」: '敏이 闕文의 내용을 늘려 人君은 말하지 않아도 漢朝에 보탬이 됩니다.'" 이러한 것을 소위【戲】라 한다. 「諧讔」篇: "기만의 문사는 희롱과 같다." 「時序」篇: "유생을 희롱하고 학업을 태만히 하였다." 용법이 정확하게 동일하니 의심할 바가 없다. [『校證』: "何校黃注並云:

‘【戲】, 疑作【巇】.’(紀本誤【㦗】) 『鬼谷子』有「抵巇」篇. 【巇】, 【罅】也, 此黃注改字所本. 尋『後漢書』「儒林傳」‥‘敏因其闕文增之曰‥“君無言, 爲漢輔.” 此所謂【戲】也. 「諧讔」篇‥“謬辭抵戲.”, 「時序」篇‥“戲儒簡學.” 用法正與此同, 無事斅疑也.]

『訓故』‥“『後漢書』‥‘尹敏은 字가 幼季, 南陽 출신. 諫議大夫를 역임하였다.’” [『訓故』‥“『後漢書』‥‘尹敏, 字幼季, 南陽人. 歷官諫議大夫.’”]

『札記』‥“【戲】字는 오류가 아니다. 『後漢書』「儒林傳」‥‘황제가 敏이 經典에 박통하다 여겨 圖讖을 교열하라는 명을 내려 崔發에게 가서 王莽이 지었다는 箸錄과 배열의 次序를 밝히도록 하였다. 尹敏이 이르길‥‘讖書는 성인의 所作이 아니기에 그 가운데 비루한 文字가 많아 자못 속세의 文辭와 유사하여 아마도 後生들에게 오해를 가져올까 두렵습니다.’ 황제가 그의 견해를 받아들이지 않았다. 尹敏이 闕文의 내용을 늘려 이르길‥‘人君은 말하지 않아도 漢朝에 보탬이 됩니다.’ 황제가 이를 보고 괴이하게 여겨 尹敏을 불러 그 이유를 물었다. 尹敏이 이르길‥‘신이 전인들이 圖書를 함부로 늘리고 줄인 것을 살피니 감히 자신의 역량에 벗어난 것이라 좋은 것은 만에 하나에 불과합니다.’ 황제가 圖讖을 심히 옳지 않다고 여겼다.” 이 문장에서 희롱이라 말한 것은 사실을 더하거나 뺀 것을 말한다. [『札記』‥“案「戲」字不誤. 『後漢書』「儒林傳」‥‘帝以敏博通經記, 令校圖讖, 使蠲去崔發所謂王莽箸錄次比.

敏對曰:‘讖書非聖人所作, 其中多近鄙別字, 頗類世俗之辭, 恐疑誤後生.’ 帝不納. 敏因其闕文增之曰:‘君無口, 爲漢輔.’ 帝見而怪之, 召敏問其故. 敏對曰:‘臣見前人增損圖書, 敢不自量, 竊幸萬一.’ 帝深非之.” 此文所謂戱, 卽增闕事也.]

『玉海』卷六十三 인용문 하단의 注:“敏曰:‘讖書는 성인이 지은 것이 아닌지라 자못 세속의 글과 유사합니다.’” [『玉海』卷六十三引此, 句下注:“敏曰:‘讖書非聖人所作, 頗類世俗之辭.’”]

【深瑕】는 『唐寫本』에 【浮假】로 되어 있다. [【深瑕】, 『唐寫本』作【浮假】.]

『校釋』:“아마도 敏이 光武帝로 하여금 圖讖이 前人의 부화하고 거짓된 것을 바탕으로 한 것인지라 믿을 수 없음을 알게 하려던 것이기에 함부로 闕文을 늘렸던 것이다.” [『校釋』:“蓋敏欲開悟光武, 使知圖讖本前人浮僞之作, 故戱增闕文也.”]

趙萬里 『校記』:“이 문구와 上句 【桓譚疾其虛僞】는 서로 대를 이룬 것이니 『唐寫本』에서 【浮假】라 한 것이 옳다.” [趙萬里『校記』:“案此文與上句【桓譚疾其虛僞】相對成文, 則唐本作【浮假】是也.”]

斯波六郞:“【戱其深瑕】는 해석이 불가능하다. 따라서 『唐寫本』에서 【浮假】라 한 것을 반드시 따라야 한다. 【浮假】는 根據 없는 의미를 말한다…… 【君無口】는 실제로는 【尹: 당신】이라는 뜻.” [斯波六郞:“【戱其深瑕】不可解.

『唐寫本』作「浮假」, 當從之. 「浮假」者, 無根據之意.…… 【君無口】實爲【尹】.”]

『校注』‥“『唐寫本』이 정확하다. 【浮假】는 허상만 있고 실제가 없음을 말한다. 「麗辭」篇‥‘거짓된 것은 아무런 공이 없다.’ 이 또한 【浮假】와 연관된 문구다.” [『校注』‥“按『唐寫本』是. 【浮假】謂虛而不實也. 「麗辭」篇‥‘【浮假】者無功.’ 亦以【浮假】連文.”]

311. 范注 4-5: 張衡의 문장에서 그릇된 것을 검토한 부분이 정교하고 정확하여 『後漢書』 張衡 本傳의 全文을 다음과 같이 기록한다. [案平子文檢覈僞迹, 至爲精當, 玆全錄『後漢書』本傳所敍如左.]

나라가 처음 서고 光武帝가 讖記를 좋아하였고, 顯宗과 肅宗에 이르러서도 이를 따라 기술하였다. 中興 以後 유가의 학자들도 앞다투어 圖緯를 학습하여 요상한 말들을 經典에 덧대었다. 張衡은 圖緯는 虛妄한 것이며, 성인의 法道가 아니라고 여겨 上疏에서 다음과 같이 말했다. [初, 光武善讖, 及顯宗肅宗, 因祖述焉. 自中興以後, 儒者爭學圖緯, 兼復附以妖言. 衡以圖緯虛妄, 非聖人之法, 乃上疏曰:]

신이 듣기로 성인들은 律歷을 명확하게 살펴 吉凶을 정하였기에 占術을 중하게 여겨 九宮과 함께 사용하여서(太乙이 九宮法을 시행한 것은 『乾鑿度』에 보인다. 太乙이 시행한 것은 坎에서 시작하여 四掛를 행한 뒤 다시 甲으로 돌아간다. 또한 乾에서 시작한 것은 離에서 끝난다.) 天道의

經驗은 본래 여기에서 다 이루어진다. 혹은 星辰이 역행하는 것과 춥고 더운 연유를 살피기도 하고, 혹은 龜策의 점이나 巫覡의 말을 살피기도하나 그 원인은 결코 한 가지가 아니다. 立言이 먼저 이루어졌고, 징후는 나중에 나타나기에 지혜 있는 사람들이라면 이를 중요하게 여기며, 이를 구현한 것을 讖書라 한다. 讖書가 처음 세상에 나왔을 때는 무릇 이를 아는 자가 적었다. 漢朝가 秦朝를 취함에 병력을 가지고 공업을 이루었는바, 가히 대사라 말할 수 있다. 이 무렵에는 거의 【讖】이라 칭하는 것도 없었다. 夏候勝, 眭盟 같은 무리들은 道術로 명성을 떨쳤으나 이들의 저술에도 【讖言】은 한 자도 없었다. 劉向 父子가 秘書를 교열하여 【九流】를 가려 뽑은 것에도 讖錄은 없었다(圖書, 秘記도 【讖】이라 부르지 않았다.). 成帝와 哀帝에 이후에야 비로소 이러한 이름이 알려졌다. 『尙書』에서 堯가 鯀으로 하여금 홍수를 관리하였으나 9년 동안 아무런 성취도 이루질 못하였으며, 鯀이 세상을 떠나자 禹가 이를 계승하였다. 『春秋讖』:"共工이 홍수를 다스렸다." 무릇 讖書에서는 黃帝가 蚩尤를 물리쳤다고 말하였으나, 『詩讖』에서는 유독 蚩尤가 실패하자 堯가 天命을 받게 되었다고 하였다. 『春秋』「元命苞」에는 工輸班과 墨翟에 관한 기록이 있으나 그 事蹟은 戰國時代의 것이니 春秋時代의 것이 아니다. 또한 益州는 漢代에 설치되었으며, 三輔, 諸陵으로도 불렸으니 세상의 이치를 가히 알 수 있다. 圖讖에 관한 것은 成帝에 이르러 마무리되었으며, 한 권의 책에서 서로 다른 사실이 여러 가지가 있었다. 성인의 말씀은 실로 이와 같은 것이 없으니 虛僞를 따르는 자들이 출세를 위하여 取用한 것이다. 옛날 侍仲이었던 賈逵가 讖書의 서로 다른 삼십여 가지 사실을 밝혔으며, 모든 讖書를 언급한 것은 거론할 필요도 없다. 王莽이 簒位한 사실은 漢代의 커다란 재앙이었으나 八十篇에 이르는 글에서는 어찌하여 아무런 경계도 하지 않았단 말인가? 따라서 圖讖은 哀帝와 平帝 무렵에 이루었음을 알 수 있다. 또한 『河圖』『洛書』, 六禮는 篇錄이 이미 확정되었으나(注에서 張衡가 이전의 일을 집성하여 이르길 『河圖』, 『洛書』는 五十九篇, 六禮는 八十一篇이라 하였다.) 後人들이 핵심을 전하니 내용의 전도는 용납될 수 없다. 永元 무렵에 淸河, 宋景이 결국 역대의 기록을 통해 水災를 추축하여 말하면서 『洞視』, 『玉版』이라 거짓으로 말하기도 하였다(『洞視』, 『玉版』은 宋景이 가탁한 책이며, 賢注에서도 분명하게 언급하지 않았다.). 혹자는 가업까지 포기하고 산림으로 들어갔으나 후에 아무런 효과가 없자 다시 前世의 성과를 채용하여 證驗으로 삼게 되었다.【永建: 順帝 卽位 年號】에 이르러 정통을 회복하려 하였으나 그 방법을 몰랐고, 대부분은 세상을 속이고 풍속을 해치는 것이었기에 애매한 것으로 자리를 차지하였고, 감정을 거짓되게 함이 심하였으나 이를 막지 못하였다. 律歷, 卦候, 九宮, 風角은 이치에 있어 징험과 효용이 있으나 세상 사람들은 이를 배우려 하지 않고 다투어 점을 칠 수 없는 책이라 말하였는바, 마치 화공이 犬馬를 잘못 그렸는데 마침 훌륭한 鬼魅를 그린 것과 같아 실로 실제의 사실을 제대로 형용할 수 없으니 허위가 끝이 없다. 마땅히 圖讖을 收藏하고 일거에 금지시켜 없애버려야 사실이 혼란스럽지 않게 되고 典籍에 瑕疵가 없게 된다. [臣聞聖人明審律歷, 以定吉凶, 重之以卜筮, 雜之以九宮(太乙下行九宮法, 見於『乾鑿度』. 太乙下行自坎始, 行四掛而復於甲. 又自乾始, 終於離.) 經天驗道, 本盡於此, 或觀星辰逆順, 寒燠所由. 或察龜策之占, 巫覡之言, 其所因者非一術也. 立言於前, 有徵於後, 故智者貴焉, 謂之讖書. 讖書始出, 蓋知之者寡. 自漢取秦, 用兵力戰, 功成業遂, 可謂大事, 當此之時, 莫或稱讖. 若夏候勝眭盟之徒, 以道術立名, 其所述者, 無讖一言. 劉向父子領校秘書, 閱定九流, 亦無讖錄.(圖書秘記不稱讖也.) 成哀之後, 乃始聞之. 『尙書』堯使鯀理洪水, 九載績用不成, 鯀則殛死, 禹乃嗣興. 『春秋讖』云“共工理水.” 凡讖皆云黃帝伐蚩尤, 『詩讖』獨以蚩尤敗, 然後堯受命. 『春秋』「元命苞」中有工輸班與墨翟, 事見戰國, 非春秋時也. 又言別有益州, 益州之置, 在於漢世, 其名三輔諸陵, 世數可知. 至於圖中訖於成帝, 一卷之書, 互異數事. 聖人之言, 埶無若是, 殆必虛僞之徒, 以要世取資. 往者侍仲賈逵擿讖互異三十餘事, 諸言讖者, 皆不能說. 至於王莽簒位, 漢世大禍, 八十篇何爲不戒? 則知圖讖成于哀平之際也. 且『河圖』『洛書』六禮, 篇錄已定(注引衡集上事云, 河洛五九, 六藝八十一篇也.) 後人皮傳, 無所容簒. 永元中, 清河宋景遂以歷紀推言水災, 而僞稱洞視玉版.(洞視玉版, 蓋宋景所託書, 賢注未諦.) 或者至于棄家業, 入山林, 後皆無效, 而復采前世成事, 以爲證驗. 至於【永建】復統(順帝卽位年號.), 則不能知, 此皆欺世罔俗, 以昧埶位,

情僞較然, 莫之糾禁. 且律歷卦候九宮風角, 數有徵效, 世莫肯學, 而競稱不占之書, 譬猶畵工惡圖犬馬而好作鬼魅, 誠以實事難形, 而虛僞不窮也. 宜收藏圖讖, 一禁絶之, 則朱紫無所眩, 典籍無瑕玷矣.]

詹注13-3: 『玉海』 卷六十三에서 이 구절을 인용하였고, 注에서 이르길: "張衡이 圖緯는 虛妄한 것이며, 성인의 法道가 아니라고 여겨 마땅히 금지시켜야 한다고 상소하였다." [玉海』卷六十三引此句, 注云: "衡以 圖緯虛妄, 非聖人之法, 上疏宜禁絶之."]

『訓故』: "『後漢書』: '張衡의 字는 平子, 南陽 西鄂人. 永和元年에 侍仲이 되었다. 張衡은 劉向 父子가 秘書를 교열하였으나 讖記는 없다고 하였다. 成帝와 哀帝에 이후에야 비로소 이러한 이름이 알려졌다. 거의 虛僞를 따르는 자들이 출세를 위하여 取用한 것이다." [『訓故』: "『後漢書』: '張衡字平子, 南陽西鄂人. 永和初, 遷侍仲. 衡以劉向父子領校秘書, 並無讖記. 成、哀之後, 始聞之, 殆必虛僞之徒, 要取世資者爲之."]

『後漢書』 「張衡傳」: "나라가 처음 서고 光武帝가 讖記를 좋아하였고, 顯宗과 肅宗에 이르러서도 이를 따라 기술하였다. 中興 以後 유가의 학자들도 다투어 圖緯를 학습하여 요상한 말들을 經典에 덧대었다. 張衡은 圖緯는 虛妄한 것이며, 성인의 法道가 아니라고 여겨 上疏에서 다음과 같이 말했다. ……立言이 먼저 이루어졌고, 징후는 나중에 나타나기에 지혜 있는 사람들이라면 이를 중요하게 여기며, 이를 구현한 것을 讖書라 한다. 讖書가 처음 세상에 나왔을 때는 무릇 이를 아는 자가 적었다…… 成帝와 哀帝에 이후에야 비로소 이러한 이름이 알려졌다. 『尙書』에서 堯가 鯀으로 하여금 홍수를 관리하였으나 9년 동안 아무런 성취도 이루질 못하였으며 鯀이 세상을 떠나자 禹가 이를 계승하였다. 『春秋讖』…"共工이 홍수를 다스렸다." 무릇 讖書에서는 黃帝가 蚩尤를 물리쳤다고 말하였으나, 『詩讖』에서는 유독 蚩尤가 실패하자 堯가 天命을 받게 되었다고 하였다. 『春秋』「元命苞」에는 工輸班과 墨翟에 관한 기록이 있으나 그 事蹟은 戰國時代의 것으로 春秋時代의 것이 아니다. 또한 益州는 漢代에 설치되었으며, 三輔, 諸陵으로도 불렸으니 세상의 이치를 가히 알 수 있다. 圖讖에 관한 것은 成帝에 이르러 마무리되었으며, 한 권의 책에서 서로 다른 사실이 뒤섞여 있었다. 성인의 말씀은 실로 이와 같은 것이 없으니 거의 虛僞를 따르는 자들이 출세를 위하여 取用한 것이다. 옛날 侍仲이었던 賈逵가 讖書의 서로 다른 삼십여 가지 사실을 밝혔으며, 모든 讖書를 언급한 것은 거론할 필요도 없다. …… 대부분은 세상을 속이고 풍속을 해치는 것이었기에 애매한 것으로 자리를 차지하였고, 감정을 거짓되게 함이 심하였으나 이를 막지 못하였다. 律歷, 卦候, 九宮, 風角은 이치에 있어 징험과 효용이 있으나 세상 사람들은 이를 배우려 하지 않고 다투어 점을 칠 수 없는 책이라 말하였는바, 마치 화공이 犬馬를 잘못 그렸는데 마침 훌륭한 鬼魅를 그린 것과 같아 실로 실제의 사실을 제대로 형용할 수 없으니 허위가 끝이 없다. 마땅히 圖讖을 收藏하고 일거에 금지시켜 없애버려야 사실이 혼란스럽지 않게 되고 典籍에 瑕疵가 없게 된다. [『後漢書』「張衡傳」··“初, 光武善讖, 及顯宗肅宗, 因祖述焉. 自中興以後, 儒者爭學圖緯, 兼復附以妖言. 衡以圖緯虛妄, 非聖人之法, 乃上疏曰··‘……成哀之後, 乃始聞之. 『尙書』堯使鯀理洪水, 九載績用不成, 鯀則殛死, 禹乃嗣興.’ 『春秋讖』云“共工理水.’ 凡讖皆云黃帝伐蚩尤, 『詩讖』獨以蚩尤敗, 然後堯受命. 『春秋』「元命苞」中有工輸班與墨翟, 事見戰國, 非春秋時也. 又言別有益州, 益州之置, 在於漢世, 其名三輔諸陵, 世數可知. 至於圖中訖於成帝, 一卷之書, 互異數事. 聖人之言, 埶無若是, 殆必虛僞之徒, 以要世取資. 往者侍仲賈逵擿讖互異三十餘事, 諸言讖者, 皆不能說.……此皆欺世罔俗, 以昧埶位, 情僞較然, 莫之糾禁. 且律歷卦候九宮風角, 數有徵效, 世莫肯學, 而競稱不占之書, 譬猶畵工惡圖犬馬而好作鬼魅, 誠以實事難形, 而虛僞不窮也. 宜收藏圖讖, 一禁絶之, 則朱紫無所眩, 典籍無瑕玷矣.”]

斯波六郎··“【僻謬】는 경전과 부합되지 않는 거짓된 말이라는 뜻. 張衡은 順帝에게 圖讖을 금지할 것을 청원한 글에서 『春秋讖』, 『詩讖』, 『春秋元命苞』 등의 구체적 예를 열거하여 경전과 부합되지 않고 상호 모순을 이루는 것을 지적하였다.” [斯波六郎··“【僻謬】, 意爲不合於經典之僞語. 張衡在上順帝請禁絶圖讖書中, 從『春秋讖』、『詩讖』、『春秋元命苞』等書中列擧具例, 以指摘其不合經典, 尙弧矛盾之處.”]

312. 范注4-6: 荀悅의 『申鑒』「俗嫌篇」에서 다음과 같이 언급하였다. [荀悅『申鑒』「俗嫌篇」曰:]

世間에서는 緯書를 孔子가 지었다고 말한다. 저의 숙부이신 故 司公 荀爽께서 이를 분석하니 모두 거짓임이 들어났습니다(荀爽이 「辨讖篇」을 지었으나 지금은 전하지 않는다.). 전한 이전에 시작되었으며, 終張 등의 무리가 지은 것이다(終張은 終術을 이르는 것일 것이다. 즉 王莽이 符命을 지을 때 도왔던 田終術이며, 李尋과 병칭되었으며, 이러한 사실은 『漢書』「翟方進」과 「王莽傳」에 있다.). 어떤 사람은 【섞여 있다】고 말한다. 이렇게 말한다면 자신 생각을 孔子의 생각에 섞어 넣은 것인가? 孔子의 생각을 자신의 생각에 섞어 넣은 것인가? 이러한 사람은 공자를 자신에게 억지로 섞은 사람에 지나지 않는다. 따라서 81首는 공자가 지은 것이 아니다. 어떤 사람은 모두 불로 태워야 하지 않겠는가? 라고 말한다. 孔子의 저작이면 그리 하지 않아도 될 것이며, 취할만한 것이 있으면 되는 것인데 어찌 태운단 말인가? 통치자는 虛言을 받아들이지 말아야 하고, 浮華한 술법은 듣지도 말아야 하고, 이름만 번지르르한 것은 채납하지 않아야 하고, 거짓된 일에 관심을 지니지 말아야 한다. 말에는 반드시 쓰임새가 있고, 술법에는 반드시 전아함이 있고, 명분에 실체가 있다면 사업은 반드시 성취된다. [世稱緯書仲尼之作也. 臣悅叔父故司公爽辨之, 蓋發其僞也.(爽著「辨讖篇」, 亡佚.) 有起於中興之前, 終張之徒之作乎.(終張疑當作終術, 卽助王莽造符命

之田終術, 與李尋同稱, 見『漢書』「翟方進」及「王莽傳」.) 或曰,【雜】. 曰, 以己雜仲尼乎? 以仲尼雜己乎? 若彼者以仲尼雜己而已. 然則可謂八十一首非仲尼之作矣. 或曰, 燔諸? 仲尼之作則否, 有取焉則可, 曷其燔? 在上者不受虛言, 不聽浮術, 不採華名, 不興僞事. 言必有用, 術必有典, 名必有實, 事必有功.]

詹注13-4: 『唐寫本』에【誕】은【託】」으로 되어 있다. [『唐寫本』【誕】作【託】」.]

『玉海』卷六十三에서 이 구절을 인용하면서【詭誕】으로 적었다. 注‥"『申鑒』「俗嫌第三」‥'世間에서는 緯書가 孔子가 지었다고 말한다. 저의 숙부이신 故 司公 荀爽께서 이를 분석하니 모두 거짓임이 들어났습니다.'" [『玉海』卷六十三引此語作「詭誕」, 下注云‥"『申鑒』「俗嫌第三」‥'世稱緯書仲尼之作也. 臣悅叔父故司公爽辨之, 蓋發其僞也.'"]

『訓故』‥"『後漢書』‥'荀悅의 字는 仲豫이고, 潁川 출신이고, 秘書監을 역임하였다. 荀悅 『申鑒』「俗嫌」篇‥世間에서는 緯書가 孔子가 지었다고 말한다. 저의 숙부이신 故 司公 荀爽께서 이를 분석하니 모두 거짓임이 들어났습니다. 전한 이전에 시작되었으며, 終張 등의 무리가 지은 것이다.'" 『校注』‥"【詭託】은【終張 등의 무리가 지은 것】이라는 뜻. 응당【誕】은【託】으로 고쳐야 한다." [『訓故』‥"『後漢書』‥'荀悅, 字仲豫, 潁川人, 歷官秘書監. 悅『申鑒』「俗嫌」篇云‥世稱緯書仲尼之作. 臣悅叔父爽辨之, 蓋發其僞也. 有起於中興之前, 終張之徒之作乎'" 『校注』‥"【詭

託】」即【終張之徒之作乎】之意. 應……改【誕】爲【託】."]

劉師培 『讖緯論』(乙巳年 『國粹學報』 文篇 參照)··"더러는 災祥으로 行事의 점을 치고, 혹은 星象으로 興廢를 나타냈다(『春秋演孔子』, 『詩緯』, 『春秋文耀鉤』, 『春秋運斗樞』 참조). 四始五際(齊詩說)는 經義의 진리에서 벗어났다. 六甲九宮(『春秋合誠圖』)은 잡스런 占學書의 새로운 길을 열었다. 이에 이를 먼저 알았다고 자랑하나 格物이 분명하지 않아 쉽게 疑衆의 죄를 범하였고, 실로 하늘을 기만하는 학문을 허락하게 하였다. 또한 蒼頡이 눈이 네 개이고, 虞舜은 눈동자가 二重이고, 붉은 봉황이 편지를 물고 왔고(모두 『春秋元命苞』를 참조), 赤龍이 상서로운 사실을 기록하였고(『詩含神霧』), 白雲이 孔子의 집을 덮었고, 붉은 피로 魯門을 분별하는 글씨를 쓴 것(『春秋演孔圖』 참조) 또한 그저 이웃에게나 말하는 황당한 것이고, 내용 또한 허망한 것이다. 이러한 까닭에 尹敏이 의심하고, 君山이 이를 학습하는 것을 치욕으로 여겼던 것이다." [劉師培『讖緯論』(見乙巳年『國粹學報』文篇)··"或以災祥驗行事, 或以星象示廢興(見『春秋演孔子』、『詩緯』、『春秋文耀鉤』、『春秋運斗樞』), 四始五際(齊詩說), 已失經義之眞. 六甲九宮(『春秋合誠圖』), 遂啓雜占之學. 是則前知自詡, 格物未明, 易蹈疑衆之誅, 允屬誣天之學. 復有倉聖四目, 虞舜重瞳, 丹鳳含書(皆見『春秋元命苞』), 赤龍紀瑞(『詩含神霧』), 白雲覆孔子之居, 赤血辨魯門之字(見『春秋演孔圖』), 亦復說隣荒謬, 語類矯誣. 此尹敏所由致疑, 而君山所由恥習也."]

313. 詹注13-5: 『唐寫本』에는 【論】字가 없다. [『唐寫本』【論】字無.]

『講疏』‥"앞의 문장 【沛獻王 劉輔가 위서를 모아 경의를 설명한 것, 曹褒가 圖讖에 의거하여 예의를 정한 것은 정도를 벗어나 경전과 배치됨이 너무 심각하였다.】는 동한 학자들이 서한 금문경학에 섞여 있던 음양참위설의 영향을 받았음을 의미한다. 여기서 언급된 桓譚, 尹敏, 張衡, 荀悅 네 현인의 【博練】은 바로 劉歆의 고문경학 정신을 계승한 것을 의미한다." [『講疏』‥"上文所擧【沛獻集緯以通經, 曹褒撰讖以定禮, 乖道謬典, 亦已甚矣.】乃東漢學者承受西漢今文經學雜糅陰陽讖緯的影響, 此節所擧桓譚、尹敏、張衡、荀悅四賢之「博練」, 乃是繼承劉歆古文經學的精神."]

以上 第三段에서는 緯書가 孔子의 저작이 아님을 논했다. 이를 다시 4단락으로 나누면 다음과 같다. [以上爲第三段, 論緯書非孔子之作, 又分爲四節‥]

【原夫圖籙之見】에서 【序錄而已】까지의 14句는 공자는 단지 이전 성인의 符命을 기록했음을 말한 것이다. [【原夫圖籙之見】至【序錄而已】十四句, 言孔子僅序錄前聖符命.]

【於是伎數之士】에서 【朱紫亂矣】까지의 12句는 술수를 부리던 인사들이 緯書를 대량으로 위조하여 眞僞가 어지럽게 뒤섞여 구별하기 어렵게 되었음을 설명한 부분이다.[【於是伎數之士】至【朱紫亂矣】十二句, 言伎數之士多僞

造緯書, 是以眞僞紛雜, 難以區別.]

【至於光武之世】에서 【亦以甚矣】까지의 8句는 後漢時期 緯書의 성행을 서술하였다. [【至於光武之世】至【論之精矣】八句, 述後漢緯書之盛.]

【是以桓譚疾其虛僞】에서 【論之精矣.】까지의 6句는 後漢 四賢의 緯書에 대한 비판을 열거하였다. [【是以桓譚疾其虛僞】至【論之精矣】六句, 列擧後漢四賢對緯書的批判.]

4-5.

伏羲, 神農, 軒轅, 少皞 등의 전설과 來源, 山岳, 河川, 音樂, 音律의 要項, 白魚가 武王의 배로 뛰어 오르고, 불덩이가 赤烏로 변한 징조, 黃銀과 紫玉이 심산에 나타난 상서로운 조짐에 대한 기록은 내용도 풍부하고 기특하며, 문사도 아름다우니 경전의 파악에는 도움이 되지 않으나 文章 창작에는 도움이 될 것이다. 이러한 까닭에 후대의 사인들은 문사의 화려함만을 취하려 하니 張衡은 이러한 경향이 학자들을 미혹시킬까 염려하여 奏를 올려 근절시킬 것을 청하였다. 荀悅은 그 중간에 진리가 배어 있음을 아쉬워하여 불태울 것을 만류하였다. 전대에 緯書가 經書와 짝을 이루었기에 상세하게 논술하였다.

4-5.

若乃羲農軒皞之源[314], 山瀆鍾律之要[315], 白魚赤烏之符[316], 黃金紫玉之瑞[317], 事豐奇偉[318], 辭富膏腴, 無益經典而有助文章[319]. 是以後來辭人[320], 採摭英華[321], 平子恐其迷學, 奏令禁絶[322]. 仲豫惜其雜眞, 未許煨燔[323]; 前代配經, 故詳論焉.

314. 范注5-1: 軒皥의【皥】는【少皥】를 지칭한다.『左傳』「昭公 17年」: "우리 高祖 少皥摯가 즉위할 때 마침 鳳鳥가 왔기 때문에 새를 기반으로 백관과 사장의 이름을 정했다." [軒皥之「皥」, 當指少皥.『左傳』「昭公十七年」: "我高祖少皥摯之立也, 鳳鳥適至, 故紀於鳥爲鳥師.(※역자주:【鳥師】는【爲名】의 오류.)"]

詹注14-1: 范注: "軒皥의【皥】는 당연히【少皥】를 지칭한다.『左傳』「昭公 17年」: "우리 高祖 少皥摯가 즉위할 때 마침 鳳鳥가 왔기 때문에 새를 기반으로 백관과 사장의 이름을 정했다." [范注: "皥之「皥」, 當指少皥.『左傳』「昭公十七年」: '我高祖少皥摯之立也, 鳳鳥適至, 故紀於鳥爲鳥師.'"]

『集釋稿』: "陶淵明「飮酒」詩: '伏犧氏와 神農氏가 나와 멀어진지 오래되었도다.' 伏犧氏와 神農氏가 緯書에 보이는 것으로: '伏羲, 女媧, 神農을 三皇이라 한다.'(『文選』「東都賦」注에 인용된『春秋元命苞』) 다시: '【伏】」은【別: 특별하다】과 같은 뜻.【羲】는【獻: 바치다】,【法: 본받다】과 같은 뜻. 伏羲의 덕이 하늘과 땅에 두루 미치니, 하늘은 鳥獸의 文章으로 응답하고, 땅은 龜書로 응답하니, 伏羲가 그 形象을 본받아『周易』을 지었다.【神】은【信: 믿다】과 같은 뜻.【農】은【濃: 짙다】과 같은 뜻. 처음으로 쟁기와 보습을 만들고, 백성들에게 농사를 가르치니 그 덕의 농후함이 神과 같아 神農이라 하였다.'(『御覽』卷七十二에 인용된『禮含文嘉』) 또한: '神人이 있었는데, 이름이

石耳였고, 파란색 두터운 눈썹에 매끄러운 피부를 지녔고, 玉龍을 부리고, 地輔를 만드니 皇이라 불렀다. 神農이 地形을 처음으로 세우고 사해를 헤아려 재보니 東西가 九十萬里, 南北이 八十一萬理였다.'(『御覽』卷78에서 인용한 『春秋命歷序』의 軒轅氏, 少皞에 관한 기록도 위서에 보인다.) '軒轅氏는 土德으로 왕이 되었으며, 천하에 비로소 堂室이 있게 되었고, 높고 깊은 棟宇로 인하여 風雨를 피할 수 있게 되었다.'(『御覽』卷79에 인용된 『春秋內事』) 또한··'黃帝가 風后에게 배웠는데, 風后는 伏犧氏의 도리를 잘 알았기에 陰陽에 관한 일을 推論演繹하였다.'(『後漢書』「張衡傳」注에서 인용한 『春秋內事』) 또한··'炎帝는 大庭氏라 불렀으며 八世에 걸쳐 520세를 살았다. 黃帝는 帝軒轅이라 부르기도 하였으며 10世에 걸쳐 2,520세를 살았다. 다음으로 帝宣은 少昊라 부르기도 하였으며, 金天氏라 부르기도 하는데 바로 窮桑氏이다. 8世에 걸쳐 500살을 살았다.'(『禮記』「祭法」『正義』에서 인용한 『春秋命歷序』) 등이 있다. 炎帝는 神農이다. 『左傳』 昭公十八年『正義』·· '先儒의 이전 설명에 모두 炎帝를 神農氏라 불렀으며 혹은 大庭氏라 부르기도 하였다.'(顧頡剛 『三皇考』를 참조하라)" [『集釋稿』··"陶淵明「飮酒」詩··'犧農去我久.' 伏犧氏神農氏有見緯書者··'伏羲、女媧、神農爲三皇.'『文選』「東都賦」注引『春秋元命苞』) 又··'【伏】者, 【別】也. 【羲】者, 【獻】也, 【法】也. 伏羲德洽上下, 天應之以鳥獸文章, 地應之以龜書, 伏羲乃則象作『周易』. 【神】者, 【信】也. 【農】者, 【濃】也. 始信耒耜, 教民耕種, 其德濃厚如神, 故爲神農也.'(『御覽』

卷七十二引『禮含文嘉』) 又··'有神人, 名石耳, 蒼色大眉, 戴玉理, 駕玉龍, 出地輔, 號皇. 神農始立地形, 甄度四海, 東西九十萬里, 南北八十一萬理.'(『御覽』卷七八引『春秋命歷序』) 軒皞亦有見於緯書. '軒轅氏以土德王, 天下始有堂室, 高棟深宇, 以避風雨'(『御覽』卷七九引『春秋內事』) 又··'黃帝師於風后 風后善於伏犧氏之道, 故推衍陰陽之事.'(『後漢書』「張衡傳」注引『春秋內事』) 又··'炎帝號曰大庭氏, 傳八世, 合五百二十歲. 黃帝一曰帝軒轅, 傳十世, 二千五百二十歲. 次曰帝宣, 曰少昊, 一曰金天氏, 則窮桑氏. 傳八世, 五百歲.'(『禮記』「祭法」『正義』引『春秋命歷序』) 按炎帝, 卽神農.『左傳』昭公十八年『正義』··'先儒舊說皆云, 炎帝號神農氏, 一曰大庭氏.'參(顧頡剛『三皇考』)"]

이는 緯書에 伏羲, 神農, 軒轅黃帝, 小皞帝摯 등의 傳說과 來源이 남아 있음을 설명한 것이다. [這是說 緯書裏保留伏羲、神農、軒轅黃帝、小皞帝摯等的傳說來源.]

315. 范注5 2: 陳先生··"【山瀆】은 응당『遁甲開山圖』,『河圖括地象』및『古岳瀆經』등을 말하는 것이다."『漢書』「藝文志」五行家에『鍾律災異』26권,『鍾律叢辰日苑』23권,『鍾律消息』29권이 있다. [陳先生曰··"山瀆當是『遁甲開山圖』,『河圖括地象』及『古岳瀆經』等."『漢書』「藝文志」五行家有『鍾律災異』二十六卷,『鍾律叢辰日苑』二十三卷,『鍾律消息』二十九卷.]

詹注14-2: 顔延之「三月三日曲水詩序」··"황제의 은혜와 相應하여 산천이 영험함을 드리운다." [顔延之「三月三日

曲水詩序」: "晷緯昭應, 山瀆效靈."]

范注: "陳先生: '【山瀆】은 응당 『遁甲開山圖』, 『河圖括地象』 및 『古岳瀆經』 등을 말하는 것이다.' 『漢書』 「藝文志」 五行家에 『鍾律災異』 26권, 『鍾律叢辰日苑』 23권, 『鍾律消息』 29권이 있다." [范注: "陳先生曰: '【山瀆】當是『遁甲開山圖』, 『河圖括地象』及『古岳瀆經』等.' 『漢書』「藝文志」五行家有『鍾律災異』二十六卷, 『鍾律叢辰日苑』二十三卷, 『鍾律消息』二十九卷."]

『集釋稿』: "현재 인용되는 『河圖括地象』의 殘文 二條를 아래에 적어둔다: '崑崙山은 天柱이며 氣가 상승하면 하늘과 통한다. 崑崙은 땅의 중심이며, 지하에는 八柱가 있고, 주의 넓이는 十萬里나 되고 3,600개의 축이 있어 서로 견제하니 名山大川은 孔穴로 서로 통한다.'(『初學記』卷五에서 引用)" "崑崙山은 땅에서 가장 중요한 곳으로 위로는 처마처럼 펼쳐져 长江、黄河、淮河、济水를 들어차게 하고, 옆으로는 地軸이 되며, 위로는 天鎭이되며, 세로로는 八柱가 된다.(『御覽』卷38에서 인용)" [『集釋稿』: "今引『河圖括地象』殘文二條於後: '崑崙山爲天柱, 氣上通天. 崑崙者地之柱也, 地下有八柱, 柱廣十萬里, 有三千六百軸, 互相牽制, 名山大川, 孔穴相通.'(『初學記』卷五引)" "崑崙之山爲地首, 上爲屋 契, 滿爲四瀆, 橫爲地軸, 上爲天鎭, 立爲八柱.(『御覽』卷三八引)"]

【鍾律】에 대하여 『漢書』 「律歷志上」: "五聲의 根本은 黃鐘의 律에서 생겼다." 【鍾律】은 또한 『樂緯』와 『春秋緯』

에도 보이며 各 一條을 적으면 다음과 같다. [【鍾律】, 『漢書』「律歷志上」··"五聲之本, 生於黃鐘之律." 【鍾律】又見『樂緯』及『春秋緯 』, 各錄一條如下.]

무릇 성인이 음악을 지으심은 스스로가 즐겁기 위한 것이 아니다. …… 따라서 종을 울리는 자는 법도를 알아야 하며, 거문고를 타는 자는 四海를 알아야 하며, 磬을 치는 자는 백성들의 일을 알아야 한다. 종소리가 조화를 이루면 군자의 도를 아는 것이요, 군자의 도를 알면 黃鐘의 음률과 호응하고, 군자의 도를 알지 못하면 鐘聲이 조화를 이루지 못하여 黃鐘의 음률과 호응하지 못한다.(『續漢書』「禮儀志中」注에 인용된 『樂叶圖徵』) [夫聖人之作樂, 不可以自娛也, …… 故撞鐘者以知法度, 鼓琴者以知四海, 擊磬者以知民事. 鐘音調則君道得, 君道得則黃鐘蕤賓之律應, 君道夫得則鐘聲不調, 鐘聲不調則黃鐘蕤賓之律不應.(『續漢書』「禮儀志中」注引『樂叶圖徵』)]

동짓날에 人主와 君臣이 좌우로 앉아 서로 음악을 권했다. …… 이에 人主가 8명의 악사로 하여금 黃鐘의 음률에 맞는 종을 치게 하고, 黃鐘의 음률에 맞는 북을 치게 하였다. 公卿, 大夫, 列士들도 8명의 뛰어난 악사들로 하여금 黃鐘의 음률에 맞는 북을 치게 하고, 黃鐘의 음률에 맞는 琴瑟을 연주하게 하고……, 黃鐘의 음률에 맞춰 악기를 불게 하였다.(『御覽』 565권에 인용된 『春秋感精符』) [冬至日, 人主與君臣左右縱樂. …… 人主乃使八士撞黃鐘之鐘, 擊黃鐘之鼓. 公卿、大夫、列士使八能之士擊黃鼓, 鼓

黃鐘之琴瑟……, 吹黃鐘之律.(『御覽』五六五引『春秋感精符』)]

『注訂』: "【山瀆鐘律】 4字는 위의 【羲農軒皞】와 짝을 이루는 것으로 四人의 四事일 뿐이다. 【山】은 山岳, 【瀆】은 川瀆, 【鍾】은 鐘鼓, 【律】은 律呂다. 四皇의 來源, 四事의 要點은 緯書에 어지럽게 기록되어 있다. 黃氏와 范氏의 주를 모두 보았으나 따를 수 없다." [『注訂』: "【山瀆鐘律】四字, 對上文【羲農軒皞】而成文, 四人四事耳. 【山】卽山岳, 【瀆】卽川瀆, 【鍾】則鐘鼓, 【律】卽律呂也. 四皇之源, 四事之要, 紛見緯書. 黃、范注皆鑿, 不可從."]

斯波六郞: "【山瀆】은 五嶽 四瀆의 의미로 遠山大川을 두루 지칭한다. 【鍾律】은 【音律】로 해석할 수 있다. 이 구절이 근거로 삼은 것은 응당 黃鐘音律이 五聲의 根本이라는 것이다(『漢書』「律曆志上」: "五聲의 근본은 黃鐘의 律呂에서 만들어졌다."). 혹은 鍾과 律(管)은 음률의 基本이라는 것. ……" [斯波六郞: "【山瀆】, 意爲五嶽四瀆, 泛指遠山大川. 【鍾律】可解作【音律】. 此語所本當是黃鐘音律爲五聲之本.(『漢書』「律曆志上」: '五聲之本, 生於黃鐘之律.') 或【鍾】與【律(管)】爲音律之基準. ……"]

黃注, 范注에서 【山瀆】, 【鍾律】에 주석을 가할 때 모두 『遁甲開山圖』와 『鍾律災應』 등의 書名을 거론하였다. 그러나 劉勰은 여기에서 반드시 특정한 책을 지칭한 것은 아닐 것이며, 緯書 속에 언급된 山川, 音律 및 地理, 音樂 등의 要項을 泛稱했을 것이다. [黃注、范注注【山瀆】、【鍾

律】時均擧『遁甲開山圖』及『鍾律災應』等書; 然彦和於此未必指特定之書, 泛指緯書中所言山川、音律及至地理、音樂等要項耳.]

316. 范注5-3: 『史記』「周本紀」: "武王이 河水를 건너다 中流에 이르렀을 때 白魚가 배 안으로 뛰어 들어왔다. 武王이 몸을 숙여 이를 취해 제사를 올렸다. 강을 다 건너자 불덩이가 하늘에서 내려와 武王의 집 지붕까지 이르렀다가 烏鴉로 변했는데, 색은 붉었으며 울음소리는 편안했다." [『史記』「周本紀」"武王渡河, 中流, 白魚躍入王船中. 王俯取而祭. 旣渡, 有火自上復下, 至於王屋. 流爲烏. 其色赤, 其聲魄云."]

詹注14-3: 『校注』: "【烏】는 『唐寫本』에 【雀】으로 되어 있다. 『史記』「周本紀」: '武王이 황하 중류를 건널 때 白魚가 왕의 배안으로 뛰어 올라왔다. 武王이 몸을 숙여 이를 취해 제사를 올렸다. 강을 다 건너자 불덩이가 하늘에서 내려와 武王의 집 지붕까지 이르렀다가 烏鴉로 변했는데, 색은 붉었으며 울음소리는 편안했다.' 『尙書中候』「雒師謀」: '불이 하늘에서 내려와 왕의 집에 나타났고, 변하여 赤烏가 되었다.' 鄭玄注: '文王이 赤雀과 丹書를 얻었고, 지금 武王에게는 赤烏가 날아들었다.'(『御覽』卷八에서 인용) 『論衡』「初稟文」: '文王은 赤雀을 얻었고, 武王은 白魚와 赤烏를 얻었다.' 이는 赤雀은 武王의 故事이고, 赤烏는 武王의 故事라는 것이다. 그러나 예전에는 섞어 말하여 구분하지 않았다. 『呂氏春秋』「應同」篇: '文王 때에 이르러 하늘이 먼저 불을 드러냈고, 赤烏가 丹書를 물어와 周의 사직에 모아두었다.' 여기서는 赤烏가 文王의 고사에 해당한다. 劉勰은 아마도 원래는 赤雀이라 하였을 것이나 傳寫者이 이와 白魚가 모두 武王의 고사라 여겨 고쳤을 따름이다." 斯波六郞··"이러한 이유에서 『唐寫本』의 기록이 옳으며, 劉勰은【白魚】는 武王의 기록에서 취했고,【赤雀】은 文王의 기록에서 취했을 것이다." [『校注』··"【烏】,『唐寫本』作【雀】. 按『史記』「周本紀」··'武王渡河中流, 白魚躍入王舟中. 武王俯取以祭. 旣渡, 有火自上復於下, 至於王屋, 流爲烏, 其色赤, 其聲魄云.'『尙書中候』「雒師謀」··'有火自天, 出於王屋, 流爲赤烏..' 鄭玄注··'文王得赤雀丹書, 今武王致赤烏.'(『御覽』卷八引)『論衡』「初稟文」··'文王得赤雀, 武王得白魚赤烏.' 是赤雀爲武王事, 赤烏爲武王事. 然古亦混言不別.『呂氏春秋』「應同」篇··'及文王之時, 天先見火, 赤烏銜丹書集於周社' 是以赤烏屬之文王也. 舍人此文, 殆原作赤雀, 傳寫者求其與白魚同爲武王事而改耳." 斯波六郞··"如以『唐寫本』爲是, 則彦和當是取【白魚】於武王條, 取【赤雀】於文王條."]

『集釋稿』··"赤雀은 文王의 故事일 것이다.『尙書中候』「我應」··'周文王이 西伯되던 九月 甲子日에 赤雀이 丹書를 물고 豊郭으로 들어오더니 文王의 집에 이르러 두 번 절하고 머리를 숙여 전해주었다.'(『毛詩』『大雅』「文王序」『正義』를 인용) 이는 文王이 赤雀을 얻었음을 말한 것이다.『尙書中候』「雒師謀」··'太子發이 紂王에게 세 賢臣(箕子、

比干、微子)이 있기에 즉위하고도 王이라 칭하지 않고 孟津을 건너다가 中流에서 文命을 받고 天謀를 기다리자 白魚가 왕의 배로 뛰어올라와 왕이 白魚를 취했는데 길이가 三尺이었고, 붉은 문자가 있었다. 제목 아래에 도움을 주겠다는 말이 있었다. 하늘에서 불이 내려와 왕의 집에 이르더니 赤烏로 변했다.'(『御覽』卷八四에서 인용) 이는 武王이 赤烏를 얻었음을 말한다." [『集釋稿』: "按赤雀爲文王事. 『尙書中候』「我應」: '周文王爲西伯, 季秋之月甲子, 赤雀銜丹書入豊, 止於昌戶, 再拜稽首受.'(『毛詩』『大雅』「文王序」『正義』引) 是文王得赤雀也. 『尙書中候』「雒師謀」: '太子發以紂有(存)三仁附, 卽位, 不稱王 渡於孟津, 中流受文命, 待天謀, 白魚躍入王舟, 王俯取魚, 長三尺, 赤文有字, 題目下名授右. 有火自天, 止於王屋, 流爲赤烏.'(『御覽』卷八四引) 是武王得赤烏也."]

斯波六郎: "周武王 發의 고사라 말한 내용이 劉勰이 언급한 내용의 저본일 것이다." [斯波六郎: "所言周武王發事, 當爲彦和之語所本."]

317. 范注5-4: 『唐寫本』에 【金】字는 【銀】字로 되어 있으며, 이것이 정확하다. 『禮斗威儀』: "군주께서는 金의 기운을 가지고 왕이 되시니, 정치는 화평하고 黃銀과 紫玉이 深山에서 나타날 것입니다." [『唐寫本』【金】作【銀】, 是. 『禮斗威儀』: "君乘金而王, 其政象平, 黃銀見, 紫玉見于深山."]

詹注14-4: 『校證』: "【銀】字는 『唐寫本』에 【金】字로 되어 있으며, 지금은 『唐寫本』에 따라 고쳤다." 梅注: "【瑞】字

는 원래 【理】字였으나 孫氏가 고쳤다." 『校證』: "『唐寫本』, 馮本, 王惟儉本에는 【瑞】字로 정확하게 적고 있다." [『校證』: "【銀】原作【金】, 今從『唐寫本』改." 梅注: "【瑞】, 原作【理】, 孫改." 『校證』: "『唐寫本』、馮本、王惟儉本正作【瑞】."]

『訓故』: "『漢書』「漢武帝 元封 六年 三月 詔書」: '朕이 首山에서 예를 올리자 昆田에서 진기한 寶物이 나왔는데 이것이 변하여 황금이 되었다.'" [『訓故』: "『漢書』「漢武元封六年三月詔」: '朕禮首山, 昆田出珍物, 化或爲黃金.'"]

『黃注』: "『雒書』: '王者가 金玉을 소장하지 않으니 深山에서 紫玉이 드러나더라.'" [『黃注』: "『雒書』: '王者不藏金玉, 則紫玉見於深山.'"]

范注: "『唐寫本』에 【金】字는 【銀】字로 되어 있으며, 이것이 정확하다. 『禮斗威儀』: '군주께서는 金의 기운을 가지고 왕이 되시니, 정치는 화평하고 黃銀과 紫玉이 深山에서 나타날 것입니다.'" [范注: "『唐寫本』【金】作【銀】, 是. 『禮斗威儀』: '君乘金而王, 其政象平, 黃銀見, 紫玉見于深山.'"]

『集釋稿』: "기타 『禮記』 緯書 殘文에 이와 관련된 언급이 있다. 예를 들면 【군주께서는 金의 기운을 가지고 왕이 되시니, 정치는 화평하고 香蘭이 늘 피어날 것입니다.】(『文選』 34권 「七啓」注), 【군주께서는 金의 기운을 가지고 왕이 되시니 紫玉이 深山에서 나타날 것입니다.】(『御覽』

804권) 【군주께서는 金의 기운을 가지고 왕이 되시니 黃銀이 나타날 것입니다.】(『御覽』 812권) 【군주께서는 金의 기운을 가지고 왕이 되시니, 정치는 화평하고 黃銀과 紫玉이 深山에서 나타날 것입니다.】(『藝文類聚』 83권) 등이 있다." [『集釋稿』: "其他『禮』緯殘文有及此者, 如: 【君乘金而王, 其政平, 則蘭常生.】(『文選』卷三四「七啓」注) 又: 【君乘金而王, 則紫玉見於深山.】(『御覽』卷八0四) 又: 【君乘金而王, 則黃銀見.】(『御覽』卷八一二) 【君乘金而王, 其政平, 黃銀見, 紫玉見于深山.】(『藝文類聚』卷八三)"]

斯波六郎: "諸書에서 인용한 바는 반드시 각기 독립된 문장에서 나온 것은 아닐 것이며, 만일 한 문장에서 나온 것이라면 諸書는 각기 필요한 부분만을 취했을 것이다. 范文瀾 또한 이러한 관점을 지니고 있었다. 【군주께서는 金의 기운을 가지고 왕이 되시니, 香蘭이 늘 피어날 것입니다. …… 黃銀과 紫玉이 深山에서 나타날 것입니다.】가 비교적 원문에 가깝다." [斯波六郎: "諸書所用, 未必各出獨立之文, 恐出於一文, 諸書各截取所需部分耳. 范氏亦持此種看法. 【君乘金而王, 其政平, 則蘭常生, ……黃銀見, 紫玉見于深山】. 恐較近於原文."]

318. 詹注14-5: 『集釋稿』: "『史記』 「留侯世家」: '풍만하고 기특하다.' 賈誼 「過秦論」: '동쪽의 기름진 땅을 나누어주다.'" 【膏腴】는 辭采가 豊富하다는 뜻. [『集釋稿』: "『史記』「留侯世家」: '魁梧奇偉' 賈誼「過秦論」: '東割膏腴之地.'" 【膏腴】, 指辭采豊富.]

319. 范注5-5: 『文選注』에서도 緯書를 여러 차례 인용하였으니, 이 또한 文章에 도움이 된다는 증거다. [『文選注』多引緯書語, 是有助文章之證.]

劉勰은 齊代에 살았으며, 그 시기에 讖緯書는 宋武帝에 의해 금지되었지만 완전히 쇠잔하지는 않았다. 사대부들 사이에는 講習者가 반드시 있었기에 4가지 거짓을 열거하여 迷妄을 고칠 약으로 삼았다. 무릇 立論에 있어 반드시 聖人을 본받고, 체제는 經典에 바탕을 두어야 한다는 것이 劉勰 문학이론의 本旨이다. 讖緯의 근거 없는 말 가운데 經義와 배척되는 것은 모두 취하지 않았다. 劉申叔선생의 「讖緯論」(乙巳年 『國粹學報』의 文篇을 참조)에서 緯書는 5가지 장점을 지녔다고 주장하였는데, 本篇과 함께 살피면 내용을 명확하게 알 수 있어 다음에 적어 둔다. [彦和生於齊世, 其時讖緯雖遭宋武之禁, 尙未盡衰, 士大夫必猶有講習者, 故列擧四僞, 以藥迷罔. 蓋立言必徵於聖, 制式必稟乎經, 爲彦和論文之本旨. 緯候不根之說, 踳駁經義者, 皆所不取. 劉申叔先生著「讖緯論」(見乙巳年『國粹學報』文篇)謂緯爲有五善, 可與本篇相發明, 錄之如下:]

무릇 上古時期에는 人間과 神이 서로 엉켜 있었기에 祝史의 직을 특별히 숭상하였고, 땅과 하늘의 소통이 끊어지지 않았다. 천명에 부합하면 세상을 다스리는 군주가 되었다. 즉 하늘의 별을 헤아려 敎義를 수립하였다. 따라서 祈禱는 巫風과 유사한 점이 있고, 設敎도 더러는 神敎에 의지하였다. 唐虞 이래로도 神學은 사라지지 않아, 玄龜가

禹에게 『河圖』를 건네고, 제비가 商을 낳았다고 하였다. 周代에 이르러 術數를 더욱 숭상하게 되자 占星職이 만들어졌고, 『洪範』에서는 錫疇의 문장을 상세하게 설명하였으니 舊籍에서 서술한 바는 분명하게 살펴볼 수 있다. 周王室이 東遷하고도 【巵言: 함부로 떠드는 말】이 매일 생겨 나왔고, 「狸首」(※역자주: 佚詩)에는 洛邑에서 활을 쏘았다고 했고, 새가 울자 陳倉에서 상서로운 일이 생겼고, 趙襄은 常山에서 符信을 얻었고, 盧生이 秦闕에서 그림을 펼쳐보였고, 나아가 三戶가 秦을 멸망시키고, 漢代에 五星이 나란히 자리했다는 말은 그 사실을 증명할 수 없기에 더러는 神靈과 통했다고 말한다. 史官이 직분을 상실하자 方術이 그 뒤를 이어 흥기하였다. 이에 【羲和之職: 天問을 관장하는 직분】이 출현하여 대대로 巫史가 되었으니 楚國風俗의 유풍이 존재하였다. 이러한 것들이 方士 一家의 주장이 되었고, 실로 儒家 서적과는 궤를 달리하였다. 武帝가 황제에 오른 뒤 『六經』를 널리 알리자 方士의 무리들이 자신의 잔재주를 알리고자 經典의 말을 원용하여 꾸미고 이를 별도로 讖緯라 하고 今文에 섞어 두고는 이를 齊學이라 하였다(齊學은 대부분 讖緯를 신봉하였으나, 魯學은 讖緯를 신봉하지 않았다.). 이러한 까닭에 玉帶는 明堂의 원칙을 만들어 바치고, 兒寬은 封禪 儀禮의 초안을 만들었다. 卦氣와 爻辰을 가져다 京房은 占易에 원용하였고, 五行과 災異를 中壘는 經書 해석에 이용하였다. 經學과 讖緯가 뒤섞인 것은 여기에서 비롯되었다. 후세 讖緯의 논자들은 그 근원이 공자에게서 비롯되었다거나, 哀

帝와 平帝 무렵에 처음 시작되었다고 말한다. 나는 緯讖의 官職은 태고에서 기원하며, 經典과 緯書가 뒤섞이기 시작한 것은 西漢時期이며, 緯書가 經書가 짝을 이루기 시작한 것은 東漢時期라고 생각한다. 따라서 圖書와 秘記가 六禮와 부합하지 않아 翼, 李, 京, 眭는 儒林의 傳에 列入되지 못했고, 劉歆의 『七略』과 班固의 『漢書』는 명확하여 근거로 삼을만하다. 光武帝가 나라를 세움과 동시에 讖緯를 숭상하였다. 그리하여 漢王朝의 국운에 문식을 가하고, 예리한 칼로 판 글자를 帝王이 천명을 수여받은 징표로 삼고는 漢代 중흥의 기운에 부합한다고 여겼다. 비록 역대의 모든 이치를 망라하였다고 하나 실제로는 唐虞(堯舜)의 符籙이다. 『陰嬉』에서의 고찰에 의하면 모두 儒家의 微言에 불과하나 이를 높이 秘經이라 받들고 功令으로 반포하여 讖學을 가지고 緯書를 보완하였고, 緯書로 經典을 바로 잡으려던 것이다. 그러자 儒生들이 옛것을 헤아리고, 박사들이 經典을 해석하면서 더러는 中候에 주석을 달고, 더러는 秘書의 要旨를 밝히고, 『春秋』에 注를 가하고, 何休는 제도를 바로잡는 상세한 문장을 지었고, 虎觀에서 經典을 논하면서 班固는 微書의 주장을 인용하였다. 이에 緯學이 성행하게 되었다. 옛것을 헤아려 미래를 살핀다는 立說은 실로 망령되고 황당하여 經과 맞지 않으나, 한 구절, 한 글자는 古籍 혹은 경전의 문장과 부합하는 것도 있었다. 이들을 상세하게 고찰해보면 이따금 좋은 것을 얻을 수도 있을 것이다. 근원으로 거슬러 올라가면 이러한 사실은 皇古時期에서도 살펴볼 수 있다. 三王의 특별한 가르침(『尙書璇璣鈐』 참조), 五帝의 立師(『論語撰考讖』 참조), 九牧은 軒帝에게서 비롯되었다는 주장(『論語撰考讖』 참조), 三皇을 늘어서게 한 사람이 女媧라는 말(『春秋元命苞』 참조), 黃帝를 보좌하던 7명의 신하가 功力을 모두 쏟아 놓은 일(『論語摘輔象』 참조), 네 명의 제왕(四帝)이 方色을 달리 한 일(『尙書運其期援諸書』를 참조. 四帝는 『萬機論』에서 언급한 黃帝가 제압한 四帝를 말하며, 高陽을 黑帝라 하고, 少昊를 白帝라 했던 것을 말하는 것이 아니다.), 右耳가 神農의 號라는 말(『春秋命歷序諸書』 참조), 羲和와 重黎가 함께 공을 이룬 일, 有巢가 돌위 누각에서 정치를 베푼 일, 夏禹가 金匱에 책을 보관했던 일(모두 『遁甲開山圖』를 참조), 九龍이 官僚의 기강을 세우며 尊卑를 나누지 않았던 일(『春秋命歷書』 참조), 六書로 글자를 창제하자 子母가 많이 생겨난 일(『孝經援神契』 참조), 人皇 九頭氏가 처음으로 중원에 자리를 잡은 일(『尙書璇璣鈐』 참조), 燧人氏의 네명의 신하가 다시 군현을 불러 모은 일(『論語摘輔象』 참조), 循蜚紀와 合雒紀가 疏仡紀보다 앞선다는 것, 栗陸와 伯皇이 爵位名을 庖犧의 號를 襲用했던 일, 衣皮와 虎穴을 보고 이전 백성들이 【開倉: 장사】하는 어려움을 이해한 것(모두 『春秋命歷序』 참조), 石鼓와 銅刀(『遁甲開山圖』를 참조), 古器의 변천을 살펴보는 것은 역사를 보완하는 훌륭한 것이라 말할 수 있으며, 첫 번째 좋은 점이다. 『河圖』는 땅을 개괄하고, 遁甲開山圖로 天柱의 모양을 구분한 것(『河圖括地象』 참조), 鐵山에서 세상의 이치를 헤아렸던 일(『孝經鉤命訣』),

流州와 玄州의 이름을 풀이한 것(『龍魚河圖』), 大秦과 中秦의 땅을 구분한 일(『河圖玉版』), 嵎夷와 禹鐵은 실제는 같으나 이름이 다른 사실(『尙書帝命驗』), 赤縣과 神洲는 중앙에 자리하여 외부를 제어했던 일(『河圖括地象』), 天皇의 행적은 땅에서 열이 없는 언덕을 찾는 것과 같다는 것(『遁甲開山圖』), 西王母가 둥근옥을 바쳐 崑崙의 大闕의 경계를 나누었던 일(『尙書帝命驗』), 州土는 區域의 내외를 모두 포괄한다는 鄒衍의 하늘에 대한 언급을 말하지 않는 것(『河圖括坤象』), 샘솟는 물은 성질이 剛柔로 나누어 진다는 것(『河圖始開圖』), 오래 전에 夷吳가 지명을 해석하면서 恒山, 岱山,崇山, 華山을 방위에 따라 위치를 바르게 했다는 사실. 河水, 淮水, 渭水, 洛水 역시 의미를 헤아려 이름을 정한 것(『春秋說題辭』), 또한 圖籙의 유산이다.(『尙書璇璣鈐』과 『五帝受籙圖』에서도 누차 『河圖』의 용처를 언급했듯이 『河圖』는 고대의 輿地圖다.) 『山經』의 결함을 충분히 보완할 수 있다. 이는 땅을 살펴보는 것이라 말 할 수 있으며, 두 번째 좋은 점이다. 『鑿度』와 『運樞』의 주장, 『推災』와 『考運』의 문장에서 지역의 廣輪을 구분한 것(『詩含神霧』)은 星辰의 高遠을 헤아린 것이다(『春秋考異郵』). 땅은 기운을 타고 솟아나고(『春秋元命苞』), 달이 해를 빌어 밝게 되는 것(『春秋說題辭』), 기운이 돌에 다으면 구름이 생기고, 음이 양과 부딪쳐 번개가 일어나는 것(『春秋元命苞』), 天圓으로 覆載를 상징하는 것(『尙書靈考驗』), 左旋에서 땅 움직임의 뜻을 취한 것(『春秋元命苞』), 366일로 일년을 정한 일(『春秋元命苞』),

七十二候에 따라 추위와 더위가 오가는 것(『孝經援神契』), 조밀함과 소략함을 헤아려 『周髀算經』에서 天文學이 시작된 것(『尙書刑德』, 『春秋考異郵』), 길고 짧음을 밝혀 土圭로 해를 헤아리는 선하를 연 것(『春秋元命苞』), 사방으로 자유로이 노니는 것(『尙書考靈曜』), 宇宙의 無極을 밝혀 春分, 秋分, 夏至, 冬至로 나눈 것(『孝經援神契』). 이는 日晷의 움직임을 분별함에 모든 이치를 명확히 살핀 것으로 역대의 문장과 합치된다. 屈原의 『天問』이 어찌 과장된 것이겠가? 張衡의 「靈憲」은 이러한 것에서 모범을 취한 것이다. 이를 測日이라 하며, 세 번째 좋은 점이다. 【㟴緯】를 【是資】라 훈고하거나, 【禮履】를 【雙聲】과 같은 것으로 설명하는 것(『禮含文嘉』), 民과 萌이 의미상으로 互訓되는 것(『孝經緯』··“말이 아름답지 못한 사람은 士民을 지칭하는 것이다.” 이말은 고대의 하층민들은 배우지 못했다는 확증이다.) 흙은 땅에서 기운을 받으며, 해가 별을 만든다는 것(『春秋設題辭』을 참조하라. 八星이 日球에서 나왔다는 설), 칼을 지니고 우물을 지키는 것을 【刑】이라 한 것(『春秋元命苞』), 日과 月이 합치면 【易】이 된다는 것(『易經緯』), 【十】과 【一】을 더한 것을 【士】라 하고, 사람 둘을 합친 것을 【仁】라 하는 것(모두 『春秋元命苞』에 있으며, 鄭君이 서로 仁相을 행하여 서로 기뻐했던 것의 근원이다.), 벌레가 움직이면 바람이 인다는 것(『春秋考異郵』), 【禾: 벼】가 물에 들어가면 【黍: 기장】가 된다는 것(『春秋說題辭』), 六書之學을 正道로 삼고, 會意로 귀결시킨 것. 부수에 의거하여 분류하고, 종류에 의거하여 의미를 기탁하고, 律訓과 歲訓을 따지는 것(『春秋元命苞』), 의미를 취함에 소리의 조화를 구하는 것, 【王】을 【往】이라 訓하고 【皇】을 【煌】이라 訓하는 것(역시 『春秋元命苞』에 있다.), 符契를 설명함에 첩운을 이용하여 陽은 하늘이고, 陰은 땅이라 한 것(『春秋說題辭』), 遺文에서 洨長의 기록을 모은 것(『說文解字』에서 이 주장을 차용하였다.), 水象은 坎卦, 火象은 離卦라 하고, 佚象은 『羲經』의 卦와 부합한다고 한 것(『元命苞』에서 【두 사람이 교합하여 나온 것이 水, 사람이 둘로 나누어진 것이 火.】 무릇 火字의 古文은 離卦 형상을 본받은 것이고, 水字의 古文은 坎卦의 형상을 본받은 것이다.). 이는 문자를 고찰한 것으로 네 번째로 훌륭한 점이다. 禮의 名稱은 黃帝에 의해 이루어 졌다는 것(『禮含文嘉』), 『禮經』이 文王에 의해 이루어졌다는 주장(『禮稽命徵』의 諸書), 郊邱의 제사 순서를 『禮經』에서 널리 구한 것, 祫禘의 제사 순서를 陰符經 「王制」에서 구한 것(역시 『禮稽命徵』에 보인다.), 사물을 나누며 四夷의 음악을 거론 한 것(『樂緯』), 공적에 따라 상을 내리는 것을 『九錫文』에서 상세하게 설명한 것(『禮含文嘉』), 담장의 높이에 있어 千雉와 百雉의 규정을 다르게 한 것(『春秋緯』), 天子가 사용하는 문의 外屛과 內屛의 규제를 달리한 것(『禮緯』), 禮器인 鼎과 俎의 度數를 상세하게 구분하는 것(『春秋緯』), 사물을 그린 깃발에 차등을 두는 것(『禮含文嘉』), 觀闕은 법을 준수하는 경계라는 것(『禮緯』), 靈臺는 조짐을 살피는 장소라는 것(『易緯』와 『禮緯』), 봉토를 나누어주고, 작위를 관리함에 그 제도의 수

립은 『春秋公羊傳』의 내용과 거의 합치하는 것(『春秋元命苞』에서 周代에는 작위를 다섯 등급으로 나누었고, 殷代에는 작위를 세 등급으로 나누었다고 하였다.), 畝에 의거하여 땅을 나누어주는 것에 대한 설명이 『孟子』의 내용과 사뭇 다른 것(『樂緯』에서 아홉의 장정으로 하여금 一井을 경작하게 하고, 여덟 집이 공전 八十畝를 경작하게 하였고, 이외 20畝로 여덟 집의 家園으로 삼았다는 것은 『孟子』의 井에 대한 설명과 다르다.), 三統歷을 살펴본 것(『春秋感精符』), 五刑의 명칭을 바르게 한 것(『尙書璇璣鈐』), 廟堂의 二穆, 二昭에 대한 것을 天子의 七廟에서 상세하게 규정한 것(『春秋元命苞』), 천자가 사방에 제사지내는 四望과 四類의 의전이 六宗의 제사와 다르다는 것(『禮稽命徵』), 梁父山가 太山의 돌에 새기어 名稱를 잊지 않으려 한 것(『詩含神霧』와 『孝經鉤命訣』), 明堂에 높은 집을 짓거나, 상제에게 제사를 모시는 것은 하늘과 뜻을 같이 해야 한다는 것(『尙書帝命驗』), 제도는 虞, 夏, 商, 周 四代를 본받지 않은 것이 없으며, 典禮는 三王까지 거슬러 올라간다는 것. 이는 예를 본받은 것이니 다섯 번째로 훌륭한 점이다. 무릇 【情】은 【性】에서 비롯되었으며(『孝經援神契』), 【仁】은 【愛】에서 만들어 지며(『春秋元命苞』), 【敬: 경건함】으로 【怠: 태만함】을 극복하여야 하고(『尙書帝命驗』), 【義: 정의】로 스스로를 강하게 만들어야 한다(『論語撰考讖』). 蘭을 가까이 하면 향기가 나고, 전복을 가까이 하면 비린내가 나며(『論語撰考讖』), 孔門의 제자들이 심오한 사상을 배운 것을 증명하기 위하여 太素와 太初를 언급하였으며(『孝經鉤命訣』), 이는 老子의 眞空의 요지와 가깝다. 무릇 이러한 精髓의 언론은 九流의 단점을 충분히 보완할 수 있다. 이를 禮節에 적용하여 草服에 대해 상세하게 설명하거나(『春秋命歷序』), 땅에서 溫泉을 찾는데 사용하였으며(『詩緯書』諸書), 엾신여김과 공경이 횡횡하는 하는 계기가 된 것(『詩含神霧』 참조), 畵象은 古代에 처음으로 만들어진 것과는 달라야 한다는 것(『孝經鉤命訣』), 숫자 5까지는 6이상의 수와 상호 상승작용을 한다는 것(『易數圖河』에서 1과 6은 근본이 같으며, 2와 7은 같은 도리이며, 3과 8은 朋이 되고, 4와 9는 友가 되며, 5와 10은 같은 길을 간다. 이는 古人은 5까지만 기록했지만 6이상은 모두 상호 상승의 도리로 사용하였음을 증명한다.), 氣는 【三】에서 만들어지며, 【九】와 어울어져 어그러짐이 없다는 것(『春秋元命苞』에서 陽氣는 【三】에서 이루어지며, 陽數의 마지막은 【九】라 하였으니 江都와 王氏가 설명한 【三】, 【九】의 증거가 될만한다.), 『六經』의 尺度를 가름하고(『孝經鉤命訣』), 각종 문체의 서로 다른 이름을 분석한 것(『春秋元命苞』), 六律의 기원을 거슬러 올라가고(『樂叶圖徵』을 참조하라), 五穀의 名義를 살피는 것(『春秋說題辭), 陽墟와 石室의 기묘한 銘에서 倉頡의 文字를 가려낸 것(『河圖玉版』 참조), 洞庭湖와 包山의 秘籍에서 夏王의 문자를 식별해낸 것(『春秋命歷序』). 이는 博物을 이해하는데 도움이 되고, 여러 이야기를 이해하는데 도움이 된다. 殷代와 周代의 학술은 단절되었으나 이러한 것을 바탕으로 살펴볼 수 있을 것이다(兪正燮은 緯書를 살펴보면 모두 고대 역사서이라 했는데, 그 주장은 사실에 가깝다.). 幽明의 순서를 펼쳐보이고, 禍福의 기록을 궁구히 살피보면 五常은 五行을 본받은 것이고, 八風은 八卦를 본딴 것이며(『禮緯』), 九州에서는 分星을 지니고 길흉을 헤아렸으며(『春秋元命苞』), 五緯에서는 해의 움직임에 의거하여 재앙과 상서로움을 헤아려 행사를 치르거나, 별의 모습을 보고 興廢를 가늠했다(『春秋演孔圖』, 『詩緯』, 『春秋文耀鉤』, 『春秋運斗樞』 諸書를 참조하라). 四始와 五際(『齊詩說』)는 이미 經義의 진실을 상실했으며, 六甲과 九宮(『春秋合誠圖)은 결국 잡스러운 점술학이 되었다. 이는 먼저 알았다고 자랑하지만 사실을 명료하게 설명한 것은 아니어서 여러 가지를 의심케하는 실책이 따르게 되고 하늘의 도리를 기만하는 학술로 이어졌다. 이에 다시 倉聖(蒼頡)은 눈이 4개고, 虞舜은 눈동자가 2개며, 丹鳳이 책을 머금었으며(모두 『春秋元命苞』에 보인다), 赤龍이 길상을 알리고(『詩含神霧』), 흰구름이 孔子의 집을 덮고, 赤血로 魯門의 글을 구분하였다(『春秋演孔圖』)는 것은 또한 황당하고 왜곡된 말이라 할 수 있을 것이다. 이러한 이유에서 尹敏이 의심하게 되었던 것이고, 君山은 배우기를 꺼려했던 것이다. 그러나 하늘을 공경하고 귀신에 대하여 설명하는 것은 실로 고대 학문의 濫觴으로 군주의 통치범위를 정하고 後王들의 失德을 족히 경계하게 만들수도 있다. 이것이 漢代에서 讖學을 숭상한 이유이며, 비록 백성을 기만하는 것에 가까웠으나 隋代에 緯書를 금한 것 또한 고대의 전통을 멸시한 행위다. 학술은 서로 돌아가며 흥성한다는 사실을 반드시 알아야 한다. 무릇 흩어진 것을 網羅하고, 異同을 대조하고, 宋均의 注를 가려뽑고, 郗萌 書籍의 정수를 뽑아내고, 황당한 말들을 删去하고, 정교한 요지를 유일한 표준을 삼는다면 天文歷譜와 거의 비슷하기에 『七略』에 들어있다(緯書는 天文歷譜類에 귀입시켰다). 『鉤命』과 『援神』은 『六經』의 계열과는 다르나(經은 저절로 經이 되었고, 緯는 저절로 緯가 되었다.) 秘文을 校勘 整理하고, 헤진 죽간을 다시 모으면 옛것을 헤아리고자 하는 모든 사람에게는 즐거움이 되며, 博物家에 의해 사라지지 않게 될 것이다. [粤在上古, 民神雜糅, 祝史之職特崇, 地天之通未絶. 合符受命, 乃御宇而作君; 持斗運機, 卽指天而立教. 故禱祈有類於巫風, 設教或憑乎. 唐虞以降, 神學未湮, 玄龜錫禹, 鳦鳥生商. 降及成周, 益崇術數, 保障司占星之職, 『洪範』詳錫疇之文, 舊籍所陳, 班班可考. 王室東遷, 卮言日出, 狸首射侯於洛邑, 雉鳴啓瑞於陳倉, 趙襄獲符於常山, 盧生奏圖於秦闕, 推之三戶亡秦, 五星聚漢, 語非徵實, 說或通靈. 蓋史官失職, 方技踵興, 故說雜陰陽, 仍出羲和之職守, 而家爲巫史, 猶存苗俗之遺風. 是爲方士家言, 實與儒書異軌. 及武皇踐位, 表章『六經』, 方士之流, 欲售其術, 乃援飾遺經之語, 別立讖緯之名, 淆雜今文, 號稱齊學.(大約齊學多信讖緯, 魯學不信讖緯.) 故玉帶獻明堂之制, 兒寬草封禪之儀儀. 卦氣爻辰, 京氏援之占易, 五行災異, 中壘用以釋書. 經學之淆, 自此始矣. 後世之論讖緯者, 或謂溯源於孔子, 或謂始創於哀平. 吾謂讖緯之官, 起源太古, 然而經淆緯, 始於西京, 以緯儷經, 起於東漢. 故圖書秘

書, 不附六藝之科, 翼李京眭, 弗列儒林之傳. 劉略班書, 彰彰可據. 及光武建邦, 兼崇讖緯. 以爲文因赤制, 字別卯金, 乃帝王受命之符, 應炎歷中興之運. 遂謂歷數在躬, 實唐虞之符籙, 陰嬉撰考, 亦洙泗之微言, 尊爲秘經, 頒爲功令, 讖以輔緯, 緯以正經. 而儒生稽古, 博士釋經, 或注中候之文, 或闡秘書之旨, 故麟經作注, 何休詳改制之文, 虎觀論經, 班固引微書之說. 緯書之行, 於斯爲盛. 夫察來彰往, 立說誠妄誕不經, 而隻句單詞, 古籍或因文附著. 試詳考之, 得數善焉: 跡溯洪荒, 事窺皇古, 三王異教,(見『尙書璇璣鈐』), 五帝立師(見『論語撰考讖』), 起原九牧則軒帝(見『論語撰考讖』), 三皇竝列則女媧(見『春秋元命苞』), 七輔各竭功能(見『論語摘輔象』), 四帝各殊其方色(見『尙書運其期援諸書』. 四帝卽『萬機論』所言黃帝削平之四帝, 非高陽爲黑帝, 少昊爲白帝.), 右耳卽神農號(見『春秋命歷序諸書』), 羲和與重黎同功; 有巢敷治於石樓, 夏禹藏書於金匱(皆見『遁甲開山圖』) 九龍紀官, 尊卑莫別僚;(見『春秋命歷書』), 六書制字子母相孳(『孝經援神契』), 人皇九頭, 始宅中州之土(『尙書璇璣鈐』), 燧人氏四佐, 亦徵群輔之賢(『論語摘輔象』), 循蜚合雒, 紀名別疏仡之前, 栗陸伯皇, 爵位龒庖犧之號, 衣皮虎穴, 識前民開創之艱(皆見『春秋命歷序』), 石鼓銅刀(『遁甲開山圖』), 溯古器變遷之迹, 是曰補史, 其善一也. 『河圖』括地, 遁甲開山, 銅柱辨形(『河圖括地象』), 鐵山稽數(『孝經鉤命訣』), 流州玄州釋名(『龍魚河圖』), 大秦中秦辨其地(『河圖』玉版』), 嵎夷禹鐵, 同實異名(『尙書帝命驗』), 赤縣神洲, 居中御外(『河圖括地象』), 天皇被跡, 地徵無熱之陵(『遁甲開山圖』), 王母獻環, 境隔崑崙之闕(『尙書帝命驗』), 州土則域區內外, 不數鄒衍之談天(『河圖括坤象』), 水泉則性判剛柔(『河圖始開圖』), 已啓夷吳釋地, 恒岱崇華, 旣辨方而正位; 河淮渭洛, 亦思義而顧名(『春秋說題辭』). 此幷圖籙之遺.(『尙書璇璣鈐』, 『五帝受籙圖』, 又屢言『河圖』之用, 『河圖』自, 卽古代之輿地圖也.) 足補山經之缺. 是曰考地, 其善二也. 鑿度運樞之說, 推災考運之文, 辨地域之廣輪(『詩含神霧』), 測星辰之高遠(『春秋考異郵』). 地乘氣立(『春秋元命苞』), 月假日明(『春秋說題辭』), 氣觸石而生雲, 雲激陽而成電(『春秋元命苞』), 天圓則象徵覆載(『尙書靈考驗』), 地動則義取左旋(『春秋元命苞』), 三百六旬, 定時成歲(『春秋元命苞』), 七十二候, 送暑迎寒(『孝經援神契』), 度密度疏, 周髀步天之學(見『尙書刑德』『春秋考異郵』), 景長景短, 開土圭測日之先(『春秋元命苞』), 四表四游(『尙書考靈曜』), 明太空之無極, 二分二至秋(『孝經援神契』), 辨日晷還移, 莫不甄明度數, 稽合歷文. 屈平天問之作, 詎足相誇, 張氏靈憲之書, 於焉取法. 是曰測天, 其善三也. 毖緯之說, 訓故是資, 禮履則訓近雙聲(『禮含文嘉』), 民萌則義互訓(『孝經緯』又曰 "言不文者, 指士民也." 此古代下民無學之確證). 土力於地, 日生爲星(見『春秋設題辭』. 則八星出於日球之說), 以刀守井曰刑(『春秋元命苞』), 推日合月爲易(『易經緯』), 十一相加是爲土, 兩人相合則爲仁(皆見『春秋元命苞』, 此卽鄭君相仁偶說之所本.) 虫動凡爲風(『春秋考異郵』), 禾入水爲黍(『春秋說題辭』), 律以六書之學, 咸歸會意之條. 若夫分別部居, 依類託義, 律訓率而歲訓遂(『春秋元命苞』), 義取諧聲, 王訓往而皇訓煌(亦見『春秋元命苞』.) 說符疊韻, 陽爲天而陰爲地(『春秋說題辭』), 遺文徵洨長之書(『說文』用其說), 水象坎而火象離, 佚象合『羲經』之卦(『元命苞』云“兩人交一而中出者爲水, 人散二者爲火.” 『乾坤鑿度』云“三古火字, 兩人交一爲水, 人散二爲火.” 蓋火字古文象離卦之形, 而水字古文象坎卦之形.) 是曰考文, 其善四也. 禮名定於黃帝(『禮含文嘉』), 『禮經』設於文王(『禮稽命徵』諸書), 敍郊邱則旁徵『禮經』, 敍祫禘則陰符王制(亦見『禮稽命徵』), 辨物擧四夷之樂(『樂緯』), 賞功詳九錫之文(『禮含文嘉』), 千雉百雉異其規(『春秋緯』), 外屛內屛殊其制(『禮緯』), 鼎俎則詳其度數(『春秋緯』), 旗物則辨其等差(『禮含文嘉』), 觀闕爲憲法之區(『禮緯』), 靈臺卽望氛之地(『易緯』及『禮緯』), 分土列爵, 立制隱合於公羊(『春秋元命苞』云, 周爵五等, 殷爵三等), 按畝授田, 陳說逈殊於孟子(『樂緯』謂九夫爲井, 八家共治公田八十畝, 以外二十畝以爲八家井竈廬舍, 與孟子之論井不同.), 推之稽三統之歷(『春秋感精符』), 正五刑之名(『尙書璇璣鈐』), 二穆二昭, 制詳七廟(『春秋元命苞』), 四望四類, 典異六宗(『禮稽命徵』). 梁父太山, 刻石不忘紀號(『詩含神霧』及『孝經鉤命訣』), 明堂崇屋, 祀帝卽以配天.(『尙書帝命驗』), 幕不制徵四代, 典溯三王. 是曰徵禮, 其善五也. 若夫情由性生(『孝經援神契』), 仁從愛起(『春秋元命苞』), 以敬勝怠(『尙書帝命驗』), 以義强躬『論語撰考讖』). 漸蘭漸鮑(亦『論語撰考讖』), 證孔門習遠之言, 太素太初(『孝經鉤命訣』), 近老氏眞空之旨. 凡玆粹語, 足輔九流, 推之禮詳卉服(『春秋命歷序』), 地測溫泉(『詩緯書』諸書), 橫行爲蠻貊之源

(見詩含神霧』), 畵象別古初之制(『孝經鉤命訣』), 數止於五, 至六以上皆互乘.(『易數圖河』云, 一與六共宗, 二與七同道, 三與八爲朋, 四與九爲友, 五與十同道. 足徵古人紀數至五而止, 至六以上皆用互勝之法.) 氣成於三, 與九相推無所戾(『春秋元命苞』云, 氣成於三, 陽數極於九, 亦足爲江都王氏釋三九之證.) 計『六經』之尺度(『孝經鉤命訣』), 辨百體之殊名(『春秋元命苞』). 六律則溯其起源(見『樂叶圖徵』), 五穀則稽其名義(『春秋說題辭』). 陽墟石室, 奇銘辨倉頡之文(『春秋元命苞』). 洞庭包山, 秘籍識夏王之字(『春秋命歷序』). 亦足助博物之功, 輔多聞之益. 殷周絶學, 賴此可窺(兪正燮曰: 讖緯皆古史書也, 其說近是.) 及夫臚幽明之序, 窮禍福之書, 以五常法五行, 以八風象八卦(『禮緯』), 九州咸著有分星(『春秋元命苞』), 五緯或憑以推日, 或以災祥驗行事, 或以星象示廢興(見『春秋演孔圖』『詩緯』『春秋文耀鉤』『春秋運斗樞』諸書). 四始五際(『齊詩說』), 已失經義之眞, 六甲九宮(『春秋合誠圖), 遂啓雜占之學. 是則前知自詡, 格物未明, 易蹈疑衆之誅, 允屬誣天之學. 復有倉聖四目, 虞舜重瞳, 丹鳳含書(個見『春秋元命苞』) 赤龍紀瑞(『詩含神霧』), 白雲覆孔子之居, 赤血辨魯門之字(『春秋演孔圖』). 亦復說隣荒謬, 語類矯誣. 此尹敏所由致疑, 而君山所由恥習也. 然敬天明鬼, 實爲古學之濫觴, 以元統君, 足儆後王之失德. 是則漢崇讖學, 雖近誣民, 而隋禁緯書, 亦爲蔑古. 學術替興, 不可不察也. 若夫網羅散失, 參稽異同, 掇宋均之注, 萃郗萌之書, 删彼蕪詞, 獨標精旨, 庶天文歷譜, 備存七略之遺(以緯書歸入天文歷譜類). 『鉤命』『援神』不附『六經』之(經自

爲經, 緯自爲緯.) 則校理秘文, 掇拾墮簡, 殆亦稽古者者所樂聞, 而博物家所不廢者歟.]

詹注14-6: 『札記』‥“이 언급은 대단한 要諦를 지녔다. 그러나 『易緯』에서 말한 것으로 漢代 모범적인 『周易』의 설명을 충분히 증명할 수 있으며, 『書緯』로 고대의 曆法을 헤아려 볼 수 있으니 경전에 대한 설명에 전혀 소용이 없다고 말할 수는 없다.” 『文章流別論』‥“圖讖에 속하는 것이 비록 正文의 체제는 아니지만 여러 의미 있는 것을 취한다면 오히려 文章이 될 만하다.” 范注‥“『文選注』에서도 緯書를 여러 차례 인용하였으니, 이 또한 文章에 도움이 된다는 증거다.” [『札記』‥“此語甚諦. 然如『易緯』所說, 有足以證明漢師說『易』者, 『書緯』亦有可以考古曆法者, 未可謂於說經毫無所用也.” 『文章流別論』‥“圖讖之屬, 雖非正文之制, 然以取其縱橫有義, 反覆成章.” 范注‥“『文選注』多引緯書語, 是有助文章之證.]

『集釋稿』‥“『文心雕龍』「諸子」篇‥‘넓은 지식과 견문을 갖춘 士人는 강령을 확실하게 알아 꽃을 감상하면서 과실도 맛볼 수 있으며, 邪說을 버리고 正說을 취할 수 있다. 이러한 차이를 충분히 알 수 있다면 또한 학자의 장관이라 하겠다.’” 斯波六郎‥“劉勰의 이러한 태도는 서로 유사한 것으로 역시 단점을 버리고 장점을 취하자는 취지다.” [『集釋稿』‥“『文心』「諸子」篇‥‘然洽聞之士, 宜撮綱要, 覽華而食實, 棄邪而採正, 極睇參差, 亦學家之壯觀也.’” 斯波六郎‥“彦和此處態度與之相近, 亦是棄短採長耳.”]

劉勰은 緯書가 이야기적 성격도 강하고 문사도 풍부하기에 비록 경전의 해설에는 결코 도움이 되지 않으나 문장의 창작에는 오히려 유익하다고 여겨 「正緯」篇을 지은 것이다. 徐復觀 『文心雕龍漫談』: "緯書와 文學의 관계는 바로 神話와 문학의 관계다."(增補 五版 『中國文學論集』 참조) 이와 같이 이해하는 것이 劉勰이 「正緯」篇을 지은 중요한 意義를 인식함에 도움이 될 것이다. [劉勰認爲緯書故事性强, 又富於辭藻, 雖然對於經典的解說幷無幇助, 而對於文章的寫作還是有助益的, 於是寫了「正緯」篇. 徐復觀『文心雕龍漫談』: "緯書與文學的關係, 卽是神話與文學的關係."(見增補五版『中國文學論集』) 如此利害可以幇助認識劉勰寫「正緯」篇之重要意義.]

320. 詹注15-1: 『校注』: "【後】字는 『唐寫本』에 【古】字로 되어 있다. 【後】와 【古】는 이곳에서는 서로 의미가 통한다고 볼 수 있다. 『唐寫本』에서 【古】字라 한 것은 아마도 劉勰 자신이 살았던 시기 이전을 말하려던 의도일 것이다." [『校注』: "【後】, 『唐寫本』作【古】, 按【後】、【古】於此幷通. 『唐寫本』作【古】, 蓋舍人自其身世以前言之."]

『考異』: "【後】字와 【古】字는 모두 의미가 통하지만 【後】字가 나은 이유는 哀帝와 平帝 時期부터 讖緯가 흥성한 以後를 지칭하는 말이기 때문이다. 【古】라는 말로 개괄하는 것은 불가능하다." [『考異』: "【後】、【古】皆通, 但【後】字爲長, 指自哀、平讖緯旣興之後而言也, 不能槪之以【古】."]

『集釋稿』: "辭人은 漢代 이후의 辭賦家를 지칭한다. 『漢

書』「藝文志·詩賦略」에서 揚雄의 『法言』을 인용하면서··'辭人의 賦는 아름답지만 음탕하다.' 또한 「情采」篇··'辭賦家의 辭賦는 창작을 위하여 감정을 조작하였다.'" [『集釋稿』··"案辭人指漢代以下之辭賦家. 『漢書』「藝文志 · 詩賦略」引揚雄『法言』··'辭人之賦麗而淫.' 又「情采」篇··'辭人賦頌, 爲文而造情.'"]

321. 詹注15-2: 『校注』··"【採】字는 『唐寫本』에 【捃】字로 되어 있다. 「事類」篇의 【捃摭經史】의 예로 보더라도 『唐寫本』에서 【捃】字로 쓴 것이 옳다. 『史記』「十二諸侯年表序」··'荀子, 孟子, 公孫固, 韓非子 등은 왕왕 『春秋』의 문장을 주어다 著書하였다.'" [『校注』··"【採】『唐寫本』作【捃】. 按以「事類」篇【捃摭經史】例之, 『唐寫本』作【捃】是也. 『史記』「十二諸侯年表序」··'荀卿、孟子、公孫固、韓非之徒, 各往往捃摭『春秋』之文以著書.'"]

322. 詹注15-3: 【恐】字는 『唐寫本』에 【慮】字로 되어 있다. [【恐】, 『唐寫本』作【慮】.]

『集釋稿』··"『後漢書』 本傳에 의하면 張衡이 奏를 올려 讖緯를 금지할 것을 말하며··'이것은 모두 세상을 속이고 풍속을 해치는 것이며 애매한 것으로 벼슬을 차지하였고, …… 마땅히 圖讖을 거두어 들여 일거에 금지시켜 없애버려야 합니다.'" 斯波六郎··"【迷學】은 배움을 구할 때 正道를 어지럽히고 망령되게 邪說을 맹신하는 것을 지칭한다." [『集釋稿』··"據『後漢書』本傳, 張衡上奏禁讖, 有言曰··'此皆欺世罔俗, 以昧執位. …… 宜收藏圖讖, 一禁絶之.'" 斯波

六郞··"【迷學】應指於求學之際, 迷其正道, 妄信邪說."]

323. 詹注15-4: 『集釋稿』··"荀悅의 字는 仲豫이며, 『後漢書』券92에 있는 「淑傳」을 참조하라." [『集釋稿』··"荀悅, 字仲豫, 見『後漢書』卷九二附「淑傳」."]

『集注』··"荀悅 『申鑒』 「俗嫌」篇··'어떤 사람이 모두 태워야할까요? 라고 물었다. 孔子가 짓은 것은 그리 할 수 없지요. 취할 것이 있으면 충분한 것인데 어찌 태운단 말이요? 통치자가 虛言을 받아들이지 않고, 음란한 術法을 듣지 않고, 화려한 명성만 있는 자를 채용하지 않고, 거짓된 일을 하지 않으며, 말에 반드시 쓰임이 있고, 술법에 원칙이 있으며, 이름에 합당한 실체가 있으면 사업에 반드시 공적이 있을 것이요.'" [『集注』··"荀悅『申鑒』「俗嫌」篇··'或曰··燔諸? 曰仲尼之作則否, 有取焉則可, 曷其燔? 在上者不受虛言, 不聽浮術, 不採華名, 不興僞事, 言必有用, 術必有典, 名必有實, 事必有功.'"]

王鳴盛 『蛾術篇』券2 『說錄二』 「讖緯條」··"摯虞 『文章流別論』··'緯候의 문장은 비록 正文의 體制는 아니지만 이런 저런 의미 있는 것을 취한다면 오히려 문장이 될 만하다.' 劉勰 『文心雕龍』··'『六經』은 찬란한 빛을 발하나 緯候는 번잡하고 중복된다. …… 經典에는 무익하나 문장 창작에는 도움이 된다. 이러한 까닭에 張衡은 이러한 경향이 학자들을 미혹시킬까 염려하여 奏를 올려 근절시킬 것을 청하였으나 荀悅은 그 중간에 진리가 배어 있음을 아쉬워하여 불태울 것을 만류하였다.' 나는 摯虞와 劉勰

은 모두 문인이었기에 이처럼 말했다고 생각한다. 緯書가 비록 경전에는 도움이 되지 않으나 鄭玄이 注釋에서 말한 대로 모두 유익함이 있으니 학자라면 마땅히 이를 연구해야 한다." [王鳴盛『蛾術篇』卷二『說錄二』「讖緯條」: "摯虞『文章流別論』云: '緯候之作, 雖非正文之制, 取其縱橫有義, 反覆成章.' 劉勰『文心雕龍』云: '『六經』彪炳, 而緯候稠疊. …… 無益經典, 有助文章. 是以平子恐其迷學, 奏令禁絶. 仲豫惜其雜眞, 未許煨燔,' 愚謂摯、劉皆文人, 故其言如此. 緯雖無益於經, 康成所注, 皆有益者, 學者宜研究之."]

斯波六郎: "荀悅『申鑒』「俗嫌」篇: '世間에서는 孔子가 緯書를 지었다고 말한다. 저의 숙부이신 故 司公 荀爽께서 이를 분석하니 모두 거짓임이 들어났습니다. 무릇 前漢 이전에 시작되었으며, 終張(終術) 등의 무리가 지은 것일까? 어떤 사람이 섞여 있다고 말했다. 이렇게 말한다면 자신 생각을 孔子의 생각에 섞어 넣은 것인가? 孔子의 생각을 자신의 생각에 섞어 넣은 것인가? 이러한 사람은 공자를 자신에게 억지로 섞은 사람에 지나지 않는다. 따라서 81首는 孔子가 지은 것이 아니다. 어떤 사람은 모두 불로 태워야 하지 않겠는가? 라고 말한다. 孔子의 저작이면 그리 하지 않아도 될 것이며, 취할만한 것이 있으면 되는 것인데 어찌 태운단 말인가?' 『申鑒』에서 '孔子의 생각을 자신의 생각에 섞어 넣은 것'이라 운운한 것은 終張 등이 자신의 위작을 근본이라 여기고 공자의 저술을 섞어 넣은 것을 말한다. 劉勰이 【진실이 섞여 있다】고 한 것 역시 이를 지적한 것이다. 【眞】이라 함은 응당 공자의 서록을 지칭하는 것이다.” [斯波六郞: “荀悅 『申鑒』「俗嫌」篇: ‘世稱緯書仲尼之作也. 臣悅叔父故司公爽辨之, 蓋發其僞也. 有起於中興之前, 終張之徒之作乎. 或曰雜. 則以己雜仲尼乎? 以仲尼雜己乎? 若彼者以仲尼雜己而已. 然則可謂八十一首非仲尼之作矣. 或曰, 燔諸? 曰: 仲尼之作則否, 有取焉則可, 曷其燔?’ 『申鑒』‘以仲尼雜己’云者, 指終張之徒以自新僞作爲本, 以雜以仲尼之作. 彥和所謂【雜眞】, 亦是指此. 所謂【眞】, 當是指仲尼爲之序錄者.”]

范注: “劉勰은 齊代에 살았으며, 그 시기에 讖緯書는 宋武帝에 의해 금지되었지만 완전히 쇠잔하지는 않았다. 사대부들 사이에는 講習者가 반드시 있었기에 4가지 거짓을 열거하여 迷妄을 고칠 약으로 삼았다. 무릇 입론에 있어 반드시 聖人을 본받고, 체제는 경전에 바탕을 두어야 한다는 것이 劉勰 문학이론의 本旨이다. 讖緯의 근거 없는 말 가운데 經義와 배척되는 것은 모두 취하지 않았다.” [范注: “彥和生於齊世, 其時讖緯雖遭宋武之禁, 尙未盡衰, 士大夫必猶有講習者, 故列擧四僞, 以藥迷罔. 蓋立言必徵於聖, 制式必稟乎經, 爲彥和論文之本旨. 緯候不根之說, 踳駁經義者, 皆所不取.”]

제4단에서는 緯書가 비록 僞造된 것이나 문장 창작에는 도움이 됨을 언급하였다. [第四段, 言緯書雖僞亦有益於文章.]

4-6.

贊에서 이르길: 황하에서 광채가 나고, 洛水가 따듯해졌던 고사를 기반으로 『河圖』와 『洛書』가 만들어졌다. 신비한 보물에는 위대한 작용이 숨겨져 있기에 道理는 난해하지만 그 문사는 실로 귀한 것이다. 兩漢을 거치면서 진위가 뒤섞이고 말았다. 詭異한 부분을 제거해야 하지만, 아름다운 문사는 취할만하다.

4-6.

贊曰: 榮河溫洛[324], 是孕圖緯. 神寶藏用[325], 理隱文貴[326]. 世歷二漢, 朱紫騰沸[327]. 芟夷譎詭[328], 糅其雕蔚[329].

324. 詹注16-1: 『訓故』‥“『尙書中候』‥‘堯帝가 정치를 담당할 때 황하에서 광채가 뿜어 올랐고, 상서로운 기운이 사방에 가득하였다.” 이는 『握河紀』를 참조한 것이다. 또한‥ “『易乾鑿度』‥‘皇帝의 盛德에 호응하여 洛水가 따듯해졌다가 9일이 지나서야 차가와졌다.’” 『集釋稿』에서 다음 구에 있는【五日變爲五色: 5일에 색이 다섯 번 변했다.】을 인용하였다(『初學記』卷九에서 인용). 橋川時雄‥“【榮】字는 胡本, 梅本에【滎】字로 되어 있다. 何校‥‘【榮】은 榮光이라는 의미이기에【滎】라 한 것은 오류다.【滎】의 本義는 극히 작은 물방울로 빛의 의미는 없으니 원전을 따라【榮】으로 하는 것이 옳다.【滎】字는 아마도【熒】字의 오류일 것이다.’” [『訓故』‥“『尙書中候』‥‘帝堯卽政, 榮光出河, 休氣四塞.’” 按此見『握河紀』. 又‥“『易乾鑿度』‥‘帝盛德之應, 洛水先溫, 九日乃寒.’” 『集釋稿』引, 下有一句【五日變爲五色.】(『初學記』卷九引) 橋川時雄‥“【榮】, 胡、梅本作【滎】. 何校云‥‘【榮】爲榮光也, 作【滎】非. 滎之本義絶小水也, 無光義, 從原典作【榮】是,【滎】或【熒】之誤.”]

『校注』‥“【榮】字는 『唐寫本』에【采】字로 되어 있다. ……【采】字와【滎】모두 잘못된 것이다. 『文選』江淹「詣建平王上書」‥‘찬란한 빛이 황하에 가득하였다.’ 李善注‥‘成王이 洛水와 黃河를 살피다가 沈璧에서 예를 마치고 물러났다. 날이 어두워지기를 기다리자 황하에서 막을 친 것 같은 찬란한 빛이 발했다.’ 『初學記』卷九帝王部事對‥‘洛水가 따듯해지고, 황하에서 찬란한 빛이 발하였다.’ 「事類

賦」卷七地部水:‘낙수가 따듯해지고, 황하에서 광채가 빛난 것은 상서로운 일이다. 아울러 『易乾鑿度』와 『尙書中候』를 인용하여 주를 달았으니 그 증거가 더욱 확실하다.’” [『校注』:“「榮」, 『唐寫本』作 「采」. …… 按「采」、「滎」二字幷誤. 『文選』江淹「詣建平王上書」:‘榮光塞河.’ 李善注:‘成王觀於洛河, 沈璧, 禮畢, 王退. 俟至於日昧, 榮光竝出幕河.’ 『初學記』卷九帝王部事對:‘溫洛榮河’ 「事類賦」卷七地部水:‘溫洛榮河之瑞’. 幷引『易乾鑿度』及『尙書中候』以注, 尤爲切證.”]

325. 詹注16-2: 『集釋稿』:“【神寶】에 대하여, 『史記』「龜策傳」에서:‘高廟에 龜室이 있으며 그 안에 神寶로 여기는 것을 수장하였다.’ 『論語』「述而」:‘등용하면 도를 행하고, 버리면 은둔한다.’” [『集釋稿』:“【神寶】, 『史記』「龜策傳」:‘高廟中有龜室, 牆內以爲神寶.’ 『論語』「述而」:‘用之則行, 舍之則藏.’”]

326. 詹注16-3: 이 구절은 圖緯에서 말한 道理는 비교적 난삽하지만 문사는 귀하다는 의미이다. [此句大意是, 圖緯所講的道理比較隱晦, 而文辭可貴.]

『講疏』:“【理隱文貴】는 緯書에서 말하는 이치는(잠시 그 純正은 논하지 않는다.) 대부분이 상징, 암시의 은유로 이루어져 있기에 문학 창작에 있어서는 오히려 참고할만한 방법이라는 것이다.” [講疏』:“「理隱文貴」是緯書中所講的理(姑不論其是否純正) 大多爲象徵暗示的隱喩, 但就文學寫作而言, 却不失爲一種値得參考的方法.”]

327. 詹注16-4: 『集釋稿』‥“張衡 「西京賦」‥‘나무에 비단 옷을 입히고, 땅에 朱紫를 칠한다.’ 『詩經』『小雅』「十月之交」‥ ‘모든 강이 끓어오른다.’ 【騰沸】는 【飛騰】과 같은 뜻.” [『集釋稿』‥“張衡「西京賦」‥‘木衣綈錦, 地被朱紫.’ 『詩經』「『小雅』· 十月之交」‥‘百川騰沸.’ 【騰沸】卽【飛騰】.”]

劉申淑 『讖緯論』‥“經典에 緯書의 내용을 섞는 것은 서한부터 시작되었고, 緯書를 經典에 배합하는 것은 동한부터 시작되었다.” 따라서 兩漢 以來 眞僞가 뒤섞이는 현상이 있었기에 【朱紫騰沸】라 말한 것이다. [劉申淑『讖緯論』‥ “以經淆緯, 始於西京, 以緯儷經, 基於東漢.” 所以兩漢以來 眞僞雜糅, 【朱紫騰沸】.]

328. 詹注16-5: 『集釋稿』‥“『春秋左氏傳』「隱公 6年」‥‘마치 농부가 풀을 힘써 없애면서 풀을 베어 쌓아두고 썩히는 것과 같이 해야 한다.’ 杜預注‥‘【芟】은 【刈: 자르다】와 같은 뜻. 【夷】는 【殺: 베다】과 같은 뜻.’ 【譎詭】에 대하여, 王褒 「洞簫賦」에서‥‘성대하게 만들려 하였으나 奇怪해졌다.’ 李善注‥‘【詭譎】은 【奇怪】와 같은 뜻.’” [『集釋稿』‥ “『春秋左氏傳』 隱公六年 ‥‘如農夫之務去草焉, 芟夷蘊崇之.’ 杜預注‥‘【芟】, 【刈】也; 【夷】, 【殺】也.’ 【譎詭】, 王褒 「洞簫賦」‥‘鶩合遝以詭譎.’ 李善注‥‘【詭譎】, 猶【奇怪】也.’”]

329. 詹注16-6: 『校證』‥“【採】는 원래 【糅】로 되어있으나, 『唐寫本』에 의거하여 고쳤다. 【採】는 【芟夷】를 이어 말한 것이다.” 橋川時雄‥“胡本에 【糅】로 되어있다. …… 만일

【糅】로 한다면 의미가 잘 통하지 않으며, 【採】로 쓰는 것이 옳다." [『校證』: "採原作【糅】, 據『唐寫本』改. 【採】承【芰荑】而爲言也." 橋川時雄: "胡本作【糅】. …… 如作【糅】, 意不通暢, 作【採】是也."]

『校注』: "【糅其雕蔚】는 篇末의 【捃摭英華】와 같은 뜻." [『校注』: "【糅其雕蔚】, 篇末【捃摭英華】」之意."]

第五篇「辨騷」[330]

330. 范注1-1: 『漢書』「藝文志」에서 屈原의 賦는 25편이라 했다. 25편 가운데 『離騷』가 가장 중요하기에 후대 사람들이 【騷】字로 전체 書名으로 사용하였다(『文史通義』「經解」下‥"司馬遷 이후로 【騷】로 全書의 명칭으로 사용하였다." 「太史公自序」‥"屈原이 쫓겨 난 뒤 『離騷』를 지었다." 「屈原傳」에서도 【騷】字 단독으로 제목 이름으로 사용하지 않았다.). 「時序」篇‥"漢武帝에서 成帝와 哀帝까지 세월이 백년이 흐르면서 사인들의 창작 경향이 많이 변하였으나 전체적으로는 『楚辭』를 계승하였으니 屈原의 영향은 이러한 점에서도 찾아 볼 수 있다." 그 영향이 워낙 크기에 劉勰이 「詮賦」篇 이외에 별도로 논의한 것이다(『文選』에서도【賦】 이외에【騷】를 標目으로 삼았으나【騷】는 文體의 명칭은 아니다.). 『史記』「屈原列傳」索引에서 應劭의 말을 인용하여‥"【離】는【遭: 만나다】,【騷】는【憂: 근심하다)】의 뜻." 또한 王逸 「離騷序」‥"【離】는【別: 헤어지다】,【騷】는【愁: 근심하다】」의 뜻." 『國語』「楚語上」‥"伍擧가 德과 義가 행해지지 않으면 가까운 사람들은 근심하여 등을 돌리고, 먼 사람들은 거리를 두고 뜻을 달리한다고 말했다." 韋昭注‥"【騷】는【愁: 근심하다】,【離】는【叛: 등을 돌리다】과 같은 듯." 『困學紀聞』卷6‥"伍擧가 말한【騷離】와 屈原이 말한【離騷】는 모두 초나라의 언어다.

揚雄이 지은 「畔牢愁」와 「楚語」의 注가 서로 부합한다." 趙令畤 『侯鯖錄』: "【愁】는 【憂: 걱정하다】와 같은 뜻. 『集韻』에 揚雄의 「畔牢愁」가 있는데, 【愁】의 음은 【曹】와 같다. 오늘날 사람들이 마음속에 불쾌한 것이 있는 것을 【心曹】라 하는데, 【曹】는 응당 【愁】로 써야 하고, 【憂: 근심하다】의 뜻이다." 【離騷】는 즉 伍擧가 말한 【騷離】, 揚雄이 말한 【牢愁】며, 모두 흔히 말하는 근심이라는 뜻이며, 두 자가 서로 이어져 한 단어가 된 것이기에 특별히 나눌 필요는 없다. 紀昀評: "『楚辭』는 【騷】에서 기원하며, 浮艶의 根源的 濫觴은 【騷】이니 글자의 변별이 극히 분명하다." 다시 紀昀評: "『離騷』는 『楚辭』의 한 편인데 『楚辭』를 통칭하여 【騷】이라 하는 것은 계속된 오류다." 李詳 『文心雕龍黃注補正』(己酉年 『國粹學報』文篇을 참조하라): "周中孚 『鄭堂札記』: '『史記』 「太史公自序」에서 屈原이 쫓겨난 뒤에 『離騷』를 지었다고 하였다. 또한 諷諫을 위하여 賦를 지었고, 爭議를 통하여 對比하는 과정에서 『離騷』가 생긴 것이다. 『漢書』 「司馬遷傳」에서도 屈原이 쫓겨난 뒤 『離騷』를 지었다고 하였다. 이들 모두 첫 번째 이름으로 전체 책을 통칭하였다." 이러한 사실에 근거하면 劉勰 역시 전체 책의 통칭으로 말한 것이나 紀昀은 이를 헤아리지 못했다. [『漢書』「藝文志」屈原賦二十五篇. 二十五篇中『離騷』爲最重, 後人因以【騷】名其全書.(『文史通義』「經解」云: "史遷以下, 至取騷以名其全書." 案「史公自序」: "屈原放逐著離騷." 「屈原傳」亦未嘗單以【騷】爲名.) 「時序」篇謂: "爰自漢室, 迄於成哀, 雖世漸百齡, 辭人九變, 而大抵所歸,

祖述『楚辭』, 靈均餘影, 於是乎在.” 以其影響甚大, 故彦和於「詮賦」篇外別論之.(『文選』亦於【賦】外別標【騷】目, 其實【騷】非文體之名.) 『史記』「屈原列傳」索引應劭曰‥“【離】, 【遭】也; 【騷】, 【憂】也.” 又王逸「離騷序」‥“【離】, 【別】也; 【騷】, 【愁】也.” 案『國語』「楚語上」‥“伍擧曰, 德義不行, 則邇者騷離, 而遠者距違.” 韋昭注曰‥“【騷】, 【愁】也; 【離】, 【叛】也.” 『困學紀聞』卷六“伍擧所謂【騷離】, 屈平所謂【離騷】, 皆楚言也. 揚雄爲「畔牢愁」, 與「楚語」注合.” 趙令時『侯鯖錄』‥“【愁】【憂】也. 『集韻』揚雄有「畔牢愁」, 音【曹】. 今人言心中不快爲【心曹】, 當用此【愁】字, 則【憂】也.” 【離騷】則伍擧所謂【騷離】, 揚雄所謂【牢愁】, 均卽常語所謂【牢騷】耳, 二字相接自成一詞, 無待分別訓也. 紀昀評曰“『楚辭』之源出於【騷】, 浮艶之根, 亦濫觴於騷, 辨字極爲分明.” 又評曰‥“『離騷』乃『楚辭』之一篇, 統名『楚辭』爲【騷】, 相沿之誤也.” 李詳『文心雕龍黃注補正』(見己酉年『國粹學報』文篇)曰‥“周中孚『鄭堂札記』云‥‘『史記』「太史公自序」屈原放逐著『離騷』. 又云, 作辭以諷諫, 連類以爭議, 『離騷』有之. 『漢書』「遷傳」屈原放逐, 乃賦『離騷』. 皆擧首政以統號其全書.’” 據此知彦和亦統全書而言, 紀氏殆未審也.]

5-1.

『詩經』의 노래 소리가 멈추었으나 이어갈 사람이 없자 奇文이 크게 일어나니 그것이 바로 『離騷』였다. 실로 『詩經』의 작가 이후에 飛翔하였고, 漢代 辭家에 앞서 날개 짓으로 날아올랐다. 성인의 시대와 그리 멀리 떨어지지 않았으니 楚人은 뛰어난 재주를 지녔도다! 예전에 漢武帝가 『離騷』를 좋아하여 淮南王으로 하여금 「離騷傳」을 짓게 하였는데, 『詩經』의 『國風』은 戀情을 노래하나 음탕하지 않았으며, 『小雅』는 원망과 비난을 담고 있으나 절제가 있다고 하였다. 『離騷』는 이 두 덕목을 모두 지녔다고 말할 수 있도다. 매미가 더러운 오수에서 허물을 벗고 더러운 곳을 벗어나 노니는 것처럼 그 깨끗함은 아무리 더럽히려 해도 더럽힐 수 없기에 日月과 그 찬란함을 다툴만하였다. 班固는 屈原이 재주를 드러내려 하다가 뜻대로 되지 않자 울분을 참지 못하고 강에 빠져 죽었고, 后羿, 過澆, 姚姓의 두 여인에 관한 사실은 『左傳』의 기록과 합치되지 않으며, 昆侖山 위의 懸圃에 관한 기록이 『書經』에는 없다고 주장하였다. 그러나 문사가 아려하여 辭賦의 개창자이니 비록 明哲은 아니더라도 妙才라 말할 수 있다 여겼다. 王逸은 『詩經』의 작가는 억지로 귀를 끌어다 훈계를 했다면 屈原

은 훨씬 온화하게 말한다고 여겼다. 『離騷』의 문장은 經書를 바탕으로 惻隱한 古詩의 의의를 지니고 있다. 네 마리 玉虯가 이끄는 鷖를 탄다는 것은 『易經』의 "때때로 六龍을 부린다."와 같은 의미이고, 昆侖을 지나 流沙를 돌아간다는 것은 『尙書』「禹貢」篇의 "禹가 구주의 땅을 다스린다."는 것과 같은 의미이다. 후대 저명한 士人의 辭賦는 屈原 작품을 모범으로 삼지 않은 것이 없기에 금옥의 아름다운 본질을 지녀 百代에 비할 자가 없다고 말한 것이다. 漢宣帝에 이르러 경서와 완벽하게 부합한다고 찬탄하였고, 揚雄은 작품을 감상하고는 체제가 『詩經』과 동일하다고 말했다. 네 사람은 『離騷』가 經書와 비교할만하다고 했으나, 班固만은 『左傳』과 합치되지 않는다고 말했다. 褒貶이 마음대로 이루어지고, 抑揚이 사실을 벗어나니 감상이 정밀하지 못하고, 핵심도 명확하게 파악하지 못했다 말할 수 있을 것이다.

5-1.

自『風雅』寢聲[331], 莫或抽緒[332], 奇文鬱起[333], 其離騷哉[334]! 固已軒翥詩人之後[335], 奮飛辭家之前[336], 豈去聖之未遠, 而楚人之多才乎[337]! 昔漢武愛騷, 而淮南作傳[338], 以爲國風好色而不淫, 『小雅』怨誹而不亂[339]. 若離騷者, 可謂兼之[340]. 蟬蛻穢濁之中[341], 浮游塵埃之外, 皭然涅而不淄[342], 雖與日月爭光可也[343]. 班固以爲露才揚己[344], 忿懟沉江[345]; 羿澆二姚[346], 與左氏不合[347], 崐崙懸圃[348], 非經義所載; 然其文辭麗雅[349], 爲詞賦之宗[350], 雖非明哲[351], 可謂妙才[352]. 王逸以爲詩人提耳[353], 屈原婉順[354], 離騷之文, 依經立義[355], 駟虬乘鷖[356], 則時乘六龍[357], 昆崙流沙[358], 則禹貢敷土[359], 名儒辭賦[360], 莫不擬其儀表, 所謂金相玉質[361], 百世無匹者也[362]. 及漢宣嗟歎, 以爲皆合經術[363], 揚雄諷味[364], 亦言體同詩雅[365]. 四家舉以方經[366], 而孟堅謂不合傳[367], 褒貶任聲[368], 抑揚過實, 可謂鑒而弗精[369], 翫而未覈者也[370].

331. 詹注1-1: 『校注』‥“『文選』 班固 「兩都賦序」‥‘예전 成王, 康王이 세상을 떠나자 頌聲이 멈췄다.’” 『漢書』「禮樂志」‥ “漢代에 이르러 經典이 침체되어 새로 저술되지 않았다.” 顔師古注‥“【寢】은 【息: 멈추다】과 같은 뜻.” 皇甫謐 「三都賦序」‥“戰國時代에 이르러 王道가 衰退하자 『風雅』 역시 衰退하였다.” [『校注』‥“『文選』班固「兩都賦序」‥‘昔成康沒而頌聲寢.’” 『漢書』「禮樂志」‥“漢典寢而不著.” 顔師古注 ‥“【寢】, 【息】也.” 皇甫謐「三都賦序」‥“至於戰國, 王道陵遲, 『風雅』寢頓.]

332. 詹注1-2: 『說文解字』‥“【抽】는 【引: 당기다】과 같은 뜻.” 揚雄 『太玄經』 「玄瑩」‥“「群倫抽緒」注‥‘【抽】는 【收: 거두어들이다】와 같은 뜻. 【抽緖】」는 나머지 부분을 거두어들임을 말하는 것으로 曹丕가 말한 【直接其緖】와 같은 뜻이다.’” 注訂‥“【莫或抽緖】는 이어갈 사람이 없음을 한탄한 것이다.” 『文論講疏』‥“『論語』 「微子」‥‘太師 摯는 齊나라로 가고, 亞飯 干은 楚나라로 가고, 三飯 繚는 蔡나라로 가고, 四飯 缺은 秦나라로 가고, 북을 치는 方叔은 河內로 가고, 小鼓를 흔드는 武는 漢中으로 가고, 少師 陽과 磬을 치는 襄은 海島로 들어갔다.’ 당시에는 관직을 잃으면 分散되었으며, 이러한 까닭에 雅樂이 衰亡하여 다시 회복될 수 없었다.” [『說文』‥“【抽】, 【引】也.” 揚雄『太玄經』「玄瑩」‥“【群倫抽緖】注‥‘【抽】, 【收】也. 【抽緖】謂收引餘緖, 則曹批「直接其緖」之義.’” 注訂‥“【莫或抽緖】, 嘆繼起無人也.” 『文論講疏』‥“『論語』「微子」‥‘太(大)師摯適齊, 亞飯干

適楚, 三飯繚適蔡, 四飯缺適秦, 鼓方叔入於河, 播鼗武入於漢, 少師陽、擊磬襄入於海.' 蓋當時官失其業而分散, 雅樂由是淪亡而不可復."]

『文體明辨·序說』『楚辭』類」··"『風雅』가 사라지자 楚나라 유행했던 「鳳兮」, 아이들이 부른 「滄浪歌」는 情에서 시작되어 예의에서 멈췄기에 詩人의 六禮와 심하게 멀어진 것은 아니었다. 그러나 그 문사는 시의 본체를 약간 변형시킨 것이기에 【兮】를 實字로 보고 읽는다면 『楚辭』는 분명 『詩經』에서 비롯되었다." 『孟子』「離婁」··"王者의 자취가 사라지자 詩도 없어졌다." [『文體明辨·序說』「『楚辭』類」··"『風雅』旣亡, 乃有楚狂「鳳兮」, 孺子「滄浪」之歌, 發乎情, 止乎禮意 , 與詩人六禮不甚相遠. 而以【兮】字爲讀, 則夫楚聲固已萌蘗于此矣." 『孟子』「離婁」··"王者之迹息, 而詩亡."]

333. 詹注1-3: 橋川時雄··"『楚辭』 夫蓉館, 汲古閣本에 【鬱】은 【蔚】로 되어 있다. 【蔚】字의 本義는 【牡蒿: 제비쑥】이며, 고대에는 【蔚】로 【茂: 무성하다】를 대신하였다. 【蔚】, 【鬱】 두 자는 또한 通假字이다. [橋川時雄··"『楚辭』夫蓉館、汲古閣本【鬱】作【蔚】. 時按【蔚】之本義, 【牡蒿】, 古多借【蔚】爲【茂】字. 【蔚】、【鬱】二字, 亦一聲之轉.]

334. 詹注1-4: 梅注··"【離騷】는 【離憂: 슬픔에서 벗어남】의 뜻. 『史記』「屈原傳」··'屈原의 이름은 【平】이며, 楚王과 같은 姓이다. 楚의 左徒로, 王이 그를 대단히 신임하였다. 上官大夫, 令尹 子蘭이 그를 讒訴하자, 왕이 노하여 屈原을 멀리하니 슬픔과 걱정에 『離騷』를 지었다. 후대인들이 이를

【騷經】이라 불렀다. 또한 『九歌』, 『天問』, 『九章』, 『遠遊』, 『卜居』, 『漁父』는 모두 그의 작품이다.' 王逸注‥'【離】는 【別: 떠나다】, 【騷】는 【愁: 근심】. 자신이 좇겨나 이별하니, 마음속에 근심이 인다.' 應召‥'【離】는 【遭: 만나다】의 뜻, 【騷】는 【憂: 근심】의 뜻.'(『史記』「屈原列傳」索隱에서 인용)" [梅注‥"【離騷】者, 【離憂】也. 『史記』「屈原傳」‥'屈名【平】, 楚之同姓也. 爲楚左徒, 王甚任之. 上官大夫、令尹子蘭讒之, 王怒而疏屈平, 故憂愁幽思而作『離騷』. 後人稱之曰【騷經】. 又作『九歌』『天問』『九章』『遠遊』『卜居』『漁父』諸篇.' 王逸注‥'【離】, 【別】也, 【騷】, 【愁】也. 言己放逐別離, 中心愁思.' 應召曰‥'【離】, 【遭】也, 【騷】, 【憂】也.'(『史記』「屈原列傳」索隱引)"]

『注訂』‥"戴震「屈原賦注」‥'【離騷】는 【牢愁: 근심】의 뜻.' 아마도 古語일 것이다. 揚雄의 작품에 「畔牢愁」가 있으며, 【離】와 【牢】는 通假字이기에 오늘날 사람들이 【牢騷】라 말한다." [『注訂』‥"戴震「屈原賦注」‥'【離騷】, 卽【牢愁】也.' 蓋古語. 揚雄有「畔牢愁」, 【離】、【牢】一聲之轉, 今人猶言【牢騷】."]

335. 詹注1-5: 【固已】에 대하여, 橋川時雄‥"대부분의 板本과 『唐寫本』은 같으나 胡本에서는 【固以】라 하였다. 『楚辭』 夫蓉館, 汲古閣本에서는 【故以】라 하였다." 『後漢書』「班彪傳」下注‥"【軒翥】는 上下로 飛翔하는 것." 『廣雅』「釋詁」一‥"【翥】는 【擧: 들다】의 뜻." 「釋詁」三‥"【翥】는 【飛: 날다】의 뜻." [【固已】, 橋川時雄‥"各本及『唐寫本』寫同, 胡

本作【固以】.『楚辭』夫蓉館、汲古閣本作【故以】.”『後漢書』「班彪傳」下注云:“【軒翥】, 謂飛翔上下也.”『廣雅』「釋詁」一:“【翥】,【擧】也.”「釋詁」三:“【翥】,【飛】也.]

斯波六郎:“『楚辭』「遠遊」:‘鸞鳥가 훨훨 비상하도다.’ 洪興祖『補注』:‘『方言』10:【翥】는【擧: 들다】의 뜻. 楚國인들이 이를【翥】라 한 것이다.’”『文選』班固「典引」:“세다리로 무성한 나무를 날아다니다.” 李善注:“【軒翥】는 飛翔하는 모습.”【詩人】은『詩經』의 작자. [斯波六郎:“『楚辭』『遠遊』:‘鸞鳥軒翥而翔飛.’ 洪興祖『補注』:‘『方言』十:【翥】,【擧】也. 楚謂之【翥】.’”『文選』班固「典引」:“三足軒翥於茂樹.” 李善注:“【軒翥】,【飛貌】.”【詩人】, 指三百篇之作者.]

336. 詹注1-6:『日知錄』21「詩體代降」:“『詩三百』이 어쩔 수 없이『楚辭』가 되고,『楚辭』가 어쩔 수 없이 漢魏의 詩歌가 되는 것은 어쩔 수 없는 추세다.” 이는『離騷』는『詩經』을 계승한 것이며, 賦는『離騷』를 계승한 것이며, 삼자는 끊임없이 연관을 가지고 생장하는 관계라는 것이다.【奮飛】는 날개 짓으로 비상하는 것.『詩經』「邶風·柏周」:“비상할 수 없다.” 毛傳:“새가 날개 짓으로도 날지 못함.”『注訂』:“【辭家】는 宋玉 이하 諸家를 이름.” [『日知錄』二十一「詩體代降」:“『詩三百』之不能不降而『楚辭』,『楚辭』之不能不降而漢魏, 勢也.” 是『騷』承于『詩』, 賦又承于『騷』, 三者有連綿生長之關係.【奮飛】, 振翼而飛.『詩經』「邶風·柏周」:“不能奮飛.” 毛傳:“不能爲鳥奮翼而飛去.”『注訂』:

“【辭家】指宋玉以下諸家而言.”]

337. 范注1-2: 「詩大序」‥“王道가 쇠하면 禮義가 무너지고, 政教가 그릇되어, 나라마다 정치가 다르게 되고, 집집마다 풍속이 다르게 되니 變風과 變雅가 만들어졌다. 나라의 史官은 得失의 과정을 명확하게 알고, 人倫이 무너진 것을 슬프게 여기며, 刑政의 苛酷함을 슬프게 여기기에 성정을 읊조려 위정자를 풍자하고, 世事의 변화에도 통달하지만 舊俗도 마음에 품고 있는 자이다.” 이는 『詩經』 변화의 이유를 말한 것이다. 『孟子』「離婁」篇‥“王者의 자취가 종식됨에 『詩經』이 사라졌으며, 『詩經』이 사라지자 『春秋』가 나왔다.” 이는 시가 없어진 이유를 설명한 것이다. 「滕文公」篇‥“孔子가 『春秋』를 완성하자 亂臣과 賊子들이 두려워하였다.” 趙岐注‥“亂臣과 賊子들이 『春秋』의 貶責을 두려워함을 말함.” 이는 諷刺가 행해지지 않았기에 貶責이 생긴 것을 말한다. 屈原에 이르러 임금이 昏闇하여 정치가 붕괴되자 소인배들이 조정에 가득하였고, 貶責도 두려워하기에는 부족하게 되니 걱정하는 마음에 머리가 어지러워져 하소연할 바를 몰랐다. 性靈이 浩蕩한데 어찌 미미한 말에 감동을 받을 수 있겠는가? 詩體가 解散되니 뜻을 적어 스스로를 위로할 뿐이다. 顧炎武가 『詩經』이 어쩔 수 없이 『楚辭』가 되고, 『楚辭』가 어쩔 수 없이 漢魏의 문학이 되는 것은 자연스런 추세라 한 말은 정확하다(『日知錄』21「詩體代降」條). 『文選』 班固 「典引」 李善注‥“【軒翥】는 날아가는 모습.” 또한 木華 「海賦」注‥“【軒】은

【擧: 오르다】와 같은 뜻." [「詩大序」‥"王道衰, 禮義廢, 政教失, 國異政, 家殊俗, 而變風變雅作矣. 國史明乎得失之迹, 傷人倫之廢, 哀政刑之苛, 吟詠情性以風其上, 達於事變而懷其舊俗者也." 此言『詩』之所由變. 『孟子』「離婁」篇曰‥"王者迹熄而詩亡, 詩亡然後『春秋』作." 此言詩之所由亡. 「滕文公」篇曰‥"孔子成『春秋』而亂臣賊子懼." 趙岐注曰‥"言亂臣賊子懼『春秋』之貶責." 此言風刺不行, 故有貶責. 下逮屈子, 君闇政壞, 小人盈朝, 貶責又不足懼之, 憂心煩亂, 不知所愬. 靈脩浩蕩, 豈微言之可感. 詩體解散, 聊賦志以自慰. 顧亭林所謂詩三百不能不降『楚辭』, 『楚辭』不能不降而漢魏, 勢也者, 是也.(『日知錄』二十一「詩體代降」條) 『文選』班固「典引」李善注曰‥"【軒翥】, 飛貌." 又木華「海賦」注‥"【軒】,【擧】也."]

詹注1-7: 『孟子』「盡心」下‥"聖人時代와 거리가 이처럼 멀지 않도다." 「序志」篇‥"성인과의 시대가 너무 멀어지니 문체가 흩어지고, 문인들은 기이한 수사만 추구하고, 言辭는 부화하고 괴이하게 되었다." 橋川時雄‥"『左傳』「襄公20년」‥'비록 楚國 출신의 人才라 하더라도 실제로는 晉나라가 등용하였다.'" [『孟子』「盡心」下‥"去聖人之世, 若此其未遠也." 「序志」‥"去聖久遠, 文體解散, 辭人愛奇, 言貴浮詭." 橋川時雄‥"『左傳』「襄公二十年」‥'惟楚有才, 晉實用之.'" (※역자주: 『左傳』「襄公二十年」은 『左傳』「襄公二十六年」이 정확함. 「惟楚有才, 晉實用之」는 「雖楚有才, 晉實用之」로 써야함).

338. 范注1-3: 『漢書』「淮南王傳」: "淮南王 劉安이 入朝하여 자신이 지은 『內篇』을 바쳤는데 새로운 것이어서 황제가 이를 신비하다 여기며 좋아하였다. 그로 하여금 「離騷傳」을 지으라 하니 아침에 명을 받고 순식간에 지어 올렸다." 顔師古注: "【傳】은 해설하는 문체를 말하며, 예를 들면 「毛詩傳」과 같은 것이 있다." 王念孫 『讀書雜志』「漢書離騷傳條」: "【傳】字는 응당 【傅】字로 써야 한다. 【傅】字와 【賦】字는 古字에서는 서로 통했다. 淮南王으로 하여금 「離騷傳」을 짓게 한 것은 大旨를 축약하여 賦를 지으라는 것이었다. 『漢紀』「孝武紀」: '황제가 劉安으로 하여금 「離騷賦」를 짓게 하자 아침에 명을 받아 순식간에 다 지었다.'" 高誘 「淮南鴻烈解敍」: "詔書를 내려 「離騷賦」를 짓게 하자 아침에 명을 받아 순식간에 마쳤다." 이는 모두 『漢書』에 근거한 것이다. 『太平御覽』「皇親部」卷16에서 이를 인용하면서 「離騷賦」라 하였는데, 顔師古와는 다른 판본에 근거한 것이다. 『論語』「公冶長」: "그 軍政을 다스리게 할 수 있다." 陸德明 『論語音義』: "【賦】字는 『魯論』에서 【傅】字라 하였다." 이는 역시 王孫念 주장의 증거이다. 楊遇夫 『讀漢書札記』卷4: "나는 顔師古와 王念孫의 주장이 모두 틀리다고 생각한다. 古人이 말하는 【傳】에는 두 가지 文體가 있다. 문자와 명칭을 해석하는 문체로 毛公의 『詩經』에 대한 해석과 같은 것이 하나의 【體】다. 기타 하나의 【體】는 단순히 作意를 기술하지만 문자, 이름, 사물에 대해 해석할 필요는 없다. 어떻게 알 수 있는가? 『文選』卷51에 실려 있는 王褒 「四字講德論序」: '王褒가 益州

刺史가 되어 王襄을 위해 「中和」, 「樂職」, 「宣布」를 짓고, 다시 【傳】을 지었는데 작품명을 【『四字講德』以明其意焉: 四字로 덕을 논하여 그 의의를 밝혔다.】라고 하였다.'" 또한 「王褒傳」: "王褒가 益州刺史가 되어 【傳】을 지었다." 「四字講德論」은 단지 作意를 밝혔을 뿐이지 文字를 해석하지 않았는데도 【傳】이라 칭했으니, 【傳】은 오로지 이름과 사물을 해석하는 것만을 칭하지 않음은 분명하다. 班固 「離騷序」에서 淮南王 劉安이 「離騷傳」을 지어 『國風』은 연정을 노래하나 음탕하지 않다고 운운하였다. 또한 『文心雕龍』 「辨騷」篇: "예전에 漢武帝가 『離騷』를 애호하여 淮南王으로 하여금 「離騷傳」을 짓게 하였는데, 『詩經』 『國風』은 戀情을 노래하나 음탕하지 않았다. …… 日月과 그 찬란함을 다툴 수 있다." 여기서 인용한 것은 傳文이며, 「四字講德論」의 문체와 거의 같으니 결코 賦體가 아니다. 이것이 명확한 증거라 하겠다. 이에 高誘가 이해하지 못하고 【傳】을 【傅】으로 고친 것이다. 또한 王逸: "漢武帝가 劉安으로 하여금 『楚辭章句』를 짓도록 하였다." 이들은 모두 【傳】의 체제를 오해했을 따름이다. 馬瑞辰 『毛詩傳箋通釋』 「毛詩詁訓傳名義考」: "【詁訓】은 經文에 언급된 바를 차례대로 詮釋하는 것이나, 【傳】은 經文에서 언급하지 않은 것을 引伸하여 설명하는 것이다. 이것이 【詁訓】과 【傳】의 차별점이다." 楊遇夫(楊樹達)의 주장이 정교하고 타당하다. 班固 「離騷序」: "劉安이 말한 五子는 伍子胥이니 【傳】을 지은 것이지 【賦】를 지은 것은 아니지 싶다." 『文心雕龍』 「神思」: "淮南王 劉安은 하루아침에

「離騷傳」을 지었다.” 劉勰은 앞 뒤 모순에 대응하지 않았다. 아마도 淮南王이 실제로 『離騷』의 【傳】을 지었을 것이라 여겨 간략하게 訓詁의 예를 들어 『國風』은 연정을 노래하나 음탕하지 않았다고 운운 했을 것이고, 이것은 劉安이 지은 【傳】의 敍文일 것이다. 班固가 淮南王이 「離騷傳」에 敍文을 달았다는 것이 그 증거다. 東漢 이래 『漢書』의 【傳】은 본래 【傳】을 쓴 사람도 있고, 일반적인 【傳】을 쓴 사람도 있으나, 劉勰은 이 모두를 채용하여 썼을 뿐이다. [『漢書』「淮南王傳」:“淮南王安入朝, 獻所作『內篇』, 新出, 上愛秘之. 使爲「離騷傳」, 旦受詔, 日食時上.” 顏師古注曰:“【傳】爲解說之若「毛詩傳」.” 王念孫『讀書雜志』「漢書離騷傳條」:“【傳】當作【傅】. 【傅】與【賦】古字通. 使爲「離騷傳」者, 使約其大旨而爲之賦也. 『漢紀』「孝武紀」云:‘上使安作「離騷賦」, 旦受詔, 食時畢.’” 高誘「淮南鴻烈解敍」云:“詔使爲「離騷賦」, 自旦受詔, 日早食已.” 此皆本於『漢書』. 『太平御覽』「皇親部」十六引此作「離騷賦」, 是所見與師古不同. 『論語』「公冶長」:“可使治其賦也.” 陸德明『論語音義』:“【賦】, 『魯論』作【傅】.” 亦可爲王說之證. 楊君遇夫『讀漢書札記』卷四:“樹達按顏王說並非也. 古人所謂【傳】者有二體. 解釋文字名字若毛公之於詩, 此一體也. 其他一體, 則但記述作意, 而不必解釋文字名物. 何以明之? 『文選』卷五十一載王褒「四字講德論序」云:‘王褒旣爲益剌史王襄作「中和」「樂職」「宣布」, 又作【傳】, 名曰【『四字講德』以明其意焉】.’” 「褒傳」亦云:“褒旣爲益州刺史作其傳.” 『四字講德論』但明作意, 非解釋文字, 亦稱曰【傳】, 【傳】不專爲解釋名

物之稱明矣. 班固「離騷序」云‥“淮南王安舒「離騷傳」, 以『國風』好色而不淫云云.” 又『文心雕龍』「辨騷」篇云“昔武帝愛騷而淮南作傳, 以爲『國風』好色而不淫. …… 雖與日月爭光可也.” 所引卽是傳文, 與『四字講德論』文體略同, 並非賦體. 具有明證也. 荀高夫得其解, 改【傳】爲【傅】. 王逸又云‥“武帝使安作『『楚辭』章句』.” 皆誤解傳字之體裁耳. 按馬瑞辰『毛詩傳箋通釋』「毛詩詁訓傳名義考」云‥“【詁訓】第就經文所言者而詮釋之, 傳則並經文所未言者而引伸之, 此詁訓與傳之別也.” 楊君說自是精當. 班固「離騷序」謂“安說五子爲伍子胥, 似亦作【傳】而非作【賦】.” 『文心雕龍』「神思」篇云‥“淮南崇朝而賦騷.” 彦和不應先後矛盾. 疑淮南實爲『離騷』作【傳】, 略擧【訓詁】, 而『國風』好色而不淫云云, 是安所作傳之敍文. 班固謂淮南王安敍「離騷傳」, 是其證. 東京以來, 『漢書傳」本有作【傳】者, 有作【傅】者, 彦和兩採而用之耳.]

詹注2-1: 梅注‥“淮南王의 이름은 【安】이며, 漢高祖의 손자로 厲王 劉長의 아들이다. 武帝때 劉安이 入朝하여 자신이 지은 『內篇』을 바쳤는데 새로운 것이어서 황제가 이를 신비하다 여기며 좋아하였다. 그로 하여금 「離騷傳」을 지으라 하니 아침에 명을 받고 순식간에 지어 올렸다.” [梅注‥“淮南王名【安】, 漢高帝孫, 厲王長之子. 武帝時, 安入朝, 獻所作『內篇』, 新出, 上愛秘之. 使爲「離騷傳」, 旦受詔, 日食時上.”]

范注: 『漢書』「淮南王傳」‥“淮南王 劉安이 入朝하여 자신

이 지은 『內篇』을 바쳤는데 새로운 것이어서 황제가 이를 신비하다 여기며 좋아하였다. 그로 하여금 「離騷傳」을 지으라 하니 아침에 명을 받고 순식간에 지어 올렸다.” 顔師古注‥“【傳】은 해설하는 것을 말하면 예를 들면 「毛詩傳」과 같은 것이 있다.” 王念孫 『讀書雜志』 「漢書離騷傳條」‥“【傳】字는 응당 【傅】字로 써야 한다. 【傅】字와 【賦】字의 古字는 서로 통한다. 淮南王으로 하여금 「離騷傳」을 짓게 한 것은 大旨를 축약하여 부를 지으라는 것이었다. 『漢紀』 「孝武紀」‥‘황제가 劉安으로 하여금 「離騷賦」를 짓게 하자 아침에 명을 받아 순식간에 다 지었다.’” 高誘 「淮南鴻烈解敍」‥“詔書를 내려 「離騷賦」를 짓게 하자 아침에 명을 받아 순식간에 마쳤다.” 이는 모두 『漢書』에 근본을 둔 것이다. 『太平御覽』 「皇親部」券16에서 이를 인용하면서 「離騷賦」라 하였는데, 顔師古와는 다른 판본에 근거한 것이다. 『校證』에서 「神思」篇의 「淮南崇朝而賦騷」句下에서 이르길‥“「辨騷」篇에서 【昔漢武愛才, 淮南作傳】라 하였는데, 이는 劉勰이 【賦】와 【傳】 두 가지로 나누고 있음을 의미한다. 『漢紀』 「武帝紀」‥‘황제가 劉安으로 하여금 「離騷賦」를 짓게 하자 아침에 명을 받아 순식간에 다 지었다.’ 『御覽』券150에서도 『漢書』를 인용하면서 【「離騷賦」를 짓도록 하였다.】라고 하였다. 이러한 사실은 두 가지로 전해왔으며, 劉勰은 이를 겸용하였다.” 楊樹達은 『漢書管窺』에서 【傳】이라 해야 한다고 말했다. 【傳】은 【大意를 記述하는 것】이니 【賦】는 【傳】의 誤字다. 전문적인 글로서의 「離騷傳」과 「離騷賦」를 자세하게 서술해보면 【傳】은

西漢時期에는【通論雜說式】의【傳】이었으며, 東漢에 들어와서야 비로소【訓故式】의【傳】을 의미하게 되었다. 武帝, 劉安은 모두 西漢人이었기에「離騷傳」은 단시【대의를 크게 논하는 문장】일뿐 訓故가 아니었다. 따라서 반나절 만에 마칠 수 있었던 것이다. [『漢書』「淮南王傳」:"淮南王安入朝, 獻所作『內篇』, 新出, 上愛秘之. 使爲「離騷傳」, 旦受詔, 日食時上." 顔師古注曰:"【傳】爲解說之若「毛詩傳」." 王念孫『讀書雜志』「漢書離騷傳條」:"【傳】當作【傅】.【傅】與【賦】古字通. 使爲「離騷傅」者, 使約其大旨而爲之賦也.『漢紀』「孝武紀」云:'上使安作「離騷賦」, 旦受詔, 食時畢.'" 高誘「淮南鴻烈解敍」云:"詔使爲「離騷賦」, 自旦受詔, 日早食已." 此皆本於『漢書』.『太平御覽』「皇親部」十六引此作「離騷賦」, 是所見與師古不同.『校證』在「神思」【淮南崇朝而賦騷】句下云:"今案「辨騷」篇作【昔漢武愛才, 淮南作傳】(※역자주:「昔漢武愛才, 淮南作傳」는「昔漢武愛騷, 而淮南作傳」의 오류). 則彦和已兩歧其說. 尋『漢紀』「武帝紀」: '上使安作「離騷賦」, 旦受詔, 日食時畢.'『御覽』一五〇引『漢書』亦作【使爲「離騷賦」】. 蓋此事自來兩傳, 故彦和兼用也." 楊樹達『漢書管窺』以爲當作【傳】. 傳記述大意,【賦】則【傳】譌字. 又其專文「離騷傳與離騷賦」詳論,【傳】在西漢是指【通論雜說式】的【傳】, 東漢方指【訓故式】的【傳】. 武帝、劉安皆西漢人, 故知所作「離騷傳」只是【泛論大意的文字】, 不是【訓故】, 所以能半日畢.]

『校注』:"張炳麟『國庫論衡』「明解故」上:'淮南王이「離

騷傳」을 지었는데, 사실은 【序】이며, 太史公이 이것에 의거하여 屈原의 【傳】을 지었다고 한 것이다.'" [『校注』: "張炳麟『國庫論衡』「明解故」上: '淮南爲「離騷傳」, 其實【序】也, 太史依之以【傳】屈原.'"]

339. 詹注2-2: 【誹】는 元刻本에 【謗】으로 되어 있다. 『校證』: "【誹】는 원래 【謗】으로 되어 있으며 梅氏가 許氏의 견해에 의거하여 고친 것이다. 『唐寫本』에는 정확하게 【誹】로 되어 있다." 橋川時雄: "『楚辭』夫蓉館, 汲古閣本에는 【誹】로 되어 있다." [【誹】, 元刻本作【謗】. 『校證』: "【誹】原作【謗】, 梅據許改. 『唐寫本』正作【誹】." 橋川時雄: "『楚辭』夫蓉館、汲古閣本作【誹】."]

「詩大序」: "「關雎」는 현숙한 숙녀를 군자와 짝지어주는 것을 즐거워하고, 현명한 숙녀를 천거하더라도 미색에만 빠지지 않길 걱정한다. 고독하게 살아가는 여인을 어여삐 여기고, 賢德한 인재를 사모하여 선한 마음을 상하지 않게 하는 것이 「關雎」의 大義다." [「詩大序」: "「關雎」是以樂得淑女, 以配君子, 憂在進賢, 不淫其色. 哀窈窕, 思贤才, 而無傷善之心焉, 是「關雎」之義也."]

340. 詹注2-3: 曹學佺批: "『詩經』이 衰亡한 뒤 屈原이 그 뒤를 직접 계승하여 緯書를 바로잡고, 『離騷』의 내용을 변별하고자 했다. 이는 劉勰의 주장이 아니며 『國風』, 『小雅』의 장점을 『離騷』가 모두 가지고 있다는 말은 漢代人들이 이미 언급한 것이다." 范注: "『唐寫本』에는 【可謂】 다음에 【兼之】 두 자가 없는데, 오류다." 『史記』「屈原列傳」: "『國

風』은 연정을 노래하나 음탕하지 않았으며, 『小雅』는 원망과 비난을 담고 있으나 절제가 있다. 『離騷』는 이 두 가지 덕목을 모두 지니고 있다 하겠다. 위로는 帝嚳을 칭송하고, 아래로는 齊桓公을 언급했으며, 그 중간에 商湯과 周武王을 기술하여 세상의 일을 풍자하였다. 道德의 광대함과 숭고함, 治亂의 원칙을 밝히니 드러나지 않는 것이 없었다. 문사는 간략하나 그 문장은 미묘하였으며, 뜻은 깨끗하고, 행동은 곧으며, 언급한 문장 내용은 간단하나 그 뜻하는 바는 지극히 원대하고, 가까운 것을 예로 들었으나 드러난 의미는 원대하다. 뜻이 순결하였기에 자신을 芳草에 비유하였고, 행동이 곧았기에 죽어도 스스로 소인배가 되는 것을 용납하지 않았다. 몸은 진흙 구덩이에 있어도 더럽혀지지 않으니 마치 매미가 더러운 오물 속에서 허물을 벗듯 더러운 세상 밖에서 노닐 수 있어 세상의 더러운 때에 물들지 않았다. 이러한 뜻에 비추어보면 일월과 그 빛을 다툴 수 있다." 班固 「離騷序」: "漢武帝 때 淮南王 劉安이 古文을 두루 읽고 「離騷傳」을 지어 '『國風』은 연정을 노래하나 음탕하지 않았으며, 『小雅』는 원망과 비난을 담고 있으나 절제가 있다. 『離騷』는 이 두 가지 덕목을 모두 지니고 있다 하겠다. 매미가 더러운 오물 속에서 허물을 벗듯 더러운 세상 밖에서 노닐 수 있어 세상의 더러운 때에 물들지 않았다. 이러한 뜻에 비추어보면 일월과 그 빛을 다툴 수 있다.' 이러한 結論은 진실에서 벗어났다." 『文論講疏』: "『離騷』가 두 덕목을 모두 가지고 있다고 하나 꼭 그렇지는 않을 것이다. 『離騷』는 『小雅』의 【원망하나 문란하지 않은】 덕목을 가지고 있으나 『國風』의 【好色】과는 다르기 때문이다. 美人과 香草는 모두 比喩의 말이며, 屈原이 처한 상황이 이러한데 어찌 색욕을 추구할 수 있으며, 미인을 연모할 수 있겠는가?" 『斠詮』··"『離騷』에서 나타난 【好色】은 宓妃, 有娀, 二姚 등을 말한 것인데, 모두 比喩일 뿐 사실은 아니다. 怨望과 非難 역시 【아무리 여러 번 죽어도 후회하지 않을 것인데 어찌 수척해질 정도로 상심하는가?】 원망할 뿐 문란하지는 않다." [曹學佺批··"『詩』亡之後, 屈平直接其緒, 故彦和正緯以辨騷也. 此非劉子之言也, 『國風』『小雅』, 『離騷』兼之, 漢人已言之矣." 范注··"『唐寫本』【可謂】下無【兼之】二字, 誤." 『史記』「屈原列傳」··"『國風』好色而不淫, 雅怨誹而不亂. 若離騷者, 可謂兼之矣. 上稱帝嚳, 下道齊桓, 中述湯武, 以刺世事. 明道德之廣崇, 治亂之條貫, 靡不畢見. 其文約, 其辭微, 其志絜, 其行廉, 其稱文小而其指極大, 擧類邇而見義遠. 其志絜, 故其稱物芳. 其行廉, 故死而不容自疏. 濯淖〔五〕汙泥〔六〕之中, 蟬蛻於濁穢, 以浮游塵埃之外不獲世之滋垢, 皭然泥而不滓者也. 推此志也, 雖與日月爭光可也." 班固「離騷序」··"昔在孝武, 博覽古文. 淮南王安敍「離騷傳」, 以'『國風』好色而不淫, 『小雅』怨誹而不亂, 若『離騷』者可謂兼之. 蟬蛻濁穢之中, 浮游塵埃之外, 皭然泥而不滓. 推此志與日月爭光可也.' 此論似過其眞." 『文論講疏』··"按謂『離騷』兼之, 恐不盡然, 因『離騷』雖有『小雅』怨誹而不亂, 而不似『國風』之【好色】. 美人香草, 皆是比喩之詞, 屈原處境如此, 安得復爲色慾所驅, 而追戀美人乎?" 『斠詮』··"案

『離騷』【好色】, 如稱宓妃、有娀、二姚之類, 皆比喩, 非事實. 怨誹, 如云【九死不悔, 顑頷何傷】, 亦怨而不亂也.”]

341. 詹注2-4: 『史記』「屈原列傳」『正義』: “【蛻】는 거죽을 벗는다는 뜻.” 『淮南子』「精神訓」: “매미가 허물을 벗고, 뱀이 탈피하여 太淸을 노닌다.” 매미가 脫殼한다는 것은 解脫의 비유. [『史記』「屈原列傳」『正義』: “【蛻】, 去皮.” 『淮南子』「精神訓」: “蟬蛻蛇解, 游於太淸.” 蟬脫殼比喩解脫.]

342. 詹注2-5: 【涅】은 검게 물들인다는 뜻. 『論語』「陽貨」: “희다고 말하지 않았는가? 검은 물을 들여도 검어지지 않으니.” 孔注: “진흙으로 검게 물들일 수 있다. 지극히 흰 것은 진흙을 칠해도 검어지지 않음을 말한다. 군자는 아무리 혼탁하고 어지러운 지경에 처해도 혼탁과 어지러움에 의해 더럽혀지지 않음을 비유한 말이다.” 【皭然】은 결백한 모습. 橋川時雄: “『唐寫本』 欄下記: ‘【緇】는 黑色이다.’” 『說文解字』: “【涅】은 水中에 있는 검을 흙.” 『唐寫本』 欄下記: “【涅】은 물속의 검은색.” [【涅】, 汚黑. 『論語』「陽貨」: “不曰白乎? 涅而不緇.”? 孔注: “涅可以染皂. 言至白者, 染之於涅而不黑; 喩君子雖在濁亂, 濁亂不能汚.” 【皭然】, 潔白貌. 橋川時雄: “唐寫欄下記云: ‘【緇】, 黑色也.’” 『說文』: “【涅】, 黑土在水中者也.” 故唐寫欄下記: “【涅】, 水中黑.”]

343. 范注1-4: 『史記』「屈原列傳」: “『國風』은 연정을 노래하나 음탕하지 않았으며, 『小雅』는 원망과 비난을 담고 있으나 절제가 있다. 『離騷』는 이 두 가지 덕목을 모두 지니고 있

다 하겠다. 위로는 帝嚳을 칭송하고, 아래로는 齊桓公을 언급했으며, 그 중간에 商湯과 周武王을 기술하여 세상의 일을 풍자하였다. 道德의 광대함과 숭고함, 治亂의 원칙을 밝히니 드러나지 않는 것이 없었다. 문사는 간략하나 그 문장은 미묘하였으며, 뜻은 깨끗하고, 행동은 곧으며, 언급한 문장 내용은 간단하나 그 뜻하는 바는 지극히 원대하고, 가까운 것을 예로 들었으나 드러난 의미는 원대하다. 뜻이 순결하였기에 자신을 芳草에 비유하였고, 행동이 곧았기에 죽어도 스스로 소인배가 되는 것을 용납하지 않았다. 몸은 진흙 구덩이에 있어도 더럽혀지지 않으니 마치 매미가 더러운 오물 속에서 허물을 벗듯 더러운 세상 밖에서 노닐 수 있어 세상의 더러운 때에 물들지 않았다. 이러한 뜻에 비추어보면 일월과 그 빛을 다툴 수 있다." 班固「離騷序」에 의하면 이 문장은 劉安이 지은 「離騷傳」의 序文이었다고 한다.【泥而不滓】를 班固는【涅而不淄】라 하였다.『史記』「屈原列傳」索引:"【泥】는【涅】과 음이 같고,【滓】는【淄】와 음이 같다."『唐寫本』에는【可謂】다음에【兼之】두 자가 없는데, 오류다. [『史記』「屈原列傳」: "『國風』好色而不淫, 雅怨誹而不亂. 若離騷者, 可謂兼之矣. 上稱帝嚳, 下道齊桓, 中述湯武, 以刺世事. 明道德之廣崇, 治亂之條貫, 靡不畢見. 其文約, 其辭微, 其志絜, 其行廉, 其稱文小而其指極大, 舉類邇而見義遠. 其志絜, 故其稱物芳. 其行廉, 故死而不容自疏. 濯淖汙泥之中, 蟬蛻於濁穢, 以浮游塵埃之外不獲世之滋垢, 皭然泥而不滓者也. 推此志也, 雖與日月爭光可也." 據班固「離騷序」此文是安所

作「離騷傳」之序文. 【泥而不滓】班固作【涅而不淄】. 『史記』「原列」索引"【泥】音【涅】, 【滓】音【淄】." 『唐寫本』【可謂】下無【兼之】二字, 誤.]

344. 詹注3-1: 班固「離騷序」: 羿, 澆, 二姚, 有娀, 佚女에 대해서는 각기 아는 바대로 늘리고 줄인 것이 있어 정확하지는 않다. 따라서 널리 경서와 전기의 본문을 채용하여 해석을 가했던 것이다. 군자가 재능을 발휘함은 운명이다. …… 『大雅』에서 이르길: '明哲함으로 保身했다.' 정말 귀한 말이다. 屈原같은 이는 재주를 드러내고 자신을 내세우며 위험한 나라에서 많은 소인배들과 경쟁하다가 讒訴를 당하고는 懷王을 책망하고, 子椒와 子蘭을 원망하고 미워하며 노심초사하면서 사람들을 강하게 비난하다가 그 울분을 참지 못하여 강물에 빠져 죽었다 하나 이 역시 高潔하고, 구속이 없고, 공명정대한 사람을 貶毁한 것이다. 『離騷』에서 昆侖(范注에서는 【昆侖】 다음에 【懸圃】 두 글자가 빠진 것이라고 하였다.) 宓妃를 冥婚시켰다는 등의 허무한 말을 자주 언급하였는데 모두 法度, 經義와 부합하지 않는다. 『離騷』가 『詩經』의 『風雅』의 훌륭함을 함께 지니고, 日月과 찬란함을 다툴만하다는 것은 지나친 말이다. 그러나 屈原의 문장이 내용이 풍부하고 문사가 화려하며 취향이 고아하기에 가히 辭賦의 鼻祖라 할만하다. 후세의 문인들은 『離騷』의 정화를 헤아리지 못한 채 겉모습만을 모방하였다. 宋玉, 唐勒, 景差 이후로 漢朝가 흥성하면서 枚乘, 司馬相如, 劉向, 揚雄 등의 문장이 대단

히 뛰어나고, 『離騷』를 애호했고, 屈原의 일생을 슬피 여겼으나 스스로 굴원에게는 미치지 못한다고 말했다. 屈原은 비록 明哲한 사람은 아니지만 妙才를 지녔다고 말할 수 있겠다. [班固 「離騷序」: 及至羿澆二姚有娀佚女, 皆各以所識, 有所增損, 然猶未得其正也. 故博採經書傳記本文, 以爲之解. 且君子道窮, 命矣.…… 故『大雅』曰: '旣明且哲, 以保其身.' 斯爲貴矣. 今若屈原, 露才揚己, 競乎危國群小之間, 以離讒賊, 然責數懷王, 怨惡椒蘭, 愁神苦思, 强非其人, 忿懟不容, 沈江而死, 亦貶潔(貶潔猶言貶約也.)狂狷景行之士. 多稱昆侖(范注: 【昆侖】下疑脫【懸圃】二字.) 冥婚宓妃虛無之語, 皆非法度之政, 經義所載, 謂之兼詩『風雅』而與日月爭光, 過矣! 然其文弘朴麗雅, 爲辭賦宗, 後世莫不斟酌其英華, 則象其從容(從容猶言儀態也.) 自宋玉唐勒景差之徒, 漢興枚乘司馬相如劉向揚雄, 騁極文辭, 好而悲之, 自謂不能及也. 雖非明智之器, 可謂妙才者也."]

劉熙載 『藝概』券3 「賦概」: "班固는 屈原를 재주를 드러내어 자신을 뽐냈다고 여겼는데, 그 내용은 揚雄의 「反離騷」에서 【많은 사람들이 질투할 정도로 아름다운 것을 아는데 무엇 때문에 고운 눈썹을 치켜 올리는가?】라는 말을 근거로 한 것이다. 그러나 이러한 주장은 志士의 기세를 크게 손상시킨다." [劉熙載『藝概』卷三「賦概」: "班固以屈原爲露才揚己, 意本揚雄「反離騷」, 所謂【知衆嫭之嫉妬兮, 何必揚纍之蛾眉】是也. 然此論殊損志士之氣."]

345. 詹注3-2: 【懟】는 【怨恨】과 같은 뜻. [【懟】, 【怨恨】.]

346. 詹注3-3: 『訓故』‥“『離騷』‥‘羿는 방탕하여 사냥에만 미쳐, 그저 큰 여우 쏘기만 즐기더라. 도를 함부로 어기면 응당 망하게 되나니, 寒浞이 그의 아내를 앗아갔도다. 澆는 몸에 강한 힘을 지니고도 욕심을 부리며 절제를 모르고 날마다 자신의 본분을 모른 채 즐기기만 하더니 목이 날아가 버렸다.’ 다시‥‘少康이 미처 결혼도 하지 않았을 때 이미 有虞씨 두 딸을 맞아들였다.’” 梅注‥“羿는 有窮 군왕의 호칭. 澆는 寒浞의 아들. 二姚는 虞君 思의 딸, 夏后少康의 아내가 되었다.” 『離騷』 王逸注‥“浞은 寒浞, 羿의 國相이었다.…… 夏朝가 쇠락하여 어지러워지자 寒浞에게 정사를 맡기고 수렵에만 빠져 백성들의 일은 걱정하지 않으면서 寒浞를 신임하여 國相으로 삼았다.” 또한‥“澆는 寒浞의 아들이다. …… 寒浞이 羿를 죽이고 그의 아내를 취하여 澆를 나았는데, 흉폭하고 힘이 셌고 하고 싶은 대로 방종을 일삼았으며, 욕망을 참지 못하고 夏后相을 죽였다.” 또한 “有虞는 國名, 姚는 姓. 舜의 후예다. 옛날에 寒浞이 澆를 시켜 夏后相을 죽이자 少康이 有虞로 도망쳤으며, 虞의 두 딸을 아내로 맞았다.” [訓故』‥“『離騷』‥‘羿淫遊以佚田兮, 又好射夫封狐. 固亂流其鮮終兮, 浞又貪夫厥家. 澆身 被服彊圉兮, 縱慾而不忍, 日康娛而自忘兮, 厥首用夫顚隕.’ 又云‥‘及少康之未家兮, 留有虞之二姚.’” 梅注‥“羿, 有窮君之號. 澆, 寒浞子. 二姚, 虞君思之女, 以妻夏后少康.” 『離騷』王逸注‥“浞, 寒浞, 羿相也.……因夏衰亂, 代之爲政, 娛樂田獵, 不恤民事, 信任寒浞, 使爲國相.” 又‥“澆, 寒浞子也. …… 浞殺羿而取羿妻, 生澆, 强梁

多力, 縱放其情, 不忍其慾, 以殺夏后相." 又: "有虞, 國名, 姚姓. 舜後也. 昔寒浞使澆殺夏后相, 少康逃奔有虞, 虞因妻以二女."]

347. 詹注3-4: 『札記』: "班固는 「離騷序」에서 淮南王 劉安이 지은 「離騷傳」을 비판하면서 羿, 澆, 二姚, 有娀, 佚女에 대해서 각기 아는 바대로 늘리고 줄인 것이 있다는 것이지 屈原의 전고 사용이 『左傳』과 부합하지 않음을 비판한 것은 아니다. 劉勰이 이렇게 말한 것에는 오류가 있다." 洪興祖 『楚辭補注』卷一 附錄: "『離騷』에서 사용된 羿, 澆 관련 고사는 『左傳』과 정확히 합치한다. 班固의 언급은 劉安의 말을 그대로 한 것일 뿐이다." 『左傳』「哀公元年」: "옛날 過國에 澆가 있었는데…… 夏后相을 멸망시켰다. 夏后相 부인은 임신 중이었으나 땅굴로 도망쳐 有仍國으로 돌아가 少康을 낳았다. 그가 有仍國의 牧馬 책임자가 되었고, 澆를 걱정하며 경계하였다. 澆가 椒를 시켜 그를 찾아 죽이려 하자 有虞國으로 도망쳐【庖正: 주방장】이 되어 위해에서 벗어날 수 있었다. 虞思가 그에게 딸 둘을 시집보냈다." [『札記』: "案班孟堅「序」譏淮南王劉安「傳」, 說羿、澆、二姚、有娀、佚女, 皆各以所識, 有所增損, 非譏屈子用事與『左傳』不合. 彦和此語皆有誤." 洪興祖『楚辭補注』卷一附錄: "『離騷』用羿澆等事, 正與『左傳』合. 孟堅所云, 謂劉安說耳." 按『左傳』「哀公元年」: "昔有過國澆, …… 滅夏后相, 后緡方娠, 逃出自竇, 歸有仍, 生少康焉. 爲仍牧正, 惎澆能戒之. 澆使椒求之, 逃奔有虞, 爲之【庖正】,

以除其害. 虞思于妻之以二姚.”]

羿는 夏代의 部落인 有窮氏의 君長이었다. 그때는 啓의 아들인 太康이 정치하던 시대로 夏가 亂을 일으켜 政權을 탈취하였다. 浞은 寒浞이며, 羿가 신임하던 國相이었다. 寒浞이 羿의 아내를 억지로 취하여 낳은 아들이 過澆다. 武勇이 뛰어나고 힘이 강했으며 夏后相을 살해하였다가 후에 夏后相의 아들 少康에게 피살당했다. 二姚는 姚氏姓의 두 여자로, 夏 少康의 妃가 되었다. [羿, 夏代部落有窮氏的君長. 當啓的兒子太康時代, 因夏亂, 奪取政權. 浞, 卽寒浞, 羿所親信的國相. 寒浞覇占了羿妻以後, 生了過澆, 武勇多力, 殺死夏后相, 後來他又爲相的兒子少康所殺. 二姚, 姚姓二女, 夏少康妃.]

『注訂』:“이는 班固 「離騷序」에 있는 【羿, 澆, 小康에 대한, ……그러나 정확하지는 않다.】에 근거한 말이다. 그러나 屈原이 논한 羿, 澆의 내용은 『左傳』과 합치되지 않는 것이 없다. 『困學紀聞』에서 인용한 洪慶善의 설명을 참조하라. 『左傳』「襄公 4년」에 보면 晉悼公이 魏絳을 불러서 戎과 和親하라고 하자 魏絳이 夏訓을 인용하여 后羿, 寒浞, 二姚의 사실을 언급하였는데 『離騷』와 모두 일치하니 어찌 班固의 주장이 다른 근거가 있다고 하겠는가?” [『注訂』:“此據班固「離騷序」有【羿、澆、小康, …… 然猶未得其正也.】而言. 但屈氏之論羿澆與『左傳』幷無不合. 見『困學紀聞』引洪慶善說. 『左傳』「襄公」四年, 晉悼公納魏絳說和戎, 絳引夏訓云, 后羿、寒浞、二姚事, 與『離騷』皆同, 豈班氏

之說, 或另有所據乎?"]

348. 詹注3-5: 『訓故』‥"『離騷』‥'내가 갈 길은 저 崑崙山을 돌아가야 하는데, 돌고 도는 아득한 먼 길입니다.' '아침에 蒼梧山을 출발하여, 저녁에 縣圃에 도착했습니다.'" 王逸注‥"縣圃는 神山으로 崑崙山 위에 있다." 梅注‥"『水經』‥'崑崙은 서북에 자리하고 있으며, 崇高에서 五萬里 떨어져 있으며 땅의 중앙이다. 그 높이는 萬一千里이며, 河水는 이곳 동북쪽 모퉁이에서 시작된다.'" 酈道元注‥"崑崙의 山은 3층으로 되어 있으며, 맨 아래는 板松, 가운데는 玄圃로 일명 閬風이며, 맨 위는 增城, 一名 天庭이고 太帝가 머무는 곳이다. 『山海經』‥'西海의 남쪽, 流沙의 가, 赤水의 뒤, 黑水의 앞에 큰 산이 있는데 그 이름이 崑崙이다.'" 黃注‥"『天問』‥'崑崙의 懸圃는 어디에 있는가?'" 注‥"崑崙은 山名이고 그 봉우리를 懸圃라 한다." 朱熹注‥"崑崙은 『水經志』에 의하면 西域에 있으며 …… 河水가 시작되는 곳이라는 말은 妄言은 아니다. 그러나 縣圃, 增城은 높고 넓은 곳이나, 여러 괴이한 말은 신뢰할 수는 없다." 黃校‥"【懸】은 【玄】으로 쓰기도 한다." 校注‥"『唐寫本』에 …… 【玄】이라 쓰기도 한다. …… 【玄】, 【懸】은 古通字." [『訓故』‥"『離騷』‥'邅吾道夫崑崙兮, 路修遠以周流.' '朝發軔于蒼梧兮, 夕余至乎縣圃.'" 王逸注‥"縣圃, 神山也, 在崑崙之上." 梅注‥"『水經』云‥'崑崙墟在西北, 去崇高五萬里山, 地之中也. 其高萬一千里, 河水出其東北陬.'" 酈道元注‥"崑崙之山三級, 下曰板松, 二曰玄圃, 一

名閬風. 上曰增城, 一名天庭. 是謂太帝之居.『山海經』曰∶‘西海之南, 流沙之濱, 赤水之後, 黑水之前, 有大山, 名崑崙.’” 黃注∶“『天問』∶‘崑崙縣圃, 其尻安在?’” 注∶“崑崙, 山名, 其嶺曰懸圃.” 朱熹注∶“崑崙, 據『水經』, 在西域 …… 河水所出, 非妄言也. 但縣圃增城, 高廣之度, 諸怪妄說, 不可信耳.” 黃校∶“【懸】, 一作【玄】.” 校注∶“按『唐寫本』…… 作【玄】, …… 【玄】與【懸】古通字.”]

姚範『援鶉堂筆記』卷40『文心雕龍』「辨騷」∶“班固「離騷經章句敍」∶‘【五子】가 집과 마을을 잃었다고 하였는데, 伍子胥를 두고 한 말이다. 羿, 澆, 二姚, 有娀, 佚女에 대해서는 각기 아는 대로 늘리고 줄인 것이 있어 정확하지는 않다.’ 이는 淮南子의『離騷』에 대한 견해가 잘못되었고, 劉勰의 崑崙, 宓妃 등에 대한 언급 역시 屈原의 문장을 비평하는 것이라 했으나 이는 요지를 잃은 것이다.” [姚範『援鶉堂筆記』卷40『文心雕龍』「辨騷」∶“按班氏「離騷經章句敍」云∶‘說五子以失家巷, 謂伍子胥. 及至澆、二姚、有娀、佚女, 皆各以所識有所增損, 然猶未得其正也.’ 此並言淮南說「騷」之誤, 彥和遂云與下崑崙、宓妃同爲譏屈之詞, 失其指矣.”]

349. 詹注3-6: 橋川時雄∶“【然其】,『唐寫本』및 기타 板本은 동일하나『楚辭』夫蓉館本, 汲古閣本에서는【其】를【而】로 적었다. 나는 班固의「離騷序」를 따라【其】라 하는 것이 옳다고 생각한다.” 또한 “『唐寫本』에는【辭】字가 없으나 여러 판본과『楚辭』夫蓉館本, 汲古閣本에는【辭】字가 있

다.【其文辭麗雅】는 班固의 「離騷序」에 근거하여【辭】字가 없는 것이 옳다고 보인다.「離騷序」에서는【雅麗】라 했다.” [橋川時雄··“【然其】, 唐寫及各本同,『楚辭』夫蓉館、汲古閣本【其】作【而】. 時按從班固「序」作【其】是.” 又··“唐寫無【辭】字, 各本及『楚辭』夫蓉館、汲古閣本有【辭】.【其文辭麗雅】, 本班固「序」, 無【辭】字, 似是.「序」作【雅麗】.”]

350. 詹注3-7:【宗】은 開倉者를 이름. [【宗】, 指開倉者.]

351. 詹注3-8:『校注』··“【非明哲】은 屈原이 汨羅에 투신하여 죽은 것을 말한다.『詩經』『大雅』「烝民」··‘明哲함으로 保身한다.’”【哲】은【智】와 같은 뜻. [『校注』··“【非明哲】, 謂其投汨羅而死.『詩』『大雅』·「烝民」··‘旣明且哲, 以保其身.’”【哲】,【智】也.]

352. 范注1-5: 班固 「離騷序」··“漢武帝 때 淮南王 劉安이 古文을 두루 읽고 「離騷傳」을 지어··‘『國風』은 연정을 노래하나 음탕하지 않았으며,『小雅』는 원망과 비난을 담고 있으나 절제가 있다.『離騷』는 이 두 가지 덕목을 모두 지니고 있다 하겠다. 매미가 더러운 오물 속에서 허물을 벗듯 더러운 세상 밖에서 노닐 수 있어 세상의 더러운 때에 물들지 않았다. 이러한 뜻에 비추어보면 일월과 그 빛을 다툴 수 있다.’고 하였다. 이러한 結論은 진실에서 벗어났다. 또한 五子가 집과 마을을 잃었다고 하였는데, 伍子胥를 두고 한 말이다. 羿, 澆, 二姚, 有娀, 佚女에 대해서는 각기 아는 바대로 늘리고 줄인 것이 있어 정확하지는 않다. 따라서 널리 경서와 전기의 본문은 채용하여 해석을 가했던

것이다. 군자가 재능을 발휘함은 운명이다. 따라서 潛龍이 나타나지 않아도 고민한지 않고, 「關雎」는 주나라의 도가 쇠함을 슬퍼하나 애끓지 않았다. 蘧瑗은 지혜를 가슴에 품어두었고, 寧武는 우둔한 사람의 본성을 잘 유지하여 모두 온전하게 생명을 유지하며 해를 입지 않았고, 세상의 박해에서 벗어날 수 있었다. 그리하여 『大雅』에서 【明哲함으로 保身했다】고 하였는데 정말 귀한 말이다. 屈原 같은 이는 재주를 드러내고 자신을 내세우며 위험한 나라에서 많은 소인배들과 경쟁하다가 讒訴를 당하고는 懷王을 책망하고, 子椒와 子蘭을 원망하고 미워하며 노심초사 하면서 사람들을 강하게 비난하다가 그 울분을 참지 못하여 강물에 빠져 죽었다 하나 이 역시 高潔하고 구속이 없고, 공명정대한 사람을 貶毁한 것이다. 『離騷』에서 崑崙, 宓妃를 冥婚시켰다는 등의 허무한 말을 자주 언급하였는데 모두 法度, 經義와 부합하지 않는다. 『離騷』가 『詩經』의 『風雅』의 훌륭함을 함께 지니고, 日月과 찬란함을 다툴만하다는 것은 지나친 말이다. 그러나 屈原의 문장이 내용이 풍부하고 문사가 화려하며 취향이 고아하기에 가히 辭賦의 鼻祖라 하겠다. 후세의 문인들은 『離騷』의 정화를 헤아리지 못한 채 겉모습만을 모방하였다. 宋玉, 唐勒, 景差 이후로 漢朝가 흥성하면서 枚乘, 司馬相如, 劉向, 揚雄 등의 문장이 대단히 뛰어나며, 『離騷』를 애호하지만 屈原의 일생을 슬피 여기며 스스로 그에게 미치지 못한다고 말했다. 屈原은 비록 明哲한 사람은 아니지만 妙才를 지녔다고 말할 수 있겠다." [班固 「離騷序」: "昔在孝武, 博

覽古文. 淮南王安敍「離騷傳」, 以'『國風』好色而不淫, 『小雅』怨誹而不亂, 若『離騷』者可謂兼之. 蟬蛻濁穢之中, 浮游塵埃之外, 皭然泥而不滓. 推此志與日月爭光可也.' 此論似過其眞. 又說五子以失家巷, 謂伍子胥也. 及至羿澆二姚有娀佚女, 皆各以所識, 有所增損, 然猶未得其正也. 故博採經書傳記本文, 以爲之解. 且君子道窮, 命矣. 故潛龍不見是而無悶, 「關雎」哀周道而不傷. 蘧瑗持可懷之智, 寗武保如愚之性, 咸以全命避害, 不受世患. 故『大雅』曰'旣明且哲, 以保其身.' 斯爲貴矣. 今若屈原, 露才揚己, 競乎危國群小之間, 以離讒賊, 然責數懷王, 怨惡椒蘭, 愁神苦思, 强非其人, 忿懟不容, 沈江而死, 亦貶潔(貶潔猶言貶約也.)狂狷景行之士. 多稱昆侖(昆侖下疑脫懸圃二字.) 冥婚冥婚宓妃虛無之語, 皆非法度之政, 經義所載, 謂之兼詩『風雅』而與日月爭光, 過矣! 然其文弘朴麗雅, 爲辭賦宗, 後世莫不斟酌其英華, 則象其從容(從容猶言儀態也.) 自宋玉唐勒景差 之徒, 漢興枚乘司馬相如劉向揚雄, 騁極文辭, 好而悲之, 自謂不能及也. 雖非明智之器, 可謂妙才者也."]

「離騷贊序」‥"『離騷』는 屈原의 작품이다. 屈原이 처음 懷王을 섬겼을 때는 대단한 신임을 받아 上官大夫와 같은 반열에 올랐으나 屈原의 총애를 질투하여 왕에게 讒訴하니 왕이 노하여 屈原을 멀리하였다. 屈原이 충성과 신의를 바쳤으나 의심을 받자 우수에 잠겨 깊이 생각하다가 『離騷』를 지었다. 【離】는 【遭: 만나다】, 【騷】는 【憂: 근심】와 같은 뜻. 자신의 근심을 밝히고자 『離騷』를 지은 것이다.

이때는 周王室이 이미 멸망하고 七國이 패권을 다투던 시기였다. 屈原은 군왕이 不明하여 많은 소인배를 믿고 등용하니 국가가 위기에 빠져 망할 지경에 이른 것이 가슴 아파 忠誠의 마음으로 『離騷』를 지었다. 위로는 堯, 舜, 禹湯, 文王의 法度를 서술하고, 아래로는 羿, 澆, 桀, 紂의 실패를 언급하여 懷王을 일깨웠다. 결국은 깨닫지 못하고 反間計에 빠져 서쪽 秦國으로 朝見하러 갔다가 秦에 구금되었다가 객사하여 돌아오지 못했다. 襄王도 讒言을 믿어 屈原을 在野로 내쳤다. 다시 『九章』을 지어 풍간하였으나 결국 받아들여지지 않자 혼탁한 세상을 참을 수 없어 스스로 汨羅에 뛰어들었다. 屈原이 죽자 秦國이 정말로 楚國을 멸망시키니 많은 현인들이 이를 애도하여 後代에 이를 전하게 되었다." [「離騷贊序」: "『離騷』者, 屈原之所作也. 屈原初事懷王, 甚見信任, 同列上官大夫, 妬害其寵, 讒之王, 王怒而疏屈原. 屈原以忠信見疑, 憂愁幽思, 而作『離騷』. 【離】猶【遭】也, 【騷】, 【憂】也, 明其遭憂作辭也. 是時周室已滅, 七國並爭. 屈原痛君不明, 信用群小, 國將危亡, 忠誠之情, 懷不能已, 故作『離騷』. 上陳堯, 舜, 禹湯, 文王之法, 下言羿, 澆, 桀, 紂之失, 以風懷王. 終不覺悟, 信反間之說, 西朝於秦, 秦人拘之, 客死不還. 至於襄王, 復用讒言, 逐屈原在野. 又作『九章』賦, 以風諫, 卒不見納, 不忍濁世, 自投汨羅. 原死之後, 秦果滅楚, 其辭爲衆賢所悼悲, 故傳於後."]

353. 詹注4-1: 『訓故』: "『後漢書』: '王逸의 字는 叔師, 南郡 宜城人이며, 順帝때 侍仲을 역임했으며, 『楚辭章句』를 지었

다.'" 王逸「楚辭章句序」:"또한『詩經』에서 통치자에 대해 풍자하길【오호라! 이 녀석은 좋고 나쁨조차 모르니 억지로 귀를 당겨 일깨워주어야 한다.】고 하였다. 諷諫의 言辭는 이처럼 간절했다. 그리고 공자가 이러한 것을 논하고『大雅』라 하였다.『詩經』과『楚辭』를 비교해보면 屈原의 문사는 온화하고 법도에 맞으니 이 어찌 군자가 昏庸하기에 억지로 귀를 당겨 일깨워주는 것이겠는가? 그러나 재능을 뽐내고 자신을 치켜세웠으며, 군왕을 풍자하고, 강하게 다른 사람을 비난했다고 말하는 것은 아마도 공정함을 잃은 것이리다. 무릇『離騷』의 문사는『五經』에 의거하여 대의를 밝혔다.【帝高陽之苗裔】는【厥初生民, 時惟姜嫄】과 같은 뜻이다. ……【駟玉虬而乘鷖】는【時乘六龍, 以御天也.】와 같은 뜻이다.【就重華而陳辭】는『尙書』「咎繇」에서 謀議를 진술한 것과 같은 뜻이다. 昆侖에 오르고 流沙를 건너다닌 것은『禹貢』의 강토를 구획한 것과 같은 뜻이다. 따라서 才智가 뛰어난 인물은 그 언사가 박식하며, 재주가 넘치는 인물은 그 아는 바가 深遠하다. 屈原의 문사는 실로 박식하고 심원하다! 屈原이 죽은 뒤에 견문이 넓고 학식이 풍부한 名儒들이 사부를 지을 때 모두 그 형식을 본받았으며, 문장의 구성과 구조를 따랐으며, 정묘한 부분을 흡수하였고, 아름다운 수사를 답습하였다. 屈原의 문장은 내용과 형식이 조화로워 百代에 걸쳐도 적수가 없으며, 명성이 끝없이 이어져 영원히 사라지지 않는다."『楚辭補注』本에는【人】字 다음에【之】字가 있다.『詩經』『大雅』「抑」:"얼굴을 맞대고 직접 명령할 뿐만 아니라 귀를 잡고 일러주어야 한다.” 『正義』:“비단 대면하여 명령해야 할 뿐만 아니라 내가 친히 귀를 잡고 일깨워야 한다.” 예전에 周 厲王이 無道하여 『詩經』의 작가가 이 시를 지어 諷諭를 가하면서 厲王의 귀를 잡아당겨 그로 하여금 각성시켜야 한다고 한 말이다. [『訓故』:“『後漢書』: ‘王逸字叔師, 南郡宜城人, 順帝時官侍仲, 著『楚辭章句』.’” 王逸「楚辭章句序」:“且詩人怨主刺上, 曰【嗚呼小子, 未知臧否, 匪面命之, 言提其耳.】諷諫之語, 於斯爲切. 以爲『大雅』. 引此比彼, 屈原之辭, 優遊婉順, 寧以其君不知之故, 欲提攜其耳乎? 而論者以爲露才揚己, 怨刺其上, 强非其人, 殆失厥中矣. 夫『離騷』之文, 依託『五經』而立義焉.【帝高陽之苗裔】則【厥初生民, 時惟姜嫄】也. ……【駟玉虬而乘鷖】則【時乘六龍, 以御天】也.……【登昆侖而涉流沙】, 則『禹貢』之敷土也. 故知彌盛者其言博, 才益多者其識遠. 屈原之辭, 誠博遠矣! 自終沒以來, 名博儒達之士, 著造辭賦, 莫不擬則其儀表, 祖式其模範, 取其要妙, 竊其華藻, 所謂金相玉質, 百世無匹, 名垂罔極, 永不刊滅者矣.” 『楚辭補注』本【人】下有【之】字. 『詩經』『大雅』·「抑」:“匪面命之, 言提其耳.” 『正義』:“非但對面命語之, 我又親撕提其耳.” 舊說周厲王無道, 詩人作此詩諷諭, 而提撕厲王的耳朵, 促使他驚覺.]

354. 詹注4-2: 이는 『離騷』의 文辭가 『大雅』의 「抑」보다 온화하다고 생각한다는 뜻. [這是認爲『離騷』措辭還比『大雅』「抑」和緩.]

355. 詹注4-3: 【依經立義】에 대하여, 『漢書』「藝文志·詩賦略

論」··“楚國의 충신 屈原이 참소를 당하고도 나라를 걱정하여 『詩經』의 풍자를 가지고 賦를 지었으니 모두 惻隱한 古詩의 뜻을 지니고 있다.” [【依經立義】, 『漢書』「藝文志·詩賦略論」··“及楚臣屈原, 離讒憂國, 皆作賦以風, 咸有惻隱古詩之義.”

356. 詹注4-4: 【駟】字는 黃注本에 【駉】字로 되어 있으나, 오류다. 『唐寫本』, 元刻本, 弘治本에 모두 【駟】字로 되어 있다. 『校注』··“『離騷』··‘네 마리 玉虬가 끄는 鷖를 타고’ …… 반드시 여러 판본에 의거하여 【駟】로 고쳐야 한다.” [【駟】, 黃注本作【駉】, 誤. 『唐寫本』、元刻本、弘治本均作【駟】. 『校注』··“『離騷』··‘駟玉虬以乘鷖兮’ …… 當據各本改作【駟】.”]

『校證』··“【鷖】는 원래 【翳】였다. 鈴木··‘洪本에서 【翳】를 【鷖】로 썼으며, 이리해도 좋다. …… ’ 王惟儉本에서도 【鷖】로 썼으며, 지금은 이를 근거로 고쳤다. 洪本은 洪興祖의 『楚辭補注』를 말한다.” 橋川時雄··“【翳】는 【蔽: 가리다】, 【覆: 덮다】와 같은 뜻이며, 【鷖】와도 통용된다. 『詩經』「鳧翳」··‘翳鳥는 봉황의 일종이다.’” 『校注』··“『離騷』…… 舊校··‘【鷖】는 【翳】로 쓰기도 한다.’ …… 【鷖】, 【翳】 二字는 古本에서는 서로 통용되었다.’ 梅本 正文에는 【翳】로 썼으나 注文에서는 【鷖】로 쓰기도 하였다. 注··‘뿔이 있는 것을 【龍】, 뿔이 없는 것을 【虬】 한다. 【鷖】는 鳳凰의 別名이다.’”(이는 王逸의 注) 『訓故』··“『離騷』··‘네 마리 玉虬가 끄는 【鷖】를 타고 티끌을 떨치며 하늘로 올라갑니다.'" 『楚辭補注』: "【鷖】를 수레로 삼고 玉虬로 끌게 했다. 【駟】는 네 마리의 말이 끄는 마차. 【虬】는 용의 일종, …… 龍은 뿔이 있는 것. 【鷖】는 于計, 烏鷄 二切이다." [『校證』: "【鷖】原作【翳】. 鈴木云: '洪本【翳】作【鷖】, 可從. …… ' 案王惟儉本作【鷖】, 今據改. 洪本, 謂洪興祖『楚辭補注』." 橋川時雄: "【翳】, 「蔽」也, 【覆】也, 與【鷖】通用. 故『詩經』「鳧翳」序譯文云: '【翳鳥】, 鳳屬.'" 『校注』: "『離騷』…… 舊校云: '【鷖】一作【翳】.' …… 是【鷖】、【翳】二字古本相通.' 梅本正文作【翳】, 在注文中作【鷖】, 注云: '有角曰【龍】, 無角曰【虬】. 【鷖】, 鳳凰別名也.'"(此王逸注) 『訓故』: "「離騷: '駟玉虬以乘鷖兮, 溘埃風余上征.'" 『楚辭補注』: "言以鷖爲車而駕以玉虬也. 【駟】, 一乘四馬. 【虬】, 龍類也, …… 龍子有角者. 【鷖】, 于計, 烏鷄二切."]

357. 詹注4-5: 『周易』「乾」彖辭: "때로 여섯 마리 용을 타고 하늘을 다스린다." 王逸은 『離騷』의 【駟玉虬】는 『周易』의 【乘六龍】에 근거하여 쓴 것이라 여겼다. 『正義』: "이 두 구절은 乾元이 하늘을 통괄한다는 의미를 설명한 것으로 乾의 쓰임은 時期에 의거함을 말한다. 六爻의 陽氣를 다스려 天體를 다스린다. 六龍은 六位의 龍. 하늘과 땅의 위치를 六位라 한다. 양기의 상승과 하강을 일러 六龍이라 한다." [易』「乾」彖辭: "時乘六龍以御天." 王逸認爲『離騷』中的【駟玉虬】就是根據『周易』中的【乘六龍】寫的. 『正義』: "此二句申明乾元乃統天之義, 言乾之爲德以依時. 乘駕六爻之陽氣, 以控御於天體. 六龍, 卽六位之龍也. 以所居上下

言之, 謂之六位也. 陽氣升降謂之六龍."]

358. 詹注4-6: 『離騷』‥"내가 갈 길은 저 崑崙山을 돌아가야 하는데, 돌고 도는 아득히 먼 길입니다.", "갑자기 나는 이 사막을 지나 赤水로 가서 노닐었습니다." 王逸注‥"【流沙】는 모래가 마치 물처럼 흐르는 것이다. 『尙書(禹貢)』‥'餘波가 流沙로 빠져들었다.'" 『訓故』‥"『書經』「禹貢」‥'짐승 털가죽으로 짠 융단은 崑崙, 析支, 渠搜에서 났으며, 서쪽 오랑캐들도 질서가 잡혔다.' '동쪽으로는 바다에 다다랐고, 서쪽으로는 流沙에 미쳤다.'" 『招魂』‥"바람 따라 모래가 천리까지 다다랐다." [『離騷』‥"邅吾道夫崑崙兮, 路修遠以周流." "忽吾行此流沙兮, 遵赤水而容與." 王逸注‥"【流沙】, 沙流如水也. 『尙書(禹貢)』‥'餘波入於流沙.'" 『訓故』‥"『書經』「禹貢」‥'織皮崑崙. 析支, 渠搜, 西戎卽敍.' '東漸于海, 西被于 流沙.'" 『招魂』‥"流沙千里."]

359. 詹注4-7: 『尙書』「禹貢」‥"禹가 대지를 평정하였다." 『正義』‥"禹가 나누고 분별하여 九州의 땅을 다스렸다." [尙書』「禹貢」‥"禹敷土." 『正義』‥"禹分布治此九州之土."]

360. 詹注4-8: 橋川時雄‥"『唐寫本』 및 『楚辭』 夫蓉館本, 汲古閣本에는【詞】로 되어 있으나, 다른 여러 판본에는【辭】로 되어 있다." [橋川時雄‥"『唐寫本』及『楚辭』夫蓉館、汲古閣本作【詞】, 各本作【辭】."]

361. 詹注4-9: 『詩經』『大雅』「棫樸」‥"쇠와 구슬의 바탕." 毛傳‥"【相】은【質: 바탕】과 같은 뜻." 문장의 형식과 내용이

모두 아름다움을 비유함. [『詩經』『大雅』「棫樸」: “金玉其相.” 毛傳: “【相】, 【質】也.” 比喩文章的形式和內容都很華美.]

362. 范注1-6: 王逸 「楚辭章句序」: “敍에서 이르길 옛날 孔子는 聖明하고 明喆하여 태생이 일반인과는 달랐기에 經典의 학술을 확정하였고, 『詩經』, 『書經』을 刪定하였고, 禮樂을 바로 세웠으며, 『春秋』를 지어 後王의 법도로 삼았으며, 제자가 三千 명이나 되었으나, 모두가 孔子의 가르침을 잘 이해하였다. 孔子가 세상을 떠나자 大義가 무너지고, 절묘한 언사가 단절되어 전해지지 않았다. 이후로 周王室이 쇠약해지자 戰國의 群雄이 서로 전쟁을 일삼으니 도덕이 한꺼번에 무너지고 속임수와 거짓말이 만들어졌다. 이에 楊朱, 墨子, 鄒衍, 孟子, 荀卿, 韓非子 등의 무리가 자신이 아는 바대로 傳記를 지으니 혹자는 고인의 말씀을 옮겨 적고, 혹자는 이를 가지고 유명해졌다. 그러나 屈原은 충성을 다했으나 讒訴를 당해 억울함과 비분을 마음에 품었지만 『詩經』의 뜻을 받들어 『離騷』를 지어 군왕을 풍자하고, 스스로를 달랬다. 군주가 混庸하여 시절이 어지럽게 되었으나 자신의 충정어린 의견조차 받아들여지지 않자 비분을 참지 못해 결국『九歌』 이하 25편의 작품을 지었다(『離騷』 1편, 『九歌』 11편, 『天問』 1편, 『九章』 1편, 『遠遊』 1편, 『卜居』 1편, 『漁父』 1편). 楚國의 사람들이 그의 행동과 의로움을 높이 받들었고, 아름다운 문체에 탄복하여 서로에게 일러주어 후대에 전했다. 漢武帝 시기에 이르러 천하의 어지러운 논설을 정리하고자 淮南王 劉安에게

『離騷經章句』를 짓도록 하니 그 대의가 燦然히 빛나게 되었다. 후세의 英雄俊傑이 모두 仰慕하여 절묘한 생각을 드러냈고, 그의 문장을 계승하고 傳述하였다. 劉向이 경전을 整理 校勘할 때 16권으로 만들었다. 章帝가 즉위하여 六藝의 大道를 널리 펼치고자 하자 班固와 賈逵가 다시 자신의 견해에 의거하여 전부터 의심되는 것을 고쳐 각자 『離騷經章句』를 지었다. 그 외의 15권은 다루지 않았다. 또한【壯】字를【狀】字로 誤記하여 原義를 뒤틀리게 하였고, 사실도 요점을 담지 못했다. 지금 내가 아는 바에 의거하여 옛 문장을 헤아려 보고 經傳에 부합하도록 만들어 16권의 『楚辭章句』를 지었다. 비록 그 미묘함을 모두 드러내지는 못했으나 큰 취지는 소략하나마 드러나게 하였다. 또한 臣下의 도리는 忠誠과 正直이 가장 고귀한 것이기에 절개를 지키는 것이 가장 훌륭한 일이다. 따라서 귀에 거슬리는 말이 있어야 나라가 존립하기에 목숨을 바쳐 인의를 행해야 한다. 이러한 까닭에 伍子胥는 강호를 떠돌면서도 원망하지 않았고, 比干은 심장을 도려내도 후회하지 않았다. 이러한 연후에야 충성이 바로 서고, 실천이 이루어지고, 榮譽가 드러나고, 명성이 드날리게 된다. 만일 훌륭한 도를 지니고 있으나 나라가 어지러운데도 우둔한 체하면서 아무 말도 하지 않는 것은 나라가 전복되어도 일으켜 세울 수 없고, 나라가 위태로워도 안정을 찾을 수 없게 만들며, 優柔不斷하여 군왕의 말에 순종하고 관망하면서 화를 면하려하면 수명은 百歲까지 연명하더라도 志士에게는 치욕으로 보일 것이며, 山野의 촌부에게도 멸시를 받을 것이다. 屈原은 충정의 기질을 지니고 있고, 청결한 性品을 體現하였기에 정직함은 화살과 숫돌 같으며, 말은 丹靑처럼 아름다우며, 벼슬에 나가서는 도모함을 숨기지 않았고, 물러나서는 목숨을 아까워하지 않았으니, 이는 실로 세상에 비할 수 없는 고상한 행동이었기에 豪傑 중의 豪傑이라 하겠다. 그러나 班固는 屈原을 재능을 뽐내고 자신을 치켜세웠으며, 많은 소인배들 가운데서 경쟁을 일삼고, 懷王을 怨望하였고, 子椒와 子蘭을 조롱하고 풍자하였고, 구차하게 벼슬에 나가려 했으며, 다른 사람들을 강하게 비난하다가 자신의 견해가 받아들여지지 않자 그 울분을 참지 못하여 스스로 물에 빠져 죽었다고 말한 것은 屈原의 고명함과 어긋나고, 깨끗함을 깎아내리는 것이다. 옛날 伯夷와 叔齊는 나라가 망한 뒤에 자신의 본분을 지켜 周國의 곡식을 먹지 않아 굶어 죽었는데 어찌 벼슬을 원하고 다른 사람을 원망했다고 말할 수 있겠는가! 또한 『詩經』에서 통치자에 대해 풍자하길 【오호라! 이 녀석은 좋고 나쁨조차 모르니 억지로 귀를 당겨 일깨워주어야 한다.】고 하였다. 諷諫의 言辭는 이처럼 간절했다. 그리고 공자가 이러한 것을 논하고 『大雅』라 하였다. 『詩經』과 『楚辭』를 비교해보면 屈原의 문사는 온화하고 법도에 맞으니 이 어찌 군자가 昏庸하기에 억지로 귀를 당겨 일깨워주는 것이겠는가? 그러나 재능을 뽐내고 자신을 치켜세웠으며, 군왕을 풍자하고, 강하게 다른 사람을 비난했다고 말하는 것은 아마도 공정함을 잃은 것이리다. 무릇 『離騷』의 문사는 『五經』에 의거하여 대의를 밝힌 것이다. 【帝高陽之苗裔】는 【厥初生民, 時惟姜嫄】과 같은 뜻이다. 【紉秋蘭以爲佩】는 【將翺將翔, 佩玉瓊琚】과 같은 뜻이다. 【夕攬洲之宿莽】은 『周易』의 【潛龍勿用】과 같은 뜻이다. 【駟玉虬而乘鷖】는 【時乘六龍, 以御天也】와 같은 뜻이다. 【就重華而陳辭】는 『尙書』 「咎繇」에서 謀議를 진술한 것과 같은 뜻이다. 昆侖에 오르고 流沙를 건너다닌 것은 『禹貢』의 강토를 구획한 것과 같은 뜻이다. 따라서 才智가 뛰어난 인물은 그 언사가 박식하며, 재주가 넘치는 인물은 그 아는 바가 深遠하다. 屈原의 문사는 실로 박식하고 심원하다! 屈原이 죽은 뒤에 견문이 넓고 학식이 풍부한 名儒들이 사부를 지을 때 모두 그 형식을 본받았으며, 문장의 구성과 구조를 따랐으며, 정묘한 부분을 흡수하였고, 아름다운 수사를 답습하였다. 屈原의 문장은 내용과 형식이 조화로워 百代에 걸쳐도 적수가 없으며, 명성이 끝없이 이어져 영원히 사라지지 않는다." [王逸「楚辭章句序」: "敍曰: 昔者孔子叡聖明喆, 天生不群, 定經術, 刪詩書, 正禮樂, 作『春秋』, 以爲後王法, 門人三千, 罔不昭達. 臨終之日, 則大義乖而微言絶. 其後周室衰微, 戰國並爭, 道德陵遲, 譎詐萌生. 於是楊墨鄒孟孫韓之徒, 各以所知, 著造傳記, 或以述古, 或以明世. 而屈原履忠被譖, 憂悲愁思, 獨依詩人之義而作『離騷』, 上以諷諫, 下以自慰. 遭時闇亂, 不見省納, 遂復作『九歌』已下二十五篇.(『離騷』一篇, 『九歌』十一篇, 『天問』一篇, 『九章』一篇, 『遠遊』一篇, 『卜居』一篇, 『漁父』一篇) 楚人高其行義, 瑋其文采, 以相教傳. 至於孝武帝恢廓道訓, 淮南王安作『離騷經章句』, 則大義粲然. 後世

雄俊, 莫不瞻慕, 纘述其辭. 劉向典校經書, 分爲十六卷. 章帝卽位, 深弘道藝, 而班固賈逵復以所見改易前疑, 各作『離騷經章句』. 其餘十五卷, 闕而不說. 又以【壯】爲【狀】, 義多乖異, 事不要括. 今臣復以所知, 稽之舊章, 合之經傳, 作十六卷章句. 雖未能究其微妙, 然大指之趣, 略可見矣. 且人臣之義, 以忠正爲高, 以伏節爲賢, 故有危言以存國, 殺身以成仁. 是以伍子胥不恨於浮江, 比干不悔於剖心. 然後忠立而行成, 榮顯而名著. 若夫懷道以迷國, 佯愚而不言, 顚則不能扶, 危則不能安, 婉娩以順上, 逡巡以辟患, 雖保黃耇, 終壽百年, 蓋志士之所恥, 愚夫之所賤也. 今若屈原, 膺忠貞之質, 體淸潔之性, 直若砥矢, 言若丹靑, 眞不隱其謀, 退不顧其命, 此誠絶世之行, 俊彦之英也. 而班固謂之露才揚己, 競於群小之中, 怨恨懷王, 譏刺椒蘭, 苟欲求進, 强非其人, 不見容納, 忿恚自沈, 是虧其高明而損其淸潔者也. 昔伯夷讓國守分, 不食周粟, 遂餓而死, 豈可復謂有求於世而怨望哉! 且詩人怨主刺上, 曰【嗚呼小子, 未知臧否, 匪面命之, 言提其耳.】 諷諫之語, 於斯爲切. 以爲『大雅』. 引此比彼, 屈原之辭, 優遊婉順, 寧以其君不知之故, 欲提攜其耳乎? 而論者以爲露才揚己, 怨刺其上, 强非其人, 殆失厥中矣. 夫『離騷』之文, 依託『五經』而立義焉. 【帝高陽之苗裔】則【厥初生民, 時惟姜嫄】也; 【紉秋蘭以爲佩】則【將翺將翔, 佩玉瓊琚】也; 【夕攬洲之宿莽】則『易』【潛龍勿用】也; 【駟玉虬而乘鷖】則【時乘六龍, 以御天】也. 【就重華而陳辭】則「『尙書』「咎繇」之謀謨也; 登昆侖而涉流沙, 則『禹貢』之敷土也. 故知彌盛者其言博, 才益多者其識遠. 屈原之辭, 誠博遠矣! 自終沒以來, 名博儒達之士, 著造辭賦, 莫不擬則其儀表, 祖式其模範, 取其要妙, 竊其華藻, 所謂金相玉質, 百世無匹, 名垂罔極, 永不刊滅者矣."]

363. 范注1-7: 『漢書』「王褒傳」: "宣帝때, 武帝의 故事를 편수하면서 六禮의 많은 책에 대하여 강론하였는데 기이한 애호까지 널리 포함시켰다. 徵求한 것에 『楚辭』의 「九江」, 「被公」까지 있었고, 誦讀할 수 있는 사람을 불러 읊게 하였다. …… 운 좋게 宮館에 가면 항상 歌頌하였고, 高下를 따져 비단을 하사받았다. 논자들 대부분은 중요하지 않다고 하였다. 황제가 바둑 두는 것은 어떠한가? 바둑 두는 것도 현명한 것이다. 辭賦는 크게는 古詩와 그 의미가 같고 작게는 아름다운 것을 가려 즐길 수 있게 한다. 예를 들어 女工이 짠 綺와 縠, 音樂에는 鄭聲과 衛聲있는데, 오늘날 세속의 사람들이 이를 가지고 이목을 즐겁게 한다. 辭賦와 이를 비교해보면 辭賦에는 오히려 仁義와 諷諭가 있고, 鳥蟲草木을 많이 알 수 있는 觀察이라도 할 수 있으니 倡優나 바둑보다는 훨씬 뛰어나다." [『漢書』「王褒傳」: "宣帝時, 修武帝故事, 講論六藝群書, 博盡奇異之好; 徵能爲『楚辭』「九江」「被公」, 召見誦讀. …… 所幸宮館, 輒爲歌頌, 第其高下, 以差賜帛. 論者多以爲淫靡不急. 上曰, 不有博奕者乎? 爲之 猶賢乎已. 辭賦大者與古詩同義, 小者辯麗可喜. 辟如女工有綺縠, 音樂有鄭衛聲, 今世俗猶皆以此虞說耳目, 辭賦比之, 尙有仁義諷諭, 鳥蟲草木多聞之觀, 賢於倡優博奕遠矣."]

詹注5-1: 『校證』··“『唐寫本』에 【術】은 【傳】으로 되어 있다.” 橋川時雄··“둘 다 옳다.” 范注··“『漢書』「王褒傳」··‘宣帝때, 武帝의 故事를 편수하면서 六禮의 많은 책에 대하여 강론하였는데 널리 기이한 애호까지 다 포함하였다. 徵求한 것에 『楚辭』의 「九江」, 「被公」까지 있었고, 誦讀할 수 있는 사람을 불러 읊게 하였다. …… 운 좋게 宮館에 가면 항상 歌頌하였고, 고하를 따져 비단을 하사받았다. 논자들 대부분은 중요하지 않다고 하였다. 황제가 바둑 두는 것은 어떠한가? 바둑 두는 것도 현명한 것이다. 辭賦는 크게는 古詩와 그 의미가 같고 작게는 아름다운 것을 가려 즐길 수 있게 한다. 예를 들어 女工이 짠 綺와 縠, 音樂에는 鄭聲과 衛聲있는데, 오늘날 세속의 사람들이 이를 가지고 이목을 즐겁게 한다. 辭賦와 이를 비교해보면 辭賦에는 오히려 仁義와 諷諭가 있고, 鳥蟲草木을 많이 알 수 있는 觀察이라도 할 수 있으니 倡優나 바둑보다는 훨씬 뛰어나다.’” [『校證』··“『唐寫本』【術】作【傳】.” 橋川時雄··“兩是.” 范注··“『漢書』「王褒傳」··‘宣帝時, 修武帝故事, 講論六藝群書, 博盡奇異之好; 徵能爲『楚辭』「九江」「被公」, 召見誦讀. …… 所幸宮館, 輒爲歌頌, 第其高下, 以差賜帛. 論者多以爲淫靡不急. 上曰, 不有博奕者乎? 爲之 猶賢乎已. 辭賦大者與古詩同義, 小者辯麗可喜. 辟如女工有綺縠, 音樂有鄭衛聲, 今世俗猶皆以此虞說耳目, 辭賦比之, 尙有仁義諷諭, 鳥蟲草木多聞之觀, 賢於倡優博奕遠矣.’”]

『斠詮』··“【嗟歎】은 【吟誦】과 같은 뜻.” 王念孫 『廣雅疏

證』··“『樂記』··‘길게 말해도 부족하기에 嗟歎한다.’” 鄭注··“【嗟歎】은 호응하여 지속하는 것.” 이는 고대에 【吟誦】을 【嗟歎】이라 말했다는 것이다. 「詩大序」··“말로 부족하면 嗟歎한다.” [『斠詮』··“【嗟歎】, 【吟誦】也.” 王念孫『廣雅疏證』··“『樂記』··‘長言之不足, 故嗟歎之.’” 鄭注··“【嗟歎】, 和續之也.” 是古謂吟爲嗟歎也. 「詩大序」··“言之不足, 則嗟歎之.”]

364. 詹注5-2: 『唐寫本』에서 【諷】을 【談】이라 하였으나, 오류다. 斯波六郎··“戶田浩曉 『校勘記補』··‘鍾本에 【味】는 【詠】으로 되어 있다.’ 당연히 【諷味】로 써야 한다. 【諷味】의 用例로는 晉 東海王 越이 지은 『勅世子毗』의 【諷味遺言】이 있다(『世說新語』「賞譽」篇, 『文選』「齊竟陵王行狀」注에서도 『晉中興書』를 인용하였다.).” 『校證』··“『古論大觀』에서는 【味】를 【咏】로 썼다.” 『補綴』··“『稗篇』73의 인용문에서도 【味】를 【咏】로 썼다.” 【咏】字로 쓰는 것이 보다 의미심장하다. [『唐寫本』【諷】作【談】, 誤. 斯波六郎··“戶田浩曉氏 『校勘記補』··‘鍾本【味】作【詠】.’ 案應作【諷味】爲是. 【諷味】之用例, 見晉東海王越之『勅世子毗』「諷味遺言」.(『世說新語』「賞譽」篇, 『文選』「齊竟陵王行狀」注引『晉中興書』.)” 『校證』··“『古論大觀』【味】作【咏】.” 『補綴』··“『稗篇』七三引【味】作【咏】.” 按【咏】字義長.]

365. 范注1-8: 揚雄의 言及은 어디에서 나온 것인지 상세하지 않다. [揚雄語未詳所出.]

詹注5-3: 『校注』··“揚雄의 언급은 확실하게 알 수 없기에

黃侃, 范文瀾 諸家의 注 역시 상세하지 않다. 王逸 『楚辭』『天問』後序··'예전 屈原의 작품은 모두 25편이었고, 세상에서는 서로 알려주어 전해지게 되었으나 『天問』篇은 文義가 가지런하지 않고 또 기괴한 일이 많기에 그렇게 말할 수 없었다. 司馬遷으로부터 이를 논의해왔으나 대부분이 충분하지 못했다.' 劉向, 揚雄이 傳記(舊校··"【經傳】이라고 하였다.")를 원용하여 설명하였으나 또한 자세하지 못하다. 劉勰이 【체제가 『詩經』『雅』와 같다】는 것도 이와 비슷한 경우다." [『校注』··"按子雲語無攷, 黃范諸家注亦未詳. 王逸『楚辭』『天問』後序··'昔屈原所作, 凡二十五篇, 世相教傳, 而莫能說『天問』, 以其文義不次, 又多奇怪之事. 自太史公口論道之, 多所不逮'. 至于劉向、揚雄, 援引傳記(舊校··"一作經典.")以解說之, 亦不能詳悉. 舍人謂其【言體同『詩』『雅』】, 就此可得其彷佛."]

橋川時雄··"『法言』「吾子」卷第2··'어떤 사람이 賦로 남을 풍자할 수 있습니까? 라고 말하니 풍자를 말하는 것이가? 라고 대답하였다.' '사실이 文辭보다 뛰어나면 정직하고, 문사가 사실보다 뛰어나면 賦(美辭麗句)가 되고, 사실과 문사가 균형이 잡히면 經이 된다. 말로 표현한 것도 족하고, 내용도 족하면 德操가 아름다운 것이다.' 李軌注··'사실과 문사가 서로 잘 어울린 것이 바로 經典이다.' 劉勰의 언급은 이를 바탕으로 한 것이다." [橋川時雄··"『法言』「吾子」卷第二··'或曰賦可以諷乎? 曰諷乎.' 又云··'事勝辭則伉, 辭勝事則賦, 事辭稱則經. 足言足容, 德之藻矣. 李軌注云··

'事辭相稱, 乃合經典.' 彥和所說亦本此."]

366. 詹注5-4: 梅注‥"【四家】는 漢武帝, 淮南王, 宣帝, 揚雄이다." 曹學佺批‥"【四家】에는 王逸이 들어가야 되고 漢武帝는 빠져야 한다." [梅注‥"【四家】, 卽漢武, 淮南, 宣帝, 揚雄." 曹學佺批‥"【四家】當是王逸, 非漢武."]

367. 詹注5-5: 范注‥"鈴木‥'洪本에는 【傳】字 다음에 【體】字가 있다.'" 『斠詮』‥"【合傳】과 上句의 【方經】이 對文이기에 【體】字가 반드시 있을 필요는 없다." [范注‥"鈴木云‥'洪本【傳】下有【體】字.'" 『斠詮』‥"【合傳】與上句【方經】對文, 不應有【體】字."]

368. 詹注5-6: 『斠詮』‥"【任聲】은 임의대로 말하는 것, 즉 함부로 비평한다는 뜻. 【聲】은 【言】과 같은 뜻. 『鬼谷子』「反應」의 【以無形, 求有聲: 無形으로 有聲을 구하다】의 注를 참조하라." 『注訂』‥"【任聲】은 그 말이 잘못된 것을 지칭하며, 【過實】은 그 의미가 잘못된 것을 지칭한다." [『斠詮』‥"【任聲】, 任意言談, 亦卽信口批評之意. 【聲】, 卽【言】也. 見『鬼谷子』「反應」【以無形, 求有聲】注." 『注訂』‥"【任聲】指其言非, 【過實】指其義謬."]

369. 詹注5-7: 『唐寫本』에 【弗】은 【不】로 되어 있다. [『唐寫本』, 【弗】作【不】.]

370. 范注1-9: 『困學紀聞』券6‥"劉勰 「辨騷」篇‥'班固는 羿, 澆, 二姚의 내용은 『春秋左氏傳』과 부합하지 않는다.' 洪慶善‥'『離騷』의 羿, 澆 등의 사실은 정확하게 『春秋左氏

傳』과 부합하며, 班固의 언급은 劉安의 주장을 말한 것일 뿐이다.'"(陳振孫 『書錄解題』‥"『楚辭』 17卷은 漢代 劉向이 집대성한 것이다. 後漢 王逸, 叔師가 注를 달았다. 饒州, 曲阿, 洪興祖, 洪慶善이 補注를 달았다. 王逸의 注는 비록 完善하지 않으며, 淮南王 劉安 이후 주석은 오늘날 전해오지 않고, 다만 목록만이 『隋書』와 『唐書』에 보이며, 오직 王逸의 注만이 다행스럽게 전해졌기에 洪興祖가 이를 이어 補注하였고, 이에 名物에 대한 훈고가 자세하게 남아 있을 수 있음을 알 수 있다.") [『困學紀聞』卷六‥"劉勰「辨騷」篇‥'班固以爲羿澆二姚, 與『左氏』不合.' 洪慶善曰‥'『離騷』羿澆等事, 正與『左氏』合, 孟堅所云, 謂劉安說耳.'" (陳振孫『書錄解題』‥"『楚辭』十七卷, 漢劉向集. 後漢王逸叔師注. 知饒州曲阿洪興祖慶善注. 逸之注雖未盡善, 而自淮南王安以下, 爲訓傳者, 今不復存, 其目僅見於『隋唐志』, 獨逸注幸而尙傳, 興祖從而補之, 於是訓詁名物詳矣.")]

詹注5-8: 【覈】은 【核實】하다는 뜻. 전체 의미는 감상하지만 사실을 명확하게 파악하지 못했음을 말한다. 橋川時雄‥"『唐寫本』에 【也】는 【矣】로 되어 있다." [【覈】, 核實. 全句意謂玩味而微核實. 橋川時雄‥"唐寫【也】作【矣】."]

이상 제 2단락에서는 漢代 여러 학자들의 『離騷』에 대한 평가를 나누어 살펴본 결과 모두 편파적 오류를 지니고 있음을 언급하였다. [以上爲第二段, 辨別漢代各家對『離騷』的評價, 認爲都有失於偏頗.]

5-2.

논의의 핵심을 따져보려면 반드시 말을 검증하여야 한다. 『離騷』에서 堯舜의 영광과 위대함에 대한 언급, 禹湯의 경외와 공경에 대한 언급은 『尙書』「典誥」의 要體를 본받은 것이다. 桀王과 紂王의 猖披함을 나무라거나, 后羿, 過澆의 滅亡을 애석하게 여긴 것은 諷諭의 要旨를 헤아린 것이다. 虬龍으로 君子에 비유하고, 구름과 무지개로 아첨꾼과 사악한 사람에 비유한 것은 『詩經』 比興의 기법을 본받은 것이다. 매번 조국을 돌아보며 눈물짓고, 임금 계신 궁궐은 너무나 깊어 다다를 수 없음을 탄식한 것은 충성과 원망을 표현한 문사다. 이 4가지 사실을 헤아려보면 『風雅』와 동일하다. 구름과 龍으로 君子와 小人에 비유하고, 실제에서 벗어난 괴이한 이야기를 하고, 구름의 신 豐隆로 하여금 宓妃를 찾게 하고, 鴆鳥로 하여금 娀女의 배우자를 찾게 한 것은 괴이한 文辭다. 康回가 화가나 땅을 기울게 했다거나, 后羿가 해를 활로 쏘아 떨어뜨렸다거나, 머리가 아홉 개나 있는 나무꾼 이야기, 눈이 세 개인 土伯 이야기는 기만적인 문사다. 彭咸의 유훈을 따른다거나, 伍子胥를 따라 自適한다는 말은 고집스럽고 협소한 의지라 하겠다. 士人과 女人이 뒤섞여 앉아 난잡하게 구분하지 않고 노는 것을 즐겁다고 하거나, 술자리가 끝없이 이어져 온종일 술에 취해있는 것을 환락이라 하는 것은 荒淫한 내용이다. 이 4가지 사실을 따져보면 經典과 다르다.

5-2.

將覈其論, 必徵言焉. 故其陳堯舜之耿介[371], 稱湯武之祗敬[372], 典誥之體也[373]; 譏桀奏之猖披[374], 傷羿澆之顚隕[375], 規諷之旨也; 虯龍以喩君子[376], 雲蜺以譬讒邪[377], 比興之義也; 每一顧而掩涕[378], 歎君門之九重[379], 忠怨之辭也[380]; 觀玆四事, 同於『風雅』者也[381]. 至於託雲龍[382], 說迂怪[383], 豐隆求宓妃[384], 鴆鳥媒娀女[385], 詭異之辭也; 康回傾地[386], 夷羿彈日[387], 木夫九首[388], 土伯三目[389], 譎怪之談也[390]; 依彭咸之遺則[391], 從子胥以自適[392], 猖狹之志也[393]. 士女雜坐, 亂而不分[394], 指以爲樂[395], 娛酒不廢, 沉湎日夜[396], 擧以爲懽[397], 荒淫之意也[398]; 摘此四事[399], 異乎經典者也[400].

371. 詹注6-1: 『訓故』‥"저 堯舜의 찬란하고 위대한 성취는 애초부터 바른길을 따랐기에 가능했다." 王逸注‥"【耿】은 【光】과 같은 뜻, 【介】는 【大】와 같은 뜻." [『訓故』‥"彼堯舜之耿介兮, 既遵道而得路." 王逸注‥"【耿】, 【光】也; 【介】, 【大】也."]

372. 詹注6-2: 『校證』‥"【禹湯】은 원래 【湯武】로 되어 있었으나 지금은 『唐寫本』 및 明翻宋 『楚辭』를 따라 고쳤다." 黃注‥"『離騷』‥'【湯】과 【禹】는 근엄하고 공경스러웠고, 周나라 임금은 도리를 논하면 반드시 지켰다.'" 范注‥"『離騷』에 의거하면 응당 【湯禹】라 해야 한다." 『校注』‥"『楚辭』 『離騷』‥'【湯】과 【禹】는 근엄하고 공경스러웠다.' 또한 '【湯】과 【禹】는 근엄하게 賢臣을 찾았다.'에서 모두 【湯禹】라 하였다. 『九章 · 懷沙』의 【湯禹久遠兮】에서도 【湯禹】라 하였다. 劉勰의 이 구절을 지으면서 『離騷』에서 【湯禹】라 적은 것을 따랐을 것인데, 傳寫者들이 실수하여 【湯武】라 했을 뿐이다. 만약 본편처럼 【禹湯】라 쓰더라도 잘못되었다고 까지 말할 수는 없다." 王逸注‥"【儼】은 【畏】와 같은 뜻이고, 【祗】는 【敬】과 같은 뜻." [『校證』‥"【禹湯】原作【湯武】, 今從『唐寫本』及明翻宋『楚辭』改." 黃注‥"『離騷』‥'【湯】、【禹】儼而祗敬兮, 周論道而莫差.'" 范注‥"據『離騷』應作【湯禹】." 『校注』‥"『楚辭』『離騷』‥'【湯】、【禹】儼而祗敬兮.' 又‥'【湯】【禹】儼而求合兮', 竝作【湯禹】. 『九章 · 懷沙』【湯禹久遠兮】, 亦作【湯禹】. 疑舍人此文, 原從『離騷』作【湯禹】, 傳寫者失敍, 乃改【湯武】耳. 若本

作【禹湯】, 恐不致誤也.” 王逸注··“【儼】, 【畏】也, 【祗】, 【敬】也.”]

373. 范注2-1: 【湯武】는 『唐寫本』에 【禹湯】으로 되어 있다. 『離騷』에 의거하면 응당 【湯禹】라 해야 한다. [【湯武】『唐寫本』作【禹湯】. 據『離騷』應作【湯禹】.]

詹注6-3: 『唐寫本』에는 【典誥之體也; 譏桀奏之猖披, 傷羿澆之顚隕, 規諷之旨也.】 4句가 탈루되고 없다. 范注·· “『詩經』에는 典誥의 文體가 없다.” 『注訂』··“원래의 목표는 堯舜湯禹를 기술하여 『尙書』 典誥의 體要를 획득하자는 것이지 체제를 말하려는 것이 아니다.” 孔安國「古文尙書序」··“典, 謨, 訓, 誥, 誓命의 문장이 100편에 이른다. 지극한 도리를 널리 펼쳐 人君에게 軌範을 보이고자 함이다.” [『唐寫本』脫【典誥之體也; 譏桀奏之猖披, 傷羿澆之顚隕, 規諷之旨也.】四句. 范注··“『詩』無典誥之體.” 『注訂』·· “原述堯舜湯禹, 得『尙書』典誥之體要, 非體裁之謂.” 孔安國「古文尙書序」··“典、謨、訓、誥、誓命之文凡百篇. 所以恢宏至道, 示人主以軌範也.”]

374. 詹注6-4: 『離騷』··“아! 桀紂의 창피한 행적, 오로지 지름길만 찾으려 허둥거렸다.” 王逸注··“【猖披】는 옷을 제대로 입지 않은 모습. …… 옷을 제대로 입지 않고 邪徑을 걸으려함.” 오늘날로 말하면 언행에 절제가 없는 것. 『文選』五臣注··“良이 이르길··‘【昌披】는 【亂: 어지럽다】과 같은 뜻.’” [『離騷』··“何桀紂之猖披兮, 夫惟捷徑窘步.” 王逸注·· “【猖披】, 衣不帶之貌. …… 衣不及帶, 慾步邪徑.” 猶今言

行爲不檢. 『文選』五臣注: "良云: '【昌披】, 【亂】也.'"]

375. 詹注6-5: 『離騷』: "羿는 방탕하기 그지 없었고, 사냥에만 미쳐, 저 큰 여우 쏘기만 즐기더라. 진실로 도를 함부로 어기면 망하게 되나니, 寒浞이 그의 아내를 앗아갔도다. 澆는 몸에 강한 힘을 지니고도 욕심을 부리며 절제를 모르고 날마다 자신의 본분을 모른 채 즐기기만 하더니 목이 날아가 버렸다." 王逸注: "羿는 夏나라가 衰亂해지자 정치를 담당하게 되었으나 수렵에 빠져 백성의 일은 관심도 두지 않았고 寒浞을 신임하여 그를 國相으로 삼았다. 寒浞은 조정안에서는 아양을 떨고, 밖에서는 사람들에게 뇌물을 거두고, 기만과 악행을 저질러 권세를 함부로 사용하였다. 羿가 사냥에서 돌아오려 할 때 家臣 逢蒙으로 하여금 그를 활로 쏴서 죽이게 하고는 羿의 아내를 취하여 아내로 삼았다." 또한: "澆는 寒浞의 아들이다. …… 寒浞이 羿의 아내를 취하여 澆를 낳았는데, 건장한 몸에 힘이 장사였고, 放縱을 일삼고 스스로 인내하지 못했다. 夏候相을 멸망시키고 아무 걱정 없이 편안히 살면서 매일 淫樂에 빠져 자신의 허물을 잊고 지내다가 결국 夏候相의 아들 少康에게 피살되었다." [『離騷』: "羿淫遊以佚田兮, 又好射夫封狐. 固亂流其鮮終兮, 浞又貪夫厥家. 澆身 被服彊圉兮, 縱慾而不忍, 日康娛而自忘兮, 厥首用夫顚隕." 王逸注: "言羿因夏衰亂, 代之爲政, 娛樂畋獵, 不恤民事, 信任寒浞, 使爲國相. 浞行媚於內, 施賂於外, 樹之詐慝, 以專其權勢, 羿畋將歸, 使家臣逢蒙射而殺之, 貪取其家以爲 己

妻.” 又:“澆, 寒浞子. …… 言浞取羿妻而生澆, 彊梁多力, 放縱其慾, 不能自忍. 旣滅夏候相, 安居無憂, 日作淫樂, 忘其過惡, 卒爲相子少康所誅.”]

376. 詹注6-6: 黃注:“「涉江」:‘青虬를 몰고 나감에 白螭로 곁말을 삼는다.” 注:“【虬】, 【螭】는 【神獸】며, 마땅히 이를 부려야 한다는 것은 賢人은 淸白하기에 신임할 수 있음을 비유한 말이다.’” 橋川時雄:“虬龍에 대한 주는 前條를 참조하면 된다. 黃注에서 『九章』「涉江」을 인용하였으나 또한 아무런 언급을 하지 않았다. 『天問』에도 【焉有虬龍】句가 있으며, 王逸注도 거의 동일하다.” [黃注:“「涉江」:‘駕青虬兮驂白螭.” 注:“【虬螭】, 【神獸】, 宜於駕乘, 以喩賢人淸白可新任也.’” 橋川時雄:“按虬龍注見前條. 黃注引『九章』「涉江」, 亦無謂也. 『天問』又有【焉有虬龍】句, 王逸注略同.”]

377. 詹注6-7: 黃注:“『離騷』:‘회오리바람은 모였다 흩어지고, 구름과 무지개 이끌고 마중 나옵니다.” 注:“飄風은 갑자기 부는 바람으로 사악함을 일으킨다. 雲霓는 惡氣로 아첨꾼을 비유한다.’” 『校注』:“『楚辭』 王逸 「楚辭序」:‘『離騷』의 문장은 『詩經』에 의거하여 興을 취하고 事類에 따라 譬喩하였다.…… 虬龍과 鸞鳳으로 君子에 假託하였고, 飄風과 雲霓로 小人에 비유하였다.’” [黃注:“『離騷』:‘漂風屯其相離兮, 帥云霓而來御.’” 注:“飄風, 無常之風, 以興邪惡. 雲霓, 惡氣, 以喩佞人.’” 『校注』:“『楚辭』王逸「楚辭序」:‘『離騷』之文, 依詩取興, 事類譬喩.…… 虬龍鸞鳳以託

君子, 飄風雲霓以爲小人.'"]

【雲蜺】는 【雲霓】로 쓰기도 한다. 『楚辭補注』··"『說文解字』··'【霓】는 둥그렇게 펼쳐진 무지개로 青赤 혹은 白色으로 陰氣를 나타낸다." 郭氏··"수컷을 【虹】이라 하고 명확하고 성대한 것을 이른다. 암컷을 【霓】라 하고 어둡고 미묘한 것을 이른다." [【雲蜺】一作【雲霓】. 『楚辭補注』··"『說文』··'【霓】, 屈虹, 青赤或白色, 陰氣也." 郭氏··"雄曰【虹】, 謂明盛者; 雌曰【霓】, 謂暗微者."]

378. 詹注6-8: 『離騷』··"길게 한숨 쉬면서 눈물을 훔치며, 많은 民生의 어려움을 애답게 여긴다." 洪興祖補注··"【掩涕】, 눈물을 닦는 것." 「哀郢」··"커다란 楸樹를 바라보다 탄식이 절로, 만면에 눈물이 눈송이처럼 내린다. 夏首를 지나 서쪽으로 표류하다 龍門을 바라보고자 하나 보이질 않네." [『離騷』··"長太息而掩涕兮, 哀民之多艱." 洪興祖補注··"【掩涕】, 猶拭淚也." 「哀郢」··"望長楸而太息兮, 涕淫淫其若霰. 過夏首而西浮兮, 顧龍門而不見."]

379. 詹注6-9: 黃注··"『九辯』··'어찌 서글픈 마음으로 임금을 그리워하지 않겠는가? 임금이 계신 곳은 九重宮闕인데!'" 注··"閽闔은 빗장으로 닫쳐있고, 도로는 막혀있다." 『文選』五臣注··"아무리 임금을 뵙고 싶어도 임금 계신 궁궐문은 너무나 깊고 깊어 다다를 수 없다." [黃注··"『九辯』··'豈不鬱陶而思君兮, 君之門以九重." 注··"閽闔扃閉, 道路塞也." 『文選』五臣注··"雖思見君, 而君門深邃, 不可至也."]

380. 詹注6-10: 『唐寫本』에 【辭】는 【詞】로 되어 있다. 다음도 이와 같아 중복해서 校語를 제시하지 않는다. [『唐寫本』【辭】作【詞】. 下同, 不重出校語.]

381. 范注2-2: 『詩經』에는 典誥의 文體가 없다. 劉勰이 【이 네 가지 사실을 보면 『風雅』와 동일하다】라고 한 것은 의당 【『書經』, 『詩經』과 동일하다.】라고 해야 할 것이다. [『詩』無典誥之體. 彦和云【觀茲四事, 同於『風雅』】, 似宜云【同於『書』『詩』.】]

詹注6-11: 『唐寫本』에는 【於】가 【乎】로 되어 있다. 范注‥ "『詩經』에는 典誥의 文體가 없다. 劉勰이 【네 가지 사실을 보면 『風雅』와 동일하다.】라고 한 것은 의당 【『書經』, 『詩經』과 동일하다.】라고 해야 할 것이다." 斯波六郎‥"范文瀾이 말한 것처럼 다음 【故論其典誥則如彼】의 【典誥】는 응당 【書詩】로 고쳐야 한다. 만일 劉勰이 이것이란 한 【『風雅』】, 저것이라 한 【典誥】가 互文이라 말한다면 『風雅』는 바꾸지 않아도 된다." 『注訂』‥"『風雅』는 개괄하여 한 말이다. 『離騷』는 본래 『詩經』의 또 다른 체제이기에 『風雅』와 같다고 한 것이 詩人의 뜻에서 어긋나는 것이 아니라 시인의 주지와 같기에 같다고 말한 것이다." [『唐寫本』【於】作【乎】. 范注‥"『詩』無典誥之體. 彦和云【觀茲四事, 同於『風雅』.】, 似宜云‥【同於『書』『詩』】.'" 斯波六郎‥案如范說, 下文【故論其典誥則如彼】之【典誥】亦應改爲「書詩】. 如以彦和此之【『風雅』】與彼之【典誥】互文而言, 此『風雅』不應改." 『注訂』‥"『風雅』槪而言之也. 『離騷』本『詩』之

別裁, 同於『風雅』者, 不違詩人之志, 而同於詩人之旨也, 故日同."]

382. 詹注7-1: 『離騷』‥"꿈틀거리는 여덟 마리 용을 타고, 펄럭거리는 구름 깃발을 꽂고 가다." 王逸注‥"八龍을 탄다는 것은 자신의 德이 용과 같아 팔방을 다스릴 수 있다는 것을 말한다. 구름 깃발을 꽂음은 자신의 덕이 雲雨와 같아 만물을 윤택하게 할 수 있음을 말한다." [『離騷』‥"駕八龍之婉婉兮, 載雲旗之委蛇." 王逸注‥"駕八龍者, 言己德如龍, 可制御八方. 載雲旗者, 言己德如雲雨, 能潤施萬物也."]

383. 詹注7-2: 【迂怪】는 실제에서 벗어난 怪誕함. 다음의 【나무꾼의 머리가 아홉, 土伯의 눈이 세 개】 등은 모두 【說迂怪】에 속한다. [【迂怪】, 迂遠怪誕. 下文所說【木夫九首, 土伯三目】等事 都是【說迂怪】.]

384. 詹注7-3: 『唐寫本』에는 【豐】字 앞에 【駕】字가 있다. 趙萬里校記‥"이곳은 상하의 문장이 3자로 구를 이루고 있으니 『唐寫本』에 의거하여 【駕】字를 보충해야 한다." 黃注‥"내가 豐隆으로 하여금 구름을 타고 가서 宓妃가 있는 곳을 찾으라 했다." 注‥"豐隆은 雲師, 혹은 雷師. 宓妃는 神女로 隱士의 比喩." 梅注‥"宓妃는 伏犧氏의 딸로 洛水의 신이 되었다." 五臣注‥"宓妃는 賢臣을 비유." [『唐寫本』【豐】上有【駕】字. 趙萬里校記‥"案此處上下文均三字爲句, 【駕】字當據唐本補." 黃注‥"吾令豐隆乘雲兮, 求宓妃之所在." 注‥"豐隆, 雲師, 一曰雷師. 宓妃, 神女也, 以喩隱士." 梅注‥"宓妃, 伏犧氏女, 爲洛水神也." 五臣注‥"宓妃,

以喩賢臣."]

385. 詹注7-4: 【娀女】는 원래【娥女】였으나, 梅注本에서 고쳤고, 黃注本도 이를 따랐다. 『唐寫本』에는【鴆】字 앞에【憑】字가 있고,【娥】는【娀】으로 되어 있다. 趙氏校記: "『唐寫本』이 정확하며, 현재 판본에는 脫誤가 있으니 응당 『唐寫本』에 의거하여 고쳐야 할 것이다." 『離騷』: "높은 瑤臺를 바라보니 有娀氏의 가인이 보인다. 나는 鴆鳥에게 중매를 부탁했으나 鴆鳥는 좋지 않다며 거절했다." 王逸注: "有娀은 國名, 帝嚳의 妃를 이르며, 契의 모친이 簡狄이다. 聖帝의 배필이 되어 현명한 아들을 낳았기에 정숙하고 현명함에 비유한다." "【鴆】은【運日】이고, 깃털에 있는 독으로 사람도 죽일 수 있기에 사람을 讒毁하거나 피해를 입히는 것에 비유한다. 내가 鴆鳥로 하여금 중매서게 한다고 말하는 것은 簡狄를 찾는다는 것인데 그녀의 성격이 잔혹하여 믿을 수 없을 뿐만 아니라 나를 속이기에 적절치 않다고 말한 것이다." [【娀女】原作【娥女】, 梅注本改, 黃注本從之. 『唐寫本』【鴆】上有【憑】字,【娥】作【娀】. 趙氏校記: "『唐寫本』是也, 今本有脫誤, 應據改." 『離騷』: "望瑤臺之偃蹇, 有見娀之佚女. 吾令鴆鳥爲媒兮, 鴆告余以不好." 王注: "有娀, 國名, 謂帝嚳之妃, 契母簡狄也. 配聖帝, 生賢子, 以喩貞賢也." "【鴆】,【運日】也, 羽有毒可殺人, 以喩讒佞賊害人也. 言我使鴆鳥爲媒, 以求簡狄, 其性讒賊, 不可信用, 還詐告我, 言不好也."]

386. 詹注7-5: 『梅注』: "康回는 共工의 이름. 뱀의 몸에 붉은

머리를 했다. 함부로 자신이 지혜로운 신이라 여기며 하늘의 법도를 문란케 하였고, 冀州의 땅을 훔쳤고, 스스로 水德을 지녔다 하면서 모든 하천을 막아버렸고, 언덕을 무너뜨리고 연못을 채워버려 天下에 해를 가했다. 王逸『離騷注』‥'共工이 화가나 不周山을 건드려 地柱가 무너져 땅이 기울게 되었다.'" 『天問』‥"康回가 화를 냈다하여 어찌 땅이 기울었단 말인가?" 王逸注‥"康回는 共工의 이름. 『淮南子』에서 共工과 顓頊이 천하를 놓고 패권을 다투다 실패하자 화가나 不周山을 건드렸다. 天維자 끊어지자 地柱가 무너져 땅이 동남으로 기울어졌다." 范注‥"『淮南子』의 언급은 『天文訓』에 있다." 橋川時雄‥"『唐寫本』에서는 잘못하여 【秉回】라 적었다. 【康】을 【秉】으로 쓴 것은 모양이 비슷하여 잘못 적은 것이다." 『唐寫本』의 기록은 【康】字인지 【秉】字인지 정확하지 않다. [『梅注』‥"康回, 共工名. 蛇身朱髮. 任智自神, 竊保冀方, 自謂水德, 慾壅防百川, 隳高堙卑, 以害天下. 王逸『離騷注』云‥'共工怒觸不周山, 地柱折, 故傾也.'" 『天問』‥"康回憑怒, 地何故以東南傾?" 王逸注‥"康回, 共工名也. 『淮南子』言共工與顓頊爭爲帝, 不得, 怒而觸不周之山. 天維絶, 地柱折, 故東南傾." 范注‥"案『淮南』語在『天文訓』." 橋川時雄‥"唐寫誤作【秉回】, 【康】作【秉】, 形似之譌." 按『唐寫本』此字在【康】【秉】之間.]

387. 范注2-3: 「天文」‥"共工이 대노하자 땅이 어찌하여 東南으로 기울어지게 되었을까?" 王逸注‥"康回는 共工의 이름이다. 『淮南子』에서 共工과 顓頊이 帝가 되려고 싸웠으

나 실패하자 不周山을 건드리자 天維가 끊어지고 地柱가 부러져 東南으로 기울어지게 되었다." 『淮南子』의 언급은 『天文訓』에 있다. 또한‥"羿가 해를 활로 쏘자 까마귀는 어찌 죽었을까?" 王逸注‥"『淮南子』에서 堯王 시기에 해가 10개가 한꺼번에 나와서 草木이 그을려 말라 죽었다. 堯王이 羿에게 명을 내려 10개의 해를 쏘라하였는데, 10개의 해 가운데 9개가 화살에 맞았다. 해에 있던 아홉 마리의 까마귀가 모두 죽자 그 깃털이 떨어져 내려왔다." 『淮南子』의 언급은 『本經訓』에 있다. 『說文解字』弓部‥"【彈】은 【射】와 같은 뜻. 부수는 弓이고, 소리는 畢이다. 楚詞에서 羿가 해를 쐈다고 하였다." 또한 羿는 帝嚳의 射官이며, 夏代 小康이 멸하였다. 부수는 弓, 소리는 幵이다. 『論語』‥"羿는 활을 잘 쐈다." [「天文」‥"康回馮怒, 地何故以東南傾?" 王逸注‥"康回, 共工明也. 『淮南』言共工與顓頊爭爲帝, 不得, 怒而觸不周之山, 天維絶, 地柱折, 故東南傾." 案『淮南』語在『天文訓』. 又‥"羿焉彃日, 烏焉解羽?" 王逸注‥"『淮南』言堯時十日竝出, 草木焦枯. 堯命羿仰射十日, 中其九日. 日中九烏皆死, 墮其羽翼" 案『淮南』語在『木經訓』. 『說文』弓部‥"【彃】, 【射】也. 從弓, 畢聲. 楚詞曰羿焉彃日." 又羿, 帝嚳射官, 夏小康滅之. 從弓, 幵聲. 『論語』曰‥"羿善射."]

詹注7-6: 『校證』‥"【斃】는 원래 【蔽】로 섰으나, 孫汝澄, 徐渤이 【彈】로 고쳤으며, 王惟儉本도 동일하나 『唐寫本』에는 【斃】로 되어 있다. 『天問』‥'羿가 해를 활로 쏘았다.'

王逸注··【彈】은 【斃】로도 쓴다.' 劉勰은 어떤 판본을 보고 【斃】로 썼을 것이다. 翻宋本 『楚辭』에 실린 이 구절에는 【弊】로 썼다. 「諸子」篇에는 【羿弊十日】로 썼으며, 다른 판본에는 【弊】를 【斃】로 썼다. 【弊】는 【獘】의 隸變이기에 【蔽】는 【獘】의 形誤다. 【斃】와 【獘】는 音義 가 모두 같기에 지금은 『唐寫本』을 따른다." 「諸子」篇··"羿가 10개의 해를 없애버렸다." 「梅注」··"孫無撓··'『離騷』에서 羿가 해를 활로 쏘았다고 하였다.' 【彈】은 【射】와 같은 뜻." 『淮南子』「本經訓」··"堯帝 때, 10개의 해가 한꺼번에 나타나 곡식을 태우고, 초목을 말라 죽이자 백성들이 먹을 것이 없게 되었다. 猰貐, 鑿齒, 九嬰, 大風, 封豨, 脩蛇 등이 나타나 백성들에게 해를 입혔다. 堯帝가 羿로 하여금 疇華의 들판에서 鑿齒를 죽이게 하였고, 凶水에서 九嬰를 죽이게 하였으며, 青丘의 들판에 大風을 묶어 두었고, 하늘의 10개 해를 쏘아 없애고, 猰貐를 죽였으며, 洞庭湖에서 脩蛇를 토막 내었고, 桑林에서 封豨을 사로잡자 모든 백성들이 함께 기뻐하였다. 堯로 천자를 삼자 이에 천하가 廣狹, 險易, 遠近이 생겨 비로소 道路와 里程이 생겼다." 范注··"『天問』··'羿가 해를 쏘자 까마귀의 깃털이 떨어졌다.'" 王逸注··"『淮南子』에서 堯帝時에 10개의 해가 동시에 출현하자 초목이 말라 죽었다. 堯帝가 羿에게 명을 내려 하늘을 향해 활을 쏘도록 하여 10개 가운데 9개를 맞췄다. 해에 있던 9마리의 까마귀가 모두 죽자 그 깃털이 떨어졌다." 『淮南子』의 언급은 『本經訓』에 있다. 『斟詮』··"『說文解字』弓部··'【彈】은 쏜다는 뜻으로 弓部이고 음은 畢이다.' 『楚辭』: '羿焉彈日' 段玉裁注: '屈原이 지은 『天問』篇의 글. 今本에는 【彃】를 【羿】로 쓴다. ……. 【彈】이 正字며, 【彈】으로 쓰는 것은 형태가 비슷해서 생긴 오류다. 【斃】는 音借이기에 許愼이 본 漢本 『楚辭』에 의거 【彈】로 쓰는 것이 옳다. 『唐寫本』을 따라 【斃】로 쓸 필요는 없다.' 또한 '劉勰이 이 구절에서 【夷羿】라 한 것은 아마도 『天問』의 【帝降夷羿, 革孽夏氏】을 보고 혼용했을 것이다. 王逸은 이 구절의 注에서 【夷羿】는 諸侯로 夏候相을 죽인 자다.' 이 말은 夷羿는 夏候相을 죽인 有窮后羿며, 堯帝 시기에 해를 쏜 羿와는 전혀 다른 사람이다. 『論語』「憲問」: '羿는 활을 잘 쐈다.' 孔注: '【羿】는 有窮國의 군주로 夏候相의 지위를 찬탈했으며, 그의 신하였던 寒浞에 의해 살해되었다.'" [『校證』: "【斃】原作【蔽】, 孫汝澄、徐渤改【彈】, 王惟儉本同, 『唐寫本』作【斃】. 案『天問』: '羿焉彈日.' 王注: '【彈】一作【斃】.' 是彦和據一本作【斃】. 翻宋本『楚辭』載此文作【弊】. 「諸子」篇'【羿弊十日】', 一本【弊】作【斃】. 【弊】卽【獘】隷變, 【弊】【蔽】之形誤. 【斃】【獘】音義俱同, 今從『唐寫本』." 「諸子」篇: "羿弊十日." 「梅注」: "孫無撓曰: '案『離騷』羿弊十日.' 【彈】, 【射】也." 『淮南子』「本經訓」: "逮至堯帝之時, 十日竝出, 焦禾稼, 殺草木, 而民無所食. 猰貐、鑿齒、九嬰、大風、封豨、脩蛇, 皆爲民害. 堯乃使羿誅鑿齒于疇華之野, 殺九嬰凶水之上, 繳大風于靑丘之野, 上射十日而下殺猰貐, 斷脩蛇洞庭, 禽封豨于桑林, 萬民皆喜. 置堯以爲天子, 于是天下廣狹險易遠近, 始有道里." 范注: "『天問』'羿焉彈日, 烏焉解羽?'" 王注: "『淮南』言堯時十日

並出, 草木焦枯. 堯令羿仰射, 十日中其九日. 日中九烏皆死, 墮其羽翼." 案『淮南』言在『本經訓』. 『斠詮』··"『說文』弓部··'【彈】, 射也, 從弓, 畢聲.' 『楚辭』··'羿焉彈日' 段玉裁注··'屈原賦『天問』篇文. 今本【𢐇】作【羿】. ……. 【彈】爲正字, 【彈】者形誤. 作【斃】者乃音假, 仍宜從許愼所見漢本『楚辭』作【彈】爲是. 不必從『唐寫本』作【斃】.' 又··'案彦和此文作【夷羿】, 蓋涉『天問』【帝降夷羿, 革孼夏氏】之語混用. 王逸此語注云··【夷羿】, 諸侯, 殺夏候相者也.' 是夷羿乃殺夏候相之有窮后羿, 與堯時射日之羿截然爲二人. 『論語』「憲問」··'羿善射.' 孔注··'【羿】, 有窮國之君, 簒夏候相之位, 其臣寒浞殺之.'"]

388. 詹注7-7: 『校證』··"【木夫】는 원래 【木天】이라 했으며, 王惟儉本에는 【一夫】라 했으나 梅氏가 謝氏의 견해를 따라 고쳤다. 注··'『招魂』··머리가 9개인 장부는 하루에 나무 9천 그루를 뽑을 수 있었다.' 지금은 『唐寫本』에 의거하여 바르게 【木夫】로 쓴다." 黃注··"『招魂』··'머리가 9개인 장부는 하루에 나무 9천 그루를 뽑을 수 있었다.'" 王注··"어떤 장부가 몸은 하나인데 머리는 아홉이고, 우람한 체격에 힘도 강해 아침에서 저녁까지 9천 그루의 나무를 뽑았다." [校證』··"【木夫】原作【木天】, 王惟儉本作【一夫】, 梅從謝改. 注云··'『招魂』云··一夫九首, 拔木九千.' 今按『唐寫本』正作【木夫】." 黃注··"『招魂』··'一夫九首, 拔木九千些..'" 王注··"言有丈夫, 一身九首, 强梁多力, 從朝至暮, 拔大木九千枚也."]

389. 范注2-4: 宋玉『招魂』‥"머리가 9개인 장부는 하루에 나무 9천 그루를 뽑을 수 있었다." 王逸注‥"어떤 장부는 一身에 목이 9개이며, 强壯하여 아침부터 저녁까지 나무 9천 그루를 뽑았다고 한다." 또한‥"土伯은 여러 개의 창을 가지고 있으며, 그 끝은 예리하였다. …… 虎視耽耽한 눈빛, 호랑이 같은 두상, 몸은 소처럼 우람했다." 이는 모두 『招魂』에 있으며, 屈原의 문장은 아니다. [宋玉『招魂』‥"一夫九首, 拔木九千些." 王注‥"言有丈夫, 一身九首, 强梁多力, 從朝至暮, 拔大木九千枚也." 又‥"土伯九約, 其角觺觺. …… 參目虎首, 其身若牛些." 案此皆見『招魂』, 非屈原之辭.]

詹注7-8: 『招魂』‥"土伯은 여러 개의 창을 가지고 있으며, 그 끝은 예리하였다. …… 虎視耽耽한 눈빛, 호랑이 같은 두상, 몸은 소처럼 우람했다." 注‥"土伯은 后土의 侯伯이다. …… 그 모습은 호랑이 같았고, 눈이 세 개였으며, 몸집이 비대하여 마치 소와 같았다." 『斠詮』‥"이 구절과 앞 구절은 모두 『招魂』에 보이니 劉勰이 이를 인용했다는 것은 劉勰이 참고한 것이 『楚辭』에 나열된 『招魂』을 屈原의 작품으로 간주했다는 충분한 증거가 된다." 斯波六郎‥"다음 문장에서 【固知『楚辭』者……】라 했는데, 이 단락에서 屈原과 宋玉의 작품을 함께 논하는 바, 宋玉의 작품을 인용했다고 해서 전혀 저촉되지 않는다." [『招魂』‥"土伯九約, 其角觺觺. …… 參目虎首, 其身若牛些." 案此皆見『招魂』, 非屈原之辭." 注‥"土伯, 后土之侯伯也. …… 其貌如

虎, 而有三目, 身又肥大, 狀如牛也.”『斠詮』:“案此與上則皆見『招魂』, 彦和引之, 足徵彦和所見『楚辭』列『招魂』爲屈原之作也.” 斯波六郎:“案如下文所明言【固知『楚辭』者……】, 此段併論屈宋之作, 引作宋玉之作, 並不抵觸.”]

390. 詹注7-9:【譎怪】, 허위적 奇怪. [【譎怪】, 譎詐奇怪.]

391. 詹注7-10:『離騷』:“오늘날의 사람들과는 잘 맞지 않으니 彭咸의 遺訓이나 따라야겠다.” 王逸注:“彭咸은 殷代 현명한 大夫로 군왕에게 간하였으나 듣지 않자 스스로 물에 빠져 죽었다.【遺】는【餘】와 같은 뜻.【則】은【德】과 같은 뜻. 스스로 忠과 信을 실천했으니 비록 오늘날의 사람들과 합치될 수 없더라도 원컨대 옛날 賢者였던 彭咸이 전해준 규범을 따라 스스로를 격려하겠다는 의지를 말한다.” [『離騷』:“雖不周於今之人兮, 願依彭咸之遺則.” 王注:“彭咸殷賢大夫, 諫其君不聽, 自投水而死.【遺】,【餘】也,【則】,【德】也. 言己所行忠信, 雖不合於今之世人, 願依古之賢者彭咸餘法, 以自率厲也.”]

392. 范注2-5:『離騷』:“오늘날의 사람들과는 잘 맞지 않으니 彭咸의 遺訓이나 따라야겠다.” 王逸注:“彭咸은 殷代 현명한 大夫로 군왕에게 간하였으나 듣지 않자 스스로 물에 빠져 죽었다.【遺】는【餘】와 같은 뜻.【則】은【德】과 같은 뜻. 스스로 忠과 信을 실천했으니 비록 오늘날의 사람들과 합치될 수 없더라도 원컨대 옛날 賢者였던 彭咸이 전해준 규범을 따라 스스로를 격려하겠다는 의지를 말한다.”『九章』「橘誦」:“江水와 淮水를 떠돌다 바다로 들어

서보니 伍子胥를 따라 自適하리라.” 『史記』「伍子胥列傳」‥“伍子胥가 스스로 목을 베고 죽었다. 吳王이 그 사실을 알고는 대단히 노하여 伍子胥 시신을 취해다가 말가죽 부대에 싸서 강에 던져버렸다.” [『離騷』‥“雖不周於今之人兮, 願依彭咸之遺則.” 王注‥“彭咸殷賢大夫, 諫其君不廳, 自投水而死. 遺, 餘也, 則, 德也. 言己所行忠信, 雖不合於今之世人, 願依古之賢者彭咸餘法, 以自率厲也.” 『九章』「橘誦」‥“浮江淮而入海兮水, 從子胥而自適.” 『史記』「伍子胥列傳」‥“子胥乃自刎死. 吳王聞之大怒, 乃取子胥尸盛以鴟夷革, 浮之江中.”]

詹注7-11: 『九章』「悲回風」‥“江水와 淮水를 떠돌다 바다로 들어서보니 伍子胥를 따라 自適하리라.” 伍子胥를 따라 自適한다는 것은 물에 빠져 죽을 준비를 한다는 말로 伍子胥를 추종한다는 것이다. 洪注‥“自適은 자신의 의지대로 따른다는 말. 『史記』「伍子胥傳」‥‘吳王이 북쪽의 齊國을 치려고 하였다.…… 伍子胥가 왕에게 齊國은 두고 먼저 越國을 쳐야 한다고 간하였으나 吳王이 듣지 않았다. 太宰嚭가 이미 伍子胥와 틈이 벌어져 있었는데, 이를 빌미로 그를 讒毁하였다. 吳王이 신하를 보내 伍子胥에게 글씨가 새겨진 검을 보냈는데, 【그대는 이것으로 죽을 것이다.】라고 쓰여 있었다. 伍子胥가 이에 하늘을 우러러 탄식하며 그 舍人에게 【반드시 내 눈을 도려내어 吳國 東門 위에 걸어두어라! 그리해야 越國 오랑캐들이 침입하여 吳國을 멸하는 것을 볼 수 있을 것이다.】라고 말하고는 스스로 목을 베고 죽었다. 吳王이 이 말을 듣고 대노하여 伍子胥의 시체를 가져다 말가죽 부대에 싸서 강에 던져버렸다."[「九章, 悲回風」:"浮江淮而入海兮, 從子胥而自適." 從子胥而自適, 意謂準備投水而死. 追隨子胥. 洪注:"自適, 謂順適自志也." 『史記』「伍子胥傳」:"吳王將北伐齊, …… 伍子胥諫王釋齊而先越, 而吳王不聽. 太宰嚭旣與子胥有隙, 因讒之. 吳王使使賜屬鏤之劍曰:【子以此死】. 伍子胥乃仰天嘆, 告其舍人曰:【必抉吾眼懸吳東門之上, 以觀越寇之入滅吳也】, 乃自剄死. 吳王聞之大怒, 盛以鴟夷革, 浮之江中."]

393. 詹注7-12: 【狷狹】, 【狷】은 뜻을 굽히지 않고 더러움에 빠지지 않으려고 함. 【狹】은 마음이 협소하여 꽉 막힌 것. [【狷狹】, 【狷】爲狷介, 不肯同流合汚, 【狹】謂胸襟狹隘.]

394. 詹注7-13: 『招魂』:"男女가 뒤섞여 앉으니, 난잡하여 구분이 되지 않는다." 王逸注:"술을 실컷 마시고, 배불리 먹고, 마음껏 즐기기 위해 함께 술을 마시면서 다닥다닥 앉으니 男女가 뒤섞여 어깨와 무릎이 맞대고 함부로 조롱하니 혼란하여 구분이 없게 됨을 말한 것이다." [『招魂』: "士女雜坐, 亂而不分些." 王注:"言醉飽酣樂, 合罇促席, 男女雜坐, 比肩齊膝,恣意調笑, 亂而不分別也."]

395. 范注2-6: 『招魂』:"男女가 뒤섞여 앉으니, 난잡하여 구분이 되지 않는다." 王逸注:"술을 실컷 마시고, 배불리 먹고, 마음껏 즐기기 위해 함께 술을 마시면서 다닥다닥 앉으니 男女가 뒤섞여 어깨와 무릎이 맞대고 함부로 조롱하

니 혼란하여 구분이 없게 됨을 말한 것이다." [『招魂』‥ "士女雜坐, 亂而不分些." 王注‥"言醉飽酣樂, 合罇促席, 男女雜坐, 比肩齊膝,恣意調笑, 亂而不分別也."]

396. 詹注7-14: 『招魂』‥"즐거운 술자리가 낮밤 없이 계속된다." 王注‥"晝夜로 술을 마시며 서로 즐기는 것을 이름." 朱注‥"【不廢】는 그치지 않음을 이름." 【湎】은 술에 빠짐. 『楚辭補注』‥"이는 모두 宋玉의 작품으로 屈原의 뜻이 아니다. 漢代 이래 문사만 미려한 賦는 정도를 추구하는 문사가 화려하고 무기력한 문사를 따라가지 못하는 지경이 었으며, 이러한 경향은 齊梁時期에 극에 이르는데, 이는 모두 宋玉이 唱導한 것이다." [『招魂』‥"娛酒不廢, 沈日夜些." 王注‥"言晝夜以酒相樂也." 王注‥"言晝夜以酒相樂也." 朱注‥"【不廢】, 猶言不已." 【湎】, 沈迷于酒. 『楚辭補注』‥"此皆宋玉之詞, 非屈原意. 自漢以來, 靡麗之賦, 勸百而諷一, 其流至於齊梁而極矣, 皆自宋玉倡之."]

397. 詹注7-15: 【擧】字는 위의 【指】字와 짝을 이루기며, 당연히 지적한다는 뜻. 『唐寫本』에 【懽】字는 【歡】字로 되어 있다. [【擧】與上文【指】字相對成文, 當卽指出之意. 『唐寫本』【懽】作【歡】.]

398. 范注2-7: 『招魂』‥"즐거운 술자리가 낮밤 없이 계속된다." 王注‥"晝夜로 술을 마시며 서로 즐기는 것을 이름." [『招魂』‥"娛酒不廢, 沈日夜些." 王注‥"言晝夜以酒相樂也."]

399. 詹注7-16: 『唐寫本』에 【摘】字는 【指】字로 되어 있다. 橋川

時雄‥“『楚辭』夫蓉館本과 汲古閣本에는【擿】字로 되어 있다.”『綴補』‥“上文에서【指以爲樂】라 했는데, 이 문장에서【摘】을【指】라 한다면 위의【指】와 글자 重複이 되기에 아마도 上文과의 관련 때문에 생긴 오류일 것이다. 『楚辭補注』에는 본래【摘】字가【適】字로 되어 있는데, 古字에서는 통용되었을 것이다.” [『唐寫本』【摘】作【指】. 橋川時雄‥“『楚辭』夫蓉館、汲古閣本作【擿】.”『綴補』‥“按上文【指以爲樂】, 此文【摘】作【指】, 與上文【指】字複, 疑涉上文而誤. 『楚辭補注』本【摘】作【適】, 古字通用.”]

400. 詹注7-17: 『唐寫本』에【乎】字는【於】로 되어 있다. 『注訂』‥“【摘此四事】는 위의 4가지 사실이 모두 괴이한 문사로 經典과는 다름을 지적한 것이다. 그러나 屈原과 宋玉의 요지는 대부분 가탁하여 은밀하게 풍자하는 것이며, 이는 朱子가 말한【뗄 수 없는 애처로움에서 비롯되어 자기 스스로 멈출 수 없는 지극한 뜻】이다. 독자들은 반드시 구분해야만 한다.” [『唐寫本』【乎】作【於】. 『注訂』‥“【摘此四事】, 指上四事皆怪異之文, 而異乎經典. 然屈宋之旨, 多託詞隱諷, 此朱子所謂【生于繾綣惻怛, 不能自已之至意.】讀者不可不辨也.”]

5-3.

經書와 같은 점의 논의, 『離騷』의 과장과 괴이함은 앞서 언급하였다. 실로 『楚辭』는 三代 經書의 문장을 본받았고, 戰國時代의 문학 기풍의 영향을 받아 『詩經』 詩人에 비하면 부족하지만 辭賦에 있어서는 英傑이라 하겠다. 『楚辭』의 內容 체계와 수사적 특징을 살펴보면 비록 經典의 함의를 가져다 鎔化시킨 것이나 또한 스스로 위대한 문사를 창출하였다고 하겠다. 이에 『離騷』와 『九章』은 밝고 고운 문사로 애절한 情志를 표현하였다. 『九歌』와 『九辯』은 화려한 문사로 애절한 감정을 표현하였다. 『遠遊』와 『天問』은 신비한 내용을 교묘한 상상력으로 드러냈다. 『招魂』과 『招隱』은 찬란하고, 아름답고, 우울하고, 화려하다. 『卜居』는 方言의 묘미를 극치까지 끌어올렸다. 『漁父』는 홀로 세상을 등지고 살아가는 기개를 담고 있다. 따라서 기개는 이전의 문인을 압도하고, 문사는 금인을 초월하였고, 문채가 경이롭고, 艷麗가 극치를 이루었으니 기타의 것은 비교할 바가 아니다.

5-3.

故論其典誥則如彼[401], 語其夸誕則如此[402], 固知『楚辭』者, 體慢(憲)於三代[403], 而『風雅』於戰國[404], 乃雅頌之

博徒[405], 而詞賦之英傑也[406]. 觀其骨鯁所樹, 肌膚所附[407], 雖取鎔經意, 亦自鑄偉辭[408]. 故騷經九章[409], 朗麗以哀志[410]; 九歌九辯[411], 綺靡以傷情[412]; 遠遊天問[413], 瓌詭而惠巧[414]; 招魂招隱[415], 耀豔而深華[416]; 卜居標方言之致[417]; 漁父寄獨往之才[418], 故能氣往轢古[419], 辭來切今[420], 驚采絶豔, 難與並能矣[421].

401. 詹注8-1: 【典誥】는 【同于典誥】와 같은 뜻. 【典誥】는 『尙書』에 속하는 것이지만 여기에서는 기타 경서를 함께 지칭하며, 【同于『風雅』】의 『風雅』가 『詩經』만을 전적으로 지칭하지 않은 것과 같다. [【典誥】卽【同于典誥】之意. 【典誥】雖屬『尙書』, 在此也兼指其他經書, 正如【同于『風雅』者也】之『風雅』不專指『詩經』.]

402. 詹注8-2: 【夸】는 元刻本, 弘治本, 張之象本, 兩京本에 모두 【本】으로 되어 있다. 梅注本에서 【夸】로 고쳤고 黃注本에서 이를 따랐다. 『唐寫本』에는 정확하게 【夸】로 되어 있다. 曹學佺批··"夸誕함을 지적한 것은 『楚辭』를 아끼지만 그 잘못됨을 알았기 때문이다. 劉勰이 『風雅』를 扶持하려는 절실함 또한 이와 같은 이유이다." 【夸誕】은 誇張, 荒誕을 이름. 【論其典誥則如彼】은 屈原의 문장이 경전과 같은 4가지 사실을 개괄한 것이라면 【語其夸誕則如此】는 屈原의 문장이 經典과 다른 4가지 사실을 넓은 의미에서 말하는 것이다. [【夸】, 元刻本、弘治本、張之象本、兩京本俱作【本】. 梅注本改作【夸】, 黃注本從之. 『唐寫本』正作【夸】. 曹學佺批··"摘其夸誕, 此愛而知惡也. 彦和欲扶『風雅』』之切如此." 【夸誕】, 謂夸張, 荒誕. 【論其典誥則如彼】, 是概括屈原之文所同于經典者四事; 【語其夸誕則如此】, 是汎指屈原之文所異于經典者四事.]

403. 詹注8-3: 【憲】字는 元刻本, 弘治本에는 오류가 없다. 馮舒校··"【憲】字, 朱興宗이 【慢】으로 고쳤고, 洪注 『楚辭』에 본편이 수록되어 있은데 여기서는 【夸】, 【慢】으로 되어

있다." 梅本 次本에는 【慢】으로 고치면서 注에서··"元刻本에는 【憲】으로 되어 있으며, 朱云··'宋本 『楚辭』에는 【體慢】으로 되어 있다.'" 『校證』··"【體憲】에 대하여, 梅氏는 朱氏가 인용한 宋本 『楚辭』에 의거 【體慢】이라 하였다. …… 『蘇東坡詩集』【林子中以詩寄文與可及余與可旣沒追和其韻】 施注에서도 【體慢】이라 하였다. 『唐寫本』, 王惟儉本에서는 【體憲】이라 했으며, 지금은 이를 근거로 고쳐서 쓴다. 屈原의 문장은 三代의 법도를 본받았기에 經典의 취지를 수용할 수 있었던 것이다. 【憲】은 【憲章】의 【憲】으로 읽어야 한다. 「詔策」篇에서 【體憲風流】라 했는데, 정확하게 【體憲】이라 연용하였다." [【憲】字, 元刻本、弘治本不誤. 馮舒校云··"【憲】, 朱興宗改作【慢】, 洪注『楚辭』附載此篇同作【夸】、【慢】." 梅本次本改作【慢】, 注云··"元作【憲】, 朱云··'宋本『楚辭』作【體慢】.'" 『校證』··"【體憲】, 梅據朱引宋本『楚辭』作【體慢】. …… 『蘇東坡詩集』【林子中以詩寄文與可及余與可旣沒追和其韻】施注亦作【體慢】. 『唐寫本』、王惟儉本作【體憲】, 今據改. 屈子之文, 體憲三代, 故能取鎔經旨. 【憲】讀【憲章】之【憲】. 「詔策」篇【體憲風流】, 正以【體憲】連文."]

404. 詹注8-4: 『校證』··"【雜】은 원래 【雅】로 되어 있으며, 蘇軾詩 施注에도 【雅】로 되어 있다. 다음 글의 『雅頌』과의 연관 때문에 생긴 오류며, 지금은 『唐寫本』에 의거하며 바꾸어 쓴다. 이는 屈原의 문장이 비록 戰國時代의 기풍이 섞여 있으나 스스로 위대한 문사를 이룩하였다는 말이

다.” 范注:“【體慢】은 『唐寫本』에 의거하여 응당 【體憲】으로 써야 한다. 【憲】은 【法: 본받다】는 뜻. 三代를 본받는 것은 『風雅』와 같은 4가지 사실을 말하다. 『風雅』 역시 『唐寫本』에 의거하여 【風雜】으로 써야 한다. 【風雜於戰國】은 經典과는 다른 4가지 사실을 말하는 것이다.” 『校釋』:“『唐寫本』에는 【慢】이 【憲】으로, 【雅】는 【雜】으로 되어 있으며, 이것이 옳다. 屈原의 문장은 三代의 도리를 본받았기에 경전의 요지를 받아들일 수 있었고, 전국시대의 기풍을 받아들였기에 스스로 위대한 문사를 이룩할 수 있었다. 이 두 글자는 屈原 문장의 가장 중요한 특징을 변별하는 것이기에 응당 근거에 의거 고쳐야 한다.” [『校證』:“【雜】原作【雅】, 施注蘇軾詩亦作【雅】. 涉下文『雅頌』而誤, 今據改. 此言屈子之文, 雖風雜于戰國, 然亦自鑄偉辭也.” 范注:“【體慢】應據『唐寫本』作【體憲】. 【憲】, 【法】也. 體法於三代, 謂同乎『風雅』之四事. 『風雅』亦據『唐寫本』作【風雜】. 【風雜於戰國】謂異於經典之四事.” 『校釋』:“『唐寫本』【慢】作【憲】, 【雅】作【雜】是也. 按屈子之文體法三代, 故能取鎔經旨; 風雜戰國, 故又自鑄偉辭. 此二字辨章屈文最爲切要, 當據改.”]

『校注』:“「時序」篇:‘屈原의 작품은 日月과 광명을 다투고, 宋玉의 風雲을 묘사한 문사는 아름다움을 뽐낸다. 그들의 염려한 문사를 보노라면 『詩經』 『雅頌』을 모두 닮았기에 찬란한 문채의 아름다운 문학은 戰國時代 縱橫의 기이한 풍속에서 산생된 것임을 알 수 있다.’ 이는 한마디로 각주라 하겠다.” [『校注』:“「時序」篇云:‘屈平聯藻於日月, 宋玉交彩於風雲 觀其艷說, 則籠罩雅頌 故知煒燁之奇意, 出乎縱橫之詭俗也.’一語註脚.”]

『藝概』「詩概」:“劉勰이 「辨騷」篇에서 『楚辭』는 【三代의 도리를 본받았으며, 戰國時代의 기풍이 스며있다.】라 하였는데, 그 체제의 논의를 살펴보는 것은 그 뜻을 논하는 것만 못하다. 뜻이야 말로 三代를 바탕으로 한 것이니 비록 다른 점이 있다 하더라도 가하다 말할 수 있을 것이다.” [『藝概』「詩概」:“劉勰「辨騷」謂『楚辭』【體慢于三代, 『風雅』于戰國】, 顧論其體, 不如論其志, 志苟可質諸三代, 雖謂異地則皆然可耳.”]

『斠詮』:“위의 문장에서 屈原 작품이 【同於『風雅』】 4가지와 【異乎經典】 4가지가 있음을 지적한 바 있다. 따라서 【論其典誥則如彼】【語其夸誕則如此】는 다른 말로 그 뜻을 이은 것이다. 지금 【三代의 도리를 본받았다.】는 것은 【同于『風雅』之典誥】를 말하는 것이고, 【風雜於戰國】은 經典과는 다른 【夸誕】을 말하는 것이다. 【憲】과 【典誥】, 【雜】과 【夸誕】은 서로 둘씩 대립하는 것이기에 【風雅於戰國】이라 한다면 이치적 문맥이 통하지 않고 命義 또한 분기가 생긴다.” [『斠詮』:“上文指屈作【同於『風雅』者四事, 【異乎經典】者亦有四事. 故以【論其典誥則如彼】【語其夸誕則如此】二語分承. 今曰【體憲於三代】者, 卽指【同于『風雅』之典誥】而言; 曰【風雜於戰國」者, 則指【異乎經典】之【夸誕】. 【憲】與【典誥】, 【雜】與【夸誕】, 兩相針對, 若作【風

雅於戰國】, 非惟理脈不貫, 亦且命義兩歧.”]

405. 詹注8-5: 『史記』 「魏公子列傳」: “公子가 趙國에 處士 毛公이 천박한 무리 속에 숨어 있다는 말을 들었다.” 『史記』 「袁盎列傳」: “安陵의 부자가 袁盎에게 이르길 내가 듣기로 劇孟은 천박한 인물이라 하더군.” 集解: “如淳曰: ‘【博蕩之徒】, 혹은 【博戱之徒】라 한다.’” 「知音」篇: “하찮은 사람들은 경솔한 발언으로 비웃음을 받는다.” 范注: “【博徒】는 사람들 가운데 천박한 자.” 이 말의 의미는 『楚辭』를 『詩經』과 견주어 본다면 약간 차이가 난다는 것이다. 『注訂』: “이는 『楚辭』를 『雅』, 『頌』과 비교면 博徒라 하겠지만 사부에 있어서는 마치 英傑처럼 높이 받들만하다는 것.” [『史記』「魏公子列傳」: “公子聞趙有處士毛公, 藏于博徒.” 『史記』「袁盎列傳」: “安陵富人有謂盎曰: 吾聞劇孟博徒.” 集解: “如淳曰: ‘【博蕩之徒】, 或曰【博戱之徒】.” 「知音」篇: “彼實博徒, 輕言負誚” 范注: “【博徒】, 人之賤者.” 意指『楚辭』比『詩經』差一點. 『注訂』: “此謂比之『雅』『頌』, 固遜之如博徒, 于辭賦則崇之如英傑也.”]

406. 范注3-1: 【體慢】은 『唐寫本』에 의거하여 응당 【體憲】으로 써야 한다. 【憲】은 【法: 본받다】는 뜻. 三代를 본받는 것은 『風雅』와 같은 4가지 사실을 말하다. 【風雅】 역시 『唐寫本』에 의거하여 【風雜】으로 써야 한다. 【風雜於戰國: 전국시대의 기풍이 스며들었다.】는 것은 經典과는 다른 4가지 사실을 말하는 것이다. 『史記』 「信陵君列傳」: “信陵君이 趙國에 處士 毛公이 하찮은 사람들 사이에 숨었다는

것을 알았다." 【博徒】는 사람들 가운데 천박한 자. [【體慢】應據『唐寫本』作【體憲】. 【憲】, 【法】也. 體法於三代, 謂同乎『風雅』之四事. 『風雅』亦據『唐寫本』作【風雜】. 【風雜於戰國】謂異於經典之四事. 『史記』「信陵君列傳」: "公子聞趙有處士毛公, 藏於博徒" 【博徒】人之賤者.]

詹注8-6: 橋川時雄: "汲古閣本의 【辭賦之英傑也.】 아래 洪注: '이 말은 宋玉에게 사용해야 가하다.'" [橋川時雄: "汲古閣本【辭賦之英傑也.】下洪注: '此語施于宋玉可也.'"]

明代 許學夷『詩源辨體·楚』: "劉勰: '『離騷』는 詩人의 뒤를 이어 날아올랐고, 辭家 앞에서 힘차게 날았으며, …… 이에 『雅頌』에는 뒤떨어지지만 詞賦의 英傑이라 하겠다." 淮南王, 宣帝, 揚雄, 王逸은 모두 經典에 비길만한 것이라 여겼으나 오직 班固만은 심하게 貶下하였다. 劉勰이 처음으로 이 둘을 절충하니 千古의 定論이 되었다. 무릇 屈原은 辭賦의 宗正이지만 반드시 聖人이나 經典과 함께 나열할 필요는 없다. [明許學夷『詩源辨體·楚』: "劉勰云: '『離騷』軒翥詩人之後, 奮飛辭家之前…… 乃『雅頌』之 博徒, 而詞賦之英傑也." 淮南王、宣帝、揚雄、王逸皆擧以方經, 而班固獨深貶之. 劉勰始折衷, 爲千古定論. 蓋屈子本辭賦之宗, 不必以聖經列之也.]

『藝概·賦概』: "『離騷』는 辭賦의 始祖다." 太史公「報任安書」: "屈原이 쫓겨나서 『離騷』를 지었다." 『漢書』「藝文志」: "屈原의 賦는 二十五篇이다." 별도로 【騷】로 명명하지는 않았다. 劉勰 「辨騷」篇: "후대 훌륭한 문인들은 모

두 이를 儀表로 삼았다.” 또한 “『雅頌』에는 뒤떨어지지만 詞賦의 英傑이라 하겠다.” [『藝概·賦概』··“『離騷』爲辭賦之祖.” 太史公「報任安書」··“屈原放逐, 乃賦『離騷』.” 『漢書』「藝文志」··“屈原賦二十五篇.” 不別名【騷】. 劉勰「辨騷」篇··“名儒辭賦, 莫不擬其儀表.” 又曰··“『雅頌』之博徒, 而辭賦之英傑也.”]

407. 詹注9-1: 『抱朴子』「辭意」··“글을 쓰는 사람들에게는 각기 병이 있다. 천박한 자는 아름다우나 근거가 없음을 걱정한다. 근거가 부족하면 皮膚는 윤택하지만 뼈대는 너무나 나약하다.” 여기서 말하는 【骨鯁】은 【骨幹】의 의미. 『文心雕龍』「附會」篇··“표현하려는 사상과 감정을 神明으로 삼고, 내용 본질적 의미를 골격으로 삼아야 하며, 문장의 辭采를 피부로 삼고, 언어의 音調를 성률의 기세로 삼아야 한다.” [『抱朴子』「辭意」··“屬筆之家, 亦各有病. 其淺者, 則患乎姸而無據. 證援不給, 皮膚鮮澤而骨鯁迴弱也.” 按此【骨鯁】則【骨幹】. 『文心雕龍』「附會」··“必以情志爲神明, 事義爲骨髓, 辭采爲肌膚, 宮商爲聲氣.”]

『斠詮』··“【骨鯁】은 응당 【骨骾】으로 써야 한다.” 『注訂』··“【骨鯁】은 意志를 지칭하고, 【肌膚】는 【文采】를 지칭한다.” [『斠詮』··“【骨鯁】本應作【骨骾】.” 『注訂』··“【骨鯁】指意志, 【肌膚】指【文采】.”]

408. 范注3-2: 黃侃··“두 설명의 가장 중요한 要諦는 【經典과 다른 것】은 실로 스스로 문사를 鑄造한 점, 【『風雅』와 같은 것】은 또한 經典을 가지고 가다듬은 것으로 결코 단순

한 模寫가 아니라는 점이다.” 『唐寫本』에 【偉】를 【緯】로 적었는데 오류다. [黃先生曰‥“二說最諦, 【異於經典者】, 固由自鑄其詞; 【同於『風雅』者】, 亦再經鎔鍊, 非徒貌取而已.” 『唐寫本』【偉】作【緯】, 誤.]

詹注9-2: 范注‥“『唐寫本』에 【偉】를 【緯】로 적었는데 오류다.” 『校證』‥“【旨】字는 원래 【意】字로 되어 있으며, 『唐寫本』, 『玉海』204에는 【旨】字로 되어 있다. 지금은 이를 따른다.” 『札記』‥“두 설명의 가장 중요한 要諦는 【經典과 다른 것】은 실로 스스로 문사를 鑄造한 점, 【『風雅』와 같은 것】은 또한 經典을 가지고 가다듬은 것으로 결코 단순한 模寫가 아니라는 점이다.” [范注‥“『唐寫本』【偉】作【緯】, 誤.” 『校證』‥“【旨】原作【意】, 『唐寫本』、『玉海』二〇四作【旨】. 今定從之.” 『札記』‥“二說最諦, 【異於經典者】, 固由自鑄其詞; 【同於『風雅』者】, 亦再經鎔鍊, 非徒貌取而已.”]

『藝概』「賦概」‥“혹자는 『楚辭』가 【스스로 위대한 문사를 창출하였고】, 【經典을 본받았다.】고 말하는데, 이는 아마 漢代의 언급은 아닐 것이다. 나는 『楚辭』가 經典을 본받았다고 하는 것은 너무나 미묘하고, 범위도 넓어 그 흔적을 찾을 수 없기에 실제로는 漢代보다 훨씬 이전에 이루어진 것이라 말한 것이다.” [『藝概』「賦概」‥“或謂楚賦【自鑄偉辭】, 其【取鎔經義】, 疑不及漢. 余謂楚取于經辭, 深微周浹, 無迹可尋, 實乃較漢尤高.”]

「事類」篇‥“屈原과 宋玉의 작품이 『詩經』 작가들을 본받았다고 말하지만 비록 古事는 인용했을지언정 이전의 문사를 함부로 취하지는 않았다." 이는 고사의 인용을 지칭한 것이지만 【비록 經典의 함의를 가져다 鎔化시켰지만 또한 스스로 위대한 문사를 창출하였다.】는 주장과 서로 보완적 의미를 지닌다. [「事類」篇‥"屈宋屬篇, 號依詩人, 雖引古事而莫取舊辭." 這話是指用事說的, 却也可以和【雖取鎔經意, 亦自鑄偉辭.】之說互相補充.]

『注訂』‥"屈原의 志行이 忠誠에 근간을 두었기 때문에 經典의 함의를 가져다 鎔化시켰다고 말한 것이다. 『楚辭』의 文辭가 『風雅』를 변화시킬 수 있었기에 스스로 위대한 문사를 창출하였다고 말했던 것이다." [『注訂』‥"因其志行本于忠誠, 故曰取鎔經義; 因其文采能變化『風雅』, 故曰自鑄偉辭."]

『講疏』‥"【取鎔經意(※역자주: 【意】는 【義】로 써야함)】와 【骨鯁所樹】는 서로 호응하는 것으로 屈原 작품의 【質】(內容)에 대한 언급이다. …… 【自鑄偉辭】는 【肌膚所附】와 서로 호응하는 것으로 屈原 작품의 【文】(形式)에 대한 언급이다." [『講疏』‥"【取鎔經意】與【骨鯁所樹】相呼應, 是就屈原作品的【質】(內容)講. …… 而【自鑄偉辭】則是與【肌膚所附】相呼應, 乃是就屈原作品的【文】(形式)講."]

409. 范注3-3: 王逸「離騷經序」: 『離騷經』은 屈原의 저작이다. 屈原은 楚王과 同姓이며 懷王 무렵 벼슬에 나가 三閭大夫가 되었다. 三閭大夫의 직분은 王族 昭屈景 三姓을 관장하는 것이었다. 屈原이 譜屬을 정리하고 현명한 인재를 이

끌어 나라의 훌륭한 선비가 되도록 권면하였다. 入朝해서는 王과 政事를 도모하고 논의했으며, 嫌疑를 결정하였다. 出朝해서는 많은 신하들을 감찰하였으며, 제후를 대접하였고, 職分 修行을 모의하자 왕이 대단히 그를 아꼈다. 同列의 上官大夫 靳尙이 그의 능력을 질투하여 그를 讒訴하였다. 왕이 屈原을 멀리하였다. 屈原은 忠貞을 다했으나 참소를 당해 힘을 잃자 하소연할 바를 몰라 이에 『離騷經』을 지었다.【離】는【別】과 같은 뜻이고,【騷】는【愁: 근심】와 같은 뜻이다.【經】은【徑: 길】과 같은 뜻이다. 쫓겨나 이별하게 되고, 忠心을 다해 걱정하여 홀로 道理로 群王을 풍간하였다. 이에 위로는 唐虞, 禹, 汤, 文王의 제도를 서술하였고, 아래로는 桀, 紂, 羿, 澆의 失敗를 서술하여 君王이 깨우치고 正道로 돌아가 자신을 원래의 위치로 돌아갈 수 있게 해주길 기대했다. 이 무렵 秦 昭王이 張儀로 하여금 懷王을 속여 齊國과 국교를 단절하게 만들었다. 다시 楚王은 유혹에 빠져 武關에서 會合했다가 협박을 받아 秦國으로 갔다가 억지로 구류되어 돌아오지 못한 채 秦國에서 客死하고 말았다. 懷王의 아들 襄王 역시 참언을 받아들여 屈原을 江南으로 내쳤다. 屈原이 草野를 방황하다가 다시 『九章』을 지으며 天道와 聖人을 인용하여 자신의 결백을 증명하려 하였으나 결국 받아들여지지 않자 혼탁한 세상에서 너무나 오래 淸明하게 살아온 것을 참을 수 없어 스스로 汨淵에 뛰어 들어 자살하였다. 『離騷』의 문장은 『詩經』에 의거하여 興을 취하고 事類에 따라 譬喩하였다. 따라서 善鳥와 香草로 忠貞과 짝을 지었고, 악한 짐승과 더러운 사물로 奸詐한 妄言에 비유하였고, 뛰어난 미인으로 君主에 비유하였고, 宓妃와 佚女로 賢臣에 비유하였고, 虬龍과 鸞鳳으로 君子에 假託하였고, 飄風과 雲霓로 小人에 비유하였다. 문사는 온화하고 아려하며, 그 내용은 밝고 분명하니 무릇 모든 군자들이 그 清高하고 아름다운 문체를 앙모하였다. 그 불우함을 애도하고 그 고귀한 뜻을 憐愍하였다. [『離騷經』者, 屈原之所作也. 屈原與楚同姓, 仕於懷王, 爲三閭大夫. 三閭之職, 掌王族三姓, 曰昭屈景. 屈原序其譜屬, 率其賢良, 以厲國士. 入則與王圖議政事, 決定嫌疑; 出則監察群下, 應對諸侯. 謀行職修, 王甚珍之. 同列大夫上官靳尙, 妒害其能, 共譖毀之. 王乃疏屈原. 屈原執履忠貞而被讒衺, 憂心煩亂, 不知所愬, 乃作『離騷經』.【離】,【別】也.【騷】,【愁】也.【經】,【徑】也. 言己放逐離別, 忠心愁思, 獨依道徑, 以風諫君也. 故上述唐虞、三后之制, 下序桀紂羿澆之敗, 冀君覺悟, 反於正道而還己也. 是時, 秦昭王使張儀譎詐懷王, 令絶齊交; 又使誘楚, 請與俱會武關, 遂脅與俱歸, 拘留不遣, 卒客死於秦. 其子襄王, 復用讒言, 遷屈原於江南. 屈原放在草野, 復作『九章』, 援天引聖, 以自證明, 終不見省. 不忍以清白久居濁世, 遂赴汨淵自沈而死. 『離騷』之文, 依『詩』取興, 引類譬諭, 故善鳥香草, 以配忠貞; 惡禽臭物, 以比讒佞; 靈脩美人, 以媲於君; 宓妃佚女, 以譬賢臣; 虬龍鸞鳳, 以託君子; 飄風雲霓, 以爲小人. 其詞溫而雅, 其義皎而朗. 凡百君子, 莫不慕其清高, 嘉其文采. 哀其不遇, 而愍其志焉.]

王逸「九章序」: "『九章』은 屈原이 지었다. 屈原이 江南의 草野로 내쳐지자 君王과 나라를 생각하니 근심이 너무나 많았기에 다시 『九章』을 지었다. 【章】은 【著: 드러내다】, 【明: 밝히다】과 같은 뜻. 자신이 진술한 忠信의 도리가 너무나 명확함을 말한 것이다. 끝내 받아들여지지 않자 스스로 물에 빠져 죽으니 楚國 사람들이 이를 애석히 여겨 대대로 그 작품을 논하니 후대에 전해지게 되었다." [王逸「九章序」: "『九章』者, 屈原之所作也. 屈原放於江南之野, 思君念國, 憂思罔極, 故作「九章」. 【章】者, 【著】也, 【明】也. 言已所陳忠信之道甚著明也. 卒不見納, 委命自沈, 楚人惜而哀之, 世論其詞, 以相傳焉."]

410. 詹注10-1: 『唐寫本』에는 【故】字가 없다. 王逸「離騷經序」: " 『離騷經』은 屈原의 저작이다. …… 【離】는 【別】과 같은 뜻. 【騷】는 【愁: 근심】와 같은 뜻. 【經】은 【徑: 길】과 같은 뜻. 쫓겨나 이별하게 되고, 忠心을 다해 걱정하여 홀로 道理로 群王을 풍간하였다. …… 『離騷』의 문장은 『詩經』에 의거하여 興을 취하고 事類에 따라 譬喩하였다. 따라서 善鳥와 香草로 忠貞과 짝을 지었고, 악한 짐승과 더러운 사물로 奸詐한 妄言에 비유하였고, 뛰어난 미인으로 君主에 비유하였고, 宓妃와 佚女로 賢臣에 비유하였고, 虬龍과 鸞鳳으로 君子에 假託하였고, 飄風과 雲霓로 小人에 비유하였다. 문사는 온화하고 아려하며, 그 내용은 밝고 분명하니 무릇 모든 군자들이 그 淸高하고 아름다운 문체를 앙모하였다. 그 불우함을 애도하고 그 고귀한 뜻을

憐愍하였다.” 前人들은 『離騷』를 존중하였기에 【經】라 칭했던 것이다. [『唐寫本』無【故】字. 王逸 「離騷經序」: “『離騷經』者, 屈原之所作也. …… 【離】, 【別】也. 【騷】, 【愁】也. 【經】, 【徑】也. 言己放逐離別, 忠心愁思, 獨依道徑, 以風諫君也. …… 『離騷』之文, 依『詩』取興, 引類譬諭, 故善鳥香草, 以配忠貞; 惡禽臭物, 以比讒佞; 靈脩美人, 以媲於君; 宓妃佚女, 以譬賢臣; 虯龍鸞鳳, 以託君子; 飄風雲霓, 以爲小人. 其詞溫而雅, 其義皎而朗. 凡百君子, 莫不慕其淸高, 嘉其文采. 哀其不遇, 而愍其志焉.” 前人因爲尊重『離騷』, 所以稱之爲【經】.]

王逸 「九章序」: “屈原이 江南의 草野로 내쳐지자 君王과 나라를 생각하니 근심이 너무나 많았기에 다시 『九章』을 지었다. 【章】은 【著: 드러내다】, 【明: 밝히다】과 같은 뜻. 자신이 진술한 忠信의 도리가 너무나 명확함을 말한 것이다.” 【朗】은 【其義皎而朗: 그 의미가 밝고 분명함】을 지칭하며, 【麗】는 【雅麗】를 말하며, 【哀志】는 독자로 하여금 【哀其不遇, 而愍其志: 그의 불우함을 슬퍼하고, 그 뜻을 안타깝게 여김】하게 만드는 것을 말한다. 『集釋稿』: “太史公: ‘내가 『離騷』, 『天問』, 『招魂』, 『哀郢』을 읽으니 그 뜻이 애달프다.’(『史記』 「屈原列傳」) 이것이 劉勰이 말한 【哀志】다. 『離騷』는 실로 이별과 우울함을 노래한 작품이기에 【哀志】를 나타낸 구절 역시 많다. 「屈原列傳」: ‘그는 왕을 모시고 나라를 부흥시켜 쇠퇴해 가는 국세를 역전시켜 보고자 한 편의 시 중에 세 번씩이나 되풀이 하여 그

뜻을 전했다.' ……『離騷』…… 下半部인【將往觀乎四荒: 이제 사방의 끝을 돌아보고자 한다.】부터 새로운 의미를 전개하여 논조가【朗麗】로 전환되어 독자로 하여금 신기한 문채가 날아오르는 느낌을 가지게 한다." [王逸「九章序」:"屈原放於江南之野, 思君念國, 憂思罔極, 故作『九章』.【章】者,【著】也,【明】也. 言己所陳忠信之道甚著明也." 按【朗】指【其義皎而朗】,【麗】謂【雅麗】,【哀志】使讀者【哀其不遇, 而愍其志.】『集釋稿』:"太史公云:'余讀『離騷』、『天問』、『招魂』、「哀郢」, 悲其志.'(『史記』「屈原列傳」) 此卽劉勰所謂【哀志】也.『離騷』固屬離憂之作, 然哀志之句亦多.「屈原列傳」云:'其存君興國而欲反覆之, 一篇之中三致志焉' ……『離騷』…… 下半部自【將往觀乎四荒】起, 別開新意, 筆調轉爲【朗麗】, 令讀之者有神采飛揚之感."]

411. 范注3-4: 王逸「九歌序」:"『九歌』는 屈原이 지었다. 옛날 楚國이 南郢에 도읍을 정했는데 沅水와 湘水 사이에 자리하였고, 이곳의 풍습은 鬼神을 믿었고 제사를 잘 지내는 것을 좋아하였다. 제사를 지낼 때는 반드시 歌樂과 鼓舞로 諸神을 즐겁게 한다. 屈原이 쫓겨나서 이 지역에서 쥐처럼 숨어 지내면서 슬픔에 싸여 통탄하고, 근심으로 울적하였다. 밖으로 나가 俗人들이 제사지내는 예절을 살펴보니 가무에 쓰이는 음악의 歌詞가 鄙陋하여『九歌』의 曲調를 지었다. 위로는 신을 섬기는 경건함을, 아래로는 자신의 원통함을 밝히고자 이를 가탁하여 풍간하였기에 문사와 내용이 다르고, 章句도 가지런하지 않기에 이론이

많다." [王逸「九歌序」··"『九歌』屈原之所作也. 昔楚南郢之邑, 沅湘之間, 其俗信鬼而好祠. 其祠必作歌樂鼓舞以樂諸神. 屈原放逐, 竄伏其域, 懷憂苦毒, 愁思沸鬱; 出見俗人祭祀之禮, 歌舞之樂, 其詞鄙陋, 因爲作『九歌』之曲. 上陳事神之敬, 下見己之冤結, 託之以諷諫, 故其文意不同, 章句雜錯, 而廣異義焉."]

王逸 「九辯序」··"『九辯』은 대부 宋玉의 작품이다. 【辯】은 【變: 변화】과 같은 뜻으로 道德을 진술하여 君王을 말로 변화시킴을 말한다. 【九】는 陽數로 道의 紀綱을 의미한다. 따라서 하늘에는 九星이 있어 北斗七星을 바르게 하고, 땅에는 九州가 있어 萬邦을 이루며, 사람에게는 九竅가 있어 상세하게 고찰할 수 있다. 屈原은 忠貞의 품성을 가지고 있었으나 간사한 무리에 의해 讒毁를 받았으며, 君王이 명철하지 못하여 나라를 위기에 빠뜨림에 마음 졸였으며, 天地의 이치를 가지고 사람의 핵심을 나열하였고, 『九歌』와 『九章』을 지어 懷王을 풍간하면서 자신이 말한 것이 천지의 이치와 합치되니 履行할만 하다고 생각하였다. 宋玉은 屈原의 제자로 스승이 충정을 다하다가 쫓겨남을 애석하게 여겨 『九辯』을 지어 그 뜻을 서술하였다. 漢代에 이르러 劉向, 王褒 등이 모두 그 문장을 애절하게 여겨 이를 바탕으로 글을 지으니 이를 『楚辭』라 하였고, 아울러 숫자 【九】의 의미를 받들어 뜻을 세웠다." [王逸「九辯序」··"『九辯』者大夫 宋玉之所作也. 【辯】, 【變】也, 謂陳道德以辯說君也. 【九】者, 陽之數, 道之紀綱也. 故天有九星

以正機衡, 地有九州以成萬邦, 人有九竅以通精明. 屈原懷忠貞之性而被讒邪, 傷君闇蔽, 國將危亡, 乃援天地之數, 列人形之要, 而作『九歌』『九章』之頌, 以諷諫懷王, 明己所言與天地合度, 可履而行也. 宋玉者, 屈原之弟子也. 閔惜其師忠而放逐, 故作『九辯』以述其志. 至於漢興, 劉向王褒之徒, 咸悲其文, 依而作詞, 故號爲『楚辭』, 亦承其【九】以立義焉."]

412. 詹注10-2: 橋川時雄··"【歌】는 『唐寫本』에 【哥】로 되어 있다. 橋川時雄은 【哥】는 소리를 나타내며 古文에서는 【歌】字로 간주했다. 『漢書』에서도 【哥】로 【歌】를 대신한 경우가 많다." 『唐寫本』에서 【辯】字는 【辨】字로, 【綺靡】는 【靡妙】로 되어 있다. [橋川時雄··"【歌】, 『唐寫本』作【哥】. 時按··【哥】, 聲也, 古文以爲【歌】字. 『漢書』多用【哥】爲【歌】也." 『唐寫本』【辯】作【辨】, 【綺靡】作【靡妙】.]

王逸 「九歌序」··"옛날 楚國이 南郢에 도읍을 정했는데 沅水와 湘水 사이에 자리하였고, 이곳의 풍습은 鬼神을 믿었고 제사를 잘 지내는 것을 좋아하였다. 제사를 지낼 때는 반드시 歌樂과 鼓舞로 諸神을 즐겁게 한다. 屈原이 쫓겨나서 이 지역에서 쥐처럼 숨어 지내면서 슬픔에 싸여 통탄하였고, 근심으로 울적하였다. 밖으로 나가 俗人들이 제사지내는 예절을 살펴보니 가무에 쓰이는 음악의 歌詞가 鄙陋하여 『九歌』의 曲調를 지었다. 위로는 신을 섬기는 경건함을, 아래로는 자신의 원통함을 밝히고자 이를 가탁하여 풍간하였다." 王夫之 『楚辭通釋』 「九歌序」··"작품 속

의 要旨를 충분하게 살펴보아야 하지만 제사 드리는 神에 대한 頌讚은 끝없는 순종으로 巫人과 主人의 敬慕를 모두 바치니 本旨에 벗어남이 없으나, 이따금 자신의 원망을 드러내었다. 性情이 곧은 사람의 표현은 측은하고, 우울한 뜻을 지닌 사람의 표현은 슬프다." [王逸 「九歌序」: "昔楚南郢之邑, 沅湘之間, 其俗信鬼而好祠. 其祠必作歌樂鼓舞以樂諸神. 屈原放逐, 鼠伏其域, 懷憂苦毒, 愁思沸鬱; 出見俗人祭祀之禮, 歌舞之樂, 其詞鄙陋, 因爲作『九歌』之曲. 上陳事神之敬, 下見己之寃結, 託之以諷諫, 故其文意不同, 章句雜錯, 而廣異義焉." 王夫之『楚辭通釋』「九歌序」: "熟繹篇中之旨, 但以頌其所祠之神, 而婉娩纏綿, 盡巫與主人之敬慕, 擧無叛棄本旨, 闌及己寃, 但其情貞者其言惻, 其志菀者其音悲."]

王逸 「九辯序」: "『九辯』은 楚 大夫 宋玉의 작품이다. …… 宋玉은 屈原의 弟子로 스승이 충성을 다했음에도 쫓겨남을 애석하게 여겨 『九辯』을 지어 그 뜻을 기술하였다." 王夫之 『楚辭通釋』 「九辯序」: "문사가 격렬하고 통쾌하여 『風雅』와는 다른 楚의 노래다." [王逸「九辯序」: "『九辯』者, 楚大夫宋玉之所作也. …… 宋玉者, 屈原弟子也. 閔惜其師忠而放逐, 故作『九辯』而述其志." 王夫之『楚辭通釋』「九辯序」: "其詞激宕淋漓, 異于『風雅』, 蓋楚之聲也."]

『文選』 陸機 「文賦」: "詩는 感情과 연관이 있기에 아름다워야 한다." 李善注: "【綺靡】는 정교한 言語." 橋川時雄: "『楚辭』 夫蓉館本에서는 「九辨」이라 했으니 【辨】이라 함

이 옳다. 王逸序··'【辯】은【變: 변화】과 같은 뜻으로 道德을 진술하여 君王을 말로 변화시킴을 말한다.' 따라서【辯】이라 하면 옳지 않다." [『文選』陸機「文賦」··"詩緣情而綺靡." 李善注··"【綺靡】, 精妙之言." 橋川時雄··"按『楚辭』蓉館本「九辨」, 作【辨】是. 王逸序云··【辨】,【變】也, 謂陳道德以辯說君也.' 故作【辯】非."]

413. 范注3-5: 王逸「遠遊序」··"『遠遊』는 屈原이 지었다. 屈原은 바르게 행동했지만 세상에서 받아들여지지 않았으며, 위로는 간신배에게 讒毁를 당했고, 아래로는 세간의 사람들에 의해 혹독한 고난을 당하며 山澤을 彷徨하면서 누구에게 하소연도 할 수 없었다. 이에 천지인의 도리를 깊이 생각하고, 고요함을 유지하여 세상을 구제할 방법을 생각하다가 마음속에 울화가 치미니 文采도 茂盛했다. 마침내 巧妙한 생각을 서술하니 선인과 결혼하여 함께 天地를 周遊하니 이르지 않은 곳이 없었다. 그러나 楚國을 그리워하고, 지난 일을 思慕하니, 忠信의 돈독함과 仁義의 두터움을 지녔다 하겠다. 이러한 까닭에 君子가 그 뜻을 중히 여기고 그 문사를 훌륭하다고 여겼다." [王逸「遠遊序」··"『遠遊』者, 屈原之所作也. 屈原履方直之行, 不容於世上, 上爲讒佞所譖毁, 下爲俗人所困極, 章皇山澤, 無所告訴. 乃深惟元一, 修執恬漠, 思欲濟世, 則意中憤然, 文采秀發; 遂敍妙思, 託配仙人, 與俱遊戲, 周歷天下, 無所不到; 然猶懷念楚國, 思慕舊故, 忠信之篤, 仁義之厚也. 是以君子珍重其志而瑋其辭焉."]

王逸「天問序」: "『天問』은 屈原이 지었다. 어찌하여 【問天: 하늘에 대고 묻다】이라고 말하지 않았을까? 하늘은 至尊하여 물을 수 없기에 【天問】이라 말한 것이다. 屈原이 쫓겨나 우울한 마음에 산택 여러 곳을 방황하다가 하늘에 대고 【아아! 하늘이시어!】라고 탄식하였다. 楚國 先王의 廟堂과 公卿의 祠堂에 天地山川 神靈의 圖畵, 美玉은 신기하고 괴이했으며, 古代 賢聖, 괴이한 물건, 여러 事實들을 둘러보곤 피곤하여 그 아래에서 쉬다가 고개 들어 圖畵들과 벽에 적힌 글을 탄식하며 물어보다 憤懣을 없애려 근심을 적었다. 楚國의 사람들이 屈原을 애석하게 여겨 그의 행적을 논술했으나 그 문장의 뜻을 두서없이 서술했을 뿐이다." [王逸「天問序」: "『天問』者, 屈原之所作也. 何不言【問天】? 天尊不可問, 故曰【天問】也. 屈原放逐, 憂心愁悴, 彷徨山澤, 經歷陵陸, 【嗟號旻昊】, 仰天歎息. 見楚有先王之廟, 及公卿之祠堂, 圖畵天地山川神靈, 琦瑋僪佹, 及古賢聖怪物行事, 周流罷倦, 休息其下, 仰見圖畵, 因畵其壁, 呵而問之, 以渫憤懣, 舒瀉愁思. 楚人哀惜屈原, 因共論述, 故其文義不次敍云爾."]

414. 范注3-6: 『莊子』「天下篇譯文」: "【瓌瑋】는 【奇特】과 같은 뜻." 【惠】와 【慧】는 예전에는 통용되었다. [『莊子』「天下篇譯文」: "【瓌瑋】, 【奇特】也." 【惠】【慧】古通用.]

詹注10-3: 『校證』: "『唐寫本』에 【惠】字는 【慧】字로 되어 있으며, 古文에는 서로 통용되었다." 范注: "『莊子』「天下篇譯文」: '【瓌瑋】는 【奇特】과 같은 뜻.' 【瓌】는 【瑰】의 異

體字로 奇偉하다는 뜻." [『校證』··"『唐寫本』【惠】作【慧】, 古通." 范注··"『莊子』「天下篇譯文」··'【瓌瑋】, 【奇特】也.' 【瓌】, 【瑰】的異體字, 奇偉."]

王逸 「遠遊序」··"屈原은 바르게 행동했지만 세상에서 받아들여지지 않았다. …… 마침내 巧妙한 생각을 서술하니 선인과 결혼하여 함께 天地를 周遊하니 이르지 않은 곳이 없다. 그러나 楚國을 그리워하고, 지난 일을 思慕하였으며, …… 이러한 까닭에 군자가 그 뜻을 중히 여기고 그 문사를 훌륭하다 여겼다." [王逸「遠遊序」··"『遠遊』者, 屈原之所作也. 屈原履方直之行, 不容於世上.…… 遂敍妙思, 託配仙人, 與俱遊戲, 周歷天下, 無所不到; 然猶懷念楚國, 思慕舊故, …… 是以君子珍重其志而瑋其辭焉."]

王逸 「天問序」··"屈原이 쫓겨나 근심에 마음 아파 산택 여러 곳을 방황하다가……楚國 先王의 廟堂과 公卿의 祠堂에 天地山川 神靈의 圖畵, 美玉은 신기하고 괴이했으며, 古代 賢聖, 괴이한 물건, 여러 事實들을 둘러보곤 …… 고개 들어 圖畵들과 벽에 적힌 글을 탄식하며 물어보다 憤懣을 없애려 근심을 적었다." 本篇의 앞에서 "康回가 지축을 기울게 하고, 夷羿가 해를 떨어뜨리고…… 괴이한 이야기다."라고 하였다. 이러한 까닭에 "【『遠遊』와 『天問』의 내용은 기특하고, 文思는 교묘하다.】"라고 한 것이다. [王逸「天問序」··"屈原放逐, 憂心愁悴, 彷徨山澤,…… 見楚有先王之廟, 及公卿之祠堂, 圖畵天地山川神靈, 琦瑋僪佹, 及古賢聖怪物行事, …… 仰見圖畵, 因畵其壁, 呵而問之,

以渫憤懣, 敍瀉愁思." 本篇上文云:"康回傾地, 夷羿彃日…… 譎怪之談也." 所以說【『遠遊』『天問』, 瓌詭而惠巧.】]

415. 范注3-7:"王逸「招魂序」: 『招魂』은 宋玉이 지었다. 【招】는【召】와 같은 뜻이다. 손으로 부르는 것을【招】, 말로 부르는 것을【召】라 한다. 魂은 몸의 精華. 宋玉은 屈原이 충성을 다했으나 배척받아 쫓겨나서도 나라를 걱정하다가 魂魄이 사라져 죽으려 함을 너무나 가엽고 애달파하여 『招魂』을 지었다. 다시 그 정신을 되살리고, 수를 다하게 하려고 겉으로는 사방의 죄악상을 진술하고, 안으로는 楚國의 훌륭함을 기리고, 懷王을 풍간하여 大悟覺醒시켜 정도로 환원시키길 기원한 것이다." [王逸「招魂序」:"『招魂』者, 宋玉之所作也. 【招】者,【召】也. 以手曰招, 以言曰【召】; 魂者, 身之精也. 宋玉憐哀屈原, 忠而斥棄, 愁懣山澤, 魂魄放佚, 厥命將落, 故作「大招」. 欲以復其精神, 延其年壽, 外陳四方之惡, 內崇楚國之美, 以諷諫懷王, 冀其覺悟而環之也."]

【招隱】은 『唐寫本』에【大招】로 되어 있으며, 이것이 옳다. [【招隱】, 『唐寫本』作【大招】, 是.]

王逸「大招序」:"「大招」는 屈原이 지었다. 혹은 景差가 지었다 하나 의문은 명확히 밝힐 수 없다. 屈原이 쫓겨나 9년을 이리저리 배회하다가 근심에 마음이 혼란해지고, 精神이 더욱 아뜩하여 몸과 분리되려하기에 죽으려 했지만 결국 그리하지는 못하고 번민하다가 그 혼을 불러들였다. 진실로 楚國의 음악을 칭송하고, 懷王과 襄王의 덕을 숭상하여 三王이 賢士를 임용하고, 公卿이 자세히 살펴 인재를 천거하여 의당 군주를 보좌하여 나라를 흥성시키고 정치가 안정되게 한 것에 비유하고, 이를 통해 諷諫하여 자신의 뜻을 전달한 것이다." [王逸「大招序」: "「大招」者, 屈原之所作也. 或曰景差, 疑不能明也. 屈原放流九年, 憂思煩亂, 精神越散, 與形離別, 恐命將終, 所行不遂, 故憤然大招其魂. 盛稱楚國之樂, 崇懷襄之德, 以比三王能任用賢, 公卿明察能薦擧人, 宜輔佐之而興至治, 因以諷諫, 達己之志也."]

416. 詹注10-4: 王逸「招魂序」: "宋玉은 屈原이 충성을 다했으나 배척받아 쫓겨나서도 나라를 걱정하다가 魂魄이 사라져 죽으려 함을 너무나 가엽고 애달파 『招魂』을 지었다. 다시 그 정신을 되살리고, 수를 다하게 하려했다." [王逸「招魂序」: "宋玉憐哀屈原, 忠而斥棄, 愁懣山澤, 魂魄放佚, 厥命將落, 故作「大招」. 欲以復其精神, 延其年壽."]

『校證』: "【大招】는 원래【招隱】이라 하였으나 徐校, 譚校本에【大招】로 되어 있으며, 馮云: '『招隱』은 『楚辭』本에【大招】로 되어 있으며, 그 아래에【屈宋莫追】라 하였다. 아마도【大招】가 옳을 것이다.' 徐氏, 馮氏, 譚氏의 주장이 옳으며, 『唐寫本』, 王惟儉本에는 정확하게【大招】로 되어 있어 지금은 이를 근거로 고쳤다." 『札記』: "『招隱』은 응당 『楚辭補注』本에 의거【大招】라 해야 한다." [『校證』: "【大招】原作【招隱】, 徐校、譚校作【大招】, 馮云: '【招隱】, 『楚辭』本作【大招】, 下云「屈宋莫追」. 疑【大招】爲是.' 案

徐、馮、譚說是,『唐寫本』、王惟儉本正作【大招】, 今據改.”『札記』:“【招隱】, 宜從『楚辭補注』本作【大招】.”]

王逸「大招序」:“「大招」는 屈原이 지었다. 혹은 景差가 지었다 하나 의문은 명확히 밝힐 수 없다. 屈原이 쫓겨나 9년을 이리저리 배회하다가 근심에 마음이 혼란해지고, 精神이 더욱 아뜩하여 몸과 분리되려하기에 죽으려 했지만 결국 그리하지는 못하고 번민하다가 그 혼을 불러들였다.” 洪興祖『補注』:“屈原의 賦는 25편이며,『漁父』까지는 정확하나「大招」는 아마도 屈原의 저작은 아닐 것이다.”『唐寫本』에【深】은【采】로 되어 있다.『校注』:“『唐寫本』이 정확하다.【深】은 원래【罙】으로 되어 있는데, 아마도【采】를 잘못 써【罙】이라 하였고, 후에 점차 변하여【深】으로 되었을 것이다.” [王逸「大招序」:“「大招」者, 屈原之所作也. 或曰景差, 疑不能明也. 屈原放流九年, 憂思煩亂, 精神越散, 與形離別, 恐命將終, 所行不遂, 故憤然大招其魂.” 洪興祖『補注』:“屈原賦二十㒀篇,『漁父』理想是也,「大招」恐非原作.”『唐寫本』【深】作【采】.『校注』:“按『唐寫本』是.【深】, 正作【罙】, 蓋【采】初譌爲【罙】, 後遂變爲【深】也.”]

張立齊『文心雕龍考異』:“淮南小山『招隱士』의「續楚辭」에서 劉勰은 賈誼 이하 諸篇을 인용하지 않았으니,「大招」라 함이 옳다.” 또한:“【耀艶】은 文采의 發現.【深華】는 文采의 내적 축적. 發現하였기에【耀】라 말한 것이고, 내적으로 축적되었기에【深】이라 말한 것이다.【深】은【藏: 감춤】과 같은 뜻.『考工記』:‘梓人은 반드시 그 손톱을 깊숙이 두어야 한다.' 즉 손톱을 감춘다는 뜻. 【采】, 【採】, 【彩】는 서로 통하지만 【耀】와는 맞지 않기에 【深】을 따르는 것이 옳고, 梁氏의 校注는 잘못되었다." 楊用脩批‥ "【耀艶深華】 4자는 2편의 오묘함을 극진히 그려냈기에 다시 강조했던 것이다. 皮日休는 『楚辭』를 그윽하지만 秀麗하고, 古樸하지만 艶華하다고 평했는데, 이는 서로 표리를 이룬다. 내가 이를 조금 바꾸어 말하면 【『招魂』篇은 艶華하면서도 심오하고, 『招隱』篇은 그윽하지만 수려하고, 古樸하지만 분명하다.】" [張立齊『文心雕龍考異』‥"淮南小山有『招隱士』在『續楚辭』中, 彦和所引不及賈誼以下諸篇, 故從「大招」是." 又‥"【耀艶】, 文采外發也; 【深華】文采內蘊也. 外發故曰【耀】, 內蘊故曰【深】. 【深】者, 【藏】也. 『考工記』‥'梓人必深其爪.' 則藏其爪也. 【采】、【採】、【彩】互通, 與【耀】字不協, 從【深】是. 梁校非." 楊用脩批‥"【耀艶深華】四字, 尤盡二篇妙處, 故重圈之. 皮日休評『楚辭』幽秀古艶, 亦與此相表裏, 予稍易之云【『招魂』耀艶而深華, 『招隱』幽秀而古朗.】"]

橋川時雄‥"『招魂』은 『楚辭』의 모든 판본에서 宋玉의 작품이라 말하지만 어떤 근거로 그리 말하는지 모르겠다. 그러나 『史記』에서 太史公이 【내가 『離騷』, 『天問』, 『招魂』, 「哀郢」을 읽으니 그 뜻이 애달프다.】했으니 응당 屈原이 지었을 것이다. 氣調를 살펴보면 『九歌』篇와 동일하다. 또한 「九辨」과 「大招」를 비교해보면 상당히 비슷하나 동일하지는 않는다. 그러나 劉勰이 이 편에서 『招魂』의 【나무꾼의 머리가 아홉, 土伯의 눈이 세 개】를 인용하였기에 자못 『招魂』이 屈原의 작품인 것처럼 보이지만 응당 다시 재고할 필요가 있다.” [橋川時雄··“『招魂』, 『楚辭』諸本俱謂宋玉作, 未知何據. 但『史記』太史公曰··‘余讀『離騷』、『天問』、『招魂』、「哀郢」, 悲其志.’ 則當屬原作. 玩其氣調, 亦與『九歌』篇同. 而以「九辨」、「大招」較之, 殊似不逮. 然而彦和此篇引『招魂』云【一夫九首, 土伯三目】, 頗似以『招魂』爲原之辭, 當俟再考.”]

417. 范注3-8: 李詳『黃注補正』(己酉年『國粹學報』文篇 參照)··“陳南星··『論語』「微子」篇··‘은거하면서 함부로 말을 했다.’ 『集解』에서 包咸의 말을 인용하여 이르길··‘방치한 것이다. 다시는 世務에 대하여 말하지 않은 것이다.’ 『卜居』에서는 【아! 아무 말도 하지 않는다면 누가 나의 곧음을 알겠는가?】라고 하였다. 이에 劉勰도 거리낌 없이 찬탄한 것이다. 李詳은 이 句節에 의거하여 다음에서 【혼자서만 행할 수 있는 재간에 기탁하였다.】라고 하였는데, 이 역시 漁父가 노를 저어 혼자 떠나 돌아오지 않음을 말한 것이다. 陳南星의 주장은 대단히 확실하다.” [李詳『黃注補正』(見己酉年『國粹學報』文篇)··“陳南星云··『論語』「微子」篇··‘隱居放言.’ 『集解』引包咸云··‘放置也. 不復言世務.’ 案『卜居』有云【吁嗟黙黙兮, 誰知吾之廉貞!】 故彦和以放言美之. 詳案此句下云【寄獨往之才】, 亦言漁父鼓枻而去, 獨往不返也. 陳說尤碻.”]

王逸 「卜居序」··“『卜居』는 屈原이 지었다. 屈原이 忠貞의 品

性을 실천했으나 질투를 받았다. 간사한 신하들은 군왕의 착오를 그대로 따르며 부귀를 누리지만 자신은 忠直을 실천했으나 쫓겨난 신세임을 생각하자 마음이 미혹되어 어찌해야 할지를 모르게 되었다. 이에 太卜의 집으로 가서 天地神明의 뜻을 알고자 蓍龜로 점을 친 것은 자신이 세상에 살면서 행할 바가 무엇이며, 특별한 책략을 얻어 嫌疑를 벗기를 기대했기에 『卜居』라 하였다." [王逸「卜居序」··"『卜居』者, 屈原之所作也. 屈原履忠貞之性而見嫉妬. 念讒佞之臣承君順非蒙富貴; 己執忠直而身放棄, 心迷意惑, 不知所爲. 乃王至太卜家, 稽問神明, 決之蓍龜, 卜己居世, 何所宜行, 冀聞異策以定嫌疑, 故曰『卜居』也."]

詹注10-5··"王逸 「卜居序」··"『卜居』는 屈原이 지었다. 屈原이 忠貞의 品性을 실천했으나 질투를 받았다…… 이에 太卜의 집으로 가서 天地神明의 뜻을 알고자 蓍龜로 점을 쳐서 자신이 세상에 살면서 행할 바가 무엇인지를 알고, 특별한 책략을 얻어 嫌疑를 벗기를 기대하며 지었기에 『卜居』라 하였다." 『補注』··"나의 친구 丹徒의 陳祺壽가 이르길··'『論語』 「微子」篇··은거하면서 함부로 말을 했다. 『集解』에서 包咸의 말을 인용하여··방치한 것이다. 다시는 世務에 대하여 말하지 않은 것이다.' 『卜居』··'아무 말도 하지 않으면 누가 나의 곧음을 알리오? 그래서 劉勰도 거리낌 없이 말한 것이다.' 다음 구절에 【『漁父』寄獨往之才: 『漁父』篇은 혼자서만 행할 수 있는 재간에 기탁하였다.】라 하였고, 또한 漁父가 노를 저어 혼자 떠나 돌아오지 않는다고 하였다. 陳祺壽의 주장은 대단히 정확하다.” [王逸「卜居序」‥“『卜居』者, 屈原之所作也. 屈原履忠貞之性而見嫉妬.…… 乃王至太卜家, 稽問神明, 決之蓍龜, 卜己居世, 何所宜行, 冀聞異策以定嫌疑, 故曰『卜居』也.” 『補注』‥“詳友丹徒陳祺壽云‥‘『論語』「微子」篇‥隱居放言. 『集解』引包咸云‘放置也. 不復言世務.’ 『卜居』云‥‘吁嗟默默兮, 誰知吾之廉貞! 故彦和以放言美之.’ 按此句下云【『漁父』寄獨往之才】, 亦言漁父鼓枻而去, 獨往不返也. 陳說甚確.”]

『札記』‥“『卜居』는 귀신에게 물어보는 말로 繁多하나 줄이지 않았기에 【方言: 함부로 말함】이라고 한 것이다. 【方言】은 【縱言】과 같은 뜻. 陳祺壽의 해석은 要諦를 얻지 못했다.” 【方言】은 구속을 받지 아니하고 말하고 싶은 대로 하는 것. 『晉書』「夏候湛傳」‥“莊周는 거리낌 없이 하고 싶은 대로 말했다.” [『札記』‥“『卜居』命龜之辭, 繁多不綴, 故曰【方言】. 【方言】猶云【縱言】. 陳解未諦.” 【方言】, 暢所欲言, 不受拘束. 『晉書』「夏候湛傳】‥“莊周駘蕩以方言.”]

418. 范注3-9‥“王逸「漁父序」‥『漁父』는 屈原이 지었다. 屈原이 쫓겨나 江水와 湘水 사이를 오갈 때 우수와 한탄으로 憔悴한 모습이었으나, 漁父는 세상을 피해 은신한 채 강가에서 고기를 잡는 것으로 만족하며 스스로 즐거워하는 모습이었다. 마침 물가에서 屈原을 만나 괴이하여 물어보니 마침내 서로 문답을 나누게 되었다. 楚國의 사람들이 屈原을 그리워하였기에 그의 문사를 서술하여 서로 전하게 하였다.” [王逸「漁夫序」‥“『漁父』者, 屈原之所作也. 屈原

放逐在江湘之間, 憂愁嘆吟, 儀容變易, 而漁夫避世隱身, 釣魚江濱, 欣然自樂. 時遇屈原川澤之域, 怪而問之, 遂相應答. 楚人思念屈原, 因敍其辭以相傳焉."]

詹注10-6: 王逸「漁父序」: "『漁父』는 屈原이 지었다. 屈原이 쫓겨나 江水와 湘水 사이를 오갈 때 우수와 한탄으로 그 모습이 憔悴한 모습이었으나, 漁父는 세상을 피해 은신한 채 강가에서 고기를 잡는 것으로 만족하며 스스로 즐거워하는 모습이었다. 마침 물가에서 屈原을 만나 괴이하여 물어보니 마침내 서로 문답을 나누게 되었다." 范注: "孫蜀丞: '『文選』 任彦昇의 『齊竟陵文宣王行狀』注에서 淮南王의 『莊子略要』를 인용하여 이르길: 江海를 떠도는 선비와 山谷에 거처하는 사람은 천하를 가벼이 여기고 만물을 번거롭게 여기며 홀로 가는 사람이다.'" 司馬彪注: "自然속에서 홀로 다니는 사람은 다시는 세상을 돌아보지 않는다." 徐渤校: "【往】은 『楚辭』本에는 【任: 마음대로】으로 되어 있다." 『校證』: "孫蜀丞의 주장이 옳고, 徐渤의 校注는 따를 수 없다." 『楚辭補注』에는 【獨任之才】로 되어 있으며, 注에서 "【獨任】이라 쓰기도 하지만 응당 【獨往】으로 써야 한다." 橋川時雄: "【任】과 【往】은 서로 통용할 수 있으며, 지금은 『楚辭』에 의거 【任】으로 써야 다음 구의 【氣往】의 【往】과 중복되지 않는다." 『莊子』「在宥」: "홀로 갔다 홀로 온다." [王逸「漁父序」: "『漁父』者, 屈原之所作也. 屈原放逐在江湘之間, 憂愁嘆吟, 儀容變易, 而漁夫避世隱身, 釣魚江濱, 欣然自樂. 時遇屈原川澤之域, 怪而問

之, 遂相應答." 范注‥"孫君蜀丞‥'『文選』任彦昇『齊竟陵文宣王行狀』注引淮南王『莊子略要』曰‥江海之士 山谷之人也, 輕天地, 細萬物而獨往者也.'" 司馬彪注‥"獨往自然, 不復顧世." 徐渤校云‥"【往】, 『楚辭』本作【任】" 『校證』‥"案孫說是, 徐校未可從." 『楚辭補注』作【獨任之才】, 注云‥"一云【獨任】當作【獨往】." 橋川時雄‥"按【任】【往】並通, 今從『楚辭』作【任】, 與下句【氣往】之【往】不重." 『莊子』「在宥」‥"獨往獨來."]

419. 詹注11-1: 『斠詮』‥"【氣往轢古】는 그 기세가 앞에 아무런 장애물조차 없는 듯 내달리는 것으로 능히 古人을 능가할 수 있음을 말한다. 【轢】에 대하여, 『說文解字』‥'수레가 지나간 곳.'" 『講疏』‥"【氣往轢古】는…… 風格이 탁월하고, 精神도 범상치 않아 古人을 뛰어 넘어선 것을 말한다. 【辭來切今】은 『楚辭』 『離騷』는 일종의 新興 문체로 형식에 있어서나, 文法 혹은 수사에 있어서도 대단히 신선하고 특별하여 당시 사람들의 주목을 끌었을 뿐만 아니라 독자의 흥취를 만족시켰음을 말한다(【切】은 【合: 부합하다】과 같은 뜻)." [『斠詮』‥"【氣往轢古】, 言其氣勢一往無前, 足以陵泉古人也. 【轢】, 『說文』‥'車所踐也.'" 『講疏』‥"【氣往轢古】是說…… 風格卓絶, 精神超邁, 度越古人; 【辭來切今】是說『楚辭』『離騷』爲一種新興的文體, 在形式方面, 無論文法或修辭, 都非常新鮮奇特, 不但吸引當時人的注意, 並能滿足讀者的興趣.(【切】, 【合】也)."]

420. 詹注11-2: 【切今】은 응당 현재의 情景에 딱 들어맞는다는

뜻. 다음 문장의【山水를 묘사하면 聲文을 따라 그 모습이 드러나야 하고, 節氣를 서술하면 聲文을 통해 시기를 알 수 있어야 한다.】는 그 증거라 하겠다. [按【切今】應指切合當前的情景. 下文說【論山水, 則循聲而得貌; 言節候, 則披文而見時.】可證.]

421. 詹注1-3:【難與並能】은 한 작가가 다른 문체의 전문 작가보다 뛰어나기 어려움을 말한다. 魯迅『漢文學史綱要』第四篇「屈原與宋玉」: “『離騷』의 出現은 文林에 새로운 물을 주었고, 광범위하게 유행하자 평가를 내리는 말들도 결국 어지럽고 번잡하게 되었다. …… 楚國은 비록 蠻夷였지만 이미 오랫동안 大國이었고, 春秋時代에는 이미 능히 시를 지었으니『詩經』의 가르침을 어찌 학습하지 않았겠는가? 다행이 楚國의 고유문화는 아직 사라지지 않았기에 서로 영향을 주고받으며 문장을 이루었고, 마침내 장엄한 文采를 만들어냈다. 劉勰이 그 文辭들을 취합하여 經典과 비교하니 다른 점과 같은 점이 있으며, 실로『雅頌』의 博徒요, 戰國時代의『風雅』로【비록 經義를 본받았으나…… 스스로 위대한 문사를 창출하였기에 기세는 고대의 문인을 뛰어 넘고, 문사는 지금의 시대와 부합하며, 문채는 경이롭고, 艶麗는 극치를 이루었으니 함께 잘하기는 어려운 것이다.】라고 말했다. 가히 言辭를 아는 사람이라 이를 뿐이다.” [【難與並能】, 是說別的作者難同他一樣地擅長. 魯迅『漢文學史綱要』第四篇「屈原與宋玉」: “『離騷』之出, 其沾溉文林, 既極廣遠, 評騭之語, 遂亦紛繁. ……楚雖

蠻夷, 久爲大國, 春秋之世, 已能賦詩,『風雅』之敎, 寧所未習? 幸其固有文化, 尙未淪亡, 交錯爲文, 遂生壯采. 劉勰取其言辭, 校之經典, 謂有異有同, 固『雅頌』之博徒, 實戰國之『風雅』,【雖取鎔經義, 亦自鑄偉辭. …… 故能氣往轢古, 辭來絶今, 驚采絶艶, 難與並能.】可謂知言者已."]

이상이 三段에서는『楚辭』各篇의 예술특색을 밝혔다. [以上爲第三段, 揭示『楚辭』各篇的藝術特色.]

5-4.

「九懷」(王褒作) 이후의 작품은 屈原과 宋玉의 뒤를 급히 좇아가고자 했으나 屈原과 宋玉이 빠른 걸음으로 내달리니 도저히 따라갈 수 없었다. 우울한 심정의 서술은 억울하지만 쉽게 공감할 수 있고, 추방되어 떠돌던 모습의 묘사는 비참하고 창망하여 마음에 담아둘 수 없을 정도였다. 山水에 대한 논변은 聲文을 따라 그 모습이 드러난다. 계절을 논한 것은 文辭을 통해 시기를 알 수 있다. 이에 枚乘, 賈誼는 屈原과 宋玉의 풍부하고 아름다운 문채를 수용하였고, 司馬相如와 揚雄은 屈原과 宋玉의 경험을 받아들여 특이한 풍격을 이루었다. 屈原과 宋玉의 辭人들에 영향은 一代에 그친 것이 아니다. 文才가 뛰어난 사람은 거대한 體制를 취하고, 생각이 교묘한 사람은 아름다운 문사를 차지하고, 吟誦하는 사람은 山水의 아름다움을 음미하고, 學童은 香草의 비유 정도를 주워 모은다. 만일 엄숙하게 『風雅』의 準則을 준수할 수 있고, 楚辭의 장점을 잘 조절할 수 있다면 기이한 文辭를 취하더라도 진실함을 상실하지 않으며, 화려한 문사를 즐기더라도 내용의 핵심을 추락시키지 않을 수 있다. 회고하여 자세히 살펴보면 문사 운용의 힘을 알 수 있어, 작은 읊조림으로도 문사의 극치에 도달할 수 있기에 司馬相如에게 심령을 구걸할 필요도 없고, 王褒에게 문채의 화려함을 빌려올 필요도 없다.

5-4.

自九懷以下[422], 遽躡其跡[423], 而屈宋逸步[424], 莫之能追[425]. 故其敍情怨[426], 則鬱伊而易感[427]; 述離居, 則愴怏而難懷[428]; 論山水, 則循聲而得貌[429]; 言節候, 則披文而見時[430]. 是以枚賈追豐以入麗, 馬揚沿波而得奇[431], 其衣被詞人, 非一代也[432]. 故才高者菀其鴻裁[433]. 中巧者獵其豔辭[434], 吟諷者銜其山川[435], 童蒙者拾其香草[436]. 若能憑軾以倚雅頌[437], 懸轡以馭楚篇[438], 酌奇而不失其貞[439], 翫華而不墜其實[440], 則顧盼可以驅辭力[441], 欬唾可以窮文致[442], 亦不復乞靈於長卿[443], 假寵於子淵矣[444].

422. 詹注12-1: 【以】字에 대하여 橋川時雄‥“『唐寫本』와 『楚辭』 夫蓉館, 汲古閣本에는 【已】로 되어 있으나, 各本에는 【以】로 되어 있다.” 王逸 「九懷序」‥“「九懷」는 諫議大夫 王褒가 지었다. 【懷】는 【思】와 같은 뜻. …… 王褒가 屈原의 문장을 읽고는, …… 그를 추모하고 불쌍히 여겨 「九懷」를 지어 글의 의미를 더했다…….” [【以】字, 橋川時雄‥“『唐寫本』及『楚辭』夫蓉館、汲古閣本作【已】, 各本作【以】.” 王逸「九懷序」‥“「九懷」者, 諫議大夫王褒之作也. 【懷】者, 【思】也. …… 褒讀屈原之文, …… 追而愍之, 故作「九懷」以裨其詞…….”]

范注‥“劉勰이 【「九懷(王褒作)」以下】라 말한 것은 응당 東方朔의 「七諫」, 劉向의 「九歎」, 嚴忌의 「哀時命」, 賈誼의 「惜誓」, 王逸의 「九思」 諸篇을 지칭한다. 陳振孫 『書錄解題』‥“洪興祖가 吳郡의 林虙에게서 『楚辭譯文』을 얻었는데 古文으로 쓰였다. 編次는 오늘날 板本과는 달랐다. 『離騷』가 처음이고, 그 다음이 『九辯』이었고, 그 다음이 『九歌』, 『天問』, 『九章』, 『遠遊』, 『卜居』, 『漁父』, 「招隱士」, 「招魂」, 「九懷」, 「七諫」, 「九歎」, 「哀時命」, 「惜誓」, 「大招」, 「九思」였다.” [范注‥“彦和所云【「九懷(王褒作)」以下】, 當指東方朔「七諫」, 劉向「九歎」, 嚴忌「哀時命」, 賈誼「惜誓」, 王逸「九思」諸篇. 陳振孫『書錄解題』云‥“洪氏從吳郡林虙得『楚辭譯文』乃古文. 其篇第與今本不同. 首『離騷』, 次『九辯』, 而後『九歌』『天問』『九章』『遠遊』『卜居』『漁父』「招隱士」「招魂」「九懷」「七諫」「九歎」「哀時命」「惜誓」「大招」「九思」.”]

423. 范注4-1: 晁公武『郡齋讀書志』『楚辭』類『楚辭譯文』1卷跋:"누가 지었는지는 상세하지 않다. 그 編次가 世行本과는 같지 않다.『離騷經』,『九辯』,『九歌』,『天問』,『九章』,『遠遊』,『卜居』,『漁父』,「招隱士」,「招魂」,「九懷」,「七諫」,「九歎」,「哀時命」,「惜誓」,「大招」,「九思」의 순서로 되어 있다. 현재는『九章』이 네 번째로,『九辯』이 여덟 번째로 되어 있으며, 王逸이『九章』의 注에서『九辯』부터 흐트러졌다고 하였으니,『譯文』의 編次는 舊本과 같을 것이다. 후대인들이 작자의 선후에 의거하여 순서를 정했을 뿐이다. 혹자는 宋代 天聖 年間에 陳說이 그리하였다고 말하기도 한다." 洪興祖『楚辭章句補注』:"『九章』이 네 번째,『九辯』이 여덟 번째라 하지만 王逸『九章』注:'『九辯』에서 흐트러졌다고 하였다.'(王逸注는『九章』「哀郢」을 참고했다.) 따라서『譯文』의 編次는 舊本과 같을 것이다. 후대인들이 작자의 선후에 의거하여 서술했을 뿐이다." 이러한 사실에 근거하면 劉勰이【「九懷(王褒作)」以下】라 말한 것은 응당 東方朔의「七諫」, 劉向의「九歎」, 嚴忌의「哀時命」, 賈誼의「惜誓」, 王逸의「九思」諸篇을 지칭한다. 陳振孫『書錄解題』:"洪興祖가 吳郡의 林宓에게서『楚辭譯文』을 얻었는데 古文으로 쓰였다. 編次는 오늘날 板本과는 달랐다.『離騷』가 처음이고, 그 다음이『九辯』이었고, 그 다음이『九歌』,『天問』,『九章』,『遠遊』,『卜居』,『漁父』,「招隱士」,「招魂」,「九懷」,「七諫」,「九歎」,「哀時命」,「惜誓」,「大招」,「九思」였다." [晁公武『郡齋讀書志』『楚辭』類『楚辭譯文』一卷跋:"未詳撰人. 其編次不與世行本同. 蓋

以『離騷經』『九辯』『九歌』『天問』『九章』『遠遊』『卜居』『漁父』「招隱士」『招魂』「九懷」「七諫」「九歎」「哀時命」「惜誓」「大招」「九思」爲次. 按今『九章』第四, 『九辯』第八, 王逸『九章』注云, 皆解於「九辯」中, 知『譯文』編第蓋舊本也. 後人始以作者先後次第之爾. 或曰, 天聖陳說之所爲也." 洪興祖『楚辭章句補注』曰: "按『九章』第四, 『九辯』第八, 而王逸『九章』注云: '皆解於『九辯』中'(王注見『九章』「哀郢」) 知『譯文』篇第舊本. 後人始以作者先后敍之爾." 據此, 彦和所云【「九懷(王褒作)」以下】, 當指東方朔「七諫」, 劉向「九歎」, 嚴忌「哀時命」, 賈誼「惜誓」, 王逸「九思」諸篇. 陳振孫『書錄解題』云: "洪氏從吳郡林虙得『楚辭譯文』乃古文. 其篇第與今本不同. 首『離騷』, 次『九辯』, 而後『九歌』『天問』『九章』『遠遊』『卜居』『漁父』「招隱士」「招魂」「九懷」「七諫」「九歎」「哀時命」「惜誓」「大招」「九思」."]

詹注12-2: 【遽】는 【急: 급하다】과 같은 뜻. 『注訂』: "諸家 모두가 이전 屈原의 體裁에 근본을 두고 부를 지었기에 【躡其跡: 그 자취를 밟다】이라고 말한 것이다. 【跡】은 屈原과 宋玉을 지칭하며, 屈原 一人만을 지칭하는 것은 아니다. 다음 문장 【屈宋逸步】에서 屈原과 宋玉을 連用하였으나 范注에서 이를 살피지 못한 채 오로지 屈原만을 지칭한 것은 오류다." 『斠詮』: "【躡】은 【繼蹤】, 【追從】을 말한다. 【其】는 상술한 『離騷』, 『九章』 等 10종 屈原과 宋玉의 작품을 지칭한다." [【遽】, 【急】也. 『注訂』: "諸家皆上本屈氏之體以作賦, 故云【躡其跡】也. 【跡】指屈宋, 非指屈氏一

人, 因下文有【屈宋逸步】之語, 屈宋聯稱, 范注不省, 謂專指屈氏者非.” 『斠詮』: “【躡】, 【繼蹤】, 猶言【追從】. 【其】, 指上述『離騷』、『九章』等十種屈宋之作.”]

424. 詹注12-3: 『莊子』「田子方」: “선생님께서 먼지도 날리지 않고 달리시면 저(顔回)는 눈만 크게 뜨고 선생님의 뒤만 바라다봅니다.” 【逸】은 【奔跑: 내달리다】의 뜻. [『莊子』「田子方」: “夫子奔逸絶塵, 而(顔)回瞠若乎後矣.” 【逸】, 【奔跑】.]

425. 詹注12-4: 『典論』: “어떤 사람이 묻길: ‘屈原과 司馬相如의 賦 가운데 어떤 것이 더 뛰어난가?’ 대답하여 말하기: ‘한가롭고 자신을 드러내지 않음은 屈原이 뛰어나다. 극단적 화려함과 오묘함은 司馬相如의 장점이다. 그러나 屈原은 譬諭에 의탁하여 그 의미가 무궁하니 대단히 여유롭다. 司馬相如나 揚雄은 意境이 이에 미치지 못한다.’”(『北堂書鈔』卷一百에서 인용) [『典論』: “或問: ‘屈原、相如之賦孰愈?’ 曰: ‘優遊按衍, 屈原之尙也. 窮侈極妙, 相如之長也. 然原據托譬諭, 其意周旋, 綽有餘度矣. 長卿、子雲, 意未能及已.’”(『北堂書鈔』卷一百引)]

426. 范注4-2: 【其】는 屈原의 모든 작품을 지칭한다. [【其】, 指屈原諸作.]

詹注13-1: 范注: “【其】는 屈原의 모든 작품을 지칭한다.” 斯波六郞: “【其】는 屈原과 宋玉을 지칭한다.” [范注: “【其】, 指屈原諸作.” 斯波六郞: “【其】指屈宋.”]

427. 詹注13-2:『後漢書』「崔寔傳」:“智士는 아래에 있으면 답답해한다.” 注:“【鬱伊】는 답답한 모습.”【鬱伊】은【抑鬱】과 같은 뜻으로 심정이 불편함. [『後漢書』「崔寔傳」:“智士鬱伊於下.” 注云:“【鬱伊】, 不申之貌.”【鬱伊】, 同【抑鬱】, 心情不舒暢.]

428. 詹注13-3:【離居】는 屈原이 쫓겨나 배회하다가 國都를 떠났음을 의미한다.『九歌』「大司命」:“떠나려는 신령에게 선물로 주리라.”【愴快而難懷】에 대하여『斠詮』에서:“비참하고 창망하여 마음에 두기 어려움을 말하는 것이며 …… 마음에 두기 어렵다는 것은 또한 끝까지 읽을 수 없음을 말한다.” [【離居】, 這裏指屈原被流放而離開國都.「九歌·大司命」:“將以遺兮離居.”【愴快而難懷】,『斠詮』:“謂悲愴悵惘, 難以爲懷也. …… 難以爲懷, 亦卽不忍卒讀之意.”]

429. 詹注13-4: 예를 들어『九歌』,『九章』에서 산수를 묘사하였지만 물을 묘사한 것이 더 많다. [如『九歌』、『九章』中之寫山水, 而寫水者尤多.]

430. 詹注13-5:『春覺齋論文·流別論』第一節:“「涉江」:‘애석하게도 楚國에는 나를 이해하는 사람이 없어, 내일 아침에는 長江과 湘水를 건너리라. 鄂渚에 올라 고개 돌려 국도를 바라보다가 가을과 겨울의 차가운 바람과 마주하고 탄식할 뿐이다. 천천히 말을 언덕에 오르게 하니 내 수레가 方林에 이르더라. 배에 올라 沅水에서 위쪽으로 나가니, 船夫들이 일제히 노를 저었다. 배는 더디어 앞으로 나

가지 못하니, 맴도는 流水에 멈추어 있다. 내일 아침 枉渚로 출발하면 저녁에는 辰陽에서 쉴 수 있으리라. 실로 내 마음이 정직하다면 비록 편벽된 먼 곳으로 쫓겨난다하여 어찌 마음이 상하겠는가? 溆浦로 들어가니 다시 의심이 일어나고, 迷惑에 빠져 어디로 가야할지 모르겠더라. 깊은 숲 어두운 곳, 원숭이들이 서식하는 곳. 山陵은 높아 해를 가리고, 산 아래 어두운 곳에는 많은 비가 내린다. 눈가루 휘날려 끝이 보이지 않고, 짙은 구름이 처마를 누르고 있다. 애처롭구나, 나의 낙도 없는 삶이여, 쓸쓸한 산중에서 홀로 있도다. 나는 뜻을 바꿀 수 없기에 세속을 따를 수 없으니 당연히 우수 속에서 평생을 지낼 것이다.' 이 단락은 離居을 서술하고, 山水를 논하며, 계절을 말한 것이다. 이 짧은 글 속에 소소한 것들이 모두 들어 있다. 무릇 朝廷에서 자신을 알아주지 않자 결국 강을 건너 떠나버린다. 그러나 가을과 겨울의 바람이 얼굴을 스치자 고개를 돌려 國都를 바라보니 아득히 먼 곳이더라. 가을 물은 하늘까지 차올랐고, 楚江에 날이 저무니 枉渚에서 辰陽까지 발조차 의탁할 곳이 없었다. 이에 깊은 숲 원숭이 머무는 곳, 비는 처량하게 내리고, 눈은 아득한 곳까지 내리는데 그 속에 나라를 떠난 외로운 신하 한 사람이 나타나는데 몸 하나 편하지 못한데 그 마음 또한 편안할 수 있겠는가? 또한 나라가 쇠퇴함을 알기에 자신의 뜻을 받아들이지 않는 사람과 단절하고, 스스로 마음을 바꾸고 세속을 따르는 것은 생각하지도 않는다. 「涉江」 전문을 다 읽지 않더라도 이러한 소소한 문장의 結構만 가지고도 조용히 생각해보면 곳곳에서 목이 메일 일 것이다. [『春覺齋論文·流別論』第一節··“「涉江」··‘哀南夷之莫吾知兮, 旦余济乎江湘. 乘鄂渚而反顧兮, 欸秋冬之緒風. 步余馬兮山皋, 邸余車兮方林. 乘舲船余上沅兮, 齊吳榜以擊汰. 船容與而不進兮, 淹迴水而凝滯. 朝發枉陼兮, 夕宿辰阳. 苟余心其端直兮, 雖僻遠之何傷? 入溆浦余儃佪兮, 迷不知吾所如. 深林杳以冥冥兮, 乃猿狖之所居. 山峻高而蔽日兮, 下幽晦以多雨. 霰雪紛其無垠兮, 雲霏霏其承宇. 哀吾生之無樂无兮, 幽獨處乎山中. 吾不能變心以從俗兮, 固將愁苦而終窮.’ 此一段, 眞所謂述離居, 論山水, 言節侯, 悉納于小小篇幅中. 夫惟朝廷之莫己知, 遂涉江而逝. 然秋冬之風撲面, 迴顧國都, 已在蒼蒼莽莽之中. 秋水漫天, 楚江日暮, 自枉渚至辰陽, 初無托足之所. 于是深林猿狖, 雨雪凄迷, 其中著一去國之孤臣, 不特此身不可安頓, 卽此心亦寧有安頓之處? 又知國家衰敗, 斷無容己之人, 卽一己亦不顧變心而從俗. 不待獨「涉江」全文, 只此小小結構, 靜中思之, 在在咸中悲梗.”]

曹學佺批··“山水를 묘사하면 聲文을 따라 그 모습이 드러나야 하고, 節氣를 서술하면 聲文을 통해 시기를 알 수 있어야 한다. 이는 極眞한 문장이다. 만일 緯書처럼 거짓된 것이라면 어찌 진실할 수 있겠는가!” [曹學佺批··“論山水, 則循聲而得貌; 言節候, 則披文而見時. 此極眞之文也. 若緯書祗僞, 烏能眞!”]

이상은 『楚辭』의 抒情과 情景 묘사의 여러 成就를 설명한 것이다. [以上指出『楚辭』在抒情和寫景各方面的成就.]

431. 范注4-3: 『漢書』「枚乘傳」: "梁國의 賓客들은 辭賦를 잘 지었으며, 그 가운데 枚乘이 가장 뛰어났다." 『藝文志』「屈原賦類」下에 枚乘賦 9편, 賈誼賦 7편, 司馬相如賦 29편이 기록되어 있다. 『漢書』「揚雄傳」: "蜀의 司馬相如는 賦를 지음에 사상이 弘大하고, 문체는 아름다우며, 풍격은 溫雅하였다. 揚雄이 司馬相如가 훌륭하다고 여겨 매번 賦를 지으면 늘 그의 작품을 體式으로 삼았다." 『藝文志』에서 揚雄賦 12篇을 陸賈賦類 다음에 나열하고 있는데, 그 이유를 모르겠다. [『漢書』「枚乘傳」: "梁客皆善屬辭賦, 乘尤高." 『藝文志』「屈原賦類」下有枚乘賦九篇, 賈誼賦七篇, 司馬相如賦二十九篇. 『漢書』「揚雄傳」: "蜀有司馬相如作賦甚弘麗溫雅, 雄心壯之, 每作賦, 常擬之以爲式." 『志』列揚雄賦十二篇於陸賈賦類下, 未知其故.]

詹注13-6: 『漢書』「藝文志·詩賦略論」: "楚國의 臣下 屈原은 참소를 당하여 쫓겨나서도 나라를 걱정하며 이 모두를 『詩經』에 의거하여 賦를 지었기에 모두 측은한 古詩의 의의를 지니고 있었다. 그의 뒤를 이은 宋玉과 唐勒, 漢朝의 枚乘과 司馬相如, 이후의 揚雄은 다투어 화려하고 번다한 작품에 매달렸을 뿐 諷諭의 意義는 없었다." 『史記』「賈誼列傳」: "賈誼는 長沙王의 太傅로 있다가 스스로 만족하지 못하고 湘水를 건너다 賦를 지어 屈原에게 弔意를 표했다." [『漢書』「藝文志·詩賦略論」: "楚臣屈原離讒憂國, 皆作賦以風, 咸有惻隱古詩之義. 其後宋玉、唐勒, 漢興枚乘、司馬相如, 下及揚子雲, 競爲侈麗閎衍之詞, 沒其諷諭之

義."『史記』「賈誼列傳」:"賈誼爲長沙王太傅, 意不自得, 及渡湘水, 爲賦以弔屈原."]

范注:"『漢書』「枚乘傳」:'梁國의 賓客들은 辭賦를 잘 지었으며, 그 가운데 枚乘이 가장 뛰어났다.'"『藝文志』「屈原賦類」下에 枚乘賦 9편, 賈誼賦 7편, 司馬相如賦 29편이 기록되어 있다.『漢書』「揚雄傳」:"蜀의 司馬相如는 賦를 지음에 사상이 弘大하고, 문체는 아름다우며, 풍격은 溫雅하였다. 揚雄이 司馬相如가 훌륭하다고 여겨 매번 부를 지으면 늘 그의 작품을 體式으로 삼았다." 橋川時雄: "『楚辭』夫蓉館, 汲古閣本에는【是以】두 자가 없다.【詞人】은『唐寫本』에【辭人】으로 되어 있다."【沿波】는 屈原과 宋玉의 여파를 따라간다는 뜻. [范注:"『漢書』「枚乘傳」:'梁客皆善屬辭賦, 乘尤高.'" 『藝文志』「屈原賦類」下有枚乘賦九篇, 賈誼賦七篇, 司馬相如賦二十九篇.『漢書』「揚雄傳」:"蜀有司馬相如作賦甚弘麗溫雅. 雄心壯之, 每作賦, 常擬之以爲式." 橋川時雄:"『楚辭』夫蓉館、汲古閣本無【是以】二字.【詞人】『唐寫本』作【辭人】."【沿波】, 循屈宋的餘波.]

432. 詹注13-7:【衣被】는 사람에게 은혜를 내린다는 뜻이나, 여기서는 다른 사람에게 영향을 미침을 지칭한다. [【衣被】, 加惠于人, 這裏指給人以影響.]

433. 范注4-4:【菀】은【鬱】,【蘊】으로 읽으며, 自動詞다. 다음 3구에의【獵】,【銜】,【拾】은 모두 他動詞다. 語氣가 잘 맞지 않으니 아마도【菀】은【捥】의 假借字일 것이며,『集

韻』에서도 【捥】으로 썼으며 【取: 취하다】와 같은 뜻이다. 【捥其鴻裁】은 屈原과 宋玉이 만든 大義를 取鎔하여 스스로 새로운 문사를 만들어내는 것을 이르며, 천박한 사람들이 할 수 없기에 【才高者捥其鴻裁】라 한 것이다. [【菀】訓【鬱】, 訓【蘊】, 是自動詞, 下列三句【獵】【銜】【拾】三字皆他動詞. 語氣不順, 疑【菀】卽【捥】之假字, 『集韻』【捥】, 【取】也. 【捥其鴻裁】, 謂取鎔屈宋製作之大義, 以自鑄新辭, 然此非淺薄所能, 故曰【才高者捥其鴻裁】也.]

詹注14-1: 【菀】, 梅注‥“音이 鬱이다.” 『唐寫本』에는 【苑】으로 되어 있다. 趙萬里 『校記』‥“『唐寫本』이 정확하다. 【苑】과 【蘊】은 서로 통한다. 『廣雅』‥‘【蘊】은 【聚: 모이다】와 같은 뜻이다.’ 이것이 그 뜻이다.” [【菀】, 梅注‥“音鬱.” 『唐寫本』作【苑】. 趙萬里『校記』‥“案『唐寫本』是也. 【苑】與【蘊】通. 『廣雅』‥‘【蘊】, 【聚】也.’ 是其義.”]

范注‥“【菀】은 【鬱】, 【蘊】으로 읽으며, 自動詞다. 다음 3구에의 【獵】, 【銜】, 【拾】은 모두 他動詞다. 語氣가 잘 맞지 않으니 아마도 【菀】은 【捥】의 假借字일 것이며, 『集韻』에서도 【捥】으로 썼으며 【取: 취하다】와 같은 뜻이다. 【捥其鴻裁】은 屈原과 宋玉이 만든 大義를 取鎔하여 스스로 새로운 문사를 만들어내는 것을 이르며, 천박한 사람들이 할 수 없기에 【才高者捥其鴻裁】라 한 것이다.” [范注‥“【菀】訓【鬱】, 訓【蘊】, 是自動詞, 下列三句【獵】【銜】【拾】三字皆他動詞. 語氣不順, 疑【菀】卽【捥】之假字, 『集韻』【捥】, 【取】也. 【捥其鴻裁】, 謂取鎔屈宋製作之大義, 以自鑄新辭,

然此非淺薄所能, 故曰【才高者捥其鴻裁】也.”

『校證』‥“【菀】은 『唐寫本』에 【苑】으로 되어 있으며, 고대에는 서로 통했다. 『漢書』「谷永傳」注‥‘【菀】은 【苑】의 古字다.’ 또한 『百官公卿表』上‥‘太僕은 屬官의 牧師로 명령을 내렸다고 하니, 【苑】은 【令: 명령하다】와 같은 뜻이다.’ 『管子』「水地」篇‥‘땅은 모든 생물의 根苑이다.’ 舊注‥‘【菀】은 【囿城】과 같은 뜻.’ 이 모두는 【苑】과 【菀】이 예전에는 서로 통용되었다는 증거다. 「詮賦」篇‥‘京殿苑獵(京都, 宮殿, 苑囿, 狩獵)’이라 하면서 【苑】과 【獵】으로 對文을 만들었는데, 이것 또한 이와 같은 예이다. 「雜文」篇‥‘苑囿文情.’ 「體性」篇‥‘文辭根葉, 苑囿其中.’ 「練字」篇‥“苑囿奇文.”의 【苑】字의 의미 역시 이와 동일하다. 아마도 『離騷』가 辭采가 풍부하고, 含蓄이 다양한 것이 마치 草木과 禽獸의 苑囿와 같아 후세 사람들이 그 안에서 생활을 도모하였기에 【衣被詞人, 非一世也: 詞人에게서 좋은 영향을 받은 것은 一代의 일만은 아니다】라고 말했을 것이다. 「詮賦」篇의 【故知殷人輯《頌》, 楚人理賦, 斯並鴻裁之寰域, 雅文之樞轄也: 殷代의 문인들이 『商頌』을 편집하고, 楚國의 문인들이 부를 지은 것은 모두 커다란 문학적 體製의 범위이고, 雅正한 문사의 관건임을 알 수 있다.】가 바로 【苑其鴻裁】의 의미다.” 【鴻裁】는 문장의 광대하고 위대한 체제를 지칭한다. [『校證』‥“【菀】, 『唐寫本』作【苑】, 古通. 『漢書』「谷永傳」注云‥‘【菀】, 古【苑】字.’ 又『百官公卿表』上‥‘太僕屬官之牧師菀令, 卽【苑】【令】也.’ 『管

子』「水地」篇‥‘地者, 諸生之根苑.’ 舊注‥‘【菀】, 【囿城】也.’ 皆【苑】【菀】古通之證. 「詮賦」篇‥‘京殿苑獵’, 以【苑】【獵】對文, 與此正同. 「雜文」篇‥‘苑囿文情.’ 「體性」篇‥‘文辭根葉, 苑囿其中.’ 「練字」篇【苑囿奇文】, 【苑】字義並與此同. 蓋『離騷』一書, 辭藻豊蔚, 多所蘊蓄, 若草木禽獸之苑囿然, 後人多在其中討生活 【衣被詞人, 非一世也.】「詮賦】篇【故知殷人輯《頌》, 楚人理賦, 斯並鴻裁之寰域, 雅文之樞轄也.】, 亦【苑其鴻裁】之意.” 【鴻裁】, 指文章的鴻偉體制.]

潘重規 『唐寫文心雕龍殘本合校(이하 簡稱 『合校』)‥“『漢書』「谷永傳」師古注‥‘【菀】은 【苑】의 古字다.’ 【苑囿】를 六朝人들은 왕왕 【菀】으로 썼으며, 여기서 【菀】은 【範】과 같은 뜻. 【苑囿】는 동사로 쓰였으며, 範圍를 포괄한다는 뜻이다. 「詮賦」篇‥‘殷代의 문인들이 『商頌』을 편집하고, 楚國의 문인들이 부를 지은 것은 모두 커다란 문학적 體製의 범위이고, 雅正한 문사의 관건임을 알 수 있다.’ 【才高者菀其鴻裁】는 재주가 뛰어난 사람은 능히 그 體製를 모두 취득한다는 뜻이다.” [潘重規『唐寫文心雕龍殘本合校(以下簡稱『合校』)‥“『漢書』「谷永傳」師古注‥‘【菀】, 古【苑】字.’ 【苑囿】字, 六朝人往往書作【菀】, 此【菀】卽【範】也. 【苑囿】用作動詞, 蓋範圍包括之意. 「詮賦」篇‥‘故知殷人輯《頌》, 楚人理賦, 斯並鴻裁之寰域, 雅文之樞轄也.’ 【才高者菀其鴻裁】, 謂才高者能盡得其體製也.”]

434. 范注4-5: 【中巧】는 【心巧(총명함)】을 말한다. [【中巧】猶言【心巧】.]

詹注14-2: 橋川時雄‥“夫蓉館本에 【中】은 【志】로 되어 있으나, 내 생각으로 【中巧】라 하는 것이 정확하다.” 『札記』‥“【中巧】는 【心巧: 총명함】을 말한다.” 斯波六郞‥“이 【中】字는 【中的: 과녁에 적중시키다】의 【中】이며, 【射】와 같은 뜻. 그래서 다음에 【獵】字를 사용한 것이다. 『梅音』‥ ‘【中】은 去聲이다.’ 역시 【中的】으로 해석하였다.” [橋川時雄‥“夫蓉館本【中】作【志】, 時案作【中巧】是.” 『札記』‥“【中巧】, 猶言【心巧】.” 斯波六郞‥“案此【中】字爲【中的】之【中】, 喩【射】. 故下用【獵】字. 梅音‥‘【中】, 去聲’, 亦作【中的】解.”]

435. 詹注14-3: 【銜】은 【含咏: 낭송】의 뜻이 있으며, 예를 들면 【含英咀華: 문장의 정화를 음미하다.】가 있다. 『講疏』‥ “【吟諷者銜其山川】는 읊고 감상하는 사람이 『楚辭』의 작품 …… 속에서 묘사된 경치의 즐거움을 체득할 수 있음을 말한다.” [按【銜】有【含咏】意, 如【含英咀華】. 『講疏』‥ “【吟諷者銜其山川】是說諷誦欣賞的人, 可以在『楚辭』的作品 …… 中體會到寫景的樂趣.”]

436. 詹注14-4: 『周易』「蒙」‥“내가 童蒙에게 가르침을 구하는 것이 아니고 童蒙이 나에게 가르침을 구한다.” 『正義』‥ “童蒙은 闇昧의 뜻.” 【拾其香草】는 香草의 比喩를 취한다는 뜻. 王逸 「離騷經序」‥“善鳥와 香草로 忠貞과 짝을 지었다.” 楊批‥“【拾其香草】는 기이한 句를 크게 여긴다는 뜻.” 【童蒙】은 어리석음을 깨우치는 童子. 『講疏』에서 【拾其香草】는 『楚辭』의 작품 가운데 【각종 博物的 知識을 학습한다.】는 것을 말하면서 孔子가 말한 『詩經』을 배우면

【鳥獸草木의 이름을 많이 알 수 있다.】(『論語』「陽貨」篇.)는 말을 인용하였다. [『易』「蒙」··"匪我求童蒙, 童蒙求我." 『正義』··"童蒙, 闇昧之意." 【拾其香草】, 謂拾取其中香草的比喻. 王逸「離騷經序」··"善鳥香草以配忠貞." 楊批··"拾其香草, 大奇句." 【童蒙】, 啓蒙的童子. 『講疏』謂【拾其香草】是說在『楚辭』的作品中【學習到各種博物的知識】, 並引孔子的話說學『詩』可以【多識於鳥獸草木之名.】(『論語』「陽貨」篇.)]

魯迅 『摩羅詩力說』二··"屈原이 세상을 떠나며 哀怨을 진실하게 표현하여 훌륭한 奇文을 이룩하였다. …… 그러나 作品 가운데 아름답고 측은한 표현이 많으나 반항과 도전은 끝내 작품에서 찾을 수 없어 後世에 준 감동의 위력은 강하지 못하다. 劉勰이 말한 【文才가 뛰어난 사람은 거대한 體制를 취하고, 생각이 교묘한 사람은 아름다운 문사를 차지하고, 吟誦하는 사람은 山水의 아름다움을 음미하고, 學童은 香草의 비유 정도를 주워 모은다.】는 모두 外形에 의미를 두었고 內質을 언급하지는 않았다. 孤高하고 위대한 문인이 자살해도 사회는 예전과 같다. 몇 자로 깊은 애도를 표한다.(「墳」, 『全書』第一卷)" [魯迅『摩羅詩力說』二··"惟靈均將逝, …… 則抽寫哀怨, 鬱爲奇文. …… 然中亦多芳菲悽惻之音, 而反抗挑戰, 則終其篇未能見, 感動後世, 爲力非强. 劉彦和所謂【才高者菀其鴻裁. 中巧者獵其豔辭, 吟諷者銜其山川, 童蒙者拾其香草】, 皆著意外形, 不涉內質. 孤偉自死, 社會依然. 四語之中, 函深哀焉.(「墳」,『全

書』第一卷)”]

437. 詹注14-5: 『校注』‥“『左傳』「僖公 28年」‥子玉이 鬭勃에게 싸움을 청하면서 이르길‥‘청컨대 그대의 군사들과 내기를 합시다. 그대는 수레의 橫木에서 구경하시오.’ 釋文‥‘【馮】은 皮冰 反切’ 【馮式】은 수레 앞의 횡목에 기대어 존경을 표시하는 것. 【倚雅頌】은 『風雅』를 중시한다는 것이며, 『楚辭』는 그저 『雅頌』의 博徒에 지나지 않는다는 것이다.” [『校注』‥“『左傳』「僖公】二十八年‥子玉使鬭勃請戰, 曰‥‘請與君之士戲, 君馮軾而觀之.’ 釋文‥‘【馮】, 皮冰反’ 【馮式】, 靠在車前橫木上, 表示尊敬. 【倚雅頌】, 倚重『風雅』, 而『楚辭』不過是『雅頌』之博徒.]

438. 詹注14-6: 이 구절의 의미는 절제를 가지고 『楚辭』를 제어할 수 있어야 선택적으로 『楚辭』를 학습할 수 있고, 감상할 수 있다는 것이다. [此句意謂有節制地來駕御『楚辭』, 也就是選擇地學習『楚辭』, 欣賞『楚辭』.]

439. 詹注14-7: 『札記』‥“劉勰은 문학을 논하면서 반드시 진실을 위주로 해야 한다는 것 역시 『楚辭』의 과도한 화려함, 漢賦의 지나친 誇張의 弊害를 살피고 입론한 것이다. 사실 屈原과 宋玉의 문장은 修辭의 화려함을 儀表로 하고, 眞實을 骨幹으로 삼았는데도 이를 배우는 사람들이 정신을 버리고 겉모습만 취하였기 때문에 거짓된 문체라는 비판을 받기도 한다.” [『札記』‥“彦和論文, 必以存眞實爲主, 亦監于楚艶漢侈之流弊而立言. 其實屈宋之辭, 辭華者其儀表, 眞實者其骨幹, 學之者遺神取貌, 所以有僞體之譏.”]

『校注』‥“【其眞】은 『唐寫本』에 【居貞】으로 되어 있다. 【貞】字는 옳지만 【居】字는 옳지 않다.” [『校注』‥“【其眞】, 唐本作【居貞】. 按【貞】字是, 【居】字非也.”]

『校釋』‥“【貞】은 【正】과 같은 뜻. 奇異함에 대고 正實을 말한다는 것은 實際를 가지고 華美에 대하여 언급하는 것과 같은 뜻이다.” 또한‥“劉勰은 문학을 논함에 매번 奇貞과 華實의 절충을 반복적으로 강조하였다. 奇華는 문채의 외현. 【貞實】은 道의 내적 축적. 屈原이 【取鎔經旨: 經典의 요지를 수용함】하였기에 진실을 상실하지 않았으며, 열매를 떨어뜨리지 않았다. 屈原의 작품은 【自鑄偉詞: 스스로 위대한 문사를 만들어 냄】했기 때문에 奇異함을 헤아릴 수 있고, 화려함을 즐길 수 있다.” [『校釋』‥“【貞】者, 【正】也. 對奇而言貞, 與實對華而言同.” 又‥“舍人論文, 每反復於奇正華實之間. 奇華者, 采之外彰者也. 【貞實】者, 道之內蘊者也. 屈子【取鎔經旨】, 故不失其貞, 不墮其實. 屈賦【自鑄偉詞】, 故可酌其奇, 可翫其華.”]

「定勢」篇‥“전통적 체제를 익힌 사람은 정상적 방법으로 신기함을 다스리고, 새로운 기풍을 학습하는 사람은 기이함만 쫓다가 정상적인 것을 상실한다. 이러한 추세를 돌이킬 수 없기에 文體가 결국 피폐해졌다.” 또한‥“문학에 깊은 조예가 있는 사람은 다양한 문학적 추세를 아우를 수 있다. 奇異와 正統은 비록 반대되는 것이나 반드시 모두 이해해야 두루 통할 수 있다.” [「定勢」篇‥“舊練之才, 則執正以馭奇; 新學之銳, 則逐奇而失正; 勢流不反, 則文體遂

弊” 又謂‥“然淵乎文者, 並總羣勢; 奇正雖反, 必兼解以俱通”]

440. 詹注14-8: 『老子』38章‥“실제에 자리하고, 화려함에 머물지 말아야 한다.” [『老子』三十八章‥“處其實, 不居其華.”]

【翫】에 대하여, 橋川時雄‥“『楚辭』夫蓉館, 汲古閣本에는【玩】으로 되어 있다.【翫】은【習: 배우다】,【玩】은【弄: 가지고 놀다】과 같은 뜻. 『楚辭』「哀時命」‥‘누가 나와 함께이 향초를 같이 즐기고 감상할 수 있을까?’ 王注‥‘【玩】은【習】과 같은 뜻. 여기서는【玩】으로【翫】을 대신한 것이다.” 『定勢』篇 ‥“『離騷』를 모방하여 창작하는 사람은 반드시 화려함과 안일함에 귀의한다.” 그러나 작품 내용의 진실성을 해치지 말아야 한다. [【翫】, 橋川時雄‥“『楚辭』夫蓉館、汲古閣本作【玩】. 時按【翫】,【習】也,【弄】,【弄】也. 『楚辭』「哀時命」‥‘誰可與玩此遺芳.’ 王注‥‘【玩】,【習】也. 此假【玩】爲【翫】也.” 『定勢』篇 ‥“效騷命篇者, 必歸艶逸之華.” 但是不能損害作品內容的眞實性.]

『春覺齋論文·流別論』第一節‥“『文心雕龍』「辨騷」篇‥‘기이한 문사를 취하더라도 진실을 상실하지 않으며, 화려한 문사를 즐기더라도 내용의 핵심을 추락시키지 않는다.’ 이는 『離騷』를 진실로 아는 사람을 언급한 것이다. 枚乘과 賈誼는 화려함만을 취했고, 馬融과 揚雄은 기이함만을 취했는데, 이는 私淑하는 사람이 만들어낸 결과물이다. 따라서 情怨을 서술하고, 離居를 말하고, 山水를 논하고, 계절을 말한 4가지를 종합하여 눈을 감고 상상력을 펼쳐본다면 실로 스스로 이해할 수 없겠는가?……" [『春覺齋論文·流別論』第一節··"『文心雕龍』「辨騷」篇··'酌奇而不失其眞, 翫華而不墜其實' 是言眞知『離』也. 枚、賈得其麗, 馬、雄得其奇, 此私淑者之徑造其室也. 然其敍情怨, 述離居, 論山水, 言節候, 綜此四者, 披而讀之, 瞑目遐想, 良有不可自解者.……"]

『離騷』의 文章을 안다는 것은 글을 아는 것이 아니다. 이와 같은 心血이 있어야 비로소 이와 같은 至文이 존재한다. 賈誼 「惜誓」, 「九嘆」은 모두 감정을 담고 있기에 소리에 悲哀가 담겨 있고 韻도 비교적 길다. 東方朔과 嚴忌 모두 이를 배우고 보조를 맞추려 했으나 크게 미치지 못했다. 후대들이 목소리를 꾸며 억지로 슬픈척하면서 극도로 모방하려 하지만 역시 모두 비슷하지도 않았으며, 비슷하다고 할 만한 사람은 柳宗元 뿐이다. 柳宗元의 「解祟」, 「懲咎」, 「閔生」, 「夢歸」, 「囚山」 등의 賦는 『九章』에 가깝고, 「宥鰒蛇」, 「斬曲几」, 「憎王孫」은 『卜居』, 『漁父』처럼 공교롭지만 또 다른 曲調였다. …… 즉 劉勰이 말한 진리는 알갱이가 있는 것이다. 알갱이도 없고 진실도 없다면 무엇을 본받아 훌륭한 文章이 나올 수 있겠는가! [乃知『離騷』之文, 非文也. 有是心血, 始有是至言. 賈誼「惜誓」、「九嘆」, 皆有所感, 故聲悲而韻亦長. 東方、嚴忌諸人習而步之, 彌不及矣. 後人引吭佯悲, 極其摹仿, 亦咸不能似, 似者唯柳柳州. 柳州「解祟」、「懲咎」、「閔生」、「夢歸」、「囚山」諸賦, 則直步『九章』, 而「宥鰒蛇」、「斬曲几」、「憎王孫」, 則又與『卜居』、

『漁父』同工而異曲. …… 卽劉勰所謂眞也, 實也. 不實不眞, 佳文又胡從出哉!]

【貞】은 【規諷之旨】과 【比興之義】이며, 【同于『風雅』: 『詩經』과 같은 점】는 『楚辭』와 『詩經』의 정신이 相通하는 바가 있음을 지칭한다. 【奇】는 【詭異之辭】, 【譎怪之談】이며, 【異乎經典: 경전과 다른 점】으로 『楚辭』만이 지닌 기이한 光彩와 色彩의 환상적 형식을 지칭한다. 【華】는 【詞采】, 【實】은 작품의 사상과 내용이다. [【貞】指【規諷之旨】、【比興之義】, 亦卽【同于『風雅』】者, 是『楚辭』與『詩經』精神相通之處. 【奇】指【詭異之辭】、【譎怪之談】, 【異乎經典】者, 是『楚辭』所獨具的光怪陸離的幻想形式. 【華】是 【詞采】, 【實】是作品的思想內容.]

441. 詹注14-9: 『合校』‥“『唐寫本』에는 【盼】이 【盻】으로 되어 있다. 六朝時期의 사람들은 【眄】字의 俗字로 【盻】字를 썼다. 【盻】字가 옳다.” 『斠詮』‥“【顧眄】에서 돌아보는 것을 【顧】라 하고, 자세히 보는 것을 【眄】라 한다.” 『校注』‥“【眄】, 【肹】, 【盼】 三字는 字形과 發音을 의당 구분해야 한다(王觀國 『學林』卷十 「盼眄肹」에서 대단히 상세하게 구분한 바 있다.). …… 이 三字는 字形이 유사하기에 매번 혼용하는 오류를 초해하였다. 여기서는 응당 【眄】으로 써야 한다.” 【驅】는 【驅遣: 마음대로 부리다】. 【辭力】은 文辭의 氣力. [『合校』‥“『唐寫本』【盼】作【盻】. 案六朝人【眄】字, 俗寫【盻】, 【盻】字是.” 『斠詮』‥“【顧眄】, 環視曰【顧】, 衺視曰【眄】.” 『校注』‥“【眄】【肹】【盼】三字, 形音誼俱別.(王

觀國『學林』卷十「盼眄眄」條辨之甚詳) …… 三字形近, 每致淆誤. 此當以作【眄】爲是.” 【驅】, 【驅遣】. 【辭力】, 文辭氣力.]

442. 詹注14-10: 【欬唾】, 『莊子』「秋水」篇··“자네는 침 뱉는 것을 보지 못했는가? 침을 뱉었을 때 큰 것은 구슬만하고, 작은 것은 옥(안개)만하다.” 이로 인해 【欬唾成珠玉】이라는 말이 생겨났다. 『斟詮』··“欬唾의 소리가 대단히 미세하기에 말소리가 가벼운 것에 비유된다.” 여기서는 자기의 작품을 작은 목소리로 읊조리는 것을 말한다. 【文致】는 문장의 情趣. [【欬唾】, 『莊子』「秋水」篇··“子不見夫唾者乎? 噴則大者如珠, 小者如玉(※역자주: 【玉】은 【霧】의 誤字)” 因而有【欬唾成珠玉】一語. 『斟詮』··“欬唾之聲甚微, 因假以喩言語聲之輕者.” 此處謂輕聲吟誦自己的作品. 【文致】, 文章的情趣.]

443. 詹注14-11: 『左傳』「哀公 24년」··“우리 주군이 周公에게 福祿을 구하고자 하고, 藏氏에게 도와주길 기원합니다.” 【乞靈】은 본래 神靈에게 도움을 베풀어 줄 것을 기구하는 것을 말하나, 후에 넓은 의미로 외물의 도움을 받는 것을 의미한다. [『左傳』「哀公二十四年」··“寡人欲徼福於周公, 願乞靈於藏氏.”(※역자주: 【人】은 【君】字의 誤記) 【乞靈】, 本指祈求神靈賜以援助, 後泛指借助於外物.]

444. 范注4-6: 王褒의 字는 子淵, 宣帝 시기 辭家의 領袖였기에 劉勰이 이렇게 언급한 것이다. 『北堂書鈔』권97에서 桓譚의 『新論』을 인용하여··“나는 어려서 『離騷』를 좋아하였

으며, 널리 다른 책도 보았으나, 번번이 學問으로 돌아가고자 하였다." 이 또한 같은 의미다. [王褒字子淵, 宣帝時辭家之首, 故彦和云然. 『北堂書鈔』九十七引桓譚『新論』云:"余少時好『離騷』, 博觀他書, 輒欲反學." 亦此意也.]

詹注14-12: 『左傳』「昭公 4年」:"전하께서 실로 사방에 근심이 없다고 생각하시면 군주의 은혜를 이유로 제후들을 청하십시오." 杜注:"군주의 은혜를 이유로 제후들을 청하고자 하였다." 范注:"王褒의 字는 子淵, 宣帝 시기 辭家의 領袖였기에 劉勰이 이렇게 언급한 것이다. 『北堂書鈔』券97에서 桓譚의 『新論』을 인용하여:'나는 어려서 『離騷』를 좋아하였으며, 널리 다른 책도 보았으나, 번번이 學問으로 돌아가고자 하였다.' 이 또한 같은 의미다." [『左傳』「昭公 4年」:"君若苟無四方之虞, 則顧假寵以請於諸侯" 杜注:"欲借君之威寵以致諸侯" 范注:"王褒字子淵, 宣帝時辭家之首, 故彦和云然. 『北堂書鈔』九十七引桓譚『新論』云:'余少時好『離騷』, 博觀他書, 輒欲反學.' 亦此意也."]

5-5.

贊에서 이르길: 屈原이 없었다면 어떻게 『離騷』를 볼 수 있겠는가? 놀라운 才華는 바람처럼 피어오르고, 장대한 의지는 연기처럼 치솟는다. 山川이 無窮하여 파악하기 어려운 것처럼 情理를 표현하는 것도 실로 힘든 일이다. 金銀같은 훌륭한 바탕을 갖추면 미세한 부분에서도 아름다움이 흘러넘친다.

5-5.

贊曰: 不有屈原, 豈見離騷[445]. 驚才風逸[446], 壯志煙高[447]. 山川無極, 情理實勞[448]. 金相玉式[449], 豔溢錙毫[450].

445. 詹注15-1: 『唐寫本』에 【原】은 【平】으로 되어 있다. 이는 『離騷』가 한 위대한 작가에 의해 창조되었음을 말한다. [『唐寫本』【原】作【平】. 此謂『離騷』由一個偉大作家所創造.]

446. 詹注15-2: 이는 사람을 놀라게 하는 재화는 飄風처럼 분방함을 말한다. [此謂驚人才華, 如飄風那樣奔放.]

447. 范注5-1: 【壯志】는 『唐寫本』에 【壯采】로 되어 있으며, 이것이 옳다. [【壯志】『唐寫本』作【壯采】, 是.]

劉勰은 【辨】字로 篇名을 삼았다. 【辨】이란 經典과의 同異를 구분하는 것으로, 이를 통해 『風雅』와 같은 4가지, 經典과 다른 것 역시 4가지를 논의하였다. 同異가 분명하게 되니 取捨에도 원칙이 있게 되었다. 【엄숙하게 『風雅』의 準則을 준수할 수 있고, 『楚辭』의 장점을 잘 조절할 수 있다면 기이한 내용을 취하더라도 진실을 상실하지 않으며, 화려한 문사를 즐기더라도 내용의 핵심을 추락시키지 않는다.】라고 말했는데, 먼저 辨別의 분명함이 없었다면 어찌 이렇게 말할 수 있겠는가? 劉勰은 齊梁時期 文辭가 지나치게 화려함을 살피고 文學을 논하면서 먼저 眞實의 중요성을 강조하였고, 이어서 『離騷』에 대하여 진지하게 同異를 언급하였다. 사실 屈原과 宋玉의 문장의 기이하고 화려함은 겉모습이며, 진실함이 骨幹임에도 학습하는 사람들이 정신을 버리고 겉모습만 취하였기에 잘못된 것이라는 비판을 받게 된 것이다. 賈誼의 「惜誓」, 枚乘의 「七發」, 司馬相如의 「大人賦」, 揚雄의 「河東」을 모두 읽어본다면 응당 옛날 현인들이 변화를 따라갔던 방법을 알 수 있을 것이다. [案彦和以【辨】名篇,【辨】者, 辨其與經典之同異, 計同於『風雅』者四事, 異乎經典者亦四事. 同異旣明, 取舍有主,【憑軾以倚雅頌, 懸轡以馭楚篇, 酌奇而不失其眞, 翫華而不墜其實】, 非先有辨別之明, 曷足以語此. 彦和鑒於齊梁文辭之靡麗, 故論文首貴眞實, 於離騷尤諄諄以同異爲言. 其實屈宋之文, 奇華者其表儀, 眞實者其骨幹, 學之者遺神取貌, 所以有訛體之譏. 試讀賈生「惜誓」, 枚乘「七發」, 司馬相如「大人」, 揚雄「河東」諸篇, 當悟昔賢摹擬變化之方矣.]

屈原『離騷』(本篇에서『離騷』의 내용을 자주 인용하였기에 전문을 수록하며, 分段은 戴震의『屈原賦注』를 따랐고, 韻律은 江有誥의『楚辭韻讀』을 따랐다.『九章』,『九歌』,『九辯』,『遠遊』,『天問』,『招魂』,『招隱』,『卜居』,『漁父』諸篇은『楚辭』에 모두 들어있어 다시 기록하지는 않는다.) [屈原『離騷』(本篇多引『離騷』語, 故全錄其文, 分段依戴震『屈原賦注』, 韻江有誥『楚辭韻讀』.『九章』,『九歌』,『九辯』,『遠遊』,『天問』,『招魂』,『招隱』,『卜居』,『漁父』諸篇, 均在『楚辭』, 不復錄.)]

帝高陽之苗裔兮, 朕皇考曰伯庸. 攝提貞於孟陬兮, 惟庚寅吾以降(胡冬反. 東中通韻). 皇覽揆余於初度兮, 肇錫余以嘉名. 名余曰正則兮, 字余曰靈均(眞耕通韻). 紛吾旣有此內美兮, 又重之以修能(奴其反). 扈江離與辟芷兮, 紉秋蘭以爲佩(音丕. 之部). 汨余若將不及兮, 恐年歲之不吾與. 朝搴阰之木蘭兮, 夕攬州之宿莽(音姥). 日月忽其不淹兮, 春與秋其代序. 惟草木之零落兮, 恐美人之遲莫. 不(戴震『屈原賦音義』云"俗本作不撫壯, 漢唐相傳舊本無不字.")撫壯而棄穢兮, 何不改乎此度也? 乘騏驥以馳騁兮, 來吾導(一作道)夫先路也(魚部). 昔三后之純粹兮, 固衆芳之所在(才里反). 雜申椒與菌桂兮, 肌惟紉夫蕙茝(音齒, 之部). 彼堯舜之耿介兮, 既遵道而得路. 何桀紂之昌披兮, 夫惟(一作唯)捷徑以窘步(魚部). 惟黨人之媮(一作偷)樂兮, 路幽昧以險隘(音益). 豈余身之憚殃兮, 恐皇輿之敗績(支部). 忽奔走以先後兮, 及前王之踵武. 荃不察余之中情兮, 反信讒而齌怒(上聲. 第一段自敍生平大略, 而終於君之信讒. 後四段乃反復推明之.)

余固知謇謇之为患兮, 忍而不能舍(音恕)也. 指九天以爲正兮, 夫惟靈修之故(魚部)也. 曰黄昏以爲期兮, 羌中道而改路. 初既與余成言兮, 後悔遁而有他. 余既不難夫離别兮, 傷靈修之數化(音呵, 歌部). 余既滋蘭之九畹兮, 又樹蕙之百畝(明以反). 畦留夷與揭車兮, 雜杜衡與芳芷(之部). 冀枝葉之峻茂兮, 愿俟時乎吾將刈(蘖去聲). 雖萎絶其亦何傷兮, 哀衆芳之茂穢(祭部). 衆皆競進以贪婪兮, 憑不厭乎求索(音素). 羌内恕己以量人兮, 各興心而嫉妒(魚部). 忽馳鶩以追逐兮, 非余心之所急. 老冉冉其將至兮, 恐修名之不立(緝部). 朝飮木蘭之墜露兮, 夕餐秋菊之落英(音央). 茍余情其信姱以練要兮, 長顑頷亦何傷(陽部). 擥木根以結茝兮, 貫薜荔之落蕊(如果反). 矯菌桂以紉蕙兮, 索胡繩之纚纚(音縒, 歌部). 謇吾法夫前修兮, 非世俗之所服(房逼反). 雖不周于今之人兮, 愿依彭咸之遺则(音稷. 之部第二段申言被讒之故, 而因自明其志如此.)

長太息以掩涕兮, 哀民生之多艱. 余雖好修姱以鞿羈兮, 謇朝誶而夕替(脂文借韻). 既替余以蕙纕兮, 又申之以攬茝. 亦余心之所善兮, 雖九死其猶未悔(呼鄙反, 之部). 怨靈修之浩蕩兮, 終不察夫民心. 衆女嫉余之蛾眉兮, 謠诼謂余以善淫(侵部). 固時俗之工巧兮, 偭規矩而改錯(音醋). 背繩墨以追曲兮, 競周容以爲度(魚部). 忳鬱邑余侘傺兮, 吾獨窮困乎此時(去聲)也. 寧溘死以流亡兮, 余不忍爲此態(他吏反. 之部)也. 鷙鳥之不群兮, 自前世而固然. 何方圜之能周兮? 夫孰異道而相安(音薦, 元部). 屈心而抑志兮, 忍尤而攘詬. 伏清白以死直兮, 固前聖圣之所厚(侯部. 第三段言信讒之故, 而已終不隨流俗, 以申前意也.)

悔相道之不察兮, 延佇乎吾將将反. 回朕車以復路兮, 及行迷之未远(元部). 步余馬于蘭皋兮, 馳椒丘且焉止息. 進不入以離尤兮, 退將复復吾初服(之部). 制芰荷以爲衣兮, 集芙蓉以为裳. 不吾知其亦已兮, 苟余情其信芳(陽部)! 高余冠之岌岌兮, 長余佩之陸離(音羅). 芳與泽其雜糅兮, 唯昭質其猶未虧(音柯. 歌部) 忽反顧以游目兮, 將往观乎四荒. 佩繽紛其繁飾兮, 芳菲菲其彌章(陽部). 民生各有所樂兮, 余獨好修以爲常. 雖體解吾猶未變兮, 豈余心之可懲(陽蒸借韻. 第四段設爲退隱之思. 言事君雖不得, 而好修不變, 亦以申前章.)

女嬃之嬋媛兮, 申申其詈予(上聲). 曰: 鲧婞直以亡身兮, 終然夭乎羽之野(音宇. 魚部). 汝何博謇而好修兮, 紛獨有此姱節(戴云, 讀如則, 蓋方音). 薋菉葹以盈室兮, 判獨離而不服(無韻. 戴云, 古音匐). 衆不可户說兮, 孰云察余之中情? 世并擧好朋兮, 夫何茕獨而不予聽(耕部). 依前聖以節中兮, 喟憑心而歷兹. 濟沅湘以南征兮, 就重華而敶辭(一作詞)(之部). 启《九辯》與《九歌》兮, 夏康娱以自縱. 不顧難以圖後兮, 五子用失乎家巷(東部. 戴云, 古音胡貢切). 羿淫游以佚畋兮, 又好射夫封狐. 固亂流其鲜終兮, 浞又貪夫厥家(音姑. 魚部). 澆身被服强圉兮, 縱欲而不忍. 日康娱而自忘兮, 厥首用夫顛隕(文部). 夏桀之常違兮, 乃遂焉而逢殃. 后辛之菹醢兮, 殷宗用而不長(陽部). 湯、禹儼而祗敬兮, 周論道而莫差(音磋). 擧賢才而授能兮, 循繩墨而不頗(平聲. 歌部) 皇天無私阿兮, 覽民德焉錯輔. 夫維聖哲以茂行兮, 苟得用此下土(魚部). 瞻前而顧後兮, 相觀民之計極. 夫孰非義而可用兮, 孰非善而可服? 阽余身而危死兮, 覽余初其猶未悔. 不量鑿而正枘兮, 固前修以菹醢(音喜. 之部). 曾歔欷余鬱邑兮, 哀朕時之不當. 攬茹蕙以掩涕兮, 沾余襟之浪浪(陽部. 第五段借女媭之言而因之陳辭. 言熟觀古今治亂, 得其中正之道如是, 此所以與世不合之端, 己必不可變者也. 申前未盡之意.)

跪敷衽以陳辞兮, 耿吾既得此中正. 駟玉虬以桀鷖兮, 溘埃風余上征(耕部). 朝發軔于蒼梧兮, 夕余至乎縣圃(去聲) 欲少留此靈瑣兮, 日忽忽其將暮. 吾令羲和弭節兮, 望崦嵫而勿迫(補入聲). 路漫漫其修远兮, 吾將上下而求索(素入聲.

魚部) 飮余馬于咸池兮, 總余轡乎扶桑. 折若木以拂日兮, 聊須臾(一作逍遙)以相羊(陽部). 前望舒使先驅驱兮, 後飛廉使奔屬(去聲). 鸞鳳(一作皇)爲余先戒兮, 雷師告余以未具(渠晝反. 侯部). 吾令鳳鳥飛騰兮, 繼之以日夜(音御). 飄風屯其相離兮, 帥云霓而來御. 紛總總其離合兮, 斑陸離其上下. 吾令帝閽開關兮, 倚閶闔而望予(上聲). 時曖曖其將罷兮, 結幽蘭而延佇. 世溷濁而不分兮, 好蔽美而嫉妒(上聲. 第六段託言往見古先哲王之在天者以自廣, 卒阻隔於飄風雲蜺, 欲進不遂, 因以歎溷濁之世大致如斯).

朝吾將濟于白水兮, 登閬風而紲馬(音姥). 忽反顧以流涕兮, 哀高丘之無女. 溘吾游此春宮兮, 折瓊枝以繼佩(音丕). 及榮華之未落兮, 相下女之可貽(一作詒). 吾令豊隆乘云兮, 求宓妃之所在. 解佩纕以結言兮, 吾令謇修以为理(之部). 紛總總其離合兮, 忽緯繣其難遷. 夕歸次于窮石兮, 朝濯發乎洧槃(一作盤)(音便. 元部). 保厥美以驕傲兮, 日康娛以淫游. 雖信美而無禮兮, 來違棄而改求(幽部). 覽相觀于四極兮, 周流乎天余乃下. 望瑶台之偃蹇兮, 見娀之佚女(魚部). 吾令鴆爲媒兮, 鴆告余以不好(呼臾反). 雄鳩之鳴逝兮, 余猶惡其佻巧(苦臾反. 幽部). 心猶豫而狐疑兮, 欲自适而不可. 鳳皇既受詒兮, 恐高辛之先我(歌部). 欲遠集而无所止兮, 聊浮游以逍遥. 及少康之未家兮, 留有虞之二姚(宵部). 理弱而媒拙兮, 恐導言之不固. 世溷濁而嫉賢兮, 好蔽美而称恶(去聲. 第七段託言欲求淑女以自廣, 故歷往賢妃所產之地, 冀或一遇於今日, 而無良埋以通己志, 因言世之溷濁無所往而可者.)

閨中既以邃遠兮, 哲王又不寤. 懷朕情而不發兮, 余焉能忍而與此終古(去聲. 魚部. 承上而言. 欲求淑女則閨中深遠, 欲見哲王, 則哲王不遇, 安能與溷濁世久居乎,). 索瓊茅以筳篿兮, 命靈氛爲余占之, 曰: "两美其必合兮, 孰信修而慕之(無韻)? 思九州之博大兮, 豈唯(一作惟)是其有女?" 曰: "勉遠逝而無狐疑兮, 孰求美而释汝(一作女). 何所獨無芳草兮, 尔何懷乎故宇?" 世幽昧以昡曜兮, 孰云察余之善恶(上聲. 魚部). 人(一作民)好惡其不同兮, 惟此黨人其獨異! 户服艾以盈要兮, 謂幽蘭其不可佩(音備. 之部). 覽察草木其猶未得兮, 豈珵美之能當? 蘇粪壤以充幃兮, 謂申椒其不芳(陽部. 第八段命靈氛爲卜其行, 而因念世之棄賢如此.)

欲從靈氛之吉占兮, 心猶豫而狐疑. 巫咸將夕降兮, 懷椒糈而要之(之部). 百神翳其備降兮, 九疑繽其并迓(一作迎)(音寤). 皇剡剡其揚靈兮, 告余以吉故(魚部). 曰: 勉升降以上下兮, 求矩矱之所同. 湯禹嚴而求合兮, 摯咎繇而能調(無韻). 苟中情其好修兮, 又何必用夫行媒(明丕反)? 說操築于傅巖兮, 武丁用而不疑(之部). 吕望之鼓刀兮, 遭周文而得舉. 寧戚之謳歌兮, 齊桓聞以該輔(魚部). 及年歲之未晏兮, 時亦猶其未央. 恐鵜鴂之先鳴兮, 使夫百草为之不芳(陽部). 何瓊佩之偃蹇兮, 衆薆然而蔽(鼈去聲)之. 惟此黨人之不諒兮, 恐嫉妒而折(去聲. 祭部)之. 時繽紛其變易兮, 又何可以淹留? 蘭芷變而不芳兮, 荃蕙化而爲茅(音矛. 幽部). 何昔日之芳草兮, 今直为此蕭艾也? 豈其有他故兮, 莫好修之害(胡列反. 祭部)也! 余以蘭爲可恃兮, 羌無實而容長. 委厥美以從俗兮, 苟得列乎衆芳(陽部). 椒專佞以慢慆兮, 樧又欲充夫佩幃. 既干進而务務兮, 又何芳之能祗(脂部). 固時俗之流從兮, 又孰能無變化? 覽椒蘭其若玆兮, 又况揭車與江離(歌部)! 惟玆佩之可貴兮, 委厥美而歷玆. 芳菲菲而難虧兮, 芬至今猶未沬.(無韻. 第九段旣又聞吉占之故而復審之於己. 言不獨世棄賢, 所稱賢者, 亦往往因之自棄. 惟己則不隨流俗遷改, 計有去此而已.)

和調度以自娛兮, 聊浮游而求女. 及余飾之方壯兮, 周流觀乎上下(魚部) 靈氛既告余以吉占兮, 历吉日乎吾將行(音杭) 折瓊枝以爲羞兮, 精瓊爢以爲粻(陽部). 爲余駕飛龍兮, 雜瑶象以爲車. 何離心之可同兮? 吾將遠逝以自疏(元部) 邅吾道夫崑崙兮, 路修遠以周流. 揚雲霓之晻藹兮, 鳴玉鸞之啾啾(幽部) 朝發軔于天津兮, 夕余至乎西極. 鳳凰翼其承旗兮. 高翺翔之翼翼(之部). 忽吾行此流沙兮, 遵赤水而容與, 麾蛟龍使梁津兮, 詔西皇使涉予.(上聲. 魚部) 路修遠以多難兮, 騰衆車使徑待(徒其反). 路不周以左轉兮, 指西海以爲期(之部), 屯余車其千乘兮, 齊玉軑而并馳(音它). 駕八龍之婉婉兮, 載雲旗之委移(一作蛇)(音它. 歌部). 抑志而弭節兮, 神高馳之邈邈. 奏『九歌』而舞【韶】兮, 聊假日以偷樂(宵部). 陟升皇之赫戲兮, 忽臨睨夫舊鄉. 僕夫悲余馬懷兮, 蜷局顧而不行(陽部. 第十段託言遠逝, 所至憂思不解, 志在睠顧楚國終焉.)

亂曰 : 已矣哉! 國無人莫我知兮, 又何懷乎故都! 既莫足與爲美政兮, 吾將從彭咸之所居(魚部).

詹注15-3: 范注‥"【壯志】는 『唐寫本』에 【壯采】로 되어 있으며, 이것이 옳다." 『校注』‥"「詮賦」篇의 【時逢壯采: 때때로 장엄한 문채를 드러냈다.】에서도 【壯采】를 連用하였다." 鈴木‥"洪本校注‥'【煙】은 【雲】으로 쓰기도 한다.'" 『考異』‥"【騷體志鬱而文盛】의 【志】는 착오고, 『唐寫本』에 의거하여 【采】로 쓰는 것이 옳다." 『斟詮』‥"웅장하고 아름다운 사채가 마치 연기와 구름처럼 비상함을 말한다." [范注‥"【壯志】『唐寫本』作【壯采】, 是." 『校注』‥"「詮賦」篇【時逢壯采】亦以【壯采】連文." 鈴木‥"洪本校注‥'【煙】一作【雲】.'" 『考異』‥"【騷體志鬱而文盛】, 【志】字非, 從『唐寫本』作【采】是." 『斟詮』‥"謂其壯麗之辭采, 若煙飛雲翔也."]

448. 詹注15-4: 「物色」篇‥"산수자연은 실로 문학의 寶庫다.……屈原이 『詩經』의 정서를 이해하고 『離騷』를 지을 수 있었던 것은 강산의 도움이 아니겠는가?" 【無窮】이란 끝없는 山川은 모두 작가가 운용한 匠心으로 表達되며, 주객과 객관이 하나로 交融하도록 만들기 때문에 【山川無極, 情理實勞: 山川이 無窮하여 파악하기 어려운 것처럼 情理를 표현하는 것도 실로 힘든 일이다】라고 말한 것이다. [「物色」篇‥"山林皐壤, 實文思之奧府.……然屈平所以能洞監《風》《騷》之情者, 抑亦江山之助乎!" 【無窮】, 無極的山川, 均賴作者運用匠心來表達, 使主客觀交融爲一, 故云【山川無極, 情理實勞.】]

『斟詮』‥"(이는) 屈原의 賦에 묘사된 산천은 본시 悠遠無窮하며, 情理를 표현하는 것 또한 머리를 짜내야 하는 힘든 일임을 설명한 것이다.” [『斟詮』··“言屈賦所敍寫之山川, 固然悠遠無極; 所抒發情理, 實亦煞費憂勞也.”]

『郭注』··“이전의 설명에 의하면【勞】는 응당【遼】로 훈고해야 하며, 소리의 착오다. 『詩經』『小雅』「漸漸之石」··‘아득히 뻗어간 산천, 광활하도다.’ 箋云··‘그 路程이 요원하면 그 邦域도 광활하다.’ 『正義』··‘鄭玄은【勞】를【遼遼: 아득하다】라고 하였는데, 이는 광활하다는 것을 말한다.’ 또한【廣闊遼遼】의【僚】字는 응당【遼遠】하다는 의미의【遼】이며【勞】字로 쓰기도 한 것은 고대에는 글자가 적어 假借字를 많이 사용하였기 때문이다. 詩人이 입으로 노래한 것은 竹竿이나 帛書로만 전해진 것이 아니기에 음이 서로 비슷하면 결국 이를 사용하였다. 이 구절의 字義는 저절로 통하기에 반드시【遼】로 써야한다고 말하지는 않겠다.’ 劉勰은『詩經』鄭箋을 원용하였다.” 이 또한 屈原의 胸襟과 感情이 山川처럼 悠遠하고 광활함을 찬미한 것이라 해석할 수 있을 것이다. [『郭注』··“今案【勞】當訓【遼】, 聲之誤也,『詩經』「漸漸之石」··‘山川悠遠, 非其勞矣.’ 箋云··‘其道里長, 邦域又勞勞廣闊.’『正義』··‘鄭以【勞】爲【遼遼】, 言廣闊之意.’ 又··【廣闊遼遼】之字, 當以【遼遠】之【遼】, 而作【勞】字者, 以古之字少, 多相假借. 詩人口之咏歌, 不專以竹帛相授, 音旣相近, 故遂用之. 此字義自得通, 故不言當作【遼】矣. 此又一解, 讚美屈原的襟懷和感情像山川一樣遼闊.]

449. 詹注15-5:『校注』··“『詩經』『大雅』「棫樸」··‘金玉같은 바

탕' 毛傳: '【相】은 【質: 바탕】과 같은 뜻.' 『左傳』「昭公 12年」: '시에서 이르길 祈昭의 음악은 고요하고 평화로우며…… 法式은 玉金과 같습니다.'" [『校注』: "『詩經』『大雅』·「棫樸」: '金玉其相' 毛傳: '【相】, 【質】也.' 『左傳』「昭公十二年」: '其詩曰: 祈昭之愔愔, …… 式如玉, 式如金.'"]

斟詮: "【金相玉式】은 感情과 文辭를 겸비하여 金이 바탕을 이루고 玉으로 아름답게 꾸민 것 같다는 것." 王逸「楚辭章句序」: "金玉같은 바탕을 지니어 百世에 필적할 자 없으며, 그 명성이 끝없이 이어져 영원히 멸하지 않는다…… 【式】은 【飾式】, 【法式】과 같은 뜻." [斟詮: "【金相玉式】, 言其情辭兼備, 有如以金爲質, 以玉爲飾也." 王逸「楚辭章句序」: "金相玉質, 百世無匹, 名垂罔極, 永不刊滅者矣…… 【式】, 【飾式】, 【法式】."]

450. 詹注15-6: 橋川時雄: "『唐寫本』에는 【豔逸錙毫】로 되어 있으며, 『楚辭』夫蓉館, 汲古閣本에는 【豔溢錙毫】으로 되어 있다. 徐校: '원래대로 【豔溢錙毫】로 고쳐야 하나, 혹은 【絶豔稱豪】로 쓰기도 한다.' 梅本: '元刻本에는 【絶豔稱豪】로 되어 있다.' 나는 여러 판본이 너무 복잡하여 하나의 결론을 얻기는 어렵다고 생각한다. 그러나 『唐寫本』과 『楚辭』는 1字 밖에 차이가 없다. 【逸】과 【溢】은 서로 통한다. 【溢】字가 타당하다. 다른 판본의 同異를 모두 찾아본다고 하더라도 그 상황은 不問可知라 하겠다." [橋川時雄: "唐寫作【豔逸錙毫】, 『楚辭』夫蓉館、汲古閣本作【豔溢錙毫】. 徐校云: '改本【豔溢錙毫】, 一作【絶豔稱豪】.' 梅

本云‥'元作【絶豔稱豪】.' 時按諸本紛雜, 難得一是. 然『唐寫本』、『楚辭』僅差一字. 【逸】、【溢】兩通. 【溢】字妥. 他本異同, 皆出摸索, 不問可知也."]

『斟詮』‥"짧은 글조차 艷采가 사방으로 흘러넘치니 아름다움을 일거에 다 담을 수 없음을 말한 것이다." 【錙毫】는 극도로 細微함을 의미한다. 陸機「文賦」‥"필요한 辭義는 엄격하게 考校해야 하고, 취사선택할 때는 자세하게 가늠해야 한다." (五臣)注‥"濟曰‥'【錙銖】는 저울. 【毫】는 가는 털. 모두 지극히 미소한 것을 말한다.'" [『斟詮』‥"言其片詞隻字, 皆艷采四溢, 美不勝收也. 【錙毫】, 極言其細微.陸機「文賦」‥"考殿最于錙銖 , 定去留于毫芒" (五臣)注‥"濟曰‥'【錙銖】, 秤兩也. 【毫】, 細毛. 皆至微小者也.'"]